法　学　译　丛

少年司法的一个世纪

〔美〕玛格丽特·K.罗森海姆　富兰克林·E.齐姆林
戴维·S.坦嫩豪斯　伯纳丁·多恩　编
高维俭　译

商　务　印　书　馆
2008年·北京

A CENTURY OF JUVENILE JUSTICE

EDITED BY

Margaret K. Rosenheim Franklin E. Zimring David S. Tanenhaus Bernardine Dohrn

（本书根据芝加哥大学出版社 2002 年版译出）

《法学译丛》出版理念

戊戌变法以来，中国的法治化进程伴随着频繁的政治更迭和意识形态之争，终于走完了命运多舛的百年。21 世纪的中国把依法治国，建设社会主义法治国家作为根本的治国方略，对于法学界来说，历史已经进入了前所未有的大好时期。然而利益价值多元且求和谐的世界中，中国法治社会的建设能否立足于本土资源而又有效地回就域外的种种经验与教训？这是法律学人以全球为视界所首先要思考的问题。

一方面，世界上从来没有一种整齐划一的法治模式，各国地域性知识和经验的差异性构成了法学资源的多样性。中华民族具有悠久的历史和丰厚的人文资源，因此，我们有充足的理由首先立足于中华民族的生活世界，既要对中国的传统怀着真切的关怀，又要对中国的现实和未来满怀真诚的信任，既要有入乎其内的悲天怜命，又要有出乎其外的超然冷静，让思想听命于存在的声音而为存在寻求智慧，以将存在的真理形成语言，"为天地立心，为生民立命，为往圣继绝学，为万世开太平。"

但是另一方面，世界各国法治的多样性是以某种一致性的共识为文化表现的，否则就失去了学术交往的意义。由于初始条件的不同，人类自身智识的局限性和客观环境的复杂性等因素决定了法治进程必然是一个长期的、不断试错的过程。西方国家的法治经历了漫长的演化过程，在此期间，许多制度理念和制度模式经历的试错和检验，能够保留下来的法学思想资源具有可资借鉴的合理性和科学性。他们所经历的种种曲折，可以作为我们的前车之鉴。同时全球化的步伐日益加快，整个世界已经到了几乎是牵一发而动全身的境地，任何国家，任何民族，再也不能固执于自身的理念，盲目地摸索前行。我们确信，只有用人类创造的全部有益知识财富来丰富我们的头脑，才能够建成现代化的社会主义法治社会。因此法学基础理论的译介和传播，对于转型期的中国法治建设具有基础性的理论价值。

商务印书馆素有重视法学译介、传播人文精神的传统。据不完全统计，民国时期，商务印行了全国60%左右的法律译作和著作，汇聚了150多位杰出的法律专家的优秀成果，留洋法学博士和法学教授的成名之作以及法律名著译介几乎都出自商务。这些译作和著作至今仍然有强大的学术生命力，许多作品仍然为学术界频繁引用。可以说，在半个世纪以前，商务印书馆一直是中国了解西方法学思想的窗口，是中国法学思想和现代人文精神的摇篮和重要的基地。

改革开放以后，商务印书馆秉承引进新知，开启民智的传统，翻译出版了许多经过时间检验，具有定评的西方经典法学著作，得到了学术界的好评。然而也留下了一些遗憾。许多思想活力并不亚于经典著作，对法治建设的影响甚至超过了经典著作的作品，因为不具有经典性而没有译介。故此，我们组织翻译这套《法学译丛》，希望将那些具有极大的思想影响力和活力的著作译介过来，以期为促进中国法学基础理论建设略尽微力。

曹丕云："盖文章，经国之大业，不朽之盛事。年寿有时而尽，荣乐止乎其身，二者必至之常期，未若文章之无穷。是以，古之作者，寄身于翰墨，见意于篇籍，不假良史之名，不托飞驰之势，而声名自传于后。"尽管这套丛书不以"名著"命名，但是在选题和组织评介方面，我们一定会以对待名著的态度和标准而虔诚持之。学术成于新知，学理臻于共识，文化存于比较，哲思在于超越。中国法学正在鉴人知己中渐达成熟，组织好本译丛的工作，当是法学界共举之事。

徐显明

2004年12月

目　录

序

阿黛尔·西蒙斯(Adele Simmons)

无怪乎美国第一个少年法院建立于芝加哥。上世纪之交,"进步运动"* 在美国蓬勃发展,简·亚当斯(Jane Addams)择址芝加哥,以聚力"拆倒社会阶层之间的壁垒"。一群不同寻常的妇女加盟了亚当斯,其中包括埃伦·斯塔尔(Ellen Starr)、朱莉娅·莱思罗普(Julia Lathrop),以及我的曾祖母——时任芝加哥妇女俱乐部主席的露西·弗劳尔(Lucy Flower)。

作为一个在19世纪50年代成长起来的女孩,我从不厌倦于欣赏有关这些妇女的故事,以及在妇女及穷困者问题上,她们在战胜市民们的无知和官员们的傲慢的过程中所表现出来的勇气和想象力。作为芝加哥教育委员会的成员之一,露西·弗劳尔曾呼吁创立幼儿园启蒙教育,曾支持开设了第一个手工艺培训课程,并力主在学校安装浴缸——当时的房屋还没有自来水。她促成建立了最早的儿童法律援助协会之一,在作为"无依无靠者之家"委员会成员期间,她曾带着一弃婴来到某郡委员会的听证会上,将婴儿放在委员会主席的桌上,并拒绝离开,直到该委员会答应负起对该婴儿的责任才作罢。

在我童年的记忆中,我多次参观"赫尔堂"**,参观其夏令营以及各种针对

---

* 进步运动(the Progressive Movement):19世纪后期,在美国工业迅速大发展的过程中,美国社会产生了一系列的社会病症,为此,美国社会兴起了一系列的社会政治运动,其中包括废奴运动、禁酒运动、妇女权益运动、儿童权益运动、农场运动、反垄断等。——译者注

** 赫尔堂(Hull House):原是一个名为查尔斯·赫尔的商人的城郊别墅的名称。随着美国的城市化,该别墅逐渐被众多的廉租公寓所包围。1889年,退休的赫尔将该别墅捐赠给社会改革家简·亚当斯,作为其推行社区服务工作、社会改革运动的活动场所。简·亚当斯创办的社会改革运动机构——"芝加哥赫尔堂联合会"(Hull House Association of Chicago)也因此而得名。简·亚当斯及其"赫尔堂"因其在公民权利、妇女参政权、国际和平、少年保护、劳动关系、法院改革、公共卫生、公共住房、城市规划等方面的社会改革运动中的突出影响而倍享盛誉。可进一步参见 http://www.hullhouse.org。——译者注

罪错少年的住宿活动。每一个地方都充满了故事,其共同的主旋律——亚当斯及其志同道合者毫无畏惧地大声疾呼,她们的呼声对有关社会问题带来了相当的改观。而对于我来说,最具意义的地方即少年法院——由州立法机构创建于 1899 年。它是由弗劳尔和莱思罗普主导的为期近十年"战役"的一个巅峰时刻。新的法庭基于一个坚定的信念:通过对其提供所需要的帮助,罪错少年能够成为社会的有用之才和守法公民。

30 年后,我成为了"麦克阿瑟基金会"(MacArthur Foundation)的主席,并投身于少年法院的创立者们所为之奋斗的同样问题的研究。在儿童及其家庭的生活中,政府的角色如何?儿童之间以及儿童与成人之间的差异何在?如何保护社会免受暴力犯罪的侵害?暴力犯罪者在多大程度上是其环境的产物,以及其个人特征在多大程度上导致其行为?种族与阶级问题是否会影响罪错少年的处遇?儿童应当在多大程度上对其行为承担责任?干预的目的是惩罚,还是康复(rehabilitate)*?对于犯轻罪的少年,宜否适用拘留,有无更为有效、经济的干预方式?这些问题为现今的研究者所关注。

在过去的 10 年中,仅"麦克阿瑟基金会"一家就投入了数百万美元来支持有关研究机构对上述及相关问题的探索。我们的确得到了一些答案。我们对暴力行为的形成及循环机制有了更多的认识:我们知道,在暴力中成长起来的孩子更有可能成为暴力者;我们知道,被当作成人来审判和关押的儿童更有可能再犯入狱;我们知道,儿童早期的教育投入能够减少儿童进入法庭审判的几率;我们知道,大多数的少年罪错发生于下午 3 点至 6 点之间,是所谓的"校外"问题;我们知道,大多数被限制于训导学校(training school)** 的少年不是暴力违法者,且出自训导学校的少年的累犯比率一律居高不下;我们知道,至少 20% 的少年犯患有严重的精神健康疾病,且相应的救助措施缺乏、不协调。

---

* 或称"矫治"、"矫正"、"治疗"(treatment),即运用社会学、心理学、医学、精神病学等方法对犯罪人进行社会能力、人格以及观念的改善,以使其回归社会,胜任其社会角色,且不重新犯罪。参见布赖恩·A. 加纳主编(Brayan A. Garner Editor in Chief):《布莱克法律词典》(第 8 版)(Black's Law Dictionary, Eighth Edition)第 1311 页。——译者注

** 或译为"教导学校"、"少年教养所",即对少年犯进行教育、矫治的特殊学校。——译者注

我们还认识到,背景信息及前后过程起着重要的作用。为数众多的青年从这样或那样的途径检验着我们的司法体制,而主要是那些贫困者、少数分子最终被判处监禁,而且一旦进入,便难以幸免。犯同样的罪行,黑人少年被判入狱的几率是白人少年的7倍。我们还知道,随着人的成长,其罪错行为的可能性逐渐减小。

令人烦忧的是,我们目前所认识到的预防及干预举措都无法构建社会公共政策。如果我们不想在拘留所和监狱上花费更多,我们为何不在儿童教育及校外活动上多加些投入呢?当我们知道相关政策几乎会确保儿童被当作成人关押的结果一再发生,我们为什么还要因循固守呢?我们何以解释,国家不能进行帮助少年犯成为社会有用之材的投资呢?

本书将有助于悉知问题的原委。我们越是了解少年司法上个世纪的历史,就越能使我们大家居于"掀起"朱莉娅·莱斯罗普、露西·弗劳尔和简·亚当斯的"盖头"的有利立场。倘若今朝那"三重唱"再度回荡,她们会严责我们对公共政策推进的不利。届时,她们会卷起袖管向我们演示:推进我们所担负的事业需要怎样的勇气与信念。

绪　言

少年法院(The Juvenile Court)是一个引人瞩目的法律及社会机构,如今,它在大部分发达国家的政府中扮演着重要的角色。大多数的现代法律机构是历经数个世纪的演化而成的,但少年法院却是州立法机构的彻头彻尾的发明,首发于1899年的伊利诺斯州。大多数的法律制度不以革命性的原则为基础,但少年法院却力图颠覆素有的法律传统,将儿童(需要政府监护、教养者,以及不服管教者、罪错者)的权益置于法律领域中的首要位置。儿童利益为先,是一种对普通法传统的激进背离,然而这却是美国历史上最为广远且迅速风行的法律改革运动。在一代人的时期中,美国几乎每个州都采取了某个版本的儿童中心主义的少年或家庭法院,而且大多数的西方国家,包括通常对英美法系改革不予接受的民法法系(即所谓的大陆法系)国家在内,都在美国范例的激励下创立了少年法院。

本卷是为了两方面的需要而设计的。其一,收纳一个集册来庆祝一个独特机构的百年华诞;其二,首次集成一个标准的有关少年法院及少年司法的参考著作,以其中现代发达国家少年法院遇到的丰富多样的话题及视角,用之于教育培养有关的市民、法学学者,以及法律专业人员。我们怀着宏大雄心:力图集合一批该领域内的顶尖专家,激励他们清晰易懂地描绘少年司法的目标以及其中重大问题的应对,并通过对少年法院第一个世纪实践的阐明来照亮其第二个世纪实践的前程。集合这样一部卷册是否可行?

在约翰·D.和凯瑟琳·T.麦克阿瑟基金会的支持下,以及一批优秀的少年司法专家的参与下,此冒险于1998年启动。这本集册便是其成果,它不仅是个人才智的典范之作,还是一大群学者的协作之功,为广大读者制作了一部浅显易懂的艺术级的精要之作。

我们意识到在这样一本书中需要论述的课题的多样性和复杂性。对少年司法的一个世纪的综合分析必须考虑:其一,少年司法系统组织、制度及实践的指导性理念的发展历史;其二,在美国和其他国家中,这一系列制度及实践举措与政府针对儿童的其他方面政策之间的互动之道;其三,少年儿童社会及法律意义的变化不断影响少年司法的哲学及其操作实际的其中之道。该集册共十六章,分为五部分:(一)历史考察;(二)法学理论;(三)社会科学;(四)儿童福利;(五)法律及实践之比较。

历史考察是理解少年法院起源及其演化之首要。第一部分展示了相异但相关的三方面的历史。在第一章中,迈克尔·格罗斯伯格(Michael Grossberg)展示了1820—1935年期间美国社会关于儿童福利观念的变化总况。在第二章中,戴维·坦嫩豪斯(David Tanenhaus)详述了美国少年法院的早期历史及其演化发展。在第三章中,保罗·勒尔曼(Paul Lerman)检视了20世纪中的困境少年*对策制度历史。

---

* 困境少年(troubled juvenile/children/adolescent/young people/youth),即罪错少年(delinquent juvenile)以及"无人照管、缺乏管教"(dependent, neglected)的少年儿童等受到少年司法制度关注的少年的统称。在西方国家的法律中,juvenile(少年)、children(儿童)、minor(未成年人)等常用词的含义是基本相当的——一般指不满16或18周岁的人;在心理学中,此年龄的上限为25岁;而adolescent特指青春期少年——罗马法规定:男子14—25岁,女子12—25岁为青春期。同时,delinquent juvenile也可译为"违法少年"、"违法犯罪少年"、"非行少年"、"犯罪少年"、"越轨少年"等。《中华人民共和国预防未成年人犯罪法》中"不良行为"一词的含义与delinquency基本相当。各国对少年司法制度所针对的对象往往有一个不同于成年人犯罪的统称,例如英美法系称之为"juvenile delinquency",而没有采用成年人犯罪所用的"crime";与此相应,对于我们所谓的"少年犯"也不常用成年犯使用的"criminal",而称"offender"或"delinquent";中国台湾和日本法称为"少年非行",对犯有非行的少年则称为"非行少年",同样避免使用"犯罪"一词,以免给少年留下"犯罪"之极端污点。少年罪错/少年违法/少年违法犯罪/少年越轨/少年不良行为/少年非行(juvenile delinquency)其范围一般包括:1.触犯刑律的行为。2.少年身份犯(status offender)或少年"虞犯"(pre-delinquent)。前者即只能由少年之特殊身份才能构成的对法令的违反;后者即足可认为有触犯刑罚法令之虞(或危险)的少年,二者的范围基本相当,即通常包括逃学、逃夜、离家出走、违反烟酒药物等法令的年龄禁令、进出不宜场所、执拗不顺、不服正当管教等。这些不同称谓的根本在于"少年罪错不同于犯罪"(Delinquency is not so as a crime)以及提前介入少年成长时期以防止犯罪人格定型等少年司法的基本观念。本书更倾向于使用"罪错少年"和"少年罪错"的译法,即一方面明示:此概念包含了上述所有范围的两个层面,即"罪"与"错";另一方面还暗示:少年之"罪"与"错"之间存在着事实演进与对策实施两个基本维度上的递进关系,因此而更为准确、贴切,并能合理融入现有的相关概念体系之中。——译者注

第二部分涉及到少年司法的核心法学理论及其相关实践运作。本部分的三个章节融合了概念阐释和历史分析。伊丽莎白·斯科特(Elizabeth Scott)撰写了第四章,其理念标尺为:儿童的特殊法律地位是问题的出发点和归宿。在法律中,如何以及为何将儿童区别于成人来对待?在第五章中,富兰克林·齐姆林(Franklin Zimring)分析了历史上以及现行的关于将少年犯置于少年法院而不是刑事法庭进行处理的基本原理。李·泰特尔鲍姆(Lee Teitelbaum)撰写的第六章阐述了被称为"身份犯"——即因为执拗不顺、逃学、出走等行为被带上法庭的特殊类少年,而如果是成人实施这些行为,则并不被视为非法。关于这类案件的恰当对策,最初的理念和现行理念之间对比的戏剧性差异甚于其他任何的少年司法议题。

第三部分关于社会科学的相关理论以及少年司法政策的研究。少年法院是一个法律公共机构,它需要吸收并实践社会科学的教益,以在其法律适用中更好地为儿童服务。在第七章中,约翰·劳布(John Laub)报告了一个世纪以来关于少年罪错的经验法研究*以及犯罪学理论。在第八章中,戴维·法林顿(David Farrington)和罗尔夫·洛伯(Rolf Loeber)聚焦于现行少年法院中的最严重案件——严重的暴力犯罪者。本部分的最后一章——第九章,展开了少年罪错研究的重要一支——社会生态学及地域研究,从而阐释弗兰克·弗斯滕伯格(Frank Furstenberg)和马克·特斯塔(Mark Testa)所谓的儿童危险生态。他们证实:少年罪错的高发社区内,儿童虐待以及官方失察的比例也同样居高不下。

第四部分论及少年司法机构与其他影响儿童生活的政府部门之间的关系问题。政府与儿童之间的最重要联系纽带即学校教育,伯纳丁·多恩(Bernardine Dohrn)在第十章中探讨了学校、儿童及少年司法机构之间的多方面关系。彼得·埃德尔曼(Peter Edelman)在第十一章中分析了作为国家政府政治问题的少年政策。

第五部分是本册中篇幅最长的部分。本部分对当今世界的少年司法进行

* 经验法研究(empirical research),即学界通常所说的"实证研究"。——译者注

了一系列的比较研究。关于罪错少年对策法律体制被人们忽视的该方面研究,其之所以重要的理由有二:其一,少年法院已经是一个世界范围的现象,且持续近乎其存在的整个世纪。如果不明白不同国家及文化如何采用其少年法院及其附属制度,就不能获取关于少年司法的全面知识。少年司法比较知识第二方面的益处在于:可以作为美国相关改革的参考理念及信息源。国外经验的应用是比较法律研究的巨大财富——但在过去的少年司法中却几乎从来没有得到过应用。

第十二章玛格丽特·罗森海姆(Margaret Rosenheim)给出了比较研究的材料,并从结构、组织和案例的角度分析了美国的少年司法体制。在第十三章中,森田明(Akira Morita)对日本的少年法院及其相关制度作了一种历史性、功能性的描述。在第十四章中,约翰·伊科拉尔(John Eekelaar)叙述了20世纪英格兰针对被忽略、被虐待儿童的法律举措的历史。安东尼·博顿斯(Anthony Bottoms)在第十五章中比较了当代英格兰和苏格兰少年法院的少年罪错对策的发展。1908年,二者基于同样的立法体制产生,但于20世纪60年代分道扬镳。在第十六章——本卷册之结束篇章中,加普·德克(Jaap Doek)纵览了欧洲范围内针对少年罪错者的法律政策。

我们的目标是创制一本参考著作,以指导读者了解现时的以及未来多年内少年司法的主要精神及制度。编辑其作的乐事之一,即我们认识到许多新的教益,我们发现了崭新的视角,以及在阅读本作之组合篇章中,来纪念、来理解一个为了问题儿童的利益而构建起来的少年法院的第一个世纪。

了一套[illegible]……[illegible]人们[illegible]

[illegible]

[illegible]

[illegible]

[illegible]

[illegible]

[illegible]

第[illegible]（Magnus Hirschfeld）[illegible]

[illegible]

[illegible]

[illegible]

[illegible]Anthony

Jones[illegible]

[illegible]1998[illegible]20世纪90年代[illegible]

[illegible]

[illegible]

[illegible]

[illegible]

[illegible]

[illegible]

第 一 部 分

少年司法的历史考察

少年司法的起源及演化历史是全面探讨本题的当然起点，但我们在本部分所集合的历史资料远非一部综合性历史。少年司法的发展进程中包含着多方面的历史范畴，在本卷册前十一章的每一章中都有其相应的历史内容。尽管如此，仍然有一些重大的历史话题没能囊括于本卷册的范围之中。

此第一部分所呈现的资料包括三大主题：儿童福利的一般概念、作为操作实体的少年法院，以及常常成为问题少年临时或长期住处的监禁机构。在第一章中，迈克尔·格罗斯伯格大体介绍了美国 1820—1935 年期间内的专家及公众关于儿童福利的观念。19 世纪至 20 世纪早期，美国人对其社会化失调而又不能自拔的儿童抱有一种矛盾的情感——既担心孩子，又害怕孩子，两种情绪相互纠结。早在少年法院正式诞生之前的很长时间里，这种同情与敌对的矛盾心态便左右着政府对问题少年的应对策略。

戴维·坦嫩豪斯，在第二章中展示：在少年法院最初十年的实践中，其特殊政策的采用并不像通常想象的那样快捷，而是历经了一个演化发展的过程。少年法院脱胎于其立法母体之际，其所有的程序便已定格——塔伦霍斯将此观念称为“完美建构的神话”，与此相反，他揭示：制度是在经验演化的过程中生成的。

保罗·勒尔曼的第三章描绘了过去一个世纪中的各种禁闭少年的制度体系，其中包括公办和私立的罪错少年的拘留及关押场所、医院，以及困境儿童(children in need)的住宿机构。勒尔曼阐明：某种特定形式制度的应用率随着流行而变化，而且那些制度应用的“总体”流行趋势还可以向我们展示其更深层次的意义。

第一章　美国儿童福利观念的变化(1820—1935) 3

迈克尔·格罗斯伯格(Michael Grossberg)

“最好、最明智的父母所希望给予其孩子的”,约翰·杜威(John Dewey)于1899年宣称,“应当成为社会所力图给予其所有孩子的”(杜威,1899,3)。这位教育改革家的宣言反映了无数代美国人对本民族少年的素有的责任感。然而,在实现关于儿童的那些至理名言的努力中,我们认识到了将这些广为认同的信笃转化为行动的复杂性。最重要的是,他们揭示了美国社会的信仰和政策在儿童问题上的根本矛盾。美国社会在“担心孩子”与“害怕孩子”之间进退维谷。历史学家罗伯特·布雷姆纳(Robert Bremner)解析了这一矛盾现状。他解释道:一方面,“从积极的方面而言,其论点为:在民主国家里,儿童是未来的公民,是国家最有价值的资源;为了其自身的安全,国家必须贯彻执行儿童受教育的权利,以使他们成为有益的公民。”然而另一方面,他警言:“从消极方面而言,其论点为:国家必须保护自身免遭那帮被允许在无知、无纪和无敬中成长起来的危险少年的侵害”(布雷姆纳,1983,84)。这两种观念之间的基本矛盾对立贯穿了美国社会对少年态度的整个过程,尽管在过去的某些特殊时期里,其中一方曾占据上风。在儿童福利问题上,这一矛盾对立的明显和灵验更是无与伦比。美国的福利政策显示:尽管素有“以儿童为中心”的华美之辞,现实的复杂性远甚于此。这一现实是至关重要的,它有助于我们理解美国所有少年政策的建构及施行,其中包括本书的主题——少年司法。

美利坚合众国成立以来,其儿童福利政策以及相应时代的观念及实践不 4
断发生变化。有关政策关注着“困境儿童”——主要指那些被认为是不守法纪(disorderly)或无人照管(dependent)的儿童,但是随着时间的推移,那些困境的性质以及相应地被纳入福利政策的儿童的范围发生了显著变化。事实上,“困境儿童”——19世纪的语词称之为“无人照管的儿童”*,以及20世纪晚期的语词“危境儿童”(children at risk),是关于少年心理、生理社会状态以及如何培养他们的一系列不断变化发展的观念。参与儿童福利工作的“演员表”也发生着变化。除了儿童、父母以及其他监护者之外,多方面的人员、公共及私立机构也参与到儿童福利工作之中。

然而,美国社会关于儿童福利的争论由一系列共同关注的问题构成,其每次的出现都会成为一起大众话题。其中最主要的包括:关于儿童在美国社会中的地位,关于合法父母、社会及国家相关利益的性质等问题的争议。这些争议的认识基础为:儿童是相对的弱势群体,他们在根本上有着与成人不一样的需求,以及少年在许多方面有着双重依赖性的现实——依赖父母和依赖国家。理所当然,困境儿童总是被视为最无人照管的。与此同时,儿童福利政策是解决导致儿童困境之顽症的根本策略。更确切地说,特殊的政策应特殊的时期而出现,并产生出时代性的福利工作实践。如此次第而行,便缔造出多层次的儿童福利制度体系,其中,在许多关键的方面,之前的制度持续地影响着现行的制度。因此,我们可以通过考察其历史发展来获取对美国少年司法之儿童福利政策形式变化的内涵或意蕴的最佳理解。

在1820年至1935年期间,美国儿童福利政策有着两个明显的阶段。尽管存在不可避免的重叠,第一阶段于19世纪初期开始,并一直持续到南北战争(1861—1865);第二阶段始于19世纪70年代,终于20世纪30年代。重构美国儿童福利政策的阶段性历史是至关重要的,因为正如历史学家彼得·斯特恩斯(Peter Stearns)所言,阶段化分析是“历史学家对历史变化理解的基本贡献”(斯特恩斯,1982,14)。同一时期相关变化的实例,可以展示影响当时政策及其实践的力量,以及变化及其连续性的相关影响力。美国儿童福利政策历

* 无人照管的儿童(dependent children),即指那些因父母或其他监护人的缺失(如死亡、离家、身心残疾或失业)而失去抚养、无人照管,并从而依赖政府基于“国家亲权”的理念给予扶助、监护的困境儿童。这一定义正式出现于《援助无人照管儿童家庭的决议》(Aid to Families with Dependent Children, 42 USCA §606[a])。参见布赖恩·A.加纳主编:《布莱克法律词典》(第8版),第254页。——译者注

史阶段的划分可以揭示每个时期的有关儿童、家庭及其市民责任观念的核心层面。同样重要的是，儿童福利政策的更替说明了美国少年司法的发展。

力图确定美国儿童社会地位的历史学家们强调：有关“儿童”的一系列动 5
态观念和特定时期关于儿童问题的实际经验之间存在着差距。有关儿童问题的每一时期的时代性观念左右着当时的美国儿童福利政策。儿童天生清白抑或堕落的观念根植于其福利政策之中，且该文化建构对儿童的社会生活有着非常真切的影响作用。然而，儿童公共政策和实际经验之间的关联揭示：少年儿童不仅仅只是政策的对象。美国儿童的年龄、性别、种族以及阶级的差别，以及父母和儿童的个体行为，不断地挑战福利政策的贯彻施行。由于儿童和大多数成人没有留下日记、出版物以及其他以供考察重大事件的资源，许多有关儿童福利问题的冲突难以记录，尽管如此，仍有足够的证据表明：人类之间的关系是互动的——没有人，哪怕是居于最不具力量的地位的人，会缺少影响他人的能力。因而若想探究美国儿童福利观念的演化历史，就必须明白“儿童”的相关观念和儿童生活实际之间的互动关系。

与此同时，这两个时期的儿童福利还关联于对“无人照管的儿童”的社会关注的表达，这根源于儿童、父母、国家和慈善组织之间关系的变化中。通过多年的研究，家庭一直保持着其在美国儿童福利机构中的首要地位，至今如此。但是自美利坚合众国成立以来，美国家庭作为福利机构的作用发生了相当的变化。一些家庭的失败也使得儿童福利成为了国家政策和社会行动的持续目标。同样重要的是，国家是对儿童提供帮助的主要外力。然而，在美国，慈善机构对儿童福利的作用也是重要的。在儿童政策的建构及贯彻中，个人志愿组织常常起着带头作用。他们的行动揭示：在过去的关键时刻里，美国儿童福利的公、私之分被整合，扩大个体和集体道德责任界限的陌生人关系被加以更大的概念重组，从而引起了美国的人道主义改革浪潮以及各时期儿童福利政策的转变。

转变关于儿童的观念以及转变公众和社会对儿童责任的观念，催生了儿童福利政策的工具性观念。儿童福利政策不仅仅是关照特定困境儿童的手段，还是实现更大政策目标的工具——从经济发展以至于道德维护。于是，每 6

个时期产生的儿童福利政策的主导形式不仅说明了特定时期针对不守法纪及无人照管的儿童的政策及态度，还同时指示了针对那些如本书所考察的少年儿童的更广阔的社会政策。

美国儿童福利事业之创建

具有美国特色的儿童福利方式产生于19世纪初期。尽管有关政策构建于英国及其殖民地的基础上，变革还是压倒了因循——这一时期可以称之为美国儿童福利的形成期。这些变革根植于关于儿童、家庭以及关于不守法纪及无人照管少年的公众责任的新理念。其结果是创制出一套与其时代多方相关的儿童福利方式以及实践举措，而这些支配着美国儿童福利政策迈入21世纪。

英国政策奠定了殖民地时期以及"后革命"(post-revolutionary)时期儿童福利方式的基础。1601年《伊丽莎白女王贫困者法令》(the Elizabethan Poor Law of 1601)(以下简称《贫困者法令》)是其中最具影响力的渊源。它确立了英美福利政策的三大基本特征：本地控制、家庭责任以及区分应得和不应得的贫困者，并参考工作、性别和年龄等因素。《贫困者法令》规定：父母及祖父母具有扶助儿孙的法定义务，同时儿孙也有关照其父母及祖父母的义务。基于《贫困者法令》以及对纳税人腰包索取的有限性，需要寻求除公用资助以外的其他贫困援助方式。这些法定义务表现了一直以来的福利问题现实：父母可能会愿意做出财政方面的牺牲以为其儿孙提供一个有利的生活开端，但为困境儿童慷慨解囊却从未成为过一种受人们欢迎的公共政策。该现实情况以关于父母责任的根本信念为支撑，尤其是父亲们应当扶助他们的孩子，且人们还确信：孩子的问题缘于父母亲的道德过失。结果，英国公共福利力图寻求"以最低的价格达成最好的交易"，从而导致了公共援助的紧张，其中，儿童问题一直是最缺乏组织和倡导的。《贫困者法令》还促成了法律学者加科巴斯·坦恩·布勒克(Jacobus Ten Broek)所谓的美国家庭法的双重体制。该体制助长了对下层阶级的压制政策以及对中上层阶级的解脱(坦恩·布勒克，1974)。正是通过这种双重体制，阶级问题得以进入儿童福利的话语体系。其结果是，社会阶级体制并不以此为然，且倾向于说道其他欧洲国家人们对阶级问题所冠以的“依赖和不正常”之类的词语。尽管如此，《贫困者法令》还是确立了减轻、缓解危 7
难者(包括儿童)困难与痛苦的国家责任，并且创制了一项法定权利，以为无助者或危难者寻求公共援助之用。意味深长的是，历史学者克拉克·钱伯斯(Clarke Chambers)记道：“伊丽莎白的《贫困者法令》(在美利坚合众国)一直保持，直至新政时期。历史上，鲜有法律制度持续这么多代。此例表明：此法令根植于人们关于社会当然权威以及家庭行为现实情况的常识”(钱伯斯，1986，421)。

殖民地立法机构将英国法律体制及其基本理念和政策基本保持原样地引入这个新世界。于是，儿童被置于欧洲社会的恒久信条——国家监护(parens patriae)之下，即建立对无人照管者(尤其是儿童)的国家责任。该信条使得国家成为最后的父母。这项政策的主要实践为：将儿童和其他不能独立生活者混为一体，尽管有一些例外，殖民地并没有创立独立的儿童福利政策。像英国人一样，各地方执行《贫困者法令》的官员们继续依靠招收学徒和各种形式的直接援助(户外救济)以及专门机构(户内救济)来帮助穷困者、无人照料者以及孤儿，同时他们批准将儿童置于救济院以及将他们拍卖给最低条件竞拍者——如同对待其他无人照管者。奴隶儿童是美国少年中最缺乏免受虐待保护的，同时奴隶主提供的食品、居住以及衣服方面的福利是最低的。并且，如安德鲁·比林斯利(Andrew Billingsley)和珍妮·乔瓦诺尼(Jeanne Giovannoni)所言，奴隶制度对美国儿童福利的发展有着强大的影响力：“奴隶制度的存在意味着儿童福利机构可以在无视大部分黑人儿童的情况下进行发展。”同时，对白人儿童的有限援助“可能被一种观念予以合理化——相对于黑奴而言，他们的待遇已经不错了”(比林斯利和乔瓦诺尼，1972，23－24)。

尽管美国社会革命运动对儿童福利政策没有产生多少即时的影响，但在19世纪早期，重大的变化开始发生。新的儿童观念以及对不守法纪、无人照管儿童的新的关注促成了人们对儿童福利问题的重新审视。正如家庭历史学者所详细描述的那样，新的家庭信念和实践比先前任何时候都更好地将儿童作为一个有着特殊需要的独特个体来进行对待，并且开始将儿童期作为人生的一个独特阶段分离出来。这些信念还提升了母子关系的重要性，使得儿童培养成为一个更直接的母亲的基本责任，且加强了家庭——作为未来市民和工作者的幼稚园的重要性。家庭的个别化意味着家庭观念的更新，从而对儿
8 童的生活产生了全方位的影响，从服饰到上学，以至于福利政策。尤其是，一系列被称为浪漫主义的新观念的兴起给了美国人一种关于儿童内心世界的全新意象。不同于众多的其他殖民地，在浪漫主义精神的潮流中，越来越多的南北战争前的美国人更易于认为儿童天性本善，而不是堕落。实际上，如今人们普遍认为儿童在道德上优于成人。少年无邪的观念契合了人们关于环境对个体成长重要性的新体验。关于儿童的浪漫主义观念对儿童福利制度的成长及发展有着重要的影响作用。它促进了儿童特殊政策的发展，并唤起了代表儿童利益的公众意志。尽管许多人还是害怕贫困儿童，尤其是那些靠机智生存的“街道阿拉伯人”，成为现在及将来对秩序和稳定的威胁，希望而不是害怕主导了美国儿童福利的第一个时代。

这些有关儿童及其社会地位的新观念使得决策者们力图在一种以个体自治为动力的社会体制中，将儿童作为某种有别于成年人的独特个体来探讨。其结果是强调务必。如此得出一个最具启迪作用的法律语词——“儿童的最大利益”，该语词主导着有关儿童福利的讨论直至20世纪。尽管该语词的确切来由不甚明了，19世纪早期的法官和其他决策者以传统的国家监护理念来涵盖这种新的儿童观念，认为这一新语词有其独特的意义。如某乔治亚高级法院法官在1836年的一起儿童监禁案件中所宣称的，“所有的法定权利，甚至是那些个人安全和自由方面的，都可能因不当行为而丧失，于是，父亲对孩子财产所享有的这项法定权利必须有助于孩子的真正利益与安全，国家保护其所有年龄公民的责任亦应如此”（*In the Matter of Mitchell*，1 Charlton 489 – 95 [Georgia 1836]）。

与此同时，这还唤起了历史学者伊丽莎白·普莱克（Elizabeth Pleck）所谓的“家庭理想”：一系列将家庭隐私神化、使得夫妇及父母亲权变得极为神圣，并且有助于家庭稳定的主观意愿。这一家庭理想预设了社会公共领域与私人领

域的基本分立,而将家庭归入了私人领域的范畴(普莱克,1987)。这一基本分立被证明是至关重要的,因为它有助于儿童问题主要被作为一个私人问题来 9
看待,而不是一个公共事务。根据此家庭理想,公共和社区只有在父母失败之后方能介入。即便是在此情形之下,这种介入仍然是受到质疑的——在这个以反国家主义(anti - statist)为基调的合众国内,公民总是不愿意赋予国家官僚机构凌驾于他们社会与经济生活之上的重大权力与权威。家庭理想是一系列变化而具有回弹力的信条和实践,它对所有有关儿童的政策都具有重大的影响力,尤其是对儿童福利政策。"儿童的最大利益"原则以及"家庭理想"将儿童福利与少年司法、保持家庭神圣不可侵犯与支持国家干预主义权威之间的基本矛盾制度化,并从未予以解决。

关于儿童、家庭和国家的新观念与19世纪二三十年代出现的大型的人道主义改革运动相结合,成其为儿童福利制度革新的主要思想源泉。改革者往往将社会问题视为是对更大范围社会的可怕威胁。他们相信:个人的失败会带来社会疾病,同时,他们还对个人重塑的可能性抱有一种新的乐观主义的信念。大部分的殖民者认为,贫困和其他人类疾病都是人类存在中的自然的、不变的部分。而南北战争前的美国人,尤其是那些人道主义改革者们相信:个人主导着其自身的命运。此观念促使人们判定:贫困和其他人类苦难是个人失败的结果,可以得到救治,并以此激发人们对陌生人命运的责任感。怀着个人转化可能性的深切信笃,改革者们以道德说教作为其主要手段,并尽一切可能地抵制国家的直接动作。

人道主义改革导致了市民社会在这个新兴共和国中的广泛扩展。市民社会是指家庭与国家之间的社会空间,是一个公共的言行空间,其中的个人以非政府或准政府组织、机构及活动为纽带而集合为一体。这些团体发展出来的理念和政策通过报刊、杂志、书籍、会议、职业联合会,以及其他公共领域媒介进行传播。由于其相对的国家弱势、非中央集权、官僚体制不发达等原因,美国成为了19世纪市民社会发展壮大的沃土。其中,民主化、公众主权以及个人主义合并促成了个人对自己、对社会负责的观念:他们得自己行动,而不是等着政府采取行动。其结果导致了志愿者组织——作为应对社会问题的办法，其主导性的提升。如历史学者凯瑟琳·麦卡锡（Kathleen McCarthy）所解释的，“志愿主义精神是将南北战争前的美国社会结为一体的社会因子，培育了
10 一种社会精神，并且持续不断地将公众心愿转化为社会福祉”（麦卡锡，1982，4）。

儿童问题成为19世纪早期改革的重大议题，尽管与其在下一世纪人道主义改革中的中心地位相比有所逊色。事实上，不守法纪、无人照管儿童的问题，作为众多社会改革问题之一，在各式各样的大众运动中得到了伸张——从废奴运动、妇女权利运动以至于反肉体惩罚以及反酗酒运动。代表儿童及其他群体的激进主义没能得到充分的解释，大多数历史学者虽力图去做，但结果却陷于“是仁爱之心的产物，还是社会控制的产物”的争议之中。由此而来的关于改革者动机的争论产生了一些有益的观念和信息，但同时也造成了两极分化的对峙观点，过度地削减了改革运动。利他主义和利己主义显然地影响着所有的人道主义改革，但如果试图去了解其对儿童福利之类政策的影响作用，更有益的方式是审视改革与应时而生的、人类学家所谓的“社会认知”之间的联系，而不是搜寻社会改革的某个单一缘由。人类学家之“社会认知”，即人们理解其所处世界的途径或方法。在儿童福利中，其意思为：人们关于儿童、家庭以及个人重塑的新观念如何促进改革者观念及政策形成。这一时代的新的社会认知导致了个体意识以及对不守法纪、无人照管儿童的群体道德责任感的拓展，并推进了众多人们的相应行动。他们使慈善事业成为儿童福利的中心。

新的社会认知以及社会改革的到来对战前的儿童福利产生了全方位的影响。这些影响作用显现于传统的《贫困者法令》举措的转换，更表现于新的儿童福利措施的创制中。还有一些事例不仅说明了一种新的独特的美国儿童福利体制的产生，还暗示了这一时代的少年司法政策。

在英国和美国殖民地《贫困者法令》之下，学徒制度是一种关照贫困者和孤儿的上选之策。贫困者和孤儿被附从于那些承诺养育他们并以此换取其力所能及之工作的人们。如同其他传统社会中的附从奴役形式，契约拟制了一种类似于家庭的关系：学徒扮演家庭成员的角色，而主人即代理父母。殖民地

学徒制度被大致设定为父亲负责、子女附从的等级社会制度。在此构架中,学徒制度在各社会阶层中起着多样的社会功能,从道德教养、职业培训以至于缓解贫困。

然而,繁荣与萧条循环更替的战前经济日益有赖于自我调控的市场和资 11
本主义企业家们,独立的劳动者取代了众多旧式工场的劳动附庸。由此,以家庭为基础的学徒制度日渐沦为了一种不正常的经济关系。同时,家庭观念的转变,尤其是母子关系的重要性以及家庭作为养育所、庇护所的观念,降低了以契约作为儿童的家庭替代品的吸引力。公立学校的创建也削减了学徒制度作为一种培训制度的作用。工厂劳动者的出现,尤其是对大量没有经过培训的儿童和移民(而不是技工)的使用,以及技术产业的总体下降,增进了这些发展。

这些变化的影响是深远的。学徒关系逐渐被认为主要是一种雇主与雇员的关系,于是,主人的父亲责任和学徒的子女义务随之消退。同样重要的是,学徒制度的法律与实践中预先存在的阶级偏见,如同一道裂口出现于自愿学徒与非自愿学徒之间。私人的、自愿的契约仅限于一种职业培训方式,即年轻人为寻求成为某专业人员,如律师,或技术工匠,如铁匠。非自愿的契约仍作为《贫困者法令》规定的救济各种年龄及性别儿童的主要方式。

尽管有着关于儿童的这些新观念,在执行《贫困者法令》的官员们的财政预算中,学徒儿童的福利问题还只能被作为第二位的问题来考虑。他们主要关注的是,如何减轻当地纳税人的贫困救济负担。大多数州法令规定:贫穷的学徒必须得到初步的教育,如阅读、写作以及(对于男性)算术。因为虐待、对学徒教授不利以及其他违反家长义务的行为,主人的权力可能会被剥夺。法院甚至坚持认为贫困法令契约并没有将儿童沦为奴仆,并且反对主人出卖或奴役学徒的企图。这些正式的保护措施与自愿契约管理规则相接近,构建了一种无偏见、无阶级的学徒制度理想。然而,在太多的儿童福利制度中,现实情况有着太多的不尽人意。无论是在联邦还是在各州,由于赋予社会职能部门的广泛的自由裁断权,保护性法律制度的贯彻执行波动不定。甚者,被一位新泽西法官于1819年称为“公共”儿童的贫困学徒,不能像自愿签订契约的少年那样否决某特定的契约(*State v. Brearly*,2 South.556[New Jersey 1819])。在实践中,法令要求给予学徒儿童实践和道德培训的规定常常被忽视、被免责,如同身体和性虐待的情况一样。在一些地区,贫困儿童甚至不断地被伙同另外一些乞丐拍卖给那些索要条件最低的竞拍者。被解放的黑人儿童承受了最
12 剧烈的权利削减。对于他们的有关契约,肯塔基、密苏里和印第安纳等州通过了排除其教育要求的法令。在其他权限中,法令赋予主人不考虑其经济状况而随意收黑人儿童为学徒的权利。《贫困者法令》规定的契约,尤其是对黑人的,常常太过类似于非自愿的奴役。

两种不同形式契约的不同命运勾勒出依赖性(或附从地位)对美国战前儿童的腐蚀性影响,以及家庭法律的双重体系对儿童福利问题的持久影响。自愿的学徒制度保护个人权利,限制国家干涉;非自愿的学徒制度以依赖性为由,削减个人权利,并鼓励扩充公共干预。如历史学者马克斯韦尔·布卢姆菲尔德(Maxwell Bloomfield)总结的那样,直至19世纪40年代,学徒制度的意义被大打折扣,“不是为各个阶层的儿童提供有益的职业培训,学徒制度目前更多地是起到了招收和剥削少年乞丐的作用”(布卢姆菲尔德,1976,132)。从而,一方面,自愿的学徒制度得不到实际的运用,其法律条款被归入资本主义共和国的劳动法;另一方面,非自愿的学徒制度深深地根植于《贫困者法令》,并受这样一种理念的影响——对社会具有依赖性的贫困者不能获取完全的公民权利。学徒制度的这种双重体制揭示了美国儿童福利制度中出现的某些阶级分界。

战前儿童福利制度的奇特状况还在《贫困者法令》中的另一主要方面——私生子的问题中有所表现。私生子——英美法长期以来将非婚生儿童所作的分类,面临着法律的抑压与歧视。法令、教条和习惯以婚姻来区别合法与非法,后者沦于非婚生子女的法律地位——没有继承权的儿童。数个世纪来的英国法律规定:私生子女与其父母之间没有得到认可的法律关系,没有继承、抚养和家庭成员身份等方面的请求权;非法的夫妻对其子女也没有任何权利或义务。英国法律不愿帮助私生子体现在:拒绝遵从民事法律;不允许通过其父母事后的婚姻来使其合法化。仅有的有关重大法律改革出自于《贫困者法

令》中有关私生子的规定,即他们的父母有扶助他们的义务。私生子法律有着两个主要目的:排除对家庭秩序的挑战,尤其是对财产的分配,以及使公众免受非婚生儿童抚养问题的经济负担。除了顺此而来的父亲权确认诉讼,殖民地时期的美国对这些法律没有做什么变动。

美国革命之后,许多美国人开始质疑私生子法律的逻辑。对非婚生儿童 13
福利的不断增加的社会关注,连同儿童新理念以及赋予其母亲作为其主要监护者权利的新确意,促成了有关法律的转型。同时,下降的私生率及其矛盾促进了当时活跃的性行为规范的变革。美国革命之后,各州纷纷修改其私生子法律,以缓解这些不幸儿童的苦难。大多数的变革减少了儿童沦为私生子的概率。法令和司法裁决宣示:未婚先育的夫妇在其结婚后,其子女身份合法。被宣告无效的婚姻中的子女,同此规定。改革没有止步于此。哪怕是父母没能正式婚姻,其他的法律革新也减少了对私生的惩罚。法官们通过将私生子与母亲之间的习惯关系转变为一种权利及义务对等的关系模式,从而创制了一种新的与继承权相结合的家庭法律关系。法院通过重新解释法律而确立了妇女之监护权、母亲关护的新信念和美国革命之后的有关司法部门对家庭权利与责任分配的权威。类此,法官和立法者开始确立私生子与其母亲以及其他亲属之间的相互继承关系。通过这些措施,法官们区分了家庭成员亲权、对性不道德的惩罚以及财产保护等问题,并力图以此减轻私生子问题所带来的社会危害。

然而,革新只是那个时代的一方面,历史继承性与之并存。美国私生子法律从未摒弃过两个传统元素:财政上保守的地方官员心急火燎地控制儿童扶助开支;对婚外性关系的根深蒂固的偏见。很可能,法律的改革仅仅帮助了那些有能力扶助其子女的,而进一步地将依靠贫困救济的贫困母亲及夫妇淘汰出局。对纳税人钱袋的保护强化了该时代的一种观念:合适的儿童培养有赖于监护人提供充足物质支持的能力。佛蒙特州最高法院主张,没有任何讽刺意图,私生儿童"当其监护权被转移时,其具有与其他乞丐同等的权利"(*Adams v. Adams*,59 Vermont 158 - 61 [1877])。另外,美国革命之后的变革对父亲权诉讼没有多少影响。财政上的恐惧和刑法上的牵绊持续地掌控着局势。这一进程还受性别偏见的引领,尤其是这样一种观念:抚育是一种母亲责任,而扶助的责任则归属于父亲。

对学徒制度和私生子等方面传统政策的修改仅仅部分地揭示了战前儿童福利制度的变化,更为重要的在于该时代的社会革新。这些革新主要是制度方面的和专门儿童机构及组织的创立。公立学校的创立首当其冲。让所有美国少年得到普遍的教育,是这一时代最大的儿童福利举措,这一理想最为清晰地表达了该时期人们对个人改良的信念。其中包含了一种理念:有必要以一
14 种宽广的视野来看待和研究儿童福利问题,而不是简单地将其局限于一种公众和私人对贫困或无助少年的援助。

在19世纪的第一个10年中,有两种新的观念或意识并存:其一,环境对人的发展以及儿童培育具有显著的重要性;其二,美国革命之后,少年被视为政治进步的守望者——担负着将技能、知识和价值观世代传承的重任。流行的意识形态促使美国家庭将儿童培育界定为一种准备,用历史学者艾萨克·克拉姆尼克(Isaac Kramnick)的话语来说,即"生命竞赛"(克拉姆尼克,1990,5)之准备。人们相信教育可以实现世代的发展进步,父母亲们力求使其孩子在进入竞赛之前将所有的抑制因素都去除,这成为了他们家长责任的一部分。学校成为了承载新的教育信念的知识宝库,学校教育是个人发展的基本动力源以及获取平等机会的主要资源。学校被资以多重的、常常冲突的使命:制造一支有教育、有纪律的劳动力大军;抗制贫穷和犯罪;基督伦理教化等等。于是,学校教育被设定为一种公共责任,以及一种公共防卫方法。如此,学校教育承载了人们因儿童问题所唤起的希望,及其所带来的担忧。

然而,公立学校还就儿童培育问题对家庭权力形成了挑战,形成了家庭责任的转移,传递了儿童福利新观念的信号。据斯坦利·舒尔茨(Stanley Schultz)所言:"教师可以居于父母的位置,审视每一个孩子的品格、道德与习惯,以及运用道德的权威,而这些权力都曾经属于家庭。"由此,公立学校成其为"一间课堂,一个家庭,一座教堂——所有的一切为了所有的孩子"(舒尔茨,1973,55)。父母们一般接受学校对儿童技能和价值观教育方面日益增加的控制,于是也默许了其相应权威的减损。然而,他们反对责任的完全转移,许多父母曾

为家庭自治与国家机构(如学校)权威之间的新界分而抗争。争端爆发于体罚、强制的新教信仰教育以及其他一些引人关注的举措的运用,这些举措关涉到家庭和国家之间权力的分配问题,以及家庭成员个体和公共机构工作人员(如教师和学校管理者)之间的自治与权威问题。例如,加利福尼亚州学校事务总监约翰·斯韦特(John Swett)于1874年呈言州立法机构:"儿童必须被教导以遵从于其教师,在许多方面,胜过其父母的权威……那种以为父母有着指令教师的法定权利的印象,是完全错误的……在与教师较量中,父母是束手无策 15
的"(卡尔森[Carlson],1998,42)。诸如此类的言论记录了一个儿童问题上的新权威的出现,在接下来的数十年中,这一新权威为各式各样的公共和私人官员所执掌,包括少年法院法官。学校不仅是一个学习基本技能的地方,它还总是成为了一个此类冲突的重要竞技场。然而,在这个时期,自愿性的学校体制意味着学校教育是孩子父母的选择。在学校教育信念不断增强的情况下,这样一种政策不仅表达了人们对家庭自治的更强信念——在这些年代中如此地占据着统治地位,还显示了这一时期人们的乐观信念——父母们会正确行事,从而同时展示了家庭理想力量的延续和变革。

然而,尽管人们深信所有的儿童应该受到教育,且教育应当平等,但差别还是出现了,并深深地根植于该体制中。因为进校入学是自愿的,仅仅只有那些有能力且愿意始终参加的那部分完成了学业。另外,许多儿童缺乏在课堂中获取竞争成功的技巧。19世纪50年代,大量移民的涌入使得大城市中的有关问题加剧。另一些学生受困于缺乏充足的学校教育。还有一些干脆被阻隔于校门之外。许多南方州的获得解放的黑人儿童缺乏上学的条件,同时许多北方的黑人儿童忍受着种族隔离式的学校教育。同时,有关的课程设置将男孩定位于工厂,而将女孩定位于家庭,由此而再产生并加强了性别的差异。

尽管如此,公立学校被人们视为是一种启蒙的、必要的、普遍的儿童福利措施,得到了南北战争前美国人们的强力支持。例如,面临指控——宾夕法尼亚州议员、后来的激进的共和党议会领袖撒迪厄斯·史蒂文斯(Thaddeus Stevens)于1835年为学校教育税收进行辩护,反对者指控称:州自由学校教育法律从成功者手里拿钱，用以帮助贫困者；他辩称：学校教育征税为纳税人带来了利益，因为让所有的儿童接受学校教育“使得政府长期稳定，且确保了法律的正当管理，他们生活于这种秩序下，他们的生命和财产以此而得到保护”（转引自布雷姆纳，1983，85）。于是，公立学校成为了寻求解决社会问题和改观未来灵感的主要地方，以及一个承载着过多期望和责任的机构。

不同于那个时期中其他主要的儿童福利革新举措，公立学校不仅传达了福利于所有儿童的理念，还同时表现出福利于更广泛的社会的内在理想。避难所专为家庭缺失的儿童所建。这些公共机构的产生源于三个方面：其一，人们日益增加的对不守法纪、无人照管的少年困境的关注；其二，将这些少年同其他乞丐一起托付给公立救济院所带来的不良后果——在救济院中，他们经常受到虐待，且得不到学校教育；其三，对传统的户外救济和其他救助方式，如拍卖乞丐，人们的不满情绪日益增长。尽管混合型的机构（如救济院和贫民习
16 艺所）被长期用以关照贫困者，作为家庭替代机构的孤儿院风行于当时；避难所表现了那一时代的进程以及儿童福利和少年司法之间日益增进的联系。南北战争前的制度改革者认为，这些新的专门机构不应当成为“垃圾堆积场”，而应当成为革新地，即为个人的革新提供合适的环境，这在传统的《贫困者法令》体制中是不可能的。这些新机构还表现了人们不断扩展的对少年的责任感，以及如今确定难移的信念——不守法纪、无人照管的儿童需要特殊的关照和矫治。如此，这些新机构的建立还表达了那个时代人们的寄望与乐观。

1824年，纽约市建立了第一个少年矫正所。其后，效仿者接踵而至。基于一种信念——结构化的环境可以重塑少年的人格，避难所的创立者们强调：严格的纪律、教育和劳动工作是矫正的主要方法。据历史学者戴维·罗思曼（David Rothman）所言：“儿童改革家的乐观精神的核心点，即他们和改进其他关护机构的同仁一样共同坚信：日常生活的严格而稳定的纪律约束可以重塑人格”（罗丝曼，1971，213）。由此，纽约避难所为其受庇护者提供了“鼓励勤奋
17 的就业”、“阅读、写作和算术”的基础教育，以及“对其道德和信仰责任本性”的教导。同样重要的是，这些机构被赋予了广泛的管辖权——犯罪的、流浪的、

疏于管教的(neglected children)*，甚至是不服管教的儿童皆在其中，为实现其目标，于是所有的不守法纪、无人照管的儿童被囊括在一起接受基本一样的矫治。将不守法纪、无人照管的儿童同成年人分离开，并将这些儿童囊括在一起作为类似政策的目标——其成为美国有关政策的显著特点，这逐渐将儿童福利和少年司法的实践及机构合而为一。典型地，波士顿避难所被赋予"将所有的被判定为犯罪的、被拘留的以及其他违反共和国法令的儿童'关进来'，以及查禁和惩处流浪无赖、漂泊无业、普通乞丐等游手好闲的不守法纪的猥亵下流的人员"的权威。同时，市长、市议员以及穷人的监督者们会建议将"所有的游手好闲或生活放荡的儿童——他们或是父母双亡，或是父母酗酒、行为不端、没有正当的职业，或对上述儿童没有进行有益的控制"——判入避难所，从而可以使他们"得到下文中论及的管教、处置，男性直到 21 周岁，女性直到 18 周岁"。最后，这些机构根据性别以及那个时代的种族信念，建立了女性和黑人的单独区域。在儿童福利问题的另一个周期性发生的现实中，纽约机构的主管们强调：防止不道德性行为是将女孩纳入机构的主要理由。它可以帮助那些"过于年轻地染上了堕落积习的，或者其生活大体而言是道德的，但却屈从于堕落组织的诱惑，突然地面临声名狼藉的痛苦折磨，并被冷酷无情的公众抛弃于困顿的角落"(转引自霍斯[Hawes]，1991，16，15)。这些政策来源于这样一个和其他救济场所(如监狱、精神病院)的支持者相同的信念：只有特别编制的环境才能免使他们沦为无知、恶习和犯罪的牺牲品。由此，这些政策使我们感受到了出现在 19 世纪美国及其少年福利制度中的隔离主义冲击的深度。

避难所的费用花销昂贵，其经营者不得不四处奔走，寻求资助。救济机构的经营者在寻求资助时，希望公共机构与私人机构之间的区别不太分明。例如，某些州建立、发展了一种补助金制度，以使得公共资金被用于资助关护儿童的私营机构。这些政府官员发现，相对于建设、运营国家的救济机构而言，这种资助更为经济。其结果是，赋予了私营救济机构经营者广泛的政策权力，

---

* 即指那些父母或其他法定监护人因为暴虐、不道德或缺乏能力而不胜任于监护，或者父母不履行或不适当地履行抚养义务的困境儿童。参见布赖恩·A.加纳主编：《布莱克法律词典》(第 8 版)，第 255 页。——译者注

并创制了一种环境——使得那些经营者可以将救济机构作为盈利企业来运作。其他一些州赋予了经营者与私营商业部门签订合同以为避难所的儿童提
18 供就业的权利。通过这些途径,南北战争前避难所的经营者们游离于行为和责任的公共与私人领域的界限之间,同时,他们以此而建立了美国儿童福利制度的另一个循环特征。

这些矫正机构的权限及其提供的劳役引起了一些父母对其孩子被监禁的状况提出了抗议。最具影响的挑战出自于1838年宾夕法尼亚州最高法院在"克劳斯案"中的一项裁定(*Ex Parte Crouse*.4 Wharton 9-12 [Pa.1839])。法官否决了某父亲的诉请,该诉请称:他的女儿有正当法律程序权利(due process rights),于是,不经审判即应女儿母亲的请求将其女儿置于庇护所的做法是不合法的。明显地,他们认为庇护所的安置措施不是惩罚,而是矫治;在父母失利的情况下,公众有权采取行动。法院赞成庇护所的合宪性,并裁决:费城庇护所是一所学校而不是一座监狱,从而揭示了儿童福利信仰及其实践在少年司法中的支配地位。他们宣称:"该儿童是经过一个确认其是否堕落的程序后,才被带过来的,这不仅仅是一个对她个人权利的限制问题,还更是一个极端残酷的行为——如果将她从中释放出来"(*Ex Parte Crouse*.4 Wharton 12 [Pa.1839])。这一意见以法律的形式表达了美国儿童福利政策中潜在的家庭理想以及相应的阶级局限性:国家必须尊重家庭的权利,同时,对儿童管教失利的家庭将因此而丧失其相关权利。失利家庭的儿童需要的是治疗性的矫正,以帮助其重新融入社会,而不是将其归结为一个法定权利问题,或是纳入对抗性的程序中。克劳斯案中的模糊措辞,如处理(治疗)、福利、利益等,将在接下来的岁月中被不断重复,并被赋予阶级、种族和性别等方面的意义,并以此揭示出家庭法令中的双重体制的持续影响。虽然如此,如同社会中其他无人照管者一样,儿童被进行阶级、种族和性别等方面的基本分割,被确认为特殊的个体,且司法部门为他们合法地配置了特殊的机构。

然而,到19世纪五六十年代为止,无常而有限的资助、过于拥挤、管理不善等问题埋没了庇护所的矫治目标。鲜有证据可以显示:精心编制的日常生活规程达到了其对个人人格重塑的目标。不过,儿童矫治机构运动还是席卷

了整个合众国。在该世纪余下的年代中,各州继续进行着将儿童从救济院转移到专门矫治机构的做法。专门机构矫治有其自身的要求,如果没有别的,即令儿童离开街道并脱离不良家庭。矫治机构成为了处置不守法纪以及其他无人照管少年的基本途径。至 1861 年,当俄亥俄州通过第一个法令——要求对所有郡县救济院中的儿童进行强制性的移交托管之时,美国大约有着 75 个彼此独立的儿童矫治机构。至 1890 年,可能有 600 个之多(特拉特纳[Trattner]
1974,100)。顺此逻辑,并基于对可控制环境(managed environments)矫治力的 19
类似信任,宗教团体、民族团体以及友爱和慈善协会建立起孤儿院,以便那些父母死亡或者丧失能力者的孩子可依此理而承继其父辈的传统和价值。实际上,宗派主义的孤儿院成为了关照儿童之特殊机构的最盛行的形式。其中有许多还赢得了公众的支持,并成其为那些暂时不能照顾儿童的贫困家庭的中转过渡站。尽管从未支配对不守法纪、无人照管儿童的援助,这些机构仍成为了美国儿童福利的永久性固定设施,及其在少年法院出现之前最显著的标志。

美国南北战争前儿童福利制度的最后的重大创建表明了对该时代有关设想的批判,还同时显露出行将支配下一时期的政策措施的征兆。在 1853 年,尊敬的查尔斯·洛林·布雷斯牧师(the Reverend Charles Loring Brace)创建了"纽约儿童援助协会"(the New York Children's Aid Society)。布雷斯这一行动的付诸实施,不单单是出于对儿童的担忧,还同时出于对儿童的害怕:"对于财产权的价值或社会制度的永存来说,没有任何的危险可以甚过来自于一帮漂泊流浪、无人监护或无人管教儿童的危险"(转引自布雷姆纳,1970,1:757)。他打造了这样一个语词——"危险群体"来形容那些"被遗弃的、邪恶的、粗鲁的纽约男孩群伙,云集于……每一个污秽的小巷和粗陋的街道"。如果这些男孩被社会所忽视——如同其父母对待他们的那样,布雷斯预见到这样一种可能性——"这一群体将会产生爆炸,并将城市陷于灰烬和鲜血"(布雷斯,1872,28-29)。少年罪错的持续增加敲响了社会的警钟,如果不对纽约的无家可归者、流浪者和罪错儿童采取一些缓解措施,财产权利、伦理道德以及政治生活等方面都会受到威胁,为了挽救这座城市,布雷斯创建了"纽约儿童援助协会(NYCAS)"。在此过程中,如阿什比(Ashby)主张的那样:"纽约儿童援助协会将儿童的概念政治化，并将其作为社会变革的一种杠杆。布雷斯意图分解贫民窟家庭，而 NYCAS 为援助街头顽童提供了相应的行动理由。具有讽刺意味的是，如此的基本原理无疑反映了对儿童的同情，但却表现出对其父母的痛苦与不幸的漠视”（阿什比，1997，46）。同样重要的是，布雷斯起到了一个儿童政策主导者的模范作用，且在其后儿童福利以及少年司法制度的制定和贯彻中起到了越来越显著的作用，如同少年法院法官本·林赛（Ben Lindsey）和“儿童局”的领袖朱莉娅·莱思罗普。

纽约儿童援助协会是另一种承载福利制度的混合物——尽管是一个私营机构，它不仅依靠志愿捐助，还同时依靠社会公共补助金。实际上，其管理者们质疑国家机构有效应对儿童问题的能力，并担心公共项目中的赞助以及腐败问题。协会的首要目标，即让儿童离开街头。它建立起一座产业化的学校，
20 为无所事事的男孩们提供职业培训，并尽力为他们找到工作。它还开设了一家“报童寄宿家庭”（Newsboys Lodging House）以使卖报小贩离开街头。

然而，布雷斯觉得这些措施还不充分，并称：现存的专门机构，尤其是“避难所”，益处不大。相反，布雷斯成为了专门机构化的坚定反对者，并主张将都市儿童安置于乡村家庭。这种具有争议的政策源于其两方面的信仰：其一，家庭生活（辅以公立学校）之道德教化功效；其二，通过农场劳动和家庭杂务对少年进行的纪律教化作用。他热诚地相信：这种环境能够将儿童从邪恶的街头教育中挽回。在某种意义上，这是被废弃的学徒理念的一种复兴版本。从1854年开始，布雷斯以向西部农家输送儿童的方式来实践其计划。之后的25年时间里，“孤儿列车”总共从纽约市转移了五万多名儿童。

布雷斯的安置政策引起了强烈的反对。儿童问题改革者们指责纽约儿童援助协会没有采取什么措施来保证孩子们能得到良好的安置和良好的待遇，并声称：司空见惯，这些孩子负担着过于繁重的劳动，缺衣少食，且很少被送去上学。反对的声音还出自于穷人，他们中的许多人不希望自己的孩子被送往如此遥远的地方。甚至于一些西部州也反对该政策，抗议其将这些州变成了
21 不守法纪、行为不轨的都市少年“垃圾倾倒场”，他们中有些还从其新家中逃走。一些州联合起来禁止这种举措，其他州则要求纽约儿童援助协会为每一

个儿童提供保证金,以防其成为公众的包袱。最终,天主教会指控西部安置计划显现了新教企图将天主教儿童转送出该城市的一种战略。于是,布雷斯项目进一步推进了天主教会建立其自己的安置其不守法纪、无人照管的天主教儿童的专门安置机构,并促进了一个独立的天主教儿童福利体制的创立。

尽管西部安置政策存在争议,且没有得到效仿,但越来越多的都市美国人于19世纪建立起"儿童援助协会"。该协会的增殖反映了人们日益清晰的一种结论:其他解决不守法纪、无人照管少年问题的政策已经失败了,尤其是那些专门的收容所;这还同时反映了人们渐渐增长的一种对工人阶级家庭及其孩子的不信任感(如果不是害怕的话)。这些结论及意识的扩散还表现了美国社会福利政策日渐形成的一种态势——将少年作为独特个体来对待,少年具有其自身的与其家庭相分离的需要和利益,由此而需要针对他们的专门福利项目。最后,"儿童援助协会"运动表达了一种与日俱增的对家庭关护的呼吁,确切说来,即出现了受监控的收养家庭,以替代对不守法纪、无人照管少年的专门机构矫治。于是乎,开启了关于专门机构矫治与非专门机构处遇的功效及问题的反复争论,这也成其为美国儿童福利制度的一个永久话题。

在19世纪的前50年,美国儿童福利首次形成了一套独特的政策和机构。关于一般儿童和不守法纪、无人照管的特定儿童的需要和问题的更广泛的社会观念引发了以儿童为中心的福利政策体系的建立。有关发展的核心,即家庭作为社会唯一的儿童福利提供者地位的位移,以及可供选择的其他儿童福利机构的创立,尤其是学校和矫正所(或称少年管教所、少年感化院)。经过这一时期的发展,在英国和殖民地贫困者法令政策的基础上,一套别具一格的儿童福利体制建立起来。它对儿童福利制度有着另一番诠释,伴随着关于个人道德责任以及少年、父母、他人和国家角色与义务的地方性的争议和辩论。这表现在如下事端中,如对罪错及无人照管儿童的专门机构矫治的合法性与有效性问题;儿童公共机构与私营机构之间的界限问题;将儿童与成人以及根据儿童所属社会团体、性别、种族以及其他方面的不同,彼此隔离。儿童福利的新体制构建了一个内在的结构以及一套观念信仰和实践措施,成为美国社会 22
福利制度的永久特征,并由此构架出后来的儿童政策,尤其是在20世纪即将到来之际的一套独立少年司法体制的创建。

工业时代美国之儿童福利

美国儿童福利制度的新纪元始于 19 世纪末期。该世纪早期建立的基本体制大部分仍旧保留,最显著的是对州、郡管理的公共资助的依靠,以及采取公私结合的机构来解决困境儿童之特殊群体的问题。但儿童福利制度在工业化的美国社会中获得了一种新的关注和一套新的认识,由此该体制发生了重大的变革。该时期中,人们对特定政策日益觉醒,解决不守法纪、无人照管儿童问题的新观念、新举措相继出现,这些变化促进了福利制度革新的继续。更直接的是,通过引发人们对陌生儿童的新的关注以及对他们的新的责任感,美国人道主义思想的第二次浪潮将儿童福利制度的革新推向更为深入的层面。然而,不同于第一个时期的是,新时期的儿童福利制度受制于"害怕儿童"(fear of children)意识,更甚于"担忧儿童"(fear for children)的意识。典型之例如,"男孩俱乐部"组织者 J.F.阿特金森(Atkinson)警示道:"如果我们不将他们拉起来",这些街头流浪儿童"将会把我们拖垮"(转引自阿什比,1997,80)。这一时期的改革者对自律、个人和家庭自治的信心大为减损;相反,他们对公共机构和专业机构的信心大大增加。这种转换可以在新运动的冠名——"拯救儿童"中获得证实。如米歇尔·卡茨(Michael Katz)主张道:"拯救儿童运动不仅转移了社会福利的焦点,更甚者,它是一种新的心理学理念,一套重要的战略革新,一种对政府作用的加强,一套重组的家庭与国家之间的关系"(卡茨,1986,123)。又如历史学者汉密尔顿·克雷文斯(Hamilton Cravens)主张:"伊利诺斯州立法机构于 1899 年创立的少年法院很可能是拯救儿童的专门机构中最突出的一个"(克雷文斯,1993,7)。

拯救儿童运动利用了确立运动目标和举措的相关资源。最重要的是,它源自于人们对家庭纷乱局面的恐惧,这些恐惧引起了公众关于本国儿童命运问题的激烈讨论。从 19 世纪 70 年代开始,大量的信息似乎记录了不断增加的家庭解体:离婚的增加、妇女参加工作的增加、受过良好教育的女性的低结婚率、中上阶层生育率的降低以及工人阶层和移民家庭生育率的增加、贫困的增加、少年罪错问题的节节攀升,如此等等。通过回顾清晰可见:该时期的家 23
庭问题及变化是经济、社会的重大结构性变化的产物,而这些结构性变化与工业资本主义、都市化以及移民进入等密切相关。当时,尽管人们强调的重点还游离于遗传继承和环境影响等两者之间,工人阶层和移民家庭及其邻居还是被标定为一种传染源,威胁着周围社会。简而言之,家庭危机感一方面导致了人们对众多家庭的可怕困境的深层次理解,另一方面引起了人们的一种担忧——家庭的困境可能对社会产生破坏,于是,促进了人们致力于拯救儿童的工作。

遍及整个欧洲的对儿童期的重新定义也促进了拯救儿童的运动。随着对儿童发展的新的理解,人们拓展了"早期"的概念,并发展出一种更精确的儿童概念——有着其自身需要和兴趣的独立而独特的个体,以及一种儿童期的概念——学习、生长和玩耍的特殊时期。这些新观念铸就了该时期的许多名词,最突出的如社会学家维维安娜·泽利泽(Viviana Zelizer)所谓的儿童期的"神圣化"——一种看似自相矛盾的儿童观念:为他们的父母带来了更大的情感价值,但同时其经济价值降低(泽利泽,1985)。

如前一时期一样,这种对儿童概念的重构带来了新的社会认知,并随之引起了儿童福利制度的变化。在这一时期,这些概念重构引起了人们对少年的特殊脆弱和需求的关注,并"点燃"了人们的决心:通过延长其年少依赖期以及尽量将少年排除于市场和公共生活领域以外的方法,为所有的儿童生活创造出更大的自由空间。随之而来,对儿童的重新定义使得工人阶层和移民家庭儿童的有关信息愈发地令人警觉,从而破坏了人们对家庭差异的宽容。它强化了一种结论:如果不是相互自愿,合适的儿童期应当受到社会给予的干预。缺乏合适儿童期的儿童是需要治疗的——这一认识伴随着人们不断下降的对家庭自己独立抚养其孩子能力的信心,在某种意义上,是后者导致了前者的产生。同时,关于儿童的新观念还成为了反对处置无人照管、不守法纪儿童的专门机构的理由,这一声音由布雷斯及其同仁在"儿童援助"运动中首唱。与日俱增,专门机构被认为是有害于儿童的,儿童并不需要收容所的管制,而是需要自由以及在家庭里才能获得的个别化的养育和培训。于是乎,尽管存在着家庭危机,儿童拯救者们还是设法通过进一步密切其关系的方法来维持家庭的功能,或者他们设法将不守法纪、缺乏管教、无人照管的儿童安置于收养家庭。

市民社会的扩张也促进了儿童拯救运动的发展。到19世纪末为止,两个
24 关键因素的结合使得儿童问题日益成为美国市民社会关注的焦点。其一,妇女在其中的作用日益显著。美国特色的弱小政府为妇女的政治、社会活动提供了比大部分欧洲国家妇女更为广大的空间。美国两性分立的社会现实为妇女增强其影响力提供了空间。于是,关于妇女的,尤其是那些潜心于孩子和家庭的妇女的重要性的争论日益增加。其二,慈善机构和专业机构也在公共领域中起到了更大的作用。慈善家及其组建的组织在重大公共政策的讨论及贯彻执行中扮演着前所未有的强有力的角色。同时,有组织的专家们,尤其是心理学家和社会工作者,基于其无私的专业主张,奠定了其在公共领域内的专业地位。时而联合,时而对峙,慈善家和专业人员成为有关儿童和家庭问题的举足轻重的信息资源以及行动力量。

最后,拯救儿童运动还源自于人们在该时期的一种新意愿——反思国家权力的合法界限。社会和经济的变化推动了人们对国家(政府)在美国社会生活所有领域中的作用的重新评价。美国社会长久存在的反政府集权主义的总体信奉,以及对根植于家庭理想中的家庭自治观念的特别遵从得到了重新的审视。激进主义分子以及其他的政治从业者抓住了该时代的潜在危急,要求在公共利益与私人利益之间进行一种新的平衡。他们主张:用以挽救社会的变革要求公众付诸更大的行动,因为只有国家(政府)掌控着更为有效的管辖家庭的资源和法律手段。新的举措显现于该时期的一个重大官方革新——州慈善委员会(State Boards of Charities)的兴起。始于马萨诸塞州,1863年,州立法机构建立了如此的委员会来监管和协调福利政策以及相关机构。如此的变革意味着,不同于第一次人道主义运动对道德规劝以及非政府解决方案的依赖,第二次人道主义运动对个人自我改造的可能性打了折扣,并转而通过国家(政府)的强制性权威来构建一个公正的社会。接下来,如此的努力构成了

美国社会一项更大的奋斗事业的一部分——以福利政府取代其“守夜者”政府。

儿童福利居于该国家结构体系的中心。该时期儿童福利制度的适用范围和指导方向发生了变化,这表现于这样一个事实:在美国,如同英国一样,“政府的儿童”(the children of the state)一词曾经特指那些直接受官方机构照料的儿童,通过宣扬一种关于政府的更大范围作用的观念,该词开始被用以指代所有的儿童。伊利诺斯州尊敬的劳埃德·詹金斯·琼斯牧师(Rev. Lloyd Jenkins Jones of Illinois)于1898年宣称:“所有的儿童都是政府的儿童,否则都不是”(转引自蒂芬[Tiffin],1982,218)。结果,如同政治科学家马修·克伦森(Matthew 25
Crenson)近期在关于孤儿的研究中所论辩的那样,该时期的改革者们将收容所“翻了个底朝天”,并以此脱离专门机构化(institutionalization)的发展路径,同时却保留了收容所的监视权力——通过增强政府机构对儿童和父母的管辖来实现(克伦森,1998)。少年法院真正成为了其中一个主要的公共管理机构——通过贯彻执行新的家庭生活的法定标准以及监察失败家庭儿童的移管和处遇,从而形成对父母和儿童的监管。

这些不同的发展演进组合起来,共同推进了美国儿童福利政策的重大变革。已经存在的项目得到修正;新的项目被按照“儿童最大利益”的理念进行重新定义。儿童福利制度修正和革新的一些例子暗示了美国儿童福利史上这一至关重要的第二篇章的性质及结果。

“预防残害儿童协会”(the Society for the Prevention of Cruelty to Children或SPCC)的创立正好表明了儿童福利政策的新进程。在被虐待儿童故事的激发下,纽约的改革中坚分子于1875年创立了第一个反残害协会。一时间,各州相继效仿。有关的推进力来自于两个方面:其一,人们对家庭失败的社会后果的担忧;其二,人们不断增进的一种意识——儿童是向社会提出特定诉请的代言人,例如免受来自家庭以及街头的身体暴力的侵害。与此相类似,州立法者创制了新的刑罚来对付虐待儿童的行为,并以此加入了这场运动。如SPCC的创立者以及儿童政策的主办者埃尔布里奇·E.格里(Elbridge E. Gerry)所言:“不论违犯者如何的尊贵,社会都有权证实、抗制他;不论其对象如何的堕落不堪,社会,基于其共同体责任,都必须伸出其援助之手,将他们从饥饿、穷困、暴虐,甚至于死亡中解救出来。无助的小孩应当有保护者,但因为某种原因,不是她(或他)的错,她(或他)的这些权益却被剥夺"(转引自普莱克,1987,76)。遵循这种理念,SPCC促进了人们重新界定并聚焦于虐待儿童的概念,并使其成为了美国儿童福利政策的恒久理念,尽管直接的关注时有盛衰。批判性的,如霍斯所强调的:"SPCC是第一个明确主张加强儿童对抗其父母权利的观念的"(霍斯,1991,22)。例如,格里强调:这是一个"基本的公理,如今我国的儿童享有一些连其父母都必须尊重的权利"(格里,1882,129)。由此,反残害协会的兴起增进了对家庭的管辖干预,从而导致了对家庭理想的另一次修正。

同样重要的是,反暴行运动(the anticruelty movement)创立了半公半私的组织,从而延续着美国儿童福利政策的机构杂交的特点。法令赋权社会私人代理者与警察合作,共同拘捕和控告实施虐待行为的父母,并且,如果必要的话,
26 将儿童从其家庭转出。于是,格里之类的私人代理者便可以如同公务人员那样决定,哪些虐待行为将被控诉。尽管该时代的一种炽热辩理——保持公共和私人之间权力的严格界分是相当重要的,但人们继续倚重公私合和的机构,从而延续着早期的策略——私营机构作为儿童政策的创建者和执行者。其持续性意味着:美国在公共权力问题上具有不同于西欧福利国家的挥之不去的
27 困扰,尽管改革者们支持更大的国家干预。美国并不是采取创建新的公共官方机构的方法,而是倚重于分配性的战略,即运用税收政策、津贴以及分散的责任制来培育一个蓬勃有力的、充满政府授权的、私营机构的公共领域,以应对虐待儿童之类的社会公共问题。

为了将中产阶级家庭规范加之于工人阶级家庭,社会采取了关于暴行的广阔定义,并对工人家庭施加了广泛的管辖。尽管儿童救援者关于家庭一致的辩驳,但社会存在着许多而且是越来越多的各式各样的需要和利益相冲突、内在不同的家庭。依此逻辑推演,许多工人阶级和移民家庭认为社会,或者众人所谓的"暴行",是一种对其家庭自治的直接威胁,以及对其孩子培养信念和措施的一种攻击。于是,尽管虐待儿童的行为明明发生了,据历史学者琳达·戈登(Linda Gordon)所言,"一些儿童虐待案件源于对儿童合适培育方式的分

歧”,而另一些“源于贫困所引起的不可避免的折磨”。其中包括“困苦和营养不良、在父母工作时得不到照管、穿不暖、房间没有供热、床铺长满寄生虫、尿布得不到更换、伤痛得不到医疗”(戈登,1987,21－32)。如此,如同该时期众多的其他改革一样,反暴行社会运动治标不治本,即试图加诸一种儿童福利的单一标准,而忽视了穷困者生活状态的更为广阔的社会背景,以及下一代的儿童救援者们认识到的一种现实——儿童虐待问题超越了阶级的差别。

同时,有关的协会组织无法单边地将其政策施加于有关的家庭。父母和儿童并不仅仅是SPCC的被动接受者。如戈登等人所揭示的那样,家庭成员们常常转而将反虐待法律为其所用,正如他们将孤儿院和其他儿童庇护机构作为其在特别困难时期的庇护其后代的临时处所那样。尤其是,妇女和儿童会凭借虐待控诉来重新谈判其在家庭中的权威。父母会利用“暴行”来威胁或惩罚其不能管制的孩子——孩子会举报父母。如此,反虐待儿童之役,如同该时期的其他儿童福利改革,不仅仅是简单的关于监督新水平以及家庭政策双重体制持续影响的编年史,还更是对家庭之间、家庭与政府之间、家庭之内的权力与决策的重新谈判的推进。其间还展示了贫困者和依赖者在美国福利政策的运作中是如何扮演重要角色的。

同样具有象征意义的风行于该时期的官方及政府集权的儿童福利新举措是1912年美国联邦儿童局(the United States Children's Bureau)的成立。这一事实发现机构(fact-finding agency)是第一次“无人照管儿童关护之白宫会议”的直接成果。旨在交流有关贫困儿童的信息,并推进有关行动的实施,该会议于 28
1909年召开,与会探讨了重大的儿童福利问题。在致应邀出席者的一则通讯中,西奥多·罗斯福总统谈到那成千上万的身居矫治机构和收养家庭的儿童,表达了该时期社会的希望与担忧:“这些儿童中的每一个,可能成为国家生产力和文明公民的后备军,而如果被置之不理,他们就可能成为破坏社会的潜在力量。被剥夺出自然家庭的儿童们没有得到充足的照管,他们中的很大一部分成为了各种层次罪犯以及社会其他敌人的后备力量”(转引自布雷姆纳,1983,88)。总统和其他与会人士支持以知识为武器来与儿童罪错作斗争,该会议还认可建立一个收集全国少年信息的联邦机构。

联邦儿童局被批准以调查和报告“所有关于儿童福利和各阶层儿童生活的事宜,并应当特别关注婴幼儿死亡率、出生率、孤儿、少年法院、遗弃、儿童危险境地、事故和疾病、就业、影响儿童的各州及其领域之立法”(转引自霍斯,1991,47)。然而,人们对家庭自治和神圣的担忧导致了一个法律条款的订立,
29 即禁止儿童局的工作人员在未经允许的情况下闯入家庭,这反映出家庭理想对国家政策的持续限制作用。如同其他创立于该时期的联邦“阳光”机构,联邦儿童局的主要任务即收集信息并利用宣传发动公众支持儿童福利政策的变革。不过,如历史学者沃尔特·I.特拉特纳(Walter I. Trattner)所言:“儿童局具有非常重要的意义,它迅速成为了中心,在一些案例中,还是唯一的关于全美儿童福利以及他们家庭状况的权威信息来源。更重要的是,它的创立标定了公共政策的重大分野。这是联邦政府第一次认识到:建立这样一个永久的机构,不仅是出于儿童权利方面的考虑,还确有其实际的需要,即便做不到保护他们,至少可以对他们进行研究”(特拉特纳,1974,183–184)。

该时期儿童福利改革试图针对少年生活最基本的两个方面——学校教育和工作就业,这两方面的试图相互纠合,展现出该时期儿童福利新举措的某些结果。儿童必须上学受教育——成为儿童福利改革的一个主要焦点。尽管马萨诸塞州于1852年就制定了第一部义务教育法,伴随着对儿童的担忧、延长儿童期的决意以及对移民和工人阶级家庭的不信任,有关的观念在这一新时期才得以繁荣。社会不再接受:让家庭来决定儿童在何时需要、需要多少学校教育。人们深信:学校教育可以治疗贫困以及犯罪等社会问题,可以培训少年走向成功的未来,并且确保少年在其人生第一段时期的大部分时间待在课堂里,从而延长其儿童期——义务教育法律进而对此进行了制度化。如此的吸引力被证明是无法抗拒的——至1930年,大多数州规定:儿童必须待在学校课堂中,至少要到14周岁,许多州还规定要到16周岁。学校教育的强制义务化被会同其他的一些举措一起进行调整,以将儿童期界分为一个有着特殊需要和利益的人生阶段。这些举措包括:少年法院的创立、法定婚龄的提高以及不同年龄级别的物质获用的禁令,如酒和烟草。

尽管贯彻执行有限,甚至逃学监察官员的出现以及少年法院的监察也是

有限的,但有关的学校教育法律还是取得了大范围的成功,因为有如此多的父母共有着相应的学校教育信念。这些法律重构了有关的争论,并在儿童、家庭和政府之间建立了一种新的平衡。课堂成为了全国少年所共有的人生基本经验,以及对社会规范的践行场所。确实,现今确立的美国学校教育信念——学校是所有社会问题的一种解决途径,使得学校成为了儿童的主要福利场所。基于其对学生身体的掌控,学校成为了寻求各种社会补救的场所——从移民儿童的美国化直至疾病的防控。

学校义务教育法还成功地将越来越多的儿童从社会劳动力中解脱出来。 30
然而,直接非难儿童劳工问题,是一个更具问题性的诉求。这一诉求源自于那些推进强制性学校教育法律的有关情感,尤其是那些为政府强制规定的延长儿童游戏和学习期限的信念。如一位改革者所言:"儿童劳工一词是一个矛盾的问题,因为一旦劳动开始……儿童就不再成其为儿童了"(转引自卡宁厄姆,1995,148)。改革者在此所称的劳动,不是指那些人格塑造性的活动,如家务劳动,甚至于在家庭农场中从事的劳动,而是指那些为获取工资而受雇于工厂、矿山、廉租公寓内的"血汗工厂"(tenement sweatshop)* 甚至城市街道中。改革者们揭露了许多儿童劳动的危险境地,于是将儿童从这些工作中解脱出来,就成为了一种正义之举。儿童劳工改革展示了一个国家之儿童新观念的强大力量,此前,该国家的劳动力一直是明码标价的,对少年儿童也不例外。如今,儿童被当作未来的富有价值的资源,学校教育,而不是劳作,成为了学习成长的强制性方法。

依托于强制义务学校教育法,美国儿童劳工改革于该世纪中叶在新英格 31
兰州开始,并迅速地扩展遍及北部和西部各州。在1885年和1889年之间,十个州通过了最低年龄法令,有六个州还规定了儿童劳动时间的上限。还有七个州于19世纪90年代通过了儿童劳工的限制法令。确实,到19世纪末为止,绝大部分的工业化国家都对儿童劳工进行了限制。尽管这些州也采取了措施,扩展了运动,然而,美国的儿童劳工队伍持续增长。限制儿童劳工的运

* 血汗工厂,是指那些工人劳动条件差、工作时间长、工资低的工厂或工场。——译者注

动步履蹒跚。

儿童劳工改革受到了部分的侵袭，因为它引起了强烈的对抗，尤其是在南方，那儿的纺织工厂依赖于童工。反对者不仅仅包括那些寻求廉价劳工的工厂主，如历史学者休·卡宁厄姆(Hugh Cunningham)所言，还包括："天主教牧师——基于童工能够为贫困的移民家庭带来收入之理由，以及需要季节性儿童劳工的农场主，还有那些反感于政府干涉其家庭劳动传统的劳动人民"(卡宁厄姆，1995，178)。于是，儿童劳工改革也再一次地揭示了工人阶级家庭和儿童救援者之间的利益及理想的冲突，以及联邦主义之统一国家儿童福利政策的障碍。对于许多工人阶级家庭而言，生存原则决定了其成员需要共同努力，且个人发展须从属于家庭的集体福利与发展。对此，深信儿童圣洁的改革者们的反应是：自私的父母过分地依赖于其孩子们的工资收入，同时无视那些折磨着童工的可怕的工作条件、不良的健康状况以及被缩减的教育培养。重要的是，"在早期的反对童工的运动中，他们没有贯彻如下意图：提高成年人实际工资、改进职业健康和安全状况以及消除使得儿童工资收入对众多家庭如此重要的社会条件"(卡茨，1986，132)。另外，早期法律的漏洞、执法不力以及人们的一种持续信念——儿童应当尽早习得良好的工作习惯，阻碍了这场改革运动。

32 这些障碍促使儿童劳工改革者们着手开展一场全国性的运动。在1904年，他们成立了全国童工委员会(the National Child Labor Committee)来指导有关的工作。作为第一个全国性的儿童福利组织，该委员会支持各州和联邦立法禁止使用12岁以下的童工。该委员会还两次成功地保护了联邦的有关限制规则；然而，这两次，美国联邦最高法院皆宣告了有关的法令违宪，而且，一项有关的宪法修正提案也被否决。不过，到1920年为止，每个州都制定了某种形式的童工规则。如此，该委员会仅仅一直进行着这种零星的州一级的改革，直到大萧条(the Great Depression)* 和新政(the New Deal)** 时期，童工限制规则

* 指1929年至20世纪30年代早期的世界性严重经济萧条或经济危机。——译者注

** 指美国罗斯福在20世纪30年代实施的内政纲领名称。——译者注

被纳入《1938年公平劳动标准法》(the Fair Labor Standards Act of 1938)。该法令禁止雇佣未满16周岁的儿童从事国内的贸易产业,以及禁止雇佣未满18周岁的儿童从事危险行业。该法令于1941年通过了宪法的审查。虽然如此,在20世纪的前30年,童工的数量还是呈稳步下降之态。关于儿童工作的新态度、义务学校教育法律以及工场本身的变化使得越来越多的儿童脱离开产业劳动,由此,他们的儿童期得到延展,福利得到保障。

儿童及其福利观念的变化引发了一场更为戏剧性的革新——母亲津贴运动(the mothers' pensions movement)的兴起。通过为称职但贫困的母亲提供援助可以防止家庭的崩溃——该观念在20世纪的前20年中获得了动力。维持家庭完整的社会要求日渐增强,以及对将儿童羁押于专门矫治机构的强烈反对,共同推进了有关的工作。1909年的《需要救助儿童问题之白宫会议》(the 1909 White House Conference on Dependent Children)报告宣称:"家庭生活是社会文明的最高、最好产物",同时"儿童的这项权利不应当被剥夺,除非是紧急且迫不得已的原因"(转引自布雷姆纳,1971,2:358,365)。不同于早期,改革者们如今主张:母亲的贫困绝不能成其为这样一种原因。更有儿童救援者的经验实证研究表明,每年都有数以千计的儿童被迫脱离于其贫困的母亲,并被安置于矫治机构或收养家庭之中。另有数以千计的因为其母亲的长时间工作而无人照管。

母亲津贴,直接由政府贴补,看起来是符合逻辑的解决方法,且成其为另一项儿童福利改革举措。母亲津贴可以让母亲待在家里照管她们的孩子,它被证明是一种保持家庭完整、防止少年罪错以及无人照管的有效举措。支持 33
者们称:改变家庭以及经济体制需要这种直接的政府干预。一个家庭的生存需要一笔稳定的收入,然而失业、疾病以及家庭"挣面包者"(breadwinner)的死亡将会意味着许多的母亲不能一直维持其自身及其子女的生计。她们需要经济上的援助来养育子女。而公共资助金可资以增进妇女的母亲角色。支持者们依靠普通大众关于母子关系纽带的信念来获取成功和支持。他们还称:采取津贴的方式,比通过专门机构来矫治儿童的方式更为经济,尽管这将意味着个人援助的衰微。

反对者和支持者有着相类似的认识:母亲津贴表明了另一种意图——扩大政府在儿童福利中的作用。最大的反对声来自于慈善组织的官员们以及东部一些慈善组织的领导者们,他们担心母亲津贴会使得慈善捐助转型为一种公众的权利。他们担心母亲津贴会彻底倾覆19世纪时期人们的一种挥之不去的情绪——反对公共部门对贫困者进行直接的援助或户外救济。相反他们辩称:公共部门应当继续维持公共救济机构,即户内援助;而私营机构则提供家庭或户外救济。然而,他们的辩称无济于事——密苏里州和伊利诺斯州于1911年通过了第一个母亲津贴立法,之后,其他州迅速跟进。到1913年末为止,共计20个州(主要是中西部地区的)通过了相应的立法;到1919年,该数字上升至39个,外加阿拉斯加和夏威夷地区。至1931年,除乔治亚州和卡罗来纳州以外,每个州都有两万名儿童的家庭得到母亲津贴的部分资助。

所有州的津贴项目都被加以了某种形式的限制和控制,其中显示出公众关于将户外救济作为一种儿童福利形式的不安,尽管有着保护家庭的新信念。津贴本身量小不足,而且许多的有关法律对母亲工作有所要求。津贴只适用于一小部分对象,其中的大部分是寡妇——她们注定是最理当贫困的。限制性的规定包括:严格的行为标准、长期的居留、有时为合法公民以及绝对贫困的证明。有关法令还包含"合适家庭"条款,即只适用于迫切需要帮助的妇女,且有关当局认为其为合适、称职的母亲,其中大体意指那些寡妇或者被男人抛弃的或男人残废的妻子,而在有些州还包括未婚母亲(古德温[Goodwin]1997)。这些法令将母亲和儿童归于一种新形式的监察,以及一种新水平的官僚政治的任意裁度与权力滥用。津贴计划还有赖于日渐增强的少年法院对贫
34 困家庭的调整权力,因为少年法院常被赋予管理执行该项目的权力。然而,津贴的确通过提供一份虽然不丰厚但却稳定的收入,维持了一些家庭的安定团结。同样重要的是,如卡茨所言,反对者们担忧:"母亲津贴迈着碎步,步履蹒跚,但终将从慈善捐助走向公民权利。母亲津贴是1935年《经济安全法令》之需要照管儿童援助条款的先导,接下来,以一种全然不曾意料的方式,成其为

联邦政府基金会仅有的公共援助重大项目——AFDC[*](卡茨,1986,129)。

通过儿童公共责任新标准的建立,儿童福利事业在该时期也得到了拓展。这些变革中,首要的是对儿童健康的社会公共责任标准的持续提升。比先前任何时候都更为明确,身体健康福利成为了美国儿童及其父母可以向社会主张的一项权利要求。同时,保护儿童健康的观念本身是一个易于扩张的概念,它揭示了工业时期儿童福利的范围幅度及其限制。

婴幼儿死亡率是一个备受关注的问题。令人震惊的故事和数据推进了父母和儿童救援者的实践行动。在 19 和 20 世纪相交之际,大城市最贫困地区的儿童死亡率大约在 13.5%。这些婴幼儿夭折的原因包括:缺乏关于疾病原因的科学知识、营养不良、饮水污染、牛奶变质以及卫生设施的简陋。一个婴幼儿福利国际运动的提倡者认为,婴幼儿的良好健康状况与社会公众有利害关系。母亲的无知与麻木会受到指责。人们主张以教育和援助来解决问题。联邦儿童局带头进行改善婴儿哺乳方面的工作,并着力于教授母亲们或潜在母亲们卫生和儿童照料方面的课程。有些城市发展出一些项目:向母亲们出售低于市场价的灭菌、A 级牛奶;教母亲们卫生、育儿和营养方面的知识;为生病儿童指点正确的医疗服务;为贫困父母指点适当的慈善或福利机构;在儿童出生的前后,派遣市政公共卫生健康部门的护士到孕妇家里。如此及类似的公共卫生保健举措产生了戏剧性的效果。天花、白喉和肺结核的发生率以及婴幼儿和低龄儿童的死亡率大大降低,儿童的存活率上升。

受到这些成就和母亲津贴的成功投放的鼓舞,儿童救援者们决定变革儿童健康保健工作的方式。在联邦儿童局的帮助下,改革者们于 1921 年促使国会通过了《谢泼德·汤纳法令》(Sheppard Towner Act)。该法令首次利用联邦基金来改善儿童的保健,该法令授予各州相应的权力以资助营养与卫生、胎儿与儿童健康门诊,以及孕妇与产妇之登门护士(visiting nurses)等方面的信息及指
导工作。预防是首要的策略。同样重要的是,《谢泼德·汤纳法令》直接挑战了 35

* AFDC 即 Aid to Families with Dependent Children,(美国)对无人照管子女的家庭之补助项目。——译者注

内科医生在全国卫生保健体制中的作用与权力，而男性在内科医生中有着压倒性的地位和作用。

该法令被证实为非常成功。1921—1929年，有将近3 000个母子健康中心在45个州范围内建立起来，主要在乡村地区。另外，该法令加强了政府卫生健康部门的职能，并协助培育了郡县卫生健康单位的发展，从而促进了地方服务管理的改善。最为重要的是，全国婴幼儿及母亲的死亡率在这些年中大大降低。然而，成功并未钝化尖锐的反对意见。在美国医药协会(the American Medical Association)的引领下，反对者们攻击有关的诊所为社会主义化的医疗，并含沙射影地说道：这些诊所代表着卫生保健的低劣形式。有关攻击的典型即一本小册子——《美国的儿童是否应当成为政府的财产》(*Shall the Children of America Become the Property of the State*)。该册子由伊利诺斯州医药协会立法委员会(the Legislative Committee of the Illinois State Medical Society)写作并传播。对议员们的密集游说以及赫伯特·胡佛总统对这些诊所的反对获得了成功。国会于1929年废止了该法令。卡茨总结道：《谢泼德·汤纳法令》"测验了美国改革的限度。不同于接种疫苗、改善营养、灭菌牛奶、卫生改进及其对内科医生之特权与收入的侵夺，它违反了人们关于公私分界的观念。它的失败再一次表明了社会公共责任扩展的藩篱——正式而言，经济方面的决策应当归属于私人范畴"(卡茨，1986，144)。然而，如该时期的众多改革一样，该法令留下了一笔重要的遗产——作为第一个联邦授权各州进行福利项目(而不是教育)援助的法令，它成为了众多的联邦与州之间合作项目的参考模型。这些合作项目遵循1935年《社会安全法》，尤其是第五条的有关规定，即授权各州儿童局来管理联邦授权各州进行的母子卫生保健方面的援助工作。

重新启动《谢泼德·汤纳法令》的失败不仅表明了将卫生保健作为一种儿童福利举措的新观念的某些界限，它还重点标示了美国儿童福利政策的惯性力。在工业化时代中，社会发生了重要且意义重大的变化，但是，如同任何时代一样，这些变化受既定政策及其实践做法的左右。

不合法——儿童福利政策延续性(或惯性)的惯用口实。工业时期存在着一种困惑——保护家庭则增进了区分婚生子女与私生子女的法律规定的持续适用,尽管“粪耙子”们(muckrakers)* 和城市社会改革者对工业化美国的脏乱城市进行的调查重新激起了相应的关注。美国革命后广泛开展的改革运动减少了成为私生子女的几率,但并没有解决该问题。而改革者们揭露了一些关于虐待私生子女、私生婴幼儿死亡率高于婚生子女死亡率的骇人证据,以及一个提供私生儿童买卖的繁荣市场。他们呼吁为这些不幸者提供更进一步的帮 36
助。激进的改革者们甚至要求:私生子女和婚生子女享受同等的法定权利。改革者们受到了一个当今儿童福利正统信条的挑战——“只有非法的父母,没有非法的儿童”(联邦儿童局,1921,7)。然而,该时期很少有人支持进一步扩展私生子女的权利及请求权,且几乎无人提出废除私生子女的身份本身。

私生子女困境发生的仅有的重大变化出自于有关加强私生子女及其推定父母政府监控的法令。该新法令主要严格了规制法律中最为传统之父权与赡养制度的法律程序。关乎众多私生子女命运的最具重大意义的发展,即社会工作者及福利官方机构对私生子女问题掌控的逐步发挥。然而,在儿童福利的众多领域中,社会工作者们在尽力援助儿童的同时,还在为维护家庭而奋力抗争。这两个目标之间有着紧张的矛盾冲突——是否对私生子女提供进一步的帮助,这种矛盾冲突会破坏依法建立的家庭。在一个正在为家庭不安定而感到恐惧的国度,更深的改革不太可能。非法私生子女问题表现了家庭政策双重体制的持续影响力。

相应的局限也出现于儿童福利的其他领域。例如,尽管有着在当时占主导地位的反专门矫治机构的情绪,无数儿童仍被源源不断地置于少年管教所、孤儿院以及其他公立及私营的收容所。历史学者蒂莫西·A.哈克希(Timothy A. Hacsi)发现:“从南北战争至大萧条时期,美国无人照管的儿童——这些儿童的家庭(包括大家庭)在某段时期内不能照料他们——更多地在孤儿救济院内得到救助,而不是通过其他途径”(哈克希,1997,1)。另一持续的矛盾源,即许多的儿童救援机构是由宗教团体或者其他私营团体经营着的。对这些机构提供公共资助,其适当性虽然大体得到了法院的确认,但却一直争议不断。尽

---

* 即指搜集并揭发丑事的人,尤指新闻记者。——译者注

管某些矛盾冲突因一项政策的出台而得到平息，该政策于 1875 年由纽约市率先制定，即儿童应当被安置于同其父母一样忠实的机构中。大型机构一直拥有辩护者，显著者如天主教会救济院的代表们指出：许多父母之所以将孩子送交他们，是因为其家庭陷入了困难和危机之中。他们辩驳道：将这样的儿童安置于收养家庭，对父母及其子女来说，都是残酷的。时至今日，专门救助机构支持者们的最大理由仍然是：专门救助机构的存在是在所难免的；不是所有的儿童都适宜被安置于收养家庭中，因为他们的父母健在，一旦他们的家庭环境有所改善，他们就应当回到其父母身边，还有许多儿童因身患疾病、身体残疾或无药可救而无人肯要。所有专门救助机构之儿童安置问题日益归诸于新近
37 创立的少年法院的监管下，以作为其日益扩展的对违法乱纪、无人照管儿童之管辖权限的一部分。

政府在儿童福利中的合理合法角色问题也素存异议，尽管到 20 世纪 30 年代早期为止，政府公共机构在罪错及无人照管儿童的关护工作中的作用有着戏剧性的增长。尽管有所修正，反政府主义的意识形态依旧掌控着美利坚合众国。如克雷文斯所言："美国是工业化国家中绝无仅有的——在没有一个全国性官方机构管理运作的情况下，创建了一个全国性的福利政府。现代美国人在探讨社会问题时，越来越多地使用'政府'一词时，其意指任何一级政府，但尤指各州和联邦政府。美国政府总是被密切注视，以使其官僚机器尽量少地发挥其功能"（克雷文斯，1993，4）。同时，争议席卷了政府福利体制。纽约人赞同其政府现行的长期以来对私营救济机构的公共补贴制度，他们质疑其他各州公共救济机构的主导地位。他们和其他东北部各州的人们质疑道：公共机构怎么可能避免政治腐败和管理混乱？但在西部和中西部地区，人们较少质疑公共儿童福利，并由此而更多地依赖于相应的政府项目。同时，在大部分州，政府慈善委员会（Boards of State Charities）被授权监管所有的儿童救助机构，尽管其中一些并不是由政府资助的。政府权力之争支撑了这些立场，并使其合法化。一直以来的反政府主义意识以及关于政府在儿童福利中角色的不同见解，导致了有关公共与私人举措的合法性和重要性的持续分歧，尽管公共部门对父母及其孩子关系的规制权力有所增加。结果还有，儿童福利政策

及其实践继续着其多样性的特点。

于是,工业时期的儿童福利改革没有转变一种继承性的传统——针对罪错及无人照管的儿童。每一次革新都基于这样一种假定——儿童期是人生的一个特别的、脆弱的阶段,且对儿童培养的公共规制应当扩大。该时期的大部分变革都挑战了先前的无节制的儿童父权监护信仰,即一方面,划定少年儿童的社会及法律上的独立界限;另一方面,试图在该国家的家庭推行文化上的同质性。这些变革还同时挑战了父母、儿童和政府之间现行的权利配置。每一次变革都表现了年龄方面的核心理念,即儿童期应当延长贯穿于青春期,这段时期里,儿童应当待在家庭中,以为其必将承当的成人角色而获得更为充足广泛的准备。这些变革宣示了其对私人家庭的支持,并试图(也许不是圆满地实现了)强化儿童对成人的依附性,并以儿童福利的名义使其脱离市井场所和市民社会的成人圈子。如阿什比总结的:该时期的改革者们"以革新性和传统性 38
的方式来应对儿童之无人照管、疏于管教以及遭受虐待等问题,他们引介了现代的福利政府,但同时遭遇了抵制,并保留了有关贫困、工人阶层以及种族等方面的惯常判断"(阿什比,1997,79－80)。

结　论

至20世纪30年代中期,美国儿童福利的第二个时期结束,同时,一个新的时期开始。如在过去,新的时期会被定格于继续的变革和创新,尤其是联邦政府在儿童福利中角色的扩展。然而,过去继续引导着现在,因为至20世纪30年代美国有了一套既定的儿童福利体制,其基本特性在19世纪初期就已经得到确立,且其重大修正则完成于20世纪的第一个10年。其中最显著的特性包括:对政府权威素有的厌恶以及因此而生成的公私混合组织;因联邦制度、行政区域划分及地方分权主义(regionalism)和地方主义(localism)而产生的政策差异;长期以来的资金和管理方面问题对改革的侵蚀;以及对人们关于少年儿童方面社会知识的改变所引发的有关儿童及其家庭政策与民众情感之间的联系。随着儿童福利举措及理念的更替,这些特性依次生成了儿童福利政策的解决途径,并导致了针对违法乱纪、无人照管儿童问题的辈代性解决方案(generational solutions)以及顺此而来的不同时期的儿童福利举措及信念的创建。

由此,美国儿童福利制度的历史表现了儿童中心主义诉求的说服力,以及随着"担忧儿童与害怕儿童"情绪的此消彼长,将这些呼吁转化为政策的重重困难。最根本的是,如布雷姆纳所总结的,过去的历史揭示:"尽管许多人相信,无人照管儿童的需要应当成为政府所主要关注的问题,但对有关的方法和优先权的问题却莫衷一是。有些人认为,帮助儿童的家庭即是帮助儿童的一种途径。另外一些人相信,家庭和儿童都将注定归于厄运,除非消除社会存在的总体的非正义和不平等。还有人主张,儿童的优先利益应当让位于诸如武器装备费用的增长、减轻赋税、平衡预算、减少财政赤字,以及转移联邦政府权力至各州及地方以实现权力制衡等方面的问题"(布雷姆纳,1983,97)。由于美国社会存在的有关儿童地位的争议,儿童福利之举措及理念促使了儿童、父母、政府以及市民社会之间关系的重构(或重新编排和重新界定)。通过让他
39 们的市民同仁们听到工业时期儿童改革家约翰·斯帕格(John Spargo)所谓的"儿童痛苦的哭声",各方面的儿童福利激进分子不仅影响了他们那个时代,还进而影响了未来。他们将其解决方案制度化于法律条文、司法判决、行政管理政策、代理机构和组织团体之中,且令其历久犹存,直至他们最初的改革热情消散后的长久时日之后。这些制度化的解决方案成为了日渐形成的美国福利政府的一个不可或缺的组成部分。

直到20世纪30年代,尽管存在着诸多的矛盾与不协调,儿童福利还是成为了美国应对不守法纪、无人照管儿童的持久稳固的方法,尽管时有变革。少年法院即产生于美国的这种儿童福利传统。儿童福利制度及其众多的最基本的政策及举措在少年法院中起到了至关重要的作用。

参考文献

Ashby, Leroy(阿什比,勒罗伊). 1997. *Endangered Children: Dependency, Neglect, and Abuse in*

American History. New York: Twyne Publishers.

Billingsley, Andrew(比林斯利,安德鲁), and Jeanne M. Giovannoni(乔瓦诺尼,珍妮·M.). 1972. *Children of the Storm: Black Children and American Child Welfare*. New York: Harcourt Brace Jovanovich.

Bloomfield, Maxwell(布卢姆菲尔德,马克斯韦尔). 1976. *American Lawyers in a Changing Society, 1776 - 1876*. Cambridge, MA: Harvard University Press.

Brace, Charles Loring(布雷斯,查尔斯·洛林). 1872. *The Dangerous Classes of New York and Twenty Years Work Among Them*. New York: Wynkoop and Hallenbeck.

Bremner, Robert H.(布雷姆纳,罗伯特·H.). 1970 - 74. *Children and Youth in America*. 3 vols. Cambridge, MA: Harvard University Press.

——. 1983. "Other People's Children." *Journal of Social History* 16: 83 - 103.

Carlson, Alan(卡尔森,艾伦). 1998. "The State's Assault on the Family." In *The Family, Civil Society, and the State*, ed. Christopher Wolfe, 39 - 49. Lantham, MD: Rowman & Littlefield.

Chambers, Clarke A.(钱伯斯,克拉克·A.). 1986. "Toward a Redefinition of Welfare History." *Journal of American History* 73: 407 - 33.

Costin, Lela B.(科斯廷,莱拉·B.); Howard Jacob Karger(卡尔格,霍华德·雅各布); and David Stoesz(斯托茨,戴维). 1996. *The Politics of Child Abuse in America*. New York: Oxford University Press.

Cravens, Hamilton(克雷文斯,汉密尔顿). 1993. "Child Saving in Modern America, 1870s - 1990s." In *Children at Risk in America: History, Concepts, and Public Policy*, ed. Roberta Wollons, 3 - 31. Albany: State University of New York Press.

Crenson, Matthew A.(克伦森,马修·A.). 1998. *Building the Invisible Orphanage: A Prehistory of the American Welfare System*. Cambridge, MA: Harvard University Press.

Cunningham, Hugh(卡宁厄姆,休). 1995. *Children and Childhood in Western Society Since 1500*. New York: Longman Press.

Dewey, John(杜威,约翰). 1899. *The School and Society*. Chicago: University of Chicago Press.

Felt, Jeremy(费尔特,杰里米). 1965. *Hostages of Fortune: Child Labor Reform in New York State*. Syracuse, NY: Syracuse University Press.

Gerry, Elbridge(格里,埃尔布里奇). 1882. "The Relation of Societies for the Prevention of Cruelty to Children to Child Saving Work." *Proceedings of the National Conference of Charities and Corrections* 9: 129.

Gittens, Joan(吉登斯,琼). 1994. *Poor Relations: The Children of the State in Illinois, 1818 - 1990*.
Urbana and Chicago: University of Illinois Press. 40

Goodwin, Joanne L.(古德温,乔安妮·L.). *Gender and the Politics of Welfare Reform: Mothers' Pensions in Chicago, 1911 - 1929*. Chicago: University of Chicago Press, 1997.

Gordon, Linda(戈登,琳达). 1987. "Family Violence in History and Politics." *Radical America* 5:

27 – 35.

——. 1988. *Heroes of Their Own Lives: The Politics and History of Family Violence in Boston, 1880 – 1960*. New York: Penguin Press.

Grossberg, Michael(格罗斯伯格,迈克尔). 1985a. "Crossing Boundaries: Nineteenth-Century Domestic Relations Law and the Merger of Family and Legal History." *American Bar Foundation Research Journal* 799 – 847.

——. 1985b. *Governing the Hearth: Law and the Family in Nineteenth-Century America*. Chapel Hill: University of North Carolina Press.

——. 1993. "Children's Legal Rights? A Historical Look at a Legal Paradox." In *Children at Risk in America: History, Concepts, and Public Policy*, ed. Roberta Wollons, 11 – 40. Albany: State University of New York Press.

——. 1996. "Teaching the Republican Child: Three Antebellum Stories about Law, Schooling, and the Construction of American Families." *Utah Law Review* 429 – 60.

Hacsi, Timothy A.(哈克希,蒂莫西·A.). 1997. *Second Home: Orphan Asylums and Poor Families in America*. Cambridge, MA: Harvard University Press.

Halloran, Peter C.(哈洛伦,彼得·C.). 1994. *Boston's Wayward Children: Social Services for Homeless Children, 1830 – 1930*. Boston: Northeastern University Press.

Hawes, Joseph M.(霍斯,约瑟夫·M.). 1991. *The Children's Rights Movement: A History of Advocacy and Protection*. Boston: Twayne Press.

Holt, Marilyn Irvin(霍尔特,玛丽莲·欧文). 1992. *The Orphan Train: Placing Out in America*. Lincoln: University of Nebraska Press.

Katz, Michael B.(卡茨,迈克尔·B.). 1986. *In the Shadow of the Poorhouse: A Social History of Welfare in America*. New York: Basic Books.

Koven, Seth(科文,塞思), and Sonya Michel(米歇尔,索尼娅), eds. 1993. *Mothers of a New World: Maternalist Politics and the Origins of Welfare States*. New York: Routledge Press.

Kramnick, Isaac(克拉姆尼克,艾萨克). 1990. *Republicanism and Bourgeois Radicalism: Political Ideology in Late – Eighteenth-Century England and America*. Ithaca, NY: Cornell University Press.

Ladd-Taylor, Molly(拉德 – 泰勒,莫莉). 1994. *Mother-Work: Women, Child Welfare, and the State, 1890 – 1930*. Urbana and Chicago: University of Illinois Press.

McCarthy, Kathleen D.(麦卡锡,凯瑟琳). 1982. *Noblesse Oblige: Charity and Cultural Philanthropy in Chicago, 1849 – 1929*. Chicago: University of Chicago Press.

Meckel, Richard A.(梅克,理查德·A.). 1990. *Save the Babies: American Public Health Reform and the Prevention of Infant Mortality, 1850 – 1929*. Baltimore: Johns Hopkins University Press.

Mink, Gwendolyn(明克,格温德琳). 1995. *The Wages of Motherhood: Inequality in the Welfare State, 1917 – 1942*. Ithaca, NY: Cornell University Press, 1995.

Nasaw, David(纳肖,戴维). 1985. *Children of the City at Work and at Play*. Garden City, NY: Anchor Press/Doubleday.

Odem, Mary E.(奥德姆,玛丽·E.). 1995. *Delinquent Daughters: Protecting and Policing Addescent Female Sexuality in the United States, 1885 – 1920*. Chape Hill: University of North Carolina Press.

Pleck, Elizabeth(普莱克,伊丽莎白). 1987. *Domestic Tyranny: The Making of Social Policy Against Family Violence from Colonial Times to the Present*. New York: Oxford University Press.

Polsky, Andrew(波利斯基,安德鲁). 1991. *The Rise of the Therapeutic State*. Princeton, NJ: Princeton 41
University Press.

Rothman, David(罗丝曼,戴维). 1971. *The Discovery of the Asylum: Social Order and Disorder in the New Republic*. Boston: Little, Brown.

Schultz, Stanley(舒尔茨,斯坦利). 1973. *The Culture Factory: Boston Public Schools, 1789 – 1860*. New York: Oxford University Press.

Skocpol, Theda(斯科普,西达). 1992. *Protecting Soldiers and Mothers: The Political Origins of Social Policy in the United States*. Cambridge, MA: Harvard University Press.

Stearns, Peter(斯特恩斯,彼得). 1982. "History and Policy Analysis: Toward Maturity." *Public Historian* 4: 14.

Ten Broek, Jacobus(坦恩·布勒克,雅各布斯). 1974. *Family Law and the Poor: Essays by Jacobus Ten Broek*. Ed. Joel Handler. Westport, CT: Greenwood Press.

Tiffin, Susan(蒂芬,苏珊). 1982. *In Whose Best Interest? Child Welfare Reform in the Progressive Era*. Westport, CT: Greenwood Press.

Trattner, Walter I.(特拉特纳,沃尔特·I.). 1970. *Crusade for Children: A History of the National Child Labor Committee and Child Labor Reform in America*. Chicago: University of Chicago Press.

——. 1974. *From Poor Law to Welfare State: A History of Social Welfare in America*. New York: Free Press.

U.S. Children's Bureau(美国联邦儿童局). 1921. *Standards of Legal Protection for Children Born Out of Wedlock*. Publication no. 77. Washington, DC: Government Printing Office.

Zelizer, Viviana A(泽利泽,维维安娜·A.). 1985. *Pricing the Priceless Child: The Changing Social Value of Children*. New York: Basic Books.

第二章　20世纪初少年法院的演化

——超越完美建构的神话

戴维·S.坦嫩豪斯(David S. Tanenhaus)

世界上第一部《少年法院法》(juvenile court law)* 制定于世纪之交的紧张时刻。伊利诺斯州议会直至1899年4月14日——19世纪最后一次立法会议的最后一天,《无人照管、疏于管教以及罪错少年处遇和监管法令》(An Act for the Treatment and Control of Dependent, Neglected and Delinquent Children)才得以通过。1899年4月14日,该法令生效,库克郡少年法院得以设立(更多情况下是作为芝加哥少年法院而为大众知晓)。由远见卓识的慈善家露西·弗劳尔和她的朋友朱莉娅·莱思罗普——后于1912年成为美国联邦儿童局的首任局长的一位儿童福利专家——发起的建立少年司法制度的人道主义改革,终于取得了阶段性的成果。少年司法的道德圣战者们可以暂时松上一口气。经过10年的并肩奋战,他们终于成功将关于儿童无邪(childhood innocence)和公众责任(public responsibility)的理念写入法律。在美国第二大也是发展最迅速的城市芝加哥,无人照管、疏于管教以及被指控犯罪的少年现在都可以在独立的少年法院接受审理。富有同情心的法官可以运用自己的知识来适用个别化处遇方法对少年进行矫治,以促进其康复和再社会化,从而取代以往对他们采取的单纯惩罚方法。然而,正如弗劳尔和莱思罗普所完全明了的——尤其是在为了通过该项法令而经历的长期斗争之后:他们捍卫儿童正义的努力只不过

---

* 也有的将其译为《少年法庭法》。因其独立的建制,本书将 juvenile court 译为"少年法院"。——译者注

刚刚开始。

初创时期的伊利诺斯州少年法院犹如一张草图。稍后成为发展中少年司法制度的大多数的定义性特征，如不公开审判、案卷保密、控告制度、少年感化院（detention home）* 和缓刑官，不是尽皆被最初法令所忽略，就是缺乏公共资金的支持（布拉德韦尔［Bradwell］，1899）。于是，世界上第一个少年法院于 43
1899年7月3日设立时，其庭审公开、案卷公开、对审限无力控制（即没有控告制度），并且没有公共资金来支付缓刑官的薪金和维持为少年犯设立的拘留所。事实上，位于芝加哥市近西侧地区（Near West Side）著名社会工作机构——赫尔堂对面的首个少年法院的建成总计耗费了八年多的时间。至此，芝加哥少年法院有了一个并不完满的开端。

少年法院之所以有这样一个试验性的开端，部分因为它的创设引发了关于在20世纪早期这一发展迅速的互助型现代社会中依法设立的机构应扮演何种角色这一基本问题。在欧洲和美国，进步改革家们开始对经典法律理念，如法治、自由意志、有限政府** 对社会关系进行干预的益处等提出质疑。而这些革新运动使得国家权力的触角延伸至都市有产阶级的私人生活中，从而引发了关于像少年法院这样的新设机构与公众社会应达成何样的适宜关系这样一个令人忧虑的问题。在少年法院创设者的设想中，这个"社会机器的崭新有机部件"不仅可以使少年脱离严厉的刑事司法体系，而且使得他们免于因遭受刑罚而被打上耻辱性的标签。他们设想少年法院将进行不公开审理，案卷也会保持其秘密性，而且私人律师或者陪审团不会出现在法定程序中。它将成为儿童的庇护所，特别是对于处于躁动青春期的儿童，而这些最终将会写进绝大多数国家的法律里。

---

* 或译为"少年收容所"；英国称之为"detention center"，即"感化中心"。根据英国1952年《监狱法》（Prison Act）的规定，对年龄在14岁至21岁之间的青少年犯根据其年龄和具体情况给予适当的短期监禁并提供教育和培训的场所。现已为英国1988年《刑事司法法》（Criminal Justice Law）规定的少年犯教养所（young offender institution）取代。——译者注

** 对社会生活有限干预、权力受到严格限制的政府，又称"守夜人政府"。——译者注

然而,使少年法院成为儿童的庇护所,耗费了多年的时间才得以完成(在有些国家,以数十年计)。由于美国的联邦体制使得各州之间差异很大,整个建构过程所耗费时间因为两个原因而具有令人思索的意义。第一,它向少年司法制度的历史只不过是一个走向衰亡的故事这一俗见提出了质疑,事实上,少年法院首先作为社会福利机构产生于19世纪与20世纪之交,而在20世纪之末最终定位于准司法性的法院。本章进而重点强调少年法院是一项具有历史进步意义的事业,而且其许多"定义性的特征",如不公开审理、案卷保密、控告制度、少年犯拘留所和缓刑官是逐步完善形成的。因此,学者们在论述早期少年法院时必须注意这一点,切勿一叶障目不见泰山,这会掩盖早在20世纪早期建立的少年法院演进成熟的真实过程。我们需要知道在不同的州和其他国家这些"定义性的特征"是何时以及如何成为通行制度的。少年法院,包括芝加哥现代少年法院,并不是完美的建构,它们随着时间的流转而逐步完善。

44 第二,初期的伊利诺斯州少年法院没能在庭审中杜绝观众和新闻工作者的到场,于是,这第一个少年法院有着过多的超乎创设者所欲想的公众参与空间。少年法院的第一代管理者在为庇护罪错少年免遭公共骚扰而艰苦斗争的同时,也期望少年的困境能为公众所悉知,以提升公众意识,并促进这场社会正义的圣战。包括主审法官在内的少年法院的支持者们通过向公众免费宣传来阐释少年法院的"康复"使命和对社会的益处来适应早期案件的公共性质。这些对公众进行引导的努力对少年法院这一新生机构取得合法性依据有着决定性的作用。为了稳固和维持少年法院的合法性,早期少年法院的法官及全体工作人员发表公共演讲,参与儿童福利展览会,在这些活动的过程中,"社会机器的崭新有机部件"的益处远播于世界各国。

本章论述了少年法院的理念是一个历史性的事件,使得19世纪涌现的关于儿童福利与矫正的思潮整合成形,它同时也强调了20世纪的少年法院有着丰富的生气勃勃的值得了解的历史。事实上,少年法院一直以来都是法令的创设物,州议会拥有变更之权,因而在不同的州已有诸多差异。而最根本性的

差异在于衡平法院程序*的采用与否，两个极端的例子是采用非正式审理模 45
式的芝加哥少年法院和直至20世纪30年代依然保留了绝大多数刑事司法程序特征的纽约少年法院。此外，强调在非正式程序上采用衡平程序也是为了方便各个独立的法院采用不同的程序以适应其自身运作的需要。直至1925年，除了缅因州和怀俄明州外所有的州至少有一部《少年法院法》，所有的美国城市都有少年法院在运转，总计拥有超过十万名工作人员(伦鲁特和伦德伯格，[1925]1975，1)。在20世纪早期，将少年司法制度推进至市郊的努力开始了，但在该世纪的大部分时期内步履艰难。总地来说，都市少年法院的建立及其在20世纪早期的不断发展演进，这些年来已为研究早期改革者们如何调整少年司法制度以应对不断出现的新问题以及他们对少年儿童在美国社会中地位的担忧提供了一个前景光明的立足点。

本章将首要重点放在芝加哥经验上。其中有两个原因：第一，芝加哥少年法院自创立起就一直为学者们所密切关注，因而关于它的资料是最丰富的；第二，在这段时期，与建立于衡平模式上的其他城市少年法院的发展历程相比较，芝加哥少年法院的历史具有独特性。因而，要对现代少年司法制度成形时期的演进过程做出一个总体概括，芝加哥经验无疑具有重要意义。

通过追溯美国少年司法制度创立的根源，本章在第一部分阐明了少年法院的创设者们是如何意识到自身在历史中的地位与作用。他们坚信将儿童从严厉的刑事司法制度中解脱出来将会是他们这代人正在进行的改善儿童在美国社会中地位这一历史进程中最主要的贡献之一。第二部分提供了对20世纪早期少年法院演进过程的综述。这一部分同时也探寻了一个儿童接受少年司法制度审判的全过程，对使少年法院成为儿童庇护所的努力也予以了特别的关注。通过简短分析少年法院对政府支付单亲母亲抚养失去依靠儿童的津

---

* 衡平法院：其前身为文秘署，在14、15世纪为了修正普通法的一些不公正之处以及减轻普通法的僵硬之处，文秘署行使特别司法管辖权趋于日常化，因强调裁量权以及注意个案公正的衡平观念而被称为"衡平法院"。衡平法院在御前大臣的主导下逐渐奠定了"遵循先例"的司法原则，消除了衡平法院广受批评的不确定性。很长一段历史时期，衡平法与普通法之间存在尖锐的矛盾和对抗。1873—1875年，《司法组织法》将普通法法院、伦敦破产法院和衡平法院合并为由高等法院和上诉法院组成的最高法院。——译者注

贴这一首个州福利计划的监督，本文完成了对少年司法制度在形成时期运作情况的探究。最后一部分探讨了预防少年罪错之心理学及精神病学方法的兴起。最初这些措施的成效受到广泛质疑，少年法院并因此而面临信任危机。而最终(20世纪20年代早期)，专家们在程序问题上的共识造就了少年司法发展的顶峰。

46 走向少年法院

少年法院的创设者们认为这一革新运动是19世纪人道主义运动的一部分，并且成功地将儿童从附属于父母的存在* 转变为需要国家保护的独立阶层，从而极大地改善了儿童的地位。在19世纪80年代早期，康奈尔大学的毕业生弗洛伦斯·凯利(Florence Kelley)在她的毕业论文中探讨了儿童地位改善的原因及其影响。凯利如同朱莉娅·莱斯洛普一样，后来成为美国历史上第一代女大学生中的佼佼者，是简·亚当斯创立的赫尔堂的积极参加者，也是一位国际知名的儿童福利专家。在她的论文中，凯利论述道：当前这个世纪已经见证了“儿童福利成为立法上的家庭关系以外的直接目的，对此的社会认同与日俱增；此间便呈现出当今儿童之地位与‘布莱克斯通’(Blackstone)** 之儿童地位的根本区别”。(凯利，1882，84)她宣称：儿童正成为法律眼中独立个体，而每个以保护儿童为目的而不论其家庭的新立法都使得“儿童越来越接近国家之监护”(凯利，1892，96)。她总结到：此项进步给予了旧的家庭观念及其思想根基——父权制沉重的一击。据此，凯利与其同时期的改革者们坚信：他们有法律开路，同时社会责任也令其将改善儿童福利的历史潮流向前推进。

至19世纪90年代，改革者们能够指出以完善儿童法定地位为宗旨的19

---

* 亲权在很长时期内都被认为是绝对的，子女被视为家长的私有财产，家长对子女拥有绝对的权力，随着社会文明的逐渐进步，这种“亲权绝对”的观念日益为社会所难以接受。——译者注

** 即威廉爵士(Sir William，1723－1780)，英国法学家，当过法官、下议院议员，主要著作为《英国法律评论》。引自陆谷孙主编：《英汉大词典》(缩印本)，上海译文出版社1993年版，第175页。——译者注

世纪改良运动中的两项主要进步：第一，教育改革运动，从 19 世纪 20 年代中期纽约庇护所(House of Refuge)的建立而开始；第二，南北战争中马萨诸塞州少年缓刑制度的发展。正如少年司法制度方面的学者所长期关注的，持“杰克逊*思想”的改革者们通过庇护所(通常仅仅是一个小型的监狱)的建立，提出了许多法律革新建议，而这些建议后来被进步改革者制度化并写进了法律，并被用以促进少年法院的建立(斯洛斯曼[Schlossman]，1995，334；斯洛斯曼，1977)。这些革新，正如法学教授巴里·费尔德(Barry Feld)最近总结的，包括“少年犯与成年犯之间基于年龄的正式区分以及相应机构的分离、不定期刑的运用，以及针对刑事罪犯和疏于管教、屡教不改的儿童而大为扩展的法定职权”(费尔德，1999，51)。后来的进步改革者，尽管经常对将儿童送进专门机构矫治吹毛求疵，却坚信早期的改革者们至少坚决建立了国家对儿童负有责任的原则(即国家亲权)**，并进而推论未成年犯应该与成年犯分管分押。

到了 1891 年，马萨诸塞州少年缓刑制度的确立迫使刑事法庭在少年犯案 47
件中委任缓刑官，这一事件激发了少年法院创设者们更多的灵感。在南北战争期间，马萨诸塞州少年案件缓刑制度已经开始了非正式的运作，其时，波士顿治安法庭会将罪错少年送交鲁弗斯·库克(Rufus Cook)——萨福克郡监狱牧师以及儿童援助协会的代理人，以将其安置于适合的家庭(施奈德，1992，58)。有关的缓刑制度和安置措施被证实为是相当成功的，于是，1869 年马萨诸塞州通过立法授权州慈善委员会，以安置儿童于适宜的收养之家。接下来，马萨诸塞州于 1891 年通过法令要求所有的刑事法庭招募缓刑官(阿博特[Abbott]，

---

* 杰克逊·安德鲁(1767—1845)，美国第七任总统(1829—1837)，是 1812 年的战争中美军的将军，于 1815 年在新奥尔良打败英军。任总统期间他反对美洲银行，反对各州拥有把相抵触的联邦法律废除的权力，增大了总统的集权。——译者注

** “国家亲权”思想起源于古罗马法，英国吸收了该思想，到 15 世纪前后逐渐形成了“国家是少年儿童最高监护人，而不是惩办官吏”的衡平法法学理论。因此国家，如同少年的双亲一样，应为缺乏管教和缺乏寄托的少年谋福利，并应对他们尽一定的扶助义务。美国对英国国家亲权思想的继承上，不是以国家法律作为整体加以承袭，而是各州各自继承了英国‘国家亲权’的思想，并体现在有关立法中。国家亲权思想是美国伊利诺斯州少年司法制度诞生的重要理论基础，并一直是指导美国少年司法制度的基本理念。——译者注

1938,2:330)。

1888年,被社会安置领导者格雷厄姆·泰勒(Graham Taylor)誉为"少年法院之母"的露西·弗劳尔,首次呼吁建立"亲权法庭"来审理16岁以下无人照管、疏于管教以及罪错儿童案件(泰勒,1930,450)。弗劳尔,出生于波士顿,幼时是孤儿,后于19世纪30年代幸运地被一个有名望的东方家庭所收养。成年后,她曾经在威斯康辛州以教书为业直到与麦迪逊市的一位卓越的律师詹姆斯·门罗(James Monroe)结为夫妇。1873年弗劳尔随其丈夫迁居芝加哥,当年为芝加哥大火*发生后的第二年。当她的丈夫投身于法律界时,她将她的注意力转向了慈善事业,供职于为孤儿和单亲儿童设立的救济院——芝加哥之家,并成为了管理委员会的理事。她深受这个城市的新教**伦理影响,一度于1890—1891年担任极有社会影响力的芝加哥妇女俱乐部(Chicago Women's Club)的会长。在此期间,弗劳尔了解到芝加哥贫困儿童的艰难处境,并与朱莉娅·莱思罗普等人结下了深厚的友情。

弗劳尔和朱莉娅·莱思罗普之间的友情象征着两种重要的女性改革传统的聚合,并以此在芝加哥的慈善家们和正在浮出水面的少年司法制度之间搭建起一座紧密联系的平台。弗劳尔是被历史学家凯瑟琳·麦卡锡称为"镀金时代***资助人"(麦卡锡,1982,46)的慈善家中的一员。弗劳尔和朱莉娅·莱思罗普都是慷慨支持该城市慈善机构(如弗劳尔曾担任董事的孤儿院)的社会女性。另一方面,莱思罗普比弗劳尔年轻二十岁,并且作为瓦萨学院(Vassar Col-

---

* 1831—1871年间,芝加哥发展成为一座主要城市。在城市发展的同时,兴建了许多简易的木屋,以供外地迁入的定居者入住。1871年夏季,天气干燥。10月8日这天,该市西区发生了火灾,大火随风穿过木质建筑,飘过市内河流,使该市的南、北两面都着了火。在南面,曾使用火药来炸掉火焰所经路径内的房屋,成功地筑成了一道隔火带。可是在北面,火势猛烈,直到27小时后才被雨浇灭。到此时为止,已有250人丧命,10万人无家可归,1.7万多间房屋被毁。重建这座已夷为平地的城市大约花费了3年时间。——译者注

** 新教是与东正教、天主教并列的三大基督教派别之一,为16世纪宗教改革运动中脱离天主教而形成的各个新宗教,以及从这些宗派中不断分化出来的各个新宗派的统称。新教虽然有很多派别,但在教义方面有三个共同原则,即因信称义、信徒人人都可成为祭司和《圣经》具有最高权威。——译者注

*** 镀金时代:指美国南北战争后35年间的繁荣昌盛期,源出马克·吐温与华尔纳合写的同名长篇小说。——译者注

lege)的毕业生，也是美国历史上第一代女大学生。虽然她可以很容易地成为芝加哥上流社会中的一员，但她却将家搬到了赫尔堂。莱思罗普选择了从事社会公益活动作为全职事业，而不像以往的慈善工作者只是在婚姻、家政之外业余从事社会公益工作。这样一种慈善家与儿童福利专家之间的有力的联合不仅使得少年法院的改革运动更具可行性，而且在城市精英与少年司法制度 48
之间建立起紧密的关系，而这种关系一直良好地延续到20世纪。没有慈善团体的支持，少年法院将会举步维艰，尤其在初创时期。

在1890年，在芝加哥市创设少年法院的可能性似乎是渺茫的，虽然在次年递交给伊利诺斯州议会的议案中提及：信仰天主教与信仰新教的儿童救援者们会为此而联手。蒂莫西·D.赫尔利——芝加哥视察与援助协会(Chicago Visitation and Aid Society)的会长，后来成为少年法院的第一任首席缓刑官，起草了一份议案：议会应授予郡法院将无人照管儿童委托给依据伊利诺斯州法律建立起来的非营利性儿童福利机构予以照料的职权。弗劳尔支持此项议案，因为它将给予法官在处理此类案件时更大的裁量权；而在现行法律之下，法官们的选择是极为有限的，仅仅只能将有关儿童委托给为数极少的培训学校或职业技工学校照顾。此外，并没有公共资金来支持将失去依靠的儿童安置在非公共机构中，例如亲戚家。但是这份已提交的议案最终却还是没能通过成为法令。这一次的失败让弗劳尔明白：必须建立一个广泛的联盟来推动未来的儿童福利立法。

次年，深受进步思潮影响的民主党人约翰·P.奥尔特盖尔德(John P. Altgeld)在州长竞选中胜出，该联盟的建立出现了新的曙光。在他的首批行政措 49
施中，奥尔特盖尔德州长委任朱莉娅·莱思罗普为州慈善机构管理委员会委员。作为该委员会历史上第一位女委员的莱思罗普，先后巡视了伊利诺斯州下120个郡所有的监狱和救济院，并力图在整个州范围内展开重要的政治联系。在此过程中，她也逐渐成为全国知名的儿童福利专家。正当莱思罗普以伊利诺斯州专员的身份而为人悉知之时，弗劳尔则以其工作确保了妇女组织会担当起推进未来少年法院立法工作的重任。她协助建立了“天天俱乐部”(the Every Day Club)，该俱乐部由大约40位热心公益的社会和职业女性组成。

她们举行午餐聚会，并邀请专家参与她们的工作讨论。弗劳尔将这个俱乐部作为一个论坛来传播少年法院的理念。1899 年 1 月，就在如此的一个午宴中，由芝加哥律师协会起草、凝聚着她们关于少年法院的思索与意见的议案草案被呈交给了芝加哥市的法官们。

此同时，弗劳尔和莱思罗普还多方努力确保关于设立少年法院的议案在1899 年议会立法时可以得到优先考虑。当“政府之儿童”被宣布为定于 1899
50 年 11 月召开的第三届伊利诺斯州慈善事业年会的主题时，她们的努力得到了回报。该年会为期两天，于堪卡基(Kankakee)东方精神病医院召开，促进了支持设立少年法院社会力量的觉醒。弗雷德里克·H. 瓦恩斯(Frederick H. Wines)——自州慈善机构管理委员会于 1870 年成立以来就一直任职的资深秘书，畅言了少年法院的前景：“在大城市的刑事司法体系中，我们应当拥有一套专为儿童设立的完全独立的法院体系。这些儿童所实施的罪错行为，如果是成年人所实施，则构成犯罪。在芝加哥，我们应当拥有‘儿童法院’，而且我们也应当拥有专职的‘儿童法官’”(瓦恩斯，1899，336)。瓦恩斯呼吁少年法院的模式应当采用特殊程序，如东岸革新(East Coast innovations)之儿童分别关押，以及马萨诸塞州的少年缓刑制度 (瓦恩斯，1899)。

弗劳尔对芝加哥“亲权法院”的设想在 1899 年 7 月 1 日成为了制度上的事实——在这一天，世界上第一部《少年法院法》正式生效。她帮助募集资金，以供新法院之开创性工作之所需，并且建议芝加哥妇女俱乐部建立一个以少年法院委员会(the Juvenile Court Committee；或 JCC)为名的独立机构——该机构将运作一个少年感化院，并且支付 15 位缓刑官的薪水。她的朋友朱莉娅·莱思罗普在 1903 年成为 JCC 的首任会长。弗劳尔一直投身于少年法院的运转工作直至 1902 年她的丈夫病重，全家搬迁到了加利福尼亚州。她的女儿写道：“她愉快地在远离家乡的地方度过了余生，远离了她曾经热爱的朋友、曾激励她的生活，以及她长期拥有的爱好”(法韦尔，1924，39)。弗劳尔从儿童拯救运动中退休标志着她那一代资深“镀金时代赞助人”淡出了这一舞台。对于少年法院之理念，则有赖于朱莉娅·莱思罗普及其改革同仁们赋予其相应的形式及实质。

革新少年法院

正如本章导言中提到的，芝加哥少年法院有一个不甚规范的开始。没有公共资金来支付缓刑官的薪水、维持少年犯拘留所的运转、为新法庭建造办公楼。为了使读者清楚芝加哥少年法院在其形成时期如何运转，本节探讨了少年法院最早时期的一些显著特征——拘留所、缓刑和控告制度逐步形成完善的过程，并且介绍了20世纪20年代中期这些特征在其他城市法院是如何广泛地得到了应用。本章接着分析了取消少年案件的公开审判以使全国的少年法院成为儿童及其家庭的庇护所，这一极具争议的尝试。最后本章对母亲津 51
贴的管理有一个简短的分析，此项福利政策是“救助无人照管儿童”（后为“救助无人照管儿童之家庭”）政策的前身。少年法院监管着旨在保护家庭的儿童福利项目，这提醒了我们：少年司法的构想是广阔的——即办理无人照管、罪错儿童及其家庭的所有案件。

拘留的问题

由于没有公共资金的支持来为芝加哥少年法院建立一个少年犯拘留所，少年法院委员会（JCC）设法找到了一栋坐落于西亚当斯大街625号、距离在芝加哥市中心的郡行政大楼两英里多的房子，在此，芝加哥少年法院进行了首次开庭。数年后，JCC的秘书埃米莉·沃什伯恩·迪安（Emily Washburn Dean）曾回忆起少年法庭早期的工作是多么地令人感到前景暗淡（迪安，1931）。库克郡曾捐赠了一辆旧马车和两匹马给少年法院，用以运送儿童参加每周两次的庭审（直至1907年少年法院才每周有五天的庭审安排）。这辆旧马车日益破旧，不堪使用，司机开始担心儿童的安全问题。库克郡政府官员们告诉迪安这是城市的公共事业，她应当与警察局局长商谈此事。警察局长又指点迪安求助于芝加哥城市建设部门，她辗转见到了建设部门的主管，主管告诉她说这毕竟是库克郡的公共事业，她应该求助于市长。兜了六个星期的圈子后，JCC最终决定自己买一辆新马车。

然而，新马车对 JCC 原有的两匹小马而言太重了。经过很多努力，JCC 终于从政府得到了一匹更大的马，该马原先服务于消防部门，现在已经退休。据迪安所言："它的腿是这么的长，行动如此迅捷，以至于差点把小马拖死。"显然，这匹马还像听见火警警报声一样奔驰去最近的着火处。JCC 再一次自掏腰包购买了两匹新马并说服市政府捐赠了一个马厩给他们使用。而据迪安确切的记载，"马厩是如此之小，以至于马匹不论白天还是晚上都不能卧下，因此我们发现最急需做的事情居然是租借一个马厩来喂马！"（迪安，1931，2）

诸如迪安之类的轶事告诉我们；早期少年法院的工作是如何惨淡经营，以至于紊乱不堪，也揭示了在维持它的运行中 JCC 所扮演的关键角色。但是 JCC是如何能为缓刑官的薪水、购买马匹和马车、租借马厩等事项筹集到足够的资金呢？在某种程度上，像路易丝·德科文·鲍恩（Louise de Koven Bowen）夫人这样的慈善家作出了重要的贡献。鲍恩是爱德华·海勒姆·哈达克（Edward Hiram Hadduck）的孙女，而爱德华·海勒姆·哈达克通过投资于后来变成"芝加哥圈"（Chicago Circle）的土地而赚取了巨额的财富。在莱思罗普的大力促成下，出身名门的鲍恩担任了 JCC 的会长一职以帮助这个机构更好筹集资金。

52 鲍恩成为了 20 世纪的露西·弗劳尔，一位至诚的慈善家，引导着整个城市的儿童福利运动。例如，在鲍恩的领导下，JCC 组织文化活动来筹集资金，如 1904 年 2 月 3 号在芝加哥大礼堂举办莎士比亚戏剧歌曲合唱演出。这次盛会上的东道主几乎都是芝加哥名人圈的成员，其中有马歇尔·小菲尔德夫人（Mrs. Marshall Field Jr.）、赛勒斯·麦考密克夫人（Mrs. Cyrus McCormick）、波特·帕尔默夫人（Potter Palmer）和朱利叶斯·罗森沃尔德（Mrs. Julius Rosenwald）。这种活动不仅增加收入，而且也有助于人们将少年法院和城里的名人联系起来。

由公共资金支持建立的拘留所最后终于成为芝加哥少年法庭的一部分，位于 1907 年 8 月投入使用的少年法庭大楼之中。但是其他城市并不总是沿着芝加哥的经验来改进他们的少年法庭。在《运作中的少年法庭》一书中，凯瑟琳·伦鲁特(Katharine Lenroot)和埃玛·伦德伯格(Emma Lundberg)公布:在他们调查过的十个城市中只有六个——布法罗、丹佛、洛杉矶、旧金山、西雅图、圣路易斯,"有一个为少年特别设立的拘留所在运作(伦鲁特和伦德伯格[1925]1975,55);而波士顿、哥伦比亚特区、新奥尔良和明尼阿波利斯并没有这样的设施与机构。同时,他们失望地发现:被调查的这十个城市中的有八个曾因"将儿童拘留在警察局或监狱而被报道——或是偶有发生,或成为一种比较惯常的做法"(伦鲁特和伦德伯格[1925]1975,55)。到了腾飞的 20 世纪,少年拘留所的适用已经成为市区法院比较标准的做法,并且正如第三章所展示的,该世纪中,少年法院以多种方式对其加以运用。

缓刑的问题

在芝加哥,JCC 并不是想建立一个定位不明确且发展前景不明朗的少年 53
法院。这是一项花费极大的工程,而在筹集所需资金的过程中,JCC 面临着重重困难。其会员也认为,少年法院提供了重要的公共服务,因此应当由公众来支付它的运转费用。另外,他们推断,如果由公共资金来维持少年法院的运转,将会使得少年法院对愿意长期从事少年司法工作的优秀者更有吸引力。他们还意识到,要妥善处理少年司法体系中不断增长的案件,缓刑部门应当职业化。

JCC 中极具影响力的成员,如朱莉娅·莱思罗普,曾警言:从公共财政中支付缓刑官的薪水是有风险的,因为这会使这些工作成为赞助的对象。要求公众对少年法院予以支持与期望保持自身对少年法院管理权的控制之间的紧张关系会导致少年司法成为一个混合的制度,其中,国家权力与私人管理常常以一种令人惊奇的方式混合在一起。关于公众责任与私人管理混合的最好例子就是缓刑部门向一个由公共支持的法院工作部门的转化。缓刑部门的发展历史可以成为改革者们改进少年法院的蓝图。

缓刑官是"法庭的右臂",因为他们调查家庭;访谈邻居、教师、雇主;对如何处遇儿童向法官给出建议;在庭审时担任儿童的代理人;在缓刑期内,对儿童进行监管(赫德,1905)。少年法院的成功,她的支持者们认为应归功于缓刑官的训练有素与富有效率的工作。在一篇经常被引用的文章——《少年法院的缓刑工作》中,巴尔的摩市法院法官查尔斯·W.休伊斯勒(Charles W. Heuisler)说明了为什么缓刑工作是不可或缺的,“如果在有关的程序结束之后,儿童又被单独放归造成其困境的同样境遇之中,那么,哪怕是最富有同情心的法官以劝诫、建议或威吓等方式加之于儿童的暂时、表面工作都是惘然。”他补充道,“惋惜与同情的声音(即缓刑官)不仅要影响到家中的儿童,也必须影响到其家中的父母”(休伊斯勒,1903,400)。

缓刑官之介入儿童家庭,被学者们描述为一种“治疗状态”的开始,在此治疗状态中,公共事务官员力求使“越轨者”的社会行为正常化(波利斯基,1991)。根据这种解说,触犯法律的儿童,不仅使得国家权力进入了他或她的生活,而且使得家庭生活处于国家的干预和广泛监督之下。从而,不仅仅是儿
54 童自身,其整个家庭都成为了大大扩展的案件办理工作的对象,而这往往涵盖了换工作、迁居、改善家庭管理、改善饮食、戒酒、节制性欲等命令(波利斯基,1991,16)。拒绝这些命令可能会导致缓刑官向法院申请分解这个不服从的家庭。

朱莉娅·莱思罗普沮丧地记录道:在芝加哥,有太多等待处理的案件,平均每位缓刑官需要观护 50 至 150 名儿童,这使得这一“公派父母”变得有点滑稽,期待他能对这样一大帮儿童有太多的作为,是不现实的(莱思罗普,1905,346)。实践中,由于沉重的办案压力,芝加哥和其他大城市的一些缓刑官甚至在安置所或者图书馆会见成群的儿童,而不是分别在儿童家中进行会见。

另外,少年法院在运用缓刑时清晰地划出了种族界限。一种族的缓刑官是不会拜访另一种族的儿童家,这是一个通行规则。芝加哥少年法庭,从创立之初,就将黑人儿童分派给黑人缓刑官,而其他的法庭仿效了这个先例。例如新奥尔良少年法庭,将所有的黑人儿童“指派给同种族的志愿缓刑官,且他们的案件很少被认真调查”(伦鲁特和伦德伯格[1925]1975,162)。官方并不总是有兴趣调查所有的家庭。

虽然数目有限的缓刑官淡化了少年法院对家庭的监管能力,但其对家庭

进行调查的权力还是存在,因此进步改革者希望扩大缓刑部门以将这种功能发挥得淋漓尽致。针对目前尚不能充分发挥作用的缓刑部门,莱思罗普提出了两个解决的方法。首先,她呼吁库克郡政府资助缓刑官。其次,确保这些职位不会成为民间赞助的对象,她宣称市民服务委员会(the Civil Service Commission)应当对所有的申请者进行一次任职资格考试。从最高分往下排,委员会对合适的候选人排出名单,从这份名单中,少年法院的法官们精挑细选出他所需要的缓刑官(莱思罗普,1905)。只有受过最新的社会工作理论培训的优秀人员才能被雇用,这样一条进入缓刑官队伍的途径可以使得法院职员队伍职业化。

JCC起草了一份法案试图修正《少年法院法》,使得这样的缓刑官任用制度可以获得法律上的承认。在1905年2月的切斯特教堂,一位来自芝加哥的共和党人介绍了JCC的草案,而该草案在州议会两院中获得了全体一致的通过,由查尔斯·S.德宁(Charles S. Deneen)州长,一位坚定的共和党人,写进了法律。查尔斯·S.德宁曾以库克郡政府律师的身份而赢得其社会声望。根据新法令,巡回法院的法官会通知库克郡委员会,少年法院来年需要多少缓刑官, 55
其中包括一位首席缓刑官。然后,委员会会决定人数是否合适以及薪金多少(《伊利诺斯州法令汇编》[Laws of the state of Illinois],1905)。

朱利安·W.麦克(Julian W. Mack),作为少年法庭首席法官,有责任来执行这个新的法令。麦克是哈佛法学院的优秀毕业生,并执教于在西北大学和芝加哥大学。麦克曾以少年法院为主题写过被誉为经典的法律评论文章,其中阐释了少年法院的理论和实践经验(麦克,1909-10)。另外,他在芝加哥大学分部——社会科学学院教授少年司法课程。这些课程的设置意图培养一批受过职业训练的缓刑官来充实少年法院缓刑部门。

市民服务委员会发展了缓刑官职业资格考试制度,其考试的范围涵盖了文字、算术、对缓刑官职业的理解,以及有关少年法院法方面的知识。另外,还会由应聘者运用他们的知识来处理一系列的模拟案件。麦克法官规定所有在职的缓刑官都应当参加考试,而该决定威胁着信仰天主教的缓刑官与信仰新教的缓刑官之间的微妙平衡。所幸的是,全体缓刑官在考试中取得了足够高的分数，从而使得麦克法官得以维持该部门内部的具有政治敏感性的宗教平衡关系。

配备缓刑部门，包括决定由谁来领导它，同样显露出了创立者之间关于少年法院使命的意识形态上的纷争。虽然创立者们都一致认为：少年法院的首要目的是使得少年远离有害的刑事司法体系——富兰克林·齐姆林将其标定为“转处的基本原理”，但却在少年法院介入儿童及其家庭的应然程度的问题上存在异议（参见第五章中有关促使少年法院正当化的两种对抗性理论的分析）。麦克法官赞成“干涉主义”，该理论为少年法院应当是一个向儿童及其家庭提供必须的帮助与监管的社会机构提供了支撑。少年法院“干涉主义”的理论使得蒂莫西·赫尔利感到忧虑。蒂莫西关注赫尔堂朱莉娅·莱思罗普、简·亚当斯等女性社会改革运动者的工作，并支持麦克，“决定从整体上把握少年法院”（赫尔利，1905b）。

一个事件使得相对立的少年司法理念的紧张矛盾暴露了出来：芝加哥师范学院的一位社会学教授——亨利·瑟斯顿（Henry Thurston）在首席缓刑官的单独考试中获取了最高分，并被提名接替约翰·麦克马纳曼（John McManaman）——一个爱尔兰裔、信仰天主教的律师。然而对麦克法官之少年法院干涉主义导向，麦克马纳曼却持批判的立场。他曾提醒人们：“政府官员正在偷窥国民的家庭，并且试图建立某种生活准则——一种行为及道德准则——然后以此准则来衡量所有国民”（麦克马纳曼，1905，377）。
56 麦克马纳曼被瑟斯顿所取代，而瑟斯顿并没有经过职业的法律训练，却有为 JCC 工作的经历，他的到任只能是确证了蔓延于少年法院的天主教支持者中的猜疑，其中包括蒂莫西·赫尔利。

虽然赫尔利对麦克并不满意，但他仅试图更好地训导少年法院，而不是摧毁它。例如，在 1905 年全国慈善和矫治团体联席会议年会中，赫尔利呼吁公开指定律师作为儿童的代理人，以使得庭审更为正式。麦克法官也试图安抚信仰天主教的社会改革运动者，例如，他任命约翰·麦克马纳曼为尚未进入少年司法程序的儿童的代理人。这样，在天主教社会革新团体中增长的不信任情绪并没有阻止像赫尔利这样的改革运动者支持对 1905 年和 1907 年通过的扩大少年法院管辖权限的《少年法院法》的附加修正案。

这些修订将所有的未成年人归入了法院的潜在监护之中①。现在被发现无人照管、疏于管教或者罪错儿童将由少年法院监护直至他们年满21周岁或被法院撤销命令。这样一段更长时间的纪律监控期拓展了少年法院缓刑官们进行儿童工作的机会,包括已获假释者。

麦克法官和瑟斯顿首席缓刑官对假释期与缓刑期儿童的行为状况特别关注。而这种特别的关注源自法院保留的统计数据。例如,瑟斯顿发现:从1904年到1906年,少年法院所处遇的罪错儿童中,接近40%的儿童是惯犯(《慈善工作报告》[Charity Service Reports],1906,115)。瑟斯顿认为,这些儿童对少年法院的合法性造成了威胁,因为他们的所作所为公开表明了他们无视少年法院的权威,如此便减损了其劝诫其他少年改邪归正的效力。瑟斯顿指出:每一件累犯案件"倾向于在这类罪错少年的同伙中实现成倍数的增长"。为了防止这种情况的发生,他强烈要求"无论男孩还是女孩,如果在缓刑期无意于改邪归正,应当迅速被监禁,这样更具教育意义的感化可施加于其身"(《慈善工作报告》,1906,115)。换句话说,就是立刻把他们送入专门机构接受矫治。

据瑟斯顿所言,"屡教不改的惯犯"有侵蚀公众对少年法院的支持之危险。他警言:"所有正直的人们都期望男孩与女孩有机会去做正确的事,但是当他们屡屡将改过自新的机会弃之不顾时,那么同样正直的人们有权坚持这些男孩与女孩应当被有效地监控起来以免危害社会,即便动用严厉的刑事司法程序也在所不惜"(《慈善工作报告》,1907,103)。瑟斯顿清楚地认识到,在此关键时刻少年法院不能失去公众的支持。他知道,到目前为止,少年法院仍处于 57
试验阶段,并非地方管理中的固定机构。为了让芝加哥市民确信少年法院的存在价值,1905年瑟斯顿在库克郡以少年法院的功效为主题举办了70场讲座。

如果少年法院在处遇"儿童问题"上举措失当,公众可能转而站在少年法院的对立面,这是一个令人长期为之担忧的问题,因为少年法院自设立以来已处理了不少极为棘手的案件。在1899年少年法院设立初的几个月中,到庭儿童中有接近40%曾触犯过法律。这其中许多儿童曾在训导学校或职业技工学校受过矫治，有些是在庞蒂亚克（Pontiac）的州立少年感化院。罪错还是无人照管通常是难以区分的，这就需要富有爱心的法官付出更大的爱心与热心来帮助他们，而不是一次和蔼的抚摸这么简单（坦嫩豪斯，1997，1:168）。

困境内外的男孩

爱德华·斯塔克（Edward Stark）[2]是下列这类男孩中具有启迪性的例子，他们在少年法院设立之前便开始其触犯法律的少年时期，并且一直延续至20世纪。在1897年，爱德华10岁时，一位牧师担心他那为当地权力部门所周知的恶劣家庭环境不利于他的成长。邻居们认为爱德华的父母有“酗酒”的恶习，而当地的一位警官，约翰·费伦（John Phelan）曾“逮捕了一些出自于他家的芝加哥臭名昭著的小偷”。爱德华·斯塔克的父亲是英格兰籍的新教徒，而他的母亲是爱尔兰籍的天主教徒，他们的婚姻有重大危机，并对爱德华毫不关心。为了挽救这个疏于管教的儿童，牧师对爱德华提出了一份无人照管的诉状。

在库克郡法院的一次庭审中，一个六人陪审团认定爱德华·斯塔克是一个无人管教的儿童，法官裁定将其送往位于伊利诺斯州库克郡迪凯特（Decatur）的圣玛丽训导学校。库克郡每月支付一次补助金给这个私立学校，该校由阿奇比肖普·帕特里克·菲恩（Archbishop Patrick Feehan）于1882年建立。在“菲恩城”（Feehanville）——该学校的著名别名，爱德华被安排接受良好的文化教育和合适的宗教训导。但是爱德华却对他所接受的教育不以为然并且从学校逃跑了。两年后，他在芝加哥因盗窃一套昂贵的套装而被逮捕，失去了自由。1899年7月24日，13岁的爱德华成为少年法院审理的第108个儿童。

这样一个对爱德华的生活速写揭示了儿童的父母、牧师和少年法院设立前的警方之间的联系。而少年法院设立后，却不得不依靠这些旧的联系来行使它的职责。例如，约翰·费伦这位于19世纪90年代中期曾在斯塔克家逮捕
58 了“著名小偷”的警官，现在成为了第十一区的首席缓刑官。他不再身着制服、携带武器或是佩戴警徽，但却让爱德华苦恼万分，因为约翰·费伦成了自己的

缓刑官。在接下来的几年中，因为爱德华的再犯，他们的生活轨迹多次重合。

塔特希尔（Tuthill）法官把爱德华移送到庞蒂亚克学校，在那里爱德华度过了八个月。当他正在接受感化矫治时，他的父母抛弃了他，他从而获得假释，与他的旧邻居中的一位“体面市民”共同生活。可是这个被遗弃的孩子不到两个月后就再次来到少年法院。这次他由于结交狐朋狗友而被警察拘捕。在下午三点半，警察发现他和两个男孩在一个小巷里面，他们一见警察就四散逃窜，只有爱德华被当场抓住。这一次塔特希尔法官将爱德华交付给约翰·沃西学校，在那里爱德华将要受训一年。

这个循环再一次重复。爱德华再一次获得假释，寄养在另外一个家庭里，四个月后却又一次接受少年法院的审讯。这一次他因向他人投掷石头而被逮捕。缓刑官费伦在他给法官塔特希尔的报告中写道：爱德华“当被捕时，给出一个约翰·卡因（John Kain）的假名字，并且声称我不认识他”。由于这份熟悉，爱德华的期望落空了，现在他只有15岁，却不得不用一个假名来掩盖他并不光彩的过去。

整个爱德华案揭示了早期少年法院的重要性——即它将先前体系中管辖的儿童集中起来处遇。先前，未成年人同成人一样在城市的11个治安法庭受审，但是现在当爱德华被拘捕，他进入少年司法程序，有一个十分了解他情况的缓刑官来观护他。这使得爱德华更难从法律的空隙中逃脱，但是这并不足以阻止他将来危害社会的行为。

爱德华后来也确实浪子回头，转折点在他加入了初级商会。两年后，商会让他在海军服役，并帮他找到了一份在芝加哥爱迪森公司做仓库保管员的工作。爱德华将来会成为什么样，我们并不知道，但是他至少从顽劣不堪的青春期走出来，并成为少年法院的一个成功例子。

缓刑部门的政府机关化

在1905年成为首席缓刑官后，亨利·瑟斯顿高度称赞法院缓刑官以爱德华一案为典型的努力工作，尤其是他们“传教般的热忱”，但是在考察了该部门的管理制度后，他不得不说“这样的状况是无法忍受的”(《慈善工作报告》，1907，115)。这种过度依赖个人学识和小团体合作的非正式制度，已不足以追
59 踪超过4 000名接受缓刑的儿童。瑟斯顿总结道，因为“没有一个统一的记录，只有缓刑官个人的日记”，所以为了防止儿童从缓刑制度中脱离，少年法院需要一个更加精密的管理体制。另外，现行制度几乎不能测定儿童“当他们处于少年法院的保护之下如何生活和后来他们又发生了什么样的变化”(《慈善工作报告》，1907，115)。

瑟斯顿希望每一个儿童的往事都有准确的记录，以便于统计少年法院工作的成效。一个标准化的记录保存方法能够产生更系统的研究少年罪错所必需的社会资料，这将使像他自己这样的社会科学家可以将爱德华这样的个别经验组合成关于不良儿童的合成图像。这些新理论将可以解释罪错的原因和在根本上对屡教屡犯想出一个治疗的方法。

瑟斯顿使缓刑部门现代化的努力受到了库克郡委员会的掣肘，库克郡委员会并不为缓刑部门配备他请所求数额的缓刑官，也不向缓刑官支付一份有竞争力的薪水，甚至不予报销与工作有关的费用，例如车费。这样的结果就是每位缓刑官工作极为繁重，平均每人要处理120个儿童的案件，这阻碍了有才干的人成为缓刑官(《慈善工作报告》，1907，111)。历史学家戴维·罗思曼的观察报告尽管并不公允但还是反映了一些事实，“这是一个古怪但可能是准确的结论——无人照管和逸出正轨的儿童可能会把他们的自由归功于民选官员的财政保守主义，而不是那些改革者的慈善动机”(罗思曼，1978，81)。

芝加哥少年法院的缓刑官工作过于繁重并不是例外情况。如伦鲁特和伦德伯格写道“每位缓刑官处理40—75个案件是最有成效的，这一点已得到公认，但是十个被调查的法院中只有四个能做到这点……有三个法院的缓刑官平均需要处理的案件是一百多”(伦鲁特和伦德伯格，[1925] 1975，171)。纵然缓刑制度到20世纪20年代中期已成为少年司法的一个显著特征，但是绝大多数的缓刑官依然薪水过低而工作尤为过量。

控告制度的设立

除了缓刑官需要处理过多的案件,法官同样被繁重的工作压得喘不过气来,例如朱利安·麦克法官。在麦克担任法官职位的头三年里,他审理了超过14 000起案件,每周需开庭两次,并且常常持续到深夜。为了更好地安排他的 60
工作日程,麦克法官需要制定一项政策来避免不需要他关注的案件也进入庭审程序。这项改革不仅可以使他得以集中精力来处理重要的案件,而且可以让很多儿童免受因接受法庭审判而带来的精神创伤和潜在的耻辱。

问题是依照《少年法院法》,只要有诉状提出,法官就需开庭审判。麦克法官不得不寻找措施来限制诉状的提出,而这是很困难的,因为库克郡任何一位良好市民都有权对本郡的儿童提出诉状。家庭成员、委托人、邻居、儿童福利工作者和缓刑官都来提出诉状的实际状况使得问题变得错综复杂。

麦克法官对现有制度做了绝妙的修正——控告制度。他要求相关人向法院的缓刑部门提出一份非正式的控告来取代提交正式的诉状。这样一项程序上的变更将容许缓刑官对案件进行调查来决定其是否应受法院审判。在调查后,缓刑官可以驳回没有根据的控告,独立解决轻微的问题,对应受司法关注的儿童提出正式的诉状,或者根据最新通过的州法令就儿童的父母或监护人失职致使儿童轻微罪错或无人照管的行为而进行指控。这项政策赋予缓刑官以是否对儿童进行庭审的决定权。它也容许缓刑官以将来可能的法律诉讼作为威慑手段来促进相关人对命令的合作。

控告制度在减轻法庭的过量工作上起到了有效的作用。例如在1912年,首席法官梅里特·W.平克尼(Merritt W. Pinckney)估计非正式控告中只有四分之一导致了正式诉状的提出(布雷肯里奇和阿博特,1912,207)。到20世纪20年代,犯罪学家克利福德·R.肖(Clifford R. Shaw)和厄尔·D.迈尔斯(Earl D. Myers)发现被指定为本辖区缓刑官的警官们,只就他们所处理案件中的不到十分之一提出了正式诉状(肖和迈尔斯,1929)。从而只有一小部分的儿童与少年司法制度打上交道,其中还包括与警方的交道,通常在面对法官之前就结束了。

在20世纪早期，其他法院纷纷采用了控告制度的变种。例如伦鲁特和伦德伯格发现"在相当大程度上运用了控告制度且有关数据可获取的四个法院中，少年罪错案件无需正式法庭诉讼便得以处理的比例从43%到86%不等"（伦鲁特和伦德伯格，[1925] 1975，114）。从而，到20世纪20年代中期，控告制度，如同少年拘留所和缓刑制度，成为了进步少年司法的显著特征。

61 不公开审判与公众关注

本章所分析的不公开审判，是少年司法制度最为与众不同的特征，意即把普通公众排除在少年法院案件的审理之外。为了保护儿童及其家庭的隐私权，1899年伊利诺斯州少年法院法案的提案人希望法院的审理向公众关闭。他们相信不公开审判将保护儿童免受公众的蔑视，并可以促成少年法院的"康复"使命。与此相应，1899年《少年法院法》第二条规定："案件审理时，除法院工作人员、证人，以及该案件的直接利害关系人外，其他人都应被排除在审判室之外"（赫尔利，[1907]1977，28）。

然后，来自芝加哥市私立慈善组织的批评者反对不公开审判这一主张，认为此举会使国家行为不透明。在众议院就该法案的听证会前夜，芝加哥越洋日报（Inter-ocean Daily）在头版头条刊登了一篇以"童奴"为标题的报道，引起了轰动——该文详述了对不公开审判的担忧（《童奴》，1899）。这篇文章引用了一些匿名的资料，其中包括"一位颇有名望的代表"声称不公开审判会使得慈善组织把儿童与其家庭分开，并把他们当成廉价劳动力出售，从而导致穷苦儿童成为奴隶。而接受此动议的少年法院允许慈善组织对穷苦儿童提起诉讼，让法院宣布他们是"无人照管"的，然后把他们卖到社会底层或是国外，最为悲惨的是卖给加拿大的农民。

正如那位"颇有名望的代表"所告诫的，不公开审判会阻止新闻界报道案件，并且掩盖了母亲们因为孩子被免于公共审查的"协会"带走而产生的痛苦。另一方面，他警告道："法案是否应当成为这样的法律——对乐于拘留儿童的组织而言，所有住在芝加哥贫民区的儿童都成为了被怀疑的对象。如果哪位母亲允许孩子浑身脏乱、头发蓬松地出现在大街上，就会有被打着‘慈善’旗号的‘协会’以50美元代价带走孩子的危险”（《童奴》，1899）。

回溯到19世纪中叶，当时私立慈善组织用不法手段带走贫困儿童引起了社会对其的不信任，类似的情形随后出现在少年法院身上。例如，类似的指控对准了查尔斯·洛林·布鲁斯的“儿童援助协会”，控告它非法收集街头流浪儿并转卖到中西部地区。在19世纪与20世纪之交，对童奴制或者“转卖儿童” 62
的指控反映了旧时的关注亲子分离的新时代版本。

反对“不公开审判”运动的结果是伊利诺斯州《少年法院法》法案删除了有争议的条款，以确保通过。因此，库克郡少年法院的案件审判向公众公开。实际上，当地的报纸也确实报道了新法院早期案件的审判情况，并出版了关于那些儿童的故事，包括他们的名字、住址、被控罪名等内容。市民也赶到法院去旁听那些最轰动的案件。

例如1912年1月，少年法院挤满了旁听者和记者，他们赶来见证一起离奇的监护权案件，当事人是宾夕法尼亚的一个家族财产继承人——12岁的比利·林赛（Billy Lindsay）。比利的母亲，伊丽莎白·林赛（Elizabeth Lindsay）是奥托曼·扎尔阿达什·汉尼希（Otoman Zar-Adusht Hanish）的追随者。汉尼希是德国移民，一个一意传播冷僻宗教拜火教（Mazdaznan）教义之组织的领导者。伊丽莎白让比利跟随汉尼希浪迹全国。比利的亲属担心汉尼希实际上是邪教组织拜太阳神教的领袖，会蛊惑比利走向邪途。经过全国范围的搜寻后，比利的叔叔发现他住在芝加哥南部湖园大街（Lake Park Avenue）的一座寺庙里。出于为比利考虑，他随即对比利提起一份“无人照管”的请愿书，请求担任比利的监护人。但是比利与伊丽莎白在庭审前潜逃，使得庭审无法进行。此事件也成了当天的头条新闻。

在这起“无人照管”诉讼的庭审过程中，请愿人的代理人力图证明比利不但被母亲置之不理，而且拜火教根本是一个邪教组织。代理人宣读了汉尼希所著的《内心研究》（*Inner Studies*）——一本作为信徒行为指导的书中有关婚姻关系的章节作为证据。根据《芝加哥新闻日报》的报道，宣读后许多妇女离开了法院，其中多人“脸上一直捂着手帕，眼睛盯着地板”，显而易见，即便是它的作者，也应为自己的言辞感到羞愧难当(《拷问汉尼希》[“Grill Hanish”]，1912)。

正是这次公开审判揭示了作为少年司法定义性特征——不公开审判的意义，而该理念在20世纪的最初十年却尚未为芝加哥公众所接受。在该案件的庭审中，市民聚集到法院旁听，同时见证了一场由一个摄影师不顾一位女信徒的反对而坚持对其拍照所引起的混乱。“这个女人，不是省油的灯”，记者写道，“她向摄影师猛扑过去，仅仅因为他阻止汉尼希的几名男随从毁坏他的相机”(《男童林赛脱逃》[“Lindsay Boy Missing”]，1922)。发生这样的事情并不是少年法院的创设者所期望的。

63 但是包括首席法官在内的越来越多的进步支持者们通过向公众免费宣传来阐释少年法院的“康复”使命以适应早期案件的公共性质，同时努力使得这些案件的处断结果有利于整个社会。这些对公众进行教育引导的努力对少年法院这一新生机构取得合法性依据有着关键性作用。当时宣传运动下了很大的赌注，因为《少年法院法》的合宪性本身存有疑问，尚在讨论之中，并在20世纪的最初十年都不曾停止。事实上，直至1913年伊利诺斯州最高法院在对林赛案的复审中才正式宣告：《少年法院法》合宪(坦嫩豪斯，1997，2：267－75)。

但少年法院的宣传运动中同时揭示了进步观念内部的紧张关系。虽然革新主义者意图保护接受审判的儿童的隐私权，同时他们也试图让贫困儿童所处的困境总体上为公众知晓。而个案历史中包括大量的匿名儿童信息，通过这样一种报道具体的、匿名儿童的信息来兼顾对公众进行教育引导的两个目标。个案历史几乎立刻成为20世纪早期少年罪错研究的典型特点。

在朱莉娅·莱斯罗普对索丰尼斯巴·布雷肯里奇与伊迪丝·阿博特的《罪错儿童与家庭》(1912)一书的介绍中，她赞成对公众进行教育引导。这本书首次对库克郡少年法院进行了详细研究，其中包括大量的个案历史。朱莉娅·莱斯罗普说：“少年法院最首要的、最伟大的贡献在于揭露了事实真相，并迫使我们去正视以接受法院审判的儿童为典型的人类生命的浪费。”她深信：法院中的儿童的糟糕情形，将激励公众确信该情况应该改善，这也被她意味深长的称为"真相发动公众"(布雷肯里奇和阿博特，1912，8)。认为通过教育公众就能阻止社会腐化堕落的进步信念，常常被认为十分幼稚的。但无论如何，当时公众确实遗忘了少年法院，正如美国联邦最高法院日后披露的，法律对待儿童比对待成年人更为残酷(高尔特案，1967年)(*In re Gault*，387 U.S.1［1967］)。

虽然进步的儿童拯救者学会了如何利用宣传活动来促进少年法院取得合法地位，但是他们依然希望对公众进入法院旁听进行限制，并给予法官尽可能多的法庭控制权，这点意义重大。如在1910年，《政治与社会科学研究院年报》出版了以《美国的司法管理》为标题的特刊，其中收录了一篇专门探讨该问题的文章，题目是《不公开审判——利与弊》。这篇文章的作者是波士顿少年法院的首席法官哈维·贝克。在导言中，他写道："如今被引入少年法院的宣传限制制度在不同的严格程度上包括了在报纸中不公布少年犯的名字，以及为了不公开审判的相关便利条件"(贝克，1910)。这些宣传限制制度——在少年 64
法院创建后的第10年——被明确写入法律。但该文更多揭示的是：贝克认为，有必要阐释究竟什么是不公开审判，以及为什么它可能成为一项有益的制度。

贝克法官运用了一系列的对比，比较了少年法院法官的角色与父母、老师、医生的角色，以支持自己赞成不公开审判的观点，其主要特征是"将出席的人数减至最少"。在理想状态下，他认为，法官应该与儿童单独交谈，除非她是一个女孩，她(女孩)"当然地，永远不应该被单独交谈"。不公开审判最大的好处在于允许"法官最大程度地亲近儿童，仅次于医生的工作"。贝克指出，这个类比的问题在于，法官与医生并不尽相同，他有权剥夺儿童的自由与父母对儿童的自然权威，不公开审判集中体现了"对法庭诉讼程序中来之不易、根深蒂固的公开原则的根本变更"。如贝克所言，不公开审判不但保护儿童和他们的家庭的隐私权，很可能，同时会包庇"一个不称职法官的粗心、怪癖，或者偏见"(贝克，1910)。

贝克法官在他文章的结尾显得非常谨慎。他建议"直到不公开审判充分地得到实践的检验，那些充满疑虑的市民方能允许不公开审判谨慎的推行。

逐渐禁止报纸报道儿童的名字，并把除被告与证人之外、无关紧要的其他人排除在庭审之外，以此方式，迈出第一步”（贝克，1910）。于是，直到 1910 年，一位不公开审判的主要支持者也并不认为不公开审判经历了足够长的时间从而得到了“实践的充分检验”。不公开审判尚未成为进步少年司法的定义性特征。

然而，到 20 世纪 20 年代许多最具影响力的少年司法研究著作出版时，“不公开审判”已经成了相当通行的实践。伦鲁特与伦德伯格合著的《运作中的少年法院》（1923）以及赫伯特·卢所著的《美国的少年法院》（1927）都宣称：“在审理少年案件时不允许公众旁听，通常被认为是少年司法程序的一个基本特征”（伦鲁特和伦德伯格，［1925］1975，124；卢，1927，132）。随后在 20 世纪的后半叶，学者依据这些首次出版于 20 世纪 20 年代，其中很多于 20 世纪 70 年代再版的重要研究成果，对“进步型法院”进行了概括性的总结，包括认定不公开审判一直都是少年司法制度众多与众不同的特征之一。即使将这些历史说明忽略不计，限制公众参与少年法院案件的审理本身就经历一个漫长的辩论
65 过程。它的回声，在赫伯特于 1927 年对不公开审判的描述中仍可以听到。例如，他写道：“允许人们熟悉少年法院的运作，对法院是有利的，因为将会使法院赢得社会的理解与配合，并将法院从被疑是‘地下裁判团’的非难中解脱出来。过于保护隐私与过于公开案件一样，对法院的工作是有害的。隐私不应当是秘密”（卢，1927，132）。

母亲津贴的管理

从 20 世纪的最初十年到 20 世纪 30 年代中期，少年法院管理着母亲津贴，如同不公开审判的历史一样，经常被忽视或者完全遗忘。对于看到儿童因“无人照管”而导致罪错的革新主义者而言，将管理母亲津贴作为少年法院的另一项新增职能显得具有重要意义。在《良好家政》一书里刊登的名为《援助寡妇和丧父儿童》一文中，改革家弗雷德里克·豪（Frederic Howe）与玛丽·珍妮·豪（Marie Jenney Howe）实事求是地对革新进行了论证。他们宣称：少年法院已

经“掌控了儿童的生活”，并且“少年法院可能比其他任何机构更适合扩大以接管这一部门，因为正是那些缺乏家庭照管的儿童被带进了少年法院。既然少年罪错归因于此，我们可以利用母亲津贴对少年犯罪进行调研和救济”（豪和豪，1913）。

芝加哥少年法院于1911年第一个建立了“母亲援助”（Aid-to-Mothers）部门。时至不到十年后的1920年，该部门已经能够解决少年法院四分之一的案件负荷。虽然在20世纪20年代，许多州设置了郡社会服务机构来负责这些福利政策，但到1931年，“37个拥有地方母亲津贴管理机构的州中的17个州依然依靠少年法院来实现该功能（联邦儿童局，1931，6）。在20世纪初期，增加管理母亲津贴的职能仅是继续建设少年法院的一个例子，但将该项福利政策纳入法院的司法管辖权中，还提示着我们——少年司法的构想是广阔的。少年法院处理的“无人照管”儿童案件的数量，与他们处理的罪错儿童的案件数量一样多。“无人照管”与罪错的区别在许多情况下是模糊的。

正如这部分所论证的，大多数少年法院与众不同的特征都是在后期逐步形成的，当进步时期（Progressive Era）* 结束时，其中有许多通行于全国的少年法院。这些发现不仅告诉我们有必要对20世纪初期少年司法进行更多的历史性研究，同时，我们不应该想当然地认为少年司法制度的任一历史时期都是 66
静态的。少年法院的历史不是一个走向衰落的故事，而是一项前进中的工程。

危机与巩固

在20世纪早期，少年法院的最后一项主要的增设机构是精神病诊所。首先是1909年的芝加哥少年精神病研究所（the Juvenile Psychopathic Institute in

---

* 20世纪初的美国面临着由工业化和城市化所引起的社会生活的变革。自由竞争为垄断所代替，城市代农村而起，人们对垄断不满，却又不愿失去已取得的物质的舒适。由此而出现了两个以前不曾有的现象：一个是19世纪末以来开始兴起的由公民群众参加市政改革、社会福利、公共卫生的社会正义运动；另一个则是要求加强联邦权力，并由政府干预经济，特别是干预垄断的新的政府作用。这就是美国历史上所说的“进步运动”，这个时期（罗斯福和威尔逊执政时期）又被称为“进步时期”。——译者注

Chicago)——后更名为少年研究所(the Institute for Juvenile Research);随后,其他一些城市也陆续建立了精神病诊所。虽然在一战以前,这些诊所在少年司法审判程序中使用的几率非常小,但是将心理学与精神病学的方法用于预防少年罪错,以及将工作重心从青少年转移到幼童身上,则是未来发展的趋势(霍恩,1989)。另一方面,预防少年罪错的精神病学方法最初是法院的附加手段,但是它通过质疑少年法院在解决少年罪错问题上的有效性,而动摇了少年法院的根基。然而,尽管利用社会学与心理学的方法来认识和矫治少年罪错,经常引起争议,但少年法院的程序革新运动却未受到质疑。20世纪20年代早期,两大阵营的支持者确实联合起来以宣扬标准规程的应然模式。

威廉·希利(William Healy),在19世纪90年代与威廉·詹姆斯(William James)一起在哈佛大学学习心理学,医学院毕业后,专攻神经病学,并在1909年到1917年期间,担任少年精神病诊所的首任主任。移居波士顿后,希利想了解他在芝加哥诊治的那些儿童现状如何,随即他进行了跟踪调查,调查结果显示那些儿童有很高的罪错再犯率。20世纪早期,希利在与儿童福利专家的讨论会中,公开了这些调查结果,从而引起了对少年司法制度有效性的悲观主义思潮的蔓延。这种思潮也反映在社会福利工作者的以"少年法院的消逝"为主题的专业讨论会上(贝克,1921)。

这次信念危机发生在一个紧要关头,因为进步的儿童拯救者,其中最为著名的是朱莉娅·莱思罗普,正在竭尽全力通过巩固少年法院的工作成果来恢复公众早期对少年法院的热情,为巩固这一成果他们建立了统一的标准,保存它的历史记录。然而在这时,当老一辈的革新主义者力争把少年司法制度与众不同的特征变为全国通行的实践时,新一辈的革新主义者已不再关注少年法院,而将注意力集中到研究年幼的、更"正常"的、仅仅有一些微小行为问题的儿童身上(克雷文斯,1993)。

这种对罪错儿童态度的转变对朱莉娅·莱思罗普的影响很大,她长期担任
67 联邦儿童局的局长,此时任期即将结束。而埃维莉娜·贝尔登(Evelina Belden)在《美国儿童案件审理中的旁听》(联邦儿童局,1920)一书中提出的结论令她十分忧虑。虽然到20世纪20年代为止,全美48个州中已有46个通过《少年

法院法》,然而贝尔登在报告中说,法律规定虽然较为完善,但实际实施状况却并不尽如人意。例如她写到:“联邦每一个州至少有一个法院在监狱中拘留儿童”(联邦儿童局,1920,13)。另外,据报道,少于一半的法院设置了被认为是现代少年法院基石的缓刑机构(联邦儿童局,1920,13)。另一方面,只有7%的少年法院设置了精神病矫治机构(联邦儿童局,1920,14)。

贝尔登估计,在1918年期间,175 000件少年案件中大概有50 000件由“不适合处理儿童案件”的法院进行管辖(美国儿童局,1920,15)。回顾这些事情,她总结到:“现有的统计资料并不足以充分揭示,这些儿童因为与成年犯的相处、在旧有刑事程序下的审判以及研究其需要或者适当监督与保护设施的缺乏而造成的伤害”(联邦儿童局,1920,15)。这些令人烦忧的发现促使莱思罗普采取行动。

在1921年6月,联邦儿童局与联邦缓刑协会(National Probation Association)在密尔沃基(Milwaukee)举行了一次为期三天的讨论会,与会邀请了儿童福利专家一同讨论贝尔登的报告中揭露的“少年法院的根本问题”。讨论会主要针对以下议题:少年法院的权限;衡平程序中个人权利与社会正义固有的矛盾;将少年司法扩展至乡村地区;对案件实现个别化处断的最佳途径。有许多对儿童福利政策持怀疑态度的人,在迁居到其他地方之前,他们在芝加哥法院系统开始他们的事业,而他们均与莱思罗普有私交,其中包括亨利·瑟斯顿与威廉·希利。

已经六十出头,即将从联邦儿童局局长任上退休的莱思罗普发表了极具预见性的演说。“我亲历了其发展,”她以芝加哥法院为例强调,“公共机构与私立机构之间的持续合作”是少年司法制度历史的特征(联邦儿童局,1922,7-8)。她强调:这项合作在过去是如此有益,如果少年法院运动的精神要永葆活力的话,就必须继续坚持。莱思罗普宣称:他们的使命是再次唤醒公众对少 68
年法院理念的理解与支持。“如果法官与外行人,都能参加研讨会来研究如何建设少年法院切实可行的办法,”她反问道,“难道这不会唤醒公众对这项工作的热情吗?难道在少年司法制度尚欠缺的领域不能得出真正的发展与提升吗?”(联邦儿童局,1920,8)

会议结束后,莱思罗普委任了一个委员会,其使命就是使少年法院工作标准化(联邦儿童局,1920,104)。这个十三人的委员会由辛辛那提的法官查尔斯·W.霍夫曼主持,花了近两年的时间写出最终报告。其研究成果不仅反映了少年法院演进的过程,以及希利所成就并使之远近闻名的精神病治疗方法的近期转变。实际上,早些年,当希利在少年精神病诊所工作时,霍夫曼法官就拜访过他,并成为了他所主张的治疗方式的支持者。

希利也在委员会中工作,于此同时,他对前文所述的跟踪调查的结果进行了初步分析。研究结果使他相信,芝加哥少年法院对机构收容的盲目依赖和切实贯彻个别化处遇方案的失败,导致了不良的记录。希利以此为证据,极力主张对儿童适用更多、更深入的心理治疗与精神病治疗方法,以防止他们发展成为少年罪错者。

另一方面,在密尔沃基会议之后,希利会见了巴里·史密斯——哈克尼斯(Harkness)家族设立之联邦基金会(the Commonwealth Fund)的董事长,该基金设立的目的就是预防少年罪错与保护儿童的健康。希利给史密斯看了他在芝加哥的研究发现。他们的会见预示了少年法院不会成为20世纪20年代儿童救助活动的重心。例如,史密斯在希利等精神病学家的建议下,决定将联邦基金会的援助重心集中在幼童身上,而不是那些已经纳入少年司法审判程序体系的年龄稍大的儿童。他宣称:“基金会董事长坚信,最有效的政策也不能超越少年法院与缓刑制度来处理少年罪错。毋庸置疑,我们需要大量更精妙的手段去处理管教所、监狱里的罪犯与违法者。而在更早的阶段观护儿童是更为有益的,不论是对儿童本身,还是对国家的整体利益”(霍恩,1989,30-31)。

正如历史学家马戈·霍恩所强调的,将注意力集中在幼童身上,则期待着基金会做出决定——完全从少年罪错领域退出(霍恩,1989)。

69 于是,在少年法院的标准规范完成之际,儿童福利专家却把他们的注意力从罪错的儿童身上移转开去。在1923年5月,委员会将其最后报告提交给联邦儿童局的新长官,莱思罗普亲自挑选的继承人——阿博特。像她的导师一样,阿博特在简·亚当斯的赫尔堂中开始了她的事业。在为委员会报告所写的前言中,阿博特总结了该报告的四项原则:

(1)处理儿童案件的法院必须本着宽大为怀的司法理念，囊括所有需要国家观护儿童的案件，而不论这种诉讼是以儿童的名义还是以对儿童未尽义务的成年人的名义做出；

(2)法院应对每一个个儿童都有一个系统、准确的认识；

(3)治疗方案应该适合每一个体的需要；

(4)应该优先考虑将儿童安置于其家庭或社区中，除非当时有足够的调查结果表明这样并不符合儿童的最佳利益(联邦儿童局，1923，vi)。

第二和第三个原则揭示：希利的理念对儿童与国家之间关系的形成是多么地具有影响力。在芝加哥少年法院中增设少年精神病诊所，在14年前就被认为是一项突破性的演变，而现在更被认为是未来少年法院的必备特征之一。《少年法院标准》(the Juvenile - Court Standards)于1923年的完成首次确立了少年法院与其他国家法院运作模式相并立的官方标准。然而，莱思罗普所预言的——公众对少年法院理念的兴趣将再次被唤醒，却并没有实现，尽管接二连三地发行印刷物、广播宣传，以及联邦儿童局印刷了10 000份该标准的复印件并邮寄到全国各地的法院(罗森塔尔[Rosenthal]，1986)。少年法院因而跌入了相对的低潮期，直到新一代的革新主义者在二战后对它的重拾(曼弗雷迪[Manfredi]，1998)。虽然《少年法院标准》并没有像莱思罗普所希望的那样引起公众的兴趣，但是这个报告确实达到了进步少年司法制度纲领的顶峰。直到1954年，它一直被联邦儿童局未做任何修改地重版发布。

到1923年，少年法院走进了它的第二个四分之一世纪，它的创建者、支持者和批评者开始评估它的成败。显而易见，少年法院将儿童排除在成人刑事司法审判体系之外的理念，态度是非常坚定、难以改变的。国内学者如今也支持如下实际操作——衡平程序、对至少18岁以下的少年广泛而专有的管辖权、不公开审判、控告制度、拘留、缓刑、案卷保密、临床治疗以及个别化处遇 70
等，应该成为其标准规则(联邦儿童局，1923)。然而，为了确切地知道到底有多少诸如此类的显著特征实际上发展成为美国少年法院的标准运作程序，我们应当对20世纪30年代到20世纪40年代(即少年法院第一个世纪的研发时期)的事件作更多、更深入的研究。

致　谢

感谢玛格丽特·罗森海姆、玛丽·万麦克(Mary Wammack)、富兰克林·齐姆林对本章文稿提出的富有洞察力的意见。谨将此文献予珍妮弗·L.斯滕福斯(Jenifer L. Stenfors)(1970—1999)。

注释

① 该法的名称甚至为了反映这个新的潜能而进行了变更,即变为了"一部关于那些现在或即将成为无人照管、疏于管教或罪错的儿童以及相关术语的界定,以及为此类儿童提供治疗、控制、维持、收养和监护法"。该法宣称"所有未满21周岁的人应该在合乎该法目的之情况下,由州政府对其进行监护,且人们应当遵从于以下法律赋予法院对儿童的照顾权、监护权和控制权"(*Laws of the State of Illinois*:71.1907.Springfield:Illinois State Journal.)。

② 该姓名已被更改。

71 ## 参考文献

Abbott, Grace(格雷斯,阿博特).1938. *The Child and the State*. 2 vols. Chicago: University of Chicago Press.

Baker, Harvey Humphrey(贝克,哈维·汉弗莱).1910. "Private Hearings: Their Advantages and Disadvantages." *Annals of the Academy of Political and Social Science* 36:80 – 84.

Baker, Herbert M.(贝克,赫伯特·M.).1921. "Passing of the Juvenile Court." *Survey* 45:705.

Bradwell, James B.(布拉德韦尔,詹姆斯·B.), ed. 1899. *All the Laws*. Chicago: Chicago Legal News.

Breckinridge, Sophonisba P.(布雷肯里奇,索丰尼斯巴·P.), and Edith Abbott(阿博特,伊迪丝) 1912. *The Delinquent Child and the Home*. New York: Survey Associates.

Charity Service Reports(慈善工作报告).1906 – 1908. Prepared by the Board of Commissioners of Cook County, Illinois. Chicago: Henry O. Shepard.

"Child Slaves"(童奴).1899. *Chicago Daily Inter-Ocean*, February 28.

Cravens, Hamilton(克雷文斯,汉密尔顿).1993. "Child Saving in Modern America, 1870s – 1890s.

In *Children at Risk in America: History, Concepts, and Public Policy*, ed. Roberta Wollons, 3–31. Albany: State University of New York Press.

Dean, Emily Washburn (迪安,埃米莉·沃什伯恩). 1931. Dedication of Oakdale, the Women's Reformatory at Dwight, November 11. Dean Papers. Chicago Historical Society.

Farwell, Harriet S. (法韦尔,哈丽雅特·S.). 1924. *Lucy Louisa Flower, 1837–1920: Her Contribution to Education and Child Welfare in Chicago*. Chicago: Private printing.

Feld, Barry C. (费尔德,巴里·C.). 1999. *Bad Kids: Race and the Transformation of the Juvenile Court*. New York: Oxford University Press.

"Grill Hanish in Trial"(拷问汉尼希). 1912. *Chicago Daily News* (January 6).

Hart, Hastings H. (哈特,黑斯廷斯·H.), ed. 1910. *Juvenile Court Laws in the United States Summarized*. New York: Russell Sage Foundation.

Heuisler, Charles (休伊斯勒,查尔斯). 1903. "Probation Work in Children's Courts." *Charities: A Review of Local and General Philanthropy* 11 (November 7): 399–401.

Horn, Margo (霍恩,马戈). 1989. *Before It's Too late: The Child Guidance Movement in the United States, 1922–1945*. Philadelphia: Temple University Press.

Howe, Fredericc (豪,弗雷德里克·C.), and Marie Jenney Howe (豪,玛丽·珍妮). 1913. "Pensioning the Widow and the Fatherless." In *Good Housekeeping* (September): 282–91.

Hurd, Harvey B. (赫德,哈维·B.). 1905. "Juvenile Court Law: Minimum Principles which Should Be Stood For." *Charities: A Review of Local and General Philanthropy* 13 (January 7): 327–28.

Hurley, Timothy D. (赫尔利,蒂莫西·D.). 1905a. "Necessity for the Lawyer in the Juvenile Court." In *Proceedings of the National Conference of Charities and Correction*, ed. Alexander Johnson, 173–77. Portland, OR: Press of Fred J. Heer.

——. 1905b. Letter to Benjamin Barr Lindsey. May 29. Benjamin B. Lindsey Papers, Box 4. Library of Congress, Washington, DC.

——. [1907] 1977. *Origin of the Illinois Juvenile Court Law: Juvenile Courts and What They Have Accomplished*. 3d ed. Reprint, New York: AMS Press.

Jeter, Helen Rankin (杰特,海伦·兰金). 1922. *The Chicago Juvenile Court*. Washington, DC: Government Printing Office.

Kelley, Florence (凯利,弗洛伦斯). 1882. "On Some Changes in the Legal Status of the Child since Blackstone." *International Review* 13 (August): 7–98.

Lathrop, Julia C. (莱思罗普,朱莉娅·C.). 1905. "The Development of the Probation System in a 72
Large City." *Charities: A Review of Local and General Philanthropy* 13 (January 7): 344–49.

Laws of the State of Illinois (伊利诺斯州法令汇编). 1905. Springfield: Illinois State Journal.

Laws of the State of Illinois (伊利诺斯州法令汇编). 1907. Springfield: Illinois State Journal.

Lenroot, Katharine (伦鲁特,凯瑟琳), and Emma O. Lundberg (伦德伯格,埃玛·O.). [1925] 1975. *Juvenile Courts at Work: A Study of the Organization and Methods of Ten Courts*. Reprint,

New York: AMS Press.

"Lindsay Boy Missing, Judge Raps Sun Cult"(男童林赛脱逃). 1912. *Chicago Daily News* (January 4.)

Lou, Henry H. (卢,亨利·H.). 1927. *Juvenile Courts in the United States*. Chapel Hill: University of North Carolina Press.

McCarthy, Kathleen D. (麦卡锡,凯瑟琳·D.). 1982. *Noblesse Oblige: Charity and Cultural Philanthropy in Chicago, 1849 – 1929*. Chicago: University of Chicago Press.

Mack, Julian W. (麦克,朱利安·W.). 1909 – 1910. The Juvenile Court. *Harvard Law Review* 23: 104 – 22.

Manfredi, Christopher P. (曼弗雷迪,克里斯托弗). 1998. *The Supreme Court and Juvenile Justice*. Lawrence: University of Kansas Press.

McManaman, John(麦克马纳曼,约翰). 1905. "The Juvenile Court." In *Eighteenth Biennial Report*, Board of Commissioners of Public Charities. Springfield, IL: State Journal Co., State Printers.

Polsky, Andrew J. (波利斯基,安德鲁·J.). 1991. *The Rise of the Therapeutic State*. Princeton, NJ: Princeton University Press.

Rosenthal, Marguerite G. (罗森塔尔,玛格丽特·G.). 1986. "The Children's Bureau and the Juvenile Court: Delinquency Policy." *Social Service Review* 60: 303 – 18.

Rothman, David J. (罗思曼,戴维·J.). 1978. "The State as Parent: Social Policy in the Progressive Era." In *Doing Good: The Limits of Benevolence*, ed. Willard Gaylin et al., 67 – 96. New York: Pantheon Books.

Schlossman, Steven L. (斯洛斯曼,史蒂文·L.). 1977. *Love and the American Delinquent: The Theory and Practice of "Progressive" Juvenile Justice*. Chicago: University of Chicago Press.

——. 1995. "Delinquent Children: The Juvenile Reform School." In *The Oxford History of the Prison*, ed. Norval Morris and David J. Rothman, 325 – 49. New York: Oxford University Press.

Schneider, Eric (施奈德,埃里克). 1992. *In the Web of Class: Delinquents and Reformers in Boston, 1810s – 1930s*. New York: New York University Press.

Shaw, Clifford R. (肖,克利福德·R.), and Earl D. Myers (迈尔斯,厄尔·D.). 1929. "The Juvenile Delinquent." In *The Illinois Crime Survey*. Springfield: Illinois Association for Criminal Justice.

Tanenhaus, David Spinoza(坦嫩豪斯,戴维·斯宾诺莎). 1997. Policing the Child: Juvenile Justice in Chicago, 1870 – 1925. 2 vols. Ph. D. diss., University of Chicago.

Taylor, Graham(泰勒,格雷厄姆). 1930. *Pioneering on Social Frontiers*. Chicago: University of Chicago Press.

United States Children's Bureau (联邦儿童局). 1920. *Courts in the United States Hearing Children's Cases: A Summary of Juvenile-court Legislation in the United States*. By Evelina Belden. Publication no. 65. Washington, DC: Government Printing Office.

——. 1922. *Proceedings of the Conference on Juvenile-court Standards Held under the Auspices of the*

U. S. Children's Bureau and the National Probation Association. Publication no. 97. Washington, D. C.: Government Printing Office.

——. 1923. *Juvenile-Court Standards: Report of the Committee Appointed by the Children's Bureau, August, 1921, to Formulate Juvenile-court Standards, Adopted by a Conference Held under the Auspices of the Children's Bureau and the National Probation Association, Washington, D. C., May* 73
18, 1923. Publication no. 121. Washington, DC: Government Printing Office.

——. 1931. *Mothers' Aid, 1931*. Publication no. 220. Washington, DC: Government Printing Office.

Wines, Frederick H.(瓦恩斯,弗雷德里克·H.). 1899. Address. In *Fifteenth Biennial Report*. Board of State Commissioners of Public Charities. Springfield, IL: Phillips Bros., State Printers.

74 第三章　20世纪美国困境少年矫治体制的发展

保罗·勒尔曼(Paul Lerman)

创建于上个世纪之交的少年法院承继着对少年生活施以广泛公共干预的使命。同时,该法院也享有处理少年问题的广泛的司法管辖权,其职权的实现有赖于现有的公共以及私立机构,而这些机构与三种类型的社会制度或体系有关联,它们是:通过地方拘留所和州监狱实行的成年人改造;通过训导学校和感化院进行的少年矫治;通过孤儿救济院和对无人照管或疏于管教儿童提供援助的机构实施的儿童福利。这些制度趋向对具体的问题和不同的年龄层次进行有针对性的专门处理,同时它们的工作范围具有交叉性与互补性。

少年法院与上述19世纪之三项体系的联系,在这一个世纪以多种不同的方式延续着。分析这三项制度在这一个世纪中的体制性趋势,对更好地理解针对困境少年的实际社会反应是大有裨益的。然而,如果忽略了20世纪后半段新增的其他两个社区制度——精神健康制度和反物品滥用制度,那么这样的分析是不全面的。在精神健康制度里,对儿童“心理失调”问题进行引导和调节被持续地奉为诊治工作的主流、正式方式。同时,少年之与酒精和毒品滥用相关的不法行为,近年来已成为他们被拘留的首要原因。两项新制度所处遇的少年中有许多应当移交少年法院管辖,但是,他们却未经少年法院法官的正式许可而被擅自通过不同的社会或者法律的程序安置于监禁矫治场所之中。如果我们的关注点在于查明问题少年是如何被处遇的,而且不限于正式
75 的司法体系本身,那我们就不能忽略这些新机构非正式、非法定意义上的运作。

这一章主要关注的是五项制度中的三个,即儿童福利制度、少年矫治制度

以及精神健康制度所发生的变迁，同时简要探讨反物品滥用制度。将成年人改造制度的有关数据与少年矫治制度的相关数据做一个对比；通过突出历史上关键的政策和理念以及相关机构的运作趋势，三个制度均可从历史的角度予以考察；对不同性别和种族所适用模式的不同之处以及各项制度在资金来源、规模和存续时间方面进行考查。本章的结论部分展示了20世纪90年代中期所有相关制度应用模式的概况，以便让我们理解困境少年处遇制度的现状和前景。

儿童福利体系

当少年法院被一些州接纳之时，儿童福利系统已经演化出以下几种主要的寄宿性组织：(1)无人照管儿童之照管机构；(2)为需要照管的成年人和儿童提供援助的机构；(3)提供临时收容家庭的儿童安置协会；(4)日间看护；(5)未婚妈妈及其孩子之家。其中许多机构于19世纪发展和壮大起来，旨在惠及从前在救济院、监狱、囚犯工厂以及在公立医院生活的儿童。

家庭照顾：1935年之前政策的理想与现实

20世纪初期，儿童福利以及少年法院相关政策的争论焦点为：无人照管的儿童和少年在自己家中接受援助是否胜于长期集中在援助机构中接受援助？1909年，在关于无人照管儿童问题的第一次白宫会议上，相关领域的负责人在儿童政策上达成一项共识。关于"家庭照顾"的政策之决定提交给了总统德拉诺·罗斯福，该决议清楚声明：只有在父母具有"可以信赖的人格"，他们的母亲被认为具有"相当的才能且胜任"，以及父母可以维持一个"合适的家"的情况下，儿童才可以在自身的家中获得经济援助。如果母亲们能够通过以上评估，援助更适宜由私立慈善组织支付。而对于那些"需要特殊训导"或不适宜安置在寄养家庭的少年，"相关专门机构就需派上用场"。

尽管有许多私立慈善机构的主管反对，1921年，由公共财政支持的《母亲 76

援助法》(Mothers' Aid Laws)依然在40个州得以颁行。其宗旨即帮助贫穷的母亲得以亲自照管她们的孩子。然而直至1935年,这部法令才在有限的立法支持、不充足的财政拨款和补贴的支撑下勉强得以施行。于是,贫困父母的有关行为方式与之上世纪之交的状态基本近似。20世纪20年代,在贫穷和太多孩子要抚养的重压下,母亲们主动将她们的孩子交给天主教会、新教教会或犹太教会的孤儿院或者慈善机构抚养,正如19世纪90年代的情况一样。

1933年的儿童调查数据表明,各种类型的"家庭外照管"的申请者中,孩子的父母一直占据多数——43%的申请者为儿童的父母或亲属;其次,34%的申请者为法院。儿童福利机构除了被家长用作一种"户内救济"的形式,还被用作一个处遇违抗家长权威或法律的少年的场所。儿童机构全国普查的作者在1923年写道:

> "无人照管"与"少年罪错"之间的界限常常是模糊的,以至于在现实中,两种类型的儿童都有可能受到为其中一种类型儿童而设立的机构的处遇,并且为"无人照管"儿童设立的机构有一种接纳"虞犯少年"以及"微罪少年"的趋势……另一方面,在为少年罪错者设立的机构中发现"无人照管"儿童,也并非不同寻常。

无人照管儿童之援助及其在实践中的非专门机构化(deinstitutionalization,或脱离专门机构)(1935—1962)

1935年《社会安全法》(Social Security Act)颁布,该法为"无人照管"儿童之援助(下文称AFDC,即Aid for Dependent Children)和儿童福利服务工作提供联邦财政资助。在这之前,几乎没有任何的联邦财政资金对行将受审的儿童提供帮助。联邦资助为"无人照管"儿童之援助项目提供了经济上的支持,使得该类儿童得以在家中而非在慈善机构中受到照顾,并且直接促进对无人照管儿童或疏于管教儿童的非专门机构矫治政策的出台。之前投向慈善机构中的政府福利资金,现在将被用以新的AFDC援助项目的配套资金。

二战结束时，人们达成共识，对于普通的困境少年来说，将其送往矫治机构是不必要的，寄养家庭的照顾可以作为替代。对于具有更严重的行为问题的青少年来说，可以送往配备专业人士的私营寄宿机构中。20世纪50年代早期，寄宿性处遇中心成为了寄宿儿童照管的理想模式。这些“新”机构中有 77
许多实际上是“老”的为无人照管或疏于管教儿童设立的机构，而这些机构为了适应时代以及人数减少的变化，在服务的提供上更加符合需求，为困境少年——现被重新定义为“心理障碍者”提供“治疗”而非单纯的照料和监管。

联邦的家庭政策及财政支持的变化（1960s－1990s）

1960年，联邦儿童福利委员会向主管卫生、教育及福利的秘书长提交了一份报告，倡议重新定义儿童福利服务的概念。这份报告被秘书长接受，并且成为《社会安全法修正案》的组成部分。这份报告的关键部分指出了联邦政府对寄养家庭、收养家庭和儿童照管机构以及其他机构的一种新的责任。AFDC的安置项目需要司法判决使得联邦财政投入“寄养照管”这一举措合法化，而“寄养照管”如今被理解为将儿童安置于养育之家、庇护所、小组之家（group home）或公共机构中。

在联邦经费启动之前，安置费用是由州或地方政府和私人资金（在1933年，大约分别占46%至54%）联合支持的。用于AFDC项目的儿童抚养照顾的联邦经费启动得较为缓慢，在1969年，居住于寄养照管场所的少年中，只有5%的人得到联邦经费的支持。在1976年，各州已经学会如何去运用这一新的项目，以及运用州政府的配套经费使更多符合条件的儿童享受到家庭外安置的联邦补偿款，受惠对象包括由法院判决确定的违法者及少年犯。然而，一些有影响的议员担心由非儿童福利官员管理的充裕资金以松散的方式支出，并因而花费过多的联邦财政资金。专家们关注降低政府开支，同时逐渐相信许多儿童能够在诸如小组之家等规模较小的组织中得到帮助。

20世纪80年代中期，AFDC（或寄养照管）项目在《社会安全法》的新规定——第四条E款实施后被逐步淘汰。该规定明确由儿童福利官员在更严格的规则和支付标准下予以实施。联邦资金为以下服务提供经费:在家庭中进行的传统的、治疗性的寄养照管;庇护所;小组之家;收养;以及其他服务。财政资金将用于防止、补救或解决有可能引起儿童疏于管教、被虐待、被剥削或者少年罪错的相关问题。1996年,《社会安全法》第四条E款得到同一议会的重新认可,从而导致了联邦补贴项目——AFDC的终止。在1996年7月16
78 日,这一规定得到如下授权——对于具有一个或一个以上问题的少年将获得州的福利援助。原先的安置场所可以主动或应法院要求申请判决承认,但新成立的安置场所必须得到司法判决的承认。联邦财政用于寄养照管项目(如养育之家、小组之家和公共机构)的资金总额从1981年的5.57亿美元(经由AFDC即寄养照管)增长到1993年的大约26亿美元,2000年的财政拨款则增长至56亿美元(经由《社会安全法》第四条E款的规定)。上述增长的一小部分被用于支持收养。

各州运用各州的配套资金来参与《社会安全法》第四条E款项目,而该配套资金占各州国民医疗补助基金的比例在20世纪90年代中期由50%增长至78%。营利性的机构在历史上首次获得联邦政府的补贴资金。而所有类型的私营机构也可以通过自身涵盖处理少年问题的项目得到配套资金支持,其中,机构中不得有超过50%的人被认定为法律上的少年罪错者。在实践中,这意味着同一机构能够得到多种资金赞助来安置由州或地方儿童福利机构及矫治机构移送来的少年。

机构类型及规模的时间变迁

1923年,儿童既可由面向成年人的救济院和其他机构收容,也可由面向儿童和少年的机构收容。联邦范围内,每个儿童福利机构收容的人数平均为91人,而纽约的一些机构收容着上千名少年。

在1966年,一项特殊的联邦调查结果显示儿童福利机构的平均规模下降至每机构容纳56人。除了规模的下降,少年也不再与成年人混杂。这些趋势在1981年的调查中得以延续。作为庇护处,未婚妈妈之家、为无人照管或疏于管教儿童提供援助的机构及小组之家等机构的规模继续降至每机构平均容纳22人。20世纪以来,优秀的少年救济机构总数在增加,但机构的规模明显在下降。

儿童福利安置的概览(1920s－1990s)

评估联邦资金的投入对儿童福利的整体影响,从历史的视角出发很重要。由于1923年的调查是在联邦资金投入之前的最全面的调查,我们选择这一年作为比较的对象。

图3.1展示了关于在普查日生活在寄养家庭的儿童人数,也提供了寄宿 80
于儿童照管机构中的儿童人数,而调查对象限于在特定年份的18周岁以下的少年。在图3.1中,左方(浅色条柱部分)是1923年、1966年、1983年和1997年在寄养家庭生活的儿童人数比例。选择这些年份是由于这些年份所提供的信息更为可靠。从该图可以明显地看出,1923年在每10万名少年中在寄养家庭生活的人数为189人,而接下来的年份比例更高,到1997年达到最高峰,每10万名少年中有601人在养育之家生活。图3.1的右侧(深色条柱部分)则完全不同,在儿童照管机构(Children's Care Institution)生活的少年比例最高为1923年每10万人中331人,而这一比例之后没有被超越,一直在98人至114人之间徘徊。联邦资金对儿童福利的主要影响在于增加了在寄养家庭生活的少年人数。从总体人数来看,至20世纪90年代,的确有更多的18周岁以下少年没有生活在自己家中,但是儿童福利安置机构将他们安置于小组之家和专门机构(如监狱、收容所、感化院、避难所等)中的可能性减小。

居留时间之评估

1933年,生活于在为无人管教或疏于管教儿童提供援助的专门机构中的儿童,大约有50%至少在这些机构中居留了3年。在1966年,一项专门的全国性调查发现,大约有67%的少年在类似的机构居住两年后便离开。在1981年,调查者发现没有少年在这样的机构中住满2年,反而大约94%的少年在

79

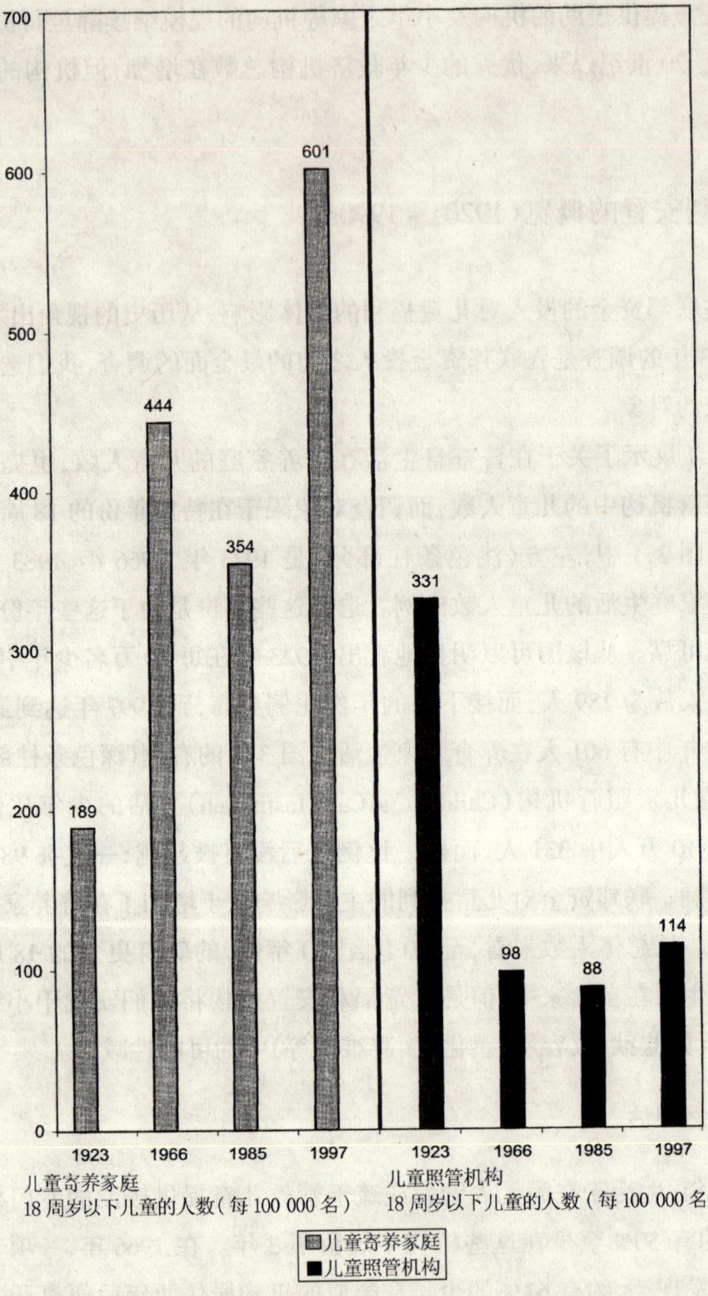

图 3.1　少年在所选定年份的不同类型寄养照管机构的居留情况

类似机构居留期少于1年。然而，在1981年，少年由于心理障碍而在专门机构接受治疗的时间要长得多，大约有36%在上述机构生活了1年以上。90年代调查得出的数据表明，在寄养家庭生活的时间与在专门机构生活的时间差异不大。关于寄养照管安置总体情况的评估表明，少年在这些机构居留的时间从1990年的20个月降至1998—1999年的11个月。总之，数据显示：少年在这些机构居留的时间在过去65年中大幅下降，但不同机构的情况有所差异。

专门机构化（institutionalization，或使送入专门机构）比例的差异

虽然全国的整体趋势有利于让我们了解随时间而产生的变化，但全国范围的平均数可能掩盖各州的不同情况：即对于将儿童置于专门机构和将儿童置于家庭或寄养家庭中的儿童处遇方法，各州的信赖度各有侧重。例如，在马萨诸塞州只有28%的“家外居住”儿童生活在专门机构中，而全国的比例为64%；而伊利诺斯州、纽约州、俄亥俄州、宾夕法尼亚州和加利福尼亚州，这一比例介于66%—82%之间。1997年全国的“家外居住”儿童生活在专门机构中的比例降至16%，马萨诸塞州、伊利诺斯州和纽约州的比例接近全国比例。81
但是，加利福尼亚州和宾夕法尼亚州的比例介于25%—28%之间。各州之间的差异随着时间流逝逐渐缩小，但是差异依然存在。

被安置于专门机构的儿童的年龄层次也随着时间而变化。将1933年被安置于专门机构的12周岁以上儿童的比例与1966年和1981年的全国调查相比较，我们发现，现今较大年龄的儿童已占主要比例。1933年被安置于专门机构中的12周岁以上儿童的比例为44%，1961年为54%，而1981年是77%。另外一个变化则是性别上的，与20世纪20年代相比，现今专门机构中，男孩的比例要远远地大于女孩。

专门机构对不同种族的援助是有差异的。1933年，寄养家庭或专门机构中只有大概4%—5%是黑人。1997年，被寄养照管的儿童（或进入寄养家庭，或进入专门机构）中的黑人比例是31%。1997年全国18周岁以下的少年中只有大约16%是黑人，似乎在儿童福利制度中，黑人由过去的不被重视过渡

到现在的过于受重视。相反地，同年西班牙裔的只占 14%，但是其少年人数占全国少年人数的 15%。

造成小组之家或专门机构运用差异的另一个缘由与各州郡试图通过儿童福利制度而选择应对的问题类型有关。1994 年，在对于正在接受儿童福利援助的困境儿童的调查中，以下比例的儿童并非基于身体虐待或性虐待或疏于管教而受到关注，而是由于下列问题：35%是情绪问题，34%是由于缺乏监管，旷课、离家出走或少年罪错的占 13%，5%是由于物品滥用。然而这些问题均可以通过少年矫治机构、精神健康制度或反物品滥用制度来解决。具体采取哪一制度，则取决于该制度本身的可利用率、运用的难易程度、资源以及当地司法机关运用上述制度的意愿。

少年矫正体系

第一个为少年罪错者提供照顾及控制的特别机构的成立，比第一个少年法院的创立早了 75 年。然而，少年罪错者仍然被纳入当地的看守所、劳教所、救济院、州成人感化院和监狱接受监管。改革者们设定了让少年犯远离成年
82 人改造机构这一较为实际的目标。同时，他们也设定了较为理想的目标：帮助少年法院更好地了解和科学地处理少年犯罪，以便通过缓刑和其他专门的少年矫正机构使少年犯能够得到保护和教育。少年矫正机构的改革者在 20 世纪致力于完成这两个目标。创设替代成人改造机构的少年矫正机构以及开发新的"具有保护性及教育性的经验"，这两方面的努力与二战前后的解决方案有所不同。

让少年远离看守所和监狱：理想及现实之政策（1900s－1950s）

比较研究 1910 年和 1923 年美国传统矫正机构的调查数据发现，在上述两个年份中，进入各种类型矫正机构的少年犯的数目大致相同——25 000至26 000人。然而，在 1923 年，少年犯已经逐渐不再移送成人矫正机构，大约有

72%进入矫正机构的少年犯进入了少年训导学校或者感化院,而在1910年的比例仅为53%。在整个矫正体系中,进入监狱的少年比例则从39%降至21%。但是进入拘留所的比例相当稳定。短期监禁场所的运用更少,而由一种新型的矫正机构——少年拘留所代替。

据1910年的调查统计,作为监狱、警察拘留所和劳教所的地方性替代机构,首批专门的少年犯拘留机构在一些城市出现,但是直到1923年才列入美国的调查统计数据之中。在此期间,接受调查统计的90个少年临时拘留所中有6个在500 000以上人口的城市,19个在人口介于100 000至500 000的城市,65个在100 000人口的小镇或人口少于此数的乡村地区。我们清楚地看到,在1923年,少年拘留机构并不仅在大城市发生作用。

在进行全国普查的1923年,超过33 000名少年进入了这一新的少年拘留机构,超过进入其他矫正机构(即成年人与少年矫正机构)人数的总和。而以天为单位对少年拘留机构进行统计,则规模比较小——1 489名。在普查年度,一个少年拘留机构每天年均接纳22.2名少年。人口越多,进入少年拘留所的比例越高——这表明:大城市拘留床位的流通量是最高的(达35.3名/ 83
床);其次是中等城市(25.0名/床);而最低的是小城镇(12.2名/床)。流通量越低,则居留时间越长。如果分析仅仅着眼于以天为单位的统计,则关于少年法院早期之少年拘留所的适用方式的推论将会受到相当的误导。

1925年,芝加哥少年法院创始人之一的路易斯·鲍恩(Louise Bowen)指责地方少年收容所"与监狱类似,具有紧闭的门窗"以及由警察式的人员看守。除了一些试图使用寄宿家庭方式的独立司法管辖区域外,上述的批评适用于全国的少年拘留场所。自成立始,拘留所便不单单是作为审判前的拘留场所,而且还承担了诸多社会职责。两名著名的精神健康专家希利和布朗纳(Bronner)曾在早期的芝加哥和波士顿的少年法院工作过。他们指责道:少年拘留所成为各种困境少年(包括无人照管的、疏于管教的、逃学的和恶习难改的少年)的"垃圾倾倒场",它只是为警察、法官和缓刑官的工作提供方便而已,却不管案件的最终处置如何。希利和布朗纳也发现,少年拘留所早期并不是少年法院的组成部分,而只是少年法院用以"惩戒轻微罪犯,或作为一种警告的方

式"。他们记道:"一些警察和缓刑官坚信:隔离的尝试和我们开了一个玩
84 笑——对少年的任何劝导均不起作用。"让少年犯脱离成人改造机构并建立相应的少年拘留所,较之于将少年拘留于传统机构中,其费用更高。这些早期做法在20世纪得以延续并深入发展。

少年罪错的科学处遇:理想及现实之政策(1900s-1950s)

对于少年犯的科学处遇与相关人员的聘用息息相关,其中包括精神病医师、心理医生和附属(或可供咨用)于芝加哥、波士顿、圣路易斯和其他城市新建立的少年法院精神健康诊所的专家。不幸的是,在少年犯拘留所的运用、新型缓刑考验的咨询活动以及进入矫正机构的处遇决定等方面,这些新专家的影响作用显得不大。

除了一些致力于成为寄宿处遇中心的私营机构外,理想的训导学校的发展有着一套不同的目标和人员班组。理想的训导学校试图提供学校教育、职业培训以及由富有同情心的成年人所提供的个性化关怀,他们在严格的环境下监督每间容纳25名少年的校舍。然而,调查表明,实际上校舍人员的规模是理想规模的两倍,学校教育十分有限,而职业培训的内容仅包括农活和矫正机构的日常事务。另外,纪律倾向于严格,且通常带有惩罚性。在20世纪30年代中期,联邦儿童局的官员——有关联邦准则的制订者,不再著文宣传训导学校是科学的沟通和处遇场所。

训导学校之替代模式探索:理想及现实之政策(1950s-1970s)

1950年,在州和地方矫正机构内,由新一代的专家所倡导的新的矫正模式开始得以建立。其中一种模式由小组之家组成,即依托于指引下的集体互动——是一种集体疗法的变形,以倾诉沟通关于个人的、人际的和行为方面的问题。该模式首先在新泽西州产生,而犹他州以及其他一些州相继效仿。随着指引下的集体互动模式的传播,这种模式甚至被传统的训导学校所采纳。

缓刑监督部门也在寻求与儿童福利部门的合作，以便将可能被送入专门矫正机构的少年在地方社区内安排家庭式的寄养家庭以及小组式的寄养家庭。加利福尼亚州的缓刑监督部门已经尝试将少年送入林场的营地和牧场，以作为缓刑的条件之一，从而替代将他们送入专门矫正机构的做法。自20世纪四五十年代开始，加州的缓刑机构赞助的营地、牧场和小型学校至1970年已经扩大至53个。而少年在那里的居留期间通常短于在政府矫正机构的期间。 85

当这些做法以训导学校的替代模式出现时，地方法官仍应缓刑考察部门的建议，继续将少年送入专门矫正机构——通常超过了这些机构的承受能力。为了解决人员过多的问题，多个州的矫正机构开始通过接待式(诊断式)部门有选择性地对少年处以30—90天短期居留，或者"社区矫治"假释，并从而创设了短期训导学校式居留。

联邦作用的浮现：理想及现实之政策(1970s－2000) 86

这些新模式均与新的、理想化的以社区为基础的矫治模型相关。20世纪60年代中期与20世纪70年代早期，数个关于犯罪与矫正的全国性委员会推广了这一新的理念。然而，联邦对少年矫正机构的财政支持是由于1974年的《少年犯罪与防治法》(Juvenile Delinquency and Prevention Act)。联邦财政拨款给州政府的前提是州政府将若干身份犯以及其他非犯罪者从公立的拘留所和矫正机构释放。自从少年拘留所创建以来，非犯罪的少年首次不再与犯罪人一并拘留在公立机构中。然而，对私立机构而言，情况并没有得到改善。身份犯之非专门机构化运动(或身份犯之非送监运动)与高尔特案件的判决、儿童福利领域的扩大以及有关支持社区基础替代措施的社会资源的增加有着内在的关联。

联邦权力双轨制在财政和资源方面的融合促成了对三类传统的"犯罪人"——身份犯、轻罪犯和重罪犯的现实政策差别。如果转处、缓刑及非居留处遇的努力失败，前两种类型的犯罪人便成为社区模式的主要对象。传统的公共机构并不是面向全部三类的犯罪人，而是集中处理"顽固不化"的犯罪人。将它们近期的运作趋势与过去的统计数据相对比，证实了对公共机构与私营机构有关工作的实际差异的上述估量。

矫正机构发展趋势概观(1920s－1990s)

图3.2提供的数据是在相距大约75年的两个时间段里，每100 000名18周岁以下少年中在矫正机构接收矫治的人数。反映的是1923年和20世纪90年代中期18周岁以下少年不同的情况。可以看出公立少年矫正机构的比例大致相同(66和64)。但是，监狱、看守所的比率有大幅度的提升(分别从5升至16以及从4升至35)。而私立少年矫正机构的涨幅最大(从2升至58)。

图3.3反映的是相距75年的两个时间段中，关于所有成人和少年矫正机构的准入和居留情况的数据。该数据是由特定机构的日平均人数和这些机构
87 的年度准入情况综合计算而得来的。综合两者，我们可以评估每年每种类型的机构的照顾、治疗和监督情况。借鉴精神健康制度领域的做法，我们能够想象在任一天居住在矫正机构中的少年情况，以及少年的准入情况。然后，我们能够将两种数据综合考虑，以得出每个机构人次比率的大致情况。

例如，我们可以将1923年拘留所的在押人数与年度准入数相加，然后可以得出该机构的人次比率是每100 000名18周岁以下的少年中为83名(见图3.3)。同理，我们能够得出公立少年矫正机构之人次比率是111，而看守所和监狱的人次比率是23(即看守所为14，而监狱为9)。运用人次比率，现在可以知道在1923年少年训导学校的人次比率最高，依次为看守所、监狱和私立机构。所有矫正机构的人次比率总和是220。

89 接下来，从图3.3中的右方(深色条柱部分)可见，20世纪90年代中期，有关机构的人次比率均有大幅度的提升。上世纪末，拘留所显然是矫正机构中被运用得最为频繁的机构，人次比率增长了10倍多，从83人增长至872名(每100 000名)。监狱(为282)和看守所(为22)总体使用的人次比率增长得更为突出——从23升至304，达13.2倍之多。然而，增长幅度最大的是私立矫

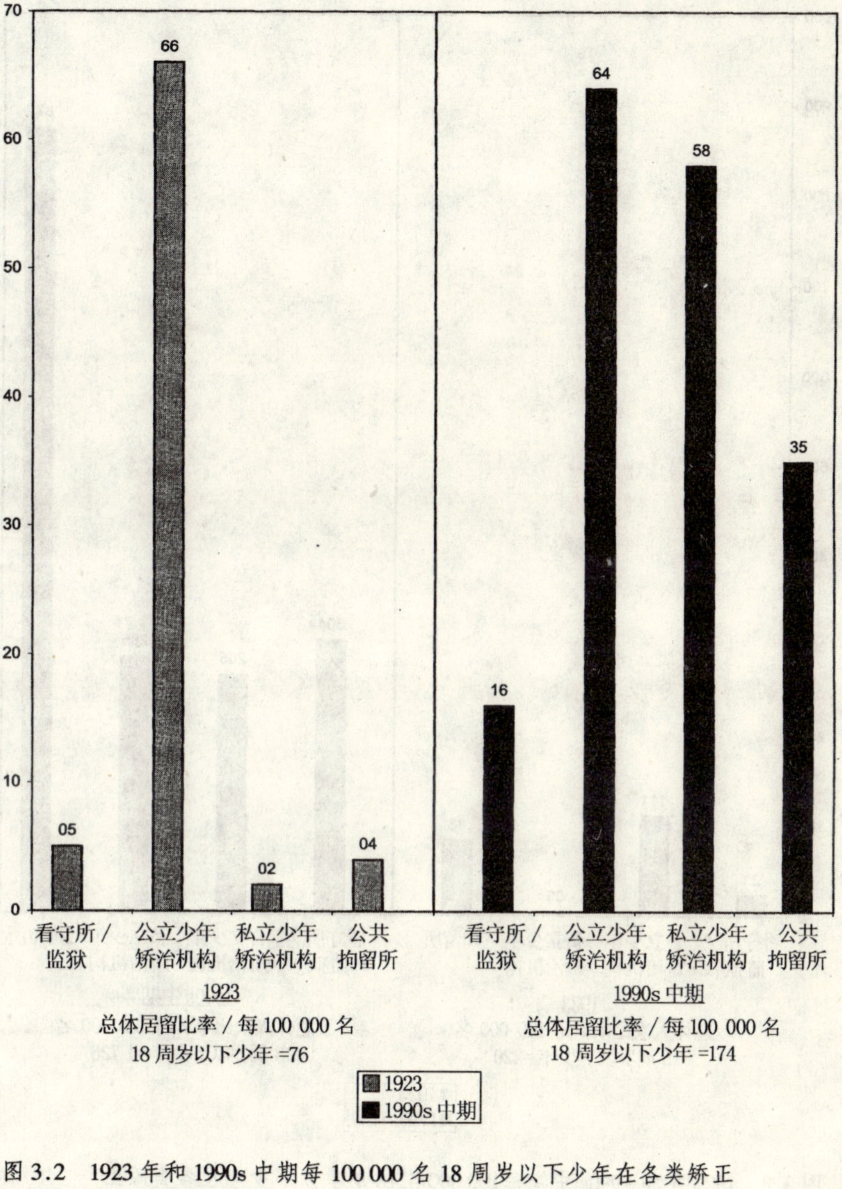

图3.2 1923年和1990s中期每100 000名18周岁以下少年在各类矫正机构中的人数

正机构的使用,其人次比率从3升至285,大约为95倍。

这些数据有力地说明:拘留所的人次比率比其他机构人次比率的总和还

88

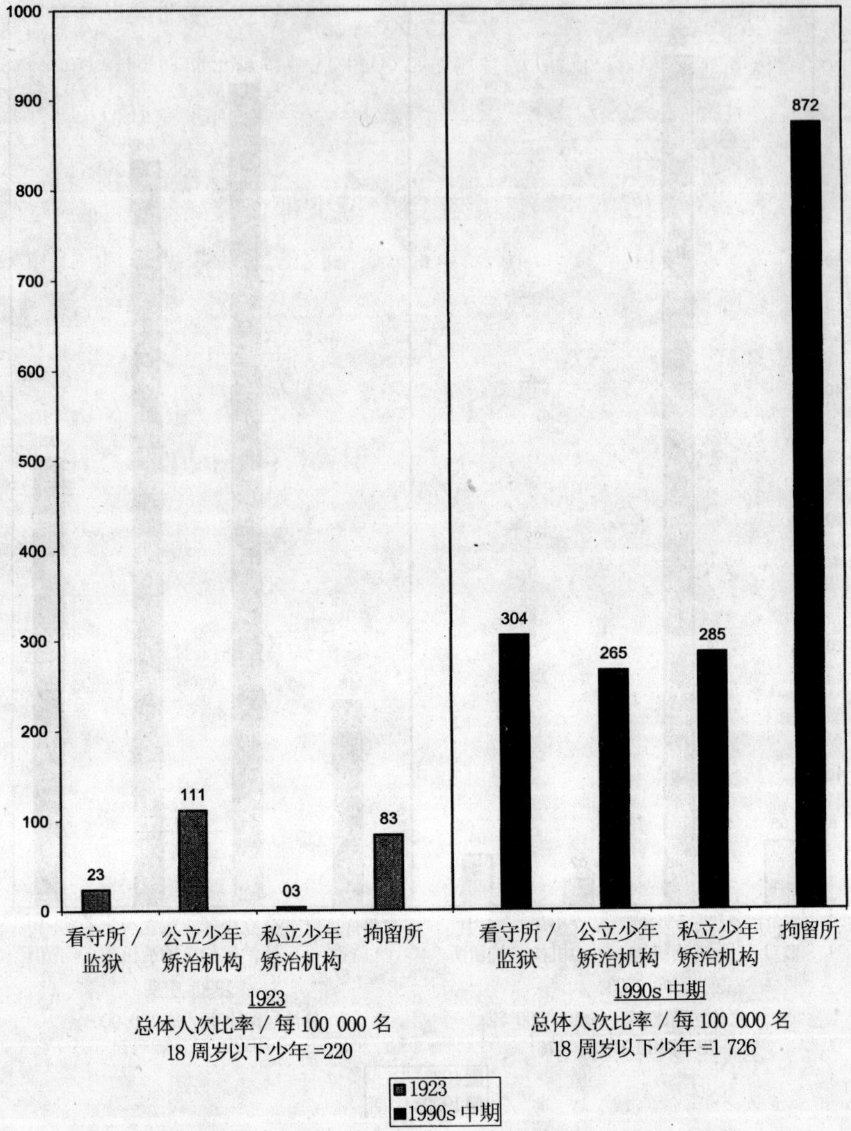

图 3.3　1923 年和 1990s 中期每100 000名 18 周岁以下少年在各类矫正机构中的人次比率

要高，前者为 872，而后者仅为 854。当政府官员、改革者以及政策的制定者不遗余力地宣传缓刑考验和以社区为基础的矫治措施是理想方案时，地方法律执行者和司法工作者却大量实施短期拘禁,并认为这是帮助问题少年最为有效的途径。历史事实表明,自从20世纪60年代以来,任何对拘留所准入数与新型缓刑适用增加额的全国年度性的比较评估,均会发现拘留所的使用率在增加。

矫正人次的增长很可能超过了因为严重犯罪而被捕的少年数量。1923年的联邦统计数据是缺失的,而20世纪60年代的统计数据是可用的。运用联邦调查局的“犯罪指数”进行统计,相对于20世纪60年代中期,在20世纪90年代中期,少年中因为严重犯罪而被捕的比率上升了43%。而同一时期,拘留所与监狱两者的人次比率总共上升了大约94%,是前者的两倍多。

少年矫正机构的分工

儿童福利含义的重新界定以及“儿童扶养机构”支持资金来源的变迁,加之联邦对让身份犯迁离拘留所和防卫严密的机构提供的财政支持,促使了私立矫正机构的发展。联邦关于监禁的调查显示:随着时间的发展与一系列资金的支持,以及州和地方对发展“替代安置措施”的兴趣,还促成了公立机构和私立机构之间的明确分工。在1995年,大约65%的少年矫正机构是私立的。

以下是1995年公立机构与私立机构的一些重要差别,分条列举:

1.拘留所:公立机构为89%,而私立机构为11%。

2.庇护处:公立机构为17%,而私立机构为83%。

3.重返社会训练所(halfway house)/小组之家:公立机构为14%,而私立机构为86%。

4.缓刑/关护后监管(after－care custody):公立机构为25%,而私立 90
机构为75%。

5.自愿加入(voluntary admission):公立机构为7%,而私立机构为93%。

6.最大安全(maximum security):公立机构为83%,而私立机构为

17%。

7.最小安全(least security):公立机构为 20%,而私立机构为 80%。

8.每 25 名少年的工作人员平均数目:公立机构为 35 人,而私立机构为 45 人。

由上可见,与公立的矫正机构相比,私立矫正机构已经发展得更为"友善和亲切",部分是因为私立机构对其人员的纳入进行了控制,其机构中居留的少年的组成就会因此而有所不同。例如,在 1989 年,进入私立矫正机构的原因分别是:36%是由于犯罪行为;18%是由于身份犯罪;29%是基于非犯罪原因(无人照管、疏于管教、虐待、情绪障碍或智力迟钝);以及 18%的自愿加入。相反,进入公立矫正机构的原因分别为:95%是由于犯罪行为;4%是由于身份犯罪;1%是基于非犯罪原因;而少于 1%是自愿加入。

矫正机构的数量、规模以及监禁期

在 1995 年的普查日,大约有24 000名少年被监禁于 450 家公立拘留场所,平均每一间拘留场所的规模大约为 53 名少年,而平均监禁期是 15 天。总计有43 963名少年在 609 所其他各种类型的公立矫正机构中接受矫治,平均每一机构中大约有 227 名少年,而平均监禁期大约是 228 天。

而私立矫正机构的情况则为:在 1995 年的普查日,总计有39 671名少年在1 989间私立矫正机构接收矫治,平均每一所只有 20 名少年。在 1986 年,对于收押的少年的平均监禁期是 163 天,而对于自愿加入的少年则为 32 天。

在 1995 年普查日,大约有7 000名少年被监禁在3 304间看守所内,平均每个监狱大约监禁 2 名少年,而平均监禁期大约为 15 天。在 1995 年,大约有3 600名少年被羁押于分布在各地的共1 287间成人监狱内,大约平均每间拘留 3 名少年。在 1993 年,其平均监禁期是 2 年。

少年矫正机构中的性别及种族差异

矫正机构运用差异的主要信息与单日统计(而非准入情况)相关。性别及种族差异主要源于公立机构和私立机构之间的差别。1975年,对至少收容10名以上少年犯的私立矫正机构的调查发现:私立机构的收容人数逐渐提升,特 91
别是庇护所(为身份犯及非犯罪人提供)、特殊训导学校和重返社会训练所/小组之家。这三种类型的矫正机构收容的人数占所有普查日收容人数的88%,而且占私立矫正机构准入人数的84%。

1995年,女性更倾向于进入私立矫正机构而非公立矫正机构(前者的比例是29%,而后者为11%)。1995年,黑人在公立的非监禁矫正机构所占的比例为43%,而西班牙裔人约占21%。相比较而言,在私立矫正机构中,前者的比例是32%,而后者的比例为9%。

1991年,对私立矫正机构进行分类评估时,种族与民族间的差异就变得十分明显了。黑人很少进入私立的重返社会训练所/小组之家和庇护所(更开放的矫正机构),而最常见的是被拘禁在防卫严密的机构中,如私立拘留所和训导学校。而西班牙裔人最常进入私立拘留中心。根据年龄、历史背景及当前的犯罪情况做更深入的调查显得不可能,但上述差异表明了进一步研究的必要。

现有数据已足以表明,对要求正式出庭的少年的拘禁比例方面,始终存在种族和民族的差异。如1994年由联邦少年司法中心所做的分析,以目前的犯罪为例,每种犯罪的种族差异如下:

1. 暴力犯罪:21%的白人少年被监禁,而黑人为29%。
2. 财产犯罪:14%的白人少年被监禁,而黑人为22%。
3. 毒品犯罪:18%的白人少年被监禁,而黑人为43%。
4. 公共秩序犯罪:21%的白人少年被监禁,而黑人为30%。

差异存在于所有犯罪之中，而毒品犯罪尤为显著。

各州间的差异

仅关注联邦的总体调查数据往往会忽略各州之间的差异。在对五个拥有众多城市人口和对18周岁以下少年有类似的少年法院管辖的州进行比较后，我们会发现在联邦内部不同州之间存在差异。我们选择的是加利福尼亚州、佛罗里达州、新泽西州、俄亥俄州和宾夕法尼亚州。

1974—1975年，全国公立拘留机构的平均准入率为每100 000名18周岁以
92 下少年中的872人。然而，其中有两个州的比率相当高，加利福尼亚州和佛罗里达州(分别是2 771和1 455)。俄亥俄州的比率相当接近平均数，为944。而其余两个州即新泽西州和宾夕法尼亚州的比率相当低(分别是620和539)。这些调查结果说明，在联邦的平均准入率是872的情况下，公立拘留机构年准入率在各州之间存在着2 771和539的差别。

1987年，对公立和私立矫正机构而言，联邦的总体准入率为1 182。加利福尼亚州为2 279——大约是联邦平均准入率的两倍。佛罗里达州和俄亥俄州也有着高于联邦平均比率的准入率(分别是1 701和1 829)。新泽西州和宾夕法尼亚州仍然低于联邦平均准入率(分别是1 037和898)。我们再一次遇到在高监禁率与低监禁率的州之间存在的准入率差异。

精神健康制度

精神健康机构的发展演变与历史上的两个为困境少年提供服务的机构相关：寄宿治疗中心(RTC)和住院医院。寄宿治疗中心从一个儿童指导性临床方法和技术的应用部门，逐渐演化成了一个与儿童福利、社会工作及心理学职业相联系的专门机构。1965年始建的寄宿治疗中心是联邦精神健康“住院”服务传送系统的一个不可分割的部分，并且被纳入了由美国国立精神卫生研究院(the National Institute of Mental Health)主持的定期调查范围。该调查在

1992年后改由精神健康服务中心(the Center for Mental Health Service)来主持进行。

另一个与精神健康住院治疗和儿童精神病学职业相关的历史性道路开始于20世纪50年代晚期与60年代早期,并且一直在照顾和治疗着不断增长的困境少年。然而,为了使少年问题能够得以在住院医院中得到处理,精神病学家们的信念体系需要作相应的改变,并且需要得到转诊病人以及资金来源部门更为广泛的认可。

从少年罪错行为到精神失常

20世纪20年代,基于精神病原因而被送入相关机构的少年还不多见。主要原因是传统观念认为少年处于缺乏辨认控制能力的年龄段。正如1923年精神病院的调查报告撰写者写到的:"精神病主要是在成年后出现。精神错乱性的心理失调发端于儿童期,但是规律表明其严重程度仍不足以送入精神 93
病院……值得注意的是,精神病人中只有0.2%是15周岁以下,1.5%是20周岁以下。"

认为少年甚少患有精神病的观念是因为现今精神病分类研究对象的只是成年人。1951年,即美国国立精神卫生研究院(NIMH)成立五年之后,精神病学发展小组——由威廉·门宁格(William Menninger)和其他一些年轻的精神病学专家组成,开始在各种场合发表应扩展儿童精神健康服务范围的声明与报告。这些报告促进了首个得到全联邦认可的儿童期精神失常分类方法的问世,该分类方法正式见于《精神失常的诊断及数据手册》(或称 *DSMR*)(*Diagnostic and Statistical Manual of Mental Disorders*)。1968年,*DSMR - II* 描述了儿童期和少年期的适应障碍以及儿童期和少年期的行为失常之病态。之后的 *DSM - III - R* 和 *DSM - IV* 的版本是在这些早期分类研究基础上的扩展。

1978年,富有声望的精神健康总统顾问委员会发布了《儿童特派组报告》(*Task Force Report on Children*),该报告向联邦政府说明行为失常是最严重的儿童期心理失常的病症。他们强调,大量的少年犯具有行为失常的特征。精神失常(如恐惧、焦虑、失落、妄想、忧郁)以及发育迟缓在男孩与女孩身上发生的几率同样大,而行为失常在男孩身上尤为明显。委员会认为行为失常相当难以治愈,故患病少年需要留在专门的精神健康机构接受长期的治疗。

1978 年的报告显示,行为失常主要的症状包括盗窃行为以及恶劣的人际关系。1994 年,由美国精神病学协会(the American Psychiatric Association)发布的《精神失常诊断及数据手册Ⅳ》(*Diagnostic and Statistical Manual IV*)指出"失常"的 15 种特别的症状:其中 9 种是有可能导致犯罪的行为(如对人或动物的攻击、财产破坏以及盗窃行为),而 3 种是破坏规章制度的不良行为或身份犯罪(如逃跑、夜不归宿以及逃学)。一个 18 周岁以下的少年在 12 个月内具有 3 种或 3 种以上的上述行为,或在最近 6 个月内具有至少一种上述行为,即可被认定为是行为失常。另外,"行为障碍会导致儿童在社会、学校和职业中功能的临床性的重大减损"。诊断手册的早期版本,即 *DSM - III - R* 列举了 13 种行为类型,但并未提供日常"减损"的证据。

儿童期精神失常的概念也被联邦精神健康立法所采纳。1973 年,国民医
94 疗补助立法修正,其中涵括向 22 周岁以下由于精神疾病而在公立或私立的精神病院接受治疗的人提供精神健康服务。1992 年,联邦法律规定,为了让各州能够适格地为住院病人及门诊病人提供精神健康方面的社区服务,各州必须识别患有严重情绪障碍(SED)的儿童,并合理运用有关的资金向其提供援助。1993 年的联邦条例将患有严重情绪障碍的儿童定义为:患有或曾经患有符合 *DSM - III - R*(和之后版本)标准的精神、行为或情绪失常等可诊断性症状,而且导致在家庭、学校或社区活动中的一项或多项功能减损的 18 周岁以下儿童。单单具有物品滥用或发育迟缓特征的少年并不符合以上标准,除非他们同时具有可诊断性的严重情绪障碍病症。

州/郡精神病院的运作

从 20 世纪 50 年代中期到 20 世纪 70 年代中期,州或郡矫治机构的少年准入率增长十分迅速。成年人非专门机构化运动(始于1955年)为少年腾出了

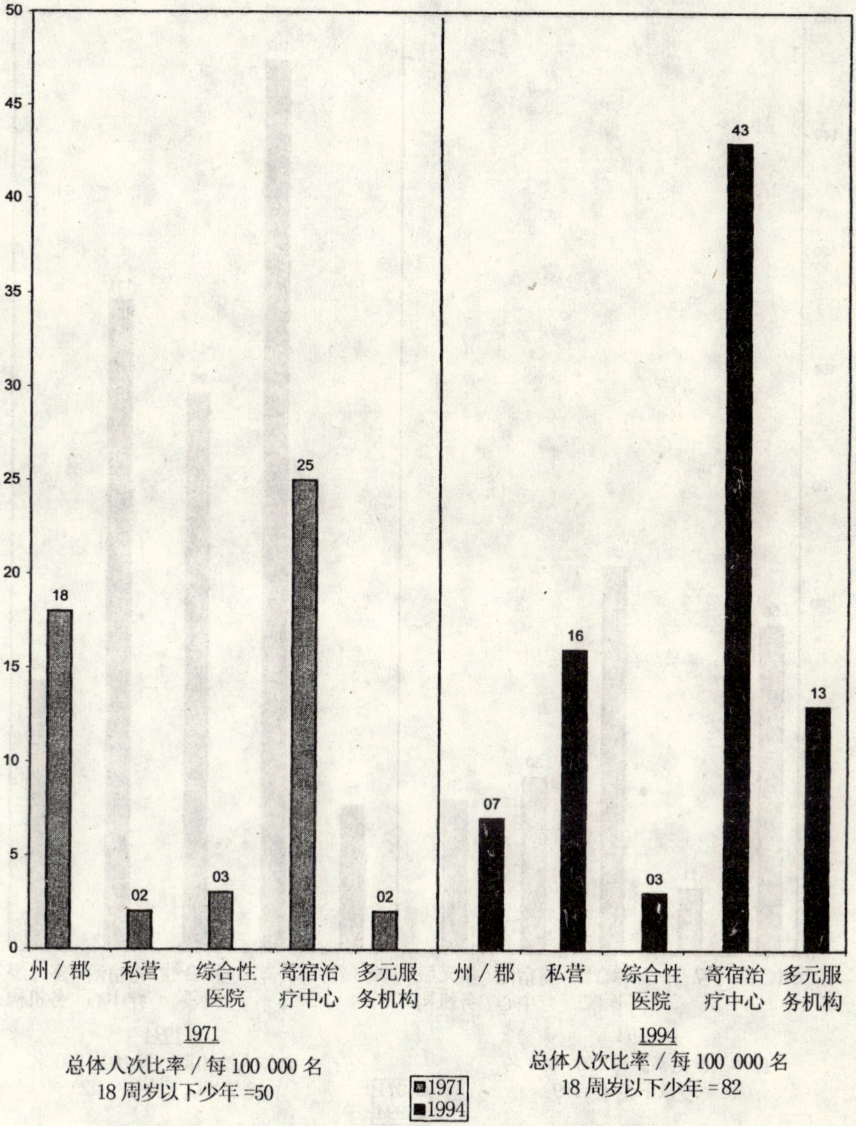

图3.4 1971年和1994年每100 000名18周岁以下少年在各类精神健康机构中居留的总体人次比率

床位及工作人员，而各州很少在初期实际地关闭减员的州/郡精神病医院。1966年，内布拉斯加州的一项研究提供了何种类型少年在这些矫治机构接受

96

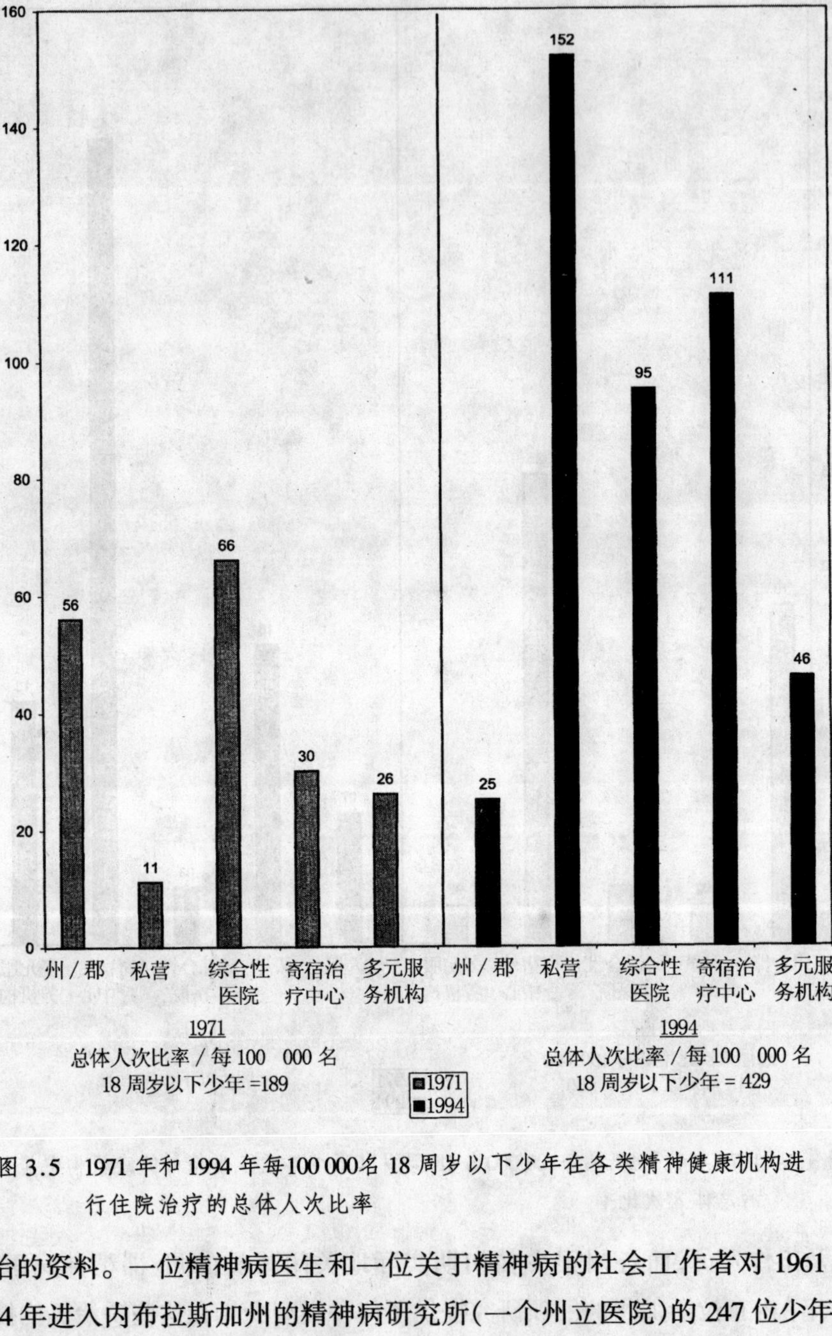

图 3.5　1971 年和 1994 年每100 000名 18 周岁以下少年在各类精神健康机构进行住院治疗的总体人次比率

矫治的资料。一位精神病医生和一位关于精神病的社会工作者对 1961 年至 1964 年进入内布拉斯加州的精神病研究所(一个州立医院)的 247 位少年做了一项研究，他们发现上述大部分少年均是由地方少年法院、郡检察官（或郡政府律师）、社会机构、医生或郡治安官员送入的，而非自己主动申请或家庭申请。被送入医院的少年大部分是因为社会越轨行为（大约占71%），而不是显著的精神健康方面的症状。越轨行为包括“逃学、暴力行为、抢劫行为、性犯罪以及其他违反法律和社会道德规范的行为”。

分析1975年所有州/郡精神病院的入院诊断可以发现大约72%的18周岁以下少年进入精神病院的原因并非由于成人类型的精神失常。相反，他们是因为儿童期心理失调、人格失调、药物异常以及其他类似的问题。显然，在成年人非专门机构化运动下，许多州的精神病院发挥多种功能，内布拉斯加州并非唯一。

在其他类型的精神健康机构出现后，州/郡精神病院在20世纪70年代早期使用率开始下降（见图3.4）。1994年，州/郡精神病院内大约有6.8%的人
是18周岁以下的少年，或者说，有5 570名少年分布在各地285所州/郡精神病 95
院内。在1994年的普查日，寄住在精神病院的少年平均数为每所20名。同年，据估计，少年住在精神病院接受治疗的平均时间是151天，大约5个月。1994年居留在州/郡精神病院的总体人次比率为每100 000名少年25人次，而1971年该比率为56人次（见图3.5）。

综合性医院的精神病治疗部门

二战前，全国只有39所的普通医院设有为所有年龄阶段人士提供精神病治疗服务的部门。1994年，联邦有1 500所设有专门为少年和成年人提供精神病治疗部门的地方医院，而这些医院的发展壮大是基于以下因素：

1.联邦医院建设基金对精神病床位建设的投入；

2.精神病药物有效性的增强使得在地方层次进行精神病治疗变得更为容易；

3.通过联邦资金培养了数以千计的精神病医生、心理学家以及社会

工作者，大大充实了住院部和门诊部；

97 4. 逐步放宽由第三方支付保险费的限制；

5. 国民医疗保险及补助制度为22周岁以下或64周岁以上人群的精神病治疗服务提供了财政上的支持。

1971年和1994年的住院率请参见图3.4。

综合性医院对18周岁以下少年的适用情况不同于18周岁以上的成年人。1975年，由全国综合性医院放出来的少年中，大约有75%其先前的一般行为症状为“过渡期情境性的”、儿童期、个性、药物以及类似的问题。而成年人精神病患者中仅有26%具有上述症状。同年，上述少年中大约有17%是从法院、警察局或矫正机构直接移送过来的。

据统计，1994年综合性医院内用于精神病治疗的床位大约有3.8%由18周岁以下少年使用，也就是说，少年使用了各地1 531所医院的3 100张床位。在普查日当天，每所医院住院少年的平均数为2名。然而，1994年他们的平均住院时间大约只为12天。因为每张床位的使用率高，1994年的总体人次比率为每100 000名少年95人次，而1971年该比率为66人次（见图3.5）。

私立精神病医院

私立精神病医院在20世纪50年代和60年代对于少年而言仍是十分稀有的医疗资源。1968年，美国精神健康研究所（NIMH）经调查确认全国共有151所精神病医院：69所非营利性的以及82所营利性的。20世纪70年代营利性医院的数目大幅度增加，而非营利性的医院数目开始减少。联邦资金的投入以及第三方保险的逐渐推广，导致了营利性医院的增加。精神病医院在美国成为一大产业，而且被《华尔街时报》评为新兴的产业。1971年和1994年的居留率在图3.4中呈示。

18周岁以下少年在私立精神病治疗机构的人次在1971年至1994年间猛涨——据可靠的全国性数据——从大约每年7 600人次增至每年104 400人次。

没有其他机构的涨幅这么大。更为重要的是,18周岁以下少年每100 000名中 98
的住院人次比率是其他机构所不能比的,远远地超过了其他机构(见图3.5)。1986年,大约54%进入这些机构的人员被诊断为患有一般性/行为性的症状,而前成人期失常(pre - adult disorders)最为常见。

1994年,据统计,大约有40%的私立精神病院的床位由18周岁以下的少年使用,或者说,他们占有了各地430所医院17 000张床位。1994年,在普查日当天,住院少年的平均数为70人。同年,据统计,他们的平均居留时间为42天。而一些医院称:他们通过使用"改良的药物治疗手段"而缩减了少年的居留期间——13周岁以下儿童平均约13天;青春期少年平均约11天。

寄宿治疗中心

正如在儿童福利体制一节中所言,许多寄宿治疗中心(RTCs)由为无人照管或疏于管教的儿童提供帮助的矫治机构演变而来。20世纪60年代以来,寄宿治疗中心与精神健康制度密切结合。与其他精神病治疗机构不同的是,寄宿治疗中心设立的初衷便是为"情绪失调"的儿童提供服务。许多年以来,寄宿治疗中心不需要作出符合DSM类型的诊断以获取联邦资金的支持。因为少年罪错行为本身被判定为是"情绪失调"的潜在表现,需要在专门的环境中进行治疗。而20世纪90年代,为了获取第三方支付,许多寄宿治疗中心开始使用DSM的分类标准。1971年和1994年的居留率呈示于图3.4。

充分的证据说明,寄宿治疗中心容纳了许多问题少年。一项对6个州72所寄宿治疗中心的细致调查显示:其中大约有77%的少年患有行为紊乱症。另外,他们发现大部分的少年具有 *DSM - III - R* 中列举的问题,即无法集中注意力、沮丧和焦虑。这项调查发现,寄宿治疗中心的患者中62%接受过儿童福利制度的援助,35%进过拘留所,39%受过缓刑,53%接受过精神病药物治疗。在对这6个州的调查中,有一个惊人的发现,72所寄宿治疗中心大约有一半是封闭式机构,而在以前的许多矫治报告以及矫正计划中,这些机构都被描述成为开放式的,事实上并不尽然。

在1994年，据统计，寄宿治疗中心的床位几乎全部由18周岁以下少年使用，也就是说他们使用了各地459所寄宿治疗中心的32 100张床位。1994年，在普查日当天平均每所寄宿治疗中心大约居留着70名少年。当年，每位少年的平均居留时间估计为231天，即大约7.6个月。然而，103所私有寄宿治疗
99 中心称：通过使用“改良的药物治疗手段”，患病少年的平均居留时间降至大约77天。1994年，所有寄宿治疗中心的总体人次比率为111人次，而1971年则为30人次（见图3.5）。

多元服务机构

1963年，联邦政府为社区精神健康中心的建设提供了资金支持。在有限的范围内，还对新的社区精神健康中心的人员配备提供了资金支持——以12年为限，数额逐年递减。如果社区精神健康中心除了提供住院床位，还为门诊病人提供护理、提供部分住院治疗、急诊服务以及教育咨询的话，那么也会得到联邦财政资金的支持。1976年，有超过600所这样的社区服务中心存在，即便是联邦财政支持停止以后，中心的数量仍在增长，至20世纪90年代初，其总数超过1 500所。1971年和1994年的居留率呈示于图3.4。如同进入精神健康机构接受住院治疗的少年一样，在多元机构接受治疗的少年的主要症状仍是一般行为问题。1984年，即最近的调查数据表明，62%进入多元机构的少年是基于一般行为问题。

1994年，据统计，大约16%的多元服务机构的床位由18周岁以下少年所使用，他们使用了各地1 016所机构的9 700张床位。在每所多元机构中接受住院治疗的少年的平均数大约为10名。1994年，据统计，他们的平均住院期为34天，而住院的人次比率大约为每100 000名少年46人次，而1971年该比率为26人次（见图3.5）。

精神健康机构资金来源的区别

之前的章节叙述道，精神健康机构拥有多种资金来源：州与地方政府、联邦政府以及第三方保险/病人诊费。其中每一类型的机构有各自不同的资金来源途径。而资金来源途径的差异，又反过来影响到病人的类型、住院治疗期和最可能得到高回报率的治疗服务。如私立精神健康治疗机构相当热衷于扩张其掌控的少年人数。1998年全国精神健康系统协会（the National Association of Psychiatric Health Systems）的年度报告指出：私营机构是如何通过寻求新的资金来源来实现其扩张的：

> 许多项目与公立机构合作，以提供多种服务，包括州立医院的管理、
> 少年司法项目以及针对福利人群的项目……他们中的大多数人，如少年 100
> 犯，具有非常严重而复杂的问题，所以需要相当强度的治疗以及较长的治
> 疗期，而增加的住院费用给医院带来一笔可观的收益。

1997年，营利性寄宿治疗中心的日平均费用是215美元。在平均77天的住院期，每人次住院病人在该机构将花费大约16 555美元，该笔费用由保险公司、签约机构或国民医疗补助津贴来承担。少年在寄宿治疗中心6个月或者说180天将会花费由第三方支付的38 700美元。除非非营利性寄宿治疗中心缩短其治疗期或者减少其日平均费用，不然，它们将难以与营利性寄宿治疗中心竞争。

1994年，对联邦资金依赖程度最高的三个机构分别是私立精神病治疗机构（占43%）、综合性医院（占38%）以及多元服务机构（占28%）。对第三方保险或病人诊费依赖程度最高的三个机构为私立精神病治疗机构（占44%）、综合性医院（占28%）以及多元服务机构（占8%）。对州财政依赖最高的三个机构分别为州/郡医院（占70%）、多元服务机构（占39%）以及寄宿治疗中心（占38%）。

精神健康服务机构使用的差异

最近一次(1986年)有关性别和种族的调查数据没有作年龄组的界分,因此,必须运用所有年龄组的数据,以便探寻精神健康机构使用方面的差异。调查数据显示非白人更有可能进入精神健康机构,其比例由高至低为:州/郡医院占33%,综合性医院占23%,多元服务机构占21%,私立精神病治疗机构占17%。20世纪90年代中期,对于寄宿治疗中心的调查显示(该调查涵盖了19个机构),这些机构的病人中大约有59%是非白种人。

1986年对所有年龄段的调查显示了机构使用在性别方面的差异,精神健康机构中,男性所占比例较大,在州/郡医院占63%,在多元服务机构中占58%,在私立精神病治疗机构中占52%,而在综合性医院中占47%。对寄宿治疗中心的特别调查发现,64%的患者为男性。

精神药品的应用

1972年,应用于住院治疗少年的各类精神药品首次在全国范围内发布出来。由美国精神健康研究所(NIMH)进行的调查发现,90%至95%的医院对患病少年使用镇静剂和兴奋剂,以作为治疗过程的一部分。1972年,寄宿治疗中心中有56%至63%对青少年使用类似药物。这些做法仍在继续,并且在精神健康门诊机构以及诸如拘留所和看守所等矫正机构中大量使用。

美国卫生局长(Surgeon General)对精神健康机构的评估

101

住院治疗机构的使用率上升,并非因为它们有效。1999年美国卫生局长所作的关于精神健康的报告指出:基于有关的一项研究评估,"认可住院治疗对青春期少年的有效性,尚不成熟"。该报告同时指出,住院治疗是"最缺乏研究根据的临床措施",因为随机的研究表明:社区护理的效果并不低于住院治疗。鉴于上述的评估,以及一项估算——这些限制性的服务机构花费了大约四分之三的儿童精神健康服务资金,该报告建议对“以社区为基础的替代措施的发展”给予更多关注。

反物品滥用

1972年,关于联邦物品滥用治疗项目准入的全国性数据首次被批准作为《药品滥用管理及治疗法令》(the Drug Abuse Office and Treatment Act)的一部分,但直到最近,仍没有住院治疗机构提供的可靠年龄数据。最近且可靠的数据是1996年至1997年的。然而,因为儿童福利及矫正机构对于物品滥用的关注,所以这些系统对相关机构的统计数据或许与物品滥用报告系统的统计数据有一定程度的重叠。精神健康统计数据明确要求排除对药品及酒精相关事项的统计,但是接受过药品治疗的特定人员仍会被纳入多元服务性的精神病治疗机构的统计中。

1996年,23 056名少年进入以下物品滥用住院治疗机构:(1)医院的戒毒部门;(2)独立的戒毒机构;(3)医院的康复及居留部门;和(4)独立的康复及居留机构。超过80%的少年是进入独立的康复及居留机构。在普查日当天,10 800名少年中大约有90%居于非医院的居留机构。以总人口为计,1996年的居留比率是每100 000名18周岁以下少年16人(见图3.6)。

如果我们将少年的进入数与居留数相加,就会发现:在1996年至1997年间,大约有33 856人次。以每100 000名18周岁以下的少年为单位,我们得出人次的比率为49(每100 000名少年49人次)。如果少年法院处理的大量吸毒少年并不关押在拘留所和矫正系统,而是由反物品滥用制度体系来处理的话,那么,上述的比率会更高。例如,1994年至1995年,超过147 000名少年因吸毒被正式拘捕,其中大约120 000人接受少年法院的审判。在1996年,18周岁以下的少年因为吸毒被拘捕且被纳入正式处理程序的人数超过了该年参加戒毒项目的人数(前者为33 600人,后者为23 000人)。而如果我们将正式处理前被拘留的少年人数计算在内,差异会更加明显。

102

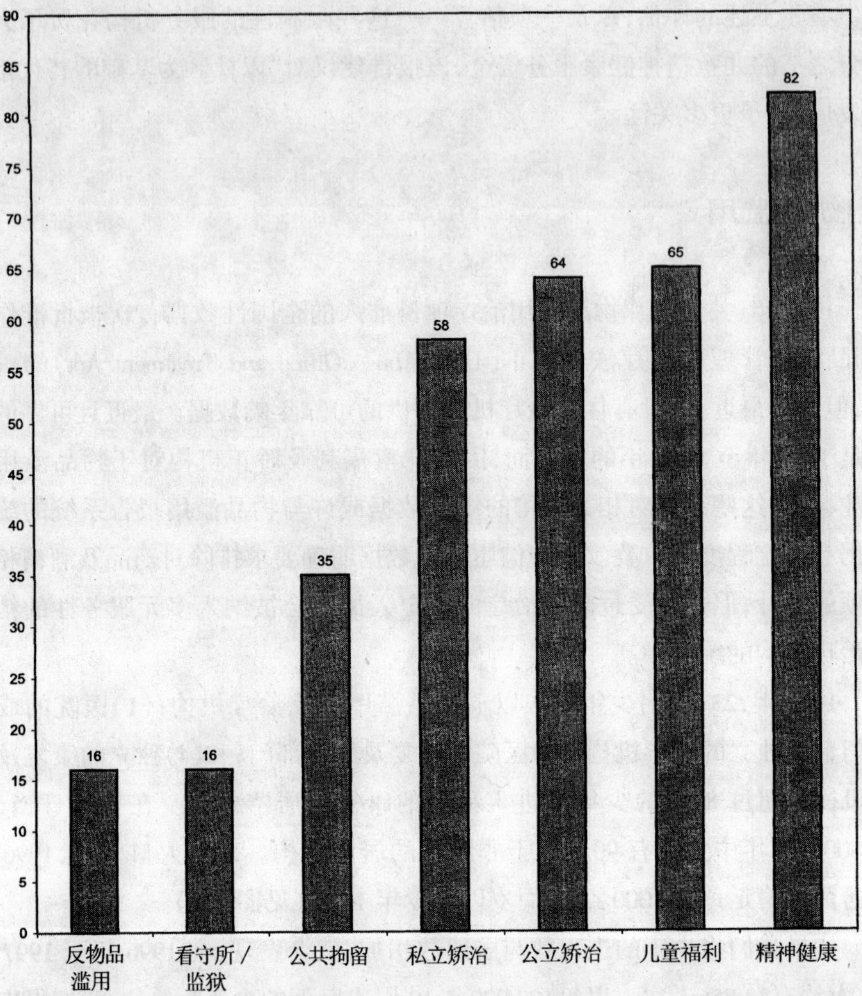

图 3.6 20 世纪 90 年代中期每100 000名 18 周岁以下少年在各类矫治系统中的总体居留比率(人数为 336)

103 上述制度体系现状之总体观察

20 世纪 90 年代中期,在普查日当天,大约有230 700名少年是 24 小时常住在本章所讨论的七大矫治机构体系当中的,其居留比率为每100 000名少年

336人(见图3.6)。更为重要的是,有超过6倍的少年被纳入这些24小时服务的矫治机构中。20世纪90年代中期,据估计,被纳入在这些系统的人次达1 560 000。为了得到有效的数据,每100 000名少年进入每种机构的人次均经过计算。一旦将每一系统的人次相加,每一系统的重要性将会通过该系统的人次占总人次的比率得以体现。譬如,20世纪90年代中期,进入拘留所的人次比率为每100 000名18周岁以下少年中有872人次,而所有系统的总人次为2 300。这将意味着在1994年至1995年拘留所的人次占总人次的37.9%(见图3.7)。

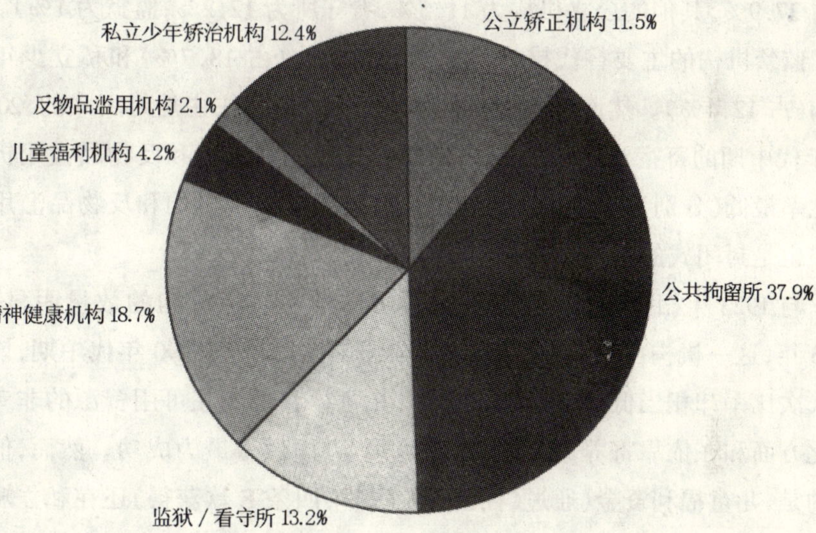

104

图3.7　20世纪90年代中期每100 000名18周岁以下少年在各类矫治机构中的总体人次比率(百分比统计;人次为2 300)

将所有系统的人次比率相加的统计方法有许多弊端。首先,矫治机构可能重复收容同一少年,所以可能导致重复计算。其次,关于庇护所、小组之家和重返社会训练所的统计方面,儿童福利系统与少年矫治系统方面可能存在重复计算。最后,寄宿治疗中心的统计数据,精神健康系统与儿童福利系统可能存在重复计算。遗憾的是,以联邦在20世纪90年代的资料收集方式而言

(如1923年儿童机构的调查数据),是不太可能克服以上这些缺陷的。有些重复计算在某种程度上是可以避免的,如所有进入寄宿治疗中心的人次均当作精神健康系统的人次计算,而在小组之家方面仅计算儿童福利系统的人次。

图3.7表明的是20世纪90年代中期主要机构或部分机构人次比率的饼状比例图。如图所示,20世纪90年代中期公共拘留所的人次占所有矫治机构总人次的37.9%。拘留所一年内处遇的少年多于其他任何一种机构,加上其他公立少年矫治机构的人次比率和看守所及监狱的人次比率(主要是看守所),最限制自由、防卫最森严的机构占所有矫治机构人次的62.6%(即拘留所占37.9%,其他的公立机构为11.5%,看守所为12.2%,监狱为1%)。

监禁机构的主要替代措施为精神健康机构(占18.7%)和私立少年矫正机构(占12.4%)。然而,医院为青少年所设的部门往往是封闭式的,20世纪90年代中期的寄宿治疗中心也是如此。儿童福利机构和反物品滥用机构所占比率最低(分别为4.2%和2.1%)。但是儿童福利机构和反物品滥用机构往往也是封闭式的。

与1923年相比,由儿童福利机构所支持的矫治机构的数量明显下降。1923年,这一机构占总体人次比率的64.3%,而20世纪90年代中期,该机构的人次比率却相当低。在所有机构中,儿童福利机构在可用资源的非专门机构化方面和在依靠寄养家庭的"家庭照顾"方面做得最为成功。然而,值得一提的是,儿童福利资金(通过《社会安全法》第四条E款获得)还在私立矫治机构和寄宿治疗中心内设立了相当规模的安置场所。

许多年以来,与少年法院相关的文本及数字资料将拘留作为一种"处置前"(predisposition)设施,其设立目的即"控制"等候正式或非正式审判的少年。由于每年更多的少年会被判羁押于拘留中心,而并非被处以缓刑,所以我们有可能来单一关注包含治疗或矫正项目的机构。因此,为了正确看待国家对处遇困境少年(包括可能接受审判和实际接受审判的少年)之努力的现时对比,图3.7的人次比率在排除了公立拘留机构以及看守所的人次比率之后,被重新分析——完成后如图3.8所示,我们可以从另一角度评估各居留矫治体系在治疗或矫治少年上的作用。

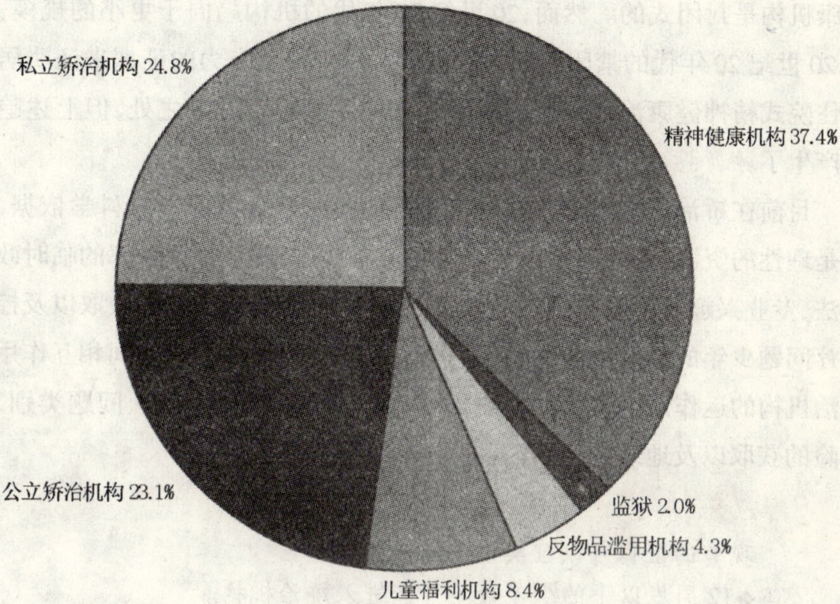

105

图3.8　20世纪90年代中期每100 000名18周岁以下少年在各类治疗/矫正机构中的总体人次比率(百分比统计;人次为1 146)

我们可以清楚地看到,20世纪90年代中期,精神健康机构已经成为人次比率最高的治疗机构(占37.4%);私立矫治机构超越公立矫治机构成为人次比率第二高的机构(24.8%对23.1%);儿童福利机构与反物品滥用机构远远地落在后面。监狱对少年的运用几率相当低,尽管有3个州将少年司法管辖的年龄上限定于15周岁,有8个州将其定于16周岁,且实际上所有的州都允许放弃对18周岁以下少年案件的管辖,而转由成人法院管辖。推进少年法院建设的"儿童拯救者"一定十分乐于看到监狱的相对低的使用率。

结　论

与20世纪20年代的少年相比,20世纪90年代有更多的少年拥有在专门矫治机构接受矫治的经历,但儿童福利机构除外。另外,20世纪90年代,更多的少年曾被纳入矫正系统之外的禁闭机构——许多居留性和住院式的精神健康机构是封闭式的。然而,20世纪90年代的机构趋向于更小的规模,而且比20世纪20年代的禁闭时间大大减少。尽管缺乏有力的证据来证明居留性和住院式精神健康治疗方法的效果有任何胜过矫正方法之处,但上述趋向仍然产生了。

106 目前在矫治机构间与在矫治机构内的投入区分并非具有科学依据,也并不是理性的资源分派,而是由下列因素堆砌而成,即地方及联邦的临时政策和做法、专业兴趣团体影响力的增强、联邦财政及第三方保险的获取以及控制并治疗问题少年的精神性药物的发明与分发。各种影响因素之间相互作用会对矫治机构的运作产生多变的影响,这取决于年龄、性别、种族、问题类别、健康保险的获取以及地理位置的区别。

现有的证据可以证实以下结论:

◆12周岁以下的少年最不可能进入矫治机构。

◆女性最不可能进入公立矫正机构。

◆黑人进入公立矫正机构的可能性较大。

◆被确认为行为失调的罪错少年在精神健康机构接受治疗的可能性较大。

◆欠缺健康保险或国民医疗补助的少年进入精神健康机构治疗的可能性较低。

◆居住在高监禁率州的少年进入公立矫正机构的可能性更高。

展望不远的未来,将少年问题作为一种“失调”的重新定义有可能继续发展,而且精神健康治疗程序——包括精神药物的运用,将会扩展至所有的矫治系统当中。事实表明,两种运用得最为广泛的矫正机构——拘留机构和地方看守所,已经将精神药品疗法作为其矫正性精神健康服务的一部分。我们还全然不能确定:少年法院是否会在此或其他矫治机构的发展中有所作为。

参考文献

本章参阅了我个人对多元的困境少年处遇体制的研究著述，其中包括：*Deinstitutionalization and the Welfare State*（New Brunswick, NJ: Rutgers University Press, 1982）；"Child Welfare, the Private Sector, and Community-Based Corrections," in *Crime and Delinquency* 30, no. 1(1984): 5 – 38；"Counting Youth in Trouble in Institutions: Bringing the United States Up to Date," in *Crime and Delinquency* 37, no. 4 (1991): 465 – 80; and *Community Treatment and Social Control*（Chicago: University of Chicago Press, 1975）。

关于少年问题社会对策方面的重要记录材料参阅：Grace Abbott, *The Child and the State*, 2 vols.（Chicago: University of Chicago Press, 1938）; Robert H. Bremner, John Barnard, Tamara K. Haraven, and Robert M. Mennel, eds., *Children and Youth in America: A Documentary History*, 3 vols.（Cambridge, MA: Harvard University Press, 1974）; Edith Abbott, *Some American Pioneers in Social Welfare*（Chicago: Midway, 1974）。

有益的背景材料可参阅：Jane Addams, *The Spirit of Youth and the City Streets*（New York: Macmillan, 1909）; Sophonisba Breckenridge and Edith Abbott, *The Delinquent Child and the Home*（New 107
York: Arno Press, 1912）; Robert H. Bremner, *From the Depths: The Discovery of Poverty in the United States*（New York: New York University Press, 1956）; Joseph M. Hawes, *Children in Urban Society*（New York: Oxford University Press, 1971）; Michael B. Katz, *In the Shadow of the Poor House: A Social History of Welfare in America*（New York: Basic Books, 1986）; Amos G. Warner, *American Charities*（New York: Russell and Russell, 1971. Revision of 1904 edition by M. R. Coolidge, re-issued in 1971 by Russell and Russell, a Division of Athenean Publishers）; Homer Folks, *The Care of Destitute, Neglected, and Delinquent Children*（New York: Macmillan, 1902. Revised, Washington, DC: National Association of Social Workers, 1978）; William Healy, *The Individual Delinquent*（Boston, 1915）; William Healy and Augusta Bronner, "Juvenile Detention Homes," *Annals of the American Academy of Political and Social Sciences* 151 (September 1930): 180 – 93; Julia C. Lathrop, ed., *The Child, the Clinic, and the Court*（New York: New Republic, 1925）; Theresa R. Richardson, *The Century of the Child: The Mental Hygiene Movement and Social Policy in the United States and Canada*（Albany: State University of New York Press, 1989）; James Leiby, *A History of Social Welfare and Social Work in the United States*（New York: Columbia University Press, 1978）; Steven L. Schlossman, *Love and the American Delinquent*（Chicago: University of Chicago Press, 1977）; John R. Sutton, *Stubborn Children: Controlling Delinquency in the United States, 1640 – 1981*（Berkeley: University of California Press, 1988）。

自1880年以来，美国统计部门就已经开始对居留于矫治机构的人数进行调查。其中最具参考价值的是：*Benevolent Institutions, 1910*（Washington, DC: GPO, 1913）; *Patients in Hospi-*

tals for Mental Disease, 1923 (Washington, DC: GPO, 1926); *Children under Institutional Care, 1923* (Washington, DC: GPO, 1927); *Children under Institutional Care and in Foster Homes, 1933* (Washington, DC: GPO, 1935); *Institutional Population, 1950*, vol. 4, *Special Reports, 1953* (Washington, DC: GPO, 1953); *Inmates of Institutions, 1960*, Final Report PC(2) - 8A, 1963 (Washington, DC: GPO)。为联邦和各州的人口数据以及其他数据的统计需要,美国的统计部门也出版了: *Historical Statistics of the United States: Colonial Times to 1970*. 2 parts (Washington, DC: GPO, 1975)。20世纪80年代以及90年代的联邦和各州的人口数据可以通过 www.census.com 这一网址进行查询。

由芝加哥大学的研究者所做的两项特殊调查对于弥补20世纪六七十年代联邦统计数据的缺陷有着难以估量的价值,参见: Donnell M. Pappenfort, Dee M. Kilpatrick, and A. Dinwoodie, *Population of Children's Residential Institutions in the United States, 1966*, 7 vols. Social Services Monographs, Series no. 4 (Chicago: Center for Urban Studies, 1970); Thomas Young, Donnell M. Pappenfort, and C. Marlow, *Residential Group Care, 1966 and 1981*. Mimeo (Chicago: University of Chicago, School of Social Service Administration, 1983)。

对儿童福利做分析的信息来源于联邦普查数据以及: U. S. Children's Bureau, *Foster Care of Children: Major National Trends and Prospects* (Washington, DC: U. S. Department of Health, Education, and Welfare, 1966); U. S. General Accounting Office, *Children in Foster Care Institutions* (Washington, DC: General Accounting Office, 1977); U. S. Department of Health and Human Services, Office of Human Development Services, *Child Welfare Statistical Fact Book* (Washington, DC: Administration for Children, Youth, and Families, prepared by Maximus, Inc., 1988); U. S. Children's Bureau, *Adoption and Foster Care Analysis and Reporting System Reports* (Washington,
108 DC: Administration for Children, Youth, and Families of the Department of Health and Human Services, 1997)。关于寄养照管和收养的最新数据可以通过 www. acf. dhhs. gov 这一网址进行查询。

对少年和成人矫正机构态势进行分析的相关信息来源于联邦普查数据以及: President's Commission on Law Enforcement and Administration of Justice, *Task Force Report: Corrections* and *Task Force Report: Juvenile Delinquency and Youth Crime* (Washington, DC: GPO, 1967); U. S. Law Enforcement Assistance Administration, *Children in Custody, 1971* and *Children in Custody, 1974* (Washington, DC: National Criminal Justice Information and Statistics Service, 1974 and 1977); U. S. Law Enforcement Assistance Administration, National Criminal Justice Information and Statistics Service, *Sourcebook of Criminal Justice Statistics, 1974* (Washington, DC: GPO, 1974); U. S. Department of Justice, *Children in Custody, 1975 - 1985* (Washington, DC: Bureau of Justice Statistics, 1989); National Council on Crime and Delinquency, *Juveniles Taken into Custody—Fiscal Year 1990 Report* (Washington, DC: Prepared for U. S. Department of Justice, Office of Juvenile Justice and Delinquency Prevention, 1991); National Council on Crime and Delinquency, *Juveniles Taken into Custody—Fiscal Year 1996 Annual Report* (Washington, DC:

Prepared for U.S. Department of Justice, Office of Juvenile Justice and Delinquency Prevention, 1997); U.S. Department of Justice, *Prison and Jail Inmates at Mid-Year, 1997* (Washington, DC: Office of Justice Programs, NCJ 167247, 1998); U.S. Department of Justice, *Sourcebook of Criminal Justice Statistics, 1997* (Washington, DC: Office of Justice Programs, 1998)。

精神健康制度态势分析所依据的资料来源于联邦普查数据以及：National Institute of Mental Health, *Psychiatric Services and the Changing Institutional Scene, 1950 – 1980*. DHEW Publication no. (ADM) 77 – 433. (Washington, DC: GPO, 1977); National Institute of Mental Health, *Residential Psychiatric Services for Children and Adolescents: United States, 1971 – 72*. DHEW Publication no. (ADM) 74 – 78. (Washington, DC: GPO, 1972); National Institute of Mental Health, *Hospital Inpatient Units for Emotionally Disturbed Children: United States, 1971 – 1972*. DHEW Publication no. (ADM) 74 – 82. (Washington, DC: GPO, 1972); Center for Mental Health Services and National Institute of Mental Health, *Mental Health, United States, 1992*. DHHS Publication No. (SMA) 92 – 1942. (Washington, DC: GPO, 1992); Center for Mental Health Services, *Mental Health, United States, 1996* and *1998*. DHHS Publication no. (SMA) 96 – 3098, 1996 and DHHS Publication no. (SMA) 99 – 3285. (Washington, DC: GPO, 1996, 1998); National Association of Psychiatric Health Systems, *Trends in Behavioral Healthcare Systems: 1998 Annual Survey Report* (Washington, DC: National Association of Psychiatric Health Systems, 1999); Lois A. Weithorn, "Mental Hospitalization of Troublesome Youth: An Analysis of Skyrocketing Admission Rates," *Stanford Law Review* 40, no. 3: 773 – 838; President's Commission on Mental Health, *Task Panel Reports*, vols. 1 – 4 (Washington, DC: GPO, 1978); American Psychiatric Association, *Diagnostic and Statistical Manual of Mental Disorders*, 3rd and 4th rev. eds. (Washington, DC: American Psychiatric Association, 1987 and 1998); Starr E. Silver, Albert J. Duchnowski, Krista Kutash, Robert M. Friedman, Marvin Eisen, Mark E. Prang, Nancy A. Brandenburg, and Paul E. Greenbaum, *A Comparison of Children with Serious Emotional Disturbances Served in Residential and School Settings*. Mimeo (Tampa, FL: Research and Training Center for Children's Mental Health, University of South Florida, 1990); U.S. Surgeon General, *Mental Health: A Report of the Surgeon General* (Rockville, MD: U.S. Public Health Service, 1999)。

物品滥用体系态势分析所依据的信息源于联邦普查数据以及：National Institute on Drug Abuse, *Data from the National Drug and Alcoholism Treatment Utilization Survey* and *Highlights from the 1987 National Drug and Alcoholism Treatment Unit Survey (NDATUS)*. Mimeos (Washington, DC: Alcohol, Drug Abuse, and Mental Health Administration, 1980 and 1989); Substance Abuse and Mental Health Administration, *National Drug and Alcoholism Treatment Unit Survey* 109
(NDATUS), 1990 – 1993 (Washington, DC: Office of Applied Studies); Substance Abuse and Mental Health Administration, *National Admissions to Substance Abuse Treatment Services: The Treatment Episode Data Set (TEDS), 1992 – 1996* (Washington, DC: Office of Applied Studies, 1997)。最新的信息可以通过 www.samhsa.gov 这一网址进行查询。

第 二 部 分

少年司法与法学理论

本部分由三篇文章组成,其所探讨的儿童法律理论都与少年法院的创建有着密切联系,每篇文章还各自谈到了一段特定的法律历史。第四章围绕“何为儿童”这一问题,伊丽莎白·斯科特向人们揭示:法律对于儿童期的种种论断和界定,既与社会对儿童特征的不断演变的概念有关,也与这些概念所造就的公众同情的反面主张有关。在第五章,富兰克林·齐姆林展现了一段关于少年法院审判权基本原理的修正史,这段历史表明:让少年免受刑事处罚的伤害一直是少年法院关注的一个重要方面,高尔特案之后要求美国少年法院审判程序规范化的呼声中,这一化解伤害的基本原理可以说为少年法院经受住少年司法法理重构的考验提出了一个最重要的辩护和证明。

如果说化解刑事处罚对儿童的伤害是美国少年法院所取得的主要成就,那么对于尚未构成犯罪的不良行为进行强制矫治,则是在挽救儿童运动的前60年中出现的一个最明显的败笔。在第六章,李·泰特尔鲍姆描述了在少年法院的近50年里,人们对“身份犯”的矫治方式的变革以及使之合理化所做出的尝试和努力。这是该领域中最重要的、带有实质性的法律反思,也是少年法院的基本理论需要适应价值观的不断变化并吸取各种经验教训的一个重要例证。

第二部分

少年司法与法学理论

第四章　儿童期的法律建构 113

伊丽莎白·S.斯科特(Elizabeth S.Scott)

在绝大多数情况下,美国立法者们对于儿童期和成人期都有着比较清晰的概念,这些概念与人们通常的思想观念一致,儿童天真单纯、具有依赖性、易受伤害、不能作出具有法律效力的决定。儿童期法律规制的多个方面都是基于这一印象。人们想当然地认为,儿童无需为自己的选择或行为承担责任,这一假定体现在对待少年罪错行为的有关法律政策上。人们还认为儿童不能够行使只有成年人才享有的权利和特权,比如选举、驾驶、做出医疗决定等,并且认为需要对他们进行教育、关爱、扶助,以使其健康成长,从而成为社会的有用之材。提供这些基本的儿童福利首先是父母的义务,但最终是政府的责任。一旦儿童跨过法定的成年界限,他们就被视为应当对自身行为负责的自主个体,享有公民的法定权利及特权,而不再享有获取扶助或特殊保护的权利。

当然,这样的描述过于简单,易于让人产生误解。事实上,关于儿童期的法律表述极为复杂,其根源最终可以归于一个:如何界定儿童期与成人期。虽然决策者们乐于回答"儿童是什么"这样的问题,但是对于"儿童期何时结束"这一问题,在不同的政策背景下却有着迥异的回答。这种差异及变化给人们在法律上对于儿童期这一概念做出统一的界定带来了极大的麻烦。为了追究刑事责任,实施刑事制裁,可以将小学里的少年学生视为成人,而中学里的高
年级学生却不能参加选举,大学生则依法不得酗酒。 114

决策者们对于青春期(adolescence)的模糊观念使问题更趋复杂,他们一般忽略了这一发育阶段,而是根据具体情况将少年在法律上视为儿童或者成人。因此在很多情况下,通过法律的措辞,少年被描述得好像与年幼的儿童没有什么区别,他们受"家父政策"的保护,而这些政策亦是基于儿童的非独立性、易

受伤害性以及通常适用于少年儿童的无行为能力的假定。而出于其他目的，少年又可被视为完全成熟的人，依法有能力做出决定，对自己的选择负责，不得享受特殊待遇。

这种二分法在许多情形下都非常有效。少年完全可以相当成熟地做出成人的某些决定、履行成人的一些职责，但不得超出特定的范围。司法政策认可这些差异有益于社会，譬如，法律对于驾驶的最低年龄和饮酒年龄之间的不同规定不仅使年轻人获得了独立，拓展了活动空间，而且也使他们（和我们）可以避免遭受因其不成熟的、幼稚的判断所带来的损失。此外，无论其是否已经真的成熟，出于多重目的考虑，而用一个法律规则确定某一特定年龄作为儿童与成人的分界线（即法定年龄），有利于为某人是否取得成人的法律地位提供一个清晰的信号，以维护家父权威，便于行政管理。即使这样的粗略划分歪曲了人的真实发育状态，其引起的危害一般也微不足道。但是在某些情形下，那种无视生理成熟与否就进行无条件推定的做法，可能导致既不利于社会也不利于少年自身的政策。笔者认为，少年司法政策本身就提供了大量例证，证明那种无视生理发育的基本事实而在法律上对儿童期和成人期作粗糙划分的做法代价不小。

本章将首先对儿童期这一概念从法律上加以描述，勾勒出儿童区别于成人的特质以及基于这一认识所制定的相关政策。比较而言，青春期这一术语在法律上表述起来却相当费劲，难以给出一个清楚明确的定义。然后笔者将进一步论述基于不同的法律目的而如何对儿童期与成人期的边界做出划分这一问题，通过三个例证表明了少年司法政策考量的复杂性，这些考量因素决定了谁应当在法律上被视为儿童而非成人。这些例子涉及到法定年龄、选举权、医疗决定权、堕胎权等。本章其余部分将讨论少年司法政策，在过去的一个世纪里，对儿童期这一法律术语的界定已经发生了很大的变化。细细品味法律
115 的措辞，可以发现，少年犯在 20 世纪已经从无辜的儿童变为不知悔改的成年罪犯。笔者将勾画出不断演进的司法政策与庞杂多变的儿童期概念之间如何产生了牵连。无论是传统的浪漫观念还是现代的概念表述都反映了某些曲解，这些曲解引起了人们对司法政策的不满。在 1990 年代，这些曲解走到了

极端,甚至相当年幼的儿童也被作为成人对待。笔者认为,这些政策刚愎自用,不仅因为它们对未成年犯过于严厉,从某种意义上破坏了刑事司法的核心原则,而且还因为这些政策不可能兑现其所承诺的公共安全和社会福利。

儿童期与青春期的法律观念

儿童期的推断与司法政策

家父式儿童法律规范的制定基于这样一种颇有影响力的观念:未成年人不能自我照料,他们离不开成人的监护和引导。尚未发育成熟这一特质从若干个相互联系的维度构建了区别对待儿童与成人的司法政策。首先,儿童须依赖于他人以求得最初的生存,在成长过程中还需要他人的关照呵护才能最终发育成人。这种依赖性要求人们满足儿童的基本需求:食物、栖身之地、保健、关爱和教育,这样儿童才能健康地成长为社会的建设者和参与者。其次,儿童缺乏做出可靠决策的行为能力。由于认知方面的发育不成熟,儿童在决策过程中难以正确地运用推理和理解的方法做出理性的行为抉择,该决策过程反映了他们判断能力的欠缺和不成熟,由此做出的拙劣抉择不仅有害于儿童自身的利益,也有害于第三人的利益,这种决策的不成熟性使得第三人对于事关儿童生活的重要决定有权作出合理回应。此外,人们还认为儿童易于受到他人的影响和伤害,儿童的易受伤害性至少可以部分归咎于儿童的依赖性和决策的不成熟性。

对儿童期的这种观念很自然地让人们得出这样的结论:儿童应当服从成人的权威,而自治、自由、责任这类根深蒂固的政治价值准则对于儿童来说则根本不适用。根据美国法律,父母对于儿童的福利以及生活安排负有主要责任。伯格法官在帕勒姆诉 J.R.(*Parham v. J.R.*)一案中利用这一公认的原理阐明了这种责任分配机制,美国最高法院在分析父母许可孩子去精神病医院这一问题时提出的一个理由就是:

116 “法律上的家庭概念依赖于这样一个推定：父母具有孩子所缺乏的成熟、经验以及做出棘手决定时所需要的判断能力，更重要的是，人们一直认为，天生的亲情纽带将使父母的行为最有利于他们孩子的利益（442 U.S.584，602 [1979]）。”

父母肩负照料子女、保护子女免受伤害的责任。同时，为了子女的利益，父母也有权代表孩子做出决定，诸如营养、医疗、居住甚至交友（在理论上）、阅读材料的选择等。父母的责任与权利并存，在某种意义上，这是公平的，父母的“权利”可以视为法律因为对父母强加了责任负担所做出的补偿。

当然，父母对他们孩子的生活并非拥有绝对的权威。儿童发展成为健康有用的成人对于社会影响重大，如果父母未能履行其责任，社会将为此付出代价。而且，政府凭着历史上有名的家父权威，承担着照料儿童福利和其他无助的社会成员的责任，因此父母的权威受制于政府的监督，如果父母不能对孩子给予充分的照顾，政府将出面干预以保护儿童的福利。在某些问题上，政府胜过父母的权威表现得更为明显，譬如，根据童工和入学的法律规定，父母不得让孩子从事工作而放弃上学。父母与政府之间的职责如何分配历来就是有关政策争论的焦点。

人们认为儿童具有依赖性、缺乏行为能力、判断不成熟，还容易受到伤害，对这些推断在法律规范中的表达方式加以简略的勾画，或许对我们大有裨益。首先，儿童的权利和特权比成人受到了更多的限制，因为人们认为儿童缺乏推理、理解和做出成熟判断的能力，因此儿童不得参加选举、酗酒、驾车、做出医疗决定。虽然在第一修正案中确认了言论自由，但儿童的言论自由权并不如成人，因此最高法院认为，政府有权限制儿童接触污秽不堪的材料，而对成人来说，那是受到法律保护的言论权利。在宵禁法规中，政府有权限制儿童在社区里自由闲逛——而对于成人来说这显然不符合宪法规定，这一规定的前提是：儿童夜晚在街上闲逛会招致麻烦（因为他们可能做出幼稚的判断），而且他们容易受到不良影响的伤害。

其次，基于儿童做出的判断不成熟、容易受到不当影响这一推定，人们认
117 为不能按照成人的标准要求儿童对自己的选择和行为承担法律责任。因此，

根据合同法的未成年说，未成年人可以自由撤销绝大多数合同。这类案子大多涉及到摩托车和音响设备，法院似乎相信，少年是受到引诱后购物的，压根儿就没有考虑到他们将要负担的义务。正如一位法官所言，未成年人“应当受到保护，以免被成人利用而遭受伤害，同时也免遭自身错误判断带来的影响”(基弗诉弗雷德·豪车行案，*Kiefer v. Fred Howe Motors*, 158 N.W.2d 288 [Wisc. 1968])。

更重要的是，人们在传统上对青少年罪错行为的法律反应。少年法庭的创始人竭力主张，不能对儿童罪错行为使用刑事责任和可责性的概念，儿童之所以在刑事上不承担责任，是因为他们缺乏推理能力、道德理解能力以及作为归责依据的判断能力。如果让缺乏行为能力的儿童受到刑事惩罚的约束，那么报应原则(以及刑法的完整性)事实上就遭到了无形的破坏。正如丹佛少年法院一位早期的法官本·林赛(Ben Lindsey)所言，“我们那些打击犯罪的法律不适用于儿童，正如其不能适用于白痴一样。”而那些主张对因果报应政策进行改革的现代倡导者的方略则突出表达了这样一种信念，即儿童因为不成熟可以少受责罚。这些改革者主张按照成人标准让少年犯承担刑事责任，这简直就是宣称：少年犯就是成人。

第三类针对儿童的司法政策包括法律保护和法律权利，这是对儿童依赖性的法律回应。法律要求父母和政府提供儿童生存和发展所必需的抚育、关爱和教育，是因为儿童自身不能提供这些东西。父母对孩子的抚育义务、公共福利支持、公共医疗补助以及“从头开始”计划(Headstart)* 构筑了一道使儿童基本需要得到满足的安全网。在绝大多数州，享受公立学校教育(包括对残疾儿童的教育服务)已成为儿童的一项权利。这些举措将会确保所有的儿童都有机会，从而成为拥有参与社会的基本能力的公民。此外，由于儿童易受伤害，不能有效地维护自身利益，政府通过详尽的儿童虐待和失职方面的民事和

---

* Headstart 计划，是一项由联邦资助的低收入家庭儿童保育计划。该项目创立于 1965 年，一般由地方非营利组织、社区行动小组等进行运作管理，致力于对学龄前儿童的教育、情感、心理、健康、社交以及营养等需要的满足。不少父母以合作者的身份积极参与到该项目中去，为自己孩子的教育和其他社会需要提供服务。——译者注

刑事法律规范，强制父母承担对孩子充分注意的义务。这种体制不仅激励父母将孩子的利益置于自身利益的高度，而且当父母明显未能尽到应尽的义务时，它将对儿童提供必要的替代性关照。

归结起来，这种复杂的法律规范网络体系表明，决策者们将儿童视为一类特殊公民，这一群体所特有的属性和生活状态使一种异于成人的规范调整机制具有了合理性。总地来看，这些政策都牢牢地植根于人们对儿童范畴颇为一致的阐释里。

118 法律语境中的青春期

没有人会这样认为，处于青春期的少年在理性判断、依赖性或易受伤害性方面与蹒跚学步的儿童差不多。发育不成熟构建了儿童期的法律分析模式，但是那些推断无法自在地与青春期的惯常观念协调起来。与年幼的儿童相比，少年更接近成人状态，他们在生理上已经成熟，大多数人都具备了做出理性决定所必需的推理、理解等认知能力。然而，青少年在很多方面都还没有完全定型，不仅仍然要依靠父母，而且他们受幼稚的判断所左右的拙劣决定对自身和他人都会构成不利的威胁。人们对青春期的习惯见解也许大都遵循着发育这一认识路径：该群体里的每一个体都正处于从儿童期向成人期发育的阶段——他们既非儿童也非成人。

尽管立法者们偶尔也意识到了青春期所特有的过渡性特征，但是更独特的是这一阶段的不易辨认，因此少年在法律上或被划入儿童期或被划入成人期。出于多种目的——如选举投票、服兵役、确定住所、签订合同、要求抚育等——通过界定一个清晰的法定成年年龄，可以将少年从服从于父母的权威和家父般的政府的儿童，转变为受制于一整套公民的权利义务体系的成人。而出于其他考虑，成人身份要么早于法定年龄取得(比如驾驶)，要么晚于法定年龄(比如饮酒)。

当人们将赋予未成年人以更多的法律权利或义务作为政策的主题展开辩论时，所运用的法律措辞是将少年描述为儿童或成人，一切取决于辩论所需。譬如，20世纪早期进步党的改革派着力寻求对少年的保护，避免少年与成人的角色和责任搭上界。这些改革者倡导反童工法、义务教育法以及通过独立的法庭审理少年罪错，他们强调了少年的不成熟以及对其自身所造成的伤害，除非政府如同家父一样对少年加以保护，不然，他们就会受到这种伤害。与之形成对比的是，现代的保守派谈到了“超级掠夺者”，并且提出，没有什么东西可以把一个15岁的罪犯与同等的成年罪犯区别开来（小贝内特、迪卢里奥、沃尔特斯[Bennett，Dilulio，and Walters]，1996；勒涅里[Regnery]，1985）。

关于堕胎的法理论争提供了另一有力佐证，证明青春期是一个捉摸不定的法律范畴。当法官认可父母的权利以及其他对怀孕少年的权利加以约束的措施时，少年被视为儿童。比如在贝洛蒂诉贝尔德（*Bellotti v. Baird*）一案中，鲍威尔法官阐述道：儿童的易受伤害性，缺乏经验、观察力和判断力，以及父母 119
在养育孩子时的导向角色，构成了限制少年堕胎权的基础（443 U.S.622 [1979]）。而主张将成人的堕胎权赋予少年的法律论证，则提出了一套全然不同的对怀孕未成年人的见解。比如在H.L.诉马西森（*H.L.v.Matheson*）一案中，马歇尔法官（抗议）指出：犹他州的立法限制等于是政府有意对“未成年妇女自由做出选择”的阻挠（450 U.S.398 [1981]）。

儿童期与成人期之间界限的划分

笔者已经指出，儿童在哪一年龄跨入法律上的成人行列因目的和宗旨的不同而有差异。当然，基准线还是法定的成年年龄，即通常为18周岁。然而，一个繁杂的年龄分类制度却使得儿童期这一范畴界限模糊。在很多州，一个年满10岁的儿童如果受到谋杀指控，就会如同成人一样受到审判，而高中学生才享有宪法第一修正案所确定的政治表达权利。另外，夫妻离婚后不承担抚养监护责任的一方却有分担孩子攻读大学期间费用的义务。在很多州，一个年轻的成人也不得同意绝育。如何解释这种差异？

对儿童期进行界定的法律制度所遵循的逻辑理路很不清晰。在某些方面,年龄分层可以理解为:不同的社会职能要求有不同的成熟程度与之相适应。履行总统职责(通常要求为年满35周岁以上的公民)所需要的成熟程度远远高于驾车或选举,没有人会对此提出质疑。然而,对法律制度安排进行仔细探究的结果却表明:关于成熟程度的假设以及对少年福利的关注,通常是起着政策性考量的作用,年龄分层的政策往往更多地受到需要考虑的事项而非发育成熟程度的影响。对具体政策的研究表明,人们都是基于多种不同的政策考虑而对年龄界限作出划分。意识形态因素、维护父母权威以及保护社会免遭青少年幼稚抉择的伤害都混杂其间。本文接下来的部分将对若干不同情形中的年龄分层问题予以探讨,旨在从决策者们对于"儿童期何时结束"这一问题所做出的不同回答里,汲取一些经验教训。

推定成年年龄的逻辑

分析这一问题自然可以从成年年龄入手。成年年龄是法律上直截了当指定的一个点,即达到该点,就取得了法律上的成人地位,而儿童期的种种限制、权利和保护就此结束。普通法上的成年年龄过去是21周岁。其原因显然是,中世纪时大多数男子被认为要达到这个年龄才能披上甲胄。现在,只要达到18周岁就可以获得成人地位。成年是人生的一大转折点,标志着成人法定权
120 利的取得和摆脱父母监管的自由。当儿童达到成年年龄,父母一般不再承担对孩子的经济扶助义务,同时也不再对孩子的收入享有普通法上的权利,政府也从国家监护人*这一角色中告退。成年公民有权对住所和医疗方面的事务做出决定,他们也有资格订立有约束力的合同、签署租赁契约、购买房地产、订立遗嘱等。一旦成年,个人就被赋予公民的权利和特权,包括参加陪审的权利和(也许是最具象征意义的)投票选举权。

直截了当地确定某一时间作为个人获得一系列成人权利和责任的成年年

---

* 指政府在国家中的家父角色——政府对没有行为能力而需要保护的人可以进行监护。——译者注

龄，这种做法可以被理解为一种粗略的法律决定。达到指定的年龄，个体就算成熟，足以作为成人履行社会职责并做出自利决定，而在跨过这一门槛之前，大多数决定是通过父母或政府做出的。发展心理学为这种观点提供了理论支撑，认为到了 18 岁，当然还有 21 岁，绝大部分个人都获得了假定的成人资格和能力。实际上，这种直接确定成年年龄的方法可能产生的一个影响是，那些足以胜任做出决定和履行成人职责的未成年人在法律上继续被视为儿童。因此，这种方法受到了挑战，有时挑战者还获得了成功，其理由就是，该做法剥夺了具备行为能力的青年行使成年公民享有的权利（梅尔顿[Melton]，1983）。

一般来说，运用一条法律规则来指明儿童期的结束，该规则运行起来相当便利，尽管它忽略了各个个体成熟发育的差异性，也忽视了可能担当的种种职责所需要的成熟程度会有所不同。在大多数情况下，将成人的法律身份推迟到指定的年龄或者将父母牵扯进未成年孩子的生活并不会引起多大的危害。多数未成年人没有订立合同的急切需要，即使真的要订立合同，父母的参与通常也是人们所希望的。而且，法律推定延长儿童抚养期有利于提供儿童期所需要的扶助和其他保护权利。可以说，如果强调父母积极承担对孩子的义务是一件重要的事情的话，那么只要父母与孩子之间不存在严重的利益冲突，保留父母的监护权力也是值得做的。此外，一个明确的成年年龄就是一个清晰的信号，可以让所有那些与青少年交易的人明白对方是否具有相应的法律资格。不同的领域中，在对成熟程度作更具针对性的评估后，决定是否给予成人身份也许是一个更加量身订制的做法，但是，这种做法很有可能产生不确定性和错误，而且其代价比现在的体制将高出许多。最麻烦和笨拙的做法是根据对每一个个体的成熟性评估结果而决定是否赋予其成人的法律权利或义务，因为这种做法成本极高，行政程序繁琐，可以预见的是，除非利益攸关，否则人们是不会这么做的。

结果是，只要所指定的年龄与成年期承担责任和享有权利所需要的一定 121
发育要求大致相符，那么这种做法将不到指定年龄的个人视为法律上的未成年人在多数情形下也不成问题。这种直接指定成年年龄的方法固然具有优势,但吸引我们注意的往往是那些与推定年龄相左的改变和差异,如果固守传统的儿童期界限,某些政治目标或社会目标将遭到破坏,这些变异可以解释为就是为这些目标服务的。

选举权与宪法第二十六修正案的通过

长期以来,选举权就是界定法定成年的重要标记,而成年年龄与这个重要的象征性标记一直联系在一起,因为只有完全成年后,公民才享有参与选举的资格。在1971年之前,公民只有过了21周岁生日后,才能参加选举。1971年,美国宪法第二十六修正案颁布,该修正案将各州选举和全国性选举的投票年龄都降到了18周岁。可想而知,随着第二十六修正案的通过,出于多重目的,人们将成年年龄也降到了18周岁。社会方面和政治方面的势力推动了该修正案的通过,也给我们提供了一些划分儿童期界线的有趣经验和方法。而且在其他法律领域尤其是父母对未成年子女生活扶助义务方面,对降低成年年龄的反响也暗示了这一年龄界线界定过程的复杂性。

122　与诸多其他法定权利类似,选举权也因为人们对儿童发育不成熟的天然推定而使未成年人与之无缘。人们相信:民主社会里的政治参与离不开一群受过教育的国民对所涉问题的全面可靠的理解,而成人显然比儿童和少年更有可能符合这些标准。尽管这种认识经常出现偏差——不少少年的投票可能比成人表现得更加可靠——但是拒绝让未成年人享有投票权很少会引起人们的争议。这恐怕缘于前面提到的两种因素的结合:一方面,确定成熟的未成年人"能够"行使选举权在行政上成本不小;另一方面,推迟未成年人获得选举投票权的机会似乎并没有对未成年人的权利构成重大剥夺。

那么我们又当如何解释人们费尽周折修改美国宪法,将行使选举权的年龄降低到18周岁呢?第二十六修正案颁布于越南战争中期,当时有不少年龄在18岁到21岁的年轻人,虽然依照法律尚未成年,但他们也应征入伍,而且在国内,卷入争取民权和反战抗议运动的大学生表明了他们对参与政治活动、承担社会改革义务的浓厚兴趣。提议制定第二十六修正案的参议院委员会在一份报告中强调了政治上所面临的这些现实，并着重指出，这些根据新修正案获得选举权的成人虽然年纪轻轻，但是他们“无论是在精神上还是情感上都有资格和能力充分参与到我们的民主政府中来”[①]，最后，该报告指出，美国各州出于追究刑事责任、实施刑事制裁的目的，都已将法律上的未成年人视为成人对待，而且还有许多未成年人以雇员和纳税人的名义取得了成人身份。普通法上的成年年龄就这样作为一个历史事件被给打发了。

这一带有政治色彩的修法动议有几点颇为有趣。首先，改革者们认为很重要的一点就是，普通法关于儿童期与成年期之间的界线划分扭曲了成长发育的现实。降低成年年龄的立论根据从某种意义上讲是经验主义的主张和需要，因为在绝大多数情形中，人们 18 岁时已经达到了心理成熟，而且普通法的成年规则所依据的是中世纪的标准，与现代不沾边。其次，另一个重要的主题是权利与义务的对等。这种观点认为，公正的理念要求将选举权拓展到年满 18 周岁的人，因为这些人肩负了公民最重大的责任（服兵役），而且依据刑法往往还得为自己的行为承担法律责任。几乎没有人认为那些在越南战场上为国浴血奋战的年轻人还不成熟因而不能参加到选举活动中，这种观念在政治进程中尤其具有象征性影响。要解释清楚这次宪法性改革中的时间选择还需 123
要做更多的研究。总地来看，这种对价原则是人们经常搞例外规定的一个例子，虽然如此，这个例外却相当有分量。

直接指定成年年龄做法的局限：儿童生活扶助的情形

第二十六修正案的通过导致了成年年龄自动地或通过立法、司法活动而降低，其所要达到的目的各不一样。这类变革大多不会引起争议，而且在很多情形下 18 岁似乎是儿童期和成年期之间更合适的界线，但有一个领域，这种法律变革还是很成问题，不少法官将这一法律变革解释为，夫妻离异后对子女不承担监护抚养责任的一方，对他们的未成年子女提供经济支持的义务必须在子女满 18 岁时结束（因为根据法律的界定，受援者不再是未成年人）。

对儿童的扶助义务应当何时结束仍然是人们争论不休的一个问题。现在,18岁的人在很多方面已经能够从容地肩负起成人的职责。然而,上大学已经成为一种成功人生的前提模式,因而应当将少年人依靠父母获得经济支持的时间延长。如果将成年年龄降低到18岁(此时很多孩子还在上中学)意味着父母对孩子的经济支持义务已经结束,那么很多儿童接受大学教育将变得十分艰难——如果情况真的就是如此的话。在那些完整的家庭里,有经济实力的父母通常会资助孩子接受大学教育。这无异于确认:在本领域内,延长儿童身份的期限符合儿童的最佳利益。相对而言,离异父母将已经不再与其共同生活在一个屋檐下的子女的利益等同于他自身利益的可能性则小得多。由此可以说明以下举措的合理性,即法律可以强制那些离异父母承担正常情况下他们本来就应对子女所要负担的义务——尽管在家庭完整的情况下,法律并没有强制要求父母承担那种法定义务。实际上,离异后不再承担抚养监护责任的一方经常接到一些正式的法律命令,比如说,为尚未成年的子女接受私立学校教育提供经济扶助,而这类命令对那些完整家庭里的父母并不适用。因为不能指望离异父母的行为符合其子女的利益,因此一条明确的法律命令就很有必要。

一些法院和立法机构已经授权将父母对子女的扶助义务延长到子女18岁以后,以便让父母为子女上大学提供经济支持。其背后的逻辑前提是,孩子
124 在接受大学教育期间对父母存在经济依赖性。因此,将儿童期的法定界线延展到推定期限之后,就具有了合理性。在本领域内,法律没有将年龄稍长的少年认定为具有独立自治能力的成人,不仅提高了那些接受高等教育的少年的福利,而且也提升了整个社会的福利。

医疗决定

法律对儿童和少年医疗活动的规定大体上与直接指定成年年龄的做法一致,认为到了成年年龄,儿童期才宣告结束。绝大多数未成年人进行医学治疗需要其父母的同意,因此,少年既不能自作主张接受常规的医学治疗,也不得如同成年人那样,可以拒绝医师和父母认为必要的治疗。父母在这方面的权

力依据相对简单、明了，因为医学治疗必须基于知情同意——不然的话，主治者对患者就构成了“伤害”。由于人们推定认为未成年人不具备做出知情同意的资格和能力，因此就需要有父母的同意。发展心理学方面的证据显示，年龄较大的未成年人认知方面的发育已经相当成熟，可以做出合格的医疗决定（韦索恩和坎贝尔[Weithorn and Campbell]，1982）。但是赋予父母此种法律权利可以减少医务人员的疑虑和不确定感，否则，医务人员还得对年轻患者的资格和能力做出评估。此外，让父母在卫生保健决定方面享有法定权力，事实上就是认可并鼓励父母为子女提供福利以履行作为父母的一般义务。在绝大多数医疗活动中，父母都是可以信赖的，他们会将孩子的利益放在心上。因此在要求父母是否对治疗表示同意时，立法者们基于上述常规性理由，径直采用了常规的儿童期分界线的做法。

成熟的未成年人学说与未成年人同意法令

然而，在上述一般规则之外还有诸多例外规定。在某些情形下，对于某些特定类型的治疗，取消了征得父母同意的要求，赋予了少年自主做出医疗决定的法律权利。从历史上看，这些例外规定里最获公认的是成熟的未成年人学说（mature - minor doctrine）。根据这一学说，对于常规的、有益的治疗活动，或者在紧急情况下，人们可以从一个年龄较大的有能力的未成年人那里取得具有法律效力的同意。在难以联系上父母以取得其同意的情况下，该例外规定为必需的治疗活动提供了便利，它还保护主治者免于对所谓知情同意这一法定要求的纯技术性违规*承担责任。

除了成熟的未成年人学说外，很多州立法机构还制定了更具针对性的未成年人同意法令（minors-consent statutes）。为了征得对特定类型的治疗的同意，
未成年人依法被视为成人，其中比较典型的治疗包括性传播疾病、滥用上瘾 125
药品、精神疾病、节育和怀孕。尽管未成年人同意法令中一般都没有将未成

---

* 这里的技术性违规（technical violations），是指主治者在治疗过程中所犯的无损于接受治疗者人身利益的程序性违规行为，比如，动手术未事先征得患者或者其家属同意。——译者注

年人视为成人的最低年龄条款，但是这些特定状况在本质上说明，只有青少年才有可能苦于寻求治疗。毫无疑问，这类法律认定年轻患者有能力对治疗做出同意决定，对处于青春期中期的少年来说，这一认定也许是有根据的。

这些法令背后的司法政策显而易见。未成年人同意法令所涉及的治疗都牵涉到这样的问题，即人们习惯上认为可以依赖父母对子女的医疗需求做出有利于子女利益的决定，可这种假定根本就站不住脚。譬如，有些父母在得知孩子吸毒或过性生活后，可能变得恼怒。即使绝大多数父母愿意采取有利于增进子女福利的行动，但是假如要求孩子将自己的情况告诉父母，他们则往往对是否寻求父母的帮助变得踌躇起来，其原因要么是他们担心父母的反应，要么是不愿把自己的个人隐私暴露出去。排除此种困扰可以鼓励青少年积极寻求治疗，而这可能对他们自身的福利极为重要。当然，减少性传播疾病、滥用上瘾药品、少年怀孕以及精神疾病等的发生几率，也有利于社会利益。总地来说，立法者们之所以改变儿童期界限以鼓励上述治疗活动，很大程度上是考虑到这些重要的社会利益。

少年堕胎权的论争

未成年人医疗中有一种类型一直是法律和政治激烈辩论的主题。自从罗诉韦德（*Roe v. Wade*）一案以来，立法机构和法院就在争论这一问题，即对处于青春期的妇女享有的堕胎机会应当比成年妇女施以更加严格的规制。关于堕胎的意识形态方面的辩论大多是在这样的层面上进行的：怀孕的少年究竟是享有推定的生育自主权的成人还是仍然受到父母监督约束的儿童。

我们可以提出很多理由来反对那种需要父母同意的传统做法，而应将堕胎与其他医疗决定区别开来。首先，人们认为父母是可以信赖的，他们会根据其子女的利益做出决定，但是对于未成年人同意法令中所涉及的治疗而言，这种推定似乎很成问题。面对怀孕的孩子，父母可能是第一次得知自己的孩子在两性方面颇为主动，这一信息对一些父母而言，可能就意味着一个讨厌而不愿面对的证据，即自己的孩子已经抛弃了他们的道德准则。其次，一些父母可能基于道德或宗教方面的理由而强烈反对堕胎,因而不会同意他们本来就觉得格格不入的这么一个程序。堕胎与绝大多数医疗决定很不相同,因为父母 126
所做出的正确决定可能是基于他们个人的道德价值观念,而不是出于对孩子的健康本身的关注。人们争论的一个焦点是,在那些对于孩子的福利至为重要的问题上,父母是否有权力将自己的价值观强加到已经处于青春期的子女身上(子女的价值观可能与父母相左)。

是否终止怀孕天然地是由成人选择做出的医疗决定,这一事实强化了人们对堕胎的质疑。一位年轻妇女选择堕胎还是生下孩子,决定着她本人是否会成为母亲,是否将承担成人的责任并对孩子享有父母的权利。在这种情势下,家长式的传统法律反应似乎显得不合时宜。很多在此事上主张支持父母权威的人认为,该选择权具有优势。这真让人啼笑皆非,因为这种选择权显然与成人的身份紧密相关——怀孕、生孩子、做妈妈等经历。

怀孕妇女所享有的自主做出堕胎决定的权利受到了宪法的保护，这就从根本上将堕胎与其他医疗决定做出了区分。然而，这并没有阐明未成年人是否与成年妇女一样享有同样的自主权。正如我所指出的，很多法律权利和特权并不及于未成年人。堕胎决定中所包含的隐私权难道与其他重要的公民权利，诸如选举权，有什么区别吗？不错，是有几点值得注意的区别。很多法律权利被推迟到成年之后的一个理由就是，这种推延并没有造成对未成年人权利的重大剥夺。比较而言，是否让孩子生下来则一方面对于个人可能产生严重后果，另一方面这一决定也是不可推延的。因此，对于一个被动地意外怀孕并被动地生下孩子的少年来说，她所付出的代价可能相当巨大。正如布莱克门法官(Justice Blackmun)在罗诉韦德一案中所指出的，赋予妇女有权做出决定的一个重要理由和根据是，意外怀孕对于个人将产生巨大的负担。没有理由可以去假定，该负担在青少年身上不如在成年妇女身上来得剧烈和沉重。

在上一代人身上,未成年人堕胎权的宪法性限制因素已经在美国最高法院的一系列判决中显现出来。最高法院分析研究了州立法机关限制未成年人在缺少父母参与时享有堕胎自由的种种尝试,虽然一些州赋予了怀孕少年享有是否终止怀孕的决定权,这一权利也与成年妇女享有的权利无异,但是最高法院解释指出,少年可能会受到某些对于成人来说显然是不可接受的限制和约束。在贝洛蒂诉贝尔德一案中,鲍威尔法官指出:一项可以接受的法律制度安排,应当包含一个保护成熟的未成年人自主做出有关堕胎决定的机制(443
127 U.S.584[1979])。如果人们发现一个未成年人并没有成熟(也许是通过司法程序),那么此时就需要做出一个裁定,表明不把父母牵扯进来而授权堕胎是否符合该少年的最佳利益。

根据鲍威尔法官的做法,那些被证实已经成熟的未成年人如果涉及到堕胎决定,他们可以被视作法律上的成人,这一做法已经成为好几个州立法时的参照范本。而未成熟的怀孕少年则被视为儿童,因此他们受制于政府的或其父母的家长式权威。最高法院认可了这一特殊医疗决定所具有的不同寻常的特点,并得出结论:根据宪法的要求,应将成熟的未成年人视为成人;而当未成年人缺乏自主做出选择所需要的成熟性时,需要政府对该类治疗决定进行监督。当然,对于绝大部分医疗决定,家长式权威还是很盛行的。

未成年人需要显示出哪些能力方可被视为成人并因之取得成人的法律地位,这一点仍然模糊不清。最高法院从未发布一条标准,以指导法院做出相应的裁定,而且(也许这并不会让人感到意外),儿童期与成人期之间的界限究竟划在何处,对这一问题的判断似乎一般取决于释法者对于少年生育权和堕胎的态度。保守型法官将条件定得很高,对请求者的评估所依据的是一种绝大部分未成年人很难满足的普遍性标准。例如,犹他州的一个法庭驳回了一位17岁、表现良好的学生的请求,法庭判定她缺少必备的"经验、观察问题的视角和判断能力"。法庭一再强调该女生居住在家、进行性行为时没有采取避孕措施、怀孕后不是向家人或宗教推事人员寻求忠告而是找朋友进行商议并且不能意识到堕胎引起的长期后果(*H. B. v. Wilkinson*, 639 F. Supp. 952 [D. Utah 1986])。根据该法院的说法,有一点可以推断出来,即一个真正"成熟的"未成年人必定会向她的父母商量请教(因而不需要司法上的迂回程序),而且,她也绝不会傻到(不知道避孕而)怀上孩子的地步。

最高法院所认可的法制框架,代表了对于儿童期界限这一激烈争论的问题寻求一种可接受的解决之道的尝试和努力——当然，这一争议与其说涉及到人们对于家长式权威、成熟性或少年自治权益的种种观念，不如说是人们对于堕胎本身所持的不同态度之间的冲突。在这种背景下，为了明确界定各州将少年归入儿童的权力以及所受到的宪法性限制，最高法院允许各州将堕胎权限制在成熟的未成年人范围内，同时禁止纯粹根据年龄而将怀孕少年归入儿童的绝对做法。实际上，这种制度安排为青少年创设了一个独特的法律范 128
畴，因而是对少年要么归入成人要么归入儿童这一常规的二元分类法的不同寻常的背离。一方面，即便是成熟的未成年人，也还不是一个真正的成人，要求她证实和表明其自身的成熟以得到堕胎服务，不仅对她形成了巨大的负担，而且对于成年妇女来说，这一要求似乎也难以接受。另一方面，因为可以要求法庭另行举行听证以及成熟的未成年人享有自主做出决定的权利等缘故，父母代孩子做出医疗决定的传统特权也受到了限制和压缩。

最高法院对这种独特的法律制度安排的认可，表现出它在一个尖锐对立的道德问题上试图调和彼此冲突的法律利益和政治利益的努力。在这种情况下，最高法院也许认为创设一个中间范畴是唯一可行的解决办法。然而，这种处理方法代价不菲且十分繁琐，几乎没有证据显示其增进了怀孕少年的福利或对少年的发展需要做出了回应。要求法院另行举行听证不仅会导致成本高昂的延迟和耽搁，而且在很多案子中可能导致堕胎过迟——因为在某种程度上，很多女孩子将其视为一个障碍。此外，在法院另行听证模式下，法院对堕胎的不同态度可能造成对成熟及最佳利益判决的曲解，产生不确定和前后不一致。抛开宪法上调和不同认识的需要，几乎不能在这种法制框架下为法院另行听证找到什么可取的理由。

立法机构在探求传统的指引未成年人达到法制社会一般目标时，通常关注的是怀孕少年的健康和福利以及少年怀孕所产生的社会成本。从这一角度看，在此种情境下创设青春期这一中间范畴，并不比通过立法直接确定界限或未成年人同意法令中的二元分类法具有什么明显的优势。这些法令之所以允许治疗而不用对成熟性进行任何调查，是因为它们认为如果获得治疗的门槛降低，少年的利益就得到了增进。在这一点上，堕胎可以为人们所理解，人们不必一定要成为倡导青少年自治的鼓吹者，认为怀孕少年所面临的困境是对其福利的威胁。纯粹透过生长发育的镜头来观察这一问题（如果可能的话），堕胎可能符合怀孕少年的最佳利益。而且少年越不成熟，那么她怀孕、生孩子、当妈妈所产生的潜在危害就越大。因此，法官们呼吁实施贝洛蒂诉贝尔德一案后在马萨诸塞州所颁行的一个法令，我们对法官的这一反应也许不必感到惊异。罗伯特·姆努金（Robert Mnookin）发现，即使在法庭认定请求者不是"成熟的未成年人"这种极为少见的情况下，法庭几乎还是一致判决不需告知父母而直接指令堕胎。法官们解释道，假如一个女孩因为过于稚嫩而不能自主做出堕胎决定，那么她将别无选择，只有生下孩子，这也不是一个合乎理性的结局（姆努金，1985）。

129 小结

尽管人们对堕胎的法律规定存在争议，法律对于儿童期的界定方法在总体上却是一个成功的范例。直接指定一个界限——成年年龄的界限——相当有效，即使它不能反映很多青少年，甚至在某些情况下是绝大多数少年，向成人期过渡这一发育过程。那条界线有时可能降低，以便使年轻人能够从事有益的成人活动比如言论自由和驾驶，或者使他们能够从容面对在法律设定的年龄之前就冒出来的成年挑战，比如处理性传播疾病。当延展儿童期有利于增进个人福利和社会福利时（譬如，父母对子女大学教育的生活扶助以及饮酒限制措施），那条界线又会上移。这种做法的累积效果是，通过一系列规则推动少年向成人期逐渐过渡，这也反映了一个年轻公民的健康发展所蕴含的社会共同利益。

将少年要么归入儿童要么归入成人的二元分类法固然过于简单，但从总体上看，这种制度安排对于提升年轻人和社会的福利，却也十分奏效。在绝大多数情况下，为少年创设一个独立的法律范畴不仅增加了成本和复杂性，而且收益甚微。只有通过一系列清晰的规则，才能将成人的权利和义务期间延长，扩展到成年期的较早阶段，而不致因为创设中间范畴或需要逐案进行成熟性调查而产生太大的成本。或许，这就是堕胎的法律规则给我们的启示。

少年罪错与儿童期定义

现在我转换到少年司法领域。在此法律背景下，法规的运用显得不太成功，至少在近年来，人们认为那种增进少年福利与增进社会福利的传统目标存在不可调和的冲突。此外，在本领域内，标准的二元分类策略也不太奏效了。一个世纪以来，那种将年轻的罪错者要么视为儿童要么视为成人（而忽视青春期的发育现实）的做法一直阻碍着人们制定出更为有效的司法政策。

在过去的一百年中，对于少年罪错的司法政策经历了三个阶段的改革。第一阶段以 1899 年芝加哥创设第一个少年法院为肇端。进步党改革派们的目标就是为少年创设一个独立的法庭和矫治体系来关注青少年罪犯的福利，其目标不是惩罚，而是青少年的改过自新。20 世纪 60 年代，一股新的改革浪潮出现，其根源在于人们觉察到了作为少年司法政策根基的矫正幻想的破灭，自从美国最高法院在高尔特一案（*In re Gault*，387 U.S.1[1967]）中将正当程序原则引入少年罪错诉讼以后，立法机构和法律改革者们就试图对少年司法体制加以改造，引入程序上的保护措施和不泯灭独特个性的责任原则（齐姆林， 130
1978；少年司法标准[Juvenile Justice Standards]，1980）。20 世纪 90 年代，又一轮新的改革浪潮开始了，因为公众对他们所感觉到的青少年罪错激增问题产生了担忧，决策者们对此忧虑做出了回应，这一改革运动的目标是，让犯下严重罪行的少年犯受到与成年同样罪犯同等规格的惩罚。

要理解 20 世纪少年司法体制的演变，其中一个路径就是用青春期的经验式叙事话语方式，这种话语带着改革者们语言风格的深深印迹。不同历史时期的改革者对少年犯的观念迥异，对少年犯的典型特征有着各不相同的说辞。对青春期的各不相同的描述都被用来塑造和证明少年司法政策的正当性。正是透过这一视角，在少年法庭运动的早期，进步党的改革者们将少年犯描述为单纯而且易受伤害的儿童，需要运用矫治性干预措施将他们塑造为社会的有用之材。而在 20 世纪 70 年代与 80 年代，也就是高尔特案之后的改革派则对青春期提出了一种更具现实性的观点，他们认为，因为少年犯发育过程尚未结束、缺乏成熟的判断力,因此比成人的罪过要轻微一些,但是这并不是说少年犯就是没有过错的儿童。与之形成对比的是,现代的保守派提出了年轻的"超级掠夺者"这一说法,则表明少年犯与成年犯已经没有了什么区别。

如果将关于儿童期的这些说法置于前面所讨论的语境下,人们也许会认为,进步党的改革者们不过采用了一种传统的做法,将不到法定成年年龄的少年视为法律上的儿童,将单纯和易受伤害归结为儿童的特性。相反,现代的改革派则极力倡导对儿童期的界限进行重大调整,以便将少年明确地划为成人。正如我们所见,尽管当代有人"强硬"主张要将12岁甚至更低年龄的罪错少年算作成人,尽管这些少年在其他法律语境下仍然还是儿童,但这些变化在政策制定者们看来也并不是什么惊人之举。然而,基于下面马上要探究的理由,这两种有关少年犯政策的制定的路径来说,效果都不是很理想。忽视青春期这一实际的发育阶段而进行简单的二元分类,从公共政策的角度来看,它们是失败的,因为它们破坏了公共利益保护中的社区利益(传统法院存在这一瑕疵),或者对少年犯造成了伤害,弱化了他们对自己进入成人期后有所作为的期望(当代政策有此不足)。对少年罪错专门在法律上做出回应,表明可能存在一些特别的挑战,因为成功的司法政策必定会关注青春期,将其视为介于儿童期与成人期之间的一个独特的发育阶段。只有高尔特案之后的改革派采用了这一路径。

早期的少年法庭:少年犯被视为无辜儿童

131

在上一个世纪之交,进步党的改革者们有一个雄心勃勃的行动计划,就是改善儿童的生活状况,促使儿童发展成为有益于社会的成人。少年司法改革不过是其中的一个方面,这一影响深远的计划还包括义务学校教育法、限制童工以及儿童福利体系的创立。当时,处于青春期中期的少年一般被赋予了成人的身份和责任,而改革的一项重大举措则是扩大儿童期的界限,并力倡这样的理念,即年龄较大的少年与年龄较小的儿童一样,都应当受到政府的保护和关怀。米里亚姆·范沃特斯(Miriam Van Waters)曾经用下面的一段话来描述少年法庭所植根的理论依据:"一个已满适当年龄的儿童,尽管处于少年法庭管辖权之下,然而也被政府的臂膀环抱起来。政府就如同一个提供庇护的、明智的家父,对儿童承担起了监护的责任,它有权让儿童免遭严苛的普通法以及因为成人的疏于照顾和堕落给儿童带来的伤害"(范沃特斯,1926,3)。

为了实现这一目标,改革者们运用了好几种策略。正如范沃特斯上述所言,改革者们首先使用了华丽的辞藻,以使人们对于儿童期的单纯、易受伤害和依赖性达成共识。其次,他们还生动地描绘了在条件相当恶劣的工厂里面干活的儿童,以博得人们对限制童工、强制学校教育法令的支持,根据这些法令,多数辖区内的儿童应当在校接受教育直到16岁。对少年形象的强调不过是政府作为慈父的对儿童福利加以关注的一种隐喻。

重塑年轻罪犯的形象,这一挑战当时还是让人感到相当吃力的,因为在少年法庭运动刚刚启动的时候,只有七岁以下的儿童才能以年幼为依据而免受刑事指控。进步党改革者的一个主要目标是建立一个独立的法庭,专门对年龄在16岁或18岁以下的罪犯进行审判和教养,该法庭还受理那些受到父母虐待或疏于管教的儿童案件,将对这些儿童的需要在法律上做出回应。新生的少年法庭在哲学上存在这样一个核心观念:行为不良的少年与那些缺乏父母照管的儿童可以说就是一类人。所有那些进入法庭管辖权范围内的儿童,都是缺少适当的父母照顾的无辜的受害者,政府在少年罪错案件中的角色就是介入,"就如同一个明智的父亲对于做错事的孩子那样"(范沃特斯,1926,11)。的确,人们当时认为,父母对子女疏于照顾是少年不良行为的主要原因。这一政治改革运动的目标就是改变年轻罪犯的形象,他们是父母疏于管教的受害者,而不是会给社区带来威胁的罪犯。

改革者们为了追求这一目标的实现,反复强调年轻罪错者与疏于管教的儿童之间的相似性。麦克法官提出了一个颇具代表性的著名质疑:"正如对那些疏于管教的儿童的处理,我们对待少年罪犯就如同仁慈而明智的父母对待 132
自己的孩子那样,有何不公、有何不妥?"(麦克,1909)少年法院的其他热衷者比如本·林赛法官,对于那些被带到法庭面前还十分任性、在慈父般的法官和其他法庭工作人员的教导下走上了正道的儿童,提出了暖人心怀的详细报告

(林赛和奥希金斯,1909)。这些充满了浪漫色彩的报告描述了年幼的男童、女童和年龄稍大的少年,也提到了轻微罪错行为和严重犯罪。所有被带到法官面前的那些年纪轻轻的恶徒都被描述成了令人同情的无辜少年,他们误入歧途、迷失了方向,因此所需要的不过是法庭本身就可以提供的可靠、真诚的亲情关怀。

尽管进步党的改革者们通过童工和入学改革扩展了儿童期的界限,但是他们在少年司法方面的尝试却不那么成功。用浪漫的方式将少年罪犯描述为单纯无辜的儿童,这种描述具有重要意义,因为它强化了这一理想主义的前提,即政府与少年犯之间并没有尖锐对立的利益冲突,政府对于少年罪错案件,与儿童福利案件一样,其干预的目的都不过仅仅是提高那些来到法官面前的少年的福利。然而这个前提一直很不稳固,它忽略了这样一个事实,即年轻的罪犯并非如同那些缺乏足够的亲情关怀的儿童,因为他们的犯罪行为对社会造成了危害。经过反思,显得更加清楚的是,在少年罪错案件中,政府保护社会免遭危害也有其自身内在的利益,认识不到这一层,就会使少年司法的矫正模式受到了侵蚀。此外,矫正政策是否能为人们所接受,总是以其减少少年罪错、保护社会免受危害的实际效果为基础的。随着20世纪的时光推移,矫正的理想神话被打破,同时,关于少年犯是无辜儿童的观念也被推翻了。

现代的惩罚改革运动中的儿童期观念

进步党的改革者们认为少年犯是无辜的儿童,但是现代的保守主义改革派则将其视为成人,因而应当为其犯罪行为承当全部责任。为了回应20世纪80年代和90年代激增的少年暴力犯罪(尤其是杀人犯罪),改革者们极力倡导这样的政策,即少年犯(至少对于那些犯下重罪的少年犯)应当在成人法庭接受审判并在成人监狱关押。现代刑事司法改革的目标是保护公共利益和惩罚犯罪,为了达到这些目标,改革者的措辞话语中已经将年轻罪犯与成年罪犯之间的区别给抹除殆尽。正如"强硬"政策的一位早期支持者宣称:"没有任何理由对一位16岁的罪犯比30岁的罪犯更加宽大仁慈。"(勒涅里,1985,68)

当代的改革派已经从根本上彻底抛弃了进步党人关于少年犯是不成熟的 133
儿童、比成年同等罪犯罪过更轻微等观念。他们认为,关于少年的华丽论调和法律都已经陷入了窘境,因为其与老练的年轻罪犯犯下重罪的世界毫无关联。那些对他人和社会造成严重危害的未成年人实施了成人的犯罪行为,他们应当像成人那样受到惩罚,而不是仅仅对其略加申斥——这是少年法院的典型做法。这些改革者并不是简单地抛弃了少年犯是儿童的传统论调,他们走得甚至更远,似乎认为在与刑事责任有关的主观心理方面,少年犯与成年犯没有任何差别。少年犯"不过是正巧年轻的罪犯,而不是正巧触犯刑法的儿童"(勒涅里,1985,65)。

近年来,人们在立法上运用了多项策略,以使日益增多的被指控犯下重罪的少年跟成人一样受到审判和惩罚。移送司法审判的罪犯年龄在很多州都降低了,同时,重罪范围的扩大也会引起案件审理的移送。根据立法放弃令,犯下法定重罪而受到指控的少年犯可以无条件地被确定为成年犯,不必对其成熟与否展开调查,因而排除了基于年龄和罪过的少年法院的管辖。根据"直接指控"法令,公诉人可以决定将一系列的严重犯罪是移送到成年法院还是少年法院。最后,混合式判刑法令也使少年犯难脱重刑,即在少年司法体制下启动审判,而当犯人成年之后,就将其移送监狱服刑。结果是,惩罚改革派的咒语,"成年之时,方有成人之罪",对于很多少年犯来说竟成了现实,在很多州,甚至尚未进入青春期的罪犯也如同成人一样受到审判和惩罚。

改革者们之所以倡导将少年犯作为成人对待,主要是为了实现减少少年罪错所带来的社会危害这一功利目的。在这一点上,司法改革与其他有关调整儿童期界限以便将少年犯作为成人对待方面的法律具有相似之处。前面所讨论过的医疗同意法令,其目的也旨在减少未成年人有害行为的社会成本。当然,一个明显的区别是,主张惩罚的少年司法改革并没有严重地提出少年犯自身的受益问题。由此看来,在司法领域里缩小儿童期的界限这一独创性举动不但很特别,而且似乎与构建儿童法制普遍的价值和原则不相一致。坚持依照成人的标准追究尚未成熟的罪犯的刑事责任,还对确定刑事责任界限的一些重要原则提出了挑战。在这种情况下,要求有充分的证据证明改革产生

了它所承诺的预期社会效益，这一要求在最低限度上是公平的。事实上，正如
134 我简要指出的，即便是少年司法政策的唯一目的是将少年罪错的社会成本最小化，那种将少年犯视同成年犯的惩罚性做法也是不可能将其实现的。

高尔特案之后的改革派：发展框架下的司法政策

高尔特案暴露了矫正式少年司法模式的基础性缺陷，粉碎了政府介入少年罪错案件旨在提升任性且无辜的儿童的福利这一神话。20世纪70年代和80年代，两个主要的改革小组对高尔特一案所提出的挑战做出了回应，他们提议少年司法政策应立基于有关青春期的现实表述之上。无论是少年司法标准项目，还是20世纪基金会的一个少年定罪科刑工作小组，都否定了将少年犯视为无辜儿童的观念，而这一观念是传统司法政策的核心和关键。然而，他们也不像现代的保守主义改革派，将少年视为具有完全责任能力的成人。在高尔特案之后的改革者们看来，年轻的罪犯已经具备足够的能力理解、推理和进行道德判断，因此应当对他们的犯罪承担责任（他们真的需要通过承担责任来接受教训），但是他们在心理上还不够成熟，相对于成年罪犯而言应当少受一些责罚。

当时，人们认为青春期的若干特性可以减轻青少年犯的罪过。与成人相比，未成年人被认为生活经验不多、好冲动、自律能力较差。未成年人还容易受到同龄人压力的影响、希望得到同伴的认可、更倾向于从事冒险活动、更多的关注眼前的而不是长远的后果。人们并不认为这些特性是某些特定少年人格中所存在的缺陷；相反，这些特性正是青春期的特别之处，因而正好证明了这一结论的合理性，即年轻的罪犯不能按照成人的标准承担刑事责任。此外，这些发育过程中的特性促成了在青春期卷进犯罪活动的倾向，可以说，很多少年就是在这种倾向中成熟起来的。

高尔特案之后的法律改革小组试图努力创设一套现代的少年司法体制，该体制不仅将公共安全和惩罚报应认可为合法的政策目标，而且也承认年轻罪犯的不成熟特性（齐姆林，1978；少年司法标准，1980）。在这一新的司法模

式下，对于少年犯的处置依据是其犯罪的严重程度而非罪犯的需要，然而，由于少年犯比成年的同等罪犯应少受责罚，因此对他们的处理期限应当无条件 135 地缩短。而且，将其隔离处置作为一种保留少年犯对未来生活的向往的一种手段，被证明是合理的。其内在合理性在于，只有提供了“改造的空间”，很多少年犯才不致变为成年罪犯。

这些改革努力影响到了20世纪70年代的立法变迁，这也同样影响了整个80年代，很多州颁布法令，明确否定这种传统的观念，即促进少年犯的康复是政府介入少年司法案件的唯一目的，同时确认了惩罚犯罪和保护公共利益的重要性。现代的关于定罪量刑的法律条文把注意力集中在犯罪的严重程度和罪犯以前的犯罪记录上，将这两个方面的内容作为关键的考量因素。不过，这些法律改革措施直到最近仍反映出这样的信念，该信念是高尔特案之后立法行动的一个中心——由于绝大多数少年犯没有发育成熟，因此他们应当通过独立的法院和矫治机构，受到比成年犯更为宽大的处理。

关于少年司法发展路径的论争

尽管对儿童期的绝大多数法律界定都忽略了青春期这一过渡性发育阶段，但是那种将受到犯罪指控的少年无条件地确定为儿童或者成人的方式，其后果将是代价惨重。无论是建立了传统少年法院的进步党人，还是现代的保守主义者，都受制于他们各自的关于少年司法体制中的主角的虚构阐述，这些阐述对于他们的政策安排绝对必要。但是，正如高尔特案之后的改革者们所确认的，实际情况是年轻的罪犯既非无辜的儿童也非成熟的成人。如果司法政策未能承认这一现实，那么这样的政策就不可能达到服务于公共利益或者服务于年轻罪犯的利益之目的。

当年龄较大的少年因重罪而受到指控时，传统少年法院的建构者所塑造的神话失去了说服力。即使我们假定进步党的改革者们有着纯洁的动机(已经有人对这一假定提出了质疑)，这一神话最终的结果也将会是弊大于利，因此它不仅遭到了那些认为少年司法体制对公共安全关注不够的人士的否定，而且也遭到了少年利益倡导者的否定，这些倡导者认为，惩罚犯罪和保护公共利益是构建少年犯处置制度的两个重要的、潜在的影响因素。少年法院在操作上没有那种类似于保护成年刑事被告人的程序性约束和限制，而这种程序上的约束和限制则有利于保护成年的刑事被告，尽管人们认为成年被告的利益与国家利益总是存在着冲突。而且，由于政府介入少年司法案件从表面看来不是为了惩罚，而是为了使儿童改过自新，因此法院和矫治机制事实上在决定处置措施方面享有不受约束的自由裁量权，同时也没有受到约束刑事制裁的法律原则的限制。正如福塔斯法官(Justice Fortas)在高尔特一案中指出的，少年犯在这两个方面都受到了最坏的处遇，他们没有得到成年被告人所享有
136 的程序性保护，而且，他们还被送进矫治机构长期关押，在那里几乎谈不上脱胎换骨、改过自新。

现代保守主义改革派认为年轻和不成熟总是与法律保护和宽大处理联系在一起，于是他们干脆将年轻的罪犯描述为成人，如果少年被设想为世故老练的罪犯，那么将少年犯作为成人加以惩罚的司法政策就会更易于为人所接受。他们宣称，不论从哪一点上，只要涉及到刑事责任，少年真的与成人没有什么区别。我在别处曾经将这称为"能力推定"(斯科特和格里索，1997)。另外，现代提倡惩罚的人士坚持认为，对少年犯视同成人施加惩罚对于社会免受少年罪错的破坏甚为关键，我将此称为"功利推定"。

发展心理学的经验性证据对于上述两种推定都提出了挑战。首先，它支持这种立场，即少年犯应当在刑事责任被减轻的一个层次上承担责任，因为他们对卷入犯罪活动所做的决定反映了其理解力和判断力的不成熟。其次，关于少年发育过程中反社会行为的研究证据对功利推定也提出了挑战，这些证据表明，很多少年有从事犯罪活动的倾向，但是他们随着日渐成熟又克制住了这种倾向。因此，关注功利目的的政策制定者们不但需要考虑少年罪错所造成的危害的直接成本，而且还需要考虑惩罚制裁措施的长期成本。

青春期的刑事责任

刑事法律认为，绝大部分罪犯是理性且自主地选择犯罪的，如果他们的犯

罪决定是由于胁迫、失去理性或者对其选择的意义缺乏理解，那么惩罚的合理性和正当性就遭到了破坏。作为刑法的核心原则，比例原则要求罪犯所受惩罚要与应受责罚性相称，如果某一个体缺乏做出决定的能力，那么相应地，惩罚就应当减轻一些。这样，若一个被告的决定由于精神疾病完全遭到了扭曲，那么依据精神病提出辩护有可能使其完全免除承担责任。

发展心理学的证据表明，年轻人选择违法犯罪可能源于其决策能力的不够成熟，或者是受到了发育过程过于短暂的影响，但是我们必须承认，我们几乎没有任何关于"在街头"做出决策的直接研究证据。总地来说，年轻人在做出决策时可资利用的知识和经验可能比成人要少一些。而且，向同龄人看齐的心理对于少年的行为也有着较大的影响，这可能使少年们卷入犯罪活动从而赢得同伴的认可或者避免受到社会的排斥。因此与成人犯罪比较起来，绝大部分青少年罪错往往以团伙组织的形式发生，就不会让人感到惊异了。少年对于冒险的感觉可能与成人不一样，或者不如成人好，他们更倾向于从事冒 137
险活动（比如抽烟、酗酒、不采取保护措施的性生活以及违法犯罪行为等）。一个少年可能因为打劫一家便宜商店的念头而变得蠢蠢欲动，而不会如同成人那样察觉到其中的风险。这可部分归因于少年的一种更大的倾向，即低估未来，只关注短期结果。所以此种情形下，在年轻人的决策过程中，同龄人的认可、情势所带来的兴奋以及搞到钱的可能性也许完全胜过了担心被拘捕的可能性或者被刑事定罪的长期后果。

影响少年决策的这些因素——同龄人的影响、冒险意识与偏好、只顾眼前——都促成了少年判断的不成熟，并可能使他们做出危害自身或者他人的选择（斯科特、雷普齐、伍拉德，1995）。这些发育因素使少年参与犯罪的决定，好像与成人所做的犯罪决定的确有所不同，但是至少对于"青春期中期"而言，与患精神病的被告人和正常人之间的差异比较起来，这些差异却相当微细、难以作出区分。因此，少年的不成熟不能作为免除少年犯承担刑事责任的借口。相反，高尔特案之后改革派的主张，即对于少年犯应当适用一个推定的减轻责任的标准，却得到了科学证据的印证和支持。少年不是无辜的儿童，他们不应当受到责任豁免。减轻责任标准使少年犯承担了责任，但是同时也承认，对他们进行的选择的责罚要比成人所受的责罚轻。

青春期的发展与少年罪错的社会成本

很多支持惩罚性司法政策的人可能难以对这种主张感到信服,即既然少年可以比成人少受责罚,那么就应对他们适用一个减轻责任的标准予以减刑。根据功利推定,似乎较为合理的做法应当是忽略成人与少年之间的差异,因为这些差异很有限也不明显(即使真的存在差异的话),而且司法政策首先需要优先考虑的事情,应当是对少年罪错给社会福利所带来的巨大威胁做出反应。简言之,如果重申功利推定,人们实际上就是认为,惩罚性司法政策是保护公共利益、使少年罪错的社会成本最小化的一种最理想的手段。在本部分,笔者将对此观点提出质疑——依据的仍然是有关少年发育成长的知识原理——并且表明,如果司法政策能保护少年犯的前途、给他们以期待和机会,那么可能会更好地实现功利的目的。

一旦目的确定,主张将年纪尚轻作为实施刑事制裁时减轻处罚的一个考
138 量因素,似乎在表面上还是具有一定的吸引力。毕竟,身陷牢狱的少年已经不能再上大街进行犯罪活动了。然而,因为功利推定忽略了惩罚性政策的长期成本,尤其是考虑到关于青春期反社会行为的发育方式,这种推定存在着缺陷。刚刚进入青春期的时候,还很少产生犯罪行为,但是随后一直到 16 岁犯罪率都明显上升,从 17 岁开始又急剧下降(法林顿,1983)。绝大部分十多岁的男性少年参与某些犯罪活动,使发展犯罪学家得出这样的结论:犯罪行为是"少年生活中的正常部分"(莫菲特,1993,675)。可是,绝大部分少年罪错行为是"限于青春期的",也就是说,只要罪错少年能够挺过这个阶段,他们未来的生活机会没有被终结,那么,他就完全有望发展成为一个有益于社会的公民(至少不是罪犯)。只有很少一部分人是特里·莫菲特(Terrie Moffitt)所称的"终身顽固的"罪犯——那部分少年具有终身从事犯罪职业的高风险(莫菲特,1993,675)。第一大类里的个体是否能担当起成人的角色以及何时担当,可能部分地取决于司法体制对其犯罪行为的反应。如果某一司法政策无条件地将惩罚成年犯的刑事制裁措施适用到少年犯身上,可能会增大少年犯成为职业

罪犯的几率，或者拖延他们不再犯罪的时间。最起码，刑事制裁对于那些只在少年阶段才会从事犯罪行为的少年犯来说，不仅损害了他们对自己将来接受教育和获得就业的期待，而且还使他们成为社会有用之材的可能性也遭到破坏。

对于少年发育成长的分析表明，那些信奉功利目的的改革者并没有将惩罚性司法政策的社会成本考虑到他们的分析方法中去。他们对于这些政策的实施效果所作的预测是以如下两个假定之一为基础的——也许同时以这两个假定为基础，即改革者们或者坚信，绝大多数少年犯都只不过是年轻的职业罪犯（因而我们不必关注少年犯未来的生活前景），或者认为，如果少年犯在他们的发育成熟过程中，真的有一种逐渐放弃参与犯罪行为的倾向的话，即使对少年犯适用成年犯的刑事制裁措施，他们也不会受到太严重的伤害。心理学证据显示，上述第一个假定根本就不准确，而第二个假定又显得太不合情理。

若一项少年司法政策是基于对青春期的现实描述，而不是基于绝大部分少年犯要么是无辜的儿童要么是成熟的成人这类虚构的说法，那么这一政策将会有哪些特征呢？第一，该政策将会采用一个责任减轻标准而规定责任追究原则。这一点很重要，理由是，首先，责任追究对于取得公众认同和道德的正当性十分重要，绝大多数少年犯不是无辜的儿童，不能因为随着他们日渐成熟、有可能停止犯罪，就为其危害行为豁免责任提供借口。其次，被追究责任的教训对少年来说是重大的，他们需要从自己糟糕的行为选择中得到教训，以便将来能够成功地担当起成人的角色和身份。第二，建立在发展框架概念基 139
础上的少年司法政策将致力于保护而不是破坏少年在将来成为有用之材的发展前景，程序上的保护措施可以将少年犯这一耻辱身份及其带来的持续影响控制在一定的范围内（譬如，不公开审理）。第三，对少年犯的处理安排强调教育和职业技能培训，这可以为少年犯今后担当成人的角色做好必要的准备。最后，即主张建立一个独立的少年犯审理、处理体制似乎也很重要。一些评论者指出，一个致力于程序保护的、统一的刑事司法体制，可能会更好地为维护少年犯的利益和社会利益服务（费尔德，1997）。不过，笔者怀疑这一刑事司法体制具有维护复杂的司法政策体系的能力和倾向，该司法政策体系既要对少年罪错做出回应，又要吸收和利用发展心理学所提供的研究成果和经验。在一个多变的政治环境中，专门针对少年犯的各种设计以及对少年犯和成年犯之间的科刑做出区分的制度安排，只有在一个独立的少年司法体系中，才有可能找到支撑。

笔者希望改革者们会注意到发展心理学所提供的有益的东西。目前，尽管法令鼓励适用"成年之时，方有成人之罪"，但是一些法院坚决要求，对年轻罪犯科刑时要考虑罪犯的不成熟性。因此，一位密歇根州的法官最近还是坚持做出判决，将一个曾经在 11 岁时犯下杀人罪的 13 岁少年送入了少年管教机构，尽管法令授权可以对其适用成年犯的惩罚措施（诺特和布兰德－威廉斯［Knott and Brand-Williams］，2000）。许多州也进行了立法改革，吸收了发展心理学模式中的有益经验，从而使少年犯的利益和社会利益协调起来。比如，宾夕法尼亚州最近颁布的《未成年人法》（Juvenile Act）中采用了所谓的"平衡策略"（少年法院法官委员会［Juv. Court Judges' Comm.］，1997）。这一策略具有三大目的：社区保护、责任追究以及"能力发展"（使少年犯回归社会后能够成为社区里具有建设性的成员）。作为一项长期战略，既对少年罪错采取行动又不牺牲少年犯的未来前景，这种模式大有可为。我们可以期待，它代表了下一轮少年司法改革的基本走向。

儿童期定义中的青春期

可以说，青春期与少年法院所审理的少年犯的年龄大致相当。只是到了 19 世纪后半期，心理学家才认可了介于儿童期和成人期之间的这一发展阶段，并为这一过渡阶段专门命了名（凯特［Kett］，1975）。在 20 世纪，法律政策的制定者们往往忽视青春期，将少年或归于儿童或归于成人，儿童期的界限依所要达到的政策目标而变来变去。用通俗的语言来表述这种政策路径，即美国法律体现了一个非正式的法律推定，即少年是儿童，对他们应依照诸多例外规定处理。尽管这种做法导致了诸如堕胎这类颇具争议的、所谓关于儿童期的政治性问题，但是总地来说，它颇具实效。在少年司法政策上，将少年犯过
140

于简单地归入儿童或者成人的做法则不大行得通，它削弱了我们达至一个切实可行的、有效的、充满人性的少年司法政策的能力。在这一领域里，良好的政策不能够忽视青春期——作为一个人生发展阶段的经验事实。

注　释

① 美国参议院司法委员会(Senate Committee on the Judiciary)：《关于将选举年龄降低到18周岁的报告》(*Report on Lowering the Voting Age to Eighteen*)，92d Congress，1st sess. (1971)，S. Rept. 26，5。

参考文献

Bennett，W. J.（小贝内特，W. J.），Jr.；J. DiIulio（迪卢里奥，J.）；and J. P. Walters（沃尔特斯，J. P.）. 1996. *Body Count：Moral Poverty . . . and How to Win America's War against Crime and Drugs*. New York：Simon & Schuster.

Farrington，D.（法林顿，D.）. 1983. "Offending from Ten to Twenty-five Years of Age." In *Prospective Studies in Crime and Delinquency*，ed. K. Teilman and S. A. Mednick. Boston：Nijhoff.

Feld，B.（费尔德，B.）. 1997. "Abolish the Juvenile Court：Criminal Responsibility and Sentencing Policy." *Journal of Criminal Law and Criminology* 88：68 – 136.

Institute of Judicial Administration – American Bar Association Joint Committee on Juvenile Justice Standards（少年司法标准之司法管理协会与美国律师协会联合委员会）. 1980. *Standards Relating to Juvenile Delinquency and Sanctions*. Cambridge，MA：Ballinger.

Juvenile Court Judges' Commission（少年法院法官委员会）. 1997. *Balanced and Restorative Justice in Pennsylvania：A New Mission and Changing Roles within the Juvenile Justice System*. Harrisburg，PA：Juvenile Court Judges' Commission.

Kett，J. F.（凯特，J. F.）. 1975. *Rites of Passage：Adolescence in America，1790 to the Present*. New York：Basic Books.

Knott，L.（诺特，L.），and O. Brand-Williams.（布兰德 – 威廉斯，O.）2000. "Young Killer Gets Juvenile Detention." *Detroit News*，14 January，A1.

Lindsey，B.（林赛，B.），and H. O'Higgins（奥希金斯，H.）.［1909］1970. *The Beast*. Seattle：University of Washington Press.

Melton，G. B.（梅尔顿，G. B.）. 1983. "Toward 'Personhood' for Adolescence：Autonomy and Privacy as Values in Public Policy." *American Psychologist* 38：99 – 103.

Mnookin, R.(姆努金, R.). 1985. "*Bellotti v. Baird*: A Hard Case." In *In the Best Interest of Children, ed. R. Mnookin, 149 – 264. New York: W. H. Freeman.*

Moffitt, T.(莫菲特, T.). 1993. "Adolescent-Limited and Life – Course – Persistent Antisocial Behavior: A Developmental Taxonomy." *Psychological Bulletin* 100: 674 – 700.

Regnery, A. S.(勒涅里, A. S.). 1985. "Getting Away with Murder: Why the Juvenile Justice System Needs an Overhaul." *Policy Review* 34: 65 – 69.

Scott, E. S.(斯科特, E. S.), and T. Grisso (格里索, T.). 1997. "Adolescent Development and Juvenile Justice Reform." *Journal of Criminal Law and Criminology* 88: 137 – 89.

141 Scott, E.(斯科特, E.); N. D. Reppucci (雷普齐, N. D.); and J. Woolard (伍拉德, J.). 1995. "Evaluating Adolescent Decision Making in Legal Contexts." *Law and Human Behavior* 19: 221 – 44.

Stepp, L.(施特普, L.). 1994. "The Crackdown on Juvenile Crime: Do Stricter Laws Deter Youth?" *Washington Post*, 15 October, A1.

Van Waters, M.(范沃特斯, M.). 1926. *Youth in Conflict*. New York: Republic. Reprint, New York: AMS Press.

Weithorn, L.(韦索恩, L.), and S. Campbell (坎贝尔, S.). 1982. "The Competency of Children and Adolescents to Make Informed Treatment Decisions." *Child Development* 63: 1589 – 98.

Wolfgang, M.(沃尔夫冈, M.); R. Figlio (菲格里奥, R.); and T. Sellin (塞林, T.). 1972. *Delinquency in a Birth Cohort*. Chicago: University of Chicago Press.

Zimring, F.(齐姆林, F.). 1978. *Twentieth-Century Fund Task Force on Sentencing Policy toward Young Offenders: Confronting Youth Crime*. New York: Holmes and Merger.

——. 1982. *The Changing Legal World of Adolescence*. New York: Free Press.

第五章　共同的思路：少年法院法学中的转处制度

富兰克林·E.齐姆林(Franklin E. Zimring)

关于少年法院，其应当把握的首要理念，即其设立是为了防止少年被作为罪犯对待。

——米里亚姆·范沃特斯，1925 年

少年法院的百年庆典不是没有讽刺的意味。一方面，在美国及全世界的 142
大多数国家，它的建立都是一个举世瞩目的成就。设立少年法院是为了处置全美 50 个州的罪错少年。没有一个发达国家再将少年犯纳入到普通的刑事审判程序中了，并且几乎所有设立于欧洲、日本和英联邦成员国的少年法院在其语言、程序和目标上都明确地仿效美国的少年法院模式。在英美(普通)法系的历史中，还没有一个法律机构，在工业化民主国家的不同法律体系中获得如此普遍的认同。

另一方面，在此百年华诞前至少已有一代人对政府干涉的理念表示出强烈的质疑，而这一理念曾与少年法院的建立明显有着千丝万缕的联系。它的称谓诸如有"拯救儿童"、"混合性的少年罪错理念"以及给人印象最深的"康复理念"等。创立少年法院原初的正当理由我们能够记忆犹新，那就是，这一机构通过对所有危境少年生活的强有力的干涉来达到拯救孩子的目的。①非正式的诉讼程序优先于正式的诉讼程序而得到适用，这样就使得少年犯的需求能够成为决定性的因素。宽泛而含糊的少年犯概念更是得到提倡，这样，所有需要帮助的儿童就可以纳入到少年法院的管辖范围之内，强大的司法权力就能够在所有少年罪错案件中游刃有余，使他们都能够获得有效的帮助。 143

直到20世纪60年代中期，康复性理念的天真自大已凸显无遗，再也无法在少年法院中拥有其不可挑战的权威。②然而，如同以前那样，自20世纪60年代以来，少年法院还是雨后春笋般蓬勃发展。难道这种后拯救儿童时期的少年法院仅是一个空壳——一个已经超越了它的使命但仍然在以其纯粹的惯性而发挥作用的机构吗？抑或少年法院是一个“变色龙”——在旧理论消亡之际披上新的正当理由和功能理论的外衣？如此，为什么这种特殊的司法气候风向标会如此普遍地受到欢迎呢？

在我看来，理解现代少年法院地位及其正当化基本原理，其实质性的一步即修正我们对少年法院原初的正当化理由的看法。我认为，在其创立之初就有两点正当化理由，我称这两项政策为独立少年法院之“干涉主义”和“转处理念”*。少年法院的“转处理念”在这两种基本原理中一直是最重要的，并且时至今日也仍然如此。

在少年法院的创立时期，当时不同的群体因不同的理由形成不同的联盟（团体），许多改革者拥有很多理由支持创立新的法院，持转处理念的人对采用刑事法院审判未成年人的批评性意见相对于干涉主义者的观点更加具有影响力，也更广为人们所接受。后来，干涉主义提倡的正当化理由与法院的现实功能和合法原则及均衡原则都发生了冲突，当这种冲突变得很明显时，转处理念关于少年法院创立的正当化理由就以一种少年法院独立运行的核心解释原则而出现。少年司法的转处理念原则不仅符合青少年成长的现代理论，也与作为青少年罪错回应的程序公正及均衡原则相适应。在此，我试图通过少年法院的百年历史来展示转处理念的连续性和一致性。

---

* 转处（diversion），在此也可译作“非（正规）刑事程序化”，是欧美国家对那些犯比较轻微罪的行为人尤其是青少年犯广泛使用的处遇方法，目的是为了避免和减少在刑事司法执行体系中的违法犯罪者正式地进入刑事诉讼程序，因而最大限度地减少及避免正式的刑事程序对这些轻微的犯罪人特别是少年犯造成伤害。它有三种形式：1. 对于法定应进入司法程序的，酌情不予进入。2. 对于已进入司法程序的犯罪者予以暂停或中止。3. 减少对犯罪者的监督控制的程度，或者将犯罪者安置到非司法的机构进行管理教育和矫治，或者对应当进行常规监督的对象不予监督。非刑事程序化方案的具体措施有：庇护之家、青少年辅导和咨询中心、家庭治疗方案等。该制度体现了对轻罪处理的非刑事程序化和矫正的社会化。——译者注

本文在第一部分中论述了少年法院得以创立的两种不同的正当化理由，并且记录了世纪之交的改革者的转处日程。第二部分阐述了早期少年司法的主要纲领性构成要素与转处理念的正当化理由和方式的一致性程度。少年法院早期的大部分工作即着眼于让孩子们在社区设置中成长,晚近的少年法院亦然。第三部分是关于少年司法的当代理念——反映于最高法院的两个极具影响力的判例,即高尔特案和温希普案[③]。这种少年法院的转处理念引入了正当程序规则,而且不以牺牲少年的权益为代价。本文的第四部分关注当代人将少年司法视为一种被动性司法的理解。于此,我揭示:少年法院在保护少年免受严格刑事处罚上的作用正是它在当代备受非议的主要原因。 144

嬗变中的两种理论

那些寄希望于一个全新的少年法院(它能使少年犯承担责任)的人们,有两条理由认为新的少年法院将会是对未成年人刑事审判程序的完善。第一个理由,即以儿童为中心的少年法院能够避免刑事处罚加诸于少年所带来的种种危害。这些改革者们认为:刑罚是一种不必要的严酷,而羁押场所成了犯罪的学校;其中,纯洁的人被腐蚀,可挽救的人在慢性的犯罪道路上也变得不能回头。从这点看来,少年法院的最大优点就是它不会延续刑事司法体系对儿童的消极影响。我将这种少年法院的正当化根据称为转处理念,它使得新的少年法院通过减少对儿童的损害,从而较传统的刑事程序而言对他们更为有利。新型少年法院的忠实支持者们都认为:传统的刑事法院对少年犯而言都是没有实际帮助意义的工具,而这种工具是我们应该摒弃的。

少年司法转处理念的标志性特征就是它关注刑事处罚对未成年人的伤害性。一篇经典的近乎全面揭示刑罚弊害的陈述见于1904年少年法院法官塔特希尔对罪错少年矫治制度改革说明的首页: 145

在1899年前,在关照罪错少年方面,伊利诺斯州无所作为,并且据我

> 所知,美国其他州也是如此。无论他们多么年幼,都要接受控告、起诉并且被确定为罪犯,被关押在监狱中,如同成年人一样。当他们还没搞清楚罪犯是什么,就已经被贴上了罪犯的标签。政府把这些少年犯们投进看守所和监狱里,让他们与那些只能在城镇中最肮脏、最污秽的角落里才能找到的坏人们整日相伴。由于这种环境的耳濡目染下,他们快速成长,在犯人堆里的摸爬滚打使他们自然而然地受到这些人的洗礼,在获释后就会成为了犯罪专家,并且成为教养所和监狱的常客,让这些地方人满为患。政府教会了清纯少年如何犯罪,而且成果颇丰。这种状况在芝加哥是如此的糟糕,以至于所有对此有所认知并试图改正它的人们极力寻求补救办法[强调]。于是,一项法案应运而生,并被提交给州立法机构,在克服了重重反对之后,在适当的时候终于公布于众了,它就是世人皆知的"伊利诺斯州少年法院法"。④

在这场运动中,每一位主要公众人物在法院成立前后就刑事司法的阐述都表达了与此相类似的言辞。其中一个比较出彩的例子即本·林赛法官对刑事法院特征的定位,他认为刑事法院就是一种"对儿童的迫害"⑤。威廉·斯特德(William Stead)谈到警察局时指出:因为犯罪而被拘留的10到12岁顽童们发现警察局就是他们奔赴监狱的学前班。⑥刑事法院成为了美国社会的公敌,由此,美国少年法院得以建立。

少年法院的转处理念很容易从与我所称的新型法院干涉理念的对比中显现出来。转处理念所采取的方式希望避免刑事法院对少年的伤害;干涉理念则着重强调由儿童福利专家实施的新计划所带来的积极优点。干涉论者认为建立以儿童为中心的少年法院,是设定一种积极规划的良机,这种规划既能防卫社会又能治愈那些犯了罪的儿童。这就是所谓拯救儿童的观点,它让少年法院的早期正当化理由似乎显得很极端。虽然两种理念在观念上区别十分明显,但他们似乎并没有意识到在新型少年法院的成立上,他们为其提供的正当
146 理由可能有哪些矛盾。同一个人,他虽然信仰转处理念是新少年法院的应有品质,但同时也会有肯定干涉理念的潜在可能性。⑦因为人们没有同时意识到

这两种理念的潜在的冲突,建立新型少年法院的支持者没有必要从这两种彼此分立却又各有魅力的理念之间做出选择。

作为为未经试验的改革提供的一种正当依据,其与干涉理念相比之下,转处理念有以下几个明显优点。首先,转处理念的第一点好处是:不管新法院的干涉处置是否起作用,都可依赖它实现良好的社会效应。避免促使儿童进一步走上犯罪的道路只是一种近期成果,无论来自新少年法院的干预在规划上的可能性怎样证实它。转处理念的第二个优点是:这种减少伤害的方式适合新法院主要功能即缓刑的形成和发展趋向。社区监督是一种难得而有效的干涉,与监狱、拘留所、囚犯劳动营相比,它并没有将强大的司法权力施加在少年犯身上。它除了具有很高道德原则外,还是成本较低的一种处理法定犯罪的方式。那么,从赞成保护儿童的言辞到经济上节约成本等各个层面上而言,转处理念对那些组建新型法院的人都充满着巨大吸引力。转处理念是一种没有任何可知的反对者或任何明确缺陷的讨论,一块新兴少年法院建立的基石,一种明晰易记的变革正当化理由。

如果说为使少年从严酷的刑事处罚中解脱是创建新少年法院的主要动因,那么为什么这种正当化理由没有在过去对创建少年法院论证及描述中发挥更大的作用呢?虽然转处理念在少年法院创立之初的同期描述中占据统治地位,但为减少刑事法院无缘无故伤害而作出的这些努力并没有在六七十年代对法院的批评中得到足够的重视⑧。尔后的学者更多地关注少年司法的干涉理念,部分原因是这种主张既新颖又容易引起争议,而保护儿童的情感得到如此广泛的认同,以至于任何历史时刻都无可比拟。1899年之保护儿童的情感并非肇始于20世纪40年代或80年代。相反,干涉主义权威的主张被20世纪六七十年代的一些著作视为是一种引人注目的具有历史意义的人造品。

另一个导致强调干涉主义教条而非证明它有道理的历史因素是:许多有关少年法院正当性的描述都是出自那些有志于扩展此新公职的权威与声望的法官之手。与那些救治堕落边缘者的方法相比,避免伤害儿童确实是一种谦虚适度的目标。例如,法官麦克更倾向于认为:法官助长了干涉主义教条——他说过这样的话:即使是法官林赛,那个时代的非干涉主义论者,他的文章中也到处是有关司法救助的描述。[9]

147 那些研究少年法院的历史而对转处理念动机给予足够重视的人，无论他们的失败有多么容易被人理解，这一差距还是导致了各种不幸的后果。首先，20世纪晚期的一些著作低估了像简·亚当斯和朱莉娅·莱思罗普这样的理论构建者的能力，并且曲解了他们的动机。[10]其次，由于没有特别关注儿童犯罪耻辱感的避免问题，以至于后来为处理少年罪错而设立的少年法院在世界范围内大为盛行，而其后的历史没有对此作出解释。毫无疑问，正是避免刑事司法所带来的危害，而不是干涉主义者所主张的司法权力，少年法院的福音于在本世纪初被传播到世界各地。这种转处性的儿童挽救理念引发了几乎全世界的诉请。忽视少年法院转处原理所带来的第三个问题，即它使通过少年法院的正当化理由来理解20世纪前半段少年司法的诸多发展特性成为不可能。

早期少年法院的目标和方法

20世纪早期还不是一个将强化行为疗法的新形式适用于法院裁决的成年犯或少年犯的时期。少年法院能判处的最严重处罚就是将少年犯送进政府感化院或训导学校，这些机构还沿用着19世纪的模式，且在革新和行为冲击方面的社会声望为零。[11]有些人徒劳地搜集着少年法院创立之初主要人物的记录，而他们却只将希望寄托在工种繁多的政府学校，并视之为拯救少年的竞技场。[12]这些矫治学校唯一的优点只在于它不是监狱。

在20世纪的前25年间，改革者们将他们有计划的希望又寄托在哪里了呢？他们把希望寄托在社会和教育的总体改变，以及在少年犯家庭背景下对他们采取的以社区为基础的缓刑监督。义务教育和童工保护法是进步性少年政策的主要目标，而不是少年法院的运作。而少年法院的主要优势是对缓刑的适用。[13]改革者的目标，用简·亚当斯的话来讲，就是“决意去关爱成长中的儿童，并为他们找到在正常社会下有序成长的方法而做真诚的努力”。[14]在少年法院发展的过程中最卓越的成就就是早在1908年所确立的缓刑制度，那个时候,在密尔沃基市,缓刑的适用数是其他所有地方法院的两倍。⑮

对缓刑和以社区为基础的监督的强调恰好契合了少年法院的转处理念。少年法院的工作首先就是不要去伤害少年,然后才是在社区环境中试图帮助他们。这种强调并没有很好地与拯救儿童这样浪漫的言辞相吻合。缓刑,就 148
其本质而言,是一种增量社会控制策略,它依赖于对象所处的社区生活的和谐及功能状况。

即使是采取更具雄心的缓刑计划也提倡通过家庭和学校的作用来达到一种低强度的社会控制状态,尤其是在少年法院早期的资金微薄和志愿者团队的情况下。唯一在大体上符合挽救儿童的新项目是芝加哥为教育逃学者而设立的"父母式学校",为了能使教育目的之强制方式与少年犯拘留结合起来,这种类型的学校被寄予厚望。⑯但是,这种明显的干涉性质的机构没有被其后的少年法院所相继效仿。在这种意义上,"父母式学校"可能是证明这种规则的例外。

社会控制中另一个主要的增长趋势是所有少年法院对非犯罪行为的制裁明确扩张了,比如对不服从父母管束、逃学、违反宵禁等行为也会给予制裁。显然,少年法院并不是借"转处理念"名义来扩大其管辖权范围,而是基于同样的法律理念,即儿童需要照管,使得这些司法权力可以适用于身份犯,它也构成了使年轻的违法者不走上犯罪道路的基本根据。⑰

最后一个方面,即与一些干涉主义的言辞比较而言,少年法院在改革设想中的作用显得更为谦逊。童工保护法和公共教育法是构建少年新秩序的重要公法,而两者皆以政府运作为中心,从而分立于少年法院以及简·亚当斯所创建的安置营。为了比刑事法院更为减少对少年犯的伤害,为处理少年罪错而新设立的少年法院不需要成为一个超强的权力实体,而且事实上它也不具备这样的权力。

少年法院与法律原则

在20世纪已过了三分之二的时间之后,美国联邦最高法院才考虑当被指控的少年犯可能要被判处监禁时需要给予他们正当的程序保护。其中一个重要事端源于1967年判决的高尔特上诉案件(*In re Gault*),即法院出于挽救儿童的目的是否可以采用非正式的诉讼程序。[18]法官哈伦(Harlan)先生认为:僵硬的诉讼程序可能会危害传统的少年司法制度。审理高尔特案的大多数法官提出了反对意见,他们认为:诉讼程序可以赋予少年被告不自证其罪的特权,以及同证人当庭对质和交叉盘问的权利。法官哈伦对之反驳道:

> “首先,不太相同的出庭通知、代理律师和法庭记录,这些要求可能彻
> 149 底改变少年法院程序的特点。那些法院认为有决定性作用的证据和其他一些可以获得的证据,在庭审过程中可能就成为了没有实际意义的证据了。至少,很清楚的是,这些附加的要求会在实质上促使在诉讼程序中产生一种普通刑事审判的气氛。即使它们不做些别的,也会在很大程度上使少年法院的主要目的受挫。”[19]

他认为这样的程序会危害少年法院的真正使命。然而,法官福塔斯还是写下了大多数法官的意见,他认为:少年法院治疗性的目的和对被告人的程序保护之间并没有严重的对立。他辩驳道:

> “虽然在某些情况下,正当程序的要求会在确定罪错的过程中引入一定程度的秩序和规则,且在一些对抗性案件中,还会采用一些抗辩制度的元素,但其中没有任何东西要求和蔼的少年法院法官的观念被相反的观念所替代。”[20]

在这场争辩中我不想支持任何一方,我想说的是:干涉主义和转处理念之间的差别将最终决定少年法院的目标和正当程序标准之间是否存在紧张关系。对不按规则行事且带有干涉主义色彩的少年法院而言,欠缺证据标准和辩护律师是它确定哪些是困境儿童并为他们提供帮助的主要诟病。如果那就是少年法院的主要使命的话,那么正当程序又是它实现这一目标的主要障碍。

但是如果将目标定位在避免使儿童受到刑事审判程序的无端伤害的话，那么正当程序和少年法院主要的有益功能之间就没有什么内在矛盾。

诠释正当程序和干涉主义少年法院之间矛盾的最好例子即由1970年温希普上诉案（*In re Winship*）所引起的争议。纽约州批准了这样的一个请愿书：少年罪错的审判就应该在少年法院进行，如果州法院以优势证据规则（民事审判的通常证明标准）来证明此类事实。[21]上诉人以高尔特案作为依据申辩道：少年罪错只有通过证明排除合理怀疑的构成事实才能确定其成立。最高法院支持了这一结论。[22]

但是在刑事案件中要求证据排除合理怀疑的正当依据是什么呢？通常的法律演说告诉我们：错误的无罪宣告比错误的有罪判决的社会危害要小——"与其冤枉一个好人，不如放走十个罪人！"但是如果少年法院是帮助少年犯的话，套用上面的谚语，那我们就可以这样形容："与其让一个不需要帮助的孩子获得错误的帮助，还不如让十个需要帮助的孩子得不到帮助！"如果少年司法 150
制度的主要目的是对儿童利益的强制干预，那么高尔特案和温希普案中的规则是对少年法院干涉主义的强有力的反对。

但是正当程序保护的方方面面却都与少年司法的转处理念相一致。如果说少年法院的主要优点是它能够使儿童免受刑事法院的消极影响，那么它将被用于判断在特定的案件中少年法院是否要作出正式的制裁性判决。严格的举证责任或为儿童指定律师并不削弱少年法院的转处性功能。承认少年犯这样的术语附带有耻辱韵味及少年法院的处罚措施具有惩罚的功能，这也不会对少年法院的转处理念机理构成任何威胁。只要少年法院被看作是比普通刑事法院少一些"邪恶"，转处理念就是相当老于世故的，且不必否认少年法院的制裁决定可能染上惩罚性的动机。

法院审理案件的干涉主义理念总是那么不堪一击。它的正面特性对成立少年法院这样一个冒险活动的正当化还是有必要的。把少年法院对少年犯的处置称为惩罚的说法，是对干涉主义中心前提的否定。从这一点来看，高尔特案中的主要观念舍弃了一个少年法院曾长久坚持的理念（即干涉主义理念），而把另一理论(即转处理念)抬升到至高的地位。由美国联邦最高法院批准成立的少年法院主要是通过让儿童免受牢狱之苦,从而达到保护他们的目的。[23]少年法院在不威胁自身实质使命的前提下,应节制其惩罚权,即将它限制在证据确凿且程序合法公正的案件范围之内。对于少年法院这一方面的目的而言,不规范的司法权力的恣意妄为是不必要的。在1967年高尔特上诉案之后,转处理念得到了美国少年司法制度的认同,而且这种趋势也波及到其他的发达国家。可能有些少年法院的法官对阿贝·福塔斯推翻少年法院干涉主义基础的做法痛哭流涕,但高尔特案中的大多数法官并没有取消或完全调整格雷斯·阿博特、朱莉娅·莱思罗普和简·亚当斯所支持的少年法院模式。他们所期望的转处理念已经出色地通过了高尔特案和温希普案的考验。

现代法院的转处

20世纪见证了美国在文化和制度上的诸多变化。作为20世纪初开始的一个试验性事物,少年法院也见证了其委托人、其政治和法律上的支持者以及其实际运作等方面上的改变。

尽管如此,在1999年少年法院主要关心的还是"防止把儿童当作罪犯对
151 待",这点和在100年前的情况是相同的。由于青少年通常的学习和经济上的依赖期在20世纪得到了延长,大多数州少年犯的年龄上限规定起初在18周岁上下摇摆,并最终确定为18周岁,与高中毕业时的年龄相当。由于半自主时期跨越大部分青少年时期,所以少年法院对大部分处在这一时期的人拥有管辖权。[24]本节将展示:少年司法制度所秉承的转处理念定位可以在晚近的政策发展中得以考察。

现代改革:1974年之《少年司法与少年罪错预防法》(The Juvenile Justice and Delinquency Prevention Act of 1974)

在前一部分讨论过的正当程序要求最初获得了联邦主要法律的支持,制

定它们的目的是影响各州少年司法政策的实质内容,这些法律通过对各州的奖励机制促使他们的少年司法制度达到联邦要求的标准。[25]依据传统的少年法院的转处理念,1974 年立法的两个主要目标彼此吻合。联邦法律的第一个目标是把未成年人从美国监狱里分离出去。[26]1899 年转处理念论者工作的核心日程就是要对儿童采取保护性的隔离。当时的改革先驱者们,在发现在美国建国后的 75 年里都没有完成这起码的革新时,也许会有一丝沮丧,而接下来他们依据少年法院的最初设想为实现儿童的单独关押所付出的努力则明显是一种最基本的转处理念式改革。

同样,1974 年立法的第二个主要目标是身份犯的非监禁化。[27]身份犯的传奇是少年法院干涉主义理论的一个重大弱点。在原来的立法中,后来被称为身份犯的非犯罪行为,仅仅是另一种可以使少年罪错裁决正当化的行为。[28]那些离家出走或不服从管束、逃学的孩子可能会与入室行窃及偷车的少年犯关押在同一场所。对非犯罪行为收容关押会产生与其密切相关的两个问题:一是它非常的不公正;二是它明显的没有效果。到 1974 年,用康复性的观念重新审视并改正对非犯罪行为的收容关押几乎成为所有争取未成年人福利的专业人士的共识。[29]不允许少年法院对逃学者判处收容与干涉主义理论的直接冲突是显而易见的。

但是,限制对非犯罪行为的强制干涉与少年司法的转处理念之间并没有必然的冲突。这仅仅是因为,改革者们希望罪错少年免受牢狱之苦,这意味着 152
他们不支持对这些罪错少年们科处严厉的惩罚。实际情况却恰恰相反。当大多数发达国家都建立了少年法院的时候,强硬的干涉论者却在声称:为逃学者设立的教养所在数量上远没有达到和少年法院一样水平。外国法院对这样的政策呼吁不以为然,因为转处理念不要求这样做。联邦立法,如同之前的宪法诉讼案件一样,可看作是对少年法院转处理念作为现代法院理论基础的认可,以及对干涉主义理论的排除。

转处理念与对少年司法惩罚性的攻击

在现代少年司法制度中,体现转处政策功效与重要性的最富戏剧性的证据可能就是通过法律和命令这样的政治强力对现代少年法院的持久抨击。在联邦的层面上，共和党大多数的立法人员一直试图使用由1974年《少年司法与少年罪错预防法》确立的联邦政府财政鼓励机制来推动建立一系列的标准，这些标准旨在少年法院管辖权范围内确立更为严厉的制裁措施，同时他们还试图使将情节严重的少年犯移送给普通刑事法院变得更加容易。[30]

支持这项立法的措辞也采用新的术语来描述它所期盼的结果，如有责性和分级(递增)制裁等术语。[31]但是有关立法提出的移送政策和强化少年法院制裁措施会面临少年法院的一种传统的挑战——寻求避免对少年犯留下永久污点和减少对他们的惩罚。换个角度看，批评者们为谴责少年法院而提出的一些术语也是对少年法院转处理念的一种称赞，如"旋转门司法"*、"轻拍手腕"**、"小孩法院"等。在相当程度上，批评者的攻击是建立在一定的经验事实之上的，对于在整个20世纪力求避免对所处理案件做出最严厉处罚的少年法院而言，那些攻击对其功效有所裨益。

---

* 旋转门，在一般意义上讲是指，建筑物之通道、进出之门采旋转式，大都有玻璃门，门旋转起来就可自由进出。公共行政学术界及实务界以"旋转门"比喻特定公务员离职后进入民间营利业等行业担任特定职务之现象。西方先进国家均有"旋转门"条款的规定，其目的是为使公务员执行职务，防止不当利益输送，制约腐败，建立廉洁政府。如，美国在1978年10月26日，即在尼克松政府辞职4年多之后，国会通过了《政府道德法》(The Ethics in Government Act)。该法包括了一个新的"旋转门"(即从政府部门转到私人部门或从私人部门转到政府部门工作)限制，其最重要的部分是新规定了一个对GS-17级以上雇员的一年冷却期，禁止他们以私人主顾的名义同其服务过的政府部门签合同，并禁止前高级联邦官员在其离开政府一年内为任何事务游说其前机构。《政府道德法》还规定，所有总统提名官员的额外收入不得超过其正式收入的15%，这一限制实际上防止了被提名者通过兼职来获得额外收入。《政府道德法》通过建立一些新的联邦公共机构扩大了对联邦道德的管理，最引人注目的是建立独立检察官制度。该法还要求政府立法、行政和司法三个部门中的几千名高级官员申报财产，该法律的通过是美国现代公共道德管理演变过程中的一个里程碑。而本文中的"旋转门司法"(revolving door justice)是指批评家们指责少年法院对那些少年犯们"抓了就放、放了又抓"反反复复、断断续续的做法，这样实际上是纵容了未成年人犯罪。——译者注

** 轻拍手腕(slap on the wrist)，是指轻微的惩罚，且往往是指某人得到的惩罚要比他应该得到的惩罚要轻。在文中指批评家们指责少年法院在对少年犯的处罚上过于轻微，过于放纵。——译者注

传言是真的吗？

少年法院就是保护少年犯免受消极惩罚的传言是真的吗？在当前少年罪错对策争论的巧言背后，我们几乎找不到有关少年法院和普通刑事法院对类似案件制裁措施的比较分析，我们还可以发现：少年法院对不同类型犯罪的惩处结果的影响作用，而这已不是一个最近才有的问题[32]。我个人认为：少年法院曾一直通过一些转处措施使得许多罪错少年从中获益，而且这种好处的大小和分配随着社会时期、少年犯的年龄段和犯罪类型不同而发生着变化。对 153
于这么重要问题的研究几乎是零，这是不可原谅的，而且这种局面使得判定少年法院案件处理对惩罚的整体作用就像是个猜谜游戏。

我的最优猜测为：当惩罚性政策在普通刑事法院居于统治地位的时候，在对少年罪错的处罚问题上，持转处理念的少年法院的保护性作用就体现得最为明显——如与目前美国相似的时期。普通刑事法院系统中的严刑成分越多，专门为处理罪错少年而成立的少年法院就越有可能使他们更少受到那样的严刑峻罚。

图 5.1 提供了一个相当细致的数据评估表，它反映了 1971 年、1991 年和 1995 年关押在公共监禁场所、年龄在 14—17 岁的少年犯和 18—24 岁的青年罪犯的人数情况。对于 14—17 岁的人群，我把关押在少年监禁机构、训导学校和训练营的少年犯合并于被关押在监狱和拘留所的少年人数当中。只有少年矫治机构为少年法院所掌控，而总的监禁率是政府采取控制措施的最好尺 154
度。该图将 1971 年两个年龄段的监禁比例设定为 100，以突显监禁人数随时间演进而发生的变化。

如图 5.1 所示，这两组人的监禁率在 1971 年相差不是很大：18—24 岁青年犯罪人的监禁率比 14—17 岁少年犯的监禁率高出 28%；1971 年后，它们的变化趋势就不同了。在美国刑事政策史上，1971—1991 年的这 20 年不是一段很典型的插曲。它实际上是美利坚合众国历史上监禁人数增长最快的时期。[33]监禁机构从来没有面临过如此长久且巨大的压力。整个少年犯（14—17

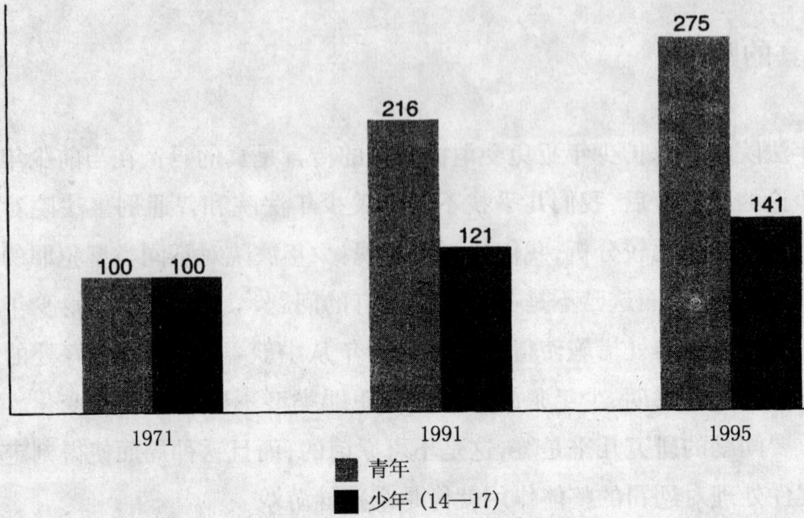

图5.1　表明了少年（14—17岁；100 = 393/100 000）和青年（18—24岁；100 = 508/100 000）监禁率的趋势。所有数据资料来源于美国司法部司法统计局，具体如下：《美国矫治机构人口》（*Correctional Populations in the United States*）21（1995），《公告》（*Bulletin*），1996年8月；《特别报道》（*Special Report*）1998年4月、2000年2月；2000年10月26日艾伦·J.贝克（Allen J. Beck）发给作者的传真；美国司法部刑事司法资料中心的刑事司法统计原始资料集（1973年的第353页；1976年的第644—645页；1997年的第607页；1999年的第484页和第503页）；达雷尔·K.吉列德（Darrel K. Gilliard）和艾伦·J.贝克：《监狱和看守所的居民》，1995年；卡罗琳·沃尔夫·哈洛（Caroline Wolf Harlow）：《看守所居民概况》（*Profile of Jail Inmates*），1996年；凯文·J.斯特罗姆（Kevin J. Strom）：《未满十八岁的监狱犯人概况（1985—1997年）》；美国商务部、人口普查局2000年10月24日发给作者的传真以及网站 http://www.census.gov 上的资料（作者上一次访问是在2000年11月10日）；也请参见约瑟夫·穆恩（Joseph Moone）：《1991年监禁中的儿童：私营机构》（*Children in Custody 1991: Private Facilities*），《少年司法与罪错防治办公室实情单之二和之五》（*2 and 5 Office of Juvenile Justice and Delinquency Prevention Fact Sheet*），1993年4月、9月；以及约瑟夫·穆恩：《联邦概览：公立机构中的少年（1995年）》（*States at a Glance: Juveniles in Public Facilities, 1995*），《少年司法与罪错防治办公室实情单之六十九》（*69 Office of Juvenile Justice and Delinquency Prevention Fact Sheet*），1997年11月。

岁）监禁人数上升了21%，而青年罪犯（18—24岁）的监禁率则翻了一番多。到1991年,这两类人的监禁率之比超过了2:1。这个显著的差距就是那些成功地改变了刑事法院惩罚措施的人为什么痛恨刑事政策的顽固性以及它对少年犯造成恶果的原因。

20世纪90年代初的情况就更复杂了。1991年至1995年,14—17岁少年犯的监禁率在这4年的增长幅度几乎与1971年至1991年这20年的增长幅度相同。基于此,严刑峻罚的重大转变最终得到了确立。而青年罪犯(18—24岁)监禁人数的增长幅度比少年犯(14—17岁)的增长幅度要大得多。因此,在20世纪90年代初,这两类人之间监禁率的差距实际上是扩大了。以每100 000人当中被监禁的人数多少为基准,少年犯(14—17岁)监禁率增长数是80,为青年罪犯(18—24岁)监禁率的3倍多。

在美国,虽然刑事司法体系经过20年不间断的发展,刑罚措施得到了扩充,但一贯的限制监禁的政策还是给少年法院带来了巨大的政治压力。事实上,图表5.1所反映的数据为旨在扩大少年犯处罚措施范围的一次次立法活动提供了新的解释依据。通常对有关少年罪错的法律的描述建立于政治家和公民对少年罪错和暴力行为的关注之上。[34]但是图5.1显示了在少年法院科处的制裁措施填充原有刑罚体系的过程中,政治强力导致了少年犯监禁人数不寻常的增加。从那种意义上说,18岁以下的人成为对抗"从严处罚"倾向的最后一块重要战场了,而这种倾向已经渗透到刑罚矫正体系其他部分当中了。20世纪七八十年代美国少年法院的表现是一个例外情况,而这使得少年司法制度在同样面对来自存续于刑事司法制度中达数十年之久的重刑观念的侵袭时显得非常脆弱。

从这个角度看,那些对20世纪90年代少年法院的愤慨抨击有利于少年司法制度保护少年犯免受各地监禁刑滥用现象的损害。转处观点对90 155
年代少年法院的最大讽刺为:少年法院饱受责难的原因不是它没有完成服务儿童的使命,而是它们成功保护了少年免受新的犯罪控制正统观念的侵害。

图5.1的相关数据作为少年法院转处的参照依据也有不太让人满意的地方。在1995年,18—24岁青年罪犯监禁率是14—17岁少年犯监禁率

的2.5倍;而在1971年,少年犯的监禁率比18—24岁的青年罪犯仅仅低28%。就这些数据而言,乐观的看法是:在1971年,少年法院和普通刑事法院曾经都一直重视“转处”,从而使得它们所判处监禁刑的比例没有太大的差别。悲观的解释就是:少年司法较早和较神秘的时期也伴随着与普通刑事法院相近的监禁刑的适用水平。不管怎么说,20世纪70年代以来的相关数据清楚地表明,在反毒品运动和刑事法院被剥夺了对少年罪错管辖权之后,少年法院的特殊政策对适用监禁刑的影响更为深远。

结　论

对于那些把青春期看作是向成年过渡的一个充满压抑和挑战阶段的人来说,长大成人的过程是治愈少年罪错的一剂良方。政策的目标是使得众多人赞同这样的观点:少年法院应该是这样一个地方,在那里我们能“理解成长中的孩子,并为他们寻找能在正常社会健康成长的方法”。[35]一部将年轻人隔绝在社会环境之外并把他们送进监狱的刑法是常态社会中青少年成长的主要威胁。基于这个原因,少年法院的“设立是为了防止把少年作为罪犯对待”。这曾经是,现在依然是“少年法院的第一要义”。[36]它是一个具有巨大生命力的基本原理,比以往的康复理念具有更为谦逊的目标和更为贴切的制度现实。少年司法的转处理念不是对帮助少年犯观念的替代,而是一种比绝对的“拯救儿童”更为特别、更为有限度的帮助。它是一种谦逊的、集中的帮助方式,从而使他们在犯罪之后和经历社会控制的过程中都保有完整的人生发展机会。

历史记录表明,少年法院的转处理念是一种比历史上一些学者所公
156 认的情形更为世故而精巧的改革。在少年法院早期历史中,有一种宽容和克制的理念基础,即在制度上保证少年法院对少年犯所造成的伤害要远远小于刑事法院。这在1899年时是一个非常不错的理念,现在也仍然如此!

注　释

① 参见安东尼·普拉特(Anthony Platt):《儿童的救星:少年罪错的发明》(*The Child Savers: The invention of Delinquency*),芝加哥:芝加哥大学出版社 1969 年版,第 1 章。

② 弗朗西斯·艾伦(Francis Allen):《少年法院与少年司法的限度》("The Juvenile Court and the Limits of Juvenile Justice"),载于《刑事司法之边界》(*The Borderland of Criminal Justice*),芝加哥:芝加哥大学出版社 1964 年版,第 42 页,第 50—54 页。

③ *In re Gault*, 387 U.S.1 (1967); *In re Winship*, 397 U.S.358 (1970).

④ 理查德·S.塔特希尔(Richard S. Tuthill):《芝加哥儿童法院史》("History of the Children's Court in Chicago"),载于简·亚当斯主编:《美国儿童法院:其产生、发展及结果》(*Children's Courts in the U.S.: Their Origin, Development, and Results*),芝加哥:AMS 出版社 1904 年版,1973 年重印。

⑤ 本·B.林赛:《科罗拉多州对芝加哥少年法院的贡献》("Colorado's Contribution to the Juvenile Court in Chicago"),载于简·亚当斯主编:《儿童、诊所和法院》(*The Child, the Clinic, and the Court*),纽约:新共和国出版社 1925 年版,第 274 页。

⑥ 威廉·T.斯特德(William T. Stead):《如果耶稣驾临芝加哥》(*If Christ Came to Chicago*),芝加哥:芝加哥历史印书馆(Chicago Historical Bookworks)1894 年版,1990 年重印。

⑦ 参见,例如,朱利安·麦克(Julian Mack):《少年法院》("The Juvenile Court"),载于《哈佛法律评论》(*Harvard Law Review*)第 23 卷(1909 年),第 104 页。

⑧ 对比亚当斯主编:《儿童、诊所和法院》;普拉特:《儿童的救星》(见上注①)以及史蒂文·施洛斯曼(Steven Schlossman):《爱与美国少年罪错:"进步少年司法"的理论与实践》(*Love and the American Delinquent: The Theory and Practice of "Progressive Juvenile Justice"*),芝加哥:芝加哥大学出版社 1977 年版。

⑨ 施洛斯曼:《爱与美国少年罪错》,第 55—57 页。

⑩ 特别参见普拉特:《儿童的救星》。

⑪ 朱莉娅·莱思罗普:《伊利诺斯州少年法院之背景》("The Background of the Juvenile Court in Illinois"),载于亚当斯主编:《儿童、诊所和法院》,第 290 页。

⑫ 施洛斯曼:《爱与美国少年罪错》,附录 2,表 2,第 202 页。

⑬ 林赛:《科罗拉多州对芝加哥少年法院的贡献》,第 274 页。

⑭ 简·亚当斯主编:《儿童、诊所和法院》,绪言,第 290 页。

⑮ 施洛斯曼:《爱与美国少年罪错》,附录 2,表 2,第 202 页。

⑯ 罗伯特·M.门内尔(Robert M. Mennel):《荆棘丛生:1825—1940 年之美国少年罪错问题》(*Thorn and Thistles: Juvenile Delinquents in the United States, 1825—1940*),汉诺威:

新英格兰大学出版社 1973 年版,第 106—107 页。

⑰ 富兰克林·E.齐姆林:《法律界对青少年的转变》(*The Changing Legal World of Adolescence*),纽约:自由出版社 1982 年版,第 35—40 页。

⑱ 高尔特案,387 U.S.,第 25—26 页。

⑲ 同上,第 75 页(Harlan,J.,dissenting)。

⑳ 同上,第 27 页。

㉑ 温希普案,397 U.S.,第 360 页。

㉒ 同上,第 368 页。

㉓ 高尔特案,387 U.S.,第 22 页。

157 ㉔ 齐姆林:《法律界对青少年的转变》,第 3、7 章。

㉕ 1974 年《少年司法与少年罪错防治法》,§223(A),42 U.S.C. §5633(a)(1994)。

㉖ 同上,§102,42 U.S.C. §5602。

㉗ 同上,§311,42 U.S.C. §5711(a)。

㉘ 齐姆林:《法律界对青少年的转变》,第 32—40 页。

㉙ 同上,第 5 章。

㉚ 参见:S.10,105th Cong.(1997);H.R.3,105th Cong.(1997)。

㉛ 参见:例如,S.Rep.No.105-108(1997);H.R.Rep.No.105-86(1997)。

㉜ 参见彼得·格林伍德(Peter Greenwood)、琼·彼得西莉娅(Joan Petersilia)、富兰克林·E.齐姆林合著:《时代、犯罪与制裁:少年法院至刑事法院的案件移送》(*Age, Crime, and Sanctions: The Transition from Juvenile to Criminal Court*),加利福尼亚州圣莫妮卡:兰德出版社 1980 年版。

㉝ 富兰克林·E.齐姆林、戈登·霍金斯(Gordon Hawkins):《监禁规模》(*The Scale of Imprisonment*),芝加哥:芝加哥大学出版社 1991 年版,第 5 章。

㉞ 富兰克林·E.齐姆林:《美国青少年暴力》(*American Youth Violence*),纽约:牛津大学出版社 1998 年版,第 1 章。

㉟ 亚当斯:绪论,第 2 页。

㊱ 米里亚姆:《从儿童的观点看少年法院》("The Juvenile Court from the Child's Viewpoint"),载于简·亚当斯主编:《儿童、诊所和法院》,第 217 页。

第六章 身份罪与身份犯 158

李·泰特尔鲍姆(Lee Teitelbaum)

> 为什么我们不能像对待疏于管教的孩子一样,像一位明智、仁慈的父亲对待自己的孩子一样,公正恰当地处遇少年犯?不是仅仅讯问男孩或女孩是否犯有特定罪行,而是查明他/她是谁,身体上、心理上与道德上的具体状况,如果得知他正走向犯罪的深渊,则管束他。难道改造还不如惩罚么?难道这不是国家的职责么?误入歧途的孩子、屡教不改的孩子、触犯法律法规的孩子,应被置于政府的监管之下——不是作为其敌人,而是作为其最终的监护人。正是这样的理念促成了第一部少年法院法的问世。
>
> 朱利安·麦克,《少年法院》,1909

麦克法官对少年法院运动独特目标的描述把握了其改革的实质——管辖大量本身不必然是犯罪,但显示出有干预之必要的行为。少年法院审判领域的改变并不仅仅是一场"革新",而是革命。它可以认为是对司法管辖方法的彻底更替,因而与英美刑法的刻板程序已然分道扬镳。

理解刑事法院和少年法院不同之处的一种方法是比较所谓的"法律体制"和"实体"正义(昂格尔,1975)。1899年刑法所确立的,或就此而言,是1999年刑法确立的法律正义体系中,法律规定被表述为确立了干预的总数与适用场合的类型准则。在理论上,这些准则在它们适用之前公布于众,且正如约束广 159
大民众一样约束了规则适用者。相应地,只有当一个人的行为事先明确地符合准则规定的行为种类,法院才会有所行动。自由裁量权,只有在可能是不可避免时,才被认为充其量是一种必需的邪恶。

对比之下，正如麦克法官所阐明的那样，少年法院传统上并不依赖具体的行为种类来发动其司法权。它试图为干预提供更多的一般标准，并且其关注的是行为人而非行为。每项裁决都需被审核以证明其正当性，因为它将最大限度地推进这些准则所体现的公众目标的实现，例如预防未来之患。自由裁量权与个别化处断得到普遍认同，在实体正义体制中也确实深受赞赏（泰特尔鲍姆，1991）。自然，少年法院因其废弃了对少年刑事罪过行为处以刑罚的传统理论而成绩显著，但最为卓越的是做好了审理多种形式的问题行为和显示出孩子“开始误入歧途”的境况的准备。因此，正是在少年法院对非犯罪不良行为，即身份罪的管辖范围内，芝加哥少年法院和美国少年法院运动的纯理论表现得最为明晰。

身份罪的含义

与少年法院司法权相联系的“身份罪”是一个艺术化术语。当同样的词汇与刑事诉讼相联系时，其含义有所不同。刑法意义上的身份罪，正如毒瘾一样，是被某种生存环境界定为错误的行为。刑罚不能够天然地与环境或身份单独相连，而必须依附于被告所犯的罪行，关于此点很早就已有清楚的认识。

少年法院所管辖的身份罪，相比之下通常还是关注于行为，但行为被视为不合法仅因为行为人是未成年人。未成年，当然，是这样一种意味的身份——其产生无须考虑那些未成年人的选择或行为。因此，儿童在他们的未成年期拥有这样一种身份，且因此而被加以诸多特殊限制。行为违反了那些特殊限制规定就构成少年法院意义上的身份罪。

受少年法院管辖的身份罪行为要求违反了如下几类规则。第一类包含了仅针对青年人的禁止性规则（“不得为”，诸如此类），例如法律禁止那些特定年
160 龄以下的人饮酒或某一时间后在街上逗留。第二类包括要求其对象去做一些积极的事情的命令性规则：例如，儿童应服从他们父母或监护人的命令。违反此类规则可能显示出儿童是“顽愚不化的”或“桀骜不驯的”。第三类规则针对被认为是“恣意妄为”或“在懒惰和罪行中长大”的青年人。这些儿童或许并未

违反任何为他们设定的特定规则或违反父母特定的命令，但显示出在一些情况中已经或可能做过错事。

身份罪管辖的由来

当成年人做这些事情的时候，就不会严重到令政府当局介入的地步，这种限制可以从古代和现代两方面来分析。身份罪的管辖某种程度上强化了孩子们顺从父母权威的本分，这体现了已无法追溯起源的古代规范，或者说可能是普遍接受的观点。论语宣称："弟子入则孝，出则悌。"* 前圣经习俗，正如后来罗马法，授予父母对孩子生杀予夺的绝对权威。《旧约全书》所要求的孝顺，不仅通过第五诫** 也通过《申命记》(21:18－21)*** 表现，其规定被部落长辈发现对其父母"不孝和叛逆"的儿子应被石头砸死。这项训谕当然是一项严格的条款，因其将对不孝子女处以死刑的权力授予了部落，而非仅是其父亲（泰特尔鲍姆，1983）。

相同的期望长期以来一直反映在美国法中。关于1646年马萨诸塞州海湾殖民地通过的关于桀骜不驯的儿童的法令，也是美国最早的此类法令，几乎一字不差地编入了《申命记》中对16周岁以上的"顽固或叛逆的"孩子处以死刑的规定。虽然并没有任一少年实际上依据此项法令被处以死刑，但是该规范却很好地确立下来，将刑罚置于一边，继续得到普遍认可。

尽管如此，美国少年法院的身份罪管辖依然吸收了较多的现代理念。而且清教主义的神学理论将孩子的任性归因于人类的原罪，19、20世纪的观点

---

* 语出《论语·学而篇》第六条："弟子入则孝，出则悌，谨而信，泛爱众，而亲仁，行有余力则以学文"。——译者注

** 摩西十诫中第五诫："孝敬父母，使你的日子在耶和华——你的上帝所赐你的土地上得以长久"(Honor your father and your mother, that your days may be long in the land which The Lord your God gives you.)。——译者注

*** 《旧约全书》中的一卷，"申命"一词是从英文 Deuteronomy 直译而来。Deuteronomy 的意思是"律法二读"，这是根据希腊文旧约《七十译士本》所说的，"当国王登基之后，必须将这律法书自己抄录一本，要经常诵读"而来。中文圣经将该卷译为"申命记"，就有"重申"、第二次宣布律法和神的诫命之意。——译者注

实质上是乐观的。儿童的不良行为开始被认为是现代社会诸多不良境况的反映:父母的失败(通常与移民潮密切相关)、工业化、都市化。这种观念被街上
161 充斥着游手好闲、有时又无家可归的孩子的景象所强化,这些孩子写照着犯罪扩大化的威胁,以及可能摧毁社会组织结构的持久穷困与苦难的社会底层阶级的景象。

幸运的是,此时人们不仅认识到这些儿童将来可能造成危害的隐患,并且还在寻找解决问题的途径。19 世纪末 20 世纪初的美国人确信,调控儿童的生长环境可能积极影响他们的观念和行为。于是,一系列试图修复环境因素的计划得以出台,包括庇护所和义务教育。此种乐观主义倾向,表现最突出的是美国少年法院,它实行了统一审判,并且按普通程序审理这些有证据表明有畸形危险的诸种行为和导致此种危险的诸种情形。

传统少年法院中的身份罪

1907 年伊利诺斯州《少年法院法》中对少年罪错行为的定义清晰地反映了少年法院的初衷:

> "罪错儿童"这个词是指任何在 17 周岁之下的男孩和 18 周岁之下的女孩,违反州法令的;或者恶习难改的,或者参与盗窃,品性不端或不道德的人;或者无故且未经父母同意擅自离开家或住所,或在懒惰与罪行中长大;或经常去声名狼藉的家庭;或者经常被传唤去警察局或光顾出售烈性酒的酒吧;或者光顾,进入任何公开的台球房或投机商号;深夜无正当事由或职业在街上游荡;或者习惯性地在铁路沿线上游荡或跳上或者试图跳上正在行驶的火车;未经合法授权进入汽车或火车头;或在公共场所、家庭、学校使用卑鄙、淫秽、粗俗、污秽或下流的语言;或有下流的犯罪动机或流氓行为。

少年罪错行为定义中的身份罪包括了第一要素(即违反州法令)之后的所有情形。法院职权的适用不仅要求行为符合相当具体的因素(例如行乞或光

顾台球房或投机商号),而且与行为的大众范式相去甚远,比如"在懒惰或罪行中长大"。就促进树立父辈权威而言(通过其扩大化去治理顽愚不化和桀骜不 162
驯的少年),身份罪管辖具有正当性,它关系到父辈权威的成败(导致他们的孩子在懒惰与罪行,甚至在很多情况下,是在宵禁法令中长大)。与少年法院的整体管辖权一样,少年法院对身份罪管辖的合理化依据两个基本信念:非犯罪不良行为的虞罪性质和政府当局教育或再教育那些误入歧途的未成年人向着"好的、理性的成年公民"发展的能力。

对犯罪行为和非犯罪不良行为的无差别处遇,同样是传统少年法院理论的特色。少年法院的拥护者认为偏离正轨的行为只是发展中的过程,而开展少年法院运动的首要前提是运用司法权以识别并使其康复,而不是惩罚那些行为或境况已经预示其未来可能有反社会行为的孩子。相应地,干预的发动不是根据有证据表明的特定行为,而是考虑所有预示欠缺合理控制或应同等有效培养的行为和环境。而且,干预在所有案件中都被认为是治疗而不是惩罚,所以不应存在区分犯罪行为和非犯罪不良行为的理由。

基于此类行为的广阔范围,本世纪前叶,少年法院诉讼事件表中的身份罪审判占据了一个重要比例,至少 1/4,在一些统计数据中,甚至占到了 1/2,这 163
并不足为奇。因其范围广阔和引发对非犯罪不良行为的少年法院审判的诸种境况,身份罪审判从来不仅仅反映一个孤立的现象。在一些地区,父母诉求法院审判;在纽约郡市区,80%以上的控告通过此种方式产生(安德鲁和科恩,1977,55),父辈发起身份罪控诉的促动因素反映了多种境况。在一些家庭,当父母已经没有其他方法使得孩子服从时,他们采取提起身份罪诉状的方法;在其他一些家庭,它充当将不想要的孩子逐出家门的手段;在另外一些家庭,它是为那些父母所用来确保获得社会公益服务和心理健康服务的唯一可用手段,他们不比其他更为富有的家庭,他们并不能够支付此类私人服务的费用(马奥尼[Mahoney],1977)。在父母有更多的方法使得子女服从他们,并可以为子女支付此类私人服务的情况下,身份罪诉状通常由公共机构提出,因此,纽约郡郊区几乎一半的诉状来自学校,只有不到 1/3 的诉状来自父母(安德鲁和科恩,1977,64)。

身份罪管辖的方式不仅很明显地与社会经济学类别有很大关系，与成年人，特别是父辈的社会洞察力同样有很大的关系。就犯罪而言，身份罪的数量过多地包括了少数民族的未成年人。与罪错行为不同，身份犯通常是女孩，20世纪70年代，几乎2/3的指控针对女孩，她们被指控不服从管理、顽愚不化或离家出走。甚至对女孩受家庭或少年法院身份罪管辖的年龄上限比男孩更高的规定取消后，法律定义的模糊依然导致有差别的指控。同怀孕的风险有关的文化与生理因素导致与男孩的性行为相比，父母和警方更倾向于反对女孩的性行为，而法官更倾向于"保护"女孩而不是男孩。父辈和公众对行为的不同容忍度可能会导致不道德行为或怀孕，比如，晚归和酗酒，也会因为性别而有所区别。甚至关于行为的道德观念不同，男性非怀孕的性行为不太可能引起公众的注意，而女性性行为则会招致强烈不满(萨斯曼[Sussman]，1977)。

结果，那些很少受到罪错行为指控的女孩——却在少年法院身份罪诉讼事件表中占据了主要部分。而且，一旦进入法院，女孩们不大可能受到非正式处遇，更可能被拘留，更可能被送到拘留所，更可能在培训学校比男孩呆更长
164 的时间。的确，较之关注那些犯下刑事罪行的少年，他们很可能在公共机构待上更长的时间，因为传统的少年司法理论的一个核心信条乃是认为拘留是基于处遇儿童的需要，而不是基于他/她的行为。因此，那些顽愚不化的孩子们或者犯下了某种身份罪的孩子们，包括那些产生了保护性或者道德问题的女孩们，像那些参与了刑事不法行为的人一样被安置在技工学校里(萨斯曼，1977；切斯尼-林德，1997；少年司法与少年罪错预防办公室，1996；沙夫纳，1998)。

对少年法院身份罪管辖权的批评

人们有可能会将第一个少年法院的设立看作是一场伟大的社会实践，的确，它的支持者常常就是这样来描述它。将这场试验广泛地看作是本世纪前叶伟大的创举，这种认识少有例外。然而在下半个世纪里，关于这种认定却浮现出诸多的问题。

在很大程度上,这些问题是对政府当局十分普遍的批判的一部分。20世纪60年代至20世纪70年代,人们对政府权力普遍不信任,对参与社会控制事业的专家和组织的工作效力与善心的信任度也在急剧下降。联邦最高法院的一系列裁决质疑了警察机关保障自由(*Miranda V. Arizona* 384 U.S.436 [1966])的方法和从那些被指控犯罪的成年人那里获得证据的方法的合法性(*Mapp V. Ohio* 367 U.S.643[643 1961])。许多评论家和一些法庭都接受了此原则,需要一个对精神病患者进行特殊对待的组织,在任何情况下都可用的"最低限制程度的替代措施",而不是将其收容在专门机构。迪安·弗朗西斯·艾伦在一本精美的手册中分析了对"康复性理念"工作的政治干预而带来的风险(艾伦,1964),而奥尔德斯·赫胥黎则对政治干预的实行者们大加嘲笑,赫胥黎说"像加拉哈德先生那样,他们的力量是十足的,但是这不过是因为他们的内心空乏,而内心空乏又是因为他们是科学家并已经从事了6 000小时的社会研究"(赫胥黎,1965,26)。这一系列的批判对于少年法院来说有特殊的意义。司法裁决和评论家们质疑了少年法院程序上的非正式性所具有的优点,也质疑了那种认为少年法院的干预是仁慈、良性的而非是惩罚性的,以及少年法院在救济策略上的有效性。

这些类型的问题很明显是与少年法院对于刑事不法行为所采取的对策有关,但是社会学和法学理论同样质疑了那种以对待刑事罪犯的方式处遇身份犯的方式之妥当性。从社会学的角度看,一种新近流行的关于异常行为的理 165
论认为将那些罪错行为者贴上罪错行为者的标签只会促使他而不是遏制他在未来成为一名刑事罪犯。根据这个标签理论,一旦某人被政府当局认定是一名罪错行为者,那这个自我实现的预言就开启了。孩子世界中的成员们会将那个被贴上了标签的孩子看作是一个罪错行为者,并且将他作为一个罪错行为者那般来对待,拒绝给他以一般人可以获得的机会。将儿童安置于不良群体中会使得儿童视自身与被正式指派的不良群体为一体(泰特尔鲍姆,1983,987),标签论的蕴涵之意同样以下述的一些方式得到支持,一种越来越广泛的信念认为,将一个侮辱性的标签贴在那些孩子们的身上,但是这些孩子们的行为产生于其与父母们的关系中,因此谴责可能最好是针对孩子们的父母的行为和选择,而且当干预指向那些参与了非犯罪不良行为的孩子时,它的有效性就值得怀疑。

少年法院的罪错行为管辖权的合法化无疑有助于回答一个问题,即对刑事不法行为和非犯罪不良行为的共同对待的问题。在具有开创性的1967年高尔特案的裁决中(*In re Gault* 387,U.S.1),联邦最高法院的多数大法官否决了传统少年法院对非正式程序的强调,认为判决将罪错儿童送往技工学校加以改造,与那些被认定为犯重罪而被监禁者结果上并无本质的不同。从而,如不能提供关于指控的书面提示、律师咨询、证人的反驳和交叉询问以及反对自证其罪之权的证据,则是违宪的。

尽管最高法院没有在高尔特一案中提到身份犯的程序问题,并且从那时以来,也一直没有这样做过。但法院认识到了将身份罪作为罪错行为来对待的后果之严重性,因此反对将那些没有刑事不法行为的孩子们归入到其中。此外,某些关于身份罪管辖权范畴的模糊性看起来是与法律正义的要求相背离的,并且也与宪法所要求的法律规定的明确性相背离。对罪错行为的立法规定同样反映了对少年法院干预的康复论主张的一些疑问。

这些问题都是从对非刑事不良行为的法律应对措施进行实质性改变的建议中产生的。第一阶段是在管辖权范畴和处遇方面将身份犯和刑事罪犯分离开来,前者体现在法律执行与司法管理总统委员会的一项建议中——《特别小组报告:少年罪错行为与少年犯罪》(*Task Force Report*: *Juvenile Delinquency and Youth Crime*)(1967,226)主张:各州在对罪错行为的界定问题上遵循伊利诺斯州(1966)和纽约(1963)的做法,按照成年人犯罪来进行管理和采取一种新的范畴,有时被称为"需要监管的未成年人",有时被称为"需要监管者"(People
166 in Need of Supervision)(PINS),不一的名称用以界定那些参与了非刑事不法行为的未成年人。这些变化与对标签理论蕴涵之意的广泛接受有着直接的关系,并且得到了广泛的采用。

一个更为戏剧性的提案出现于1976年司法管理研究所—美国律师协会之少年司法标准项目(IJA-ABA 1976)。该计划之《关于非犯罪不良行为的标准》提议取消少年法院对于身份罪的普遍管辖权,而赞成通过一种主要基于自愿参与的服务网络，将司法干预限定在有限的和特殊的情形之下。尽管美国律师协会从未采纳过这些标准，但是他们提出的这些观点得到了少数几个州的响应，最为显著的是缅因州（1977）和华盛顿州（1982；参见费尔德，1989，179）。

基于矫正目的而对“需要监管者”（PINS）和罪错行为者的区分有时并未得到广泛的接受，一些州禁止对“罪错行为者”进行审前羁押和/或将非刑事不法者拘禁于某一机构。但是，1974 年联邦《少年司法和罪错行为预防法》（JJDPA）的颁布，对非机构（监禁）化运动提供联邦奖金的措施是一个强有力的推动。该运动的内容是将非刑事不法者从审前羁押和审判之后的收容矫正中解放出来。并且在事实上，羁押的和在培训学校中的身份犯在接下来的 20 年中数目大量地减少了。当然，减少的速度还是有些缓慢。在 JJDPA 通过后的第一个五年里，拘禁设施中的身份犯数目，在 1974 年的大约65 000名的基础上并没有实质性的减少（施瓦茨，1989），但是，到 20 世纪 80 年代，法案的效果就变得明显了。1989 年，约有9 000名身份犯——这个总数是 1974 年的 15%——被州少年法院送往监禁机构中（克里斯伯格和奥斯丁［Krisberg and Austine］，1993，74）。并且这个总数在 1997 年下降到不足7 000（斯奈德和西克蒙德［Snyder and Sickmund］，1997，186 - 187）。到了 1992 年，37 个州已经完全遵守或者实质性遵守此法案的要求（霍尔登［Holden］，1995，22）。

从而，至 20 世纪 80 年代，少年法院传统以来的统一标准很大程度上已经消失。《少年法院法》如今采取刑事法律的方法来着力关注行为自身的性质，而不是因其与将来不当行为可能性之间的关联而对所有的不当行为严阵以待。同时，少年法院的相关法律规定在刑事罪犯和非刑事不法行为者之间作了一个范畴上的区分，而不再依赖对年轻人进行个别化处遇的能力，因为这种做法与法律或其父母们相冲突；不再依靠送往专门机构矫治项目的功能来有效地处理各种异常行为。《少年法院法》认为，将这些计划适用于那些没有参与刑事不法活动的未成年人并不恰当。

167 少年身份罪管辖权的现状与未来

我们可以认为发生在20世纪60年代早期到80年代的对少年身份罪的管辖权改革是社会试验,同样地,可以认为少年法院管辖权以及程序的最初制定也是社会试验。而能够对此试验的成败进行评价,也是一件好事。然而,可供完成这一评价的信息却是相当的缺乏。

以下事情确实是真的。一是相对以前,现在对少年身份罪案件在少年法院的总案件量中占的份额要小得多。在早些时候,这类案件占据了1/4到1/2份额,而在1985年到1995年间,少年身份罪的案件只占少年被诉案件的15%(西克蒙德等,1998)。二是比起以前,把那些少年身份罪案件中的被告送往专门机构矫治不再是那样普遍。毫无疑问的是,以上两种现象是相关联的。相对于身份罪本身的减少速度而言,少年身份罪案件的审判数的减少速度要慢得多。看起来,似乎父母、警察、法院和政府都认为对于矫治少年不当行为,少年法院的作用不如其他建立在更好政策之上的团体,或者说非专门机构监禁的方法更可取。在改革的最近30年之前,对那些少年被告采取的是何种方法,通常把他们当作身份罪犯人来处遇,并将他们关在拘禁机构吗?

父母的反应

尽管对没有犯下刑事罪行的少年的身份罪审判和拘禁已经大为减少,但是引发这类案件的社会环境依然存在。很多此类案件被经验性地当作是一场危机,特别是对于那些不服管教、离家出走、经常逃学、在校表现差、成天和不三不四的人鬼混、违反宵禁令、发生性关系、吸毒、酗酒的孩子们的父母来说更是这样认为。如果少年法院对此不作出积极回应,这些父母定会寻求其他的救助途径。

心理健康系统

对父母而言有一种替代的措施就是心理健康系统。对于“情绪失常”或者有药物依赖性的孩子的心理健康治疗，不再有现在父母所面临的同样的程序障碍或者专门机构化(监禁)的限制。大多数的州允许父母将未成年的孩子在没有经过任何司法程序的情况下，“自愿地”进行家庭心理健康治疗。联邦最高法院认为，父母做出的非正式的决定在宪法上是有效并且获得宪法承认，只要心理健康专家对孩子做出鉴定并批准此项许可(*Parham v. JR*,442 U.S.609 168
[1979])。

事实上，父母并不需要过多地寻找少年司法体制外的可用资源的信息。少年法院认定属于身份罪的诸种行为可以等同的认为有情绪失常、性格怪异的迹象或者是对于青春期的不适应反应。尽管心理健康政策分析家认为，和少年法院评论员所言一样，在20世纪80年代对于儿童和少年的强制措施被敦促减少的同时，随着这十年来少年法院对犯有身份罪的少年取消了关押，精神病医院的病人数事实上呈明显的增长(近400%)(韦索恩[Weithorn],1988)。

心理健康系统作为少年法院管辖的替代方法的推论不仅源于其系统纳入数量的急剧增多，还源于纳入数量增加的相关情况。如前所示，心理健康政策制定者并没有对未成年人入院治疗的增加进行过全面的号召，事实正好相反；孩子们当中严重心理疾病也并没有增加。尽管被纳入精神病院的成年人当中，有1/2到2/3的存在严重的精神失常，而仅有不到1/3的被纳入精神病院的少年存在严重的精神失常(韦索恩,1988,788-89)。然而，相对于那些受到严重困扰的儿童而言，他们的特性更类似于身份犯。他们吸毒、酗酒、饮食无规律、离家出走、存在学校教育问题，或者总体上与父母或者其他权威之间存在冲突(宾德和宾德,1994)。

如果少年法院太过拘泥于法律规定，而不能很好地处理这类儿童的问题，那么私人心理健康服务的提供者将会迅速的投入这项工作；实际上，那些私人心理健康服务的提供者已开始了一项激进的运动，以达到那些在早些时候可能会要求少年法院处理问题的父母们的要求。精神病院在报纸上的广告率从

1982年的43%增加到1988年的75%，并且很多医院把它们的服务市场拓展到了学校、少年缓刑部门以及其他社会服务机构（宾德和宾德，1994，359－60）。

身份犯的行为和接受私人精神健康服务的孩子的行为，这两者的关系在精神病医院的报纸广告和电视广告上体现得很明显。一个例子应当可以说明这许多情况：一个私人精神健康医院的广告以一个用大写印刷字母写的黑体标题"Busted"开始，然后接着说，"不要等到警察局给你们打电话，告诉你们要帮助你们的孩子时，才知道问题的严重性。如果你们孩子的行为超越了很多条条框框，那么你们将失去对他的控制……我们可以治疗那些吸食毒品、酗
169 酒、有非法的行为、离家出走、学习失利以及有情绪障碍的少年"（宾德和宾德，1994，359）。尽管有关的严重心理障碍较少发生，但是平均而言，在精神病院的少年的数量是成人数量的两倍。

逐出

另外一种针对身份罪管辖权以及与父母冲突的少年的拘留处遇减少的回应，其研究还不多，这就是逐出（exclusion）。一些离家出走的孩子可能只是简单的离家索居，或者那些不能管束孩子的父母可能把孩子赶出家门，或者在孩子违反家法的时候，不让他们回家。"强硬之爱"方法的流行，为这种父母把孩子逐出家门的做法提供了正当性。少年身份罪非司法管辖化的倡导者积极地敦促创建可供选择的、以社区为基础的并且提供心理咨询服务的居留场所，而立法机关已经基本被证实不愿意投资创建此类设施及配备人员。

1988年，"全国范围的研究：失踪、被诱拐、离家出走、被抛弃的美国儿童"（the National Incidence Study: Missing, Abducted, Runaway, and Thrownaway Children in America）（NISMART）报道：差不多有500 000名孩子离家出走，另外有127 000名未成年人被遗弃，也就是被他们的父母所抛弃或者赶出家门。当然，这种类别划分，很难区别导致各种情况发生的原因以及在这其中的人数问题。一些人已经找到了进入照管体系的途径，但并不是所有人。1990年的统计数字显示：超过500万的孩子所在家庭的户主既不是父亲也不是母亲，他们的户主要

么是亲戚，要么是朋友，要么是一些机构。被遗弃的孩子可能处于一种极度的环境风险中；NISMART 的调查发现：127 000名被遗弃的孩子中，大约有60 000没有“熟悉、安全”的居所。并且，这种没有熟悉居所的趋势似乎还在增加；从1980年到1990年，居住在户主不为父母的家庭中的孩子的数量增加了400 000，尽管这个年龄段孩子的总体数量略有减少（洛肯[Loken]，1995）。

法律执行机构的回应对策

在面对危机的时候，父母被期望能够找到在家中解决少年不当行为问题的替代方法。相关行为也引起了警察和法律实施者的密切关注，这类关注随着集团犯罪和公众对少年犯罪担忧的增加而与日俱增。

甚至在身份犯非拘留化的热潮达到顶点时，许多先前被送进专门机构收容的孩子们现在处于少年法院罪错行为管辖权的范围之内。身份罪管辖权被 170
警方用作为一种包括罪错行为在内的处理方法的兜底性范畴，于是，其中的一些儿童因罪错行为指控而被带进少年法院。关于华盛顿州的对取消身份罪管辖权之效果的评定显示了此类成果，尽管它明确地表明身份罪行为已经不再是一种正式的司法管辖行为。

然而，近年来，法律执行中出现了更为普遍深入的回应对策。经历了早期的衰落后，少年法院对身份罪的管辖权从20世纪80年代中期到20世纪90年代中期有再度回升的趋势：有正式诉状提出的身份罪案件从1986年的不足83 000件上升到1995年的146 000件，上升了77%。每1 000名未成年人的案件率，20世纪80年代呈缓慢而稳定的增长，从1986年的3.2件增长到1991年的3.4件；此后的增长就变得明显起来，从1991年的3.4件增长到1995年的5.2件。

在近来的增长中，一种类型的身份罪起到了重要作用，这就是“混合不法行为”（miscellaneous offenses），它从1991年的0.3件上升到了1995年的1.0件。“混合不法行为”的快速增多，看起来完全是归因于宵禁令的广泛出现。

1990年以来,约有1 000个地区实行了区域性的宵禁,有几个州也采用了此种做法。对全美200个最大城市的一项研究表明:在1990年实施宵禁的仅有47%;到1995年几乎3/4的城市都制定了此类法律(少年司法与少年罪错预防办公室,1996,1)。逃学和饮酒不法行为没有显著的增幅,对离家出走和不服管教的起诉,比率也没有实质性的增长。

近来以身份罪管辖权作为对危险行为的法律控制工具的倾向,同样可见于针对犯罪集团的规定和法令中。超过10万名犯罪集团成员聚集地的加利福尼亚州(杜鲁门,1995,683),通过了《街道恐怖主义强制与预防法》(the Street Terrorism Enforcement and Prevention Act)(1968),在诸多规定中,将"明知街头犯罪团伙成员参与或者曾经参与了某种类型的团伙犯罪而积极加入该街头犯罪团伙,以及参与该犯罪团伙实施严重犯罪的行为"规定为犯罪——参见《加利福尼亚州刑法典》(Cal. Penal Code § §186,20 - 28,[WEJT Supp. 1994])。同一法律规定,犯罪集团成员所使用的场所为有碍公益之地,并且通过宣示父母对于子女合理照料和指导之责,创设了次级身份罪责任。这一条款显然欲图征召父母加入到消除犯罪集团的努力中来。犯罪集团层出不穷的芝加哥市于
171 1992年正式通过了一项城市法令,允许警方在个人被合理地怀疑是一名犯罪集团成员时,如果此成员是和其他至少一名成员在公共场所游荡的话,有权命令其单独离开——参见"芝加哥市诉莫拉莱斯案"(*City Of Chicago v. Morales*, 527 U.S.41[1999])。

随着宵禁令和针对犯罪集团的法律的广泛施行,对于它们的适用也产生了广泛的质疑。大量的案例提出了法律规定不明确、对父母权利的干预、对平等保护的违背以及对未成年人行动自由的违宪干预等带来的种种后果。各个地方的宵禁令各有其不同的命运,部分取决于其语言特性,部分取决于法院把未成年人的行动自由放在何种地位(查迪[Chudy],2000)。联邦最高法院认为:芝加哥关于犯罪集团的法令是违宪的,因为它的诸项条款,包括"漫无目的地滞留在任何一个地方",在字面意义上是模糊的,并且法律规定的内涵的宽度不能为法律执行提供最低限度的指导——参见"芝加哥市诉莫拉莱斯案"(*City Of Chicago v. Morales*,527 U.S.41[1999]);在另一方面,关于父母责任的

法律规定，就其作狭义的解释来说，得到了加利福尼亚州最高法院的支持。加利福尼亚州法院同样支持在针对“街头刑事犯罪团伙”成员所颁布的《反骚乱法》(nuisance law)所发布的禁令：禁止犯罪集团成员同其他已知的成员拉帮结伙，以及从公共角度来看，以任何方式集中在城市的犯罪团伙成员集聚区——参见“公民诉阿库拉案”(*People v. Acura*, 929, P.2d, 596[1997])。

如果要对身份罪就其最近的形式——作为警方对未成年人加以控制的助益，而不仅是作为支持父母的工具——作出评价的话，那么我们还必须等待其适用而产生的法律上质疑的结果和关于这些法律在它们生效的那些不同地区的含义以及效果的相关信息的产生。但是，身份罪管辖的社会和政治功用已经发生了重大的变化，这一点毋庸置疑。

正如我们此前已讨论过的，身份罪管辖权已经授予父母们从公共权力与公共资源中获得助益以解决儿童问题的权力。现今这一途径远不如先前有效，并且为其他的一些社会制度所替代，比如心理健康体系，或者是通过非正式的措施，如逐出家门。然而，在经过一段时间的衰退之后，警察和公众的忧虑又浮现出来。关于宵禁和犯罪集团的法律的通过明显是为了应对公共安全方面的考虑，但是，违反这些法律的始作俑者常常是政府当局。在1986年，法律执行机构提出的“混合不法行为”诉状占了54%，1991年则是56%，1995年占了77%。警方一直肩负着指控饮酒违法的重任；1995年，这种类型诉状的93%是由法律执行机构提出的(西克蒙德，1998)。

通过观察身份罪控诉的来源，可以明了身份罪诉请的功能变化。父母和学校是身份罪行为信息最主要的提供者，在很多地区，甚至是唯一的实际提供者。但是1996年，在全国范围内法律执行机构向少年法院提供了过半的身份 172
罪的案源。相应地，法院对身份罪的管辖演变成公共控制的工具，而不再是公共援助。

少年法院身份罪的新问题与旧问题

玛格丽特·罗森海姆在其1976年题为《少年问题工作笔记》的论文中(罗

森海姆,1976)提出了几条应对少年非犯罪不良行为的社会措施。少年法院的司法管辖途径是当然的一项措施,然而在当时已饱受批评。第二项措施即社会服务机构模式:按照《关于非犯罪不良行为之 IJA - ABA 标准》进行处理。这种方法承诺自愿而非强制地干涉问题少年的正常生活。但是,青年服务司及类似社会服务组织的表现并不令人信服,而且其活动蕴涵着一定的风险,即其所提供的利益不是限制而是扩大了对少年的控制网。第三种措施类似于提供帮助服务的福利模式:服务建立在个人主义、采用个别化处遇以恢复健康功能的社会病理学观念基础之上。此种措施,却陡增了一笔公共组织无法负担的费用。最终,罗森海姆教授提供了至今还未采用的模式:一种将少年罪错行为视为正常,拒绝分类处理且为其贴上标签,而依靠多目标的社区的资源提供咨询,以及根据需求提供其他相关服务。

这篇摘要回顾了多种对不当行为的可能对策,此种不当行为之不当仅仅在于其实施者为未成年人和儿童。无论直接表明还是暗示,身份罪审判所反映的问题已经困扰并继续困扰着警方。我在这里只论及几个问题:第一个问题是,传统少年身份罪管辖的应用一方面令人担忧法律与社会政策保持何种适宜关系,而另一方面则是令人担忧父母与子女的适宜关系。公共机构借助父母的帮助去管理孩子,这是否是合理的目标?当我们仍然期望孩子们具备
173 自主决策的能力时,这样一项计划是否意味着父辈命令的可接受性以及强化了父辈的权威?而且如果目标是树立父辈权威,通过宣称此时法庭职权旨在强化父辈权威的司法干预能够成功进行?(卡茨和泰特尔鲍姆,1977 - 78)最终,总体上,在何种程度上强化父母权威是合适的;关于与道德相关的核心决策——有生殖力的决策,何时让未成年人在成熟时作出,何时让法院在其不成熟时作出?

第二个问题在改革时突显出来。如果司法权威在纠正孩子的行为上力量削弱,那么何种力量紧随其后?立法机关是否愿意提供一个自愿的平台使少年法庭可以使此项措施卓有成效,或者说立法机关的关心可以直接、唯一确保公共机构对于少年罪错行为的“密切”关注?如果不是,大多数州的做法让人悲观,孩子和家庭向何处寻求此服务?服务的提供者是否要在孩子的自由中

再创造出一些与少年法庭干预相关却与甚至是传统少年法庭实践程序都不相关的问题？同样重要的是，家长对于日益减弱的公共权威作何反应？少年离家出走与被逐出的发生率，特别是有些孩子没有熟悉与安全的地方居留，为重大担忧给出了理由。

问题同样出在成文法的运用上，这些成文法意图控制被认为在一定程度上有犯罪行为将要发生或已经发生的危险的非犯罪行为。这些法律，不论是以"根植于懒惰或犯罪"等术语表达，还是宵禁令和对犯罪集团的规定，都诱发了通行的对含义模糊的成文法的担忧。它们促使其本身反对个体和那些因为其表现，或人种特征，或种族特征而不是因为其行为本身明显危险而招致关注的组织。当那些活动的普遍标准无法证明其正当性时，它们就为疑问和调查提供了基础。而且它们声明社团的非人格性，这对于这些组织的成员来说是最重要的。

问题是，当然我们不知道如何处理来自于父母和未成年子女的紧张关系所导致的冲突，以及一些不当行为仅仅是青春期的正常情况。确实，我们的确不知道我们想怎样处理此类现象。但我们确实知道，如果我们将它们视为问题，那么它们将确实成为问题，我们也会发现劝说他们服从命令甚至听从好的意见的努力收效甚微。而且我们知道，大多数少年在年轻时出轨并未演变至成年后异常，并且最终得到他们应得的——自己的孩子。或许我们可以从所知的点滴开始，考虑我们将要如何去做。

参考文献 174

Allen, F. A.（艾伦，F. A.）. 1964. *The Borderland of Criminal Justice*. Chicago: University of Chicago Press.

Andrews, R. H.（安德鲁，R. H.），and A. H. Cohen（科恩，A. H.）. 1977. "PINS Processing in New York: An Evaluation." In *Beyond Control: Status Offenders in the Juvenile Court*, ed. L. E. Teitelbaum and A. R. Gough, 45 – 113. Cambridge, MA: Ballinger.

Binder, A.（宾德，A.），and V. L. Binder（宾德，V. L.）. 1994. "The Incarceration of Juveniles: From the Era of Crouse to that of Freud and Skinner." *Legal Studies Forum* 18: 349 – 66.

Chesney – Lind, M.(切斯尼 – 林德, M.). 1997. *The Female Offender*. Thousand Oaks, CA: Sage.

Chudy, P. J.(查迪, P. J.). 2000. "Doctrinal Reconstruction: Reconciling Conflicting Standards in Adjudicating Juvenile Curfew Challenges." *Cornell Law Review* 85: 518 – 85.

Confucius(孔子). *The Analects of Confucius*. Tr. Arthur Waley. New York: Macmillan, 1939.

Feld, B. J.(费尔德, B. J.). 1999. *Bad Kids: Race and the Transformation of the Juvenile Court*. New York: Oxford University Press.

Holden, G.(霍尔登, G.). 1995. *Unlocking the Doors for Status Offenders: The State of the States*. Washington, DC: GPO.

Huxley, Aldous(赫胥黎, 奥尔德斯). 1965. *Brave New World Revisited*. New York: Harper & Row.

Institute for Judicial Administration – American Bar Association(司法管理研究所—美国律师协会). 1976. *Juvenile Justice Standards Project, Standards Relating to Non-Criminal Misbehavior*. Tentative Draft. Cambridge, MA: Ballinger.

Katz, A.(卡茨, A.), and L. E. Teitelbaum(泰特尔鲍姆, L. E.). 1977 – 78. "PINS Jurisdiction, the Vagueness Doctrine, and the Rule of Law." *Indiana Law Journal* 53: 1 – 34.

Krisberg, B.(克里斯伯格, B.), and J. Austin(奥斯丁, J.). 1993. *Reinventing Juvenile Justice*. Thousand Oaks, CA: Sage.

Loken, G. A.(洛肯, G. A.). 1995. "'Thrownaway' Children and Throwaway Parenthood." *Temple Law Review* 68: 1715 – 62.

Mahoney, A. R.(马奥尼, A. R.). 1977. "PINS and Parents." In *Beyond Control*, ed. Teitelbaum and Gough, 161 – 77.

Office of Juvenile Justice and Delinquency Prevention(少年司法与少年罪错预防办公室). 1996. *Juvenile Justice Bulletin* 1 (April). Washington, D. C.

The President's Commission on Law Enforcement and Administration of Justice(法律执行与司法管理总统委员会). 1967. *TASK Force Report: Juvenile Delinquency and Youth Crime*. Washington, DC: GPO.

Rosenheim, M. K.(罗森海姆, M. K.). 1976. "Notes on Helping Juvenile Nuisances." In *Pursuing Justice for the Child*, ed. M. K. Rosenheim, 43 – 66. Chicago: University of Chicago Press.

Schaffner, L.(沙夫纳, L.). 1998. "Female Juvenile Delinquency: Sexual Solutions, Gender Bias, and Juvenile Justice." *Hastings Women's Law Journal* 9: 1 – 25.

Schwartz, I. M.(施瓦茨, I. M.). 1989. (*In*) *Justice for Juveniles: Rethinking the Best Interests of the Child*. Lexington, MA: Lexington Books.

Sickmund, M., et al.(西克蒙德, M. 等). 1998. *Juvenile Justice Statistics*, 1995. Pittsburgh, PA: Office of Juvenile Justice and Delinquency Prevention.

Snyder, H. N.(斯奈德, H. N.), and M. Sickmund(西克蒙德, M.). 1999. *Juvenile Offenders and Victims: 1999 National Report*. Washington, DC: Office of Juvenile Justice and Delinquency Prevention.

Sussman, A. (萨斯曼, A.). 1977. "Sex-Based Discrimination and PINS Jurisdiction." In *Beyond Control*, ed. Teitelbaum and Gough, 179 – 99.

Teitelbaum, L. E. (泰特尔鲍姆, L. E.). 1991. "Youth Crime and the Choice between Rules and Standards." *Brigham Young University Law Review* 1991: 351 – 402.

——. 1983. "Juvenile Status Offenders." In *Encyclopedia of Crime and Justice*, ed. Sanford H. Kadish 175
3: 983 – 91. New York: Free Press.

Truman, D. R. (杜鲁门, D. R.). 1995. "The Jets and Sharks are Dead: State Statutory Responses to Criminal Street Gangs." *Washington University Law Quarterly* 73: 683 – 735.

Unger, R. (昂格尔, R.). 1975. *Knowledge and Politics*. New York: Free Press.

Weithorn, L. A. (韦索恩, L. A.). 1988. "Mental Hospitalization of Troublesome Youth: Skyrocketing Admission Rates." *Stanford Law Review* 40: 773 – 838.

第 三 部 分

少年司法与社会科学

创建少年法院的进步改革家们乐观地相信:社会科学以及行为科学诸方面的进步成果能够转化为对问题少年的有效分类和矫治,不论这些少年是有少年罪错行为、缺乏管教或是无人照管。这种法学向经验性人类科学的敞开和结合,与对少年罪错的社会、心理研究的快速扩展紧相伴随。社会科学家们和少年法院的实践者们紧密配合,取得了一系列的成果,这些成果将在本部分得以着重介绍。在第七章中,约翰·劳布论述了一百年来对少年罪错原因及预防的学术研究。读者将会看到,大量对于少年罪错行为根源的调查研究不断涌现,其中亦包含少年法院创建者们所期望的研究。但是,这些所谓科学发现是否有助于政策制定呢? 并且,这样的社会学意义上的研究是否真正地融入到了少年法院的法理支撑中呢?

第八章与第九章讨论了一些社会科学的经验教训,这些社会科学主要关注处于现代少年法院管辖范围之内的两类特殊人群。在第八章中,戴维·法林顿和罗尔夫·洛伯勾勒了对严重暴力罪犯的研究轮廓,而这些罪犯也正是现代少年法院管辖范围内最令人头痛的问题人群。在第九章中,马克·特斯塔和弗兰克·弗斯滕伯格扩展了由克利福德·肖和亨利·麦凯创立于 20 世纪 20 年代的少年罪错行为研究领域的视野。特斯塔与弗斯滕伯格的研究表明:组织不完善的社区所呈现出的儿童危境程度也相当的高。于此,本部分的各章节描述并拓展了对少年罪错和(晚近)儿童危境问题的丰富的社会科学研究传统。

第七章　少年罪错研究及少年罪错理论的一个世纪

约翰·劳布(John Laub)

乍看之下,在过去的一百年中,美国国内有关少年罪错的观念已经有了显著改变。只需简单回顾一下对罪错少年的称呼的变化历程,便可窥其一斑。20世纪伊始,他们被称为"有缺陷的";30年代,他们被称为"任性少年";50年代,他们被称为"罪错儿童";70年代,这些人被称为"慢性少年罪错犯罪者";而到了90年代,称呼又改变为"超级掠夺者"。据赫希和鲁迪希尔(Hirschi and Rudisill)(1976)的调查研究表明:过去的一个世纪中,生物学、心理学以及社会学连续主导了美国犯罪学思潮的各个方面。顺理成章的,随着不同思维方式的相继出现并占据主导地位,解释框架也相应地发生转换。例如,当社会学的思维方式在犯罪学研究中占据显要位置时,赫希和鲁迪希尔认为,"理论解释的目光从罪犯本身转移到了他们产生于其中的社会过程"(赫希和鲁迪希尔,1976,21)。同样地,少年罪错研究的焦点已经从个人特质(比如智力)和家庭转向了帮派、团体以及社会结构特质(比如社会阶层)等。最后,学者们的目光又转向了社会控制系统,甚至更为广泛的政治和经济诸方面。根据少年罪错缘由思考的上述变化,少年罪错预防及控制方面的思考亦随之变化。例如,随着这一研究领域愈来愈不关注罪犯与非罪犯之间的差异性,政策的导向也就愈来愈不注重于儿童指导所(child guidance clinics),以及罪错少年及其父母的单独训导。

在本篇中,我追述了过去一个世纪中有关少年罪错和罪错少年的学术研究史。由于目的使然,我将少年罪错的定义扩展,使之包括触犯刑法以及所谓

180 的"身份犯罪"*（即触犯专门针对少年而制定的法律）。本章旨在还原美国少年罪错理论研究的历史原貌。笔者特别注重对美国少年罪错的传统调查研究和重要理论的介绍，并着重评述了它们对有关少年罪错的流行解释和社会反映所产生的影响。例如，我回顾了威廉·希利、谢尔登·格卢克与埃莉诺·格卢克夫妇、克利福德·肖和亨利·麦凯，以及马文·沃尔夫冈与其同事们的传统调查研究。另外，本章也述评了少年罪错的重要理论，其中包括埃德温·萨瑟兰、罗伯特·默顿、艾伯特·科恩、沃尔特·米勒、理查德·克洛尔德与劳埃德·奥林、戴维·马茨、埃德温·舒尔以及特拉维斯·赫希等人的著作。

尽管过去的百年中呈现出许多重大改变，相关的特定问题却一再重现。整个20世纪的几乎全部时间内，民族/种族问题、生物学、贫穷与不公、文化的价值与标准、对学术规范的诉求、国家的角色定位以及少年法院运动的希望与梦想等相关问题都已是老生常谈。这些持续存在的问题如何在每一代人中间得到解决，关系着被认为是少年罪错的重要缘由的那些因素。揭示社会结构的变化过程是必要的，它有助于理解那些持续变化着的对于少年罪错行为和少年犯罪者数据的解释，也有助于把握对少年罪错行为发生原因的不同解释以及与之相伴随的控制方案的修正。

有关少年罪错的经典研究及理论

在过去的百年间，数以千计的有关罪错少年的调查研究和一大批理论被用来解释少年罪错行为。在此，我的目标在于强调指出，在少年罪错研究领域有哪些经典调查研究和重要理论。在这段时期，对少年罪错行为的研究有两

* 所谓"身份犯罪"是指只有特定年龄阶段的少年才能构成的犯罪。也即如果不具有"少年"这种身份，即使进行了这样的行为，也不构成犯罪。根据一些西方国家有关身份犯罪的法律，这类少年犯罪包括逃学，小偷小摸，恶意破坏，离家出走，不正当的性行为，结交少年犯罪人朋友，使用亵渎语言，饮酒，吸烟，违反宵禁令，不服从父母、老师和监护人的管教，不服从管理人员的管理以及懒惰、放荡、猥亵等行为。我国目前尚未有像"身份犯罪"这样的法律术语。——译者注

条主要线索。其中一条集中于与犯罪相关的因素。这种视角由一种叫做“复合因素”的理论框架发展而来，后者在本世纪前半叶中是主导的犯罪学研究模型。这一复合因素的研究进路（现在我们指代其为犯罪相关因素的进路）对可能区分犯罪与非罪行为的一系列生物学的、心理学的和社会学的因素进行了考察。这种进路的研究表明，对于犯罪与暴力而言，并不存在某种单一的缘由和偶然因素；毋宁是，多种途径的综合导致了犯罪和暴力的发生。我们所可以想到的偶然因素非常之宽，而且极大地受到学科偏好及可用数据的影响。另一条主要线索注重对犯罪和少年罪错行为的理论化。一般来说，犯罪学领域中的理论被社会学中有关犯罪的理论观点所左右；因此，这条研究进路的中心观点即是，犯罪是外在于个体的社会运动的结果。当我们谈起传统的犯罪学， 181
我们脑海中就会浮现出社会解体理论、差别交往理论/不同接触理论、紧张理论（strain theory）、文化偏离理论、社会控制理论以及标签理论等。

尽管有着丰富的调查研究和理论的传统，我们仍然惊奇地发现，多数调查研究的进行独立于理论，而绝大多数的理论建构也缺乏严谨的调查研究。只在很少的机缘，调查研究和理论才拉起手来。通过这次回顾，我们的主题发现便是，理论重心的转换已经很大程度上脱离了调查研究的结果，而调查研究也很大程度上是在缺乏一个坚固的理论基石下进行的。因此之故，特定时段所强调的重心更多地与当时的社会状况有关，而非调查研究的真实性或理论观点的说服力。对于制定有效的控制少年罪错的政策来讲，这样的事实似乎不是一种好的征兆。

调查研究状况

从个案研究（例如《杰克·罗勒》，克利福德·肖著[1930]）到对众多罪犯案件卷宗的分析（例如《千名罪错少年》，谢尔登·格卢克和埃莉诺·格卢克著[1934b]），多种多样的方法被用以研究各种犯罪与少年罪错行为。对少年罪错行为及实施者的研究倾向于依赖官方资料，如警察局的报告和逮捕率等。

对于某一将要被记录为犯罪的事件，它必然要被警察局所知晓并被定性为犯罪事件。诉诸于受害人关于犯罪的报告或者警察局的抓捕率和犯罪记录，又或者同时诉诸于二者，上述两方面的情况可能会有所不同。幸运的是，在该世纪的后半叶，其他的犯罪资料来源已可供使用，即少年罪错行为的自我报告和用以测定美国个人和家庭之被害程度的被害调查。近来，调研者们已经相当熟练地在不同领域之间采取复合进路搜集少年罪错行为的资料（例如少年司法与少年罪错行为预防办公室所做的"少年罪错行为原因及相关因素"的调研项目）。

复合因素与个人特质

在该世纪的前半叶，学界研究兴趣集中于少年犯的生物学、心理学和社会学特质上。这种研究进路力图甄别罪错少年与非罪错少年之间尽可能多的特质。由于调查研究没有与任何一种学术规范相结合，也没有建立一种有关少
182 年罪错行为的先在假设，对少年罪错行为原因的调查研究就不存在一个坚固的基石。这种调查研究的战略是直截了当的：收集数据以检验少年罪错人群与何种特质相关联，并与普通人群或一些特定的非罪错少年群体相比较。这一进路的基本观点是：存在着少年罪错行为的直接原因，并且这些原因在少年罪错者与非少年罪错者的区别中能够被反映出来。因此，调查研究的目标就是去发现少年罪错者行为的相关因素。这种科学观点与非少年罪错比少年罪错要更为可取的观念相结合，开创了少年罪错行为原因研究的一个黄金时段（赫希，1979）。此外，社会科学调研和社会政策之间的联结从未如此强大。一旦这些相关因素被确证，解决少年罪错问题的方法就会自数据中产生。实用主义取代抽象化理论统治着这段时期。

起初，犯罪学家仅仅着眼于少年犯罪者的生理结构，特别是身体素质上的缺陷。很快地，注意力从身体转向了犯罪者的精神能力上，低能旋即被视为少年罪错行为的首要原因，社会因素也在少年罪错行为原因的调研中被考虑进来。索夫尼斯巴·布雷肯里奇和伊迪思·阿博特（1912）所做的一项关于芝加哥少年法院监管所的重要调研表明，儿童抚养和家庭生活在预防少年罪错行为

方面最为重要。这些作者还强调指出了贫困和被隔离以及移民聚居区的自然状况等消极影响,这也同时揭示了运用复合因素的进路来研究少年罪错行为可能牵连的因素的范围之广。

从复合因素的研究进路出发,威廉·希利得出结论:对罪犯的研究应当排除“对一般的社会学或生物学理论的接受”(1915,32)。通过在芝加哥少年法院的调研,希利发现了一系列与少年罪错行为相关的因素。但是他高度重视遗传和精神不正常,将它们视作比家庭关系和社区因素(比如相处不洽)等更为重要的因素。

可能在谢尔登·格卢克和埃莉诺·格卢克的研究《少年罪错之阐明》(1950)中能够找到复合因素这一进路的最好说明。这本书的标题已将之全部说出:那些存在于少年罪错行为的缘起和发展周围的因素究竟是什么?在第一章,格卢克夫妇*指出了现有关于犯罪原因的知识和理论的不足之处,并且呼吁一种惊人的、包含了多角度的进路,也即复合因素的调研策略。格卢克夫妇相信,所有的“导向犯罪原因的假设”都必须系统地得到考察。这种为阐明性研究而设计的调研方法是建设性的。这项研究承担了500名“持续少年罪错行为少年”与500名“从未实施少年罪错行为的少年”之间的系统对比。这两个 183
群体在以下方面被加以比较:“种族隔离、年龄、智商、社会低下层民众聚居区”。依据身体类型,这1 000名少年被分类,并且进行了医疗和心理检查、智力和能力测试,以及罗夏测验(Rorschach Test)**。每个少年的家庭、学校和社区背景由熟练的社工调查而得。“力求客观,每条线的调查都独立展开;没有一个调查员可以得知另一调查员的发现。通过这种深入的、多角度的研究进路,作者达到了一种对导致少年罪错的因素的综合概观。”在最后,格卢克夫妇考察了与少年罪错原因相关的大约2 500种因素。

格卢克夫妇因为他们持续的对罪犯的纵向研究而闻名于世(参见格卢克

---

* 谢尔登·格卢克和埃莉诺·格卢克是一对夫妇,两位都是美国著名犯罪学家,代表作品为 *Unraveling Juvenile Delinquency*,有台湾学者译为《破解少年非行》,本书译为《少年罪错之阐明》。——译者注

** 罗夏测验,是使人解释十张墨水点画,以测验人的个性和精神状态的方法。由瑞士精神病科医生罗夏(逝于1922年)发明,又叫罗夏墨迹测验法(Rorschach Inkblot Test)。——译者注

和格卢克，1930，1934a，1934b，1937，1940，1943）。在《少年罪错之阐明》这一著作中格卢克夫妇跟踪调查罪错少年和非罪错少年直至他们进入青年阶段。大量关于家庭生活、雇佣、教育、服役以及进入成年后的犯罪与偏离行为的数据得以收集。格卢克夫妇特别关注随着个体年龄增长而表现在犯罪上的变化。他们在25年的研究结束时（从少年的青春期一直跟踪到32岁），附之以下语句："根据事实我们确信，整个事情的主题就是两类人之间原生的和持续的分歧。一种人不断错误地实行反社会的事情，而另外一类人则努力遵守传统的'游戏规则'，后者相对地成为守法社会"（格卢克和格卢克，1968，197）。

格卢克夫妇的目标是辨别出区分少年罪错者与非少年罪错者之间的那些因素，那些因素可以被用以完善预测机制。而通过这种预测机制，人们可以较早地区分出潜在的少年罪犯与非罪犯。因此，尤其在20世纪前半叶，调研的标准被一种洋溢着的热情所代表：一旦这些导致犯罪发生的因素被确认，就可以制定政策来改变这些因素的影响。

类似的其目的在于影响社会政策的对于少年罪错行为的复合因素的纵向调查还有许多，它们中有威廉与琼·麦科德在剑桥—苏摩维尔和曼彻斯特开展的少年传统研究，见之于《犯罪根源》（*Origins of Crime*）（1959；也见麦科德，1979）；李·罗宾斯的创新研究，见之于《失常儿童成长》（*Deviant Children Grown Up*）（1966），以及当前正在进行的丹佛、匹兹堡和罗切斯特三地的少年罪错行为原因及相关因素的纵向调研，这项研究由少年司法和少年罪错行为预防办公室提供基金支持。与上述三项调查研究相关的更多细节，可以参看休伊津加、洛伯和索恩伯里（1994）以及洛伯等人（1999）的著作。

185 我们获悉了什么

许多因素被视为少年罪错和反社会行为的原因，其中包括个体的、学校的和同伴的因素。例如，那些在学前年龄段表现出胆大妄为、烦躁不安或难以捉摸的儿童，更易于在其后的儿童期和青春期出现反社会行为的问题。也有经验表明：多动、冲动和注意力缺陷与犯罪的最初基础相关。这种情况尤其在男孩中常见(参见洛伯和勒布朗,1990)。家庭特征,尤其是贫困家庭的运转和儿童抚养习惯,与少年罪错问题密切相关(洛伯和斯托萨莫－洛伯,1986)。另外,研究者们还称,糟糕的学校成绩和在学校中的"失败"始终与少年罪错犯罪相联系(马圭和洛伯,1996)。更广泛的研究也表明,在犯罪的形成过程中,同伴扮演了一个关键的角色(索恩伯里等,1994)。

惯犯、持续少年罪错者、严重暴力罪犯和超级掠夺者们

50多年前,格卢克夫妇发现,事实上作为他们犯罪历程调查研究对象的全部510名教养院里的人员"都有过严重的反社会行为经历"(1930,142)。他们的数据还证实了"反社会历程的早期发生"(同前,143)。这项发现被许多调查研究证实。的确,诸多调查研究发现的其中一个就是,那些高犯罪率的罪犯比那些相对较少犯罪经验和较少犯罪行为的罪犯在更早年龄段卷入犯罪之中。

第二个重要的发现是,小数量的持续犯是大多数犯罪事件的作案者(沃尔夫冈、菲格里奥、塞林,1972)。在对著名的费城出生群的数据分析中,沃尔夫冈与其同事称,6%的人(或18%的少年罪错者)应当为这个群体所犯罪行的近52%负责。他们还发现,持续犯比非持续犯更可能是男人,更可能来自于低层的社会经济背景,经历了更多的家庭变故,可能拥有较低的智商,可能更少完成学业,以及可能在生命历程中较早地开始了犯罪生涯(根据第一次被逮捕时的年龄计算)。类似的结果很快在美国其他地区和其他国家被发现。

很快,在对出生群的先锋研究出版之后,调查研究开始集中于被人们称为严重暴力罪犯的持续罪犯群体。事实上,在过去的20年间,以严重、暴力少年犯罪研究小组的报告的出版为标志(洛伯和法林顿,1998),调查研究和政策的 186
注意力已经直接指向这类罪犯群体。由少年司法和少年罪错行为预防办公室提供基金支持,这一团队综合了有关风险与保护因素的文献和防范及遏制策略方面的信息。一个关键的发现就是,严重暴力的少年罪犯在较早年龄阶段就开始表现出行为问题和少年罪错倾向。因此,对危险儿童及其父母的干预介入永不能视为过早进行。

近来，约翰·迪乌里奥将新一代的少年罪犯称为“超级掠夺者”，并且认为，“如今的坏孩子比以前的坏多了，明天的将比今天的坏孩子更坏”（贝内特、迪乌里奥、沃尔特斯，1996，26－27）。进一步发挥这种观点，迪乌里奥认为将会出现如下结果：“美国如今正在成为范围越来越广的少年‘超级掠夺者’的家园。这些‘超级掠夺者’是激进、冲动、残忍、无情的年轻人，其中大多数是少年，他们谋杀、袭击、抢劫、入室盗窃，他们吸毒，他们参加持枪的帮派组织，他们制造严重的社会秩序混乱，这些人不害怕被逮捕的污点记录，不畏惧被囚禁的痛苦滋味，也不担心良心上的折磨”（同前，27）。

“超级掠夺者”现象背后的深层次原因是“道德贫乏”——儿童们日渐长大，但他们缺乏爱和照顾，缺乏负责任的父母的监护（贝内特、迪乌里奥、沃尔特斯，1996，59）。换句话讲，这些作者认为，由于社会化过程的缺失，孩子们的天性有了一个实质上的转变。但是，“超级掠夺者”是否与20世纪七八十年代的“严重、暴力少年罪犯”不同却并不是显而易见的。他们真的区别而又统一还是他们本就是完全同一的呢？事实上，如果不是通过与犯罪的牵涉深度和频繁关系来看，“持续犯”与“非持续犯”的区别也不是那么明显。

理论研究状况

有关少年罪错行为的大多数理论源自社会学。在解释少年罪错行为时，许多因素被认为是重要的。其中包括社区组织、同伴群体的关系、机会结构、社会阶级、贫困、文化价值，以及少年司法制度自身。撇开有益的调查研究，少年罪错行为的理论很大程度上降低了家庭和个体的差异在少年罪错行为发生中所扮演的角色。甚至，尽管悠久的调查研究传统显示少年罪错行为包含诸多符合因素作为其原因，理论家们却往往关注某一单个的变量（比如贫困），将之视为少年罪错行为的关键解释。这说明，少年罪错行为的理论与对少年罪错行为的调查研究常常步调不一。

最初，少年罪错行为的解释与问题的解决紧密相连。随着少年罪错行为
187 的解释变得越来越复杂，病因和治疗之间的连结上出现了断裂。正如特拉维

斯·赫希所指出的,“原则上,一种关于少年罪错行为的理论会做两种事情:其一,它告诉我们什么是少年罪错行为;其二,它告诉我们少年罪错行为产生的前提或原因。于是一般来讲,一种少年罪错行为的理论应当告诉我们怎样预测少年罪错行为以及怎样防止或控制它的发生”(赫希,1979,183-84)。但是,尽管有着良好的意图,在理论上,调查研究和少年法院实践之间却存在着一种断裂。

社会解体理论:社区的角色

克利福德·肖和亨利·麦凯在芝加哥进行的调研(始于20世纪20年代)是少年罪错行为理论发展中最具影响力的一个。最重要的原因是,他们的工作将大家的注意力吸引到犯罪和少年罪错行为的生态学方面。尤其是,肖与麦凯多次研究了芝加哥市内少年罪错行为多发区的分布(1931,1942)。他们发现,少年罪错行为发生几率最高的地方通常是那些最为“社会解体”的区域,也即那些贫困率高、民族多样化、差异大和居民流动性强的区域。另外,在一定时间内不管哪一种族或哪一民族群体居住于这一社区,只要是社会性地失控,这一区域就会出现少年罪错行为高发率的现象。

因此,肖与麦凯的目光投向导致少年罪错行为发生的生态学、文化的和群体变迁的因素。不同于早期的研究进路,他们的研究进路指向对更宽范围的社会变迁的评价,例如迁徙、工业化和城市化。这种研究进路也使得他们影响了对传统社会机构的分析,例如家庭、教堂、同伴群体以及整个地区等。他们的一个分析结果就是文化传播的观念:

> 特定地区内少年罪错行为的严重集中……居住于这些区域内的少年们不仅仅与那些参与少年罪错行为的个体有联系,也同那些鼓励这类行为并且施加压力以使其成员遵守群体规则的群体有着密切的接触。……
> 这就说明,这些地区内的罪错少年不仅接触了他们同年龄的其他少年罪 188
> 错者,也受到了年长的罪犯们的引导,而后者返回来接触跟随其后的少年罪错者并因此重返这一地区的早期少年罪错历史。这种关联说明,少年

> 罪错的传统可以并通过不间断的一代又一代少年被传承，就如同语言和社会结构被传承一样（肖和麦凯，1942，174）。

于是，肖与麦凯的著作就引导人们的注意力从少年罪错者和非少年罪错者的个体特质转向了少年罪错行为的群体传统以及较大社区的影响。

毫不奇怪，肖与麦凯集中将社区视为犯罪与少年罪错行为预防的一种资源。正是基于此种旨趣，由本土社区成员共同设计基于社区的组织（即著名的芝加哥区域工程*）才得以出现。所罗门·科布林（Solomon Kobrin）曾这样总结芝加哥区域工程背后的理论：

> 从其最一般的方面来讲，现代大城市内的少年罪错行为……原则上是自生社会控制系统之崩溃的一种产物。这种崩溃被社会变革的大幅度向前迈进而推动加速，当那些迁徙者从一个农村背景的地方进入城市中，他们就加入了这种社会变革的洪流。从其较为特定的方面来讲，少年罪错可以被视为农村流民的男孩子们的适应行为，他们在试图找寻通向有意义的和受人尊敬的成年角色的道路上缺乏必要的年长一代的帮助，于是他们就模仿青春期同伴群体的成员们的行为并受到那些城市内地区为之提供天堂的犯罪“榜样”的影响（科布林，1959，22）。

肖和他的同事们的角色就是帮助当地官员去组织他们的社区，以使他们更有效地防控少年罪错行为和治疗那些罪犯。芝加哥区域工程的核心是一种对于社区有能力解决它们自身问题的乐观和信念（参见肖特，1969）。

---

* 简称 CAP（Chicago Area Project），开展于 20 世纪 30 年代，由社会学家克利福德·R. 肖领导。本工程主要面对芝加哥城内最为贫困的一些地区的罪错少年，其目的就是通过解决这些少年及其家庭存在的一些问题而提高居民的生活质量。——译者注

文化冲突理论:文化价值的角色

1938年,索尔斯坦·塞林写了一本经典的专著《文化冲突与犯罪》。尽管塞林没有提供一种特定的少年罪错行为理论,但他通过提出一种倡导性的原则——未来的调查研究和理论将依靠这一原则而发展——而重新定位了这一领域。塞林认为,由于法律因时而变,因文化不同而异,犯罪的法律定义不再是普遍有效的范畴,于是也就不能成其为研究犯罪行为的基础(塞林,1938,23)。作为一种对犯罪的法律定义的替代品,塞林建议犯罪学家研究行为规范以及对这些行为规范的违反:

> 对每一个人而言,作为某一特定群体的一个成员,他们都存在着一种正常(正确)和非正常(错误)的行为方式,而这种规范就奠基于这一群体所形成的共同的社会价值之上。因此,**社会群体所出现的地方就有行为规范,也即,这是普遍和绝对的。这些行为规范不是任何一个规范化群体的创造物;它们也不限于政治的界限内;它们也更不必然地体现于法律中。** 189 这些事实不可避免地导向这一结论:对行为规范的研究将要比对限定在刑法中的犯罪的研究更能为科学范畴的发展提供一个更好的基石(塞林,1938,30)(着重点为原文所加)。

因此,对于塞林来说,文化冲突就是行为规范之间的冲突。更为甚者,随着文化变得更加复杂,彼此之间存在分歧的行为规范的数量也随之增加,这也反过来导致了社会中的更大冲突。由于其著作写于20世纪30年代,塞林的观点无疑受到了迁徙、城市化和工业化的影响。即使有这样的背景,塞林关于犯罪的视角还是有效的。并且,其关于价值分歧导致犯罪的观点在今天仍然得到认同。一些理论家已经从文化冲突进一步转向了美国社会中不同的价值系统。例如,沃尔特·米勒在20世纪五六十年代就提出了一种关于少年罪错行为的理论,在其中他认为,少年罪错行为是一种社会化进程的结果,而这种社会化通向一种在其中违反法律是可以的、是被允许的价值系统。因此,少年罪错行为和违法行为并非一致。在米勒看来,"那些由下层角落群体的成员所实施的'少年罪错'行为的动机,主要包含一种积极的努力,即努力取得行为人最根本的文化背景所肯定的地位、环境或者身份"(米勒,1958,18)。更进一步,米勒指出,不法行为或者"被与低层文化的中心关怀相关的因素所或明或暗地支持,或者被其相当程度上禁止"(同前,18)。低层文化的中心关怀包括麻烦、难以应付的事物、痛苦、快乐、命运和自主权。米勒认为,低层文化是少年罪错行为产生的一个背景(同前,5)。

另外一种关注价值与规范的经典少年罪错行为理论出现于戴维·马茨的论著:《少年罪错与偏离》(*Delinquency and Drift*),该书出版于1964年。马茨认为,少年罪错行为的价值背景并非主流文化的对立面,而是主流价值体系内一部分涌动暗流的结果。少年罪错亚文化允许个体以惯常的价值观来为其少年罪错行为寻求托辞。换句话讲,正当化——赛克斯和马茨(1957)称之为"中立化技术"——被用以规避规范或规则,而非简单地拒绝。规则或规范在特定情形中被视为不能适应。中立化技术包括:否认责任、否认伤害、否认受害方、谴责声讨者以及诉诸于更高的忠诚。

190 总之,被用以解释犯罪和少年罪错的文化价值与规范的角色在这一领域内是一个持久的话题。同时期内,将价值视为理解城市少年罪错行为的重要因素的著作中包括伊莱贾·安德森的《街角习俗》(*Code of the Street*)(1999)。安德森认为,在城市内贫穷的黑人街区,存在着两种价值倾向或文化——体面上的和街角的。这些价值倾向"将这些社区社会组织起来,并且,他们共处和交往的方式对居民,特别是对在内城长大的孩子们来说有其极为重要的影响"(同前,23)。体面文化对应主流价值,包括努力工作、依靠自我和为自己的孩子而献身的重要性。相反,街角文化对应着"一种街角的习俗,也即存在着一系列的不成文的规则,它们支配着人际间的公众行为,特别是暴力行为"(同前,23)。由于持久的贫困、普遍失业与中心机构,特别是与刑事司法系统相疏远,"在那些警察权力影响结束的地方,在那些个人感觉到该由自己为自己的安全负责的地方,街角习俗就产生了"(同前,34)。

差别交往理论:同伴的角色

埃德温·萨瑟兰构建了一种有关今天存在的犯罪与少年罪错行为的主导理论:差别交往理论。萨瑟兰提供了一种犯罪和少年罪错的社会学解释,这是和20世纪早期流行的心理学和生物学理论极为不同的(参见萨瑟兰和克雷西,1955,77-79)。对于萨瑟兰来说,犯罪行为——和非犯罪行为一样——是在与他人的交往中学来的:"一个人少年罪错是因为支持少年罪错行为的判断力超过了不支持少年罪错行为的判断力"(同前,78)。这句话表明了差别交往理论的本质。萨瑟兰在其犯罪理论中还强调了文化;在他看来,社会是由不同的文化群体构成的。犯罪现象背后所隐藏的正是文化冲突原则,这种文化冲突导致差别交往,而差别交往导致犯罪行为。

可能由于其内在的简单性,差别交往理论成为如今最为流行的犯罪学理论之一。在过去的25年间,罗纳德·埃克斯扩展了差别交往理论的理论关注点(埃克斯,1998),提出了一种社会学习理论去解释少年罪错、犯罪和其他偏离行为。但是,社会学习理论的核心还是差别交往的观点,并且,同伴的影响等也是在50多年前由埃德温·萨瑟兰首次提出的。

结构及亚文化理论:贫穷及社会阶层的角色 191

1938年,罗伯特·默顿发表了一篇影响很大的文章,题为"社会结构与社会反常"。这篇文章提供了一种与索尔斯坦·塞林和埃德温·萨瑟兰的文化解释进路不同的视角,以观察和解释犯罪和少年罪错。默顿的理论范式被称为社会反常理论或者社会结构理论,又称紧张理论,他在文化目标——也即社会中人们的追求——和制度方式——也即追求文化目标所需的过程和良机——之间作出了区别。对于默顿来说,其主要关注点在于:美国社会中,成功的渴望和成功的机会之间存在着明显的断裂。他认为,在美国社会,成功被过于强调,并且,缺少达至成功目标的机会就导致了"紧张",特别是在低下阶层中,这点表现得更为明显,于是最终就导向了一种反常状态,即规范缺失的状态。这种反常状态的一个结果就是,在那些低下阶层的个体中间就会发生高频率的偏离与犯罪行为，而这些个体达至成功的制度方式是被严格地限制了的。

在艾伯特·科恩，以及劳埃德·奥林与理查德·克洛尔德合作设计他们自己的少年罪错行为理论中，默顿的观点被引用并且扩展。大萧条*和二战之后更大的社会力量也成为此阶段学者的关注中心，也即一种明显刚性的社会阶层结构、普遍的贫困、美国黑人大幅度的城市化、青年人的低等社会地位，以及总体来说美国社会的分化与冲突。因此，芬斯通认为（芬斯通，1976），20世纪四五十年代的焦点是"社会地位"和"社会结构"，而非像20世纪二三十年代那样集中关注"社会变革"。

艾伯特·科恩出版于1955年的书，名为《罪错少年：群体文化》（*Delinquent Boys: The Culture of the Gang*），被视为一种"突破"（用科恩自己的话来讲）。在回顾了少年罪错行为理论之后，芬斯通说：

> 科恩的理论对于犯罪学的发展作出了极具重要意义的贡献……它为四五十年代正在绽露萌芽的群体文化特征提供了形式和质料。通过明确地将社会阶层和少年罪错行为之间的联系结合起来，这种理论为制定关于群体问题的社会政策提供了许多可贵的指导。可能它的最大贡献在于其带来的学术上的兴奋与灵感激发（芬斯通，1976，173）。

肖和麦凯曾辨明少年罪错的传统，而科恩则是第一个把这种传统用术语称为"少年罪错亚文化"（恩皮[Empey]，1978，308）。他也是第一个将低下阶层地位与少年罪错亚文化明确联系起来的理论家。

192 如同默顿一样，科恩相信所有美国人都一样拥有追求成功的伦理观。问题之发生是因为在低下阶层的孩子们的社会化进程中，他们无法有效地与那些中产阶级有教育背景的孩子们竞争，以达至这些成功的目标。这种状况导致了"紧张"，于是，低下阶层的孩子们转向作为减少"紧张"的机制的少年罪错

---

* 指1929年至20世纪30年代早期的世界性严重经济萧条或经济危机。——译者注

亚文化(科恩,1955,24－32,121－37)。科恩认为,少年罪错亚文化可以被描述为非功利主义的、恶意的和消极性的行为。在少年罪错亚文化中,及时享乐主义和群体自治也被强调。"少年罪错亚文化的核心标志是对中产阶级生活准则的明显而普遍的拒斥,以及对这些准则的对立面的适用"(同前,129)。少年罪错亚文化由此提供了一种转换机制。在其中,低下阶层的人们可以达至某种身份和地位,并且由此消除掉了因为试图与中产阶级人们竞争而导致的"紧张"。要知道,在这种竞争中,他们的装备远远不足以去与之竞争。

理查德·克洛尔德和劳埃德·奥林合著了另外一本关于结构性紧张、社会阶层和亚文化的有影响力的书,题为《少年罪错与机遇:一种关于少年罪错团伙的理论》(*Delinquency and Opportunity*: *A Theory of Delinquent Gangs*)(1960)。本书作者第一次提出,不同类型的少年罪错亚文化可以与不同类型的社区相联系。因此,我们不仅可以用一种结构性的视角来考察导致偏离行为与犯罪的根源,也可以通过每个社区的当地社会结构来评价亚文化反应的形态。另外,克洛尔德和奥林还认为,不仅存在着提供合法机会的机构,也还存在着提供非法机会的机构。芬斯通曾经间接指出他们的贡献的重要性:

> 亚文化进路在克洛尔德和奥林的著作《少年罪错与机遇》(1960)中得到了最完整的展现,这是一项可资炫耀的综合性成果。通过比较少年罪错行为的亚文化形式的区分,这种理论用一种单一的系统将贫困社区的类型学和(少年罪错)群体的类型学结合起来。最重要的理论贡献是克洛德的"非法机会机构"概念,它可以被最为恰当地视为一个在较大社会结构和社会背景之间架起桥梁的概念(芬斯通,1976,175)。

和科恩一样,克洛尔德和奥林关注少年罪错群体,这些群体"在大城市中低下阶层聚居区的青春期男孩子们中间非常典型"(克洛尔德和奥林,1960,1)。他们也认为美国人拥有相同的追求成功的伦理观。但是,低下阶层的人们通常会发现,成功机会的大门对他们是关闭的,于是这些个体就感到"紧张",这种"紧张"导致了少年罪错亚文化的形成,而后者也最终通向少年罪错行为。

193 ## 标签理论:少年司法的角色

标签理论,或者说社会反应理论,关注那些被贴上偏离、犯罪或少年罪错的标签的行为,关注被选来贴上标签的群体,还关注这种标签行为过程所导致的后果。在弗兰克·塔嫩鲍姆的著作《犯罪与社区》(1938)中,我们可以看到标签理论的基本原理。例如,将罪恶戏剧化的观点就抓住了现行标签理论的一些基本见解:

> 因此,制作"犯人"的过程就是一个标注、定义、辨明、区分、描述、强调以及产生意识与自我意识的过程;它成为一种刺激、匹配、强调和唤起这种行为要受人指责的方式……一个人成为他被人描述的那样。这似乎与这种价值评估由那些要惩罚的还是那些要变革的人作出并无关系……他们愈是要努力改变这种罪恶,这种罪恶就愈是生长于他们的手下。不管是基于怎样的好的意图,这种固执的建议都会带来伤害,因为它导致了它要去惩罚的不良行为的出现。解决问题的出路在于一种对罪恶戏剧化的拒斥。关于罪恶,说得越少,情况就越好(塔嫩鲍姆,1938,19－20)。

直到20世纪50年代,埃德温·勒莫特才将标签理论发展得更为细致。类似于塔嫩鲍姆,勒莫特也关注使得偏离与顺从的定型得以产生的社会过程。他集中考察社会控制机构与规则违反者们的互动,以及特定行为是如何被贴上"犯罪"、"少年罪错"或者"偏离"的标签的(勒莫特,1951,1972)。像其他理论家们一样,勒莫特受到美国社会中价值分歧的影响;但是,不同于其他理论家的是,他不仅将价值多元论的观念与偏离行为相联系,而且也将之与服从和社会控制相联系。通过坚持这种观点,即事实上在违反法律的人和遵守法律的人之间并无多少区别,勒莫特提出了最早的一种对于犯罪客观主义理论的纠正。他还在其理论范式中提出了"偶然性"的观念(劳布,1983)。

在《社会病理学》(*Social Pathology*)(1951,22－23)一书中,勒莫特发展了社会反应进路的基本观点。他的批判性贡献在于,他区分了社会反应、初次偏

离和二次偏离(同前,75－76)。社会反应是“一个非常基本的词语,它不仅涵
盖了其他人对于偏离行为的表达性反应(道德愤怒),还涵盖了控制此类行为
的方式(芬斯通,1976,201)。”初次偏离可以被描述为首次对规范的违反,它没
有被社会控制机构作出相应反应,因此对于规则违反者来说是没有什么后果
的。与之相对应,二次偏离就是那种导致社会性反应的偏离行为,这种行为伴
随着人们视其违反者为偏离者。勒莫特进一步指出:“当一个人将偏离行为或 194
基于其上的角色作为一种防卫、攻击或校正的方式,来对付社会性的反应作为
一种后果而带给他的或明或暗的困难时,他的偏离行为就是二次偏离”(勒莫
特,1951,76)。因此对于勒莫特来讲,社会控制也被视为解释犯罪和偏离行为
的一个变量。

20世纪六七十年代,标签理论者们几乎全部集中注意力去考察少年司法制度对犯罪的影响。埃德温·舒尔的呼吁:“只要有可能,请离孩子们远点!”可以说最好地刻画了标签理论的精神(舒尔,1973)。这些努力的成果是一项被称作“基本不干预”的社会政策,为了限制少年司法干预的范围,这项政策包括将罪错少年转离少年司法系统和将少年罪错重新定义为“尽可能大地保持社会行为及观点的多样化”(同前,154),以及为罪错少年提供一个自愿而非强迫的基础。最极端的是,标签理论家比如舒尔甚至得出结论说,有效减少少年罪错的唯一途径就是较大程度上的“社会文化变革”(同前,155)。

社会控制理论:家庭的角色

不同于关注少年罪错动机的理论,社会控制理论反过来关注管制措施和防止少年罪错行为的外部环境。1969年,随着特拉维斯·赫希的专著《少年罪错的原因》出版,社会控制理论成为少年罪错理论中的主要理论之一。在社会控制理论这里,少年罪错者被视为“相对较少地受到个人感情、个人追求和道德信条的约束,而正是这些使得大多数人选择服从法律”(赫希,1969,序言)。这一理论关注迫使反社会行为和少年罪错行为产生的社会化过程,这一过程对所有个体来说都是自然而然的。关键问题是:“人为何要服从社会规则?”(同前,10)

赫希认为,当个体与社会的联结纽带变得脆弱不堪或者破裂时,少年罪错行为就出现了。由于强调社会联结纽带,赫希的社会控制理论经常被称为一种社会纽带理论。在个体与社会的联结纽带中,有四项互相区分但又内在关联的元素,它们是:感情(比如,喜欢他人或对他人敏感)、约定(例如,接受社会的传统的东西)、参与(例如,花时间在传统的活动上)以及信念(例如,人们对他们应当服从规则的相信程度)。可以这么说,一名少年越是更强地依赖其父母和老师,他(或她)就越是不可能参与少年罪错行为。类似地,那些在社会活
195 动和在学校里投入时间和精力的少年就会趋向服从规则,并且不大可能实施少年罪错行为而使这种社会参与受到损害。

赫希的特别之处在于,他不仅提出了自己的少年罪错行为理论,而且还利用少年关于他们的观点和行为的自述作为经验性的数据来检验他的理论和其他流行理论,这种检验性的技术是 60 年代占主导地位的调查研究技术。用以评价犯罪及少年罪错理论的这种"检验性的"进路,成为了这一领域的标准。就如埃克斯所说,赫希"结合了理论建构、概念认识、实际操作和经验检验,这在当时的犯罪学研究领域是独一无二的,而在今天,它也为我们树立了一个典范"(埃克斯,1994,116)。可能比其他任何一位少年罪错理论家更为突出的是,赫希还将家庭——特别是家庭内部的关系——带入到这一理论中。因此,基于多种原因,"社会纽带理论在过去的 25 年间已成为犯罪及少年罪错行为理论领域的主导理论。它在犯罪学领域所有理论中最为频繁地被讨论和检验"(埃克斯,1994,115)。

因时而化的少年罪错者的概念

过去的一百年间,少年罪错调查研究的一个最大发现是,少年罪错与许多因素相关联。少年罪错者,特别是持续少年罪错者,在其背景中存在着许多危险因素,其中包括:个人因素,例如限制行为能力;感情冲动以及注意力缺陷;家庭特征,特别是贫困家庭的运转和对孩子的抚养方式;学校因素,例如较差的学习成绩和很少参加学校的活动;还有同伴因素,特别是与少年罪错同伴和

团伙成员的联系。除此之外，社区的影响，比如贫困和不公；以及文化因素，比如支持用暴力解决分歧的规范等也是少年罪错行为特别是暴力行为的重要原因。这些因素渐渐增加，并且在人们之间不断得到传播。

在20世纪初期，布雷肯里奇和阿博特的著作（1912）和希利（1915）的著作中首次出现通过调查研究发现了导致少年罪错的复杂因素。而在20世纪末，洛伯和法林顿的著作（1998）中也重现了这一发现。另外，希利指出："实际上，所有罪犯在他们儿时或少年时期就开始他们的行为了"（希利，1915，10）。他还指出，由于他们犯罪的频繁频率和他们犯罪的严重程度，"再次犯罪者（累犯）对于社会构成最值得关注的事情之一。"（同前，10）最后，希利呼吁人们注意"采用早期措施的优点"（同前，172）。80多年后，洛伯和法林顿写道："一般说来，暴力行为源于个体之间的相互行为、相关背景（家庭、学校、同伴）、环境 196
和社区环境"（洛伯和法林顿，1998，xxii）。洛伯和法林顿指出，严重暴力的少年犯罪者"一般在早年就开始显露出行为上的问题和少年罪错现象，应进行早期介入干预"（同前，xx）。他们认为，由于这类犯罪者（严重暴力犯罪）应为所有犯罪中一个不成比例的数量负责，这些人对于整个社会来讲"构成了少年司法政策的一个巨大挑战"（同前，1）。

上面回顾了对少年罪错及罪错少年的思考和调查研究，这种回顾揭示了一种模式。最典型地，旧的研究被视为过时的和不充分的而遭到遗弃；基于在每个时期犯罪和少年罪错是不同的这一信条，新的数据被加以强调。这种观点几乎在任何系统研究中都未得到反思。甚至，许多论据显示，少年罪错并未发生变化。少年罪错行为主要包括财产犯罪而非暴力犯罪。少年罪错行为基本上是男性实施的。这类行为一般开始于儿时并在青春期达到最高峰。它们主要集中于贫困人口和少数民族或种族之间，并且主要发生在城内的特定街区。多数少年都参与少年罪错行为，但相对而言很少有人频繁地实施严重犯罪。简短来说，与少年罪错相关的传统因素并未持续改变（参见赫希和鲁迪西尔，1976）。同样的危险因素在每一代学者那里被发现或重新发现。已知事实的再发现反过来导致了对旧的数据或发现的重新解释。在过去的一百年间，我们拥有了对少年罪错者的众多理解和认识。但是事实却是，每个人都在讨论同一个群体,只不过用着不同的方式罢了。

虽然,对于少年罪错者们的认识随着时间不断变化,我认为这种理解和认识上的变化是社会性的解释,并不能反映出少年罪错行为在本质和程度上的变化。事实恰恰相反,在过去的百余年间,没有证据显示少年罪错的潜在原因有过任何变化。少年罪错原因很大程度上根植于结构性劣势和与家庭、学校、同伴和社区之间纽带的断裂。发生改变的只是,调查研究者和理论家们如何通过不同的数据来解释少年罪错行为和罪错少年。

对数据的解释和再解释一再出现。最近,詹姆斯·Q.威尔逊在纽约《时代》杂志(*New York Times Magzine*,1999)上撰文评论了马文·沃尔夫冈的理论遗产。他指出,在沃尔夫冈的经典著作《一个出生群体中的少年罪错》(*Delinquency in a Birth Cohort*)(沃尔夫冈等,1972)中,绝大多数的严重犯罪者比非犯罪者智商要低。威尔逊得出结论说,这一发现为在研究犯罪时寻找个体结构性的因素奠定了基础。威尔逊写道:"由于智商很大程度上依赖于遗传,那么显然,在社会因素之外尚有一些东西在起着作用"(威尔逊,1999,31)。威尔逊所指出的发现确实出现于沃尔夫冈的著作中。事实上,根据此书的目录,在总共的318页中,有关智商的材料可以找到11页;相反,有关社会经济地位(SES)的材料可以找到66页。另外,有关种族的材料可以找到86页。在总论部分中,沃尔夫冈和其合作者写道:

> 个体之间存在着诸如种族、社会经济地位、学校类型、居住地和学校的变换、最高学历、智商、成绩水平等不同的背景,这些背景和是否少年罪
> 197 错之间存在着关联。在对这些关联考察之后,我们可以得出结论说,种族和社会经济地位这两种变量与划分犯罪者—非犯罪者有着较为密切的关联,尽管二者比较起来,后者相对不是太重要。学校成绩这样的变量几乎与少年罪错毫无关联(沃尔夫冈等,1972,245)。

在这一章的下一页,沃尔夫冈和其合作者指出,"与种族和少年罪错相关的一系列因素"反映出一种"劣势位置"。他们更进一步精确地指出,"那些非

白色人种的罪错少年一般属于较低的社会经济群体，他们经历了许多学校和家庭住址的变化（即，由于外界困扰力量而导致的比非少年罪错者更多的流动），并且一般是最低的学历、最低的学习成绩，以及最低的智商”（同前，246）。他们得出结论认为，智商等因素“间接地”与少年罪错发生关联，因为少年罪错行为主要与种族关系密切，后者反过来就导向犯罪，特别是持续的、暴力的犯罪。

可能威尔逊对沃尔夫冈的数据的解释是正确的。但是，也确实存在着某种可能，即威尔逊的解释更多地受到意识形态上的影响，而非科学本身的影响。詹姆斯·Q.威尔逊和理查德·赫恩斯坦合著了《犯罪与人之本性》（*Crime and Human Nature*）（1985）一书，在这部书中，通过考察例如与家庭因素相联系和互动的冲动和急躁不安等结构性差异，他们提出了一种对于犯罪和少年罪错的解释。他们写道，“在犯罪和低智商之间存在着一种明显而恒久的联系”（威尔逊和赫恩斯坦，1985，148）。在威尔逊和赫恩斯坦这里，智力与短期思想水平（当时的倾向）紧密相关，而这种暂时的思想倾向与一个人如何评价犯罪和非犯罪的回报（或惩罚）有关（同前，166－72）。在沃尔夫冈的数据中，相对有关种族和社会阶层的部分，有关智商的部分要更与威尔逊的论题相关，因为威尔逊在解释犯罪和少年罪错时主要运用个体差异的因素。

犯罪及犯罪行为

让我说得更清楚些，我个人并不坚持认为在过去的百年间，少年罪错从未有过改变。例如，主要改变之一就是少年犯罪者对枪支的运用（例如库克和劳布，1998）。但是，一种武器上的改变可能反映了犯罪机会或者方式的改变，但是这些机会或者方式的改变是不同于犯罪倾向的改变的。显然这里缺少一种 198
理论架构，在其中，我们可以通过考察对少年罪错的研究进程，来理解随着时间的流逝其中变与不变的东西。为了理解少年罪错的自然发展历史，我们需要区分犯罪（crime）和罪性（criminality）。根据戈特弗里德森和赫希（1990）的看法，犯罪是一个简单术语，它表示一些一定范围内的事件，这些事件被预先假定了一系列特定的必要情形。相反，罪性被限定为实施犯罪的倾向。这两位著者认为,罪性可以诉诸于个体之间的固定差异(例如,自我控制能力的不同)。

犯罪是三种因素混合在一起而共同产生的结果,这三种因素是:具有某种动机的犯罪人,适合的目标以及有效管束的缺失(科恩和费尔森,1978)。因此,在他们看来,犯罪因为一些列不同于传统危险诱因的因素而发生,例如:机会、情形、特定事件、受害方、财物、习惯行为和敌对方的情况,等等。科恩与费尔森认为,"时间、地点上合适的目标,加上有效管束的缺失,就会导致犯罪率大幅度提高,而其中可能的是,那些促使个体产生犯罪动机的结构性差异却并无增加或者变化"(同前,604)。

一些因素与实施犯罪的倾向相关,例如贫困家庭的运转;而另外一些因素与犯罪的发生有关,例如携带枪支;一些因素则可以同时影响犯罪倾向和犯罪机会,例如同伴群体、社会结构性情形,等等。类似于犯罪倾向,犯罪机会也在时间和地点上集中出现。因此,罪性的分布和犯罪的分布是高度集中的。

罪犯的行为反映了犯罪和罪性。罪性是一种导致犯罪变化的原因。罪性的外在表现可能在不同的历史时期是不同的,比如说可能更为暴力,但是,最新的原因可能并未改变。就如戈特弗里德森和赫希(1986)所指出的,由于同一判断标准被用以衡量犯罪和罪性,比如用罪犯的行为来衡量二者,犯罪和罪性就经常可以互换使用并且因此不能分辨清楚。所发生变化的只是,我们对衡量标准和相关因素的确切所指的解释。犯罪中的变化可能没有指示出罪性中的变化。事实上,我认为在绝大多数情况下,前者没有指示出后者。犯罪可以戏剧化地变动,但是它们与具有特定动机的犯罪人群体毫不相干。

值得指出另外一点。威廉·朱利叶斯·威尔逊和其合作者们最近的研究结论(威尔逊,1987,1991,1996;桑普森和威尔逊,1995)指出,城市人的社会背景
199 在过去的几十年间有了很大改变(也见马西和登顿,1993)。尤其是,社会变革已经导致了在一些中心城市,那些美国人中"真正处于劣势的"群体在某一地区不成比例地集中居住,特别是由女人支撑的黑人家庭,他们生活穷困,儿女众多。这些城市内的群体,对于与中心城市的非工业化相关的结构性经济变革而言非常脆弱(这些变革包括例如:从物品制造转向服务产业;劳动力市场内高工资与低工资日趋严重的两极分化;以及对转离内城的制造业的重新定

位)。这些外部环境的变化在种族之间收入不公的增加方面起到了一定的推动作用。

或许这不太令人惊讶:随着结构性形势对于城内的贫民聚居区而言越来越糟,研究界开始集中注意力于种族、少年罪错和少年司法制度之间关系的特定方面(参见费尔德,1999)。但是我个人认为,应当在思考犯罪及少年罪错的原因时,将种族放入一个更为宽泛的范围内来考察。调查研究表明,不管是由少年还是由成人实施的暴力行为,其原因在种族之间是类似的,都植根于社区之间和城市之间的结构性差异(参见桑普森,1987;桑普森和劳里斯顿,1994,1997)。在对贫困街区和家庭破裂等因素的分析中,种族差异受到特别的强调。大多数居住于某一社区内的贫穷黑人有着较高的家庭破裂率,相比较而言,贫穷的白人则拥有相对稳定的家庭。桑普森和威尔逊认为(1995),贫困和家庭破裂上的差异如此之大,以至于大多数白人居住的城市贫困区域被认为要好于同样的黑人街区。

总而言之,非常明显的是,在少年罪错调查研究和少年司法改革领域,种族是一个突出的问题。但是,这并非是一个新的现象。就如费尔德所指出的,"自从少年法院开始施行,对少数民族和少数种族的犯罪人的社会控制就成为其最重要的工作之一"(费尔德,1995,5)。尽管受到这样长期的关注,有效论据却支持如下的论断,即少年罪错的原因并非植根于种族或者民族性,也不简单地植根于药物、帮派和枪支等等今天政策上的困扰,而是植根于结构性的劣势,家庭、学校和工作等微弱的不正常的社会联结纽带,以及在个体与提供社会资本的机构之间断裂的社会关联(桑普森和劳布,1993,255)。

结　论

通过上述对过去百年间的少年罪错理论和少年罪错调查研究的评价,一系列值得注意的方面出现了。首先,在我们流行的对少年罪错的理解认识和对少年罪错者的刻画上出现了许多的变化。在 20 世纪 20 年代,这一少年罪错者的形象是,一个从街道商铺里偷了几个苹果的少年。50 年代,他是在糖 200

果店门前晃来晃去的一个"无赖"、混小子。而到了 90 年代,他却成为一个携带枪支、吸食药物的"帮派成员"。但是,这些理解认识脱离了对少年罪错和罪错少年的实证调查研究(或经验性的调查研究)。事实上,正是这些流行的理解认识延迟了调查研究的议事日程。其次,在我们关于少年罪错背景和原因的观念上,出现了许多的变化。一方面,个体差异(比如智商)曾经被视为少年罪错最重要的原因;而在另一个极端上,少年司法制度又曾被视为严重的少年
201 犯罪的主要原因。脱离了实证调查研究的结论,少年罪错理论也曾被提出并被视为是有效的和正确的。第三,少年罪错调查研究和理论很大程度上脱离了少年法院的实践和法律本身。事实上,没有哪种少年罪错理论可被作为少年法院的法理支撑。更为甚者,近来少年法院实践中的一些变化(比如,弃权移送成人法院案件的增加)明显缺少任何严肃的理论或调查研究上的支撑。

因此很明显,在过去的百年间,少年罪错理论、调查研究和流行认识都各自拥有一个独立而又周期性的发展。例如,一些对罪错少年的流行认识,比如"坏孩子"、"持续犯"和"超级掠夺者"等,就暗示了,少年罪错者和非少年罪错者是不同的,并且可以做很多的区别。而另外一些流行认识,比如"任性的年轻人"、"不被接纳的年轻人"和"被疏远的年轻人"等,就显示出,所谓的少年罪错者只是偏离了正轨,但是通过适度的干预,他们是可以被挽救而不去从事犯罪的。

对调查研究的结果而言,也存在着一种周期性的模式。在整个 20 世纪,研究者把少年罪错与少数种族和少数民族,与贫穷和不公,与条件不好的家庭、学校和街区相联系。然而,所不同的是,对诸如贫困之类的单一因素的不同程度的强调——与强调多元变量的复合因素相比较,常常抄近道穿越着规律的边界。

在过去的百年中,理论关注上的周期性变化也是显而易见的。例如,复合因素的进路,包括生物学在内,是 20 世纪早期的主导少年罪错理论。在本世纪中叶,当社会学的视角被用以解释少年罪错行为时,这一进路就退居幕后了。最后,在 20 世纪后期,这一复合因素的进路(包括生物学在内)又再次成为重要的理论范式。

这些周期性的模式给人印象最深的是，他们彼此独立，互不联系。例如，尽管经验性的调查研究早已发现并重复发现家庭因素和少年罪错行为紧密相关，但在少年罪错理论界，特别是众多的社会学理论范式中，家庭的角色却被完全忽视(例如，可参见克洛德和奥林的机会差异理论)。这种忽视也导致了一种重要的分歧，这种分歧在经验性调查发现，一般大众(特别是父母们)的习惯认识和研究犯罪行为的社会科学家们的观点之间显而易见(参见赫希，1983)。20世纪60年代后期，一种对于家庭的理论关注确实出现于特拉维斯·赫希的社会控制理论中。但是，基于上述理由，在20世纪二三十年代或者20世纪的任何时期，以家庭为中心的理论本应当非常容易出现的。

另一个例子是，当许多关于少年罪错的调查研究显示反社会行为出现于儿童期时，所有少年罪错理论却集中关注青春期而忽视儿童期的特质。更为重要的事实是，绝大多数的少年罪错理论都忽视了早期儿童行为和晚些时候 202
青春期以及成年时的表现之间的关联。最后，相对于绝大多数经验性调查研究显示在社会阶层和犯罪之间有着微弱的关系，少年罪错理论却经常建基于这样一种假设，即社会阶层和犯罪之间存在着较为密切的关联。尽管并不建基于居住于贫困社区的个体和群体的经历上的差异，并对之加以明显漠视，“贫困导致犯罪”的模式却主导了理论和流行认识的观点(参见桑普森，2000)。

这些周期性的模式几乎总是彼此自成系统地发展变化，它们显示，这些关于少年罪错的观念的来源是社会性的，并且不能简单地理解为事实或者调查研究发现的本来面目。一些批判性的问题包括：是什么导致了对少年罪错及罪错少年的认识不断变化？是什么导致了不同的理论模式竞相主导犯罪学的领域？是什么导致了所谓少年罪错本质上的变化？是什么导致了对罪错少年形象的刻画上的不断变化？是什么导致了不断变换的对社会干预行动的呼吁？我们需要理解的是，知识得以在其中社会性地形成的过程。罗伯特·琼斯曾经这样写道，“很明显这样令人难以理解，在当代社会学家们努力扩展他们的想象范围，并因此提出新的观点来解释人类行为的多样性的同时，没有什么比我们对这些观点的出现、被接受、修正、变化以及最后被抛弃的整个过程的无知更甚的了”(琼斯，1977，311)。我们需要更多地将注意力置于理解何以关于少年罪错及罪错少年的观点被社会性地构建，以及其后所隐藏的东西。否则，在一种对于过去的集体失忆中，“新”的发展将会层出不穷（劳布和桑普森，1991）。

致谢

特别感谢特拉维斯·赫希、雷·佩特诺斯特、罗布·桑普森以及弗兰克·齐姆林，他们对早期的本章草稿提出了中肯的评论。

参考文献

Akers, Ronald L.（埃克斯，罗纳德·L.）. 1994. *Criminological Theories: Introduction and Evaluation*. Los Angeles: Roxbury.

——. 1998. *Social Learning and Social Structure: A General Theory of Crime and Deviance*. Boston: Northeastern University Press.

Anderson, Elijah（安德森，伊莱贾）. 1999. *Code of the Street: Decency, Violence, and the Moral Life of the Inner City*. New York: W. W. Norton.

203 Bennett, William J.（贝内特，威廉·J.）; John J. DiIulio（迪卢里奥，约翰·J.）; and John P. Walters（沃尔特斯，约翰·P.）. 1996. *Body Count: Moral Poverty and How to Win America's War against Crime and Drugs*. New York: Simon and Schuster.

Breckinridge, Sophonisba P.（布雷肯里奇，索夫尼斯巴·P.）, and Edith Abbott（阿博特，伊迪思）. 1912. *The Delinquent Child and the Home*. New York: Russell Sage Foundation.

Cloward, Richard A.（克洛尔德，理查得·A.）, and Lloyd E. Ohlin（奥林，劳埃德·E.）. 1960. *Delinquency and Opportunity: A Theory of Delinquent Gangs*. New York: Free Press.

Cohen, Albert K.（科恩，艾伯特·K.）. 1955. *Delinquent Boys: The Culture of the Gang*. Glencoe, IL: Free Press.

Cohen, Lawrence E.（科恩，劳伦斯·E.）, and Marcus Felson（费尔森，马库斯）. 1978. “Social Change and Crime Rate Trends: A Routine Activity Approach.” *American Sociological Review* 44: 588–608.

Cook, Philip J.（库克，菲利浦·J.）, and John H. Laub（劳布，约翰·H.）. 1998. “The Unprecedented Epidemic in Youth Violence.” In *Youth Violence*, ed. Michael Tonry（迈克尔·汤里） and Mark H. Moore（马克·H.摩尔）, 27–64. Chicago: University of Chicago Press.

Empey, LaMar T.(恩皮,拉玛·T.). 1978. *American Delinquency*. Homewood, IL: Dorsey Press.

Feld, Barry C.(费尔德巴里·C.). 1999. *Bad Kids: Race and the Transformation of the Juvenile Court*. New York: Oxford University Press.

Finestone, Harold(芬斯通,哈罗德). 1976. *Victims of Change: Juvenile Delinquents in American Society*. Westport, CT: Greenwood Press.

Glueck, Sheldon(格卢克,谢尔登), and Eleanor Glueck(格卢克,埃莉诺). 1930. *500 Criminal Careers*. New York: Alfred A. Knopf.

——. 1934a. *Five Hundred Delinquent Women*. New York: Alfred A. Knopf.

——. 1934b. *One Thousand Juvenile Delinquents*. Cambridge, MA: Harvard University Press.

——. 1937. *Later Criminal Careers*. New York: Commonwealth Fund.

——. 1940. *Juvenile Delinquents Grown Up*. New York: Commonwealth Fund.

——. 1943. *Criminal Careers in Retrospect*. New York: Commonwealth Fund.

——. 1950. *Unraveling Juvenile Delinquency*. New York: Commonwealth Fund.

——. 1968. *Delinquents and Nondelinquents in Perspective*. Cambridge, MA: Harvard University Press.

Gottfredson, Michael R.(戈特弗里德森,迈克·R.), and Travis Hirschi(赫希,特拉维斯). 1990. *A General Theory of Crime*. Stanford, CA: Stanford University Press.

Healy, William(希利,威廉). 1915. *The Individual Delinquent*. Boston: Little, Brown.

Hirschi, Travis(赫希,特拉维斯). 1969. *Causes of Delinquency*. Berkeley, CA: University of California Press.

——. 1979. "Reconstructing Delinquency: Evolution and Implications of Twentieth-Century Theory." In *Juvenile Justice: The Progressive Legacy and Current Reforms*, ed. LaMar T. Empey, 183 – 212. Charlottesville: University of Virginia Press.

——. 1983. "Crime and the Family." In *Crime and Public Policy*, ed. James Q. Wilson, 53 – 68. San Francisco: Institute for Contemporary Studies.

Hirschi, Travis(赫希,特拉维斯), and Michael Gottfredson(戈特弗里德森,迈克). 1986. "The Distinction between Crime and Criminality." In *Critique and Explanation: Essays in Honor of Gwynne Nettler*, ed. Timothy F. Hartnagel and Robert A. Silverman, 55 – 69. New Brunswick, NJ: Transaction Books.

Hirschi, Travis(赫希,特拉维斯), and David Rudisill(鲁迪西尔,戴维). 1976. "The Great American Search: Causes of Crime, 1876 – 1976." *Annals of the American Academy of Political and Social Science* 423: 14 – 22.

Huizinga, David(休伊津加,戴维); Rolf Loeber(洛伯,罗尔夫); and Terence P. Thornberry(索恩伯里,特伦斯·P.). 1994. *Urban Delinquency and Substance Abuse: Initial Findings*. Washington, DC: Office of Juvenile Justice and Delinquency Prevention.

Jones, Robert Alun(琼斯,罗伯特·阿伦). 1977. "On Understanding a Sociological Classic." *Ameri-* 204
can Journal of Sociology 83: 279 – 319.

Kobrin, Solomon(科布林,所罗门). 1959. "The Chicago Area Project: A Twenty – Five Year Assessment." *Annals of the American Academy of Political and Social Science* 322:20 – 29.

Laub, John H.(劳布,约翰·H.). 1983. *Criminology in the Making: An Oral History*. Boston: Northeastern University Press.

Laub, John H.(劳布,约翰·H.), and Robert J. Sampson(桑普森,罗伯特·J.). 1991. "The Suther-
205 land-Glueck Debate: On the Sociology of Criminological Knowledge." *American Journal of Sociology* 96:1402 – 40.

Lemert, Edwin M.(勒莫特,埃德温·M.). 1951. *Social Pathology*. New York: McGraw – Hill.

——. 1972. *Human Deviance, Social Problems, and Social Control*. 2d ed. Englewood Cliffs, NJ: Prentice-Hall.

Loeber, Rolf(洛伯,罗尔夫), and David P. Farrington(法林顿,戴维·P.), eds. 1998. *Serious and Violent Juvenile Offenders: Risk Factors and Successful Interventions*. Thousand Oaks, CA: Sage.

Loeber, Rolf(洛伯,罗尔夫), and Marc LeBlanc(勒布朗,马克). 1990. "Toward a Developmental Criminology." In *Crime and Justice, An Annual Review of Research*, vol. 12, ed. Michael Tonry and Norval Morris, 375 – 437. Chicago: University of Chicago Press.

Loeber, Rolf(洛伯,罗尔夫); and Magda Stouthamer – Loeber(斯托特哈默 – 洛伯,玛格达). 1986. "Family Factors as Correlates and Predictors of Juvenile Conduct Problems and Delinquency." In *Crime and Justice*, vol. 7, ed. Tonry and Morris, 29 – 150.

Loeber, Rolf(洛伯,罗尔夫); Evelyn Wei(韦,伊夫林); Magda Stouthamer-Loeber(斯托特哈默 – 洛伯,玛格达); David Huizinga(休伊津加,戴维); and Terence P. Thornberry(索恩伯里,特伦斯·P.). 1999. "Behavioral Antecedents to Serious and Violent Offending: Joint Analyses from the Denver Youth Survey, Pittsburgh Youth Study, and the Rochester Youth Development Study." *Studies on Crime and Crime Prevention* 8:245 – 63.

Maguin, Eugene(马圭,尤金), and Rolf Loeber(洛伯,罗尔夫). 1996. "Academic Performance and Delinquency." In *Crime and Justice*, vol. 20, ed. Tonry, 145 – 264.

Massey, Douglas(马西,道格拉斯). 1996. "The Age of Extremes: Concentrated Affluence and Poverty in the Twenty – First Century." *Demography* 33:395 – 412.

Massey, Douglas(马西,道格拉斯), and Nancy Denton(登顿,南希). 1993. *American Apartheid: Segregation and the Making of the Underclass*. Cambridge, MA: Harvard University Press.

Matza, David(马茨,戴维). 1964. *Delinquency and Drift*. New York: John Wiley.

McCord, Joan(麦科德,琼). 1979. "Some Childrearing Antecedents of Criminal Behavior in Adult Men." *Journal of Personality and Social Psychology* 37:1477 – 86.

McCord, William(麦科德,威廉), and Joan McCord(麦科德,琼). 1959. *Origins of Crime*. New York: Columbia University Press.

Merton, Robert K.(默顿,罗伯特·K.). 1938. "Social Structure and Anomie." *American Sociological Review* 3:672 – 82.

Miller, Walter B.(米勒,沃尔特·B.). 1958. "Lower Class Culture as a Generating Milieu of Gang Delinquency." *Journal of Social Issues* 14:5 - 19.

Robins, Lee N.(罗宾斯,李·N.). 1966. *Deviant Children Grown Up*. Baltimore, MD: Williams and Wilkins.

Sampson, Robert J.(桑普斯,罗伯特·J.). 1987. "Urban Black Violence: The Effect of Male Joblessness and Family Disruption." *American Journal of Sociology* 93:348 - 82.

——. 2000. "Whither Sociological Criminology?" *Annual Review of Sociology*.

Sampson, Robert J.(桑普森,罗伯特·J.), and John H. Laub(劳布,约翰·H.). 1993. *Crime in the Making: Pathways and Turning Points Through Life*. Cambridge, MA: Harvard University Press.

Sampson, Robert J.(桑普森,罗伯特·J.), and Janet Lauritsen(劳里斯顿,珍妮特). 1994. "Violent Victimization and Offending: Individual, Situational, and Community - Level Risk Factors." In *Understanding and Preventing Violence: Social Influences*, vol. 3, ed. Albert J. Reiss and Jeffrey Roth, 1 - 115. Washington, DC: National Academy Press.

Sampson, Robert J.(桑普森,罗伯特·J.), and Janet Lauritsen(劳里斯顿,珍妮特). 1997. "Racial and Ethnic Disparities in Crime and Criminal Justice in the United States." In *Crime and Justice*, vol. 21, ed. Tonry, 311 - 74.

Sampson, Robert J.(桑普森,罗伯特·J.), and William Julius Wilson(威尔逊,威廉·朱利叶斯). 1995. "Toward a Theory of Race, Crime, and Urban Inequality." In *Crime and Inequality*, ed. John Hagan and Ruth Peterson, 37 - 54. Stanford, CA: Stanford University Press.

Schur, Edwin M.(舒尔,埃德温·M.). 1973. *Radical Non-Intervention: Rethinking the Delinquency Problem*. Englewood Cliffs, NJ: Prentice - Hall.

Sellin, Thorsten(塞林,索尔斯坦). 1938. *Culture Conflict and Crime*. New York: Social Science Research Council.

Shaw, Clifford R.(肖,克利福德·R.). 1930. *The Jack-Roller*. Chicago: University of Chicago Press.

Shaw, Clifford R.(肖,克利福德·R.), and Henry D. McKay(麦凯,亨利·D.). 1931. "Social Factors in Juvenile Delinquency." In *Report on the Causes of Crime*, vol. 2. National Commission on Law Observance and Enforcement. Washington, DC: GPO.

——. 1942. *Juvenile Delinquency and Urban Areas*. Chicago: University of Chicago Press.

Short, James F.(肖特,詹姆斯·F.). 1969. "Introduction to the Revised Edition." In *Juvenile Delinquency and Urban Areas*, by Clifford Shaw and Henry McKay, xxx - liv. Chicago: University of Chicago Press.

Sutherland, Edwin H.(萨瑟兰,埃德温·H.), and Donald R. Cressey(克雷西,唐纳德·R.). 1955. *Principles of Criminology*. 5th ed. Philadelphia: J. B. Lippincott.

Sykes, Gresham(赛克斯,格里沙姆), and David Matza(马茨,戴维). 1957. "Techniques of Neutralization: A Theory of Delinquency." *American Sociological Review* 22:664 - 70.

Tannenbaum, Frank(塔嫩鲍姆,弗兰克). 1938. *Crime and the Community*. Boston: Ginn.

Thornberry, Terence P.(索恩伯里,特伦斯·P.); Alan J. Lizotte; Marvin D. Krohn; Margaret Farnworth; and Sung Joon Jang. 1994. "Delinquent Peers, Beliefs, and Delinquent Behavior: A Longitudinal Test of Interactional Theory." *Criminology* 32:47 – 84.

Wilson, James Q.(威尔逊,詹姆斯·Q.). 1999. "Marvin E. Wolfgang: Charting the Devious Mind." *New York Times Magazine*, January 3, 1999, 30.

Wilson, James Q.(威尔逊,詹姆斯·Q.), and Richard Herrnstein(赫恩斯坦,理查德). 1985. *Crime and Human Nature*. New York: Simon and Schuster.

Wilson, William Julius(威尔逊,威廉·朱利叶斯). 1987. *The Truly Disadvantaged: The Inner City, the Underclass, and Public Policy*. Chicago: University of Chicago Press.

——. 1991. "Studying Inner – City Social Dislocations: The Challenge of Public Agenda Research." *American Sociological Review* 56:1 – 22.

——. 1996. *When Work Disappears: The World of the New Urban Poor*. New York: Alfred A. Knopf.

Wolfgang, Marvin E.(沃尔夫冈,马文·E.); Robert M. Figlio(菲格里奥,罗伯特·M.); and Thorsten Sellin(塞林,索尔斯坦). 1972. *Delinquency in a Birth Cohort*. Chicago: University of Chicago Press.

第八章　严重、暴力少年犯 206

戴维·P.法林顿(David P. Farrington)和
罗尔夫·洛伯(Rolf Loeber)

在1987年到1994年间,美国的少年严重、暴力犯罪率以70%的速度猛增。这些严重、暴力犯罪包括杀人、强奸、抢劫以及严重的故意伤害(斯奈德和西克蒙德,1999)。在这一时期里,少年所犯的谋杀案件发案率增加了一倍,抢劫罪的犯罪率上升了68%,严重故意伤害案件的发案率上升了79%。这些数字都显示出,在这个极短的时期内,上述少年暴力犯罪大幅度增加。相反,强奸与严重财产犯罪的犯罪率却基本保持不变。此外,事实也证明,1994年是少年犯罪上升到顶峰的一年,此后一直到1997年,少年严重、暴力犯罪率下降了22个百分点。

少年暴力犯罪率的大幅度提升给犯罪学家们出了一个难题——即如何合理地解释这种现象。卡内基—梅隆大学的艾尔弗雷德·布卢姆斯坦(1995)认为,这种现象与枪支携带者的增多、犯罪团伙的数量增加以及为贩卖可卡因而引起的斗殴增多有关。其他人则批评少年法院犹豫不决,不及时把少年罪犯监禁起来,以及家庭、学校和社区的社会化措施的无用(贝内特、迪卢里奥、沃尔特斯,1996)。少年司法与少年罪错行为预防办公室成立了一个严重、暴力少年罪犯研究小组。该小组自行组织,其职责在于找出最有效地降低少年犯罪率的措施。该研究小组成立于1995年,1997年该小组出版了一本书,书名为《严重、暴力少年罪犯:危险因素与成功干预》(洛伯和法林顿,1998)。这本书的一些主要观点和结论将在本章中得到强调。

一些研究者和决策者强烈呼吁,对待实施暴力犯罪的少年应该做到"零容忍",他们说:"美国现在已经成为少年'超级掠夺者'的家园,而且这个掠夺者 207

群体正在不断地扩大。他们是极易冲动、残忍冷酷的少年,其中甚至包括不少年幼的男孩。他们杀人、故意伤害他人身体、强奸、抢劫、盗窃、贩卖致命的毒品、参加枪支犯罪集团,并且制造严重的社会混乱。他们并不畏惧被逮捕的耻辱,也不害怕坐牢的痛苦,或者是良心的谴责"(贝内特、迪卢里奥、沃尔特斯,1996,27)。与这种情况相适应,在20世纪90年代早期,美国大多数州修改了自己的州宪法,以便可以在成人法院对少年提起控诉,由此针对实施严重、暴力犯罪的少年罪犯提起的控诉数量有所上升。另一方面,这个研究小组倡导**关注危险因素预防法**(risk - focused prevention):即识别出关键的、有可能导致犯罪的危险因素,并且针对它们实施既定的预防措施。

本章指出了有关严重、暴力少年(serious violent juvenile,简称为SVJ)罪犯的一些经验和知识,其中大部分来源于全国性的调查以及一些长期的跟踪研究。与大多数门外汉以及很多没上过法庭的专业人士通常所想的不同,在少年法院所审理的大多数案件既不是严重的案件也不是暴力犯罪的案件(斯奈德,1998)。对于少年法院来说,严重、暴力少年罪犯的性格特征以及与他们所犯罪行的相关知识都是有必要了解的,这样可以使他们更有效地对待这些少年犯。

第一节界定了严重、暴力少年犯罪,并且概括了其盛行程度和影响范围方面的信息。第二节回顾了关于严重、暴力少年罪犯的成长生涯,包括其早期行为、关键危险因素和保护因素。第三节审视了那些最为有效的聚焦于儿童、家庭、学校和社区的项目。第四节对关键的少年司法问题作出了评论,其中包括最佳的筛选与危险评估技术——用以在少年首次面临法庭审判的时候,识别其中的潜在的严重、少年暴力罪犯;阶段性与过渡性制裁措施的有效性;以及严重、暴力少年罪犯应当在少年法庭还是在成年人法庭中进行处理。在结论中,在对严重、暴力少年犯罪的重要研究发现进行了概括之后,我们为美国少年司法的第二个世纪提供了研究及政策建议。

定义、盛行程度和频率

定义

该研究小组将严重少年罪犯定义为：实施了下列一种或一种以上犯罪的少年：即暴力犯罪（关于暴力犯罪的定义下文有详细的注解）、严重的盗窃罪、盗窃汽车、入室盗窃、劫持汽车、勒索、伪造、欺诈、销赃、侵吞财产、贩卖毒品以及纵火等等（不包括侵占他人住宅）。但是，这个定义中所列举的不包括如下行为：身份犯罪、普通少年罪错行为、破坏公物的行为、酗酒、情节轻微的故意伤害、行为不端和违反交通法规的行为。所谓的暴力犯罪是严重犯罪的下属 208
概念，包括杀人、严重的故意伤害（包括持枪犯罪和谋杀）、抢劫（包括持械抢劫）、拐骗、过失杀人、强奸或强奸未遂，以及纵火焚烧房屋。然而，在很多方面我们还需要区分暴力犯罪与其他形式的不太严重的侵害。例如，两个成年人之间的互殴行为要达到什么程度时我们才能说这是一起暴力事件？

盛行程度

严重、暴力少年犯罪的盛行程度随着调查方法、地理位置、人口因素（年龄、性别）以及时代背景的变化而可能有很大的不同。最常使用的调查方法就是使用警方的逮捕记录或者法庭记录。例如，1996 年美国共有3 000多万年龄在 10 到 17 岁之间的少年，其中2 400人被指控犯有杀人罪，6 900人被指控犯有强奸罪，37 300人被指控犯有抢劫罪，89 900人被指控犯有严重的故意伤害罪，14 100人被指控犯有盗窃罪，51 600人被指控犯有盗窃汽车罪，以及8 900人被指控犯有纵火罪（斯奈德和西克蒙德，1999）。全国大约有 1/4 的少年法院的法庭记录是关于少年严重、暴力犯罪的，而且在斯奈德和西克蒙德的少年法庭职业生涯中，被送上法庭的少年大约有 1/3 是实施的严重、暴力犯罪

(斯奈德,1998)。在菲尼克斯州和亚利桑那州所做的一份全面的人口调查分析指出,同期出生群中大约45%的男孩和20%的女孩被送上了少年法庭,而大概19%的男孩和3%的女孩是严重、暴力少年犯罪者(斯奈德和西克蒙德,1999,81)。

然而,众所周知,在现实社会生活中,真正的严重、暴力少年罪犯要比上述的百分比数字多得多。对于严重、暴力少年罪犯的犯罪趋势和犯罪频率最精确的测算,来源于要求少年自愿承认其犯罪行为的秘密调查*。例如,科罗拉多大学的富兰克林·邓福德和德尔伯特·埃利奥特在其著述(1984)中将美国国家少年犯罪调查报告(这份报告调查的对象为美国1 725名年龄在11到17岁之间的少年)与他们自己所做的少年犯罪调查报告相比较之后发现,86%的少年职业犯罪者(指自我承认的犯罪频率较高、程度较严重且犯罪持续时期较长的犯罪者)从来没有被逮捕的记录。并且在他们的调查报告中许多严重、暴力少年罪犯也只是因为他们所犯的非严重犯罪而被捕,这样一来则说明官方的调查报告是极易误导民众的。

从上述两份调查报告的比较中我们可以看出,一些严重、暴力少年罪犯有可能被逮捕并被判有罪的征兆。在剑桥少年罪错研究中心对411名年龄从8岁到18岁的伦敦男孩所做的跟踪调查当中,在15岁到18岁这个年龄段中有
209 45%的男孩承认自己曾在斗殴中赤手空拳或者使用武器打过别人,但是这个年龄段中却仅仅只有3%的男孩被判故意伤害罪(法林顿,1989)。同样,在自己供认犯罪行为的调查报告中,处于这个年龄段的、实施了暴力犯罪的男孩也只有7%被定罪。自己供认的暴力行为的调查报告具有相当的预测有效性:承认自己殴打过别人的、年龄达到18岁的男孩中有10%的人后来被判故意伤害罪,这比该年龄段中的其他人犯此罪的比率高了5个百分点。

某些特定的州和大城市内的少年严重、暴力犯罪率要比郊区和农村的高。通过对各州所有报告进行严格、准确的分析可以看出,1997年以下几个州的

---

* 即由调查研究人员利用路边交谈、学校访问或家访等形式,深入到少年当中,询问他们的犯罪或少年罪错行为历史,并为他们保密。这种调查方式显然要比单纯官方统计更有利。——译者注

少年罪犯逮捕率达到了最高峰，它们是马里兰州、新泽西州、加利福尼亚州、马萨诸塞州以及路易斯安那州（斯奈德和西克蒙德，1999）。以杀人案件作为少年犯罪最极端、最显著的标志，1997年，来自美国3 139个县的报告中有88%的县报告说没有少年杀人案件发生，6%的县报告说该县仅仅有一例少年杀人案件发生。杀人案集中发生在城市地区，众所周知的美国少年杀人案件中，超过1/4的案件发生在以下8个地区，即芝加哥、洛杉矶、休斯敦、纽约、巴尔的摩、底特律、费城以及达拉斯。我们可以肯定地推测，同样，除了杀人案外其他的少年严重、暴力犯罪也会集中在主要的内陆城市。

1997年，对年满16周岁的典型犯罪（杀人、抢劫、强奸、故意伤害）的犯罪人的逮捕率达到了顶峰，然后开始下降（斯奈德和西克蒙德，1999）。自己供认犯罪行为的调查报告也显示，15到17岁的少年的犯罪率有所上升，但是这随着犯罪的严重性而变化。随着年龄的增大，首先是不太严重的少年罪错行为 210
增加，接着是一般严重的少年罪错行为，最后是严重的少年罪错行为（洛伯等，1993）。

男孩比女孩更有可能实施严重、暴力犯罪行为。例如，1997年在美国，标志性少年暴力犯罪中仅仅只有16%的案件是由女孩实施的，而典型少年财产犯罪（夜晚入室盗窃、普通盗窃、汽车盗窃、纵火）中也只有28%是由女孩实施的（斯奈德和西克蒙德，1999）。从少年犯罪时的最高年龄来看，女孩要比男孩的大（埃利奥特，1994）。

在美国，犯罪趋势也会随着种族的不同而有所变化。典型的是，美籍非洲裔少年比起高加索裔来说，其犯罪率更高。例如，官方的数据显示非洲裔少年杀人犯的数字是高加索裔少年杀人犯的6.5倍（1997年，每一百万少年中非洲裔少年杀人犯与高加索裔的人数比例是194比30）（斯奈德和西克蒙德，1999）。当我们以官方的逮捕率而不是以少年的自我承认为基础的时候，种族差异对犯罪率的影响就更大（埃利奥特，1994；沃尔夫冈、菲格里奥和塞林，1972）。然而，当我们把其他一些因素考虑进来的时候，种族差异的影响就会经常消失或者变得小一些，这些因素诸如：犯罪人的居住环境、少年对于犯罪危险因素的了解程度等（法林顿和洛伯；皮普尔斯和洛伯，1994）。

频率及并发问题

犯罪频率是一个重要的标志，因为它可以区分偶然实施犯罪行为的少年（有时我们称之为偶犯或尝试犯）和经常实施犯罪行为的少年（我们称之为惯犯或者持续犯）。这些经常实施犯罪行为的少年从总体数字上看很少，但是却在严重、暴力少年罪犯中占据了很大的比例。在菲尼克斯州和亚利桑那州进行的一项少年犯罪研究当中，罗尔夫·洛伯和霍华德·斯奈德（1990）发现，17岁以下的少年犯罪频率上升了。不同的犯罪群体其犯罪率会有所不同。例如，既实施财产犯罪又实施暴力犯罪的少年，其犯罪率就比仅仅实施财产犯罪的少年高（卡帕尔迪和帕特森，1996；法林顿，1991）。

严重、暴力少年罪犯除了犯罪行为外还有其他并发问题，因此有可能成为“问题少年”。尤其是，他们无节制地酗酒和吸食毒品（休伊津加和雅各布－希恩，1998）。同样，在丹佛进行的少年调查（该调查以1 500名年龄在7到13岁的少年为调查对象）表明，暴力少年罪犯中，91%的男孩和81%的女孩存在学习问题，例如：旷课、逃学、休学以及中途退学，而没有实施暴力犯罪的少年当中仅有40%的男孩和42%的女孩存在类似的问题。而在这些暴力少年罪犯中，大约一半的男孩和22%的女孩也曾经遭受过别人的暴力侵害。与此类似的是，在“罗切斯特少年发展研究”（the Rochester Youth Development Study）的调
211 查（该调查以987名年龄在13到14岁的少年为对象）中，严重、暴力少年罪犯经常无节制地酗酒、吸食大麻、贩卖毒品、中途退学，或成为帮派成员以及未成年父母（索恩伯里、休伊津加和洛伯，1995）。

犯罪生涯

犯罪生涯的定义

犯罪生涯有开始、过程和结尾。各个少年犯的犯罪生涯特点是非常不同

的。在犯罪的早期阶段对以下两类人群进行区分是重要的:有些少年犯实施的犯罪是轻微的,而且以后不会再犯;有些少年犯实施的犯罪是严重的,而且以后仍然会继续犯罪。“发展犯罪学”领域(勒布朗和洛伯,1998;洛伯和勒布朗,1990)旨在描述一段时期内典型犯罪的发展,揭示危险因素和保护因素,这些因素有助于解释个体犯罪生涯的差异,发现能防止少年升级为严重、暴力少年犯罪或减少严重、暴力少年犯罪数量的干预措施。

一般来说,首次犯罪时的年龄越低,其犯罪生涯就越长,在其犯罪生涯期间的犯罪频率就越高,后来的犯罪就越严重(法林顿等,1990;洛伯,1982)。这些发现激励着研究者们和实践操作者们尤其关注12岁以下少年的犯罪情况(洛伯和法林顿,2001)。例如,美国少年司法中心(the U.S. National Center for Juvenile Justice)的霍华德·斯奈德发现(2001):1997年,美国所有被逮捕的少年犯当中,12岁以下的孩子占了9%。年龄较小的少年所实施的犯罪与大龄少年实施的犯罪不同:前者中最典型的犯罪往往是纵火罪(占35%)、故意损害公私财物罪(占19%)以及性犯罪(占18%)。

一些研究人员认为,年龄很小就开始犯罪的人和年龄稍大时才开始犯罪的人有着性质上的区别。例如,伦敦大学的特里·莫菲特指出(1993),反社会者从儿童期就开始犯罪会使得他们的犯罪行为持续终生,或者至少犯罪生涯很长,而到了少年期才开始犯罪的人则多半仅在少年期实施犯罪,或者犯罪生涯很短。严重、暴力少年罪犯大多都是年龄很小时就开始犯罪,并且终其一生地实施犯罪。

严重、暴力少年犯罪的早期行为研究

从严重、暴力少年犯罪发展过程的研究中,我们可以发现一条规律:绝大多数最终实施了严重犯罪的少年,在早期的时候通常都只是实施一些不是少年罪错但不恰当的行为,得逞后的快感刺激他们接着实施较轻的少年罪错行为,最后一步步滑向严重犯罪的深渊。匹兹堡大学的罗尔夫·洛伯以及他的同 212

事们指出了少年通向犯罪的三种发展路径(洛伯等,1993;洛伯、基南和张,1997;洛伯等,1998):

1. 一个很明显的过程:首先是轻微地打击,紧接着就是殴打别人的身体,最后发展为使用暴力。

2. 15 周岁以下的人,其犯罪的发展过程也很明显:先是一系列的不太明显的不当行为,例如经常说谎或经常佯装买东西而在店里偷窃;随之就开始破坏财物,例如,焚烧或以其他手段故意毁损公私财物;最后是逐渐开始实施严重的非暴力犯罪。

3. 12 周岁以下的人,他们会经历一个"反抗权威"的过程:他们先是实施一些执拗的行为,然后是公然地反抗和蔑视,最后是逃避权威,例如:旷课、逃学或者是在外面待到很晚才回家。

男孩可能会同时经历上述三个发展路径。三种发展路径的科学依据已经被美国的许多研究所证实,而且同样适用于男性非洲裔人和西班牙裔人(洛伯等,1999;托兰和戈尔曼-史密斯,1998)。

严重、暴力少年犯罪的危险因素

危险因素是指实施犯罪的高可能性,而保护因素是指犯罪的低可能性。记住:无论是危险因素还是保护因素都不是犯罪的必然因素(克雷默等,1997)。不过,至少它们是预测未来犯罪发展过程的标签。近 30 年来,我们发现了大量的危险因素,对此,我们将予以简要的陈述(详情见洛伯、法林顿 1998 年著作)。而对于保护因素,我们则知之甚少。

严重、暴力少年犯罪与单一的危险因素没有联系;准确地说,它们与复合危险因素相关。这些危险因素很少出现在某一单个领域,例如儿童行为或家庭内部关系;特别地,来自多领域的危险因素预示着以后的严重、暴力少年犯罪。到目前为止,主要原因是儿童自身的因素(例如智力低下、冲动任性、注意力不集中等)；家庭因素(例如，缺乏家庭关爱、严重的体罚、父母经常争吵)；同伴的因素(例如，与不良少年交往、自闭、参加犯罪团伙)；以及社区因素(例如，社区环境嘈杂无序、社区经济水平低下)。此外，还有特定的生理因素(例如，心律低)也与严重、暴力少年犯罪有关。但是这里我们不再考虑这些因素，因为它们对于预防和治理犯罪没有多大的作用。

作为研究严重、暴力少年犯罪危险因素的一个实例，在对508名匹兹堡男孩的一项调查中，我们考察以10岁为年龄段进行衡量的危险因素，以研究它 213
们在多大程度上预示着之后向少年法庭提起的诉状，这些诉状是针对10—16岁年龄段的严重、暴力犯罪提起的(法林顿和洛伯，即将出版)。最重要的危险因素源自于缺乏有罪感、较低的学习成绩、缺少双亲的认同、家庭社会等级低、家庭支离破碎、母亲年少、庞大的家庭规模以及来自一个糟糕的街区(参见法林顿，1998；霍金斯等，1998；利普西和德宗，1998)。

犯罪帮派是美国少年犯罪的一个重要危险因素。在"罗切斯特少年发展研究"中，大约30%的样本是团伙成员，他们在严重、暴力少年犯罪中占据了70%—80%的比例(索恩伯里，1998)。团伙成员在他们加入某一团伙之前有相当高比率的暴行。他们的暴行在作为团伙成员期间继续增长并保持高比率，接着在离开团伙后递减。大约一半的团伙成员在犯罪中使用枪支(斯奈德和西克蒙德，1999)。

一般来讲，危险因素的数量越大，少年陷入严重、暴力犯罪的可能性也就越大。例如，在剑桥的研究中，"脆弱"这一评价综合了8—10岁年龄段的五个危险因素：低家庭收入、家庭规模大、被判有罪的父母、低智商、父母粗糙地培养孩童行为(监管不力、严酷和古怪的家规等)。10—20岁年龄段男孩的暴力犯罪比率显著地增长，从3%不含有上述危险因素到31%含有四种或者全部 214
五种危险因素(法林顿，1997)。"假性的积极因素"的比率(见后)在该分析中很高，因为暴力犯罪的比率只占所有犯罪的10%。显而易见，许多指向严重、暴力少年犯罪的危险因素，也指向浪费、失学、早期性行为、早孕以及其他社会问题。因此，一个能成功地减少严重、暴力少年犯罪危险因素的干预计划，可能在减少其他类型的社会问题方面也有广泛的益处。

并非所有危险因素在严重、暴力少年犯罪的形成中都发挥着作用，但是它们在少年年长时变得明显。举个例子，尽管许多儿童的性格特征在年幼阶段就已呈现并将继续下去(如注意力问题、冲动)，其他危险因素，诸如在同伴和街区等领域的此类因素，通常在之后的年龄段才开始有所影响。这一类伴随年龄的增长而来的危险因素的扩张，是早期危险因素所导致的。例如，一个冲动的孩童很有可能引起父母和同胞兄弟姐妹的消极反应，而他们的攻击性反应可能导致该孩童与他人相互之间的攻击方式的形成。因此，一些危险因素可能对其他危险因素产生影响，这种累积同时也就增长了严重、暴力少年犯罪的危险性。

保护因素和晚期犯罪生涯

对于保护因素，许多关于危险因素的观点也可以适用，不过是从相反的角度来讲。例如，保护因素的数量越多，严重、暴力少年犯罪的可能性越小。保护因素也可能产生于一个或者多个领域(如个体、家庭、同伴群体或者邻居)。研究显示，很多因素同时具有危险作用和保护作用的两方面。例如，良好的监管与严重、暴力少年犯罪的低可能性相联系，而缺乏家长监督则是严重、暴力少年犯罪的一个危险因素。研究结论表明，大多数危险因素也有保护性的相对面；只有一小部分危险因素没有任何相反的保护影响(斯托特哈默－洛伯等，1993)。

总之，相对于不太严重的少年罪犯来说，严重、暴力少年罪犯更可能在成年后继续犯罪。然而，对全部少年来说，这种可能性并非是同样的。例如，在美国少年调查项目中，德尔伯特·埃利奥特(1994)通过自我承认报告发现，非裔美籍男性少年在成年后继续实施暴力犯罪几乎比白种男性少年高两倍。有些少年成年后没有继续犯罪，而另外一部分则继续犯罪生涯，这些因素需要进行更多的研究。

预防严重、少年暴力犯罪 215

危险因素预防法

近年来,我们可以看到危险因素预防法在犯罪学上的影响力正在急剧上升(法林顿,2000)。这种方法的内容其实很简单:就是先识别出犯罪的关键危险因素,然后对其实施事先设计好的、能挫败它的措施。这里通常存在要识别与之相关的、反对犯罪的关键保护因素的问题,然后再实施事先设计好的干预手段以增强保护因素。特别是,长期的跟踪调查给我们提供了关于危险因素和保护因素的指示,以及通常用来评估这些预防手段效用的实验方法。因此,危险因素预防连接了揭示和预防、理论研究和实践研究以及学者、决策者和实践者。关于这种适用于严重、暴力少年罪犯的方法的详细说明,可以参见《严重、暴力少年罪犯:危险因素与成功干预》一书(洛伯和法林顿,1998)。

危险因素预防是华盛顿大学的戴维·霍金斯和理查德·卡塔兰诺等先驱从医学与公众健康学引进到犯罪学中来的(霍金斯和卡塔兰诺,1992),多年来这种方法被成功地用来治疗癌症和心脏病。例如,人们现在认识到的对于心脏病的危险因素包括吸烟、吃高脂肪的食物和缺乏锻炼。这些危险因素可以通过鼓励人们停止吸烟、吃更健康的低脂食品以及多做运动来减少。特别是,危险因素预防在医学领域的效力是采用随机实验的"黄金本位制"* 来评估,并且越来越强调在医学方面干预的成本—收益分析。因此,毫不奇怪,在20世纪90年代犯罪学界给予高质量评估和成本—收益分析同样的重视。

---

* 黄金本位制(gold standard),即通货本位为一固定的黄金量或保持为一固定的黄金量价值的货币制度,通货可按本位的含金量在国内或国外自由兑换成黄金。这种金本位制由英国在1821年首先使用,但是其应用的时间并不太长,现在通行的国际货币制度是由美元和其他纸币为基础的。文中使用本术语主要是指将医疗的效用与经济效益挂钩,便于进行成本—收益分析。——译者注

成本—收益分析

很明显,诸如"每投入一美元进入这个项目,就为将来节约了七美元"(施韦哈特,巴恩斯和韦卡特,1993)这样的争论已经说服了决策者们。犯罪的经济代价是巨大的,例如,据泰德·米勒和他的同事(1996)统计,1993年美国犯罪所造成的损失共有4 500亿美元。有些犯罪的危害后果是有形的,例如更换被盗窃的物品以及修理被损坏的物品,而有些损害是难以量化的,比如精神痛苦、肉体疼痛和生活质量的下降。对于政府和养着警察、法庭、监狱、犯罪预防机构等等的纳税人来说,犯罪的代价是由他们来承担的。对于犯罪人来说,他自己也要付出成本,例如,他可能会坐牢或失去工作。

如果犯罪预防工程成功地降低了犯罪率,那么,该项目将在相应的程度上
216 带来收益。这些收益可以根据犯罪金钱成本的减少而用金钱来量化。其他利益损害可以通过减少并发的社会问题成本来增值,这些社会问题包括失业、离婚、教育的失败、滥用毒品、社会福利不完善,等等。一个项目的金钱收益可以通过比较其金钱成本来确定,也就是成本率。犯罪预防项目的金钱收益和成本的经济性分析是否充足主要取决于实施评估方法的手段。

令人惊奇的是,很少有犯罪预防项目的成本—收益分析是完成了的(韦尔什和法林顿,2000)。现有的分析很难拿来加以比较,因为研究者们把不同种类的项目成本和项目效益都算在内,而且他们采用不同的方法来计算金钱收益和成本。现在我们非常需要提出一项标准,并且遵循这项标准来办事。这项标准要详细记载所有研究中被测量的成本和收益清单,以及这些项目的经济价值。现在还需要更多的关于犯罪预防项目的成本—收益分析。

个体和家庭预防项目

有四种项目已经明显成功地减少了儿童的反社会行为以及少年犯罪:父母教育(包括家访在内),父母管理训练,儿童技能培训,以及学前智力强化项

目(法林顿和韦尔什,1999)。总的来说,这些项目关注的焦点在于以下危险因素:水平较低的儿童养育;缺乏监护和训练(父母教育或父母管理训练);容易冲动、缺乏同情心、自我中心主义(儿童技能培训);智力低下和学识缺乏(学前教育项目)。

在最富有盛名的家访项目中,戴维·奥尔兹和他的同事们(1986)在纽约的艾尔米拉把400名母亲随机地分为几组,有的组的母亲们在怀孕期间接受护士的家访,有的组的母亲们在怀孕期间和分娩后都接受家访,有的组的母亲们则从不接受任何家访(即控制组)。每一次拜访大约持续15分钟到一个小时,每个母亲平均每两周接受一次拜访。家访者们向母亲们提供孩子出生前和出生后的护理建议,这些建议涉及婴儿的成长和恰当营养的重要性,以及在怀孕期间避免吸烟和喝酒,等等。

实验结果显示:产后家访使得在最初的两年中母亲对孩子的身体虐待和忽略情况减少,尤其是那些贫穷的未婚妈妈;没有接受家访的母亲中有19%的人犯有虐待儿童罪或遗弃儿童罪,而接受了家访的母亲中只有4%犯有这些罪。这个最后的结果非常重要,因为这些遭受肉体虐待或被遗弃的儿童将
来很有可能成为暴力犯罪者(威德姆,1989)。在一项长达15年的跟踪调查 217
中,主要的关注焦点是社会低阶层的未婚妈妈。那些接受了产前和产后家访的妈妈们比那些没有接受任何家访的妈妈们的犯罪率要低(奥尔兹等,1997)。同样,接受了产前和产后家访的妈妈们所生孩子的犯罪率也只是那些没有接受任何家访的妈妈们所生孩子的犯罪率的一半(奥尔兹等,1998)。

数个经济分析报告显示:对处于社会底层的未婚妈妈来说,这项项目的收益大于成本。这些分析报告中最重要的两份是分别由兰德公司的林恩·卡罗利及其同事(1998),以及华盛顿国家公共政策研究中心的史蒂夫·奥斯及其同事(1999)作出的。然而,这两份报告所测评的受益范围都是有局限的。兰德的研究人员仅仅测评了该项目对于政府和纳税人的益处(例如,福利、教育、就业机会和刑事审判),而没有考虑可以随之减少犯罪的、对被害人的益处。华盛顿的研究人员仅仅考虑了对于被害人的益处(有形的或无形的),以及刑事审判的救济,但是排除了其他的益处(例如,福利、教育和就业机会)。但是,这

两份报告都同样指出:对于这项项目来说其收益/成本率大于1——卡罗利得出的收益/成本率是4.1,奥斯得出的收益/成本率是1.5。对于低危险的实验人群来说收益/成本率小于1。

最著名的学前智力强化项目就是由劳伦斯·施韦哈特和戴维·韦卡特(1980)在密歇根州的伊普西兰蒂完成的佩里工程(Perry project)。这是一个不可或缺的智力开发工程,它的关注目标在于那些有缺陷的非洲裔美籍儿童,这些儿童被分为实验组和控制组。实验组的儿童每天参加学前项目,每周接受一次家访,这种情况通常会持续两年(该组儿童的年龄在3—4岁)。这个"计划—做—复习"项目(Plan-do-review program)的目的在于激发智力以提高儿童的思考和推理能力,并使得他们在正式入学后能取得更好的成绩。

这个项目有着长远的益处。实验组的孩子们在19岁的时候更可能会参加工作或从高中毕业,也更可能上大学或接受职业教育,而非被逮捕(伯鲁塔-克莱门特等,1984)。在他们27岁的时候,实验组的孩子总共的犯罪率也只有控制组的平均犯罪率的一半(施韦哈特、巴恩斯和韦哈特,1993)。实验组的孩子们后来通常拥有高收入,而且很多拥有房产。实验组中的女孩结婚率比控制组的高,而且她们之中仅有一小部分人是未婚生子。

很多经济分析显示,该项目的收益大于成本。卡罗利得出的收益/成本率是2.1,奥斯得出的收益/成本率是1.5。由于上述已经解释过的原因,这两个
218 资料都是低估了真实水平的。佩里工程自己的估算更为全面(贝内特,1993),它包括了犯罪收益与非犯罪收益,受害人的无形成本,甚至还包括了该项目中超过27岁的研究对象的收益。这随之衍生出了著名的收益公式:成本率为7.2时收益最大(65%),它们来自受害人得到的救济。

蒙特利尔长期跟踪实验研究项目是建立在儿童技能训练和父母管理培训的基础上的。1995年理查德·索恩伯里和他的同事找出319名6岁的、爱制造混乱或攻击性很强或过于活跃的男孩,并把他们随即分为实验组和控制组。在实验组的男孩满7到9岁的时候,让他们接受旨在培养他们社会技能和自我控制能力的训练。对每个小组按照以下主题进行私人辅导、同伴模仿、角色扮演以及强化制造意外事件:即"怎样帮助别人","当你饿了的时候应该怎么

做”,以及“怎样面对欺辱”。同样,他们的父母也被训练怎样使用父母管理训练技巧,该技巧是由俄勒冈州的杰拉德·帕特森于1982年发展起来的,它的焦点在于提高相应的和偶然的奖励和惩罚的效能。

蒙特利尔预防项目相当成功。在12岁这个年龄段的男孩中,实验组犯有夜盗罪和窃盗罪的人数比控制组的少,而且酗酒和参加斗殴的人数也比控制组的少(据男孩们自己所做的报告得出)。与此同时,实验组的男孩在学校里的成绩更好。在10—15岁这个年龄段中,实验组中每个年龄层的男孩其犯罪记录都比控制组的少(据男孩们自己所做的报告得出)。有趣的是,实验组和控制组的男孩在反社会行为方面的差异随着后续研究的进行而增大。目前尚没有完成关于本项目的成本—效益分析。

同伴、学校和社区预防项目

来自同伴、学校和社区的危险因素比起来自个人和家庭的危险因素来说,不太好确定。例如,现在已经明确,与犯罪者交朋友、就读于高犯罪率的学校以及住在高犯罪率的社区里都有可能导致严重的少年暴力犯罪,但是它们与犯罪之间的精确因果关系链条却还不太清楚。

最重要的干预项目是“危境儿童项目”(哈勒尔等,1997),该项目的成功之处在于降低了来自同伴的危险因素,其研究对象是来自美国五个州的、平均年龄为12岁的贫民区高危儿童。在学校里,符合条件的孩子被挑选出来并且随机分到实验组和控制组中。这个项目是一个全面的、综合的、以社区为基础的预防战略,其目标是犯罪的危险因素,它的内容包括案例掌握、家庭劝告、家庭技能训练、单独辅导、经验丰富而值得信赖的顾问指导、课后活动以及社区政策。这个项目与其他每一个类似的项目都不同。 219

最初的结果是令人失望的,但是随后一年的跟踪调查显示(据被调查人员自己所做的报告),实验组的孩子较少实施暴力犯罪以及较少吸毒或贩毒(哈勒尔等,1999)。对整个实验过程的评估显示,最大的变化发生在同伴因素。实验组的孩子较少与有犯罪恶习的孩子往来,所以也就较少受到不良伙伴的犯罪教唆，并且较多地受到积极向上的伙伴的影响。相反，在个人、家庭或社区危险因素方面变化较少，这些情况与父母很少参加父母培训以及少年很少接受顾问和辅导有关（哈勒尔等，1997，87）。从另外的角度来讲，在实施该项目的过程中存在一些问题，这与家庭严峻和多方面的需求和问题有关。目前尚没有完成关于该项目的成本—效益分析，但是它相对低廉的成本（9 000美元/人）和它关注高危犯罪少年的目标使得我们认为它的收益可能大于它的成本。

最重要的以学校为基础的预防实验之一是由戴维·霍金斯及其同事在西雅图完成的（霍金斯、冯克利夫和卡塔兰诺，1991）。这个项目融合了父母管理培训、教师培训以及儿童技能培训。大约500名来自8个学校21个班的一年级学生（年龄为6岁）被随机地分为实验班和控制班。实验班的学生在学校和家里都受到特别的待遇，以使得他们能更多地与父母相接触并受到更多来自学校的管束。同样，他们也会培养他们人际之间的、认知性的解决问题的能力。在名为"使他们成为优秀人才"的项目中训练他们的父母注重和加强受社会欢迎的行为。在教室管理项目中他们的老师也要参加培训，例如，如何清楚地向学生说明问题和表达老师对他们的期望；表扬他们实施了良好的行为，以及教他们受社会欢迎的解决问题的方法。

这个项目有着长远的益处。朱莉·奥唐奈和她的同事（1995）所作的关于低收入家庭的儿童的评估报道说，与控制班相比，实验班六年级（年龄为12岁）的男孩较少实施犯罪行为，女孩也较少有吸毒的。在最近的跟踪调查中，戴维·霍金斯和他的同事发现（1999），与较晚接受干预的组（仅指五到六年级）和控制组相比较，年龄为18岁、一直接受干预的组其成员的暴力性较低，也较少有人酗酒和同性恋 。奥斯得出的该项目的收益/成本率是1.8。

那些着眼于社区危险因素（如社区解体）的项目也没有起到明显的作用（霍普，1995）。然而，以社区为基础的项目却已经见效。例如，马歇尔·琼斯和
220 丹·奥福德（1989）在加拿大渥太华的一个公众场合实施了一个实验性的技能培训项目，并把它与控制组相比较。该项目的主要内容不是学校里所教的技能，而是包括体育技能（例如游泳和曲棍球）和非体育技能（例如吉他和芭蕾

舞)。发展这些技能的目的在于增强自尊,鼓励孩子们更有建设性地利用时间,以及扮演好受社会欢迎的角色。该项目的参与率很高,在第一年大概有3/4的适龄儿童参加了至少一项课程。该项目非常成功,与控制组相比,实验组的犯罪率明显下降。该项目的收益/成本率为2.5(它关注的焦点在于纳税人的救济,而排除了为受害者付出的成本)。

最重要的以社区为基础的矫治项目之一是“多系统治疗”(简称MST)。这种方法是由斯科特·亨格勒和他的同事们(1998)首先提出来的,它是一个多元项目。我们根据少年的特殊需要来选择应该适用哪一种治疗,因此,对于每一个人来说,该治疗的特质是不同的。该治疗可能包括来自个人、家庭、同伴、学校以及社区的干预,包括父母培训和儿童技能培训。

作为典型,这种治疗被运用于严重、暴力少年罪犯。例如,在密苏里州,查尔斯·鲍顿和他的同事们(1995)将179名平均年龄为14岁的少年犯随机分到多系统治疗组或分到强调个性、家庭和学校事务的个人治疗组。四年之后,多系统治疗组中只有29%的少年犯因犯罪再次被捕,而个人治疗组中则有74%的人再次被捕。根据奥斯的理论,多系统治疗的收益/成本率非常高——达到了13.5,这在很大程度上归因于潜在犯罪以及针对慢性的严重、暴力少年犯的刑事司法开销的节约。

以社区为基础的政策项目同样能够为降低严重、暴力少年犯罪率起到作用。该类项目令人印象最深刻的是,它的目标在于“热点”,或者说是在于那些犯罪大量发生的地方。例如,劳伦斯·舍曼和戴维·韦斯博德(1995)在明尼阿波利斯市实施了一项实验,在该市当中有一百多个犯罪高发地区被随机划分为实验区和普通区,在实验区中增加警察巡逻(每个目标地段一天巡逻三小时),而普通区就不增加巡逻时间。研究人员预计增加警察的出巡率将会使得犯罪分子不敢实施犯罪。在前一年和实验开始的当年,报警电话都实施监听记录。第二年在所有的地区使用系统监测法测量这些地区的少年罪错犯罪情况。该实验显示,在实验区增加警察巡逻时间可以使得犯罪率降低。该实验现在尚未完成成本—效益分析。

221 普遍的还是有选择性的项目？

高度精确的评估研究表明，许多项目在预防犯罪方面都是有效的，而且它们所带来的经济利益超过它们的经济成本。然而，一个关键问题在于，这些预防项目应该是普遍的（适用于对所有的孩子）还是有选择性的（适用于那些有高度犯罪危险的孩子）？如若支持选择性项目，只是因为那些瞄准潜在的和实际的犯罪者的项目提供了巨大的、潜在的经济利益，因为这些人在诸多不同方面对社会来说都是负担（不仅在犯罪和毒品滥用方面，而且在精神健康问题、失业问题、教育问题、家庭关系、福利依赖等等方面也是如此），并且在多问题的家庭里有代代相传的连续性。范德比尔特大学的马克·科恩（1998）估计，考虑到有形和无形的代价，一个具有高度犯罪危险的年轻人，其终其一生让社会付出的代价大约是200万美元。因此他指出：如果一个项目针对100个具有高度犯罪危险的年轻人，对每个人的花费是5 000美元的话，即使它只“挽救”了一个人使之免于失学和开始滥用毒品和犯罪的生涯，仍可以获得四倍的经济效益。

选择性项目的弊端在于：将个体的孩子挑出作为潜在的犯罪者对待会导致给他们贴上标签、打上烙印的结果，而这是不得人心的。任何这样的项目实施起来都很困难，而且非难会尾随而至。并且现在积累起来的证据表明，由于犯罪者相互的影响，在项目中将一群犯罪少年放在一起会导致犯罪扩大化（迪什、麦科德和波林，1999）。对于选择性项目扬长避短的最好办法就是在犯罪高发的危险区（如犯罪率高、远离公共住宅区的地方）实施，并且对住在该区域的每一个人都实施。这样就可以针对最多的具有高度犯罪危险的个体和家庭，同时又避免了给个体贴上标签，并且解决了项目所服务的每一个来自于多问题家庭的人或者反社会者所带来的问题。因此以社区为基础的项目是需要的。

爱心社区

为了取得最大的效果,所需要的就是一个多元的以社团为基础的项目,包括上述的几个成功的干预。上述的许多项目皆属此类。作为其中之一,爱心社区(CTC)就有许多诱人之处。也许较之于任何其他项目,其更以实证证据为基础,也更成体系——干预举措的选择依赖于相应的实证证据,即鉴别哪些是特定社区中的重要危险因素,哪些是保护因素的实证证据,以及那些关于"什么在起作用"的实证证据。这个项目在美国被广泛实施,也正在被朗特里 222
基金会(Rowntree Foundation)在英格兰的几个地方加以实施,并且将实施于苏格兰和荷兰的几个地方,甚至可能实施于澳大利亚。尽管整个爱心社区策略的有效性还未能加以证明,但其个别部分的有效性已经较为清楚了。

爱心社区由戴维·霍金斯和理查德·卡塔兰诺(1992)作为一个聚焦于危险因素的防范策略提出,并且它是美国少年司法和少年罪错行为预防办公室针对严重、暴力和常见少年犯罪的综合策略的核心组成部分。爱心社区是建立于危险因素和保护因素在影响犯罪方面如何相互作用的理论(社会发展模式)基础之上的。介入方法根据每个社区的不同需要而设计。这种社区可能是一个城市,一个县,一个小镇,甚至于一个街区或者居民区。这个项目的目的在于通过实施一些预防策略来减少犯罪,经过证实,这些预防策略在减少危险因素或者增强保护因素方面是有效的。它通过模仿大规模的、社区范围内的为减少冠状心脏疾病等的公众健康项目来解决一些关键的危险因素。爱心社区致力于提高保护因素并依赖于这些力量,对于社区来说,这比解决危险因素更具有吸引力;增进健康比预防少年罪错行为也显得更为诱人。

爱心社区项目开始于社区动员。重要的社区负责人(诸如市长、学校的校长、警察局长、商业机构负责人)带着在预防项目的目标和实施上达成一致的目的坐到一起。然后,主要的社区负责人着手组建一个由他们负责的社区委员会,其中包括街道的居民和来自各种机构的代表(诸如学校、警察局、社会服务机构、缓刑机构、卫生健康机构、父母们、商业机构、教堂、媒体)。社区委员会代表社区负责预防项目。

然后,社区委员会就开展一项危险性因素和保护性因素的评估,以鉴别出哪些是该特定社团中存在的亟待解决的重要危险性因素,哪些是需要增强的重要保护性因素。这种危险项目评估可能要到警察局、学校、社会、统计记录、地方街道或者学校等方面进行调查。在识别出危险因素和保护因素之后,社区委员会将对现有资源做出评估,然后推出一项干预战略。在专家提供的技术性帮助和指导下,他们从备选策略中选择出一些项目,这些策略在设计好的评估调查中被证明是有效的。

223 戴维·霍金斯和理查德·卡塔兰诺(1992)所列的备选策略包括:出生前后的家庭调查项目、学前智力丰富项目、父母培训、学校组织和课程开发、教师培训以及媒体宣传运动。其他的策略包括:儿童技能培训、学校里反暴力培训项目、突发场面预防以及警察战略。预防策略的选择有赖于经验实证证据——这些证据是关于解决每一个特别的危险因素的有效方法的,但同时,预防策略也须依靠那些被认为是社区内最大问题的部分。

美国少年司法和少年罪错行为预防办公室(OJJDP)的"综合战略"也强调:社区应当在开发综合预防方法中起到领头作用,而这些预防方法针对的是已明确的危险因素以及有犯罪危险的青少年。然而,"综合战略"比这个范围还要广泛得多,它包括巩固家庭,给学校和其他重要的社会机构提供支持,以及在少年司法体系中实施分级别的处遇措施。如今,一项旨在协助社区在大范围内实施"综合战略"的指导方案已经被开发出来(豪厄尔,1995)。

严重、暴力少年罪犯和少年司法体系

筛选与危险评估

许多筛选与危险评估方法被设计用于在少年司法体系的干预方案中对少年犯(通常是第一次移送法庭者)进行分类(威布什,1995)。这些方法的目的在于评估逐步卷入到严重、暴力少年犯罪的可能性，以及利用这种危险评估来对不同的少年犯分配合适的方案。特别是，这些方法包括一系列可以预测犯罪和再犯的危险因素。在美国，最广泛使用的少年犯分类体系是威斯康星体系（贝尔德，1981），该体系包括危险和需求评估。它的论断的有效性已在许多地方得到证实（邦塔，1996）。

加利福尼亚州奥林奇郡的"8%早期预防方案"是最有趣的方案之一，其目的在于，在第一次被移送法庭的少年犯中辨别出有实施严重、暴力犯罪倾向的少年犯（克里斯伯格和豪厄尔，1998）。这个方案是基于对被移送者的分析之上的，该分析表明，一半以上的再犯是由8%的少年犯所实施的（库兹和摩尔，1994）。危险评估方案源自于对6 000多移送对象的实证分析。家庭问题（辱骂/忽视、犯罪的父母、差劲的家教）、学校问题（逃学、停学、开除）、个人问题（吸毒和/或酗酒），以及倾向于犯罪的行为（帮派活动或者无法自我控制）都预示着后来的严重、暴力犯罪，它们都包括在危险评估方案中。该方案 224
包括广泛的系列制裁措施（从日常报告到社区禁闭），伴随着家庭保护和资助措施，针对个体的精神健康问题和滥用毒品的治疗，以及提供系列社区服务，等等。对该方案的初步估计表明，它能减少一半再犯（克里斯伯格和豪厄尔，1998）。

《男孩犯罪的早期危险评估》（EARL－20B）是近来提出的最有前景的方案之一（奥奇莫里，1999）。它源自于科学文献、以前用于预言成人暴力和性犯罪危险的评估方法（克罗普等，1995），以及一些从位于加拿大多伦多伯爵院儿童与家庭中心（Earlscourt Child and Family Center in Toronto）的"12岁以下之拓展"项目中得到的临床经验。在20个危险项目的基础之上，它对于临床者来说，使用起来很简单，并且被设计用于发起对于严重、暴力犯罪的危险性的多角度评估组。这些项目可以分成三种主要的类型：儿童、家庭和规训（反应和处遇）。每个项目都有多个标志，例如，家庭压力的标志包括离婚的父母、失业的父母、坐监的父母，等等。EARL－20B正在接受验证，并且一个关于女孩的类似版本（EARL－20G）正在研发中。

眼下，一份富有生命力的危险评估方法正由华盛顿公共政策研究所在全州范围内贯彻实施(豪厄尔,2001)。华盛顿少年法院管理者联合会的危险评估方案(WAJCA - RA)包括三个部分:犯罪历史、社会技能以及保护性因素。方案的使用和管理等方面的训练都是由计算机软件控制的(阿尔韦斯特信息服务中心,1999)。这个方案结合少年法院的鉴定职责来给少年犯们配备有效的项目(奥斯等,1999)。其有效性研究正在进行中。

危险评估正在迅速发展,但是一系列重要的研究问题需要得到解决。首先,这些众多危险因素中的某一些如何加以选择(根据其与严重、暴力少年犯罪程度之间的关系)?其次,危险因素如何结合成一个总表?一些重要点很容易被采用,但没有考虑到哪些危险因素在何种程度上与严重、暴力少年犯罪相关,也没有考虑到危险因素之间的相互作用。第三,将保护性因素和危险因素联合起来究竟会产生多大的预期效果?第四,从哪里切入或者采用何种标准来鉴别需要干预的少年犯?这有赖于一些问题,诸如容忍程度、"伪积极"人群
225 或者"伪消极"人群的社会成本,以及可以供一个项目来服务的少年的数量。"伪积极"是指本来预期成为罪犯但没有成为罪犯的人,而"伪消极"是指预期不会成为罪犯但实际成为罪犯的人。应当通过在新样本中进行调查来分别测试这些诸危险因素的有效性,而不能应用那些用来解释危险评估手段的样本。例如,在什么范围内这些使用临床样本的危险评估措施能够使用社区样本?在不同的时空范围内验证危险评估项目的可行性是很重要的。

分级的和中间型的制裁措施

美国少年司法和少年罪错行为预防办公室"综合战略"的目的在于通过分级制裁体系和处遇替代措施的连续统一体来增加少年司法系统对严重、暴力少年犯罪的反应,其中包括即时的干预(如奥林奇郡的项目那样)、即时的制裁(如家庭监禁)、基于社区的制裁(如赔偿和社区服务),以及监管矫正(如社区禁闭和训导学校、训练营、农场禁闭)。恰当的处置依赖于对危险和需求的评估,以及针对具体犯罪给出具体惩罚措施的各州少年法规。由于严重、暴力少

年犯们有可供选择的系列处遇措施，这些处遇措施在处理严重、危险少年罪犯的更为严重的问题时，就显得更具结构性，也更细致（克里斯伯格和豪厄尔，1998）。

中间型的措施——介于缓刑（或保护观察）和送进专门矫治机构之间，包括电子监视、家庭逮捕、家庭拘留、集中监管、每日治疗/报告中心、社区服务以及赔偿，等等（阿特休勒，1998）。设置中间型措施的一个重要目的在于：为一些惯常处遇措施提供一种可靠的替代，并以此来减少传统意义的犯罪人口。对于中间型措施，现有的研究有力地表明，在它们的施及范围内，能够有效地减少再犯。然而，许多研究表明，这时犯罪者很少甚至没有得到处理，并且实际上，中间型制裁措施是由监督和控制方式组成的。

不论"综合战略"的影响如何，许多少年法庭对于宣判的少年犯只有三种选择：原居地处置、保护观察或者释放。亚历克斯·霍尔辛格和爱德华·雷特萨（1999）在一个美国中西部州的中等大小的郡进行研究表明，少年司法体系在"处理方案和制裁措施的数量和种类上都是相当先进的"（同前，156）。该郡还提出分级制裁措施，以努力应对数量不小的少年犯的具体需要和不同层次的危险。这些不同的制裁措施包括：转处项目、保护观察、专门针对每个罪犯的个体需求而设计的保护观察群体实施项目（包括技能训练和父母教育小组）， 226
提供从最基础的（例如教育和职业培训）到最复杂的（个体化的感情和精神病顾问）服务措施的少年康复中心，居留治疗处置（通常是性犯罪和毒品犯罪），以及在"青少年服务部"名下的监管场所。研究者们表明：根据少年犯罪生涯的持续性，制裁措施被用作一个分级的连续统一体。

成人法院里的少年犯

传统上，少年法院在选择处置方法时，总是强调儿童的康复及其最大利益。然而，1987年至1994年间，严重、暴力少年犯罪的大量增加导致政策制定者们认为，为了阻止严重、暴力少年犯罪，采用强硬的惩罚措施是有必要的。这反过来又导致在成人刑事法院审判的少年犯大量增加。这恰好又吻合了诸如SHOCAP(严重惯犯综合行动项目,即Serious Habitual Offenders Action Program)及HSVJOP(习惯性的严重、暴力少年犯项目,即Habitual Serious and Violent Juvenile Offender Program)等目标确定的起诉方案,这些方案的目的在于增加对严重、暴力少年罪犯的逮捕、起诉以及重刑判处。然而,有关的研究发现(例如,克罗宁等,1988),它们并没有能够阻止少年犯们继续犯罪。

在1992年到1995年间,除了10个州以外,所有的州都修订了它们的法律,以使得少年犯们更容易被起诉到成人法院(托比特等,1996)。使少年犯进入成人法院接受审判的方法主要有以下五种(托比特和西曼斯基,1998):

1.司法权的自主放弃(在1997年,除了5个州外均允许);

2.司法权的强制放弃(14个州);

3.司法权的推定放弃,这种情况下由少年犯自己举证证明少年法院更为恰当(15个州);

4.检察官裁量向成人法院提出控告(15个州);

5.法定排斥条款,其自动排除少年法院对一些少年犯的管辖权,包括针对17岁以下年龄较大的少年犯的条款(28个州)。

在1997年,已有21个州规定了"一次成人,永远成人"的排除条款,即一个少年犯一旦被起诉到成人法院,他后来所有的案件都将由成人刑事法院管辖(格里芬,托比特和西曼斯基,1998)。

在1987年至1994年间,少年犯案件司法弃权至成人法院审判的案件由6 800起增至11 700起,增加了73%(斯奈德和西克蒙德,1999);这个数目到
227 1996年降低了15%。其部分原因在于,更多的少年犯由于法定排斥条款和检察官的裁量被送至成人法院。1996年,根据国家少年法院数据文件,43%的弃权案件属于暴力犯罪,37%属于财产犯罪,14%属于毒品犯罪,16%属于公共秩序犯罪。在司法弃权案件的罪犯中,95%是男性,88%年龄在16岁到17岁之间,46%是非洲裔美国人。

根据司法统计局的统计,1994年大约11 800名重罪少年犯被转移到成人

法院，而其他9 200名 18 岁以下人员则是因为州法律定义他们为成年人才被成人法院定罪的(斯奈德和西克蒙德，1999)。被移送的少年犯的案件比 18 岁以下成人案件更为严重(例如，其实施严重、暴力犯罪的比例为 53%，而后者为 28%)。4/5 被移送的少年犯被判入狱，而相形之下 2/3 的 18 岁以下成人被判入狱。而在州法院被宣判为重罪的刑期最大跨度，被移送的少年犯是 3 个月至 9 年，18 岁以下的成人是 3 个月至 7 年，年龄大一些的成人则是 9 个月至 5 年。被移送的少年犯们更倾向于暴力犯罪或者再犯。

许多州(1995 年为 17 个；托比特，西曼斯基，1998)已经采用"混合式判决"，即对于已经在少年法院或者刑事法院被判有罪的严重、暴力少年罪犯，采用一种结合了对少年犯和成人两者的惩罚措施。例如，伊丽莎白·克拉克(1996)说：在康涅狄格州、堪萨斯州、明尼苏达州，被指控犯有严重罪行的少年将会同时受到两个宣判：一个是少年的，一个是成人的。如果他们违反了少年判决结果，成人判决就会生效。这些措施的实际效果目前还是未知的。对于混合式判决，理查德·雷丁和詹姆斯·豪厄尔(2000)做出了有益的评论。

少年法院和成人法院之比较

两个关键的问题在于：(1)成人法院里的少年犯较之于同等罪行的少年法院里的少年犯，会受到更严厉的处罚吗？(2)在成人法院里宣判的少年犯较之于在少年法院里宣判的少年犯，其再犯可能性要小吗？为了解决这些问题，就应当取得少年犯的有可比性的样本。为了准确回答这些问题，随机地从少年法院或者成人法院抽出严重、暴力少年罪犯是较为理想的，但至今仍未做到这一点。无疑，对于这样一个研究来说，存在着道德的、法律的和实际的问题。

近来三个尤为重要的项目就是针对这些重要问题的。哥伦比亚大学的杰弗里·费根(1995)比较了纽约 15—16 岁的少年罪犯(因为在纽约，法规规定对待他们像对待成年人一样)与新泽西州 4 个郡的被当作少年犯处理的罪犯。228
这 800 个少年均被指控犯有抢劫或者夜盗罪。他发现抢劫案在成人法院更容易被定为有罪，而夜盗并不然。较之于少年法院，抢劫和夜盗在成人法院里更容易被判处监禁刑。然而在这两类法院里,平均刑期却非常接近。对于抢劫,成人法院宣判后的再次逮捕率明显高于少年法院(76%与67%),但夜盗的再次逮捕的百分比在成人法院和少年法院宣判后是一样的(都是81%)。解读该项研究的主要问题是新泽西的少年与纽约的成人是否具有很强的可比性还不明晰。

在明尼阿波利斯,马西·波德科帕兹和巴里·费尔德(1996)调查了330个提出了诉讼转移申请的少年犯,其中2/3(因为司法弃权)被转移到成人法院。决定是否转移的最大因素是年龄、先前的记录(特别是4次或者更多的户外安置)以及当前的罪行(尤其是涉及枪械的暴力犯罪)。种族不是很重要的因素。在成人法院处理的少年犯更有可能被监禁(85%与63%),承受更长的刑期,并且在释放以后更有可能再犯(58%与42%)。

在佛罗里达,唐娜·毕晓普和她的同事(1996)比较了2 700多个被移送至成人法院的少年犯与对应的2 700多个在少年法院处置的少年犯。两份样本在犯罪的严重性、先前的犯罪次数、年龄、性别和种族上都是相对应的。种族的对应相对最不准确。80%的移送案件是由检察官申请移送的,其余的则是由于司法弃权而移送的。被移送的少年犯会受到更严厉的刑罚,蹲监时间也要长得多。然而,他们的再次被捕率明显要高得多(每年有54%的罪犯有再犯的危险,而相形之下在少年法院处置的则为32%)。然而,长期的跟踪调查表明,少年法院宣判的低逮捕率的案件,其少年犯在三年半之后不会犯重罪(温纳等,1997)。奇怪的是,移送的财产案件其罪犯的再逮捕率低得多,但其他移送案件的罪犯再逮捕率要高得多。

运用成人法院的其他效果还需要考虑。例如,马丁·福斯特和他的同事采访了在成人监狱监禁的移送少年犯,并把他们与少年犯教养所里的少年犯作比较(福斯特·费根和维沃纳,1989)。在成人监狱里的少年犯更容易受到身体伤害和性侵犯,并且更少接受基础教育及工作技能培训帮助。在分别考察了
229 少年法院和成人法院的资料之后,巴里·克里斯伯格和詹姆斯·豪厄尔(1998)得出这样的结论:“几乎没有经验表明,将少年犯移送至刑事司法系统有任何积极的好处”(同前,356)。因而,近来的评估与西蒙·辛格和戴维·麦克道尔

(1988)的早期结论是一致的:即纽约州把少年犯放在成人法院处理并没有降低少年犯罪的比率。

关键结论概要

尽管严重、暴力少年犯罪趋势上在减少,但它仍然是一个令人头痛的社会问题。现有的证据表明,将少年犯移送至成人法院并不有效。危险因素预防是一种更为有效、更为经济的减少少年犯数量的方法。

有研究表明,在大的市区范围内,20%的男性少年和3%的女性少年都有过因严重、暴力犯罪而被移送至少年法院的经历,但在调查研究中,自我承认的严重、暴力少年犯罪要多得多。非洲裔美国人的严重、暴力少年犯罪率比白种人要高,但这种差异可能要归因于居住于下等社会社区的差异。严重、暴力少年犯罪在15—17岁时达到巅峰,然后又随着年龄开始下降。

严重、暴力少年罪犯可能是一个多问题的少年。在其成长道路上,细微的挑衅都可能导致少年暴力,早期少年罪错的暴力攻击其后有可能演变为严重、暴力少年犯罪。严重、暴力少年犯罪的主要危险因素包括:极易冲动、低智商、父母的严厉体罚、缺乏父母管教、帮派成员影响以及生活在高犯罪率的社区。危险因素的增加伴随着严重、暴力少年犯罪的可能性的增加,而严重、暴力少年犯罪又很容易导致成人犯罪生涯。

许多项目在预防严重暴力少年犯罪方面都是有效的,包括家访/父母教育项目、学前智力丰富项目、儿童技能训练、父母管理培训、多系统的治疗、在犯罪"高发地带"增加警力巡逻,等等。成本—收益分析表明,这些项目的收益超过它们的成本。针对犯罪高发地区的每一个人的项目,就像爱心社区那样,很可能是最有效的。

许多筛选与危险评估方法被设计用来划分初犯的少年(根据其之后的严重、暴力犯罪的危险性),但少有得以效行。美国少年司法与少年罪错行为预防办公室的"综合战略"推介了一种早期预防和分级制裁的结合项目,正如我们所言,减少严重、暴力少年犯罪"永远不早,也永远不晚"(洛伯和法林顿, 230

1998)。近年来,移送至成人刑事法院的少年犯大量增加。研究表明,移送至成人法院的少年犯受到更严厉的惩罚,但却有更高的再犯率。而且,在成人处罚监管场所里的少年犯比在少年处罚监管场所里更易成为受害人。

研究建议

特别关注严重、暴力少年犯罪发展的纵向跟踪调查研究是很有必要的。对于通向严重、暴力少年犯罪的发展道路及保护性因素,特别是在高度危险的街区,需要做更多的研究。尤其重要的是,通过对自我供认的犯罪案件与法院移送案件作比较,以此来确定一件严重、暴力少年犯罪的法院移送的可能性,并根据法院移送案件的情况来对"真实的"犯罪做出评估。另外,还需要做大范围的自我供认的重复研究,以调查严重、暴力少年犯罪在一段时间内的变化,尤其是危险因素和保护性因素变化的测量。

特别关注严重、暴力少年犯罪预防和干预方法的有效性的实证研究是很有必要的。爱心社区和其他多元素的、以社区为基础的项目需要评估。对究竟是什么、对谁、在何种环境下最能起作用的调查研究也很重要。另外,在连结危险因素和干预措施研究方面需要更多的努力;危险因素应当成为干预措施选择的信息支撑;干预试验应当被设计以证明哪些危险因素具有原因上的作用。在预防和干预项目方面需要更多的成本—收益分析。

对于筛选与危险/需求评估方法的发展和有效性,需要做更多的研究。尤其重要的是,调查在何种程度、什么时间里未来的严重、暴力少年犯罪能够被预测到,并将其与不严重的、临时的少年罪错行为(这些犯罪通常都是被移送至少年法院的)区别开来。对于现存的方法需要开展更多的有效性研究。还有,成人法院与少年法院的诉讼效果的比较,以及混合宣判的效果等,都需要做更多的研究。

政策建议

应该开发更多的资源以预防严重、暴力少年犯罪，并且应该设立拥有预防犯罪授权的专门地方机构。既然很多严重、暴力少年犯在很小的时候就开始犯罪(12 岁)，那么，需要由少年法院、儿童福利和精神健康机构施行处理少年罪错问题的更好方法，需要更多地致力于将这些应对少年罪错问题的不同工作整合起来。 231

危险和需求评估方法应该被广泛地运用，在他们第一次被移送至少年法院时，就应当把潜在的严重、暴力少年罪犯与其他人相区别。紧随深入的调查之后，用来减少后来犯罪上升可能性的有效的干预措施应当被制定。危险因素预防措施应该广泛应用。早期预防和后来的干预项目都应该加以拓展。应当更少地将少年置于成人刑事法院或者成人处罚监管场所。

参考文献

Allvest Information Services(阿韦斯特信息服务中心). 1999. *Helping Manage Youth on Community Supervision: Focusing on Risk and Increasing Protective Factors*. Seattle, WA: Allvest Information Services.

Altschuler, D. M.(阿特休勒, D. M.). 1998. "Intermediate Sanctions and Community Treatment for Serious and Violent Juvenile Offenders." In Loeber and Farrington 1998.

Aos, S.(奥斯, S.), P. Phipps(菲普斯, P.), R. Barnoski(巴诺斯基, R.), and R. Lieb(利布, R.). 1999. *The Comparative Costs and Benefits of Programs to Reduce Crime* (*Version* 3.0). Olympia, WA: Washington State Institute for Public Policy.

Augimeri, L. K.(奥奇莫里, L. K.), C. D. Webster(韦伯斯特, C. D.), C. J. Koegl(凯格尔, C. J.), and K. S. Levene(莱文, K. S.). 1998. *Early Assessment Risk List for Boys* (*EARL* - 20*B*, *Version* 1). Toronto, Ontario: Earlscourt Child and Family Center.

Baird, S. C.(贝尔德, S. C.). 1981. "Probation and Parole Classification: The Wisconsin Model." *Corrections Today* 43: 36 - 41.

Barnett, W. S.(巴尼特, W. S.). 1993. "Cost-Benefit Analysis." In Schweinhart, Barnes, and Weikart 1993.

Bennett, W. J. (贝内特, W. J.), J. J. DiIulio(迪乌里奥, J. J.), and J. P. Walters(沃尔特斯, J. P.). 1996. *Body Count: Moral Poverty... and How to Win America's War against Crime and Drugs*. New York: Simon and Schuster.

Berrueta-Clement, J. R. (伯鲁塔－克莱门特, J. R.), L. J. Schweinhart(施韦哈特, L. J.), W. S. Barnett(巴尼特), A. S. Epstein(爱泼斯坦, A. S.), and D. P. Weikart(韦克特, D. P.). 1984. *Changed Lives: The Effects of the Perry Preschool Program on Youths through Age Nineteen*. Ypsilanti, MI: High/Scope Press.

Bishop, D. M. (毕晓普, D. M.), C. E. Frazier(弗雷泽, C. E.), L. Lanza-Kaduce(兰扎－卡杜斯, L.), and L. Winner(温纳, L.). 1996. "The Transfer of Juveniles to Criminal Court: Does It Make a Difference?" *Crime and Delinquency* 42: 171－191.

Blumstein, A. (布卢姆斯坦, A.). 1995. "Youth Violence, Guns, and the Illicit-drug Industry." *Journal of Criminal Law and Criminology* 86: 10－36.

Bonta, J. (邦塔, J.). 1996. "Risk-Needs Assessment and Treatment." In *Choosing Correctional Options That Work*, ed. A. T. Harland. Thousand Oaks, CA: Sage.

Borduin, C. M. (鲍顿, C. M.), B. J. Mann(曼恩, B. J.), L. T. Cone(科恩, L. T.), S. W. Henggeler(亨格勒, S. W.), B. R. Fucci(富奇, B. R.), D. M. Blaske(布拉斯科, D. M.), and R. A. Williams(威廉斯, R. A.). 1995. "Multisystemic Treatment of Serious Juvenile Offenders: Long-term Prevention of Criminality and Violence." *Journal of Consulting and Clinical Psychology* 63: 569－87.

Capaldi, D. M. (卡帕尔迪, D. M.), and G. R. Patterson(帕特森, G. R.). 1996. "Can Violent Offenders Be Distinguished from Frequent Offenders?: Prediction from Childhood to Adolescence." *Journal of Research in Crime and Delinquency* 33: 206－31.

232 Clarke, E. E. (克拉克, E. E.). 1996. "A Case for Reinventing Juvenile Transfer: The Record of Transfer of Juvenile Offenders to Criminal Court in Cook County, Illinois." *Juvenile and Family Court Journal* 47: 3－21.

Cohen, M. A. (科恩, M. A.). 1998. "The Monetary Value of Saving a High-risk Youth." *Journal of Quantitative Criminology* 14: 5－33.

Cronin, R. (克罗宁, R.), B. Bourque(布尔克, B.), F. Cragg(克拉格, F.), J. Mell(梅尔, J.), and A. McGrady(麦格雷迪, A.). 1988. *Evaluation of the Habitual Serious and Violent Juvenile Offender Program*. Washington, DC: American Institutes of Research.

Dishion, T. J. (迪什, T. J.), J. McCord(麦科德, J.), and F. Poulin(波林, F.). 1999. "When Interventions Harm: Peer Groups and Problem Behavior." *American Psychologist* 54: 755－64.

Dunford, F. W. (邓福德, F. W.), and D. S. Elliott(埃利奥特, D. S.). 1984. "Identifying Career Offenders Using Self-reported Data." *Journal of Research in Crime and Delinquency* 21: 57－86.

Elliott, D. S. (埃利奥特, D. S.). 1994. "Serious Violent Juvenile Offenders: Onset, Developmental Course, and Termination." *Criminology* 32: 1－21.

Fagan, J. (费根, J.). 1995. "Separating the Men from the Boys: The Comparative Advantage of Juve-

nile versus Criminal Court Sanctions on Recidivism among Adolescent Felony Offenders." In *Sourcebook of Serious, Violent, and Chronic Juvenile Offenders*, ed. J. C. Howell, B. Krisberg, J. D. Hawkins and J. J. Wilson. Thousand Oaks, CA: Sage.

Farquhar, J. W. (法夸尔, J. W.). 1985. "The Stanford Five – city Project: Design and Methods." *American Journal of Epidemiology* 122: 323 – 34.

Farrington, D. P. (法林顿, D. P.). 1989. "Self-reported and Official Offending from Adolescence to Adulthood." In *Cross-national Research in Self-reported Crime and Delinquency*, ed. M. W. Klein. Dordrecht, Netherlands: Kluwer.

——. 1991. "Childhood Aggression and Adult Violence: Early Precursors and Later Life Outcomes." In *The Development and Treatment of Childhood Aggression*, ed. D. J. Pepler and K. H. Rubin. Hillsdale, NJ: Lawrence Erlbaum.

——. 1997. "Early Prediction of Violent and Non-violent Youthful Offending." *European Journal on Criminal Policy and Research* 5, no. 2: 51 – 66.

——. 1998. "Predictors, Causes and Correlates of Male Youth Violence." In *Youth Violence*, ed. M. Tonry and M. H. Moore. Chicago: University of Chicago Press.

——. 2000. "Explaining and Preventing Crime: The Globalization of Knowledge: The American Society of Criminology 1999 Presidential Address." *Criminology* 38: 1 – 24.

Farrington, D. P. (法林顿, D. P.), and R. Loeber (洛伯, R.). In press. "How Can the Relationship between Race and Violence Be Explained?" In *Violent Crimes: The Nexus of Ethnicity, Race and Class*, ed. D. F. Hawkins. New York: Cambridge University Press.

Farrington, D. P. (法林顿, D. P.), R. Loeber (洛伯, R.), D. S. Elliott (埃利奥特, D. S.), J. D. Hawkins (霍金斯, J. D.), D. B. Kandel (坎德尔, D. B.), M. W. Klein (克莱因, M. W.), J. McCord (麦科德, J.), D. C. Rowe (罗, D. C.), and R. E. Tremblay (特伦布莱, R. E.). 1990. "Advancing Knowledge about the Onset of Delinquency and Crime." In *Advances in Clinical Child Psychology*, ed. B. B. Lahey and A. E. Kazdin, vol. 13. New York: Plenum.

Farrington, D. P. (法林顿, D. P.), and B. C. Welsh (韦尔什, B. C.). 1999. "Delinquency Prevention Using Family-based Interventions." *Children and Society* 13: 287 – 303.

Forst, M. (福斯特, M.), J. Fagan (费根, J.), and T. S. Vivona. 1989. "Youth in Prisons and Training Schools." *Juvenile and Family Court Journal* 40, no. 1: 1 – 14.

Griffin, P. (格里芬, P.), P. Torbet (托比特, P.), and L. Szymanski (西曼斯基, L.). 1998. *Trying Juveniles as Adults in Criminal Court: An Analysis of State Transfer Provisions*. Washington, DC: Office of Juvenile Justice and Delinquency Prevention.

Harrell, A. V. (哈勒尔, A. V.), S. E. Cavanagh (卡瓦纳, S. E.), M. A. Harmon (哈蒙, M. A.), C. 233
S. Koper (科伯, C. S.), and S. Sridharan (斯里德哈伦, S.). 1997. *Impact of the Children at Risk Program: Comprehensive Final Report*. Vol. 2. Washington, DC: Urban Institute.

Harrell, A. V. (哈勒尔, A. V.), S. E. Cavanagh (卡瓦纳, S. E.), and S. Sridharan (斯里德哈伦, S.). 1999. *Evaluation of the Children at Risk Program: Results One Year after the Program*.

Washington, DC: National Institute of Justice.

Hawkins, J. D. (霍金斯, J. D.), and R. F. Catalano (卡塔兰诺, R. F.). 1992. *Communities That Care*. San Francisco: Jossey – Bass.

Hawkins, J. D. (霍金斯, J. D.), R. F. Catalano (卡塔兰诺, R. F.), R. Kosterman (科斯特曼, R.), R. Abbott (阿博特, R.), and K. G. Hill (希尔, K. G.). 1999. "Preventing Adolescent Health Risk Behaviors by Strengthening Protection during Child – hood." *Archives of Pediatrics and Adolescent Medicine* 153:226 – 34.

Hawkins, J. D. (霍金斯, J. D.), E. von Cleve (冯克利夫, E.), and R. F. Catalano (卡塔兰诺, R. F.). 1991. "Reducing Early Childhood Aggression: Results of a Primary Prevention Program." *Journal of the American Academy of Child and Adolescent Psychiatry* 30:208 – 17.

Hawkins, J. D. (霍金斯, J. D.), T. Herrenkohl (赫伦科尔, T.), D. P. Farrington (法林顿, D. P.), D. Brewer (布鲁尔, D.), R. R. Catalano (卡塔兰诺, R. R.), and T. W. Harachi (哈拉奇, T. W.). 1998. "A Review of Predictors of Youth Violence." In Loeber and Farrington 1998.

Henggeler, S. W. (亨格勒, S. W.), S. K. Schoenwald (舍恩瓦德, S. K.), C. M. Borduin (鲍顿, C. M.), M. D. Rowland (罗兰, M. D.), and P. B. Cunningham (坎宁安, P. B.). 1998. *Multisystemic Treatment of Antisocial Behavior in Children and Adolescents*. New York: Guilford.

Holsinger, A. M. (霍尔辛格, A. M.), and E. J. Latessa (雷特萨, E. J.). 1999. "An Empirical Examination of a Sanction Continuum: Pathways through the Juvenile Justice System." *Journal of Criminal Justice* 27:155 – 72.

Hope, T. (霍普, T.). 1995. "Community Crime Prevention." In *Building a Safer Society: Strategic Approaches to Crime Prevention*, ed. M. Tonry and D. P. Farrington. Chicago: University of Chicago Press.

Howell, J. C. (豪厄尔, J. C.). 2001. "Risk Assessment and Screening Instruments." In Loeber and Farrington 2001.

——, ed. 1995. *Guide for Implementing the Comprehensive Strategy for Serious, Violent, and Chronic Juvenile Offenders*. Washington, DC: Office of Juvenile Justice and Delinquency Prevention.

Huizinga, D. (休伊津加, D.), F.-A. Esbensen, and A. Weiher. 1996. "The Impact of Arrest on Subsequent Delinquent Behavior." In *Program of Research on the Causes and Correlates of Delinquency: Annual Report* 1995 – 1996, ed. R. Loeber, D. Huizinga, and T. Thornberry. Washington, DC: Office of Juvenile Justice and Delinquency Prevention.

Huizinga, D. (休伊津加, D.), and C. Jakob – Chien (雅各布 – 希恩, C.). 1998. "The Contemporaneous Co – occurrence of Serious and Violent Juvenile Offending and Other Problem Behaviors." In Loeber and Farrington 1998.

Jones, M. B. (琼斯, M. B.), and D. R. Offord (奥福德, D. R.). 1989. "Reduction of Antisocial Behavior in Poor Children by Non – school Skill – development." *Journal of Child Psychology and Psychiatry* 30:737 – 50.

Karoly, L. A. (卡罗利, L. A.), P. W. Greenwood (格林伍德, P. W.), S. S. Everingham (埃文汉姆,

S.S.),J.Hoube(胡伯,J.),M.R.Kilburn(基尔伯恩,M.R.),C.P.Rydell,M.Sanders(桑德斯,M.),and J.Chiesa(奇萨,J.),1998. *Investing in Our Children: What We Know and Don't Know about the Costs and Benefits of Early Childhood Interventions*. Santa Monica,CA:Rand Corporation. 234

Kraemer,H.C.(克雷默,H.C.),A.E.Kazdin(卡兹丁,A.E.),D.R.Offord(奥福德,D.R.),R.C.Kessler(凯斯勒,R.C.),P.S.Jensen(詹森,P.S.),and D.J.Kupfer(库普弗,D.J.). 1997. "Coming to Terms with the Terms of Risk." *Archives of General Psychiatry* 54:337 – 43.

Krisberg,B.(克里斯伯格,B.),and J.C.Howell(豪厄尔,C.). 1998. "The Impact of the Juvenile Justice System and Prospects for Graduated Sanctions in a Comprehensive Strategy." In Loeber and Farrington 1998.

Kropp,P.R.(克罗普,P.R.),S.D.Hart(哈特,S.D.),C.D.Webster(韦伯斯特,C.D.),and D.Eaves(埃文斯,D.). 1995. *Manual for the Spousal Assault Risk Assessment Guidance*. 2d ed. Vancouver,BC:British Columbia Institute on Family Violence.

Kurz,G.A.,and L.E.Moore. 1994. *The '8% problem': Chronic Juvenile Offender Recidivism*. Santa Ana,CA:Orange County Probation Department.

LeBlanc,M.(勒布朗,M.),and R.Loeber(洛伯,R.). 1998. "Developmental Criminology Updated." In *Crime and Justice*,vol.23,ed.M.Tonry,115 – 98. Chicago:University of Chicago Press.

Lipsey,M.W.(利普西,M.W.),and J.H.Derzon(德宗,H.)1998. "Predictors of Violent or Serious Delinquency in Adolescence and Early Adulthood:A Synthesis of Longitudinal Research." In Loeber and Farrington 1998.

Loeber,R.(洛伯,R.). 1982. "The Stability of Antisocial and Delinquent Behavior." *Child Development* 53:1431 – 46.

Loeber,R.(洛伯,R.),M.DeLamatre(德拉梅特,M.),K.Keenan(基南,K.),and Q.Zhang(张,Q.). 1998. "A Prospective Replication of Developmental Pathways in Disruptive and Delinquent Behavior." In *Methods and Models for Studying the Individual*,ed.R.Cairns,L.Bergman,and J.Kagan. Thousand Oaks,CA:Sage.

Loeber,R.(洛伯,R.),and D.P.Farrington(法林顿,D.P.),eds. 1998. *Serious and Violent Juvenile Offenders: Risk Factors and Successful Interventions*. Thousand Oaks,CA:Sage.

Loeber,R.(洛伯,R.),and D.P.Farrington(法林顿,D.P.),eds. 2001. *Child Delinquents: Development, Intervention, and Service Needs*. Thousand Oaks,CA:Sage.

Loeber,R.(洛伯,R.),K.Keenan(基南,K.),and Q.Zhang(张,Q.). 1997. "Boys' Experimentation and Persistence in Developmental Pathways toward Serious Delinquency." *Journal of Child and Family Studies* 6:321 – 57.

Loeber,R.(洛伯,R.),and M.Le Blanc(勒布朗,M.). 1990. "Toward a Developmental Criminology." In *Crime and Justice*,vol.12,ed.M.Tonry and N.Morris,375 – 473. Chicago:University of Chicago Press.

Loeber,R.(洛伯,R.),and H.N.Snyder(斯奈德,H.N.). 1990. "Rate of Offending in Juvenile Careers: Findings of Constancy and Change in Lambda." *Criminology* 28:97 - 109.

Loeber, R.(洛伯, R.), E. Wei(韦, E.), M. Stouthamer-Loeber(斯托特哈默 - 洛伯, M.), D. Huizinga(休伊津加, D.), and T. Thornberry(索恩伯里, T.). 1999. "Behavioral Antecedents to Serious and Violent Juvenile Offending: Joint Analyses from the Denver Youth Survey, Pittsburgh Youth Study, and the Rochester Youth Development Study." *Studies in Crime and Crime Prevention* 8:245 - 63.

Loeber, R.(洛伯, R.), P. Wung(温, P.), K. Keenan(基南, K.), B. Giroux(吉鲁, B.), M. Stouthamer-Loeber(斯托特哈默 - 洛伯, M.), W. B. van Kammen(范卡门, W. B.), and B. Maughan(莫恩, B.). 1993. "Developmental Pathways in Disruptive Child Behavior." *Development and Psychopathology* 5:101 - 32.

Miller, T. R.(米勒, T. R.), M. A. Cohen(科恩, M. A.), and B. Wiersema(威尔希玛, B.). 1996. *Victim Costs and Consequences: A New Look*. Washington, DC: National Institute of Justice.

235 Moffitt, T. E.(莫菲特, T. E.). 1993. "Adolescence-limited and Life-course-persistent Antisocial Behavior: A Developmental Taxonomy." *Psychological Review* 100:674 - 701.

O'Donnell, J.(奥唐奈, J.), J. D. Hawkins(霍金斯, J. D.), R. F. Catalano(卡塔兰诺, R. F.), R. D. Abbott(阿博特, R. D.), and L. E. Day(戴, L. E.). 1995. "Preventing School Failure, Drug Use, and Delinquency among Low-income Children: Long-term Intervention in Elementary Schools." *American Journal of Orthopsychiatry* 65:87 - 100.

Olds, D. L.(奥尔兹, D. L.), J. Eckenrode(埃肯罗德, J.), C. R. Henderson(亨德森, C. R.), H. Kitzman(凯泽曼, H.), J. Powers(鲍尔斯, J.), R. Cole(科尔, R.), K. Sidora(西多拉, K.), P. Morris(莫里斯, P.), L. M. Pettitt(佩蒂特, L. M.), and D. Luckey(勒基, D.). 1997. "Long-term Effects of Home Visitation on Maternal Life Course and Child Abuse and Neglect: Fifteen-year Follow-up of a Randomized Trial." *Journal of the American Medical Association* 278:637 - 43.

Olds, D. L.(奥尔兹, D. L.), C. R. Henderson(亨德森, C. R.), R. Chamberlin(钱伯林, R.), and R. Tatelbaum(泰特尔鲍姆, R.). 1986. "Preventing Child Abuse and Neglect: A Randomized Trial of Nurse Home Visitation." *Pediatrics* 78:65 - 78.

Olds, D. L.(奥尔兹, D. L.), C. R. Henderson(亨德森, C. R.), R. Cole(科尔, R.), J. Eckenrode(埃肯洛德, J.), H. Kitzman(基茨曼, H.), D. Luckey(勒基, D.), L. Pettitt(佩蒂特, L.), K. Sidora(西多拉, K.), P. Morris(莫里斯, P.), and J. Powers(鲍尔斯, J.). 1998. "Long-term Effects of Nurse Home Visitation on Children's Criminal and Antisocial Behavior: 15 - year Follow - up of a Randomized Controlled Trial." *Journal of the American Medical Association* 280:1238 - 44.

Patterson, G. R.(帕特森, G. R.), 1982. *Coercive Family Process*. Eugene, OR: Castalia.

Peeples, F.(皮普尔斯, F.), and R. Loeber(洛伯, R.). 1994. "Do Individual Factors and Neighborhood Context Explain Ethnic Differences in Juvenile Delinquency?" *Journal of Quantitative Criminology* 10:141 - 57.

Perry, C. L.(佩里, C. L.), K.-I. Klepp(克莱普, K.-I.), and C. Sillers(西勒斯, C.). 1989. "Community-wide Strategies for Cardiovascular Health: The Minnesota Heart Health Program Youth Program." *Health Education and Research* 4:87 – 101.

Podkopacz, M. R.(波德科帕兹, M. R.), and B. C. Feld(费尔德, B. C.). 1996. "The End of the Line: An Empirical Study of Judicial Waiver." *Journal of Criminal Law and Criminology* 86: 449 – 92.

Redding, R. E.(雷丁, R. E.), and J. C. Howell(豪厄尔, C.). 2000. "Blended Sentencing in American Juvenile Courts." In *The Changing Borders of Juvenile Justice: Transfer of Adolescents to the Criminal Court*, ed. J. Fagan and F. E. Zimring. Chicago: University of Chicago Press.

Schweinhart, L. J.(施韦哈特, L. J.), H. V. Barnes(巴恩斯, H. V.), and D. P. Weikart(韦卡特, D. P.). 1993. *Significant Benefits: The High/Scope Perry Preschool Study through Age Twenty-seven*. Ypsilanti, MI: High/Scope Press.

Schweinhart, L. J.(施韦哈特, L. J.), and D. P. Weikart(韦卡特, D. P.). 1980. *Young Children Grow Up: The Effects of the Perry Preschool Program on Youths through Age Fifteen*. Ypsilanti, MI: High/Scope Press.

Sherman, L. W.(舍曼, L. W.), and D. Weisburd(韦斯博德, D.). 1995. "General Deterrent Effects of Police Patrol in Crime 'Hot Spots': A Randomized Controlled Trial." *Justice Quarterly* 12: 625 – 48.

Singer, S.(辛格, S.), and D. McDowall(麦克道尔, D.). 1988. "Criminalizing Delinquency: The Deterrent Effects of the New York Juvenile Offender Law." *Law and Society Review* 22:521 – 35.

Snyder, H. N.(斯奈德, H. N.), 1998. "Serious, Violent, and Chronic Juvenile Offenders: An Assessment of the Extent of and Trends in Officially Recognized Serious Criminal Behavior in a Delinquent Population." In Loeber and Farrington 1998.

——. 2001. "Epidemiology of Official Offending by the Youngest Delinquents." In Loeber and Farrington 2001.

Snyder, H. N.(斯奈德, H. N.), and M. Sickmund(西克蒙德, M.). 1999. *Juvenile Offenders and Victims: 1999 National Report*. Washington, DC: Office of Juvenile Justice and Delinquency Prevention.

Stouthamer-Loeber, M.(斯托特哈默 – 洛伯, M.), R. Loeber(洛伯, R.), D. P. Farrington(法林 236
顿, D. P.), Q. Zhang(张, Q.), W. B. van Kammen(范卡门, W. B.), and E. Maguin(马圭, E.). 1993. "The Double Edge of Protective and Risk Factors for Delinquency: Interrelations and Developmental Patterns." *Development and Psychopathology* 5:683 – 701.

Thornberry, T. P.(索恩伯里, T. P.): 1998(戈曼 – 史密斯, D.). "Membership in Youth Gangs and Involvement in Serious and Violent Juvenile Offending." In Loeber and Farrington 1998.

Thornberry, T. P.(索恩伯里, T. P.), D. Huizinga(休伊津加, D.), and R. Loeber(洛伯, R.). 1995. "The Prevention of Serious Delinquency and Violence: Implications from the Program of Research on the Causes and Correlates of Delinquency." In *Sourcebook on Serious, Violent, and*

Chronic Juvenile Offenders, ed. J. C. Howell, B. Krisberg, J. D. Hawkins and J. J. Wilson. Thousand Oaks, CA: Sage.

Tolan, P. H.(托兰, P. H.), and D. Gorman-Smith(戈曼 - 史密斯, D.). 1998. "Development of Serious and Violent Juvenile Offending Careers." In Loeber and Farrington 1998.

Torbet, P.(托比特, P.), R. Gable(盖布尔, R.), H. Hurst(赫斯特, H.), I. Montgomery, L. Szymanski, and D. Thomas(托马斯, D.). 1996. *State Responses to Serious and Violent Juvenile Crime*. Washington, DC: Office of Juvenile Justice and Delinquency Prevention.

Torbet, P.(托比特, P.), and L. Szymanski(西曼斯基, L.). 1998. *State Legislative Responses to Violent Juvenile Crime*: 1996 - 97 *Update*. Washington, DC: Office of Juvenile Justice and Delinquency Prevention.

Tremblay, R. E.(特伦布利, R. E.), L. Pagani-Kurtz(帕加尼 - 库尔茨, L.), L. C. Masse(马西, L. C.), F. Vitaro(维塔洛, F.), and R. O. Pihl(皮尔, R. O.). 1995. "A Bimodal Preventive Intervention for Disruptive Kindergarten Boys: Its Impact through Mid-adolescence." *Journal of Consulting and Clinical Psychology* 63: 560 - 68.

Webster, C. D.(韦伯斯特, C. D.), K. S. Douglas(道格拉斯, K. S.), D. Eaves(伊夫斯, D.), and S. D. Hart(哈特, S. D.). 1997. *HCR - 20: Assessing Risk for Violence* (*Version* 2). Vancouver, BC: Mental Health Law and Policy Institute, Simon Fraser University.

Welsh, B. C.(韦尔什, B. C.), and D. P. Farrington(法林顿, D. P.). 2000. "Monetary Costs and Benefits of Crime Prevention Programs." In *Crime and Justice*, vol. 27, ed. M. Tonry. Chicago: University of Chicago Press.

Widom, C. S.(威德姆, C. S.). 1989. "The Cycle of Violence." *Science* 244: 160 - 66.

Wiebush, R. G.(威布什, R. G.), C. Baird(贝尔德, C.), B. Krisberg(克里斯伯格, B.), and C. Onek(奥尼克, C.). 1995. "Risk Assessment and Classification for Serious, Violent, and Chronic Juvenile Offenders." In *Sourcebook on Serious, Violent, and Chronic Juvenile Offenders*, ed. J. C. Howell, B. Krisberg, J. D. Hawkins and J. J. Wilson. Thousand Oaks, CA: Sage.

Wilson, J. J.(威尔逊, J. J.), and J. C. Howell(豪厄尔, C.). 1993. *A Comprehensive Strategy for Serious, Violent, and Chronic Juvenile Offenders*. Washington, DC: Office of Juvenile Justice and Delinquency Prevention.

Winner, L.(温纳, L.), L. Lanza-Kaduce(兰扎 - 卡杜斯, L.), D. M. Bishop(毕晓普, D. M.), and C. E. Frazier(弗雷泽, C. E.). 1997. "The Transfer of Juveniles to Criminal Court: Re-examining Recidivism over the Long Term." *Crime and Delinquency* 43: 548 - 63.

Wolfgang, M. E.(沃尔夫冈, M. E.), R. M. Figlio(菲格里奥, R. M.), and T. Sellin(塞林, T.). 1972. *Delinquency in a Birth Cohort*. Chicago: University of Chicago Press.

第九章　儿童社会危险性的 237
社会生态学分析

弗兰克·F.弗斯滕伯格(Frank Furstenberg)和
马克·F.特斯塔(Mark F.Testa)

从芝加哥设立关于研究少年罪错行为和儿童被遗弃及被虐待的自然实验室开始算起，迄今已有一个世纪。在一个全球化程度越来越高的时代，人们很容易忽视社区(或社会共同体)环境作为社会改革和科学考察要点之一的重要性。一个世纪以前，城市而非民族国家是社会混乱、政治运动和政府行为的关键地点(罗杰斯，1998)。芝加哥尤其成了现代社会命运的一个标志。当工业化和工人迁徙的力量最早冲击大城市时，一方面是对传统城市共同体的颠覆，在另一方面，具有高度复杂性和区分性的城市殖民渐成泛滥之势，芝加哥正处于在这个临界点上。这些转换引发的社会动乱使得芝加哥在进步时期成为了社会改革的焦点，并且使得它成为一战之后一个重要的社会学观察对象(沃德，1989)。

芝加哥聚居区住房运动和城市社会学的芝加哥学派是两个卓有影响的传统，它们产生于那些致力于理解现代都市社会所引发的疑难杂症的人们的工作中，以及产生于人们对现代城市的过程加以理解的结果中。从这些传统中产生的研究不仅仅是现代城市社会科学发展的一个里程碑，并且为理解儿童保护、少年司法以及两者之间的相互关联提供了一个极有成效的新视野。

自1899年库克郡少年法院建立以来，流行的观念习惯于将少年罪错问题、虐待儿童问题和儿童依赖现象完全置于个人和家庭之内来研究。人们认
为，那些走上了少年罪错路的儿童都是品质低下或者心理反常的，遗弃儿童的 238
家庭也被认为是道德沦丧，在此方面，人们很少考虑到更大范围的社区影响，

这些影响包括制度的或者文化的社区环境。相反,生态学的视角认为,人类行为是在特定的环境中自然发生的,这些环境包括家庭、社会和邻里甚或是一个更为广阔的社会圈。通过将这一视角用于考察少年罪错和儿童被遗弃的诸问题,殖民工作者们和城市社会学者们能够得以揭示一些关于早期儿童成长、少年罪错行为和社区环境之间相互关系的一些新的有力事实。

人们反复地注意到,那些具有少年罪错倾向的和被遗弃的孩子们以地理性的分布状态集中在芝加哥及其邻近城市。早在20世纪早期索夫尼斯巴·布雷肯里奇与伊迪思·阿博特(1912)就发现了罪错少年的这种空间模型。在接下来的几十年中,克利福德·肖和亨利·麦凯(1942)重复了这一发现。近来,詹姆斯·加巴里诺和凯瑟琳·科斯特尔尼(1992)在关于被遗弃和被虐待的儿童的分布上又有了类似的发现,他们发现这些孩子们更多是聚居在少年法院的管辖区域内。我们的问题是,这一模型自产生以来直到今天,在何种程度上,少年罪错行为、被遗弃和被虐待不仅仅是那些居住在这些相邻地区的个体和家庭的个别特征,同时也是这些家庭所在的相邻地区的一个共同特征?

下面,我们将从对芝加哥聚居区住房运动的前沿性著述的考察开始。接下来考察芝加哥城市社会学派的生态论的演化情况。然后考察由尤里·布朗菲布伦纳(1979)和其他人所阐述的关于儿童和青年人发展的交叉学科研究的产生过程,并将这些不同的文献结合起来,考察在儿童虐待的现象和少年罪错行为之间的相互关联。最后将要考察的是,在减少少年罪错行为、儿童被遗弃和被虐待现象过程中,以及在国家所采取的形式化的儿童保护干涉最终失效的过程中,那些具有特定目的之社会共同组织可能扮演的角色。

一方面,关于芝加哥少年和家庭问题空间束状分布的实证研究成果具有一致性;另一方面,相关知识的连贯性又有着周期性的断裂。二者皆引人注目。尽管肖和麦凯早就注意到布雷肯里奇和阿博特的研究成果,但是他们仅仅对其作了一个引用,且此举只是为了借此向这两位前辈发难:即没有能够计算出以人口数为基础的少年罪错行为比率。同样詹姆斯·加里巴诺和他的团队早已十分熟悉肖和麦凯的工作,但是他们的研究是基于发展派心理学家尤里·布朗菲布伦纳的生态学框架,而不是基于芝加哥城市社会学派的生态学观点。

在某种程度上，这些发生在知识积累过程中的断裂情况反映了学术思考 239
方向上的差异。布雷肯里奇和阿博特在一个专事社会研究的大学系科中工作，而肖和麦凯则是接受过专业训练的社会学家，布朗菲布伦纳和加里巴诺接受过发展派心理学的教育。对于他们而言，另一个原因乃是这些成功的后来者们都是在前辈们的规划性的和政策性的叙述中发现了一些缺陷。芝加哥学派的弟子们根本不考虑在芝加哥集聚区运动中妇女的教育和文化方面的策略，而认为它们不能应对城市发展引发的自然社会进程和社区解体，在他们看来，正是后者引发了青少年问题和家庭离异问题（迪根，1988）。与此类似，发展派的心理学家认为城市社会学家们所偏爱的社区参与和本土性考察过于分散，因此无法对于儿童早期的状况详加考察，而发展派的心理学家们正是认为这些儿童早期状况与少年时代少年罪错问题产生之间存在着密切联系。

与这些有价值的研究联盟同时产生的，是在计划与政策领域生态学视角的不彻底的机构化。尽管有赫尔堂的成功实践（亚当斯，1910）以及芝加哥地区项目（施洛斯曼等，1984），但是，在试图将那些来自生态学视角的洞见落实到以个人为中心的少年法院的运作、儿童保护和儿童福利机构的过程中，改革家们和政策制定者们却遇到了麻烦。少年法院之建立可能有助于法官、缓刑官和社会运动者们运用其同情心和自由裁量权，对此，他们将儿童及其家庭偏离问题产生的社会环境考虑在内。然而，少年法院基本无力改变那些社会环境，因为它们缺乏充分的手段和力量解决邻居间的不稳定、家庭破裂和贫困人口的集中等问题。由于缺乏一个更为广泛的机制来应对这些问题，以社区为基础的试验在困难中挣扎，那些备受期待的研究也因此走到了头。

但是，即便如此，我们还是能够找到一些颇为鼓舞人心的标志，它们表明这些相同的老套的生态学事实的重复发现可能是走到了它们生命的终点。大范围的地区性研究，比如说芝加哥社区人口发展计划（桑普森、莫雷诺夫和厄尔斯，1999）以及伊利诺斯州的政府补贴的弃权者实验（伊利诺斯州儿童与家庭服务委员会，2000），都促进了对社区环境影响、青少年罪错行为和儿童问题国家政策影响的交叉学科研究。在经济的飞速发展和颇为成功的福利改革这两个因素的影响下，国家和地区的人权服务部门最终能够应对那些因为社区的不良环境引发的、威胁着社区共同体和家庭小康生活的潜在的不良影响。20世纪90年代以来，儿童贫困、福利领受、青少年犯罪、未成年怀孕、收养以及忽视和虐待儿童等现象都大大减少。新的生态学所启发的政策的制度化是
240 否可以经受住下一轮的经济滑坡还有待观察，这些政策包括与就业相关的儿童福利、在福利领域不考虑收入情形的慷慨解囊，还有亲属抚养的补贴金制度以及家庭辅助机构。与此同时，我们还应该注意吸取过去的教训，以防过去一个世纪中关于儿童保护的社会生态学重复发现在本世纪循环重演。

生态学视角的起源

最早为生态学的视角叫好的，是那些处在芝加哥移民运动的最前沿的改革家和社会运动家们。赫尔堂的创建者亚当斯拒绝对少年罪错行为作一种以个人为中心式的考察。她认为大多数的儿童和家庭问题都是因为新旧两种生活方式之间存在着不协调，那些新来的移民们坚持他们的传统生活方式，而这与现代都市生活方式显得格格不入(亚当斯，1910)。尽管其最初的办法是使外来民美国化，但她一直致力于通过一种新的社会组织形式——移民住房来促进这些外来民和本土人士之间的相互理解和同情，并以此来实现这一目标。

移民住房的概念植根于天主教的"社会福音"观念，这种观念在英国和美国流传甚广。它那鼓舞人心的信念认为：所有的人团结在一起，都是基督的人类兄弟(卡森，1990，10)。通过见证劣势群体的困顿生活，并使得赫尔堂的中产居民们熟悉他们的不幸邻居，亚当斯希望以此激发公众对于贫困人口的同情心，并以此增进关于这些贫困人口的第一手材料。这项努力的关键即在于：在任何一项慈善行动之前，必须要仔细地探明确切的事实。

关于这些移民住房运动的基本框架，我们可以在芝加哥少年罪错社会学的首次系统研究中找到它们的身影，这项研究便是索夫尼斯巴·布雷肯里奇与伊迪思·阿博特(1912)所著的《少年罪错儿童和家庭》(*The Delinquent Child and the Home*)一书。他们的研究主要是考察库克郡少年法院近20年来有价值的

少年罪错案件的详细法院记录和列表。从这些材料中，他们发现了关于少年罪错儿童的数量、国籍和年龄等方面的信息，以及法院对于这些案件的处理情况资料。并且他们在这些材料之外还辅以家庭调查中来自父母一方面的家访信息，以及对缓刑官们（正是他们将这些少年罪错儿童带到了法庭上）进行采访的材料。被采访者们的描述常常混淆了被虐待的、少年罪错的和无人照管儿童这些词语之间的区分。索夫尼斯巴·布雷肯里奇与伊迪思·阿博特注意 241
到：尽管法院依法对这三类儿童做出审理，但在实践中却很难有一个明确的和易于把握的区分。

在他们讨论居民区*的章节中，布雷肯里奇和阿博特做出了一个重要的观察结论，此结论后来成为青少年罪错行为的生态学研究领域中的一个里程碑。借用芝加哥殖民工作者在20年前《赫尔堂地图及论文》（1895）中的调查方法，布雷肯里奇和阿博特将少年罪错儿童的家庭安置在城市中分区建造的大楼里。最后绘制的地图表明：人口高度集中的城市西部地区以及南部的隔离区和"黑色地带"、北部的意大利角都是闻名的少年罪错人群集中区。但是他们没有统计儿童人口的少年罪错指数，而仅仅是用图表标记出罪错少年的居住区，我们后面提到的那个著名的"同心圆"模式在城市生态学家们的想象力中生根发芽，则又用了20年的时间。

一战后，芝加哥学派对城市问题的描述性考察逐渐让位于对生态学过程的系统分析。正是这一作为考察对象的生态过程导致了儿童的少年罪错、被忽视和无人照管的现象。这就是后来人们所谓的城市社会学的芝加哥学派。其中有一个关键的人物——罗伯特·帕克，他的研究小组的贡献在于：将少年罪错和其他形式的个体及社会的解体现象视为"社会性的构造"。根据帕克的理论（帕克和伯吉斯，1925），正是在有组织社区的层面上，而并非在个体和家庭领域，才产生少年罪错和儿童被忽视的现象。那些有组织的社区（社会共同体）是从邻里关系开始的，逐步向外扩张以至于包含了整个城市、州和国家。

---

* 居民区，即 Neighborhood(s)，这个词语在此翻译为彼此住所较近、生活关系密切、价值观念趋同，并在此基础形成的共同生活圈子。复数形式表示具有上述特征的多个生活圈子。——译者注

但是这并没有否定任何日常现实生活中家庭内外所给孩子们带来的伤害,但是这些行为只有在通过学校、警局、医院和儿童福利部门以及少年法院等正式组织的观察、报告、调查和处理之后,才能够成为儿童少年罪错和被忽视的官方事实。

克利福德·肖和亨利·麦凯(1942)是首批将帕克的观点适用于对城区儿童少年罪错的空间分布进行系统研究的城市社会学家。他们的工作确定了两个非常强有力的事实:其一是形成了一个具有一致性的官方少年罪错比率空间模型。与他们的先行者们一样,肖和麦凯花了很大的精力收集关于芝加哥官方报道的少年罪错信息,这些信息来源于 1900 年到 1940 年间不同时期的警局记录,以及少年法院的听证材料和矫正记录。他们一方面在城市地图上标出每个少年的家庭住址,此外还根据少年罪错案件统计了少年罪错事件在目标区域内年轻人总数中所占的比率,并以此揭示出了一个“同心圆”模式。欧内斯特·E.伯吉斯(帕克和伯吉斯,1925)将此模式首倡为大多数工业化城市的发展特征。官方证实的少年罪错率在邻近中央商业区的内城区范围内是最高
242 的,但是离开此中心即表现出下降趋势;其次,他们发现这一空间模式与各个居民区的社会状况密切相关,这些“问题少年”正是居住在这些区域内。物质条件恶劣、人口下降、集中性的贫困以及种族和社会隔离是少年罪错案件高发区的共同特征。

根据《少年罪错和都市地区》(*Juvenile Delinquency and Urban Areas*)一书中对 1934—1954 年间和 1962—1965 年间库克郡少年法院的男性少年罪错案件的统计分析,我们沿用肖和麦凯(1942)所使用的评价方法,即以年龄在 10—16 周岁之间的男性的总人口数作为基本单位,来划分一个社区中的官方证实的少年罪错率,以此首先获得一个少年罪错率。然后,以整个城市的平均少年罪错率为单位来计算各社区的比率,计算得出标准比率。1.0 表明各个社区有一个相同的少年罪错率,以此作为全部社区的平均比率。0.5 这个比率表明社区比率是平均比率的 1/2。2.0 则意味着是标准比率的 2 倍。深色的阴影部分对应着社区少年罪错的分组标准从高(红色)到(最低比率)深绿程度范围。色调的展开——从城市的卢普地区周围的红色到橙色,以及卢普地区的

中远距离之外的浅绿色到环绕城市郊区的深绿色，生动地展示了肖和麦凯的核心发现。

如今这个模式已经被视为一种常识。但不凡的是，当时的肖和麦凯能够展示这一空间模型，并且其相关的统计数据对应关系能够保持数十年，尽管这些居住区的民族和种族结构已经从20世纪初期的德国、爱尔兰、意大利和波兰人的后裔在20世纪中期变成了南方黑人和拉丁美洲人。因此，我们可以得出结论：首先，曾在1934—1940年间两倍（或者更多倍数）于平均少年罪错率的前7个地区再度出现在1962—1965年少年罪错率高发的前12个地区中。1934—1940年间少年罪错率较高的5个区中有3个也进入到1962—1965年的前12位中。其次，1934—1940年间少年罪错率较高的5个区大部分的居住人口是白人，而在20年后，非裔美国人占了大多数。

肖和麦凯由此得出结论：如果品质低下和道德败坏是一切问题的最终根源的话，那么城郊的少年罪错率应该随着外来儿童从贫民窟中走出的数量呈比率上升。但是事实上却并非如此。毋宁是，社区少年罪错率的相关序列并没有发生什么改变。肖和麦凯的研究发现并没有强化传统的认识，即认为个体性格的发展或者是家庭的反常产生了问题，而是表明：经济不发达的居民区的空间密度和社会隔阂在某种意义上暗示着少年罪错行为的产生。 243

儿童危境之社会生态

肖和麦凯，如同布雷肯里奇、阿博特以及他们的其他前辈们，都认识到：少年罪错行为并非一个孤立现象。他们注意到：少年罪错率高的社区同样有较高的婴孩出生死亡率、较低的出生体重、结核病以及其他的一些社会问题。受教于芝加哥学派的其他学者们也统计了关于自杀（卡万，1928）和神经错乱症（法里斯和邓纳姆，1939）的类似模型，但是直到1960年代关于举报忽视与虐待儿童的法律生效之后，研究者们才将忽视与虐待儿童提上研究日程。

在1912年的研究中，布雷肯里奇和阿博特已经注意到：少年法院在认定儿童来自于一些他们称之为堕落家庭的过程中遇到了麻烦，他们曾经称那些家庭“粗鲁无礼、酗酒成风、毫无德行、罪恶重重”(同前,105),并且确信,许多法院所认定的少年罪错儿童都是被忽视和被虐待的受害者。但是除非这些少年们东窗事发,人们缺乏任何可靠的手段接近这些儿童。尽管他们的家庭状况可能糟糕得令人惊讶并他们感到绝望,但只要其父母维持其外表,一个外来的调查者就找不到任何合适的时机介入这些家庭。

这种状况在20世纪60年代得到改观,一名来自丹佛的儿科医生C.亨利·肯普(C.Henry Kempe)和他的同事们发表了一篇题为《受虐儿童综合症》的文章(肯普等,1962)。基于对302起对弱小孩童的室内虐待案例的分析,他们认为:布雷肯里奇和阿博特以及其他人都只是在作毫无意义的宣称,因为事实上这些伤害来自于父母。在后来的由此导致的公民风潮中,联邦儿童局向联邦提交了一份立法建议,即要求医生们举报可疑的儿童受虐案件。在1963—1967年间,所有50个州都通过了某种形式的举报立法(纳尔逊,1984)。

考虑到关于忽视与虐待儿童相关法律的发展,罗伯特·帕克的观念——社会问题是有组织社会共同体(即社区)的产物,变得尤其有用。就如同“少年罪错”的含义不能确定一样,那些被认为是虐待和忽视儿童的行为类型也处在变动不居的状态中。罗伯特·丁沃尔(丁沃尔,1989,28)注意到:在过去的数十年间,儿童被虐待问题经历了一个相当大的诊断高峰。亨利·肯普和他的同事们最早用“受虐儿童综合症”来界定虐待,这个术语的含义被界定为“一种受到严重身体虐待的少年儿童的临床状况,而这些伤害多是来自于其父母或者养父母”(肯普等,1962)。这一定义后来被纳入大多数州的虐待儿童举报立法。自
244 那时以来,州和联邦的立法者们就扩大了关于忽视和虐待儿童的定义,除了身体上的伤害以外,还包括营养不良、性虐待、情感虐待、伤害危险、过度体罚、缺少监护,甚至,近段时间以来吸毒也被包括进此一定义之中。但是这些做法也偶有限制,比如不包括情感上的弥合和父母将孩子送到亲属处照顾等。

儿童虐待的实质裁决意味着:忽视和虐待儿童的行为得到了举报和调查,并且表明有足够的理由用来怀疑儿童受到了虐待。根据最近官方公布的数据,对儿童身体上的虐待大约仅占全国儿童被忽视与虐待的实质裁决(联邦健康与人类服务部,2001)的1/5(21%)。大量的实质性的报告都与被忽视有关,

约占 58%，这包括剥夺儿童在身体、医疗和教育上的生活必需；性虐待约占 11%；情感上的虐待占 8%；余下的百分比包括各种类型的伤害，如遗弃、孕期吸毒和培育不良。

各州设立了儿童忽视和虐待的登记部门，由他们确定那些儿童受到不公正对待的实质性案件中的受害人和加害人，这就为研究儿童不公正对待的社会生态学提供了机会。这一情形正如 10 年前库克郡少年法院的记录同样有助于研究少年罪错一样。在首批基于芝加哥城的研究中，有一个是由詹姆斯·加里巴诺和凯瑟琳·科斯特尔尼(1992)做出的。聚焦于肖和麦凯研究的相同的芝加哥社区，他们发现儿童被虐待和被忽视的比例与社区背景的社会经济和人口统计指标之间的密切关系。

后来的数据修正了加里巴诺和凯瑟琳的分析，他们所依据的分析材料是 1989—1991 年间的数据，这些数据来自于伊利诺斯州儿童与家庭服务机构研究指导部门所提供的儿童虐待与忽视的实质性的报告。通过这些数据之间的比较可以说明在 20 世纪 60 年代少年罪错高发的一系列社区和 1990 年代儿童被虐待和忽视之间有明显的连续性。芝加哥社区和库克郡市区的儿童忽视与虐待指数也已经制成图表，麦凯和肖的研究表明，仅就 75 个芝加哥社区来说，1962—1965 年，12 个最高的少年罪错多发区在 1989—1991 年间也仍然处于最高的或次高的社区之列。1962 到 1965 年间社区少年罪错发生率与 1989—1997 年虐待与忽视现象发生率之间的一个简单的生态学联系产生了一个数值为 0.79 的皮尔森指数，这表明发生在 1989—1991 年间社区儿童被忽视与虐待的发生率从它们的广义平均值来讲，几乎有 2/3 可以通过 1962—1965 245 年间社区的少年罪错现象来做出统计学上的说明。

这是一个先前还未曾有过的重要发现，1989—1991 年间儿童虐待的现象和 1962—1965 年间少年罪错现象之间如此密切的联系，表明在社区层面上的儿童虐待现象和少年罪错率之间存在连续性和关联性。因为缺乏地理学上的关于儿童被忽视和虐待的统计数据，因此早先的研究还根本没有注意到这一点。儿童忽视与虐待倾向于集中在历史上少年罪错现象高发的地区，这个事实产生了一个相似系列的与居民区状况的关联性。在肖和麦凯看来，这些居民区与少年罪错现象多有关联。而此后，加里巴诺和科斯特尔尼则将其与儿童受虐待和被忽视的现象关联起来。

为了对社区贫困状况加以考察，肖和麦凯不得不借助于公共援助统计数据、医疗租用费用和家庭所有权比率。从 1970 年始，联邦人口普查局开始公布社区层面的基于莫利·奥山斯基(Mollie Orshansky)贫困指数的统计数据。这些考虑到了家庭规模的统计数据更为广泛地看到了那些与福利救济无缘的家庭和儿童的普遍性。其他一些对于社区的考察，比方说，单亲家庭的比率，都与家庭贫困密切相关。为了重新表述加里巴诺和科斯特尔尼为社区儿童虐待和被忽视现象所找到的统计学上的联系，我们制作了社区层面上的儿童虐待与被忽视现象的生态学上的分析图版，该分析图版是基于儿童贫困和单亲家庭指标的。为了搞清楚种族成分在多大的程度上起作用，我们将黑人儿童的数据纳入到其中。

我们的做法如下：首先，通过计算存在于 1989—1991 年间被虐待和被忽视儿童总数的对数和基于前述对数可能后退的最恰当的固定值所得到的预期总数之间的差异，我们对被虐待和被忽视儿童的数据进行了调整。这就将各个社区划分为仅仅基于儿童的人口规模的高于预期或者低于预期的被虐待和被忽视儿童的总数。对于儿童贫困和单亲家庭以及非洲裔美国儿童的总数，我们也用此做法加以处理。其次，我们将这些被调整了的总数与被虐待和被忽视的儿童的被调整之后的总数联系起来加以考察。

表 9.1 第一栏部分的局部 R^2 表明，单亲家庭和贫困家庭的儿童比率与社区以上公布的各种类型的儿童虐待与被忽视现象之间存在着极大程度的关联性，而非洲裔美国儿童的仅仅是适度的关联。

表 9.1 的其他栏将全部儿童受虐待的比率根据如下的一些类型分离开来，这些类型包括身体上的虐待、性虐待、婴幼儿受物品滥用伤害者和缺少父母监管。这四种类型占所公布的儿童虐待和被忽视的总数的一半以上。局部 R^2 表明，与受物品滥用伤害和缺乏监护相比，身体虐待和性虐待与生态学的联系紧密程度似乎次之。因此社区变量与儿童被忽视之间的关系，较之它和儿童被虐待现象联系要密切得多。这个发现意义重大，因为它表明身体虐待

表 9.1

库克郡 1989 年到 1991 年儿童被忽视和虐待的实质性举报的社区百分比的社区层次预测。根据不公正对待的类型统计。 246

社区预测	(1) 所有的被忽视和被虐待者	(2) 身体上的虐待	(3) 性虐待	(4) 受物品滥用伤害	(5) 缺乏监管
	局部 R^2	局部 R^2	局部 R^2	局部 R^2	局部 R^2
儿童贫困	0.8079	0.6163	0.6352	0.8078	0.7520
单亲家庭	0.8536	0.6521	0.6578	0.8055	0.8085
非洲裔	0.5292	0.3884	0.3219	0.5518	0.5468

来源:伊利诺斯州儿童与家庭服务部研究指导办公室,2000 年。

和性虐待在各个社区都是平均分布的,而对儿童的忽视和缺乏监护以及吸毒现象集中于那些贫困的社区和家庭破裂发生率比较高的地区。

少年罪错、(对儿童)忽视和虐待的社会生态学理论

一个多世纪以来,库克郡少年罪错、对儿童忽视和虐待的社会生态学研究表明,官方报道和认定的比率成体系的和均匀地分布在各个社区。在过去,这些比率被认为更多是与外来移民、居住者的流动性和公共救济有关系。当社会学家的统计数据为人所知时,社区贫困和单亲家庭就成为了一个关键的评价指标。尽管居民区的种族构成与之也不无关系,但是其重要性很明显地次于少年罪错现象高发区的经济与家庭指标。下面,我们主要考察研究者们解释这些事实时所采用的一些理论。

布雷肯里奇和阿博特在《少年罪错儿童与家庭》一书中所提出的理论框架现在被认为是文化冲突论的一个变种(参见本书约翰·劳布所著之第七章)。

247 他们的分析是对简·亚当斯早先在其1909年的专题论文《青少年精神与城市街道》(*The Spirit of Youth and the City Streets*)中提出的论调的重复。近3/4的少年罪错儿童被带到了库克郡的法院中来,那时候还是库克郡少年法院的初期,这些孩子们的父母多是一些外来人口。尽管有这些统计支持流行的论调,但是亚当斯、布雷肯里奇和阿博特还是立即指出:在统计中,外来人口中的孩子们的比例失调并不意味着他们要比本土出生的孩子们更"坏";相反,这些研究者根据文化冲突论来表述此问题。他们看到,对于这些外来人口而言,过去的方式是强调孩子们要服从家长,工资对于一个家庭的维持至关重要,而现在却是强调个人自主,其次重要的乃是教育。在布雷肯里奇和阿博特看来,当外
248 来的人口还没有能够接受现在的生活方式的时候,逃课率就很高,孩子们就显得对父母的权威十分叛逆,而大街上的浮华的生活很快就将这群孩子们送上了法庭。

肖和麦凯同样将少年罪错行为发生的根源置于价值冲突的背景下加以考察,但是却并非上述布雷肯里奇和阿博特所认识到的新、旧世界两种价值之间的断裂。肖和麦凯认为:在一个高度"社会解体"的区域中,存在着一个竞争性的文化系统,正是它容忍了与家庭、教会和其他传统结构所标志的主流文化相对立的少年罪错行为(参见本书第七章)。为了说明这些存在于社区中的少年罪错文化的持存性,他们于是转向了帕克和伯吉斯(1925)提出的城市发展理论。

根据城市发展的生态学理论,非个体的市场和技术性力量产生了一种典型的地理类型的城市人群,这些人群经过一段时间的发展,形成了一种地区性结构和关于他们自己居民区的身份认同。一旦这种认同得以形成,这些社区就可能施加给自己一种外在的结构去规定其居民的机遇和生活品质。以此方式,一个共同的生活区就表现出属于自身的一种结构性的存在。对于那些暂时性地居住在这一领域之内的个体和家庭来说,它多少是具有独立性的。

肖和麦凯将此一理论整合于关于少年罪错的解释中,首先,他们对居民区不同程度的社会结构做了比较,具有较低程度社会结构化的居民区,包括多元的居住民和种族群体,他们的文化标准彼此各异,并且不同于更为广阔的社会

圈子中的文化标准。此外,这些共同生活圈子时常因为频繁的迁徙、失业以及家庭破裂和城市病,而遭受不稳定力量的干扰。在此情况下,移民和贫困家庭就失去了对孩子们的控制力,这些孩子们更多地受到了街头流浪者们的影响,因此当地的不良人口就成为少年罪错行为和少年罪错观念的主要中转站。这些观念对于每一个居住在这些地区街道上的孩子们都将会产生影响。

肖和麦凯的社会解体理论在诸多方面对布雷肯里奇和阿博特的文化冲突论作了补充。尽管他们各自的著作都具有持久的社会现实关联性,但是后来的理论家们已经发现这两个理论都是不成功的,因为他们没有考虑到儿童个体发育方面的诸要素。并非所有的移民人口的孩子们都倾向于少年罪错,也不是所有来自那些忧患重重的社区的孩子们都遭受到了被忽视和被虐待的命运。这些差异如何解说呢?

儿童虐待和少年罪错的关联

后来的研究者们,如萨瑟兰先生(1939)、格卢克夫妇(1968)和塔嫩鲍姆先生(1938)开始注意到少年罪错是一系列潜在问题的外在显现,这些问题在孩子们出生之前就已经存在了,并且被视为是社区环境的一个部分。他们将儿童发展的轨迹放在文化和社区环境中来加以研究,正是后者形成了家庭生活的结构和过程。对儿童和年轻人的生态学进路加以考察的后起之秀们,不再寻找那些导致特定结果的单一原因,而是转而更为广泛地考察社区发展过程的方式,他们认为正是这个发展过程形成了儿童的社会化。这种考察有助于探究社区的诸条件是如何被植入到儿童发展过程中的。这不仅包括了成长早期的家庭内部生活以及后来的学校生活、同龄人之间的关系,乃至周边社区的生活。这种逐步扩大其范围的运动过程是理解早期不良行为之形成的一种方式。它同样也表明,行为的病征可以在儿童成长的初年找到。比如,忽视对孩子的照料、疾病和意外造成的事故、糟糕的精神健康状况、低水平的认知能力以及成长初年身体上的无能力、在初级学校的逃学行为、爱闹事和学习上的失败以及少年时代的自暴自弃、性滥交、吸毒和自杀等等都可以作为其病征。

上世纪中期，社会学家和心理学家们开始研究存在于儿童之中的过激行为的根由以及它与后来的少年罪错形式、低层次素养之间的关联。谢尔登和埃莉诺·格卢克(1968)的发现以及此后李·罗宾斯(1974)的发现，都将少年罪错行为的根源追溯到早期在家庭内部的行为中，于此，父母、老师和邻居们对这些行为的反应毋宁说是消除了，还不如说在实际上常常是加剧了这些不良
249 行为的发生(该论调的最近形式，参见道奇，1986)。儿童的行为以及成年人和社区对孩子们行为的反应之间的相互作用将少年罪错现象的形成归结为埃德温·勒莫特(1951)所谓的“二次偏离”过程，即有影响力的他人对初始不良行为做出的反应(还可参见本书第七章)。

其他的一些社会学家们开始发明更为系统化的理解服从和逆反行为的社会生态论的方式，这些人中间尤里·布朗菲布伦纳(1979)获得了成绩，此人绘制了一幅规模宏大的研究儿童世界的规划图。他将生态系统视为是一个俄罗斯娃娃系列，提供了一个前所未有的儿童成长的环境系列，每一个环境都要置入到另一个更广泛的环境中：最小的体系是家庭、友人和邻居构成的“小系统”；然后，这个圆圈扩大，进一步包括了学校、操场、俱乐部和儿童群体的“中系统”；这些系统进一步被置入到一个更大的“外系统”中，它将包括父母的工作单位、共同的生活区域、当地政府以及帕克所谓的结构社区的其他方面；最后，是文化、国家和全球化的“大系统”。有时环境因素适合于儿童成长，比方说，他们身处在某一些社会圈子中，借此成功地向成人社会转变才有可能，否则，孩子们就会常常因为缺乏成长必备的生存技巧和能力，他们可能也会获得一些特征，但是这些特征表现为从一个环境向另一个环境转变过程中的不适应性(比如说，从家庭到学校，或者从学校到工作岗位)。

尤里·布朗菲布伦纳的生态学理论在诸多方面与迪尔凯姆(1951)的思想有共通之处，后者的思想后来又被罗伯特·默顿(1968)以《社会结构与社会混乱》(*Social Structure and Anomie*)一文引入到了少年罪错社会学中。一如迪尔凯姆，默顿认为，缺乏社会整合为少年罪错的产生制造了条件，因为其不能够将共同或可实现的目标与该系统中参与者可获用的方式协调起来，并慢慢地加以灌输。其结果就只能是：个体挖空心思去实现其目标，或者全体选择退

出。

许多研究者早就探究过这两个密切联系着的理解不良行为之形成的方法,这两种理论都关注于社会系统是如何产生和形成它所谴责的诸问题的。在接下来的年代里,来自社会学和生理学的研究者们开始使用这些理论,比如理查德和雪莉·杰瑟(1977)、罗伯特·凯恩斯和贝弗莉·凯恩斯(1994)、K.赫里尔曼和S.F.汉密尔顿(1996)。随着这一研究领域范围的扩大,超越社区的层面来审视不同时期不同国家的状况,问题变得更具比照性(弗斯滕伯格等,1999)。

解读儿童虐待和少年罪错的关联 250

儿童虐待的高比率与少年罪错现象的高比率在同一个社区中同时出现产生了一个问题,即我们如何理解存在与这两种现象之间的关联性呢?同其他社会问题一样,对此关联性也存在不同的解释。一种解释认为:这种共同发生的现象只不过反映了具有儿童忽视、家庭暴力和少年罪错的个体及家庭集中于同一居住区的倾向。社区之间儿童虐待和少年罪错发生率之间的差异可能反映了在居住区人口构成上的差异。这不过重申了素有的儿童失常与家庭病理学之间的假说,而在历史上社会生态学家们曾发现该假说的缺失。

此外,还有一种生态学的立场,在这种立场看来,至关重要的乃是居住区的环境、集中贫困、单亲家庭、社会隔离以及居住地点的流动性,正是这些因素影响了个体以及家庭总体上的养育子女的能力,从而导致了儿童成长初期的被忽视和虐待以及成长之后的少年罪错、少女怀孕和其他不良行为。这一观点没有对被忽视的儿童(他们在成长之后成为罪错少年)作任何的假设,相反,它只是提出一组社会事实,正是这些事实在儿童成长的关键阶段削弱了家庭的能力。被忽视照料的婴孩也可以成长为一个具有良好适应性的社会青年,而罪错少年也可能是来自于状况良好的家庭。

但是,在儿童虐待和少年罪错之间的一种个体发育联系的可能性提供了另外一种解释上述关联性的方法。对儿童的虐待可能强化某种心理适应性和早期行为倾向，而这些都将儿童绑定于有可能通向少年罪错的轨道上，而不论社区环境的变化。临床研究和回溯性的考察已经表明少年罪错和成人犯罪的发生率，在虐待环境中发生的比率较之在一般人群中发生的比率要高得多(刘易斯等，1989；维星等，1991)。凯瑟琳·威德姆的前瞻性研究(1989，1996)表明：儿童虐待会对未来发生的逮捕产生一种适中但却重大的差别(受虐待儿童样本之26%与正常样本之17%)。孩子们倾向于待在其生长的(或相似的)居住区内，因而儿童虐待高发地区就会显现为少年罪错率较高的地区。

不同的研究路径都尝试走出上述的两种选择：一种路径紧盯着具体的一
251 类不良行为，试图去理解发生在结构、文化和个体环境中的某种社会疾病的病因学。物品滥用、自杀和精神病方面的研究常常为不良行为的发生和保持寻找一个特别的解释(通常是以生物学为基础的解释)。另外，有些研究者认为：这些行为是有关的行为生涯及其相关综合病症的一个部分，并在其发展过程中逐步演化而来的。杰瑟(Jessor)对于早期严重问题行为的先行行为的研究引起了关于问题行为群簇及其序列的生动的讨论。其他研究者不再走这条病因学上的路子，而是着力于问题行为之持续性方面的探究。罗伯特·桑普森和约翰·劳布(1993)在他们的关于格卢克夫妇的样本纵向跟踪中得以解释特定的犯罪人为何以及如何要在他们参与的少年罪错行为中一意孤行，即便他们发现很难或者要花费巨大成本继续他们的犯罪生涯。

不同的研究路径都聚焦于产生问题行为的背景(或环境)。其中的大量研究会审视有关的背景，并特别地强调家庭、伙伴、学校和邻里在产生问题行为以及在防止问题行为的发生过程中所产生的作用。这种对于具体环境的研究常常承认有些环境对于问题行为的产生具有“风险性”，而另外一些则是“支持性”的影响，然而，这些研究少有关注多元背景的影响作用。

并且，大量的关于环境影响的研究，都认为个体受环境所制约，而都没有充分地考虑个体基于其自身的环境意识及其应对风险和获取机遇的技能，对环境影响的不同应对之道。社会学家们有时过于简单地抱持一种过于确定的立场。当然，家庭的贫困、学校和邻里关系对儿童的未来生活有着重大的建构作用，但是，相同环境中的个体的确会对环境作出大相径庭的反应。

成功青少年的麦克阿瑟网

1988 年,麦克阿瑟基金会成立了一个跨学科的“贫困社区成功青少年研究网”,以探寻成长于困境中的青少年的发展以至成功之路。这个网络,以理查德·杰瑟担纲,包括艾伯特·班杜拉、雅克·埃克尔斯、诺曼·加梅兹(Norman Garmazy)以及阿诺德·萨摩罗夫(Arnold Samaroff)等一些心理学家,还有比阿特里克斯·汉堡(Beatrix Hamburg)、詹姆斯·科纳(James Corner)和罗伯特·哈格蒂(Robert Haggarty)等几位医生,另有汤姆·库克、格伦·埃尔德(Glen Elder)和德尔伯特·埃利奥特、弗兰克·弗斯滕伯格(Frank Furstenberg)、玛尔塔·廷达(Marta Tienda)和威廉·朱利叶斯·威尔逊等一批社会学家。(关于该网络历史的描述,请参见杰瑟 1993 年著述。)

深受芝加哥学派的影响,尤里·布朗菲布伦纳及其弟子们的生态学理论和 252
研究,威廉·朱利叶斯·威尔逊关于成长在高度贫困社区之后果的研究理念,和试图建构一系列的关联性研究的网络(使用一个普遍性的概念框架和相关的数据统计方法),都可能发现一些在少年时代成功发展的普遍性原理。威尔逊的观点应该归功于芝加哥学派,尤其是当他在社区结构和青少年发展之间建立关联的方面。

威尔逊(1987)认为:城市居民区的一个核心事实是贫困在空间上的日益集中化,以及中产阶级的撤离和就业率的下降。按照威尔逊的理解,在 20 世纪 70 年代和 20 世纪 80 年代失业率剧增,又导致了男性成婚率的下降和以女性为一家之主的家庭数的增加。在一个还在扩张的范围内,在都市社区变得日益孤立的时代,这些家庭由于这种生活方式产生了一种所谓的“贫民区”文化,影响着孩子们的观念和机遇。

威尔逊的理论认为:生活在特定居民区的孩子们通过其家庭、同伴和邻居们接受着相当不同的社会生活方式,这些形形色色的社会生活方式影响着他们对于进入主流社会必要的价值、动机和技术等各个方面的获得成功的可能性。威尔逊特别地说道:在那些高度贫困的地区,年轻的人们很少遇到那些成功人士，并将后者作为自己生活和发展的典型，他们也缺少有助于获得机遇的社会关系和网络，并且没有什么机构为他们提供未来的工作单位所需要的人力资本。最后，威尔逊认为：高度贫困的居民区里，由于居民的工作和社会地位的显著匮乏，其家庭生活本身也就被败坏了。

20世纪90年代的许多学者们开始审视居民区对于青少年儿童发展轨道的影响。比如说，克里斯托弗·詹克斯和苏珊·迈耶(1989)就注意到，在一个重要的关于居民区影响的文献综述中，有关的结论是，有关居民区直接影响作用的证据最多只是提示性的。的确，最有说服力的数据来自于事务工作者的大量数据，后者看到那些生活在非常贫困的居民区的孩子们看起来像是被推向了街道生活，因此在向成年转变的过程中就显得尤其困难。然而，人种学的数据并不具有典型性的比较价值，因此并不能很好地用来讨论是否居民区的影响有助于形成年青生命的前程。

贫困社区成功青少年研究网，即麦克阿瑟网接受了这一挑战，但是其研究是重铸性的，即令贫困居民区的青少年能够被置于多元的不同的环境中予以
253 考察。如前所述，有人认为，高度贫困社区居民们在应对他们的生存境况时具有同质性，这是一种很值得怀疑的看法。因此这个研究网络一开始就在不同的社区之间形成系列研究。这些研究中有一个实地考察的部分，即考察父母和孩子们在这些具有不同贫困水平和社会解体程度的社区中是如何"航行"的。实地考察被配合以家庭调查，由此，研究者们可以对各居民区的内部结构和相互关系进行系统的比较分析。

在过去的两年间，从麦克阿瑟网络的工作中已经生成了一系列的研究成果，这些成果的结论是有益的。首先，他们认为居民区之间的差异是可以探明的，但是却难以测定其具体尺度，且绝非千篇一律。一个典型的情况是，居民区的人口和社会状况或可供各个家庭所利用的资源水平方面的差异要远远大于在家庭成员的价值观念和行为方面的差异。换言之，在父母的价值观念、抚养子女的方式、对孩子们的期待和年轻人的行为方面，社区内部的变化要比社区间的变化大。贫困家庭在他们的实际做法上是根本不同于富裕家庭的做法的，在抚养子女的方式方面尤其如此，比如说态度温和或者严格规训，在居民

区的层次上几乎没有什么差异。从另一方面来讲,在那些高度贫困的社区,父母们的确是采取了各不相同的家庭管理措施以管理自己的孩子,并且很少可能理会当地旨在培养孩子们技能的社会计划,这部分是因为这些计划在根本上就不适于他们这些群体。相反,在那些具有良好组织(多数是白人的)居民区,富足的资源使得父母们有机会与当地的机构,如教会、学校,学前和学后教育计划取得步调一致。尽管有些不良行为可能集中在居民区的层次,但是也不尽然。大量的网络研究提供的研究表明,在青春期的早期发生的少年罪错并非与居民区联系紧密,但是,青春期发生的不良行为在不同的社区有不同的处理方式,因此,较之对于那些工薪阶层或中产阶级集中的区域所产生的影响,它对于贫困社区的影响要严重得多,并且也持久得多。因此,居民区之间的差别是存在的,并且也非常重要,但就其具体影响而言却是偶然性的,与一系列的条件相互关联。这些发现使得这个网络研究机构认定:要理解孩子们发展的具体方向,务必要考察不同时段的具体环境的多样性,单独考察家庭、同伴、学校、居民区的影响,以对儿童成长的过程进行理解,都是不充分的。如果我们想要对青春期少年的成功发展绘制模型的话,那么我们就应该考虑到在时间过程中那些多元的甚至是叠合型的影响因素。

这表明了"品质"环境之间仅仅是在适中的程度上关联着的,尽管我们考察了一个环境的诸因素对于特定儿童的影响。如果孩子们成长在一个运行良好的家庭中,那么他们就不必然要进入到一个运行良好的学校中或者生活在 254
一个运行良好的居民区。库克和他的同事们(1999)得以证明从一个环境到另一个环境的相互关联并不如许多观察家所可能期待的那么高,这一发现有助于解释特定环境下的儿童之间产生的大量差异(这些特定环境包括是否是组合家庭、在学校的同伴以及居民区青少年群体的状况),这些环境上的差异产生了独特的或者明显的个体之间在经历上的不同,尽管他们的生活环境从远处看似乎是一个相似的环境。

这些差异可以通过行为人(父母和儿童)在时间过程中产生的分级程序得以部分的说明。在有负担能力的情况下,父母们会寻求进入到一个良好的居民区中,抑或,当他们能为自己的孩子们找到更好机会的时候,会选择迁居。

但是如果做不到这一点,他们就竭尽所能地找一个最好的学校,并因此在现在的居民区中,想方设法促进孩子们的成功机遇。因为有足够的物质条件以及社会和心理资源,那些条件良好的父母们在培养孩子的过程中当然能够得心应手。但是,父母绝非是培养孩子们的唯一行动者,教师、教练和邻居们也能教会孩子们如何度过逆境。并且孩子们自身也各有才具,能够将这些因素转化为自己的资本,并借助于此。在过去,在解释这些成功发展的过程中,人们严重地忽视了对父母和孩子的主体因素的考察,其重要性被过于低估了。当父母在其中占据主导地位的时候,我们称之为“成功的家庭管理”的社会化曾经被大大忽视了,因为研究者更多是集中于对家庭外部世界的考察,而不是面对面的调查。在心理学文献中,孩子们自身的管理技能得到了更多的关注,其形式为“自我功效”或者与掌握工作有关的认知能力,但是即便是对这些品质的研究也没有能够充分地考察儿童的自我组织和自我导向能力的全部范围。

尽管有这些个体层面的特征,毫无疑问,这里仍然有许多更难处理的环境,因为它们显得更为混乱、缺乏机构所提供的资源,并且很少提供什么社会关系网或因素能有助于接近成长过程中的那些机遇。麦克阿瑟网络对城区和城郊的青少年做了诸多研究,结果表明了在全美的不同地区,年青人成长环境的品质是彼此迥异的。的确,这是一些有趣的问题,即为什么这种机遇的不均衡分配在美国要比其他发达国家更为典型呢?考察在20世纪发展的过程中这些环境的品质是否有所改观,也是同样重要的。尤其是要看一看当经济不平等程度不断加深的那后期几十年的情况。

255 社区组织与社会政策

一个世纪以来,从早期的对移民住房运动的考察到芝加哥学派的理论研究以及迄今为止的麦克阿瑟网络的交叉学科研究,生态学视角不仅是由科学家们来推动的,而且受到了一系列政策兴趣的影响。芝加哥移民住房运动的领导者们当然清楚他们是意欲将科学研究中的发现落实在实践活动中。芝加哥学派的社会学家们在公开质疑移民工作者们在解体社区中建立一些非本土慈善基地的努力的同时(托马斯和兹纳涅斯基,1918－20),他们又的确认识到了理解移民的价值观和文化的必要性,以及加强自助性组织和社区组织(作为与更大范围的社会的一种联系手段)的重要性(贾诺威茨,1978)。

在社区少年罪错预防和家庭扶持的试验中,库克郡少年法院的工作显得进展顺利,但在服务提供和资金方面,其少有可为。立法行为是需要的,但是直到少年司法、儿童保护以及郡和州层面上的儿童福利措施在20世纪60年代得到扩张之时,人们才更多地关注于儿童和家庭少年罪错的社区条件。随着1964年伊利诺斯州儿童与家庭服务委员会的设立,在各州各郡才产生一系列的儿童保护与福利措施。这促进了社区计划和组织体系的建立,该体系如今已经融入库克郡少年法院和伊利诺斯州儿童与家庭服务委员会的正式运作过程中。通过地方网络结构,少年法院和儿童与家庭服务委员会利用芝加哥的社区来计划和组织其服务送达,而这些社区曾被芝加哥的社会学家们认可为都市发展的自然生态区。当地社区的本土领导者以及更广泛的社区官方机构和市场机构之间真正的互动影响渠道的形成,仍然面临着挑战。

改革家们、社会活动家们、政府官员们以及有时候是研究者自己试图将生态学的框架转换到实践行动中的时候,许多问题时常得以重新浮现。首先面对的问题是,在何种程度上,成功的社区组织可以启用当地领导和本土的工作人员,而不是外来的专业人员。移民工作者们从很早以来就面临着这个困惑:一方面,他们的意识形态接受并且时常是赞美他们意欲归化的人们的种族传统;而在另一个方面,他们的不可动摇的对于美国至上的信念和中产阶级的价值观念,使得他们招收了一些受过专业教育的、非本土的工作人员进行工作。256
尽管移民工作者们可能认为,不同阶级的有机整体在语言、服饰、鉴赏力和教育等各个方面显著的不同在地区居民中是不会消失的,很明显,正是这个存在于本土领导人士和外来工作人员之间的紧张关系导致了芝加哥学派社会家们和移民运动中的社会工作人员们之间的公开决裂。芝加哥学派的社会学家威廉·托马斯是率先对社区组织的外来资助试验产生质疑的人,在《波兰农民》(*The Polish peasant*)(托马斯和兹纳涅斯基,1918－20)一书中,他认为,"社区中心"通过外来机构而设立能够对消除社会解体效应产生积极影响,这个观点多少是一个错误。这个目的只能通过组织一个地区性的自助和积极的本土领导者来达成。该观点此后在由肖和麦凯于1932年开启的芝加哥地区项目(CAP)中得以显现。他们从托马斯那里获得提示,认为社区组织仅仅在其能够从居民区获得地区性资源的意义上是有效的。从上述命题出发,他们关注于对本土领导人士和工作人员的招募,以落实芝加哥地区项目,并且与其他有影响的居民和群体共建地方性机构。这一过程的一部分涉及到从居民区指定"独立工作者",这些独立工作者的工作是建立一种非正式关系,也就是说与地区的青少年和帮派成员相互沟通。

在开启后不久,芝加哥地区项目即成了一个尖锐的反攻击者的靶子。移民工作者和社会工作者们指责芝加哥地区项目的领导者鼓励了非职业主义,依赖于那些没有受过什么教育的和没有受什么培训的工作人员,并且将先前的犯罪人也纳入公共支出中。社会工作组织和芝加哥地区项目之间的争论在多年之后才平息下来(索伦蒂诺,1959),但是最终芝加哥地区项目的一些理念被纳入到社会工作培训和志愿者服务中,比如说社区走访中心、伙伴支持小组以及家庭扶植项目(韦斯堡德,1987)。

通过在(芝加哥地区项目的)计划和实施以及政府少年司法机构的运作和儿童福利计划中进行鉴别,并且将"社区保管人"也包括进来,社区理念对于公共机构的渗透,现在已经是习以为常了。许多大型的联邦、州和志愿者群体,比如由联邦投入资金的家庭维持和扶植服务组织和州以及私人资助的美国健康家庭(Healthy Family America)运动,引发了诸多社区组织、家庭支持和地方自助的关键理念。

尽管社区理念融入官僚机构运作,在许多方面,好处颇多,但却触及到了那根敏感的组织神经。社区的研究进路强调各种特殊的需求和灵活多变的反
257 应,而官方机构的立场则是强调普遍性定义和统一性措施。尽管州和部分郡的政府拥有决定儿童被忽视和虐待之构成的自由裁量权,但是很少有社区能够容忍,一个在城市的某一部分被视为是不公正地对待儿童的现象,换个地方,即在城市的另一个部分却被认为是公正的。偶尔,一个特殊的社会群体能够使政治资源用于确立一个例外,比如说,精神上的治疗。但是,在大多数情

形下,占优势的不过是流行的观点,比如说,最近在许多州都将对儿童的宗教仪式性的性器官损伤也看作是虐待。于是,许多受政府机构资助的社区活动家们倾向于根据一个更为狭隘的文化观念和政治领导来进行“勾画”,而不是停留于(可能是最理想的)地方层面上的有效组织和大众接受。

尽管从目标方面来看,官方的参与限制了选择的多样性,但是仍然有许多受政府资助的、社区层面上的活动家们鼓励在方法选择上的灵活性。因此,评价多地点的基于社区的活动家的影响力,常常是个困难事。比方说,CAP项目的分散结构允许各个社区根据当地条件制定犯罪和少年罪错矫治计划。这就使得为了评价的目的而跨地区性的找到一个普遍干预指标显得特别困难(施洛斯曼等,1984)。联邦和州的更为新近的工作亦是如此,例如《社会保障法》第四条B款规定的1993年家庭保障和扶持服务。

另外一个复杂事实是,许多不良行为,比如少年罪错、虐待和忽视儿童等这些社区范围内的预防计划对象,即便是在具有高度风险性的社区中也相对较少。比如说,在伊利诺斯州地方网络中,每年的实质性的儿童虐待和被忽视的比率为1.3%,也就是说,每100名儿童中有1.3个受害者;而在一个最贫困的地方网络中,最高记录为每100名儿童中有4.5名受害者。而只是将人口基数限定在青春期少年的情形下,少年罪错率才略微偏高一些。这些少年罪错行为的较低发生率表明,除了进入到儿童保护机构的视野中的那些孩子们,还有许多的需要进一步成为社区范围预防措施的目标人群。以此方式来冲淡所谓的干预,对重要变化的调查就显得尤其困难,更不用说将某种改良措施和一个具体的干预联系起来。

在缺乏大范围的政府行为参与的地方,抱有特定目的的社区组织在何种程度上可以现实性地对社区生活的总体质量做出贡献,这个问题仍需加以探索。移民住房运动和芝加哥学派的余力,比如说赫尔堂运动和芝加哥地区项目,采纳了少年法院和传统社会服务机构的以个人为中心的做法,而对此,他们曾经只是作为一种选择提及过。即便有大规模的公共资金投入,怀疑论调 258
仍然存在。许多同芝加哥学派有关联的社会学家们都倾向于认为政治决定并无能力影响“社会进程”(希尔斯,1961)。宏观体系的经济和技术势力被认为是最具影响的。犯罪、虐待和忽视儿童、青少年怀孕以及吸毒等这些与20世纪上半期美国经济不可遏制的扩张相互伴随的现象，的确是显示了一个相当有说服力的理由，表明经济和技术变革所产生的力量要强于社区组织所产生的力量。但是，尽管经济上的突飞猛进和不断下降的失业率对于社区永葆生命力不可或缺，然而如果没有"具有生态学关怀"的政策，比如说，由公共机构提供补贴的儿童福利、对于福利对象不考虑工资收入以及对于亲属抚养的补贴支持，那么许多社区范围内产生的优势就不可能有效地进入到具有较大需求的各个地区。

芝加哥社区人口发展计划的最近研究发现（桑普斯、莫雷诺夫和厄尔斯，1999）显示，居民区的繁荣对于儿童生存环境的影响要大于集中性贫困带来的影响。举例来说，因为高薪资的比率较高和居民的较高的文化层次，并且他们大都从事专业性和管理层的工作，繁荣的生活区通过邻居之间的关系就可以拥有较高水平的成人监护和使得儿童获得社会化的有利条件，这是那些繁荣程度较低的生活区无法做到的，就更不用说这两个地区之间父母所拥有的财富占有率的差异了。类似地，繁荣的生活区之间的彼此交流和互助较之那些繁荣程度较低的生活区，其程度也要大得多。此外，那些邻近繁荣生活区的居住区也因为这种生态学上的接近关系而有一份收获。而这并不要考虑到他们自身在成年人和儿童之间以及邻居们相互之间的交流状况。实际上，一个鲜明的区别是，下层生活区在单亲家庭率、贫困线下的家庭率以及失业率的通常标准，与上述的两个关于儿童生存环境指标联系甚弱。

没有政府的参与，那些属于繁荣生活区的优势就不太可能成功地在芝加哥既存的经济差异和种族隔离的状况下得到扩散。更有可能的是，通过税收和政府政策，部分剩余的财富再分配给那些不那么富裕的生活区，这是通过对当地成年人与儿童关系和社区互助联盟的资金支持达成的。在亲属、邻居和学校的宏观体系和中观体系中对于促进儿童的生存环境的成功试验都指向于将生态学的视角融入到少年司法和儿童福利政策的各种新方式中。不是从父母与儿童之间产生的问题中取消掉家庭、友人、邻居和学校，而是通过家庭组织的会议、冲突的调解以及公共资助的互助而积极参与问题的解决。其目的

并非是想用非正式的程序取代正式的程序,而是为相互影响开出新渠道,以此 259
方式,官方的目标可以通过灵活的手段来达到。这些灵活的手段是从儿童——父母的非正常的社会支持网络中来产生的。成功的关键乃是在于提出一种功能上相等同的处理方式以解决具体问题,比如说,与工作相关的儿童照料以及津贴收养和亲属监护,以此,地区的官员们和公民们可以根据它们各自的环境来选择最佳的解决方式。

联邦政府在"贫困家庭临时救助"项目(Temporary Assistance to Needy Families)下授权特定的州在救助问题上具有一定灵活性,并且规定儿童福利不再动用联邦资金,这可以作为上述新的指导方向的一个例证(基础咨询集团公司,1999)。1996年国会将《有子女家庭补助计划》(AFDC)的授权计划转变为一种限制性授权之后,许多州利用此灵活性,不区分资助对象的收入多少而展开资助,以至于资助对象可以将福利所得作为开始工作时的工资来看待。在伊利诺斯州,现在的政策是福利专为三口之家而设,直到家庭的收入到达贫困线的99%。这是从AFDC中产生的深受欢迎的一种转变,而其中,不充分的拨付水平使得家庭收入处在贫困线以下。此外,许多州将贫困家庭临时救助纳入到与工作相关的补助中,因此,务工性的家庭,不论是否是家庭救助条款的对象,在对儿童照料这件事上都可以获得帮助,贫困家庭救助在伊利诺斯州和全国的负担率下降了50%,然而并没有对儿童贫困和对儿童的照料产生负面影响。

各州正在使用的,通过财政上的灵活性以促进"具有生态学意识"政策的另一种方式,乃是就亲属对儿童的永久性照顾给予补贴。这些亲属作为孩子们的养父,或者在孩子们不能与父母生活在一起的时候,作为孩子们的法定监护人。1993年,国会授权联邦健康与人口服务部许可各州在儿童福利政策方面在采取新的措施方面花费联邦资金。对于那些在收养问题上有所犹豫,但却愿意将其养育的儿童抚养成人的亲属或养父母,1996年的伊利诺斯州具有一种弃权的权利,即赋予其津贴监护人身份的选择权。关于津贴监护试验的一项评价表明,其中包含了控制组和示范组的随机作业,提供给抚养者一种选择,较之那些没有选择权利的家庭,将会使儿童在获得法律上永久的家庭的几

率上增加15%。(伊利诺斯州儿童与家庭服务委员会,2000)

在TANF和儿童福利的弃权中,有一个共通性的要素,即在解决儿童危境的社会生态过程中,联邦与州的联合具有了更大的灵活性。对儿童、家庭和多元体系层面上的社区的给予更大关注,同样是志愿者群体的一个倾向,比如,
260 芝加哥赫尔堂联合会的"邻居至邻居"(Neighbor – to – Neighbor)项目,以及美国凯西基金会的"家庭至家庭"(Family – to – Family)项目,这些努力都意识到:非正式和正式的预防、支持与关照体系之间配合的改良,对于维持一个社区层次上的社会资本的活力以及实现弱势人群对福利国家财政资本持久依赖的合法化来说,是最为基本的。

结 论

在过去的百余年间,库克郡少年法院的城市环境表现出明显的连续性。尽管有明显的人口和经济上的变化,一系列的普通市内居民区制造了不成比例的少年罪错、儿童无人照管和被忽视以及(最近的)虐待案件。三代研究者——社工、社会学家以及发展心理学家都曾经观察过并且详细地记载了这一模式。尽管他们在解释和政策建议上各有其说,但结论近似。

总体来看,他们发现没有什么证据可以支撑那种"人的类型"的论调,此种论调认为:高发的少年罪错、虐待和被忽视比率应当归因于心理品质低下、心理失常和贫民区的异常价值观念。用统计学上的术语来说,社区内部的变化要大于社区之间的变化。因此,少年罪错等事件高发区的居民们较之那些生活在低发区的居民们,在自然秉性、精神状态和价值观念方面是大相径庭的。

肖和麦凯的工作细致且完备,他们认定,正是一定的"居民区类型"持久地造成了高发的少年罪错率。尽管地区的人口结构已经随着种族群体的闯入而反复改变。经济竞争以及后来的种族隔离,使得那些新近到来的但是却不曾有什么优势的群体集中在资源贫乏但却需求集中的地方。这种失衡大大地超出了非正式的控制和扶植体系的负担,并且最终导致了后者的崩塌。正式的体制随后引入以恢复某种秩序。在儿童发展的早期阶段,失衡损害了分配和

营养资源的社会网络，并且超出了父母的抚养能力，这就导致了时常发生的儿童虐待现象和正式性儿童保护干预措施的出现（加巴里诺和埃肯诺德，1997）。在儿童成长的后来阶段里，失衡抑制着有效的、非正式的监护和控制网络的形成，从而导致了少年罪错率的高发率以及正式的少年司法干预（桑普森，1997）。再者，某些证据表明：在个体发育的层面上，儿童虐待存在着向青少年罪错的直接过渡（韦顿，1996）。 261

这些关于儿童危境的社会生态学基本事实在21世纪中还将继续存在。是支持那些占劣势的社区抵御贫困、家庭破裂和社区解体的集中影响，抑或是将这些影响通过住房、交通和教育政策加以分散以解决贫困人口在空间上的分布问题，政策制定者还将继续面对这一两难之境。面对着这些问题，他们仍将犹豫不决。那些基本事实在过去的百年间时常出现，21世纪的民主政府如何应对这些事实，我们将拭目以待。

参考文献

Addams, Jane（亚当斯，简）. 1909. *The Spirit of Youth and the City Streets*. New York: Macmillan.

——. 1910. *Twenty Years at Hull House*. New York: Macmillan.

Breckinridge, Sophonisba P.（布雷肯里奇，索夫尼斯巴）, and Edith Abbott（伊迪思·阿博特）. 1912. *The Delinquent Child and the Home*. New York: Charities Publication Committee.

Bronfenbrenner, Urie（布朗菲布伦纳，尤里）. 1979. *The Ecology of Human Development: Experiments by Nature and Design*. Cambridge, MA: Harvard University Press.

Cairns, Robert B.（凯恩斯，罗伯特·B.）, and Beverly D. Cairns（凯恩斯，贝弗莉·D.）. 1994. *Lifelines and Risks: Pathways of Youth in Our Time*. New York: Cambridge University Press.

Carson, Mina（卡森，明娜）. 1990. *Settlement Folk*. Chicago: University of Chicago Press.

Cavan, Ruth（卡万，鲁思）. 1928. *Suicide*. Chicago: University of Chicago Press.

Cook, T.（库克，T.）, M. R. Herman（赫尔曼，M. R.）, M. Phillips（菲利普斯，M.）; and R. A. Settersten（塞特斯坦，R. A.）. Forthcoming. *How Neighborhoods, Families, Peer Groups, and Schools Jointly Affect Changes in Early Adolescent Development*. Manuscript.

Cornerstone Consulting Group, Inc.（基础咨询集团公司）. 1999. *Child Welfare Waivers: Promising Directions, Missed Opportunities*. Houston: Cornerstone Consulting Group.

Deegan, Mary Jo.（迪根，玛丽）. 1988. *Jane Addams and the Men of the Chicago School*, 1892 –

1918. New Brunswick, NJ: Transaction Books.

Dingwall, Robert(丁沃尔，罗伯特). 1989. "Some Problems about Predicting Child Abuse and Neglect." In *Child Abuse: Public Policy and Professional Practice*, ed. Olive Stevenson, 28 – 53. Hemel Hempstead, U.K.: Harvester Wheatsheaf.

Dodge, Kenneth A.(道奇，肯尼思·A.). 1986. *Social Competence in Children*. Chicago: University of Chicago Press.

Durkheim, Émile(迪尔凯姆，埃米尔). 1951. *Suicide*. Glencoe, IL: Free Press.

Faris, Robert E. L.(法里斯，罗伯特·E.), and H. Warren Dunham(邓纳姆，沃伦). 1939. *Mental Disorders in Urban Areas*. Chicago: University of Chicago Press.

Furstenberg, Frank F(弗斯滕伯格，弗兰克·F.); Thomas Cook(库克，托马斯); Jacqueline Eccles(埃克尔斯，杰奎琳); Glen H. Elder Jr.(埃尔德，格伦·H.); and Arnold Sameroff(塞姆洛夫，阿诺德). 1999. *Managing to Make It: Urban Families in High-Risk Neighborhoods*. Chicago: University of Chicago Press.

262 Garbarino, James(加里巴诺，詹姆斯), and Kathleen Kostelny(科斯特尔尼，凯瑟琳). 1992. "Child Maltreatment as a Community Problem." *International Journal of Child Abuse and Neglect* 16: 455 – 64.

Garbarino, James(加里巴诺，詹姆斯), and John Eckenrode(埃肯洛德，约翰). 1997. *Understanding Abusive Families*. San Francisco: Jossey-Bass.

Glueck, Sheldon(格卢克，谢尔登), and Eleanor Glueck(格卢克，埃莉诺). 1968. *Delinquents and Nondelinquents in Perspective*. Cambridge, MA: Harvard University Press.

Hull House Maps and Papers, by Residents of Hull House, A Social Settlement. 1895. *A Presentation of Nationalities and Wages in a Congested District of Chicago, Together with Comments and Essays on Problems Growing Out of Social Conditions*. New York: Crowell.

Hurrelmann, Klaus, and Stephen F. Hamilton, eds. 1996. *Social Problems and Social Contexts in Adolescence*. New York: Aldine de Gruyter.

Illinois Department of Children and Family Services(伊利诺斯州儿童与家庭服务委员会). 2000. *Interim Evaluation Report: Illinois Subsidized Guardianship Waiver Demonstration*. Springfield, IL: Department of Children and Family Services.

Janowitz, Morris(贾诺威茨，莫里斯). 1978. *The Last-Half Century*. Chicago: University of Chicago Press.

Jencks, Christopher(詹克斯，克里斯托弗), and Susan E. Mayer(迈耶，苏珊·E.). 1989. *The Social Consequences of Growing Up in a Poor Neighborhood: A Review*. Evanston, IL: Center for Urban Affairs and Policy Research Working Paper, Northwestern University.

Jessor, Richard(杰瑟，理查德). 1993. "Successful Adolescent Development among Youth in High-Risk Settings." *American Psychologist* 48: 117 – 26.

Jessor, Richard(杰瑟，理查德), and Shirley L. Jessor(杰瑟，雪莉·L.). 1977. *Problem Behavior and*

Psychological Development: A Longitudinal Study of Youth. San Diego: Academic Press.

Kempe, C. Henry(肯普, C. 亨利); Frederic N. Silverman(西尔弗曼, 弗雷德里克·N.); Brandt F. Steele(斯蒂尔, 勃兰特); William Droegemueller(德勒格米勒, 威廉); and Henry K. Silver(西尔弗, 亨利·K.). 1962. "The Battered-Child Syndrome." *Journal of the American Medical Association* 181: 105 – 12.

Lemert, Edwin M.(勒莫特, 埃德温·M.). 1951. *Social Pathology: A Systematic Approach to the Theory of Sociopathic Behavior*. New York: McGraw-Hill.

Lewis, Dorothy Otnow(刘易斯, 多萝西·奥特诺); Catherine Mallouh(马洛, 凯瑟琳); and Victoria Webb(韦布, 维多利亚). 1989. "Child Abuse, Delinquency, and Violent Criminality. In *Child Maltreatment: Theory and Research on the Causes and Consequences of Child Abuse and Neglect*, ed. Dante Cicchetti and Vicki Carlson, 707 – 21. Cambridge: Cambridge University Press.

Merton, Robert K.(默顿, 罗伯特·K.), 1968. "Social Structure and Anomie." In *Social Theory and Social Structure*, ed. R. K. Merton, 185 – 214. Enlarged edition. New York: Free Press.

Nelson. Barbara(纳尔逊, 芭芭拉). 1984. *Making an Issue of Child Abuse: Political Agenda Setting for Social Porblems*. Chicago: University of Chicago Press.

Park, Robert E.(帕克, 罗伯特·E.), and Ernest W. Burgess(伯吉斯, 恩斯特·W.). 1925. *The City*. Chicago: University of Chicago Press.

Patterson, Gerald R.(帕特森, 杰拉尔德·R.). 1982. *Coercive Family Process*. Eugene, OR: Castalia.

Robins, Lee(罗宾斯, 李). 1974. *Deviant Children Grown Up: A Sociological and Psychiatric Study of Sociopathic Personality*. Huntington, NY: R. E. Krieger.

Rodgers, Daniel T.(罗杰斯, 丹尼尔·T.). 1998. *Atlantic Crossings: Social Politics in a Progressive Age*. Cambridge, MA: Belknap Press of Harvard University Press.

Sampson, Robert(桑普森, 罗伯特). 1997. "The Embeddedness of Child and Adolescent Development: A Community-Level Perspective on Urban Violence." In *Violence and Childhood in the Inner City*, ed. Joan McCord, 31 – 77. Cambridge: Cambridge University Press.

Sampson, Robert J.(桑普森, 罗伯特·J.), and John H. Laub(劳布, 约翰·H.). 1993. *Crime in the Making: Pathways and Turning Points through Life*. Cambridge, MA: Harvard University Press.

Sampson, Robert J.(桑普森, 罗伯特·J.); Jeffrey D. Morenoff(莫雷诺夫, 杰弗里·D.); and Felton Earls(厄尔斯, 费尔顿). 1999. "Beyond Social Capital: Spatial Dynamics of Collective Efficacy for Children." *American Sociological Review* 64: 633 – 60.

Schlossman, Steven(施洛斯曼, 史蒂文); Gail Zellman(泽尔曼, 盖尔); and Richard Skavelson(斯卡韦尔森, 理查德); with Michael Sedlak(塞德拉克, 迈克尔) and Jan Cobb(科布, 简). 1984. *Delinquency Prevention in South Chicago: A Fifty-Year Assessment of the Chicago Area Project*. Santa Monica, CA: Rand Corporation.

Shaw, Clifford(肖, 克利福德), and Henry McKay(麦凯, 亨利). 1942. *Juvenile Delinquency and Urban Areas*. Chicago: University of Chicago Press.

Shils, Edward(希尔斯,爱德华). 1961. "The Calling of Sociology." In *Theories of Society*, ed. Talcott Parsons, Edward Shils, Kaspar D. Naegele, and Jesse R. Pitts, 1405 – 48. New York: Free Press.

Sorrentino, Anthony(索伦蒂诺,安东尼). 1959. "The Chicago Area Project after Twenty-Five Years." *Federal Probation* 23:40 – 45.

Sutherland, Edwin H.(萨瑟兰,埃德温·H.). 1939. *Principles of Criminology*. New York: Lippincott.

Tannenbaum, Frank(塔嫩鲍姆,弗兰克). 1938. *Crime and the Community*. Boston: Ginn.

Thomas, William I.(托马斯,威廉·I.), and Florian Znaniecki(兹南伊基,弗洛里安). 1918 – 20. *The Polish Peasant in Europe and America*. 5 vols. Boston: Richard G. Badger.

U.S. Department of Health and Human Services(联邦健康与人类服务部). Administration on Children, Youth, and Families. 2001. *Child Maltreatment* 1999. Washington, DC: GPO.

Vissing, Yvonne M.(维星,伊冯娜·M.); Murray A. Strauss(斯特劳斯,默里·A.); Richard J. Gelles(盖利斯,理查德·J.); and John W. Harrop(哈罗普,约翰·W.). 1991. "Verbal Aggression by Parents and Psychological Problems of Children." *Child Abuse and Neglect* 15:223 – 38.

Ward, David(沃德,戴维). 1989. *Poverty, Ethnicity, and the American City*, 1840 – 1925. Cambridge: Cambridge University Press.

Weissbourd, Bernice(韦斯堡德,伯尼斯). 1987. "A Brief History of Family Support Programs." In *America's Family Support Programs: Perspectives and Prospects*, ed. S.L. Kagan, D.R. Powell, B. Weissbourd, and E.F. Zigler, 38 – 56. New Haven, CT: Yale University Press.

Widom, Cathy S.(威德姆,凯茜·S.). 1989. "The Cycle of Violence." *Science* 244:160 – 66.

——. 1996. "Psychopathology and Violent Behaviors in Abused and Neglected Young Adults." *Criminal Behavior and Mental Health* 6:253 – 71.

Wilson, William J.(威尔逊,威廉·J.). 1987. *The Truly Disadvantaged: The Inner City, the Underclass, and Public Policy*. Chicago: University of Chicago Press.

第 四 部 分

少年司法和儿童福利

少年法院没有被设计成一个孤立的对儿童生活进行政府介入的机构;并且其实际运作也从来没有与其他矫治及控制青少年的机构相分离。在这一部分的两章中,作者主要描述了在过去的20世纪里,政府致力于影响和保护少年的发展历程。在第十章中,伯纳丁·多恩论述了:在美国,当教育改革已成为个体、社会以及经济发展的决定性因素时,少年法院和学校之间应当存在着相对应的关系。没有任何一个政府机构可以像学校那样对孩子起着密切而重要的作用。多恩认为,少年法院和学校的关系是双向的:一方面,学校会因为少年而求助于法院;另一方面,法院也力图为危境少年提供教育,使他们成为社区缓刑的一部分。接着,作者还评述了未获满足的使用拘留和公共机构处置措施进行的教育需要,以及地方政府并没有成功地将教育系统和少年司法制度带入积极的联合。

彼得·埃德尔曼在第十一章中概述了美国联邦政府为了寻求少年政策的一致性而做的努力。他呼吁对于少年政策不能毫无疑义地照搬通行于20世纪的政策,并且指出困扰21世纪之交年轻倡导者的是很难从战略和策略上进行选择。正如本章所建议的:少年司法制度应当和少年政策保持紧密的联系,并且应当一直持续下去。

第十章 学校、儿童和法院 267

伯纳丁·多恩(Bernardine Dohrn)

学校和法院的历史动态

学校和少年法院从产生之初就是休戚相关的。无论是从理论还是从实践的角度讲,法院和学校都是改变儿童及其家庭生活状况的社会和法律成就的一部分。少年法院的历史发展是和提倡公共义务教育、反对滥用童工和为儿童提供活动场所等儿童全面发展计划的社会运动相一致的。实际上,在重建时期(Reconstruction)*,少年司法制度是作为哲学的附属品而出现的,它将非洲裔美国人的自由及社会地位,和理论及法律上关于儿童本性的激烈争论联系到了一起。争论的焦点是:如果奴隶属于人类,妇女属于公民,那么儿童应该属于哪一类型呢?作为21世纪之交扩大公共教育的一部分,以儿童期为目标的司法重构努力为儿童们创造独立的法院体系。如果孩子们每天按时上学,他们就既不会在血汗工厂劳作,或在煤矿开采,也不会和成年人一起被监禁在救济院和监狱中。少年福利、儿童期的延续以及儿童的合法行为,在很大程度上,得到了公共教育的扩大及其品质的推定。

在赫尔堂工作的妇女们,简·亚当斯、露西·弗劳尔、朱莉娅·莱思罗普、弗洛伦斯·凯利和艾尔金娜·史蒂文斯支持19世纪末实施的改善居住在芝加哥西部附近的移民儿童生活的一系列政策。受州长约翰·R.坦纳的任命,朱莉娅·莱思罗普以州慈善机构管理委员会委员的身份视察了监狱、拘留所和救济 268

* 即美国南北战争后,其南部的重建时期(1865—1877)。——译者注

院之后，指出儿童已经占据了成人矫正机构人数中相当大的一部分。她的努力激励了露西·弗劳尔继续为孩子们在芝加哥创建一个独立的少年法院的兴趣，该少年法院是以假设儿童和成年人之间存在区别，并且儿童更应该服从于复原和康复义务为前提的。

与此同时，少年法院的奠基人进行了大量的社会运动：通过立法确立童工的最小年龄、规制童工的职业种类和工作时间，以废除和限制使用童工，最终使儿童脱离漫长而带有危险性的工作。居住在赫尔堂附近的贫困家庭常常让聪明的孩子退学，而将他们安置在工厂（亚当斯，1912，41 – 47）。在伊利诺斯州南部的救济院里，一些孤儿和无人照管的儿童被安置在臭名昭著的并具有工作危险性的玻璃厂做学徒（凯利，1905，45 – 46）。至此以后，孩子们将工资交给他们贫穷的父母，为了维持生计而耗尽身心，再也没有机会受到教育。作为童工，他们是最廉价的劳动力，他们也没有空余的学习时间和接受教育、行使公民权利和义务、接受技能培训的机会。在 20 世纪的前 20 年里，少年法院的奠基人在观察、分析和记录了在校学生的出席和缺席情况之后，认为学生的出勤率是消除童工和少年罪错现象的唯一适合的前导因素。

20 世纪杰出的教育哲学家约翰·杜威在创建少年法院的过程中，经常在赫尔堂演讲。在那里他既是居民，也是州慈善机构管理委员会成员之一，他积极地和改革者以及生活在公寓附近的人们接触。这些活动对他思索和探讨生活阅历与教育水平之间的关系是一个严峻的考验。他在赫尔堂生活期间完成的第一本著作《孩子与课程》（*The Curriculum and the Child*）总结道："事即儿童，其现有的力量应当用以维护他们；他现在的能力应当得到锻炼；他现在的态度应当被人们认识"（杜威，1902）。因为少年法院和公立学校都是公共机构，都肩负着创造出受过良好教育、具备快速适应环境变化能力的未来公民的重要任务，所以，杜威得出了少年法院和公立学校一样可以作为教育机构的结论。

就少年法院本身来讲，他的奠基人将其定位为任性儿童的教育机构、教育场所和培养公民意识的社会教育手段，其概念的核心是像一位"友善而公正的长辈"去引导和教育孩子们，当然也会强制和惩罚孩子们。于是，少年法院理想和现实之间的差距从其产生之初就是无法消除的。国家通过法官个人来履

行教育职责。这种职责时而温和、时而严厉,在轻松而个性化的诉讼程序中折 269
射出了其固有的紧张关系,但是无论在哪种情况下,儿童或父母对法院所提出的请求,都会被欣然地认为具有教育意义。

在少年法院产生之后的一百年时间里,它和公立学校一直处于动态的相互影响之中。从某方面来说,少年罪错和教育被认为是长期地处于紧张和影响的关系之中;比如,当学校放弃了少年移民或者排斥有色儿童时,街头犯罪集团的奢侈生活就会对这些学生产生诱惑。那些逃学的或者被学校开除的青少年会被移交到少年法院,被处以逃学的判决。学校被迫去适应新的青少年群体,这些青少年群体面临着多种语言、城市人口流动性、身体和心理疾病以及破碎家庭等考验。各种各样的社会运动既会扩大也会缩减教育公共事业的资源和支持,这会对少年法院的少年罪犯的数量和本性产生直接影响。

少年法院和学校之间有着微妙而和谐的关系,有时候形影相随,有时候行同陌路,有时候会矛盾地黏附在一起,有时候又会协调地联系着,它们会同时并且连续地处于低谷,这种关系密切而深刻。儿童期的公共生活安排应当坚持多样性,而新的调控手段又会经常性地影响它的多样性,如正当程序、强制报告、残疾人教育和零容忍政策*。学校和少年法院都被局限在错综复杂的公共使命之中:教育、照顾和管束少年。

三种力量会影响学校和少年法院之间的密切关系。首先,历史性的事件(如经济、战争、种族隔离)既会对孩子们也会对学校和少年法院产生影响。其次,少年法院的基本理念——固有的矛盾、瑕疵和局限性——可以预测矫正优先和惩罚优先之间周期性的反复。最后,刑罚和管制都会对学校和少年法院产生直接影响。这一章从学校和少年法院相互关系的四个主要方面进行分析:(1)从学校到少年法院:在校学生被移送到少年法院;(2)从少年法院到学

---

* "零容忍政策":即 zero-tolerance policy,是一项对罪错行为不加或很少加以容忍态度的政策:任何违反现行法律法规都将受到惩罚,不论其多么微小。这个词可以用在一般或参照某一类罪错行为,例如零容忍政策喝酒。通常用在关于学校的规定上,在公立学校,学生因为违法犯罪或违反校规会因为此政策很快地被停课或开除。根据美国联邦法律规定,只要是学生带枪到学校,学校就可以将其踢出学校。1994 年通过的《禁止持枪学校法案》,使这些政策开始在联邦一级的政府实施,以解决那些臭名昭著的全国枪击案。许多学校不仅对武器还包括对毒品、酒都采取了零容忍政策。——译者注

校:在学校中实施缓刑和假释;(3)少年法院的学校:矫正中和矫正后的学校教育、监视居住;(4)近似学校的少年法院:一所公共的儿童教育机构。

从学校到少年法院:儿童从学校被移送至少年法院

学校一直以来都是少年法院儿童移送案件的主要来源。首先,国家通过
270 将习惯性缺勤的学生移交至少年法院,利用少年法院来扩展其规范强制力,从而保证义务教育的出勤率。因此,一个世纪以来,利用少年法院维持儿童秩序十分流行。在处理逃学案件之余,少年法院的角色被扩充得近似学校官员——开始广泛地介入调整女孩行为规范、身份犯、校园犯罪与暴力以及儿童虐待和忽视的一系列案件。

包括20世纪初亲权学校的建立,在审查了少年法院在管理逃学者中所发挥的作用之后,本部分分析了女孩逃学、出走、身份犯(因品行不端、执拗不顺或行为不道德等所致)等社会规范(林赛,1925,275)。该部分还考察了学校异端者和学生罪犯之少年法院移送制度,以及由于90年代以来零容忍政策的激增和学校的高压政策对学校纪律的侵蚀。另外,本部分聚焦于学校——作为一个重要的儿童虐待被频繁识别的公共场所;作为一个举报义务人——一个世纪来,法律允许教职人员为举报人;而在近20年来,法律要求他们指导儿童,并告发涉嫌虐待和忽视儿童的父母。因此,如果没有丰富的学校移交案件的"源泉",少年法院的诉讼记录会有更多的空白。

维持学校的出勤率:逃学与亲权学校

有关儿童期、学校和少年法院的传统观念

对于少年法院的创办者来说,学校出勤率在哲学上的重要作用不能被夸大。回想第一所少年法院创办后的25年历程,朱莉娅·莱思罗普写道:"童工

法和学校管理法，一直以来都没有明白地表达这样一种理念：即儿童期是用来接受教育的，而绝不应在懒懒散散中度过，亦绝不应在体力劳动下度过”（莱思罗普，1925，290）。有文件记载，移民家庭的经济压力迫使他们将聪明的儿子和女儿从学校接回而送入工厂工作，这样的事实亦为人们所痛惜（亚当斯，1916，40－41）。经过数十年的努力，终于使立法对儿童所能从事的职业、劳动时间的调整以及工作的最小年龄做出了限制性的规定。

公立的普通（初级）学校不仅仅发挥着移民儿童教化者的功能，同时也应当成为搭建与从事体力劳动的移民家庭的一座桥梁。英语语言、生活习俗以及社会生活过去和现在都是首先被在校的移民儿童所接受。至此，儿童成为了父母和社会的沟通者，起到了家庭所需要的解说员、缓冲器和助力器的作用。

学校出勤率也被看作是儿童远离邪恶、诱惑和街头娱乐消遣的保障。强制性的学校出勤率可以避免他们受到城市生活、赌博、娱乐和堕落这些东西的 271
引诱。“如果一个男孩曾经完全沉溺于这些刺激，那么就没有什么能够将他从过于兴奋和随后的体质虚弱及品质败坏中拯救出来；当他成年后，他没有进行规律性工作的习惯，有的只是对沉闷工作的厌恶”（亚当斯，1916，188）。芝加哥的非洲裔美国人感叹南方种族隔离区内黑社会集团的集中，以及他们对于游荡在街头的非洲裔美国青少年的影响。杰出领导者，诸如艾达·B.韦尔斯·巴尼特和艾琳·麦科伊－盖恩斯，早先都是少年法院的缓刑官，他们深知并关注着缺乏教育和少年罪错之间的联系（卡南，1999，42）。

过去，人们认为的学校教育仅仅限于小学阶段。十二三岁的儿童已劳动挣钱，或已为人妻。将儿童期作扩大性解释，当作个人发展的一个显著阶段，并作为青春期的过渡阶段出现，这些社会认识都对普通公立学校和义务教育学校的出勤率造成了冲击。义务教育法最终将其规范功能扩展到了中等学校的出勤率，然而一些公立学校的教育模式是象征性的，如 19 世纪末，所有 17 岁少年中，只有不到 7%能从高中毕业。到 1940 年，51%的青少年完成了高中学业（齐姆林，1982，26）。20 世纪末，有 88%的青少年可从高中毕业（这个百分比包括那些拿到高中文凭或同等学历，包括 GED*；青少年国家教育统计中心，1999，15）。提高学校出勤率重塑了青春期的作用和意义，导致了儿童对父母经济依赖的延长，并且还折射出了少年法院的社会和立法的目标、期望以及重要性（参见本书埃德尔曼所著的第 11 章）。

义务教育法上儿童期的扩充解释与立法上成年期的解释压根就不是一回事。无论是丹佛少年法院还是芝加哥少年法院，对所有儿童界定的责任年龄都不到 16 岁。在 5 年内，伊利诺斯州将责任年龄上调，使其包括了 17 岁以下的所有男孩和 18 岁以下的所有女孩。早在少年法院建立之前，伊利诺斯州的刑事责任年龄就已从 7 岁（英美普通法年龄）提高到了 10 岁（吉唐，1994，91）。直到今天，对不同的法定成年年龄的界定仍处于一片混乱之中：各个州对义务教育、少年法院管辖权、选举、驾驶、饮酒、结婚、同意实施医疗手术的程序、参军、执行死刑、收养关系的终止、独立生存以及签约等规定了不同年龄。独立
272 与依赖、自主与管束以及竞争与发展这些复杂的问题一直是关于儿童期本质激烈讨论的焦点。

逃学

少年法院的规范功能扩展到了惩处逃学，并且随后又延伸至对身份犯的惩罚和管制以及对女性少年的管束。公民学校教育的重大意义为强制儿童教育之司法干预提供了合理依据。不论是民事还是刑事，监禁还是激励，威吓还是治疗，法院和学校在界定、规范并惩处学校逃学事件上互相配合。随后，少年法院的司法管辖权扩充到了包括惩罚身份犯**之伴随行为，如执拗不顺、离家出走、桀骜不驯（参见本书泰特尔鲍姆著第六章），以及对女性少年的社会控制。

逃学作为少年罪错的一种形式是先于少年法院出现的。1898 年，羁押于布赖德韦尔（芝加哥矫正所，Chicago House of Correction）的孩子中，足有 25%是

---

* 即 General Educational Development，普通教育水平。——译者注

** 身份犯罪：status offense，是指孩子（未满 18 岁）的某些非法行为，而这些行为对于成年犯来讲却不是违法、犯罪行为。这种行为包括性行为、饮酒、出走、逃学等。——译者注

因逃学而被监禁的。在芝加哥教育委员会1889年的年度报告中,他们将这些孩子生动地描述为:“我们应当正当地拥有拘捕这些侵扰我们城市的小乞丐、流浪者和无赖的权力,将他们带离街头,并安置于学校,令其接受教育,学习道德法则。”该流派的宣告简洁有力地概括了将拘捕与学习之间进行联系的简单意图和非常任务。

少年犯的逃学问题如此严重,以至于科罗拉多少年法院在本·B.林赛法官的大力鼓励和支持下,确立了先于《伊利诺斯州少年法院法》的逃学法令授权下的司法管辖权。该法令,作为科罗拉多学校管理法的一部分,规定监学官员和老师具备缓刑官的身份。该法适用于那些习惯性逃学、道德败坏、执拗不顺以及品行不端且终将沦为违法乱纪者。科罗拉多法律被认为是“联系学校和少年法院的纽带,使学校与少年法院相辅相成”(林赛,1925,276)。

在科罗拉多州少年法院,少年法院的管辖权与实际审判延伸至孩子的家长。《1903年捐助法》(Contributory laws of 1903)确立了衡平法院对麻烦儿童的父母和其他成年人的管辖,并且只有在极其严重的情况下才会由刑事法院审理。法官林赛一再主张对父母也应当进行强制教育,要求他们出席依据学校董事会指令所做的关于纪律、卫生和饮食的学术讲座。

在义务教育过程中,父母对少年的强制教育必然体现其高压统治,因为强制就学直接与家庭经济利益相冲突。要使一贫如洗的移民家庭相信他们的孩 273
子不应该被送进工厂或充当街头劳力,或者使一个农民家庭不再让他们正在发育的儿子们早出耕作的确不是一件简单的事。还有些父母只关注宗教信仰、文化习俗以及种族融合,也导致了孩子接受教育困难重重。在伊利诺斯州,学校和少年法院,逃学和少年罪错之间的联系,虽然不像科罗拉多州在理论上论证得那么充分,但是它们确实具有相似性。A.G.莱恩作为公立学校的负责人参加了1898年12月10日在哈维·B.赫德大法官办公室举行的芝加哥律师协会委员会会议(Chicago Bar Association Committee Meeting)。亨利·W.瑟斯顿是一位公认的教育家,是《伊利诺斯州少年法院法》通过后的第一个注册首席缓刑官,并且还是芝加哥师范学校的校长。

赫尔堂的格特鲁德·豪·布里顿和芝加哥学校联合会以及上门服务护士一

起对学校的出勤率进行了深刻的研究，发现儿童或某家庭成员的疾病以及父母贫穷和无知是导致逃学的一个主要原因。而漠不关心的父母和任性的逃学者仅仅只是少数，事实上，人们发现178个逃学的孩子中只有两个是真正的执拗不顺（布里顿，1906，10）。他们的报告针对发生在学校内（比如过于拥挤、注册和转学方法、停学）和学校外（比如医疗保健、家庭环境的影响）的各种问题总结出了一系列的补救措施。该报告暗示孩子们不再会因为人们觉得他们无法矫正而被剥夺其各种权利。

在接下来的几十年中，学校出勤率、逃学以及禁止童工之间的联系导致赫尔堂的社会活动家和学者伊迪丝·阿博特及索夫尼斯巴·布雷肯里奇对学校逃学进行了积极而连续的监管（阿博特和布雷肯里奇，1917）。改革家们为了规范危险劳工和杜绝懒惰对儿童的诱惑，最终采取了以少年法院的形式进行限制。然而这些崇高的理想却一再导致了以教育的名义实施儿童监禁行为的发生。

亲权学校

改革者把亲权学校设想为教育逃学学生的机构。露西·弗劳尔和芝加哥妇女俱乐部在布赖德韦尔建立了监禁男孩的约翰·沃西学校（the John Worthy School）。她们的支持为义务教育法的实施做出了努力。1902年，芝加哥建立了专门针对男孩逃学者的亲权学校；而针对女孩的类似机构最终于1917年建立。《亲权学校法》（The Parental School Law）规定，任何督学官员、教育委员会代表以及享有声望的公民都能够提请少年法院调查那些7—14岁没有上学、
274 经常逃学以及总是违反校规的儿童的状况。

坐落于芝加哥西北角的占地110英亩的亲权学校，即鲍曼维尔（Bowmanville）学校为14岁以下的儿童开设了第一个七年教育以及手工和农业训练（吉唐，1994，116）。法律通过时规定的义务教育年龄是14岁以下。尽管从1907年开始对16岁以下都实行义务教育，但是《亲权学校法》却没有相应地将年龄延伸。到1915年6月为止，有4 198个男孩被判入读亲权学校。这其中大多数是十二三岁的孩子，亦不乏8岁左右的。大多数孩子来自极其贫困的家

庭;1/3来自父母一方已故的家庭。在被判入读亲权学校后的前四周,如果行为表现得当,男孩们就可以回家,但仍要接受亲权学校一年的监督管束,并由就读学校校长报告并确认其出勤率和举止行为。如果重返亲权学校,男孩们就至少得在那里呆上3个月才有机会获得假释。

到1899年,理论界出现了一种强烈的主张,即认为应该使孩子和他们的父母待在家里,使用缓刑制度作为教育的基础,辅之以社区对孩子及其家庭的帮助。然而,在芝加哥少年法院建立的前十年里,有21%的男性少年犯和51%的女性少年犯都被送入了诸如亲权学校一类的机构(布雷肯里奇和阿博特,1912,9)。这些监禁机构性质的"学校"充分体现了"国家监护"的矛盾,正是这种矛盾促使改革家们早在美国内战之前就建立了亲权学校的雏形——芝加哥感化学校(Chicago Reform School)和残疾儿童学校。这些早期为危境儿童建立的学校的优势和局限性至今仍影响着人们的相关努力(参见下文"居留性少年司法之中和之后的学校教育"部分)。

尽管针对自由以及政府干预、教育和惩罚、预防和监禁、保护孩子和家长权威之间的平衡至今仍有争论,但随着亲权学校的建立,以及新的《伊利诺斯州少年法院法》的密切配合,州政府对逃学学生的监管权仍得到了扩大和巩固。

20世纪中期和现代对逃学和身份犯的观念转变

直到20世纪60年代正当程序的转变,逃学行为对少年法院管辖权所起的作用才发生了理论和实质的变化。1965年的《伊利诺斯州少年法院法》明确将包括逃学者在内的身份犯和一般的少年犯区别开来,从而使这一新的分 275
类合法化,即人们称其为"需要监管的未成年人"(Minors in Need of Supervision)(MINS)(参见吉唐,1994,152)。因为这些逃学的身份犯通常都会因为藐视少年法院和让其上课的命令而被再次送回拘留所或矫正机构,所以例如伊利诺斯州就修改了法令,禁止因为需要监督的未成年人违抗法院命令而被监禁。

然而,20世纪中期伊利诺斯州进行的将身份犯与普通少年罪错相区别的试验没能生成有效的少年罪错干预措施。1981年的一项研究发现,只有不到一半的需要监管的未成年人案件接受过一些服务，差不多75%的逃学者仍被重新送回少年法院，只有不到5%的父母得到过帮助（里德等，1981，186）。随后的立法将身份犯这一概念改称为“需要官方干预的未成年人”（Minor Requiring Authoritative Intervention）（MRAI）*，并且开始寻求对自愿干预和积极的青年服务机构依赖，转而将少年法院当做最后一道屏障。对大多数脆弱而贫穷的孩子们而言，很少有积极的青年机构愿意为他们提供帮助。在接下来的20年中，实质上没有一个需要官方干预的未成年人案件进入了司法程序。基于这种情况，批评家们认为：在简单而不断增长的少年罪错行为指控之下，实践中，逃学者、离家出走者、违规饮酒和违反宵禁者以及那些桀骜不驯的孩子们被再一次犯罪化。

1974年的《少年司法和少年罪错预防法令》（JJDPA）禁止对身份犯进行拘留，同时颁布了一项联邦政策，即不得再判身份犯入拘留所或矫正机构。在交由少年法院的身份犯案件中，因逃学而被起诉的占据了大部分；尽管其中80%因身份犯罪而被逮捕的会被移交到警察局进行处理，但每年仍有成百上千的孩子因为逃学而被逮捕。到1993年，由于《少年司法和少年罪错预防法令》，有33 900名儿童因逃学被起诉至少年法院，而大约有1 099名逃学者会被监禁在公共或私人机构一段时间，同1985年相比下降了33%（斯坦哈特，1996，88－89）。总体而言，截至1988年，50个州拘留身份犯的事件下降了95%。

诸如“顽固儿童”或“不守规矩儿童”的称谓越来越频繁地用来形容逃学者或那些有特别需要的孩子。在20世纪90年代，违反公共秩序的违法，如行为不当、违规饮酒和其他一些普遍的少年罪错不断引发正式的少年法院诉讼。对青春期某些强烈的不满，造成了以责任和义务的名义对逃学者追究刑事责

---

* 需要官方干预的未成年人：系指18岁以下的，未经父母同意脱离家庭、监护人的；或不能控制自己的父母、监护人或环境直接影响未成年人的人身安全或构成重大危险的；以及未成年人经过有限期间关押以及提供临时应急服务后，仍不肯回家的；其父母、监护人不能同意其另外自愿安排住宅安置或继续这种安排的未成年人，对于诸如此类的未成年人，为保证其免受社会恶习的感染，能够安全健康地成长，需要政府对其行为或生活状态进行干预和监管。——译者注

任及监禁的立法努力。而迫于经济上的压力，1996年的《福利改革法》(welfare reform law)(又称1996年《个人责任和工作机会调和法》[Personal Responsibility and Work Opportunity Reconciliation Act of 1996])明确规定：将孩子在学校的出勤率作为是否能够享受TANF福利的一个重要因素。

目前，司法机关强制父母出席逃学的听证会，并以罚金和强制参加抚育课作为补救手段。一些州以儿童在校期间的表现来观察和评价他们；一些州以 276
吊销或者延迟发放驾驶执照作为对逃学生的处罚。在某些管辖区内的初级和中级学校设立了督学法庭(truancy courts)，以解决关系学校正常出勤率的家庭问题。在路易斯维尔和肯塔基，少年法院开始实施督学法庭分配计划，并实行早上在公立学校开庭审理案件。在新墨西哥州，年级法院*在周末监禁中仍提供阅读和学习的时间，并且法院每个月都会检查。年级法院和当地的大学、公立图书馆、晚间家政服务都保持着公开(试用期)或私人的联系。同时，法院为表现好的儿童提供奖学金以保证学校的出勤率。

公众对青春期的担忧，对少年携带枪支、杀人犯的增加以及校园枪击事件的频繁发生的过分关注，导致了政治策略的转变和更加严厉的少年管束议程。这些因素都冲击着四分之一个世纪的政策取向，使逃学者和身份犯重新被犯罪化和监禁化。

少女学校教育以及令人忧虑的社会控制

少女的状况鼓舞着早期改革者的热情。过去，对学校和家庭中少女的罪错行为的处理有别于男孩。这种父权主义和对女性少年严苛对待的双重混合标准，导致了少女日益丧失了自由和在少年司法程序上的不公对待。

一个世纪以来，人们为了保护孩子免受邪恶、暴力和堕落的影响，采取了

---

* 年级法院：即Grade Court，是专门针对未成年人适用治疗措施的法院。不仅强制少年留在学校，还要按时完成家庭作业以获得好成绩。如果青少年不遵守规则，法官将立即采取行动。年级法院也要求少年及家长积极主动参与针对未成年人的治疗措施的行动。年级法院的目标是通过强制未成年人进行努力学习和工作，以恢复和增加他们的成就感和自信心。——译者注

不均衡的社会控制和对女孩进行监禁的方式。通过涵盖逃学、离家出走、执拗不顺、桀骜不驯、不道德行为、不守规矩以及涉及到性行为或性交的身份犯罪种类，家长式的和父母般的州当局采用将少女长期关押在艰苦环境下的方式，以达到保护女性少年的目的。这些行为使她们长期处于被管制的状态下，无论是女子工读学校*还是今天的居留场所都是如此。在那里，女孩们会成为性病感染以及道德污染的潜在被害者。此外，少女也面临着怀孕、产褥和堕胎等问题。

少女、学校和早期改革者

早在少年法院创建之前，露西·弗劳尔和芝加哥妇女俱乐部于1887年帮助芝加哥建立了专门为那些被诈骗的、被父亲或监护人暴力袭击或被性骚扰的妇女和女孩们提供就业、法律援助、解决住房的妇女儿童保护机构。这种代表社会正义的先驱工作，由夏洛特·霍尔特带头做起，反对把妇女和女孩看成
277 是疾病、诱惑、淫荡代名词的传统主导观念。在有关强奸罪改革的努力中，法定强奸的权利人同意年龄由10岁提高到16岁，这意味着和一个未满16周岁的女子发生性关系将构成性侵犯。这是对被家庭、社会机构和男性监护人所掩盖的有关性暴力和性虐待的一种官方确认(奥德姆,1995)。

与反对卖淫和酗酒相似的社会净化运动由女子天主教戒酒协会(the Christian Temperate Union)和少年保护协会(Juvenile Protective Association, JPA)首倡。这些机构负责监视有放纵行为的地方，诸如电影、剧院、舞厅、赌场和汽船，并且组建了一个道德法庭。在这20年间，少年保护协会发布了有关儿童状况的调查小册子，例如揭示了女孩被她的家庭成员强奸，以及大量的女孩生活在声名狼藉的环境里。1920年，少年保护协会出版了《为芝加哥儿童安全而战》(*Fighting to Make Chicago Safe for Children*)一书，认为应当监视社会人口密集中心、公园和沙滩。然而，少年保护协会的这份报告把黑人社区描绘成一

---

* 工读学校：即 industrial school，指教育不良青少年以及家庭破裂或父母不能监管的青少年的机构，使其养成劳动的习惯，具有道德感，免受不良同伴的消极影响。——译者注

个有放荡、下流和猥琐舞蹈，堕落和"自由种族混杂"之地，使得芝加哥城市联盟大为恼火，将其严厉地斥责为种族主义。这次交锋发生在1919年种族暴动的余波中，白人反对非洲裔美国居民的致命性攻击引爆了这次骚乱，致使产生了有关居住隔离、失业和种族主义的紧张气氛。

早在少年法院之前，就已经成立了位于埃文斯顿的女子工读学校。该学校主要面向行乞于街头、徘徊于街头巷尾、与盗贼为伙，以及在声名狼藉的家庭里虚度光阴或生活在救济院里的10—16岁的女孩。"学校"把少女们从布赖德韦尔的监狱中解救出来，本意是把她们安置到一个能够接受教育和提高社会地位的机构。具有不良行为的女孩被安置在日内瓦少女教养院（Geneva Reformatory for Girl）(1895)，其实这种情形和在工读学校中被指控有性行为的女孩（事实上，近于整个世纪的少女）的境遇是相似的（沙夫纳，1998，3－4）。通过对日内瓦89名儿童中的19个性病案例的考察证实：对女孩的研究并没有得到充足的资金和支持，并且对堕落少女主要是通过维多利亚式*的态度惩罚她们。芝加哥妇女俱乐部类似地也雇佣了一个女舍监来监视警察局和监狱里的妇女和少女。

在1907年之前，被拘留在"收容之家"的罪错少女通常被隔离在三楼，以杜绝"道德污染"（克努普费尔，1999，52－53）。女孩必须接受强制的骨盆检查和阴道检查，通过这种检测来收集性病、怀孕、强奸的证据，并了解她们是否进行过性行为。家长将有不道德行为的女儿送到"收容之家"加以约束，从而舒 278
缓家庭冲突和经济压力或使其接受医疗护理。非洲裔美国少女监禁的时间更长，并且会受到不公平的对待。

在法院建立的前8年里，有45%曾适用缓刑的少女又重新回到了法院，与此相比，男孩却只有20%。女性社会活动家如布雷肯里奇和阿博特认为女孩本身应当是无可指责的。她们这样写道："然而如果她已经清楚地认识到了罪恶或者邪恶之人和堕落状况，那么对尚处在无知与无辜状态的孩子而言，她

---

* 维多利亚式：用来指有维多利亚时代特点的，即故作正经、固执己见、因循守旧，含有专横、独断的意思。——译者注

不是一个安全的同伴。"1910 年,有 81%的女孩"因为即使不是已经完全丧失,她们的道德也已经处于危险之中"的原因被带到了法庭。对涉嫌卖淫的少女"必须要认识到有精神腐化和身体感染的可能性"(吉唐,1994,117)。因此,在学校内及其周边进行的道德犯罪被认为是特别可怕的。

直到 1913 年,第一位女性助理法官玛丽·巴特尔梅(Mary Bartelme)组建了一个少女法庭来听审女性少年的案件,那些少女因为无人照管或有罪错行为而被带到少年法院。封闭式的法庭设在一个单独的房间,那里所有的人员——书记员、法警、缓刑官——都是女性。巴特尔梅招募成立了女子俱乐部,为每一个被审的女孩提供小提箱,里面备有衣服、内衣和洗刷用品。她为一些不能回家的女孩建立了玛丽俱乐部,作为对抗政府机构监禁的一种方式。最初的两个玛丽俱乐部分别成立于 1914 年和 1916 年,当时只接受白人少女。直到 1921 年,玛丽俱乐部的董事会与一个非洲裔美国妇女改革者组建的友好大姐联盟(Friendly Big Sister's League)合作,开设了针对不同肤色少女的第三家玛丽俱乐部。10 年内有超过2 600位女孩接受过该"群体之家"的帮助(吉唐,1994,65 - 67)。

纵观 20 世纪 20 年代,巴特尔梅认为社会对少女的忽视是相当明显的,贫困是引起少女罪错行为的主要原因。父母就性方面的问题必须坦率地和他们的女儿交流,并且应当花时间去理解自己的孩子。1921 年,在美国通过了赋予女性公民权的第 20 条宪法修正案后,玛丽·巴特尔梅基于康复疗法的理论,在有色妇女俱乐部全国协会(National Association of Colored Women's Clubs)、少年法院的法官和妇女俱乐部的帮助下成功竞选为法官。在接下来的 10 年里,她是一位芝加哥的、全国的乃至国际的儿童缓刑的杰出捍卫者和致力于保护大部分孩子免受机构监禁的志愿者。

当代少女、逃学和与性有关的少年罪错

过去和现在,次严重罪错行为主体有很大一部分是少女,而这一点往往容易让人忽视。她们占逃学者的 47%、出走者的 63%、执拗不顺者的 44%、酗酒
279 者的 35%、因为违反宵禁令而被逮捕者的 28%(斯奈德和西克蒙德,1999,

198－200)。而所谓的轻微罪错行为有盗窃罪(商店扒窃)和身份犯罪(该行为对成年人来说不被视为犯罪)。女性少年罪错通常与性有关或涉及到特殊的性行为,诸如因为怀孕或家庭问题而逃学、交了一个年长的男朋友、为了逃避性侵害而出走,或者参与卖淫。少女因性骚扰和肉体摧残受到极大伤害的证据有详尽的记录(切斯尼－林德和谢尔登,1998;沙夫纳,1998)。

1995年,有23.4%的女孩涉嫌身份犯罪而被逮捕(比男孩少10%);另有25%的少女因被指控盗窃(商店扒窃)而被逮捕。例如,生活在寄养之家或群体之家的少女如果逃走,则会被认定为罪错行为并被监禁,而不会因为她们是受教养儿童而适用特殊程序,或者因为是身份犯而不监禁。法院和警察会认为这些女孩目无法纪、抗法不遵;1987年至1996年期间,因违反宵禁令被捕的女孩数量迅速增长了155.2%(切斯尼－林德,1999)。

规范身份犯罪的法规面临着宪法挑战,诸如“过着一种无聊、放荡、淫逸或者不道德生活的危险”(*Gonzalez v. Maillard*, Civil No.50424, N.C.Cal.[1972]),或者“成为道德堕落者的危险”(*Gesicki v. Oswald*, 336 F.Supp.371, S.D.N.Y.[1971]),这种挑战有时会产生不容许有半点模糊的法庭规则。与此同时,允许父母将少女“自愿”监禁于青少年精神治疗机构的法令已获许可,该法令会对女孩产生不同程度的影响(*Parham v. J. R.*, 442 U.S.584[1979])。对陷入法律麻烦的孩子来说,聘请律师权的宪法保护并没有延伸至身份犯。

到了1997年,虽然只有11%的少女是因为罪错行为而被监禁,但是监禁于居留场所的女性已经占据身份犯青年的47%(斯奈德和西克蒙德,1999,109)。女孩因违反法庭规则和身份犯罪(有85%在私营机构)而被监禁在私营机构的人数日益增加(达62%),然而在公共拘留机构中的人数并没有下降。当前建立在种族、经济地位基础上的少年司法双轨体制导致了白人少女会被移送加以“治疗”,而非洲裔和拉丁籍的少女却只会被关押;为少女设立的私营矫正机构中,超过一半的是白人少女。一个世纪以来,学校把逃学者和与性有关的罪错案件提交到少年法院,而这些在不同程度上影响着年轻女性。

280 基于校园的少年罪错和法院

大部分的校园违法发生在校舍内。传统的学校纪律政策是为了保证学生在校园内举止端正、遵守秩序、行为符合规范。这些纪律政策包括教室内的训斥（“停课”、被罚戴“傻瓜”帽、在角落或过道里罚站、在黑板上书写、特殊的作业）、被叫到副校长办公室（给父母打电话、放学后留校、写悔过书）、体罚、停课、开除。法律强制力、宪法标准和法院管辖正在密切结合，并且这种结合日益增强，已经触及到了校园生活。

传统的学校纪律政策

直到1905年，少年法院创建者才扩大了法院对少年罪错行为管辖权的范围，扩展了引起法院干预的情形。大部分的法律修正案提高了儿童期的上限年龄，男为17周岁，女为18周岁；并且囊括了“没有正当事由或从事合法职业而在夜间徘徊街头的孩子；……或者习惯性地使用肮脏的、下流的、粗俗的、亵渎的或猥琐语言的孩子；或者在任何公开场合或校园内有不道德行为的孩子”（伊利诺斯州1905年法律汇编，152）。对少年法院法官弹性而广泛的自由裁量权的信任导致了其职权的极度膨胀。

尽管学校纪律是令人不安的多变和不公正，它的处罚依旧是温和的。大部分学校的惩处是迅捷的，并且得到了家长或者监护人的认可或认同。通过法律制度和对学校董事会的控制，学校内有关祈祷、宗教、国家、合适的阅读材料和学校假期的争论一直在激烈进行，然而这些争论的焦点并不是纪律问题。纵观20世纪，尽管制定法允许对孩子进行体罚，但是随着道德观念、习俗、责任的变化，学校内体罚的渗透逐渐转移。有重大影响的种族差异在适用学校体罚（也有其他形式的处罚）时暴露无遗（格雷戈里，1996）。

初级规则的制定由学校承担。由于一直以来学校教育被视为是一项地方性的事务，因此众多地区及文化的实践和规程得到了发展。直到20世纪60年代晚期，情况剧变，学校实施大部分在校学生的惩罚，只对极端的或延伸为犯罪的行为才报警或诉至法院。

直到1975年，正当程序的改革才因为学生开除这一问题波及到学校。在戈斯诉洛佩斯（*Goss v. Lopez*）一案中，严密分工的最高法院坚持：在开除一个 281
学生之前，必须提供“某种类型的听审”的通知和机会。当然宪法的正当程序条款，在适用于学校时并不要求附随聘请律师权和排除合理怀疑的证明责任的完全标准式的听证。为了平衡校园生活现实和行政当局之间的关系，稍占多数的人们认为，必须为学生提供和学校行政负责人进行非正式交流的听证机会。四位持反对意见的法官意识到：这样的要求可能会逐渐地侵蚀学校的纪律（*Goss v. Lopez*, 419 U.S. 565 [1975]）。随后的法庭判决界定了法律实施范围渗透到传统学校管理的领域：搜查衣物柜、毒品检测、为了维护学校秩序对言谈举止和穿着方式的约束、合法行为，这些都要得到宪法的认可（拉斯金，2000）。

残疾儿童与特殊教育

长达四分之三个世纪之久，残疾儿童被隔离在家里、安置在特殊学校、收容在教养院或者因为企图通过校园捣乱行为来“发泄”不满而被诉诸于法院。家长、少年法院的法官、缓刑官和矫正督导力图向民众传达：残疾孩子遭遇的种种不公应当引起警觉。学习困难的、有不安和心理失调的少年已经——并将继续——从学校转到法院再转到训导学校。

1975年，《残疾人教育法》（Individuals with Disabilities Education Act, IDEA）确保所有的残疾孩子无论是否智力低下都可享受到免费的、适合的公共教育。这种公共教育包括特殊教育和专门为他们特殊需要所设计的相关服务。这项至关重要的教育权利是一项儿童应有的权利，并且该权利延长至21周岁。该项法令要求去认识、评价孩子并为之提供个性化的教育项目。《残疾人教育法》适用于所有监禁中、矫正机构里和行将释放的残疾儿童。进而，一个孩子不能因为他与残疾有关的行为而被学校拒之门外（*Honig v. Doe*, 484 U.S. 305 [1988]）。尽管残疾儿童或接受特殊教育的儿童会因为与残疾无关的品行而被学校勒令退学或开除，但是，学校仍旧有责任为他们提供合适的教育。

有两种对在校学生进行社会控制的附加媒介：风险评估仪器和药物学。越来越多的孩子被描绘、被认定、被治疗（有时甚至在没有得到估定、评价或同意的情况下，参见FBI，2000）。规制在校行为的需要，是处理一定条件下或有
282 综合病症的麻烦、具有破坏性或不同儿童的基本原理。每10年都会为不遵守规则的儿童贴上新标签：从不守规矩、执拗不顺到贫穷和缺乏教育；从孤独症、阅读障碍到躁狂与抑郁交替症、低能；从困境、脆弱到注意缺陷障碍（ADD）、儿童注意缺陷多动障碍（ADHD）、制备创伤后应激障碍（PTSD）、行为障碍（BD）以及学习障碍（LD）。从许多方面看，当今对学校、拘留所和矫正机构中儿童的治疗，是早先发展时期有关科学、专家和心理学的乐观主义的回音。

尽管《残疾人教育法》远远没有充分实施，但其仍是父母和专家们为了寻找最适宜的儿童教育所做的最大努力，如同两个世纪以来，父母和老师们为了让非洲裔美国儿童受到教育一直在努力一样。为了更好地整合社会意愿和教育那些经常被人们孤立、处于社会边缘和遭受排斥的儿童，《残疾人教育法》运用了更为广泛和多变的策略，比如，整合与主流化、将其隔离送入到私立专门学校或者寄宿学校以促使其进步。

但是，有身体残疾和精神疾病的儿童仍旧会被学校移送到法院或矫正机构。本世纪末，人权报告披露：佐治亚州的少年矫正体系中普遍存在着虐待现象，并且在耶拿、塔尔卢拉和路易斯安那州私营的营利性少年机构中，没有受过专业训练的雇员粗暴地对待那些智力迟钝和有残疾的儿童——有的孩子被赤裸着关押在封闭的小房间里，没有足够的食物，不能接受医学治疗（人权观察，1996；巴特菲尔德，1998，2000）。

暴力、维护学校治安和零容忍政策

20世纪90年代，公众对青少年的恐惧日益增加，其原因是各种因素的相互交织，包括：更多的年轻人能接触到致命性的手枪、区域性的少年团伙结成同业联盟从事非法毒品活动、城市青少年种族主义的定势、学术和政治迎合、媒体的疯狂以及突如其来的学生被同伴枪击事件的高频发生（齐姆林，1998）。这些因素相互影响、相互促进由此导致了将更多的青少年行为加以犯罪化，也

使大量的儿童被学校开除。事实上，对少年暴力的恐惧也产生了一系列法律和实践，即通过剥夺儿童教育的机会来改变学校环境和惩罚儿童。

随着对学校治安维护的加强，校园禁闭大量出现。20世纪90年代，致力于保安措施的警察和教职工的出现仅仅只是改善学校环境的一部分措施。许多学校越来越像监狱：上锁的校门、封闭式的校园、金属监视器、封闭的教室同 283
时加衣物柜搜查、全副武装的警察巡逻队、警犬、摄像头监视、制服、泛滥的学校规则、审问和告密者，这些因素使得学校生活刑事化。使学校军事化的政策、资金来源和硬件如雨后春笋般地多了起来。起源于校园枪击案高频发生和近10年对青少年的诋毁而产生的公众恐惧心理，引发了教育者学科教学责任的退让——"可教时机"（布鲁克斯，希拉尔蒂和齐登伯格，2000）。老师和校长们宁愿将自己的职权让给执法者，尤其是给警察和监察人员，自觉地参与将那些捣蛋鬼、困难儿童和困境儿童从学校扫地出门，从而背离其教育的初衷（多恩，2000a；多恩，前言）。

学校成了少年法院和成人刑事法院更直接的"供给者"。虽然，报案的受害人人数显示出，20年里校园犯罪的数量并没有明显的变化。但是，被捕人数和移交到法院的人数却大大增加了：1997年有350 000人被捕——这是在加强学校治安和监控之前。最主要的校园犯罪是盗窃（大约有62%），而传统意义上违反学校纪律的有斗殴、恣意破坏公物和盗窃行为变成了现在少年罪错行为。1996—1997年期间，芝加哥一所重点高中规定，携带呼机、扰乱社会秩序行为和聚众滋乱行为通常要被处以学校监禁。在20世纪的大部分时间里，很难想象在没有发生严重危害结果的情况下，可以让警察实施传唤、拘留和逮捕、提起诉讼和实施监禁。

到了20世纪90年代，把学生从学校开除作为一种处罚手段成了全国流行的趋势。联邦率先通过《1994年学校枪支禁令》（Gun-Free Schools Act [1994]）立法，旨在禁止在校园内携带枪支。此立法禁止学校一年之内拥有火器作为财产，而州立法机构为了有资格获得联邦资金只得仓促立法服从。在这一年的时间里，联邦立法对"枪支"的禁止性规定也作了修正，将其规定为"危险性的武器"。于是，各学校禁止性的规定也蜂拥而至。更甚至，州立法还增加了规定，将持有毒品、持有毒品随身用具或者袭击教职人员作为学校停学或开除的理由。至此，学校开除事件暴涨。

对有色学生不公正的处罚规定已经有25年的历史了，尤其是对非洲裔美籍男孩。最初是处以体罚、羞辱、孤立或移交给副校长，而在今天则是作为停课或开除处理。这些对非洲裔美籍儿童的不公正对待，是学校纪律存在普遍和广泛歧视的证据（希巴等，2000；戈登、皮亚纳和凯莱赫，2000）。许多州和当地政府并没有为那些开除的学生要求或提供其他的教育措施。一直普遍认为
284 学校出勤率是防止学生被拘留和发生罪错行为的最主要的保护性因素，无疑学校开除会增加其被拘留、逮捕和监禁的可能性。这样就使开除成了一个严厉的无期徒刑，因为它降低了孩子们未来受教育、工作、家庭生活的可选择性，却增加了监禁的可能性。

到了20世纪末，保密条款的修正保证了学校和少年法院之间的相互沟通。无论是否和学校行为有关，拘留、监禁少年或者定罪都会报告学校。警告、缓刑和法律执行情况会被立即写入学校档案。学校内大量出现的警察以及开除某些少年的法律规定，限制了行为不良的儿童接受公共教育。学生和暴徒——这两个极端的概念将会对"儿童是什么样的"和"儿童应当属于哪里"做出选择，对备受争议的儿童期的叛逆人格做出反应，以便更好地分配社会资源来帮助他们。

学校和法律执行的协作关系在芝加哥的司法中表现得尤为紧密。该市的司法机关准许学校对被指控的或被认定违法的学生做出停课或者开除的决定，即便被控的违法行为或犯罪行为不是针对学校财产或发生于在校期间。一系列的联邦和州法律促进了学校、少年法院和警察局之间关于先前保密档案的交流。这种对少年档案秘密保护的放松进一步增加了学校停课或开除和校内监禁的发生率。学校对学生的逮捕、缓刑和拘留的通告很可能成为更大范围内的教室审查和被界定为"坏孩子"的决定因素。

到了20世纪末，学校纪律的管理职权发生了变化，其部分职权直接由少年法院及其代理机构行使。校园内违法或扰乱行为的处罚种类更倾向于判处学校禁闭或开除学籍。

学校将儿童虐待和忽视案件移交法院

父母不能够照顾自己的孩子,这是个十分危急的情况。没有了照管人,孩子们如果够幸运则投奔亲戚或朋友,但是大多数的孩子到了最后只能求助于广泛的社会和公共福利。受虐待的儿童、孤儿、被辱骂的儿童虽是文学和流行文化中的修辞,然而他们基本上是孤立无援的,没有权益维护者,并且这种现象也没有引起广泛重视。学校是除了家庭以外能够目睹儿童痛苦的少数机构之一,也就成了儿童潜在的安全机关和保护机构。因此,校舍是政府干涉儿童福利的首选地和案件的移交来源。州政府介入家庭和努力为儿童提高最低保 285
障标准,但是,这些措施不仅遭到了公众的冷遇,还不时地承受现存的私立或宗教儿童福利机构的集体反对(吉唐,1994,24－25)。自美国内战之后,"伊利诺斯州士兵孤儿之家"(the Illinois Soldiers' Orphans' Home)中无人照管儿童的负责人是由政府委派的。由此,无人照管的儿童成为了国家最昂贵的负担。

传统的孤儿院和救济院

依据贫困法,贫穷以及无人照管的儿童常常会被置于高强度、严格的工厂做学徒,却没有为其教育提供立法的保障。孤儿院及救济院中的少年人满为患。1870年,伊利诺斯州人道组织力图为被救援的儿童寻找家庭,并成立机构,如"育婴堂"(为被遗弃的婴儿设立),为帮助无家可归儿童的"流浪儿童任务",以及埃文斯顿女子工读学校。

1879年和1883年的工读学校法令规定:国家为建立兼具孤儿院和改良式学校功能的机构提供资金支持;现行的教育包括普通学校教育、针对女孩的家政技能培训以及针对男孩的职业技能培训(主要是农场技能)。工读学校曾被指控违宪拘禁,后经伊利诺斯州最高法院裁决认定为学校而非监狱才得以幸存(*In re Ferrier*,103 Ill.367 [1882])。然而,正如少年法院的创立者所指出的那样,儿童如果由县法官或者遗嘱检验法官证明是无人照管的,则会由于其未成年而被送往工读学校。学校作为监护人,可以自主裁量勒令退学、开除或将其收容(莱思罗普,1925,292)。

让儿童离开道德败坏、酗酒或十分贫苦等无可救药的家庭被视为是一种预防少年罪错的手段。许多被遗弃和贫穷的少年为了生存不得不去乞讨和行窃。无人照管、被虐待儿童和违法儿童之间的界限往往是有弹性的、可渗透的和持续的。

尽管经过了数十年的努力,救济院和贫民窟仍然充斥着妇女和儿童,她们不得不与慢性病患者、精神失常者、智障者、残疾人以及赤贫者共处。1894年,朱莉娅·莱思罗普以州慈善机构管理委员会委员的身份报告了库克郡救济院的情况:"通常大多数(50%—75%)的孩子会与母亲一起生活,其中的极少部分是被收养的。其余的儿童(可能有1/3)是孤儿收容所和医院的'残渣',由于不讨人喜欢、令人厌恶或者多病而无人收养。这些儿童被从贫瘠的农场
286 送至对街的公立学校。他们穿着破烂的衣服,因而,有时对街的孩子会理所当然地嘲笑他们"(莱思罗普,1970,144)。

由私人机构发起的,将儿童由救济院送至私人机构照顾的计划遭到来自父母的激烈反对,其原因在于:这些机构要求,在其接收孩子之前,父母得终止其亲权;在无可奈何的境遇下,大多数母亲想为她们的孩子寻找收容场所,而并不想放弃其亲权。1870年该郡有关部门拒绝执行该禁止性条例——凡是拒绝同意其孩子被收养(准入的先决条件)的父母,均不能获得库克郡救济院的帮助(吉唐,1994,94-95)。

早期的少年法院以及受害儿童

少年法院的创立者出于儿童利益的考虑,在义务教育方面引入了政府的支持。在儿童教育方面,涉及公众的关键利益应当优先于长辈在普通法上控制和决定其子女教育的权利。工业社会、城市化以及教育移民潮所具有的反复多变性,要求儿童在他们的童年时期受教育,具有一定技能以及一定的自我保护能力。新的变化要求他们要有准备,具有灵活性,以及自我应对社会的能力。这些因素以及州政府干预家庭事务的相应需要是少年法院新的司法管辖以及义务教育法所涉及的问题。这些发展同样对把儿童置于家庭替代机构的

措施提出了挑战:管制、顺从、依赖等品质与社会所需要的健康、有学识、独立的公民背道而驰。

比起对少年罪错的管辖权,早期的少年法院对无人照管和受虐待儿童的管辖权受到更多限制。管辖的范围只覆盖因涉及到家长、警察和利益公民而引起法院注意的儿童。孩子们可以被安置于私营机构,而不必被监护或者接受法院的详细审查和评论。先于少年法院建立的工读学校,反对法院的监护权主张和决策。芝加哥的郊县地区极少雇用缓刑官或拥有社会服务机构。即使到了1940年,伊利诺斯州的郊区也只有1/3雇用了缓刑官。

付费看管被忽视儿童的寄宿家庭和抚养孤儿家庭成了儿童福利支持者的首选,很大一部分原因是儿童的学校教育被置于优先地位,而非他们的劳动贡献。

然而,少年法院建立之初,基本理念中存在的缺陷和限制导致了理论和实践的严重隔阂。1922年的少年法院儿童处的报告指出:从1915年到1917年, 287
芝加哥法院有40.7%无人照管的儿童被送往各个机构,其中主要是州资助的工读学校。那些曾受到严重虐待或者伤害,并且已经"被污染"的少女,则被送往罪错少女感化院,以便与广大无辜的无人照管的儿童相隔离。日内瓦少女教养院的一项研究发现,在32名因无人照管而被安置的少女中,有一名少女是因为"患有性病、舞蹈病和肺结核",另外还有三名少女是因为被强奸(吉唐,1994,42)。

芝加哥有色人种妇女俱乐部为无人照管的儿童创建了不同的"家庭",例如菲利斯·惠特利之家、贾尔斯慈善俱乐部、儿童援助协会,她们不知疲倦地为芝加哥黑人居民提供力所能及的社会服务。各种娱乐、教育和社会中心,如弗雷德里克·道格拉斯社会中心和温德尔·菲利普斯娱乐中心,它们的建立如同基督教青年会(YMCA)和城市联盟的街区分支机构,直接有利于青少年活动、教育和少年罪错预防。

尽管有上述这些努力,但无人照管的黑人儿童很可能被安置到少年罪犯收容所或者监狱。据少年保护协会的报道:1913年,在库克郡的监狱中,有1/3的少女和妇女是非洲裔美国人;尽管黑人总数仅占伊利诺斯州总人口的2%,

1923 年,日内瓦少年管教所中有 16%的少女是黑人,而且这种不平等和不对称随着时间的推移在进一步加剧。

在少年法院建立的前 20 年,曾有 5 个白人机构有接受有色儿童的政策,但通常也是将黑人儿童隔离的。在 1919 年至 1920 年之间,阿曼达·史密斯少女之家(两名儿童在火灾中丧生)和路易丝有色男孩手工培训学校,这两个专门为无人照管的非洲裔美国儿童设立的机构的突然关闭引发了突如其来的危机。非洲裔美国领导者公开坦言贫穷和不平等的状况;艾达·B.韦尔斯·巴尼特既是反私刑者,又是前少年法院的缓刑官,他和艾琳·麦科伊·盖恩斯认为失业和不平等是青少年罪错的主要原因。1913 年,路易丝·戴科文·鲍恩公布了一份主要关于芝加哥有色人口的研究报告,直接抨击了种族偏见和种族歧视的状况,指出正是这些恶化了穷人的住房条件,加剧了失业,导致了警察滥捕(鲍恩,1913)。阿博特和布雷肯里奇研究公布了种族歧视对有色儿童造成的影响,并且指出他们在继续父辈的抗争。

到 20 世纪 30 年代,孤儿院的粗暴、人事变更以及日常开支等丑闻是导致经济大萧条时期母亲补贴正式化及最终由联邦政府支付的主要原因。在可能
288 的情况下,对单亲家庭的补贴成为了需要救助的贫困家庭抚育孩子的昂贵而有效的方式。

20 世纪中叶:虐待儿童和受虐儿童

直到 20 世纪 60 年代,随着儿科放射学能够鉴别反复身体伤害的痕迹,才使得区分"无人照管、被忽视和虐待"儿童与新医学方法所意识到的儿童虐待成为可能。1961 年,美国儿科研究院(the American Academy of Pediatrics)在虐待儿童讨论会上引入了"受虐待儿童综合症"这一术语,此后大多数州通过了有关虐待的医学确认标准和授权专业机构进行鉴定的立法。为了克服公众不愿介入家庭私事的心态,新的法律授予了举报者免受报复性诉讼的权利。到 1975 年,伊利诺斯州通过的《被虐待和被忽视儿童举报法》(the Abused and Neglected Child Reporting Law)已扩大了管辖权范围,要求强制性的"被忽视"举报,然而"被忽视" 是一个难以捉摸的概念,如同身体虐待、性虐待及精神伤害

等概念。

为权利而斗争和儿童福利的联邦立法标准

儿童移送需要法院批准正面临着法律的挑战，这也使法院反思关于重新界定亲权和国家干涉作用等一系列理念。通过以下两个案例，美国最高法院确认了父母所拥有的权利：一个是桑托斯基诉克雷默案（*Santosky v. Kramer*），该案确认亲权不能被剥夺，除非有明确的令人信服的证据证明父母有不适当的行为；另一个是斯坦利诉伊利诺斯州案（*Stanley v. Illinois*），该案确认了未婚父亲拥有参与其子女抚育和监护听审的权利（*Santosky v. Kramer* 455 U.S.745 [1982]；*Stanley v. Illinois*，405 U.S.645 [1971]）。此外，在史密斯诉平等与改革收养家庭组织案（*Smith v. Organization of Foster Families for Equality and Reform*）中，尽管养父母长期寻求，但是他们在养子女移交审理之前是无权参加法庭听审的，因为尽管他们通过角色建立了心理学意义上的父母关系，但是作为国家赋予的权利，他们并不享有亲生父母所拥有的正当程序权利（*Smith v. Organization of Foster Families for Equality and Reform*（*OFFER*），431 U.S.816 [1977]）。

截至 1980 年，伊利诺斯州的立法进一步扩大了需要举报的范围，开通了匿名举报虐待儿童或忽视儿童的 24 小时热线电话。虐待者可能是教师、儿童保育工作者或者养父母，同样也有可能的是亲生父母和家庭成员。随着举报案件急剧增加，为了能够在 24 小时内进行调查或者对紧急事件立即进行处理，儿童福利机构的工作人员暴涨。

1980 年，主要儿童福利立法无意的结果是导致更多的儿童成为实质上受州政府监护的人和收养儿童。由于学校的中断和学校的失利，他们被迫长期待在收养机构，遭受多次安置或者"收养漂流"（foster care drift）。作为《社会保 289
障法》第四条 B 款的修正补充，《收养救助和儿童福利法》（the Adoption Assistance and Child Welfare Act）（AACWA）是在以下情况下达成一致的结果，即政府是一个糟糕的父母，它对儿童的保护干涉应该受到限制。法律规定联邦政府配套资金的 75% 用于各州收养儿童的保育，授权进行长期的有计划的资金运用情况听证，并且要求合理地尽可能地阻止儿童脱离家庭，同时合理地尽可能地在亲权终止前将儿童送回到家中。该法还制定了具体的时间表,以便限制法院诉讼的耽搁以及"收养漂流",并且法律要求制定个案审理计划和进行定期审查。

尽管立法有意限制政府对家庭之干预,但由于多种因素的相互综合,包括经济衰退、福利限制、可卡因泛滥、贫困的育龄妇女毒瘾的突然发作,到20世纪80年代后期,儿童福利体系,像体罚、性虐待一样,随着贫困情况的日益增多而难以招架。执法机构无力贯彻执行法律的精神,更不要说法律的字面意义了。总之,该法律面临着挑战。没有及时被送回家的儿童会从一个收养家庭转送到另一个收养家庭或收养机构;他们的学校不停地变换,他们的教育受到严重的影响。律师在民事集团诉讼中质疑州儿童福利机构的此种做法,并且揭露了官方的虐待和忽视行为。那些机构把所有被监护人归为需要特殊教育的学生,不为受政府监护的人提供教育,并且把孩子从一个学校撵到另一个学校,针对这些问题,有人提起过集团诉讼。在收容机构中抚育长大的儿童变成贫困、孤僻、丑闻的代名词。

上世纪末,情况有所好转,其中一个表现就是尽可能地把收养儿童与其亲属安置在一起。尽管对近亲收养比例的提高有支持者也有反对者,但是有一个好处毋庸置疑,那就是被忽视或无人照管的儿童更可能和他们熟悉的养父母一起生活在熟悉的街区,因而增加了他们继续在原学校上学的可能性。

20世纪90年代,联邦立法试图通过《收养和安全家庭法》(Adoption and Safe Families Act)(AFSA)来弥补儿童福利中官方滥用权力产生的缺陷。该法缩短了政府监护的时间,颁布并简化了亲权终止程序,并给予收养者以物质激励。芝加哥的改革者趁此时机,减少了不合理的积压案件,审理了两万多起终止亲权和收养关系案件(多恩,2000b)。建立的审查和监督机制则确保了不需要法院裁决的案件直接由儿童福利机构处理。

然而,一个世纪的努力还是不能阻止政府把穷困儿童从想要抚养他们的
290 家庭中强行送走——母亲津贴、福利、联邦法律要求各州应尽力阻止送走儿童。所有这些都失败了,原因在于没有在缓解贫困的最根本途径上达成一致。公众关注的是那些最值得同情怜悯的儿童,他们曾受到伤害或没有家庭照料,

公众关心所导致的基本策略是促进制订长期计划，特别是收养计划。巩固家庭收养、移送儿童至收养机构、把他们安置到替代家庭照顾这三种选择看起来是一样的，但是实施起来恐怕都是极其复杂的。对曾经受过伤害的儿童来说，学校和教育对改变他们生活所起的作用类似于一个个关键的人生驿站。然而，因儿童不幸而惩罚他们在整个国家的不同时代却一再发生。

从而，整个20世纪，学校以各种方式把儿童送到少年法院：由于逃学、为了管束少女、为了惩罚违反学校纪律行为、作为对儿童虐待或是儿童忽视的回应。由于教育功能的弱化以及对特殊儿童教育的失败，犯罪和少年罪错行为日益猖獗。建立学校和法院都具有双重目的，即引导或教育，管制或惩罚，而随着各种经济和社会事件对儿童的影响，这些进一步加深了他们根深蒂固的相互依赖。学校一直是少年法院案件移送的主要来源。

从法院回到学校：聚焦学校的少年法院项目

少年法院根据其管辖权，又把儿童移送回学校。无论是无人照管儿童、被忽视儿童还是罪错儿童，多数少年法院裁决中都包括一项让儿童接受教育的命令，而法院的部分权威是通过监督和制裁来实施的。"对儿童最有利"的社会控制手段包括作为中心环节的教育，并且正是基于同样的理由，逃学被作为应受审行为的首例。从法院到学校的法律转换中，使儿童继续接受教育显得尤为重要。缓刑成了法院触及儿童生活社区新的工具，学校是缓刑监督的主要机构（参见本书第二章塔嫩豪斯之缓刑讨论）。学校出勤率状况成为法庭裁决的例行部分。一些法院自己开办学校，并且判决罪错儿童参加该学校接受教育作为替代刑方案的一部分。

学校、缓刑以及法院对教育持续性之贯彻执行 291

少年法院的一项独特发明是社区执行和监督制度，即通过专业人员、委任的缓刑官负责监督无人照管儿童、被疏忽儿童和罪错儿童的家庭状况。缓刑官的任务是:监督约束、支持、教育儿童及其家庭;提高出勤率;向法院报告。通过适用缓刑,少年法院变成了一个直接的社会福利机构,当然同样也是监督单位。缓刑制度是至关重要的,它要求少年法院尽可能地允许孩子和家人一起生活并接受教育,因而孩子们不必去教养院、训导学校、矫正机构或监禁机构。

缓刑、学校及其早期情况

尽管原先的《伊利诺斯州少年法院法》对缓刑官的基本职能作了规定,但是它没有规定薪水。露西·弗劳尔创建了少年法院委员会(JCC),第一年由朱莉娅·莱思罗普负责,后来由路易丝·戴科文·鲍恩领导。在少年法院开庭期间,该委员会的志愿者帮助、协助法官,并且募集私人基金资助第一任以及后来的四位缓刑官。阿尔金娜·史蒂文斯(Alzina Stevens)既是赫尔堂的活动家、佛罗伦萨凯莱工厂的监督员,又是居民调查研究员,他被任命为法院的第一任缓刑官。在煞费苦心地权衡各宗教利益之后,天主教访问与援助协会(Catholic Visitation and Aid Society)主席蒂莫西·赫尔利被任命为首席缓刑官。尽管法院创建者鼓动由各县雇用缓刑官,但是需要通过市民服务工作测试来选任。因其为腐败和赞助提供了可乘之机,缓刑官的司法委任制受到了抵制。1905年的法律修正案规定:由政府为缓刑官提供薪金,由市民服务工作测试来决定其任命。芝加哥普通学校的亨利·瑟斯顿在若干年的教育生涯之后,取代赫尔利而成为了下一任首席缓刑官。此时,促进多宗教团结的努力遭到了挑战,不过后来又重新达成了一致。

几乎从一开始,黑人和白人一样都可以成为缓刑官,芝加哥基督教女青年会(YWCA)的社会活动家和有色人种妇女俱乐部成员直言不讳地抨击非洲裔美国少年罪错的原因,是由于种族歧视引起的高失业率、低工资以及为年轻人提供的公园、运动场、娱乐设施的匮乏。到南部非洲裔大移民和黑人大都会(Black Metropolis)的形成为止,在芝加哥,黑人少年占所有少年罪错的21.2%(德雷克和凯顿[1970]1993;卡南,1999,41)。

292 起初,缓刑官负责向警局报告情况,而芝加哥市长会委派一名便衣警察,依次对每个街区、街道进行巡逻，指导缓刑工作。但是到1900年，则与此相反，由警察向首席缓刑官报告（麦克纳米，1999，19－20）。缓刑与警察、缓刑与法律实施的关系，以及最初他们各自的拥护都预示着一个世纪的紧张和内在冲突，尤其在20世纪60年代的正当程序改革之后，这些紧张局势和内在冲突又加速了少年法院的对抗制进程。

缓刑官调查少年法院审理的案件，为了掌握儿童状况进行家访，给父母提供建议。1900年的冬天，缓刑官和警察走访了一户家庭，那里有16个饥寒交迫的非洲裔美国儿童，年龄在11岁甚至更小。他们被带回少年法院，由塔特希尔法官亲自安排，这些儿童成为媒体关注的焦点，社会所关心的对象，而对管理这个家庭的妇女的指控也最终撤回。

正如鲍恩女士记忆的那样，起初，缓刑官就他们的职责经常求教于少年法院委员会。由于没有可参考的文献，也没有可遵循的模式，他们只能根据自己最合理的理解。“他们一定是有丰富阅历的人，具备萨姆森*的强大和阿里尔**的娴熟细心；他们一定言辞得体，技术熟练，立场坚定、耐心细致；他们一定知道怎么用他们的聪明才智处理问题；他们也一定拥有难得的美德——常识”（鲍恩，1925，300）。简言之，缓刑官所处理的大多数是法院的日常事务。

与芝加哥缓刑官同警察之间密切联系相比，科罗拉多州的缓刑官是监督逃学的官员或教师。由于最先有关缓刑的法律是科罗拉多州学校法的一部分，本·B.林赛法官自己就是首席缓刑官。25年以后，林赛法官注意到，他们的制定法已经预示了儿童福利倡导者所抱持的希望：一项使少年法院成为学校体系一部分的计划。所有的儿童或者上学或者工作。

1911年，库克郡监督委员会指控缓刑官无能、腐败和绑架儿童，此时，少年缓刑成了众矢之的。这一问题被赫斯特***报纸抓住不放，扰得少年法院惊魂不定，最终委员会特派的霍奇基斯委员会对这一问题进行了审查。他们的

---

* Samson，或译桑松，古犹太人领袖之一，以身强力大著称。事见《圣经·士师记》。——译者注

** Ariel，莎士比亚戏剧《暴风雨》中的精灵。——译者注

*** 赫斯特：即 Hearst，William Randolph，美国报业巨头，创建赫斯特报业集团，曾拥有25种日报，11种周刊和多种杂志，以轰动性新闻、醒目的版面和低廉的售价竞争取胜。——译者注

报告建议提高而且重新强化少年法院的价值(塔嫩豪斯,1999)。

农村地区长期缺乏缓刑官导致了矫正刑适用的膨胀。1931 年的一份伊利诺斯州儿童福利研究,报道了一则没有前科的小男孩从加油站盗窃价值 12 美元的商品的故事。尽管政府指派的律师指出小孩的父亲已经过世,而且法院也相信他能够改过自新,但是他还是被判处去庞蒂亚克监狱服一年有期徒
293 刑(1931 年委员会报告,200-207)。

缓刑机制的核心在于可以让儿童处在社会控制网络之下,由少年法院实施监控,而不必离开家庭、社区、学校。这样,教育的连续性不仅得以维持,而且通过缓刑官的定期造访和检查有把握得到确保。任性的儿童将处于法律系统的监督之下,至少从理论上讲,被判处去少年管教所或训导学校只是最后手段。少年法院审判记录的保密性和坚定负责的缓刑官,让罪错行为成为儿童及其家庭生活的一个小插曲,不会影响违法者教育、就业、正常家庭生活的各种机会。

中期:缓刑职业化、社会工作和法院诊所

到少年法院建立的第三个 10 年,有关少年罪错的科学、心理学、社会学观念的复杂化销蚀了缓刑制度创始人追求公益和正义的热情。人们希望缓刑官员是专业人士,而不单是具备常识、热心肠的人。这一"客观的"和权威的弗洛伊德思想学派认为:儿童期的内在冲突表现为精神各方面同个人对环境不适应的冲突。这一观点对改革者的观念,即少年罪错是儿童期本性的发展和残酷社会状况潜在腐化造成的,形成了挑战,但是心理学家的"框架"已经影响了几代法院官员、青年工作者和新兴社会工作者。

到 20 世纪 30 年代晚期,社会环境包括经济大萧条、工人罢工和工会运动、迫在眉睫的世界大战以及对失业的担心,所有这些情况对儿童和少年司法制度产生了影响。1939 年,伊利诺斯州参议院在听证圣查尔斯少年管教所情况时披露,56%的儿童家庭依赖经济援助,有 25%在饥饿边缘挣扎,只有 20%的家庭能自足生活。委员会听证中没有提及经济大萧条及对儿童造成的后果(历史,1939,129)。

另一种观点来自少年研究学会及其附属的芝加哥大学社会学学院，他们认为少年罪错及相关帮伙活动是对环境和社会选择的合理回应，并不是对社会环境的不适应。克利福德·肖和同伴发起了“芝加哥地区项目”，该项目以每一个社区的价值认同和适当措施为基础，积极地为四个特别社区的年轻人提 294
供机会。社区工作人员包括附近居民、大学学生、管教所释放的大龄少年。联系20世纪60年代社区组织项目，如索尔·阿林斯基（Saul Alinsky）和联邦资助的反贫困斗争，该战略是用非正式安置和社区解决办法让街区少年远离警察和少年法院。

学校作为法院判决的考虑条件之一

接下来的几十年间，缓刑官将其管辖范围内的儿童的学校出勤率作为缓刑的条件之一。违反这一条件，就是违反了法院裁决，将导致被拘留或被判矫正刑。在缓刑期内迫使儿童去学校学习是非常困难的，因为他们面临许多诱惑，如街头自由生活、帮伙的生活方式、无知、缺乏教育或者学习落后产生的不自在。而这些也迎合了校方，校方通常不希望招收这些少年。

学校不愿重新接受这些罪错行为少年的理由听起来是合理的。老师和校长同样也已经对惩处不良少年的内部补救措施感到筋疲力尽了。目前，一个罪错少年可能降低学校的考试总分。罪错少年很可能是班里的持续捣乱源或者诱惑比他们年纪小的学生进行捣乱。保密规定一直禁止缓刑官和校方官员讨论缓刑人员的具体潜在“违规”行为。缓刑官可能进行家访，提醒少年及其父母法院裁决要求他们履行的义务，并且协同解决家庭和学校的问题。

在今天的校园内，年轻的吸毒者很可能受到缓刑官的监控和吸食毒品情况的测定。罪错少年很可能由于在校内打架、滥用药物、恣意破坏财物或盗窃，以及逃学而违反缓刑规定。违反缓刑规定的结果是被重新提交到法庭，通常会自动地转为拘留，也可能被判处矫正刑。缓刑官的自由裁量权很大：认定违规并且送至拘留所或矫正机构，或者起到推动、鼓励、命令和帮助的作用。

校园内的缓刑官提供了一种直接和学校的合作关系。由学校人员和缓刑官组成的小组能提供管制、监督、激励少年罪错者的机制，而这也正是他们所在学校的要求。学校的缓刑官能处理危机、监督出勤率、帮助捣蛋分子。原则上，这是一种很好的方式，可以鞭策学校切合个性化或特殊教育的需要，进行家访，协同介入教学服务，为刚从少年矫正所释放出来的少年重返学校做准备。

尽管郡县和州之间的费用调整在混淆纳税人的视听，但与缓刑密切相关
295 的个性化教育所蕴含的经济利益是极大的诱惑。20世纪末，监禁一名儿童一年的花费大约为35 000美元到60 000美元（威尔逊和豪厄尔，1999，193）。而相同的资金可以雇用一位娴熟的、有丰富经验的缓刑官，可以维持在公立小学就读一年的费用，可以绰绰有余地为20个少年提供青春期服务（斯奈德和沃特，1998，58）。

法院学校：判刑的替代方法

在一些辖区内，法院社区学校成为可供缓刑儿童和假释儿童选择的学校。在农村，这种学校可能会有早孕少女、被开除的学生和捣乱儿童。法院社区学校里的老师和缓刑官密切配合，保证学生规规矩矩地待在学校，避免被监禁（马尔科姆·特伦斯，私人讨论，2000年7月）。

在20世纪的最后几十年里，法院把入读法院学校作为判刑的替代方式。例如，少年法院法官可能判处被指控盗窃机动车或者携带毒品的少年每周六到法院学校上课，连续上10周，如果该命令得到很好地执行，就撤回控告。少年毒品法庭已经成为法院学校的范例，在那里，不良少年受到缓刑官和律师的密切监管，并要求他们克制自己，认真上课。

法院让少年回到学校，附加一定的判决条件，以及一定的缓刑条件执行机制和法庭指令。缓刑官或督学官员会执行法院指令的判决条件。另外，法院设计了类似学校的法庭制裁方式，作为审理和判决少年罪错的替代物。通过上述一系列的机制，法院就可以把学校作为制裁和实施法律的首要场所。

居留性少年司法之中与之后的学校教育

少年司法制度充满着矛盾，或许少年司法这个名称本身就是最好的例证。然而，没有什么比少年教养院或训导学校更具讽刺性的了。在这些糟糕的地方，学生在教育、学习、培养的名义下受到监禁。审前被羁押的儿童、审讯完或被定罪的不良少年，以及被判居留安置的年轻人均享有免费接受公共教育的权利。最终在预防少年罪错和培养未来创造性人才方面达成一个全面共识：教育是一个关键因素，仅次于和睦的家庭关系。可是，理想与现实、命令与选 296
择、夸夸其谈与脚踏实地之间的差距是巨大的。结合了矫正性教育的拘留或者不存在，或者不够充分。少年从矫正机制和居留监禁回到社区大环境和普通学校，这个转变充满了曲折和失败。正如富兰克林·齐姆林所说："训导学校，既没有教给多少东西，也没有收到成效"（齐姆林，1982，72）。

更糟糕的是，服完刑从矫正机构释放的少年——不管是所谓的训导学校、青少年中心、训练营或者少年监狱——他们发现自己又回到使他们走上歧途的群体或家庭环境：没有经济来源，没有学校自动自愿地招收他们，也没有人组织他们，为其提供教育。借用司法部的委婉说法，这些的确是"脱离教育主流的年轻人"（简称 YOEM）（斯蒂芬斯和阿内特，2000，2）。用法律手段把学校教育融入到问题少年的生活中，这种努力已经付诸实践，并取得某些成效。

拘留和教育

早期改革者试图趁此提供优越的和有用的教育，作为少年孤立的监禁生活的一部分。芝加哥妇女俱乐部于 1893 年建立了约翰·沃西学校，尝试性地把男守卫换成女教师来教育被监禁的儿童，她们的薪水较低，每月仅 50 美元。一位学校老师声称，她的学生从监狱出来后就忧心忡忡，"两周的谈话主要围绕一些让人心酸的小细节，孩子们要么受到精神上的紧张和恐惧，要么根据他们的年龄和性格受到不同程度的残酷对待"（莱思罗普，1925，292）。1897 年和

1898 年这两年，其中监禁于布赖德韦尔的儿童大约有2 000名。拘禁的原因是他们实施了违法行为，例如小额盗窃、妨害治安行为、杀死鸟类、在火车上逃票、掀翻街上的汽车，但又无力支付罚款（赫尔利，1925，321）。

这些妇女在西亚当斯街 625 号建立了收容之家，用来关押接受芝加哥法院审判之前的儿童。她们每天为每个孩子的伙食支出 11 美分，郡里则提供医疗服务和去法院的交通服务。来自教育委员会的一位老师给他们布置作业并记录他们的进步状况。1911 年，弗洛伦斯·斯卡利（Florence Scully）受雇作为算数、陶器和草篮编织的老师。人满为患的情形来得迅速而持久。1905 年，有近3 000名学生进过芝加哥收容之家。

人们计划建一座新的大楼，既可以容纳少年法院又可容纳收容之家，这个
297 计划还包括一个"儿童街"和一个义务教育中心。该大楼紧邻赫尔堂，位于但丁公立学校对面。1907 年，这一新的收容之家建立起来了，但它没有教育中心和儿童学习部。

对拘禁少女的教育包括品格培养、道德教育和知识教育。女孩们每天早上 5 点钟起床，打扫卫生，早饭后收拾厨房，为晚饭准备蔬菜。缝纫、编织和针线活是她们家政课的一部分，她们还学习餐桌礼仪，上烹饪课，养成爱整洁和打扫房间的习惯。文化课包括给法官写悔过书和写家信。这些活动均在监督下进行，尽管收容之家从不使用体罚，但关禁闭或面包牛奶节食的处罚是适用的。

在少年法院建立 25 周年之际，鲍恩为收容之家的状况感到痛心："它符合监狱的每一表面特征，带栏杆的窗户，紧锁的大门。里面的护理人员并不懂得未成年人的心理，她们对无人照管者和罪错少年所知甚少。他们似乎这么认为，来这里的少年就是要接受惩罚！"（鲍恩，1925，309）

1937 年，库克郡被拘留的孩子们发起了一场写信运动，引起了动乱，起因在于严重的超员和超期羁押，并且没有按照审判时确定的时间及时将他们移送至矫正机构。几十年后，一篇写于 1963 年的狄更斯式的写实报道提及感化中心的情况：那里设有禁闭室，没有运动场地，一群无人照管、被忽视和有不良行径的少年混在一起；被授予重任的人员缺乏高中教育知识，也没有接受过专

业培训。无论是缓刑官,还是矫正机构人员都没有起到代理父母的作用(国家犯罪与少年罪错问题委员会)。

监禁是引起丑闻的永久性来源,整个世纪监狱人满为患。像南希·B.杰斐逊芝加哥公立学校这样的机构已经不多,他们每天为库克郡少年临时感化 298
中心的500个孩子提供服务,包括一所由教育委员会管理的全日制学校。更典型的是"法律字面意义式"的管理方式,一个指导员每天花2小时和被监禁的孩子在一起,只提供杂志和报刊给他们阅读。

20世纪70年代中期,让所有孩子拥有接受免费公共教育的权利成为感化中心和短期监禁机构的法律责任,包括为残疾儿童和需要特殊教育的孩子提供合适的教育。这些要求包括联邦立法的确认、定位和评价有缺陷孩子的"儿童发现"义务,以及获取家长对特殊教育价值的认同。但无论是缓刑官还是矫正机构的雇员都不可能成为孩子的代理父母。(《为残疾学生的教育呼吁》,1995—1996,1-5)。

监禁人数的多少和为少年提供适当教育的能力紧密相连,但是减少人员并不能保证拘禁人员就能得到适当的教育。提供客观的适用监禁的审查机制,缩短法院的审理期限,改善环境,以上努力在减少羁押人数和缩短羁押期限方面都已取得成效(伯勒尔,2000)。对拘禁儿童的教育要求教学成为监禁的中心目标,并且要求拘禁的替代方式保证孩子们入读合适、有效的学校。

训导学校和少年矫正机构:学校在哪里?

新兴少年法院的寄望与业已定型的工读学校、教养院之间的矛盾在最初的立法中有所反映。现存的法律授予机构负责人儿童监护权,而且是排他的监护权。儿童一旦被安置,法院就正式放弃未来的掌控权,教养院是唯一的裁量者,决定被收容者的释放、教育、关押至别处,还是关押到成年。新的立法规定并没有取代任何现存的法律,但在冲突款项中声明:少年法院保留儿童的最终监护权,包括有权决定送他或她回家。

法院的权力同社会公共机构权威、影响之间的内在冲突以不同形式存在,

并且贯穿着少年法院建立的第一个世纪。在这几十年中的不同时期，他们之
299 间的妥协和理论冲突，如少年法院和成人刑事法院对严重的少年罪错案件的初审管辖权争议，时而赫然耸现，时而消散乌有。

早期先例：教育和教养院

芝加哥少年教养院建立于 1855 年，以纽约、波士顿和费城的类似机构为蓝本。该学校遵行亲权准则，没有栏杆，没有体罚，以荣誉机制进行管理。这四所城市早期均有少年教养院，更重要的是，他们选择进步的教育人士作为首批负责人（吉唐，1994，93）。那里，允许来客探访，允许外出，孩子们配有大门的钥匙；他们每天上课 4 个小时，工作 6 个小时。但是，他们要被关押到 21 岁或者"直到成为好孩子"，只要符合其中一个条件即可。

芝加哥少年教养院关押的是需要父母适当管教的少年，包括：引起街头骚乱和邮件敲诈的少年；不至于判刑的无家可归的儿童；以及缺乏正确监管的青年——在改革者、警察、执法官眼中，他们是需要关爱和引导的弱势群体。事实上，家长和亲人的探访是受到限制，不受鼓励的。当孩子们被带走后，父母唯一的求助对象只有法律；每年有大约 30 个孩子根据"解交审查令"* 而被释放。宗教和种族冲突在坚定的基督教徒和新教徒之间有所体现，移民（通常是天主教徒）的控诉进而加剧了亲权与社会的对立和抗争。45 年后，赫尔堂的发起人吸取了芝加哥少年教养院的经验教训，他们积极地从蒂莫西·D. 赫尔利那里寻找和争取支持、捐助，而赫尔利后来成为天主教访问与援助协会的主席、新兴少年法院的首席缓刑官。

父母和宗教力量认为他们的孩子被当局像强盗一样送到芝加哥少年教养院，因此经常施压，最终形成了伊利诺斯州最高法院一个里程碑式的判例。它是针对一名 14 岁的叫丹尼尔·奥康奈尔（Daniel O' Connell）的儿童作出的，他

---

* 解交审查令：即 writs of habeas corpus，又称人身保护令，原意为"控制身体"。人身保护令为一系列令状的名称，其最初目的在于将当事人带至法庭或法官面前。16 世纪，英国王座法庭（King's Bench）开始签发"解交审查令"（habeas corpus subjiciendum），以对拘押的合宪性提出异议。该令状的基本功能在于释放受非法拘押人。——译者注

被关押在芝加哥少年教养院接受教育、雇佣和改造。他的父亲请求将其释放。法院认为:在未经正当程序之前,没有被定罪的少年不得被监禁,因此支持了他的请求,并命令立即释放丹尼尔。法院宣称:“如果在没有任何罪行、没有因任何行为而被判刑的情况下,我们的孩子却要因‘社会的利益’被监禁起来,那我们的社会最好回到原始状态,自由政府理应承认这是个失败。”此外,不能对父母的权利视而不见,“除非有确切的证据证明父母有不检行为或几乎完全不适宜的做法”(*People ex. rel. O' Connell v. Turner*, 55 Ill. 280 [1870])。

对于芝加哥少年教养院的支持者来说,法院判决既是理论上又是实践上的打击。他们的目的是教育而不是惩罚。他们布下天罗地网,以便在不良少 300
年、问题少年被送到监狱之前介入。一年以后,也就是1871年,著名的芝加哥大火将整个学校付之一炬,之后也没有重建。孩子们被转移到位于庞蒂亚克的新建州立教养院,那里人满为患,孩子们却要服完定期刑,当然也有可能因为法官不愿判10—18岁的孩子入狱而被释放。

在拥挤的城市经济公寓里,无家可归、被遗弃、被剥削的孩子继续成倍增长。10年里,议会批准建立了一所女子工读学校。考虑到奥康奈尔案件,新法规定:在少女被送往工读学校前,先由六人陪审团评估其依赖性。工读学校是少年教养院和孤儿院的综合体,然后天主教和新教的工读学校也建立起来了,从而削弱了家长们反对芝加哥少年教养院的呼声。到1882年,为了回应监禁不幸少年的法律挑战,伊利诺斯州最高法院认为,工读学校法令确认了该机构的本质是学校,而不是监狱。“与任何一所管理良好的学校相比,我们认为工读学校并没有更多地限制自由”(*In the matter of petition of Alexander Ferrier*, 103 Ill. 367 [1882])。议会随后要求建立男子工读学校。

世纪中叶的训导学校及其教育的失败

圣查尔斯男孩教养院于1904年开始运作。至1920年,儿童委员会的一篇报道列举了那里压抑而沉闷的气氛、就餐时的禁言规则以及每天工作24小时疲倦不堪的教职员。最引人注目的是,该篇报道指出:伊利诺斯州的训导学校没有给其中的少年提供再培训的机会。1931年的立法报道更是骇人:这些机构不是改过自新的场所，而是过于拥挤的、压抑的地方，且仅仅安排半天的教育课程。教职员们超负荷工作，是不合格的、未经培训的。而且，甚至连圣查尔斯教养院的教职工都认为有1/4的未成年人本不应该被拘禁矫正。南部的郡县没有设置缓刑，因此将无人照管、逃学和品行不良的儿童送至州立矫正机构，而不是由县自身提供当地的、非机构（监禁）化的服务（《委员会报告》，1931，200－207）。

经济大萧条期间，失业、陷入困境的公立学校以及逐渐减少的母亲津贴，已经使家庭生活绝望不堪，同时儿童的监禁情况恶化。尽管圣查尔斯教养院
301 的法定人数为677人，但在1937年其实际人数为783人。至1939年，该院的情况已经恶化到了脱逃和逃走的危机中，并由此导致了立法听证会。听证会反映了公众对蛮横儿童的苛刻态度，这些儿童包括由成人刑事法院审判但在圣查尔斯教养院服刑的未成年人。再则，矫正机构里的青少年被按照种族的不同而隔离开来，且非洲裔美籍少年被排除于职业培训课堂之外。尽管1/4至1/3的孩子是非洲裔美籍人，但并没有专门的非洲裔男舍监。城市联盟指控：非洲裔员工不受礼遇，被安排卑下的工作，而且没有任何非洲裔美国人受雇担任主管，服务于少年（历史，1939，44－45，55－58）。

1941年，圣查尔斯教养院一男孩遭受两位男舍监毒打而死，再次引发了特选委员会的介入调查。残酷已渗透至教养院的氛围中；报告引用了例如"擦洗"这样的惩罚措施：将厕所灌上水，命令孩子们泡在里面，只有粗帆布和水桶，没有食物和休息。该委员会强调教养院应该将教育服务与职业服务相结合，增加更多的娱乐节目，提供职员培训，并且加强对教养院孩子迫切的教育需要（《研究与重组》，1941，139）。战争引发人员和资源的进一步匮乏，但儿童福利立法委员会一直关注和报道缓刑制度以及圣查尔斯教养院和日内瓦训导学校的必要。仍然有过多的非洲裔美籍少年被关押，而少女则会因怀孕和性病被监禁。

1949年的一篇报道记载了在同一个机构中不可思议地混合了弱智、精神病、无人照管和具有攻击性的少年。直至少年法院成立的第15年，前景仍是令人沮丧的："整幅画面里，我们必须面对悲惨的现状——无视痛苦、浪费机会

和金钱,而这是可以防止的……对于一个有眼力、有进取心、力图在我们国家推行第一部少年法院法的州政府而言,现有的状况是一种严重的耻辱”(儿童福利委员会,1949,9,15)。

世纪后半叶为少年矫正机构提供教育的努力

伊利诺斯州于1953年成立了少年委员会来管理该州的少年教养院,建立了集中审查和诊断中心,举行了一系列少年森林训练营活动。他们努力协调少年罪错预防,包括芝加哥地区项目的制度化。然而,位于谢里顿(Sheridan)的少年监狱(伊利诺斯州的男孩工读学校)有分区的结构、苛刻的纪律、性虐待和体罚、每晚16小时的断绝食物。最终因孩子们被打,并被赤裸着关押在黑暗的房间内这一事实而曝光,监狱负责人和学校校长都被解雇。其他的少年 302
机构因为过度拥挤,只收容16周岁以下的未成年人。

至1974年,《少年审判和少年罪错预防法》的新规定将身份犯排除出矫正机构,并将罪错少年排除出成人监狱。然而,里根总统所任命的国家顾问委员会(National Advisory Committee)认为该法令没能切中问题,因而重新定义了诸如严重、慢性少年犯等争议问题。执行报告呼吁提高“鉴别、理解、起诉、处遇或监禁这些少年的能力”,而不是预防和康复。

处理邪恶少年的重点是突出报应性和责任性,而不是强调童年和贫穷。过去的十几年反映了国家对儿童的社会需求以及在成人刑事法院进一步审判儿童重视的不断下降(费根和齐姆林,2000)。在不断上升的监禁率背景下,要求重新审视非洲裔美国儿童过多的监禁、长期刑,以及矫正机构里少年的教育需求(波-亚马戈塔和琼斯,2000)。

尽管州宪法保证所有儿童接受免费的公共教育,但州少年矫正机构(或者关押儿童的成人监狱)的教育资源和教学一般不能提供教育、传授知识、提供信赖,甚至不能以最低的可接受水平为收容儿童进行预备教育,财政资金吃紧;学校建在乡村,合格的老师数量有限,并且那里的生活方式通常和正常的教学时间相冲突,而人们的关注又有所不同。查阅每一个少年的先前学校记录被官僚复杂化。测验、评估、个性化教育计划重复而浪费时间。禁闭、惩罚、医务室电话、探病、转学和教职员缺席、人员变动是矫正生活的特色,并成为教学活动中必不可少的要素。很少有机构真正克服这些困难并将教育置于管理的中心位置。

尽管研究表明,参加过教育项目的收容少年释放后更易于就业,其再回监狱的几率也较小,但少年矫正机构实现教育目标的整体表现是令人沮丧的(巴顿和科利,1996)。学生不能得到学历或转学的校方证明,成绩得不到政府教
303 育部门认可,教育内容不能满足正常或残疾学生的个体化需要。据估计,有50%—80%的监禁儿童适于接受残疾人服务(波特纳,1996)。

例如,加利福尼亚青少年局(California Youth Authority)监禁了大约8 300人,其中70%适于接受特殊教育,但该种教育对于在州少年矫正机构里的大多数人而言是不可能的。进出矫正机构的学生很少有连续的教育档案;资金不当,学生们难以自我认同,也没有统一的赞助团体资助监禁少年的教育需要(特殊教育顾问委员会,1996)。报告明确指出:现存的教育选择,即专业资源项目、特殊日授课以及委派指导服务皆不充足。正如纽约市少年法院法官杰弗里·盖利特(Jeffrey Gallet)所说:"假如你目不识丁,只有两条路谋生——福利制度或犯罪——而犯罪更具身份地位。"

1992年联邦发起协助少年矫正机构管理者提高拘留和监禁的少年罪犯教育水平的行动,从而形成培训和技术援助手册以及三州共同启动的试验点,建立了模范的学习氛围。有效的教育项目应集中于基础文化课的掌握、中学课程的完成、就业培训(胜任工作)和生存能力(《富有成效的少年矫正教育实践》[Effective Practices],1994)。

回到学校:居留监禁释放后回到公立学校

放眼政治领域,普遍认为少年犯从矫正机构释放后必须立即重回学校,但任何事情都可能颠覆成功。学生很难在学期中期插班,不学完全部课程也很难在学业上取得好成绩。从矫正机构出来的青年通常在监禁期间不信任学校工作,或在监禁前学习成绩就差,因而即使再强烈的求知欲、求胜心也可能遇

到学校的闭门羹。20世纪90年代，尽力协助少年重返公立学校的少年假释官们的财政资助被显著缩减。

学校可以拒绝来自矫正机构的申请者，或者建议他们选择其他的教育方式。机构或者少年假释官的转送支持常常事与愿违。特殊教育、特殊需要使得这项任务更加复杂，它需要系统的协调一致。例如创建于1999年的新泽西州盖特威学院为所有监禁释放准备回到纽华克(Newark)公立学校的学生提供一个单独地方，接受12个月的培训。该项目包括评估、计划、安置、毕业、社区 304
服务以及周末活动，时间长达12个月，直到学生能够回到正规学校为止。

人们努力将教育的显然优先地位置于少年康复和矫正的中心地位，但事实是这种努力已经无情地被证明是失败的。被监禁的儿童处于人们的视线之外，他们远离家庭、社区和权力，几乎一直不会有法律关注。少年矫正机构的教职员工经常变动，少有例外，他们也不具备少年发展或教育方面的知识。在"坏孩子"身上的教育费用从来就不顺畅。监禁儿童的潜台词变成了另一种不同的学问：如何在黑帮、暴力、默默无闻和官僚中存活。很少人发现书本是通向智慧的途径，事实上，其可能性是很小的。

作为学校的法院

少年法院多半被看作是出现在法庭上的儿童、少年以及父母的学校。学校的宗旨是恰当地管理和关心孩子。法院"程序预期的是关心、关注和培养，而非重塑"(赫尔利，1925，328)。通过法官、缓刑官、儿童诊所和志愿者，法院成为少年和父母的指导机构。法院肩负着教育的使命。

法院日常运行的十几年里，部分是以发挥教学质量为特征的。法官训诫任性的父母和少年，指导他们如何适当地行为。阶级、文化、性别和种族优越性统统被动摇。不管是善意者还是白人至上主义者(supremacist)，法官对待出现在法庭上的人们的态度为：父母与孩子必须得到矫正、训诫和指引。保密条款使法官免于公众审查和暴行。不服从、没有表示悔改，或者仍旧不谦逊的父母和少年会遭到来自司法监管人员的严厉惩罚。

法院也已经成为孩子的学习场所。少年精神病研究所，即后来的少年研究所从事儿童和家长的研究，给法庭提供诊断信息，并就每一个体提出治疗建议。威廉·希利是该机构的首位精神病专家，从事少年罪错问题的前沿研究，他推翻了犯罪生物学理论的现存观念。在《个体少年犯》(*The Individual Delinquent*)一书中，希利在孩子们"自己故事"的基础上，通过个案的详尽研究，形成
305 理论(希利，1915)。他的著作革新了人们对犯罪儿童的理解，将精神病研究视角植入司法过程，形成了一整套诊断、研究和学习的机制。先是在芝加哥少年法院建立了首个国家儿童指导诊所，然后又在波士顿的贝克法官基金会建立了诊所，这些都是法院在发展新型教学中的生成性作用的证明。

同样，芝加哥大学社会学家参与的法庭活动形成了一系列里程碑式的报告。克利福德·肖的《杰克·罗勒：一个少年犯自己的故事》延续了他的探明个人故事的学问传统(肖，1930)。他受雇于少年研究学会，专门从事社会学研究。十几年后，由一个多学科组成的小组发起了"儿童最大利益"这项工作，成员包括曾在康涅狄格少年法院有临床经验的精神病专家、律师和教育家(戈尔茨坦、弗洛伊德和索尔尼特，1973；1980；1986)。

社会工作、缓刑和人类行为应用研究的新兴领域都以法院为研究对象。改变美国生活、知识的学者和活动者是早期的法庭参与者，例如，美国公民自由权利联盟(the American Civil Liberties Union)的缔造者罗杰·鲍德温(Roger Baldwin)在年轻时曾在圣路易斯少年法院担任缓刑官；国家反私刑圣战的领袖艾达·B.韦尔斯·巴尼特曾担任芝加哥少年缓刑官。

因此法院本身就是一所为公众服务的学校，或一所公立学校，因为它是儿童的公共教育家，是身陷少年罪错和儿童保护案件的家长和少年的学校，同时还是学问探寻、研究和调查儿童和社会本质的教育机构。从少年法院的研究中可以得出结论：如果说少年法院建立的一个世纪有教给我们什么的话，那就是，为了儿童茁壮成长，需要学校和法院之间的紧密复杂的联合，其中，学校的重要性更甚于法院。

参考文献

Abbott, Edith(阿博特,伊迪思), and Sophonisba P. Breckinridge(布雷肯里奇,索夫尼斯巴·P.). 1917. *Truancy and Non-Attendance in the Chicago Schools: A Study of the Social Aspects of the Compulsory Education and Child Labor Legislation of Illinois*. Chicago: University of Chicago Press.

Addams, Jane(亚当斯,简). 1912. *Democracy and Social Ethics*. New York: Macmillan.

——. 1916. *Democracy and Social Ethics*. New York: Macmillan.

——. 1925. Introduction. In *The Child, the Clinic, and the Court*, ed. Jane Addams. New York: New Republic.

Advisory Commission on Special Education(特殊教育顾问委员会). 1996. "California Incarcerated Youth Task Force Report." *LDA Newsbriefs* 31, no. 1, supplement (January/February): 21.

Ayers, William(艾尔斯,威廉). 1996. *A Kind and Just Parent: The Children of Juvenile Court*. Boston: Beacon Press.

Barton, Paul E.(巴顿,保罗·E.), and Richard J. Coley(科利,理查德·J.). 1996. *Captive Students:* 306
Education and Training in America's Prisons. Princeton, NJ: Educational Testing Service.

Bowen, Louise deKoven(鲍恩,路易丝·德科文). 1913. "The Colored People of Chicago: An Investigation Made for the Juvenile Protective Association." *Survey*, November 1.

——. 1927. "The Early Days of the Juvenile Court." In *The Child, the Clinic, and the Court*, ed. Jane Addams. New York: New Republic.

Breckinridge, Sophonisba P.(布雷肯里奇,索夫尼斯巴·P.), and Edith Abbott. 1912. *The Delinquent Child in the Home: A Study of the Delinquent Wards of the Juvenile Courts of Chicago*. New York: Charities Publication Committee.

Britton, Gertrude Howe(布里顿,格特鲁德·豪). 1906. "An Intensive Study of the Causes of Truancy in Eight Chicago Public Schools, including a Home Investigation of Eight Hundred Truant Children. Report presented to the Conference on Truancy—Its Causes and Prevention." Chicago: Chicago Board of Education.

Brooks, Kim(布鲁克斯,金); Vincent Schiraldi(希拉迪,文森特); and Jason Ziedenberg(齐登伯格,贾森). 2000. *Schoolhouse Hype: Two Years Later*. Washington, DC: Justice Policy Institute, Children's Law Center.

Burrell, Sue(伯勒尔,苏). 2000. *Improving Conditions of Confinement in Secure Juvenile Detention Centers*. Pathways to Juvenile Detention Reform, no. 6. Baltimore: Annie E. Casey Foundation.

Butterfield, Fox(巴特菲尔德,福克斯).1998."Profits at Juvenile Prisons Earned at a Chilling Cost." *New York Times*, July 15, A1.

——.2000."Privately Run Juvenile Prison in Louisiana Is Attacked for Abuses of Six Inmates." *New York Times*, March 16, A14.

Canaan, Gareth(卡南,加雷斯).1999."The Economic and Class Dimensions of Juvenile Delinquency in Black Chicago During the 1920s." In *A Noble Social Experiment? The First Hundred Years of the Cook County Juvenile Court, 1899 - 1999*, ed. Gwen Hoerr McNamee. Chicago: Chicago Bar Association.

Chesney-Lind, Meda(切斯尼 - 林德,梅达).1999."Challenging Girls' Invisibility in Juvenile Court." *Annals of the American Academy* 564 (July).

Chesney-Lind, Meda(切斯尼 - 林德,梅达), and Randall, G. Shelden(谢尔登,兰德尔·G.). 1998. *Girls, Delinquency, and Juvenile Justice*. 2d ed. Belmont, CA: West/Wadsworth.

Child Welfare Commission(儿童福利委员会).1949. Cited in Gittens 1994.

Dewey, John(杜威,约翰).1902. *The Child and the Curriculum*. Chicago: University of Chicago Press.

Dohrn, Bernardine(多恩,伯纳丁).2000a."'Look Out Kid: It's Something You Did': The Criminalization of Youth." In *The Public Assault on America's Children: Poverty, Violence, and Juvenile Injustice*, ed. Valerie Polakow. New York: Teachers College Press, Columbia University.

——.2000b."Child Protection Division Matures Under Its First Chief." *Chicago Daily Law Bulletin*, January 11, 22.

——. Forthcoming."'Look Out Kid, It's Something You Did': Zero Tolerance for Children." In *Zero Tolerance: A Handbook for Parents, Teachers, and the Community*, ed. William Ayers and Bernardine Dohrn. New York: New Press.

Drake, St. Clair(德雷克,圣克莱尔), and Horace R. Cayton(凯顿,霍勒斯).[1970] 1993. *Black Metropolis: A Study of Negro Life in a Northern City*. Chicago: University of Chicago Press.

"Educational Claims for Students with Disabilities in Juvenile and Adult Correctional Facilities(为在少年矫正机构和成人矫正机构中的残疾学生的教育呼吁)." 1995 - 96. *Children's Rights Chronicle* 14 (November).

307 Edwards, Leonard P.(爱德华兹,伦纳德·P.).1996."The Future of the Juvenile Court: Promising New Directions." *Future of Children* 6, no.3 (winter): 131 - 39.

Effective Practices in Juvenile Correctional Education: A Study of the Literature and Research, 1980 - 1992(《富有成效的少年矫正教育实践:文学与探索研究(1980 - 1992)》).1994. National Criminal Justice 150066. Washington, DC: U.S. Department of Justice.

Fagan, Jeffrey(费根,杰弗里), and Franklin E. Zimring(齐姆林,富兰克林·E.), eds. 2000. *The Changing Borders of Juvenile Justice: Transfer of Adolescents to the Criminal Court*. Chicago: University of Chicago Press.

Federal Bureau of Investigation (FBI)(联邦调查局). 2000. *The School Shooter: A Threat Assessment Perspective*. Quantico, VA: Critical Incident Response Group, National Center for the Analysis of Crime, FBI Academy.

Gemignani, Robert J.(吉米尼亚尼,罗伯特·J.). 1994. *Juvenile Correctional Education: Time for Change*. OJJDP Update on Research. Washington, DC: U.S. Department of Justice, Office of Justice Programs, Office of Juvenile Justice, and Delinquency Prevention.

Gittens, Joan(吉唐,琼). 1994. *Poor Relations: The Children of the State in Illinois, 1818–1990*. Urbana: University of Illinois Press.

Goldstein, Joseph(戈尔茨坦,约瑟夫); Anna Freud(弗洛伊德,安娜); and Albert J. Solnit(索尔尼特,艾伯特·J.). 1973. *Beyond the Best Interest of the Child*. New York: Free Press.

——. 1980. *Before the Best Interest of the Child*. New York: Free Press.

——. 1986. *In the Best Interests of the Child: Professional Boundaries*. New York: Free Press.

Gordon, R.(戈登,R.); L. Della Piana(皮亚纳,L.德拉); and T. Keleher.(凯莱赫,T.) 2000. *Facing the Consequences: An Examination of Racial Discrimination in U.S. Public Schools*. Oakland, CA: Applied Research Center.

Gregory, J.F.(格雷戈里,J.F.). 1996. "The Crime of Punishment: Racial and Gender Disparities in the Use of Corporal Punishment in the U.S. Public Schools." *Journal of Negro Education* 64: 454–62.

Healy, William(希利,威廉). [1915] 1929. *The Individual Delinquent: A Text-Book of Diagnosis and Prognosis for all Concerned in Understanding Offenders*. Boston: Little, Brown.

A History(历史), *Report and Recommendations Submitted by the Committee Appointed by the Legislature to Study the Illinois St. Charles School for Boys and the Whole Subject of Juvenile Delinquency*. 1939. Cited in Gittens(吉唐) 1994. (Referred to as the Gunning Commission Hearings.)

Human Rights Watch(人权观察). 1996. *Modern Capital of Human Rights? Abuses in the State of Georgia*. New York: Human Rights Watch.

Hurley, Timothy D.(赫尔利,蒂莫西·D.). 1925. "The Origin of the Illinois Juvenile Court Act." In *The Child, the Clinic, and the Court*, ed. Jane Addams. New York: New Republic.

Kelley, Florence(凯利,弗洛伦斯). 1905. *Some Ethical Gains through Legislation*. New York: Macmillan.

Knupfer, Anne Meis(克努普费尔,安妮·迈斯). 1999. "The Chicago Detention Home." In *A Noble*

Social Experiment? The First Hundred Years of the Cook County Juvenile Court, 1899 – 1999, ed. by Gwen Hoerr McNamee. Chicago: Chicago Bar Association.

Lathrop, Julia C.(莱思罗普,朱莉娅·C.). 1925. "The Background of the Juvenile Court in Illinois." In *The Child, the Clinic, and the Court*, ed. Jane Addams. New York: New Republic.

——. [1895] 1970. "The Cook County Charities." In *Hull House Maps and Papers: A Presentation of Nationalities and Wages in a Congested District of Chicago*. New York: Arno Press.

Laws of the State of Illinois(伊利诺斯州法律汇编). 1905. Springfield: Illinois State Journal.

308 Lindsey, Benjamin B.(林赛,本杰明·B.). 1925. "Colorado's Contribution to the Juvenile Court." In *The Child, the Clinic, and the Court*, ed. Jane Addams. New York: New Republic.

Mack, Julian W.(麦克,朱利安·W.). 1925. "The Chancery Procedure in the Juvenile Court." In *The Child, the Clinic, and the Court*, ed. Jane Addams. New York: New Republic.

McNamee, Gwen Hoerr(麦克纳米,格温·霍尔). 1999. "The Origin of the Cook County Juvenile Court." In *A Noble Social Experiment? The First Hundred Years of the Cook County Juvenile Court, 1899 – 1999*, ed. Gwen Hoerr McNamee. Chicago: Chicago Bar Association.

Miller, Jerome G.(米勒,杰尔姆). 1998. *Last One Over the Wall: The Massachusetts Experiment in Closing Reform Schools*. 2d ed. Columbus: Ohio State University Press.

National Center for Education Statistics(国家教育统计中心). 1999. "Fast Facts: Educational Attainment." Washington, DC: National Center for Education Statistics, U.S. Department of Education.

National Council on Crime and Delinquency(国家犯罪与少年罪错问题委员会). 1963. *The Cook County Family (Juvenile) Court and Arthur J. Audy Home: An Appraisal and Recommendations*. Washington, DC: National Council on Crime and Delinquency.

Odem, Mary E.(奥德姆,玛丽·E.). 1995. *Delinquent Daughters: Protecting and Policing Adolescent Female Sexuality in the United States, 1885 – 1920*. Chapel Hill: University of North Carolina Press.

Poe-Yamagata, Eileen(艾琳,波 – 亚马戈塔), and Michael A. Jones(琼斯,迈克尔·A.). 2000. *And Justice for Some: Differential Treatment of Minority Youth in the Justice System*. Washington, DC: Building Blocks for Youth.

Portner, Jessica(波特纳,杰西卡). 1996. "Jailed Youth Get Shortchanged on Education." *Education Week*, October 2.

Raskin, Jamin B.(拉斯金,杰明·B.), ed. 2000. *We the Students: Supreme Court Cases for and about America's Students*. Washington, DC: Congressional Quarterly.

Reed, David(里德,戴维); Harris Meyer(迈耶,哈里斯); Kin Zalent(扎伦特,金); and Janice Linn (林,贾尼丝). 1981. *Promises, Promises...: Does the Juvenile Court Deliver for Status Offend-*

ers? The Record in Cook County, Illinois. Chicago: Chicago Law Enforcement Study Group.

Report of the Committee on Child Welfare Legislation(儿童福利立法委员会报告), *1931*. Cited in Gittens 1994.

Schaffner, Laurie(沙夫纳,劳里). 1998. "Female Juvenile Delinquency: Sexual Solutions, Gender Bias, and Juvenile Justice." *Hastings Women's Law Journal*, 9: 1.

Second Chances: Giving Kids a Chance to Make Better Choices. 1999. Washington, DC: Justice Policy Institute and Children and Family Justice Center.

Shaw, Clifford Robe(肖,克利福德·罗布). 1930. *The Jack-Roller: A Delinquent Boy's Own Story*. Chicago: University of Chicago Press.

Skiba, Russell J.(希巴,鲁塞尔·J.); Robert S. Michael(迈克尔,罗伯特·S.); Abra Carroll Nardo; and Reece Peterson(彼得森,里斯). 2000. *The Color of Discipline: Sources of Racial and Gender Disproportionality in School Punishment*. Bloomington: Indiana Education Policy Center, Indiana University.

Snyder, Howard N.(斯奈德,霍华德·N.), and Melissa Sickmund(西克蒙德,梅利莎). 1999. *Juvenile Offenders and Victims: 1999 National Report*. Washington, DC: Office of Juvenile Justice and Delinquency Prevention, National Center for Juvenile Justice.

Snyder, Thomas(斯奈德,托马斯), and John Wirt(沃特,约翰). 1998. *The Condition of Education, 1998*. Washington, DC: U.S. Department of Education, National Center for Educational Statistics.

Steinhart, David J.(斯坦哈特,戴维·J.). 1996. "Status Offenses." *Future of Children: The Juvenile Court* 6, no. 3 (winter): 86 – 99.

Stephens, Ronald D.(斯蒂芬斯,罗纳德·D.), and June Lane Arnette(阿内特,琼·莱恩). 2000. *From the Courthouse to the Schoolhouse: Making Successful Transitions*. Washington, DC: U.S. Department of Justice, Office of Justice Programs, Office of Juvenile Justice and Delinquency Prevention. 309

Study and Reorganization of Illinois State Training School for Boys(伊利诺斯州男孩训导学校的研究与重组). 1941. Cited in Gittens 1994.

Tanenhaus, David S.(塔嫩豪斯,戴维·S.). 1999. "'Rotten to the Core': The Juvenile Court and the Problem of Legitimacy in the Progressive Era." In *A Noble Social Experiment? The First Hundred Years of the Cook County Juvenile Court, 1899 – 1999*, ed. Gwen Hoerr McNamee. Chicago: Chicago Bar Association.

Wilson, John J.(威尔逊,约翰·J.), and James C. Howell(豪厄尔,詹姆斯·C.). 1999. *Comprehensive Strategy for Serious, Violent, and Chronic Juvenile Offenders*. Research Report. Washington, DC: U.S. Department of Justice, Office of Justice Programs, Office of Juvenile Justice and Delinquency Prevention.

Zimring, Franklin E. (齐姆林, 富兰克林·E.). 1982. *The Changing Legal World of Adolescence*. New York: Free Press.

——. 1998. *American Youth Violence*. New York: Oxford University Press.

第十一章　美国政府与少年政策 310

彼得·埃德尔曼(Peter Edelman)

一部关于少年法院第一个百年的论著,若不对其对象——美国少年,尤其是对那部分可能出庭的少年的政策及其意见的演变过程加以考察,该论述将是不完整的。少年法院不是无缘无故成立的,它也无意成为一个孤立的机构。少年法院是其所处时代的产物。当时,由于经济发展态势和关于儿童成长新理论的影响,"童年"这一概念发生了很大的变化。少年法院的建立仅是保护儿童与延长儿童期这一规划的一个方面,此项规划的最显著特征在于促进更多的少年就读于中学并完成学业,同时亦致力于减少留在工作场所的少年。

然而,该项规划并未促成一项统一而协调的全国性少年政策的出台。尽管与该国家政策制定工作相关的具体事宜由专门的进步人士来承办,但仍有大量的少年儿童由于种族、所处阶层、性别的差异而被忽视或被有意地排除在政策考虑之外。虽然个别的政策重心有所改进与调整,被排除在外的人员数量在某种程度上亦有所缩减,但是,在当时的一个世纪里一项整体性政策的产生却仍是空中楼阁。

本章首先考察了20世纪初期少年角色转变的过程,其中包括"成年期"的现代概念的起源——这一时期是身体发育与责任承担以及成年状况之间的推延期。这一概念的起源可归因于当时经济的变化,以及儿童保护者们致力于延长儿童期政策的努力。随后,文章探讨了在新政时期、二战后时期、20世纪
60年代以及20世纪后1/3时期里的少年政策。本文最终得出以下结论:尽管 311
业已进入21世纪,美国仍然没有一部统一协调的少年政策,有的却是一部沿着阶级和种族脉络而支离破碎的少年政策。

20 世纪初期的少年

20 世纪的前 1/3 时期里，首次呈现了儿童期延长的征兆，这种征兆在整个 20 世纪时期得以持续。当时的儿童保护者们创制了一系列旨在将更多公共政策注意力倾注于儿童方面的机制与政策，同时他们也对儿童所从事工作需求量削减的经济变化做出了回应。1912 年，联邦政府内部所成立的联邦儿童局虽然主要是针对那些幼小儿童，但是它对于童工却起了重要的作用，尽管这种作用不是很明显。中学——这个在 1910 年仅被少数人关注的机构，在 1900 年到 1930 年之间已成为了一个重要的培训基地。《童工法》的实施以及经济的变化，使得大量少年离开了当时的劳动力市场。

在 1900 年，"少年"与"青春期"还未成为通用的概念。1904 年，G. 斯坦利·霍尔（G. Stanley Hall）发表了一部两卷本的论著——《青春期：青春期心理学，以及青春期与生理学、人类学、社会学、性、犯罪、宗教及教育之间的关系》（*Adolescence: Its Psychology and Its Relations to Physiology, Anthropology, Sociology, Sex, Crime, Religion, and Education*），这部著作引发了激烈的公众讨论与深入的学术研究（林登迈耶，1997，12）。霍尔认为：儿童期已经开始涵盖少年竭力展示他们个性的"狂飙突进运动"* 时期。玛格丽特·米德的著名研究——《萨摩亚年龄的到来》（*Coming of Age in Samoa*），她在该书中声称：这段时期的存在是由文化因素所决定的，而非不可避免的，这一看法在一定程度上反驳了霍尔所持的观点（迪莫斯，1986，94）。

1900 年，少年承担成人责任的年龄比现在少年承担成人责任的年龄小。那时，除了比较少的少年能读完中学，以及极个别的少年能读完大学之外，绝大部分少年（主要是男性），特别是来自农场及移民家庭的少年——在我们现在还被称之为处于青春期的年龄阶段，就已经参加工作了。1900 年，全国 14—17 周岁的孩子当中，有 11% 的人就读于中学，到 1920 年，这个数目翻了

---

* 即 Sturm und Drang，这是 1717—1785 年间德国文学上的一个用语。——译者注

一番,到1930年又将近翻了一番(布雷姆纳,1971,1392)。很多工作并不要求具备中学文化教育程度。人们很年轻就结婚了。

另外,1900年的情况与1800年的情况并不相同。那时候,除了孤儿、学徒以及脱离家庭关系的贫苦儿童之外,儿童们在家时就已经慢慢理事,并开始承担成年责任了。至于那些到其他地方求学或工作的少年,其之所以外出不是因为他们自己的选择,而是被派遣的缘故。

随着19世纪的逝去,特别是男孩子们开始在外面度日。过去他们父母所 312
处年代不曾有过的经济选择出现了,这些经济选择有时是称心如意的,有时则是迫不得已的。婚姻愈加成为一种选择而非安排的事情。全国发展中城市成为移民向往之地,以至于人们对于生活在城市中的少年游民所带来的危险感到焦虑不安。移民又引起了少年新的分阶。那些不习惯于美国生活的少年的父母们,不能使他们的孩子融入美国的经济与社会习俗。这些少年不得不在家庭之外适应美国社会(迪莫斯,1986,97-107)。

对年轻女子而言,19世纪的变化对她们的影响与对年轻男子的影响是有所不同的。在19世纪末,上层社会的少女们历经了一个如同今天儿童期与成年期之间的间隔期,这期间,她们待在家里直到结婚。在20世纪到来之际,越来越多的来自社会各阶层的少年少女们在外面工作。这种情况所附带的另一种社会后果是人们的更多忧虑,即那些我们现在仍认为正处于青春期的参加公共社会活动的年轻女孩们濒于卖淫的边缘境地。许多州对此采取了保护性的立场,并决定在通常的16周岁的基础上提高性行为同意的年龄。国会中不断有法案提出实施全国统一的年龄,即以18周岁作为性行为同意的起始年龄(内桑森,1991,78-91,119-23)。

社会开始承担起了更大的责任,即通过建立新的组织如童子军团(the Boy Scouts)、少女营火会(the Campfire Girls)、基督教青少年协会(the YMCA)、基督教女青少年协会(the YWCA)以及4-H俱乐部(4-H Clubs),以使少年适应成人的世界,尽管像童子军团这样的组织对于14周岁以及14周岁以下的儿童比对我们所称之为少年的孩子们来讲更富有成效(麦克劳德,1987,403-7)。这些顺应了城市中不断涌入的少年游民以及移民高峰的形势,同时也响应了道德教条无论如何不能缺失的一般观念。至 20 世纪初期，"少年"已成了远比 1800 年时内涵更为丰富的概念。

20 世纪以来，少年身体开始早熟，以分配适当工作为宗旨的劳动力市场也逐渐开始接纳新的就业者。在大萧条时期，儿童期与成年期之间的断裂期已反映于一种经济事实而存在，尽管这断裂期尚未如历史学家约瑟夫·凯特所不当地声称的那样，即直到二战后，对于大部分的青年而言"休闲、富足、教育的整合业已分离"（凯特，1977，4）。在 40 年代晚期，那种无法阻挡的经济断裂情况似乎业已消失，其原因在于战后经济的复苏给青少年（白色人种）提供了富足的课外工作机会，同时，那些比中学教育程度低的人仍可拥有工业工作的机会。一时间，这种过渡显得悄无声息，在 1958 年，社会学家埃德加·Z. 弗里
313 登伯格因此编著了一部很受欢迎的论著《消失的青春期》（*The Vanishing Adolescent*）。然而，这一断裂在 70 年代早期又开始出现了，并一直持续到现在，与此同时，这个群体中的年龄分隔在随后的几十年中持续发展着。

在 1900 年，公共政策确实对我们现在视为青春期中的部分事项——童工、义务教育、少年法院等给予了关注，尽管很重要，但是其与有关的幼童事项相比，已显得微不足道了。人们对孤儿院以及其他儿童居所的批评日益高涨，他们强调要充分发挥养育之家与小组之家的作用。母亲津贴制度之所以在全国各州普及，是因为决策者们认为确保儿童与他们的母亲生活在一起，比将他们置于家庭之外的世界要好得多（阿什比，1997，88 - 98）。出于对母婴死亡率的关注，新建的联邦儿童局督促各州实施《出生登记法》（芒西，1991，55 - 60）。甚至那些与少年相关的活动领域亦首先关注于中小年龄的少年，随后再扩展到年龄较大的少年。

马萨诸塞州在 1852 年通过了第一部《义务教育法》，到 1900 年，共有 32 个州通过了这样的法律。密西西比作为最后一个州也于 1918 年实施了《义务教育法》（卡茨，1986，130 - 31）。但是，最初的法律通常要求儿童待在学校直到他们年满 12 周岁，可这部法律漏洞百出，主要是出于对工作儿童照顾的需要。宾夕法尼亚州经过修正的看似得以改进的法律于 1897 年实施，该法允许 13—16 周岁的儿童弃学参加工作，条件是他们可以证明自己的阅读能力达到了三

级水平，事实上他们只需交25美分就能领到一个证书，而不必去参加关于阅读能力的测试（特伦，1976，240－41）。这些漏洞在20世纪初期逐渐得以弥补，同时，童工规制也开始加强（布雷姆纳，1971，1422－29）。与此同时，不分年级的班级随着小学与中学之间的划分而被分年级的班级所取代，如此开端的一个年龄分隔因素成为了青春期的一个特征（迪莫斯，1986，105）。

童工法规发端于年龄及工种的悬殊差异。首部法规是依据职业类型而实施于12周岁或14周岁以及以下的儿童，然而，这些法规并未得到严格的执行。首次由于通过对伊利诺斯州工厂、车间的考察而闻名全国的弗洛伦丝·凯利称她从事的这项考察工作受到了以下事实的妨碍，即：她仅有12名员工来考察整个州的上千个工厂。即便如此，至1900年，28个州出台了对童工进行限制并要求其就学的规定（费尔德，1999，43）。20世纪的前40年中，有关法律的适用范围得以扩展，并被适用于年纪较大的少年。1910年，10—13周岁儿 314
童的从业人数比例是12.3%，到1930年时已降到2.4%；14—15周岁儿童中从业人数比例也由1910年的30.7%降低到1930年的9.2%；16—17周岁的从业人数所占的比例降低幅度相对较小，从1910年的44.7%降到1930年的31.7%。地方的数据更令人关注，在东南内部地区，10—13周岁儿童的从业人数从32.9%降低到9.7%，14—15周岁的从业人数从40.9%降低到13.8%，16—17周岁的从业人数从42.6%降低到37.8%。与此相反，在新英格兰，1910年时，10—13周岁的人当中仅有1%的人从业，16—17周岁的人数当中，有57%的人从业，这个比例到1930年降低到36.9%（林登迈耶，1997，115）。

这些态势自然地反映了经济的变革以及调控模式的转变。例如，在1900年，芝加哥的百货商店是对12—16周岁少年从业人员需求量最大的地方。他们作为收银员，为完成买卖在商品柜台与结账室之间跑来跑去。1902年，气力管道的发明致使这项工作失去了存在的必要。类似的情况还有，城市电话线路的普遍安装大大削减了对电报递送员的需求量。学校开始认识到必须给少年提供手工技能培训以及职业教育，以使他们能够适应当前不断涌现的复杂经济状况，也是因这个缘故，使他们留在学校。这变得非常重要，以至于国

315 会在 1917 年为此而通过了《史密斯－休斯法》(the Smith-Hughes Act)*,为职业培训提供联邦资助(特伦,1976,241－43,247)。

约瑟夫·凯特称 1900 年到 1920 年的这段时期为“青春期时代的开端”(凯特,1977,215),在此期间,中学入学率的提高与职业培训的日趋重要,对把青春期所跨越的年龄延至 18 周岁或 19 周岁产生了作用。在此之前,“青春期”这一概念所涵盖的年龄范围通常为 12—16 周岁。这一时间跨度是为童工改革者以及所谓的“男孩工作者”——童子军团、基督教青少年协会及其他人士所全心关注的。他们认为道德培养与休闲辅导的需要是除父母之外,社会上其他人士也应承担的重要的责任(凯特,1977,221－28,238)。所有这些都是在大规模人口变迁的环境下发生的。在 1860 年与 1920 年之间,由于移民迁入的缘故,美国人口已超过原来的 3 倍多,而城市人口由于大量移民定居在此,人口数量由原来的 620 万增至 5 400 万,即由原来的占全国人口比例的 20%增至 50%之多。

至 20 年代末,经济以及学校教育的变革与大规模人口的转变,再加上社会对少年道德培养的日益关注所带来的一系列变化产生了一项虽未明示但却清晰的共识,即青春期是人生中存在的并需要特别关注的独立时期。义务教育、童工规制以及各种各样的道德戒律已经有效地加紧实施并顺应在这个大型社会里所发生的变革。然而,大萧条时期的出现成为了达到成年期的一个不可阻挡的经济延缓期。

大萧条时期(the Depression)

经济萧条对少年从业格局产生了很大的影响,也从而引起了人们对能够就新时局做出回应的公共政策的更多关注。例如,在 1937 年,16—24 周岁的

* 该法是 1917 年通过的一项法律。该法创建了联邦职业教育局,以推动中学的农业、贸易、工业、商业、家政等方面的教育和训练,并提供基金培养有关上述科目的老师。各州和地方政府为获得基金而竞相提出发展职业教育计划,该局对这些计划进行研究并决定拨款。这一法案不仅推动了职业教育的发展,而且也扩大了联邦政府对教育资助的控制权。——译者注

人中无业人员数量大约占欲求工作人员数量的30%。另外,有14%的人是兼职工作者,尽管他们中的绝大多数人都渴望能拥有一份全职的工作。这个年龄段的无业者大约占全国无业人数的1/3。在30年代初期,市民维护联合会(the Civilian Conservation Corps)为解决18—25周岁的少年就业问题提供基金,另外的一些青年人通过其他的联邦机构找到了工作或者参加了半工半读的活动。在1935年,富兰克林·罗斯福总统通过行政命令的方式从49亿美元的财政预算中划出5 000万用作以工代赈,并且创立了全国青少年管理局(the National Youth Administration)(林德利和林德利,1972,6-8,13)。像所有的军事冲突一样,第一次世界大战也已呈现出对全国少年政策的一种模式,在全国青少 316
年管理局创立的同时,联邦政策上首次呈现出对全国少年的关注(赖曼,1992,3-10)。

在1938年初,大约50万个主要是处于18—24周岁的青年人参与了各种各样的全国青少年管理局组织活动,大部分人从事的工作活动都是与非在校少年相适应的,这些工作活动包括:建筑行业、机械操作和维修工作,以及图书馆、医疗保健场所中各式各样的社区服务职位。由于该项目的决策权下放各个州的联邦办事处,这些项目中也包括了其他一些形式各异的活动,在不同的地方采用的方案是不同的。作为地方少年俱乐部与基督教青少年协会增补的少年社区活动中心犹如大学与中学里的半工半读项目一样在许多地方得到了资助。作为现今的就业联合会*前身的“居住地”项目在一些地方得以开展。其中也包括了旨在引导中学生适应工作领域的活动(林德利和林德利,1972,17-67,86-121)。

体格检查结果表明在全国青少年管理局的成员中存在普遍的健康问题,另外测试也表明他们在文化程度和其他技能方面存在着很大的缺陷。参与者强烈地抱怨他们所就读的学校教育的呆滞和不称职。全国青少年管理局的主要任务是致力于以各种方式向少年提供他们在接受正规的教育期间所不能受到的教育和培训(林德利和林德利,1972,156-201)。

---

* 即Job Corps,美国政府办的一种青少年就业训练项目。——译者注

全国青少年管理局工作的两个创举在于它对黑人和少女的关注(在这两个例子中我都用了当时的术语)。著名教育家、罗斯福的知己玛丽·麦克劳德·白求恩——全国青少年管理局关于黑人事务的主管,同时也是白求恩-库克曼学院的院长,开展了许多针对非洲裔美国少年的活动,在针对少女的项目创建方面也作了特别的努力(林德利和林德利,1972,18,48,61-62,219)。

全国青少年管理局招致了来自多方面的批评,其中包括:教育界人士担心一种可能潜在的排斥教育政策地方控制的日程,以及政客们反对它对黑人所做的工作。然而,这一状况随着时间的推移也有了一些新的发展和变化,因遭受希特勒不断增剧的迫害而出现的难民受到了更多的关注,并且增添了在战时促进生产发展复苏的过程中适合于少年获取工作方面的培训。到 1941 年,它的财政预算为 11.9 亿,并且它成为了与就业相关的新政机构中唯一一个没有遭遇财政削减的机构(赖曼,1992,176)。

经济大萧条导致了全国性少年政策的产生,尽管由于战争的爆发它最终被大规模军事动员的少年政策所取代。全国青少年管理局的发展历程显示了
317 (至少是在活动家和改革者中的主要领导者看来)美国教育存在不足,以及对于大量的少年而言劳动市场的严酷,但是,对该问题的察觉被战后的欢愉所淹没。直到 60 年代早期迈克尔·哈林顿的开创性著作《另一个美国》(*The Other America*)的问世,肯尼迪政府才开始关注经济萧条过后依然存在的许多问题。战后存在着一种预想——新的经济繁荣应当令每个人受益,并且学校教育也应当是胜任的、人道的,有关的失败不能归因于教育系统而只能是学生自身的不足。

二战后时期:现代分歧的根源

二战后,经济又恢复了繁荣,但少年时期与成年时期的断层并没有因此而消失,尽管被炙热的战后经济所暂时遮掩。经济萧条期的经济事实状况引起了更长的少年向成年期转变的过渡期,并且它已经是美国人生命中的一个主要部分。

经济的日渐复杂和平等权利呼声的日益高涨致使少年地位发生了两大变化——一个从理论上来说是积极的，而另一个是消极的——二者直到60年代才得到人们的较多认识。第一个是承诺，至少从观念上来说是，保证所有的美国儿童都能完成中学教育。由于战前中学辍学率的不断增长，人们还没有那种每个学生都应完成中学教育的共同观念。第二，更消极的是，由于社会经济的发展导致了那些大量不需要取得中学文凭的工作急剧缩减。第一个承诺实施的失败伴随着针对支配后者的进程趋势的影响力构成了大量美国少年今后的命运。

还有一个因素，尤其是对有色人种而言，即国家从其农村重心向城市及其郊区的转移。到1960年，有许多非洲裔美国人生活在城市中，尤其是在大城市中这些人口的增长速度很快（萨格鲁，1996，7）。例如，芝加哥的非洲裔美国人的数量，从1940年的27.8万增加到1960年的81.3万，增加了三倍之多（莱曼，1991，70）。继二战前的25年里有200万的人迁到北部之后，在1940—1970年间，又有500万的非洲裔美国人迁到了北部（卡茨，1993，451）。非洲裔美国人移民们发觉：他们被困在了市中心贫民区，并且在就业方面受到歧视，这对少年的影响尤其大。

可向城市居民提供的好工作的数量开始减少。在二战结束后不久，许多工厂迁移到郊区和远离城市的地方，后来又接着经历了大规模的生产能力的 318
削减，技术复杂性逐渐加大，以及全球化的进程，使得那些没有受过大学教育的少年在劳动力就业市场上获得立足之地的机会更加困难。例如，在底特律，从1948—1967年间，大约3万份制造行业的工作已不复存在（萨格鲁，1996，143）。在1953—1985年间，纽约60万份之多的制造行业的工作也不复存在（坎特和布伦泽尔，1993，394）。从东部的芝加哥一直到纽约的主要城市中，在70年代的10年当中，有那些高中教育程度以下的人所拥有的工作数量削减了40%之多（坎特和布伦泽尔，1993，395）。那些只受到较少教育的人的收入也急剧下降了。受过中学教育的人所能获得的报酬在1986年与在1959年相比也降低了7%—10%，另外，那些中学辍学的人的收入则减少了20%—30%（福特基金会，1989，33）。

制造业工作的减少对非洲裔美国人来说是个沉重的打击，这一打击尤其对初次找工作的青少年来说更是惨重。这些非洲裔美国人觉得他们并不能充分享有那些具备较好薪水、较好安全保障以及较高社会地位的工作。他们所从事的工作大多是无需特殊技能的，尤其是那些很容易就会被自动化设备取代的工作(萨格鲁，1996，100)。20—29 周岁之间被雇用从事制造业工作的黑人的比例从 1973 年的 3/8 降到了 1987 年的 1/5(威尔逊，1996，31)。如果是白人，移居郊区就能很容易找到工作，而黑人则不行，这更恶化了其工作的无保障性。另外，除了白种人移居之后，城市越来越成为"贫人和黑人"的聚集之地(萨格鲁，1996，149)。即使在 90 年代，郊外与城市人们的收入差距仍在扩大。郊区中等家庭的收入在 1989 年比城市中心居民的收入高 58%，在 1996 年，则相应高出 67%(卡茨，2000，8)。

到 50 年代末，青少年经历的双重性被着实地隐藏起来，尽管没有被主流文化所认可——《消失的青春期》和《另一个美国》的问世仅相距几年的时间，二者对部分人来说是适用的。二者如同盲人，只摸着了象的一个部位，发现了部分真实情况(尽管哈林顿也很清楚地认识到象还有另一部分)。这些只关注部分真实的动向在 60 年代引起了更广泛的关注，并且最终形成了现在的以阶层—种族为基础的公共立场和少年政策的二元结构。

少年与美国自由主义，1960—1973 年

在所有人看来，60 年代是一个分水岭，它不仅产生了进步性的变化，还同时埋下了滋生对某些青少年造成持续冲击的后座力，该后座力和同 1973 年阿拉伯石油动荡，动摇了经济的根基。无论是在青少年参与政治活动的方面，还
319 是在关注他们的政策方面，60 年代都是超越历史上以往任何时期的。在民权运动中青少年发挥了核心作用，并且在继而发生的城市暴力和"黑人权力"*

* 即"black power"，指 20 世纪 60 年代一场源自民权运动的运动，旨在争取黑人的社会、政治、经济权利，以及黑人的政治和社会机构的独立发展，并使黑人恢复对自己文化的自豪感。——译者注

运动中他们也同样发挥了重要的作用。某种程度上而言，由于他们这一年龄群的人被派遣到越南参加战争并随时准备牺牲，他们在关于这场冲突的激烈争论中也是处于带头和中心位置的。"预防少年罪错行为"是对于向贫困开战这一初步计划进行概括的专用语，并且这一关于向贫困开战本身也是以关注青少年为特征的。美国联邦最高法院在大法官沃伦的倡导下，对社会上的弱势群体做出了史无前例的对策，开始关注儿童和少年的具体状况，也许是由于许多青少年在越南参战并牺牲在那里的缘故，美国宪法修正案第 26 条把选举权的年龄底线扩延到了 18 周岁。

青少年与民权运动

60 年代的最大成就是在种族问题上所取得的进展，在这一成就的实现过程中，青少年发挥了关键性的作用。这一成就产生的背景包括：二战时期黑人老士兵们对种族歧视的强烈反对；另外还交织着由全国有色人种协进会(NAACP)的律师和社会活动者所从事的诉讼以及所奉行的组织策略。到 50 年代末室内静坐抗议出现的时候，布朗诉教育委员会案件（*Brown v. Board of* 320
Education，347 U.S.483［1954］）已记录在案；期间，罗丝·帕克斯*引发了蒙哥马利联合抵制公车的运动（布兰奇，1988，143）。然而，当非暴力示威浪潮发生的时候，青少年是这一运动的后盾力量。60 年代，金博士作为甘地非暴力运动的拥护者而受到国人瞩目，但成百上千的青少年则是实际的组织者，还有成千上万的青少年也对这一运动作出了贡献（克卢格，1976，755）。

瑟古德·马歇尔和其他律师创立了法律框架，学生非暴力行动协调委员会则开展了这次运动。以青少年和非洲裔美国人为主要成员的学生非暴力行动协调委员会在从静坐到争取广泛选举登记的活动中起到了协调作用。该组织

* 指 Rose Parks(1913—2005)，1955 年 12 月 1 日，因在美国阿拉巴马州蒙哥马利市的公共汽车上拒绝为白人让座而被捕，随后因此引发了长达 381 天的由黑人民权运动领袖马丁·路德·金率领的抵制公车运动，最终迫使政府出台了大众公交工具种族隔离法，为黑人夺回了更多属于自己的权利，改写了美国的历史。她被称为人权运动之母。——译者注

也同样协调了若干历史、文化和政治的教育活动(格林伯格,1998,8)。虽然学生非暴力行动协调委员会(SNCC)只是民权运动组织中最小的一个,但它在民权运动中却起了巨大的作用(马拉布尔和马林斯,2000,395)。学生非暴力行动协调委员会坚持主张其活动集中于"直接行动",其中包括对抗性的但却和平的反对种族隔离的示威活动(格林伯格,1998,39)。

随着1964年《民权法》的通过,宪法第二十四修正案对选举投票税的禁止,以及1965年《选举权法》的通过,民权运动达到了最高潮——美国种族隔离的法律体制的彻底崩溃,青少年在推动以上具有历史意义的法律的实施方面发挥了极为重要的作用(克卢格,1976,757–59)。学生非暴力行动协调委员的争取扩大选举登记的努力包括1963年的自由选举和1964年的"自由之夏"。夏季计划力求通过动员南部的非洲裔美国人以引起人们对黑人选举权的关注。夏季计划力求通过鼓励非洲裔美国人参加模拟选举来创建"平等的制度"。在实施《民权法》的随后几年里,司法部门对500多个学区提起了控告,并且接受了400多个针对公共机构存在的种族歧视方面的案件(克卢格,1976,759)。另外,在1964年,联邦最高法院,在亚特兰大汽车旅馆之心诉美国联邦(*Heart of Atlanta Motel v. United States*,379 U.S.241[1964])一案中,裁定《民权法》是合宪的(克卢格,1976,759)。《选举权法》弥补了1964年的《民权法》当中存在的漏洞,并且对被用来阻碍美国黑人选举的"测试和程序"* 的适用作了严格的限制(克卢格,1976,759)。

青少年对这场运动所针对问题的解决也起到了关键作用。"黑人和白人要等同"和"我们一定胜利!"的口号被攥紧的拳头与对黑人权利的呐喊所取代(格林伯格,1998,11)。非洲裔美国青少年在南方之外的城市进行了反叛活动,这是对法律体制的改变并没有对他们的日常生活带来相应改观的不满。
321 暴力活动以及国家把重点与资源向越南战争的转移,引发了国家对其国内义务的无暇顾及以及低收入的反弹,非洲裔美国少年(克卢格,1976,762)依然站

* "测试和程序"系指某人参加选举或选民登记所必须具备的先决条件:(1)展示其阅读、写作、理解或说明问题的能力;(2)表明其某种教育方面的成绩或者其在某一科目方面的知识;(3)具备良好的道德品质;(4)其资质得到已登记选民或其他阶层成员的证明。——译者注

在我们一边，尤其是在犯罪和福利政策方面的问题上。

“少年罪错行为预防”以及抗击贫困的战争

肯尼迪总统执政后，他的弟弟作为司法部长以其办公室为基地建立了一个旨在减少少年罪错的小组（卡茨，1986，272）。罗伯特·肯尼迪发现少年（特别是非洲裔美国少年）的犯罪问题与不同的工作获取机会之间存在一定的联系。只有通过全面的立法以确保公民法律权利产生实质影响以及这种观念的普遍认同，公民权利才能通过附随的经济机会政策具备充分的价值。在约翰·菲茨杰拉德·肯尼迪（JFK）总统任期的近三年里，罗伯特·弗朗西斯·肯尼迪（RFT）的研究小组逐渐认识到他们面临的是一项更为重大的任务，即解决贫困问题（卡茨，1986，257）。

在约翰逊接任总统之时，罗伯特·肯尼迪将这一工作移交给了约翰逊总统。约翰逊在首次国情咨文中表明要向贫困宣战，从而使经济和社会差距的问题为人们所关注。因此而产生的《经济机会法》对儿童和少年问题非常重视：关乎低龄儿童的“领先计划”（Head Start）*；旨在帮助下层青少年谋职的“就业联合会”（Job Corps）；旨在提供少年为社区服务机会的“服务美国志愿队”（the Volunteers in Service to America）**——这曾是罗伯特·肯尼迪总统极力推崇的构想；旨在帮助低收入的少年进读大学“向上跳跃”（Upward Bound）；还有旨在向生活条件差的少年提供一些在其所处社区工作机会的邻里青少年联合会（Neighborhood Youth Corps）（莱曼，1991，112，272）。

整个政策实施的现实情况与预期效果并不相符合。确保向需要工作者提供足够的工作，并且确保人们拥有足够的收入以摆脱贫困，这需要全面的猛

---

* 即1964年根据《经济机会法》创立的联邦政府计划之一，其旨在加强对学龄前儿童的教育，使他们做好入学准备，并促使孩子家长和地方社区共同做好此项工作。由于受到普遍欢迎，联邦政府于1967年又增加了为幼儿园设置的“坚持到底计划”（Follow Through）。——译者注

** 该组织成立于1964年，参加者年龄背景不同，他们要在城市或乡村穷苦地区生活和工作一年，协助缓解当地诸如文盲、失业、饥饿和无家可归者等问题，没有工资，只领取津贴费。但有医疗保险，受联邦政府独立机构行动署的领导。——译者注

攻。然而,抗击贫困的战争和伟大社会计划*大体强调的是学校教育和职业培训——尽管必要,但却不充分(丹齐格和戈特沙尔克,1995,18-19)。劳工部建议创造工作机会并且关注劳动力市场,但是,政策却选择了提高人尤其是少年的能力,以寻找一个良性经济环境所提供的工作机会——供应经济学政策(supply-side)**关于减少贫困的观点(卡茨,1993,14)。当局在针对儿童和少年问题上有不少积极举措,但是却没有对就业和收入问题的直接攻克(格拉布和拉泽森,1982,48)。

约翰逊总统的伟大社会计划的理念即设想在(合法)权利确立之后运用政策去改变经济现状。但是,战争和国内态度的转变阻止了这一旨在缩小差距
322 而实行的重大政策的继续贯彻。尽管如此,在经济状况的大体健康和经济机会策略的事实以及反对歧视努力的结果在内的社会政策的联合作用下,贫困在60年代得以削减(斯特恩,1993,238)。尽管如此,事实证明这一针对全国经济平等的承诺和对青少年在内的执行政策的运动是60年代的最高成就。

少年与法院

60年代也是法院对待少年态度的高水位线(high-water mark)时期。这是所谓的高尔特案件(*In re Gault*,387 U.S.1 [1967])时期,在这个案例中联邦最高法院用强烈的措辞认定:少年法院创立者的仁慈、家长式管理的意图已转变为一种缺少法定代理人保障以及正当法律程序的机制,由于它执行的是一种追求使之恢复正常生活的路线,所以极有可能惩罚到无辜或者对轻微犯罪者采取过激行动。尽管高尔特案件不是一个孤立的现象。法院对矫治举措的持续压力会有效地导致公共学校种族隔离的废除,而这反映了法院对儿童的关怀,并且,在廷克诉德斯莫伊内斯学校管区(*Tinker v. Des Moines School District*,393 U.S.503 [1969])一案中,法院判定在校的学生有言论自由的权利,而不必

---

* 1965年1月4日,林顿·B.约翰逊总统在其国情咨文中提出“伟大社会”计划。——译者注

** 即通过减税来刺激生产和投资。——译者注

让位于学校官员的权威。

与公民权利和反贫困政策相比,70 年代司法活动逐渐变得更为谨慎。在刑事司法方面,激烈的反应意味着一种压力的激增使得更多的少年被适用于成年人刑事司法系统,并同时意味着将使得更多的少年进入看守所、监狱和其他封闭场所。1966—1974 年间,非洲裔美国男青少年的被捕率上升至 50%左右(莱曼,1991,283)。联邦最高法院在许多其他方面的转变更为谨慎。圣安东尼奥独立学校管区诉罗德里格斯(*San Antonio Independent School District v. Rodriguez*,411 U.S.1[1973])一案是体现这一转变的重要例子,特别是在对儿童的关注方面。该案的原告声称德克萨斯的学校筹措资金的方式所造成的不平等超出了宪法的尺度。法院认为,受教育权不是一项基本权利,并拒绝接受这一诉请。

少年与联邦宪法

甚至于联邦宪法出于对少年利益的考虑也显现出了一定的可修改性。1970 年国会曾尝试着通过立法对 18 周岁少年的选举权进行规定,但是,联邦最高法院认为联邦宪法必须是基于选举而非联邦政府的选举而进行修改(参见俄勒冈州诉米切尔案)(*Oregon v. Mitchell*,400 U.S.112 [1970])。国会以宪 323
法第二十六修正案的发布予以回应,并且各州很快正式批准了该修正案(法律的发展["Developments in the law"] 1982,1430,1439)。它仿佛是这一时期对少年的积极关注中新增的一个亮点。

在尼克松总统执政的延续时期,全国性的关于众多青少年的态度分歧由于受突然加速的结构性的经济变化的影响而被加强(克卢格,1976,763)。非洲裔美国少年所经历的从二战后到 60 年代末的经济持续发展发生了转折性的变化。尽管城区的非洲裔美国少年还表现出明显的不耐烦情绪,但他们参加劳动力市场的比率还是在稳定上升,并且它们的待业率也正在下降。虽然旧城区的少年还没有充分地感受到这一改变,但至少它即将改变的这一趋势是令人鼓舞的。

20 世纪后期的趋势

国家经济的恶化对于半数以上的人口而言——几十年的限制工业化、自动化和受 1973 年阿拉伯石油危机促进和强化的全球化进程——是形成对青年人的政治经济政策的一项重要因素，这种政策在 20 世纪结束后仍发挥一定的作用。麻省理工学院（MIT）的弗兰克·利维教授称 1973 年到 1982 年间的 10 年为"无声的经济萧条期"，因为不仅中等收入家庭的收入减少了，贫困人口所占的比率也大幅上升（丹齐格和戈特沙尔克，1995，7–9）。所有种族的较低收入工人的情况都有所恶化，但情况最坏的还是有色人种，尤其是那些没有完成中学学业的有色人种。失业青少年数量所占的比例急剧上升，劳动者就业率大幅下滑，尤其以有色人种中只受过很少教育的少年所受的打击最为沉重。经济情况的变化使得很多处于社会底层的人成为了剩余劳动力，有色人种少年对这一冲击的感受最甚。

种族因素成为了这种新的二元结构中的一个公分母。对受教育程度不做要求的好工作的减少对各个种族的少年都是一种打击，但是对有色人种少年的影响更大。内城区拉丁裔美国少年和非洲裔美国少年，随着时间的推移，先是进入了教学质量日益恶化的学校，后来很多人退学了，这使得他们很难再获得公平地竞争正在日渐减少的好工作的机会。由于原先选择教育职业的人中的那些优秀分子改行了，内城区学校的教学质量变得越来越差。学校的种族隔离变得比以前更加严重了，现在被隔离者不仅包括所有的穷人，也包括非洲裔美国人和其他的少数族裔的美国人。

60 年代具有政治性的暴力逐渐演化为通过无端伤害他人来发泄个人愤怒的街头犯罪。不仅是有色人种，受害者中包括各个种族的人。公众要求采
324 取更加严厉的法律对此进行惩治。随着 60 年代后期内城区暴力现象的到来，人们要求对这种情况使用更严厉法律的态度更加坚决了。在 1969 年的一次民意测试中，有 4/5 的被调查者认为法和社会秩序已遭到破坏，并对"引发暴乱的黑人"和"共产主义者"严加指责（莫尔，1999，53）。少年法院和少年司法

体系也自此不断受到抨击。另外，随后发生的有色人种少年被监禁比率的飞涨被我们反语称作：一种为平等而献身的新方式。到了 90 年代初，这成了一种司空见惯的事实——大量的非洲裔美国人充斥于从逮捕到被监禁这一刑事审判系统中（哈克，1992，180）。到 90 年代末，被监禁的少年中有 7/10 是非洲裔、拉丁裔、少数族裔的美国人（儿童保护基金会，1999，119）。

随着 20 世纪的终结，自 1973 年以来美国少年的画面逐渐形成美国人对待少年方法的二元性逐渐得到了加强。家庭结构、邻里关系、工作场所以及人口数量都发生了变化。登向成人期阶梯的梯级也增多了，因此这一进程中有可能出问题的地方也多了。对很大一部分美国少年来说，硅谷和网络世界是其不可逾越的鸿沟。

由于要在求职中取得成功所需要的教育成就变得更加严格了，那些低收入少年，尤其是生活在贫民区的低收入有色人种的少年就读学校的境况变得越来越差。当全国其他地区的中学毕业率已超过 90%的时候，内城区的辍学率仍继续保留在 50%之多（贾高斯基，1996，111）。权威研究专家组总结道：除非学校自身得以改进，否则防止退学和其他一些附随项目将不可能取得大范围的成功（国家医药研究委员会与研究院，1999，22）。20 世纪前半个世纪的职业教育系统几乎不可能为内城区的少年提供什么机会，同时，社区学院也为一部分少年提供了第二次机会，但却没有任何组织来帮助那些低收入少年克服那些进入大部分并不需要他们的就业市场的种种障碍。

1900 年，有两倍于 1970 年数量的少年居住在贫困人口占 40%之多，且因种族（或民族）和贫困而被孤立的地区（贾高斯基，1996，30）。1998 年少年中的总的贫困人数比 19 世纪 70 年代整个 10 年的还要多。生活在贫困中的儿童的比例保持在 1/5，而非洲裔美国儿童中贫困者高达 36%之多，西班牙裔的美国儿童中也有 34% 生活在贫困中（罗林斯，2000，23）。另外，许多移民和移民的孩子也属于这类贫困少年的范围。城市人口的贫困比率是郊区的两倍（卡茨和布拉德利，1999，2）。

许多中等阶层的人离开了内城区，非洲裔美国人和拉丁语系的美国人严 325
重地破坏了这些地方的社区意识，并且各种各样的社会问题也进一步恶化了。

出现了许多有未婚妈妈生育和在单亲家庭长大的少年。从1960年开始,对于大量生活在双亲家庭中的儿童来说,种族和收入问题解决的捷径在减少,但是对非洲裔美国人家庭来说,这种减少比例要远远高于白人家庭——46%比18%(儿童趋势,2000,3)。在非洲裔美国人中,妇女主导的家庭占所有贫困家庭的80%(罗林斯,2000,16)。

越来越多的未婚生育,包括少女生育的高比例问题存在于各个种族和收入阶层,但是有色人种中贫穷人居住的地方尤为明显。来自贫困家庭的少女怀孕的危险更大。因为非洲裔美国人和西班牙裔美国人中的少年与他们的白种同龄人相比更为贫困,有色人种中的少年则尤为危险。很多黑人和西班牙语系的少年母亲们生活贫困,而与此相比,白种人中的少年母亲中只有1/4生活在贫困中(医药研究院,1995,28,56)。

在90年代,少女生育比率全面下降,但对年龄介于15—19岁的非洲裔美国少年和西班牙裔美国人,这一比率仍然较高。在1998年,西班牙裔美国少年中每1 000个人中就有94个,非洲裔美国少年和非西班牙裔的白种人少年的比率分别为每1 000人85个、每1 000人35个(儿童趋势,1999,2)。第一次有孩子时母亲的年龄关系着她和她的家庭今后是否会贫困。(一旦有小孩)她很可能会退学并拥有一个大家庭,却不太可能会结婚、拥有稳定的工作并且挣到足够的钱以摆脱贫困(医药研究院,1995,56-57)。少女生育把这种与种族有关的贫困极端地传到了下一代身上。

另外,毒品和酒精的滥用——这些社会中普遍存在的问题——在内城区更为严重。在20世纪80年代中期,"强效可卡因"——一种由可卡粉、水和小苏打的混合物——侵入了洛杉矶、迈阿密和纽约市中心。"强效可卡因"是以少量的形式出卖的,并且比可卡粉的市场价要低(莫尔,1999,62)。在1999年,大约有150万的可卡因吸食者,大约有20万海洛因吸食者,市中心的情形更糟,尤其是那些已吸食成瘾者(物品滥用与精神健康服务管理局[SAMHSA]2000,14)。

暴力行为的性质变化了——由以前的打架导致鼻青脸肿到现在的进入墓地(死亡)或者送进急救室。在1989年到1993年间,蓄意或非蓄意的枪伤是

10—24 岁少年死亡的首要原因(暴力预防政策委员会,1995,33 - 36)。

经济状况的改变使得少年一旦退学或者犯罪就很难再回到原来的轨道上去,这其中的原因即包括好工作要求的门槛比较高,也包括好工作的短缺。20 326
世纪 70 年代到 80 年代间,制造业工作数量在总的经济中所占比例又进一步地减少。从事制造业工作的非洲裔美国少年的比例几乎削减了一半(国家研究委员会,1993,28)。自 1979 年到 1998 年间,对男士来说,具有大学文凭与拥有中学文凭的男士收入差距已由原来的 29%上升到 68%;对妇女来讲,两者之间的周工资差距也由原来的 43%上升到了 79%(丹齐格和里德,1999,16)。非洲裔美国人和白种人之间受教育程度的差异意味着增大的收入差距,这或多或少也受到了种族因素的影响。所有的这些问题使得那些在贫困中或者刚过贫困线的环境下长大的少年向成人的转变更加困难。特别是对于那些在种族和贫困困扰的环境下长大的少年。

自 1945 年以来,对少年政治经济政策的形成具有重大影响的因素被分类为:种族、民族以及国籍,尽管不仅仅包括这些。另一方面,机会向以前曾被排除在外的许多人展现,不仅包括有色人种的少年,也包括所有民族和种族的妇女们。“玻璃天花板”* 依然存在,但是精英大学、职业以及商界已今非昔比。军队成了晋升的主要通道。这些文化影响了很多人。它们非常重要。到 20 世纪末,事实上,美国已经拥有两种不同的少年政策:一种是针对那些不需要公共政策援助者;另一种则是针对其他少年的。

对那些在相当健康和无忧虑的家庭中长大,并且就读于很好的公立或私立学校的少年来说,政策是市场经济的人性化版本:所有的事情都由无形的手来控制和支配,并且它们被证明是合理的。对大部分的适应人群来说,那些政策是成功的。当市场不景气时,问题出现了,就像它曾作用于很大一部分的美

* 即 glass ceilings:是一个俚语,原意为玻璃天花板,指设想的一个界限,人们可以透过天花板看到自己的目标,但由于种族歧视或性别歧视而无法实现。此处指公共机构或私人企业为妇女和少数民族成员所设的无形限制,使他们不能向白人男子那样有更多的晋升机会。联邦政府设有专门委员会——the Federal Glass Ceiling Commission(联邦玻璃天花板委员会)来负责、处理、解决这方面的问题。——译者注

国少年一样,尤其是许多非洲裔美国人、拉丁语系美国人和移民中的少年。那时,我们的政策状况为:不完善的教育、对课外时间没有关注或者关注不足、对少年就业帮助的薄弱、处罚日趋严厉的少年司法与刑事司法系统,还有 1996 年福利援助的现金扣交,以引导未婚先育的少年男女行为的改变。

成千上万(也许是数以百万)的美国人,以及成百上千(也许是成千上万)有着不同政策方略的各样组织,专门从事或者贡献资金或志愿时间以使得个体少年能够超越那些阻碍他们取得成功的环境。新世纪美国人生活中的一个
327 核心问题是:为什么那么多旨在改善需要特别帮助者的生存机会的大量努力也没能形成更加完善的教育、更好的社区、更多的工作机会以及更合乎人道的司法系统。

由大多数的美国人去帮助少数的个别需要帮助者的个人承诺是清楚的。但大多数进行私人活动的美国人对公共政策援助的可行性以及有效性缺乏信心。所以美国针对少年的政治经济政策的基本立场在美国政体中并没有发生实质改变,并且在某些方面——例如在刑事司法方面还出现了处罚更加严厉的趋势,并且在福利方面趋于恶化。

美国少年政策的再思考

在思考国家对处于劣势地位的少年所可能采取的措施导向中,有四个政策同心圆需要考察。这四个政策同心圆都需要政府的作用——根据联邦、州和地方等级的不同而承担的责任不同,这四者都需要私人行为的参与。在主要由政府负责的州和地方,或者在主要由市民和私人负责的领域,国家领导的作用都是重大的,尤其是联邦总统对方向的指引。

最大的一个圆需要从经济结构和令如此一个富有的国家却有如此众多的少年成长在贫困或者接近贫困的家庭的相关政策的角度来考察这个问题。在这个圆内考察的政策不是具体针对少年和儿童的。第二个较小点的圆特别针对儿童和少年,并且涉及到我们所提供的教育和在校外时间我们都提供的活动。需要特别关注的是那些生活在高危险街区的那些通向成年的过程中需要

帮助的少年。尽管在这里我们具体关注的是儿童住在哪里或者他们是否生活在低收入家庭等一些基本问题，而不是关于那些由于其自身行为而使他们受关注的问题。问题是，我们怎样做才会减少陷入困境的少年的人数。第三个更小一点的圆关系到我们对少年儿童下列问题的回应，即除非我们对他们进行特别的关注或者即使我们对他们进行了特别的关注，他们也很可能成为少年法院、精神康复机构、毒瘾和酒精依赖治疗机构或者其他用以帮助脱离社会主流者的场所和系统的当事人。最后，最小的一个圆是我们处理被指控犯有罪行的少年的方法——在本章的前面部分已经提到并论述过。可以说，我们已经为这一人群选择了可能采取的方法中最严厉的处理方法。我们需要重拾那些公允的处理个体青少年的解决方法和途径，同时，我们应确保我们所做的 328
是为保护我们的社会所必需的。这四个圆都是经得起分析的，如前所述，最后一个已经在本书中多有论及，无需赘述。

这四个圆都存在与其研究对象相对应的另外一类人——那些成长在富有舒适家庭中的少年。当然，生活在任何背景下的少年都会出现问题。但这些有钱人可以通过进军事学校、请私人精神病专家、使用针对情绪障碍的昂贵矫治机构等花钱的方式而得以解决这些问题。收入高的父母还可以付钱让他们的孩子参加音乐和芭蕾舞课，为他们的孩子支付足球俱乐部、计算机营和其他有利于儿童和少年发展的校外活动。贫困和少年法院之间存在着密切的联系。上层高收入出身少年的行为可以是能容忍的或者只会受到较轻的处罚(或者已接受治疗或其他教育)，同样的情况若发生在出身低收入家庭的儿童身上，结果则是导致其少年法院之行。民族和种族渊源会使这一差距更大。

家庭经济和收入的关系

政策的最大的那个圆超出了少年的范围，需要关注那些并非特别针对教育和少年发展的一些政策和观念。很显然，这通常并不是那些真正深切关注及提高那些面临极不平等机会者的生活机会的人士所支持的议程事项。这里谈论的问题关系到少年成长的家庭的贫困,另外,还关涉到低收入少年的民族和种族渊源,这些关系到他们脱离贫困的机会大小。

当然,家庭的实力至关重要。学校的质量、校外时间的活动和所居住社区的安全程度也同样很关键。然而,经济保障并不仅是内在的决定因素,而且它提供了这些家庭对付阻碍他们孩子生活机会的其他影响因素的可能性。然而,许多从事少年工作的人或为少年提供辩护的人都局限于对一些具体项目的效果和资金的狭隘观念上,而不是从一个更加广阔的战略角度去考虑,什么是少年及其家庭要达到成功所需要的。如果我们想改变关于少年的政治经济政策,那么,我们必须改变关于贫困的政治经济政策。此处的"贫困"并不是狭义上的,而是有着更广泛意义的概念,它还包括那些依据我们所认可的官方关于"贫困"的狭隘定义所不能划归为贫困但确实不能支撑其家庭的数以百万的人们。

当然,这里所说的政策选择并不是那么简单。我们怎样才能达到使那些
329 以工作收入为养家糊口主要来源的人数的最大化呢?怎样才是对工资和对工资的公共补助——包括健康保险、儿童抚养补助金、住房补贴和大学补助在内的合理配置?对父母参加工作的期望和为那些失业父母的子女们免受伤害而提供的安全网之间的界线是什么?无能力的准确定义是什么?我们对体制作怎样的改善才能使得孩子能够从不在身边的父母那里得到资助,并促使没用监护权的父母,尤其是父亲们,能与他们的孩子在一起?这其中有哪些是需要全国性政策的参与,哪些应该留给地方来做决定,是否需要联邦财政的参与?

教育和校外时间

改善全体儿童的受教育状况是一个迫切需要解决的难题。许多有关的讨论都倾向于集中在对个别问题的解决上,这不可能使所有的儿童得到帮助,例

如特许学校*和优惠券。所谓的"高赌注"测试("high - stakes" tests)的运用虽然涉及到所有儿童,但是他并没有相应的广泛而复杂的行动计划去确保所有的儿童都能受到教育,从而能在测试中最大限度地使他们的才能得以展现。使所有的儿童都能受到教育的承诺在理论上存在了大半个世纪。也许恰当地说,它在过去的时间里受到了越来越多的关注,但是,这一承诺的实现仍是非常遥远的景象。

我们也听到了比以往更多的关于强调校外时间重要性的论述。估计有40%少年的时间是没有计划和无人监督的(医药研究院,1999,12)。关于向课外时间诸如晚上、周末、暑假里的少年提供有助益的活动选择的问题,专家们及倡导者们谈论了许多年了,尤其是在越来越多的母亲参加工作的情况下。随着人们的这一观念——课外时间的补习对学习差的学生会有帮助——的加强,人们对这一项目的兴趣也逐渐提高。

这不仅需要公共的基金还需要市民的参与。少年的生活中需要富有同情心和支持他们的成年人。他们需要服务和帮助别人的机会。他们在学业上需要支持,并且需要娱乐和各种各样的其他能使他们充实的活动。随着年龄的增长,在他们对就业市场的复杂性的洞察了解情况下,他们着实需要帮助。90年代,课外实践的活动有了明显的增加。纽约市的市长戴维·丁金斯启动了一项创举,将学校作为非营利性社区组织开展活动的场所。这项被称为"灯塔学校"的计划在下届市长鲁道夫·朱利亚尼接任后得以继续发展。至2000年,这样的学校已经超过80所。其他地方也开展了一些新的活动,其中一些是用国 330
家和地方基金会为其提供资助的;另一些是由州和地方政府或者两者联合为其提供资金的。

---

* 特许学校是颇为另类的教育改革,自1991年开始,由不满意现行教育制度的父母们、老师们、教育家、社区领导人甚至企业家自行设计教育课程,向政府申请特许执照和经费,自办学校,实行有创意的教育方法,不受地方规范约束,属非营利的公立或私立学校。通常包含小学和中学,由州教育局监督该校的素质和效能,但允许他们运作和传统公立学校体系有所不同,其目的在于:鼓励使用不同的创新教学法、让教育家设计的新课程有实行的机会、让学生增加选择学校的机会、让家长更能参与校务。从2000—2004年,美国新开了1 000家以上的特许学校,成长率达50%以上。于此,美国人的教育改革可见一斑。——译者注

90年代末，随着联邦预算赤字消失，最终变成盈余，在当时极为有利的党派气氛中，一项新的联邦政府课外活动项目在两党的支持下得以创建，到2000年为止，该项目已在联邦基金中占用了将近5亿美元。这种资金的注入使得在此之前的进展显得相形见绌。专家们对这一新的联邦项目的优点进行了讨论，该项目被称为21世纪社区研究中心，并与“灯塔学校”和其他一些地方的新创建一起被评定为更为优良的典范。这一联邦项目对学校进行了专用拨款，由其提供资金的地方项目还强调理论的丰富。批评家们强调了“灯塔学校”以及类似项目的一些特点的重要性，这些特点不是联邦的新锐资助作用的表现：有关的活动超越了学术理论，特别包含了帮助他人的机会；对于大龄少年而言，帮助他们获得进入就业市场的机会；参加非营利性的青少年服务组织，促使项目的运行；时间包括晚上、周末和暑假；以及社区建构的视角，其中包含一种意识，即不限于一帮一，社区也对其青少年负责，每个人都为使社区成为更安全和更美好的生活场所而贡献力量。

“课外活动项目”一般对许多父母和被调查者来讲是一个很容易理解的短语。但事实上，它并不是对社区应对其少年承担责任的描述。在课外时间发生的事情当然不可能产生最大的影响，除非在学校所发生的得到同时的关注，两者应当被联系在一起。另外，尽管基金会资助的和其他一些90年代的新创建比以前更清楚地显示：以社区为基础的青少年项目，如相对较新近的社会团体组织“灯塔学校”，先前的传统的男孩俱乐部、女孩俱乐部、基督教青少年协会和基督教女青少年协会，都需要尽可能与周围的事物相联系。这意味着不仅与学校相关联，也与家庭、宗教和雇主相联系，就大龄青少年而言，还包括与少年司法及刑事司法系统以及所属社区的联系。

要想建立并保持这些联系并使之长期成功的运行，社区少年中心需要对其工作人员进行良好的培训，并支以丰厚的薪金，以使他们能养家糊口，从而将其工作作为其人生的事业。对于志愿者，它们是理想的场所。但是，对于导
331 师和助教以及其他的志愿者，若没有需支付薪金的工作人员来筹备事情则不可能开始正常工作。对社区少年中心来说，一种特殊的角色是与少年司法和刑事司法系统相关的，这超出了提供一些积极的和具有建设性的事情以减少

困境少年数量的范围。在这样的场所中,那些困境少年可以被指导参加一些比通常情况下监管更严的活动。他们还可以作为有组织的场所,由专门的工作人员为那些社区和学校认为具有高度犯罪危险性的少年提供帮助。

自一个多世纪前街坊文教馆(settlement house)* 首次出现以来,"校外时间"就已经成为关注的焦点。当时内城区的问题因没有得到有效解决而愈益恶化的时候,对校外时间计划的关注同其他事物一样没有取得任何进展。新世纪伊始,这种情况已经有所改观。

对问题少年的反应

学校从来不会设法去处理由于这样或那样的原因而具有破坏性的儿童和少年。这不足为奇,因为班级人数过多,且问题太多,牵涉的地方太广。在涉及残疾儿童问题上已得到了很大的改进,尽管城外的进展要优于城内。从70年代中期的具有里程碑性质的立法开始以来,大量的以前将被收容、被送到特殊学校或者将被赶出学校的儿童现在已转入正规的班级并且表现得很好。1974年通过的《残疾儿童教育法》规定:所有的残疾儿童都有接受适当公共教育的权利。学校的老师们和管理者是这一针对残疾儿童的个性化教育计划创立的主要决策者,同时也要求家长的参与。以前对许多人是不敢想象的或者会使其家庭背负沉重经济负担的昂贵矫治机构或(为智力或身体尚有缺陷、情绪或行为上有问题的学生所提供的)特殊教育现在都可以接受了。尽管还有教师们和学校官员的不满,而且处于低收入家庭的有色人种儿童仍被不公平地看作是特殊需要者,但从整体上已有了很大的改观(汉德勒,1988,1009-10)。

但是如果无行为能力与行为分裂相重叠,尤其是当行为分裂存在于缺乏法律认可的无行为能力的情形下,问题的发展趋势则会背道而驰。在学校出现的枪支和其他危险武器及随之发生的暴力后果严重威胁了为确保学校安全

---

* 指为城市等贫民区居民提供教育、娱乐等社会服务的场所。——译者注

332 所作的全部努力。但是,“零容忍”政策* 走得更远了。大量的学生由于一些在以往最多也只是在学校被暂令停学几天的行为而现在却被处以暂令停学或被开除学籍处分,另外,也不提供其他的替代性教育措施。“零容忍”政策的扩张紧随于90年代中期严重青少年暴力犯罪下降了11%之后(利维克,1999)。当前大量适用暂令停课和开除学籍处分的状况是令人忧虑的。1988年,310万学生被暂令停课,另有8.7万学生被开除学籍(公民权利项目,2000)。

这些制裁措施在适用过程当中也带有强烈的种族差异,这是暂令停课和开除学籍的长久以来的特征。非洲裔美国少年更可能被判定行为存在问题,并被逐出教室或受到其他使其丧失继续在学校学习信心的处分(克里斯伯格和奥斯丁,1993,132)。根据教育部的资料显示:只占公共学校入学比例17%的黑人却占受到过暂令停课处分人数的32%,而占公共学校入学率63%的白种人学生则只占受暂令停课处分人数的50%,占被开除人数的50%(公民权利项目,2000)。这一问题在70年代受到了公众的关注,而且全国的教育系统也相应地对他们的政策作了调整以使对行为分裂少年的处分无论在程序上还是在实体上都更加公正。80年代和90年代初的少年暴力使得暂令停课和开除学籍的制裁措施的实施再次出现了扩大的趋势。

在可能被驱逐出校园的少年人数方面,也许更严重的是目前已流行成风的“高赌注”测试。这种貌似好心的终结社会晋升的决定意味着:如果学生在测试中失利,其发展则将受到阻碍,但是少有校区足够重视学生成功所需要的良好教学以及辅导。由于看到很多学生不能通过考试,一些管辖区已经放弃了这种测试。另一些辖区则选择坚持继续实施,造成了那些尤其是来自于低收入家庭,特别是其中来自有色人种低收入家庭的学生,被驱逐出学校的后果。应该设立恰当的标准、良好的指导和辅导以使努力的学生能够取得成功。但是,目前对于绝大多数城市校区而言,这是不现实的。所有的这些会增加少年法院的工作量,从而超出了刑事审判系统的容量。少年和刑事审判系统中

---

* “零容忍”即毫不宽容,绝不允许,采取强硬态度。多用于政府政策,尤其是有关制止暴力犯罪、贩毒和吸毒少年酗酒等政策。如有些州、市规定的禁止21岁以下者喝酒、禁止酒后驾车、禁止携带武器和毒品进入学校,起诉包括年幼者在内的所有犯罪者,均为“zero tolerance policy”。——译者注

这种严重的种族不平等情况根源于学校。

通过法庭解决的只是其中的一小部分。在内城区学校几乎没有具备学生需要的心理、咨询或者其他的内部或中转的精神健康机构。绝大部分的少年都不会成为少年法院的光顾者——他们的问题会以多种方式表现出来。但 333
是,从少年审判的角度来看,我们缺乏一种能把法院和学校连接起来的体系。造成这种情况的部分原因在于学校内部援助机构的严重缺失,尽管这种状况很糟糕,但还不是全部的原因。另外一部分原因在于:学校内部是倾向于把少年赶出去而不是想办法帮助他们的态度。法院也相应地存在缺陷,因为别无选择,法院只能选择要么将其送回家、要么起诉并贴上犯罪的标签。一般情况下,如果他被判缓刑,他以前的学校不会让他返回学校;执行缓刑的警察部门通常因为太忙或其他原因,并不倾向于为了缓刑者而劝说学校;如果他是从矫治机构中出来的,学校通常是不会欢迎他回校的,对少年处遇后进行安置的工作人员也通常不会为他辩解。几乎没有关注出狱后安置和使犯法者重新融入其社区的革新政策。即使出现对少年回归其社区的安排,也只是在他被释放前夕才会出现(克里斯伯格和奥斯丁,1993,176)。

于是,当少年犯了一点错,有关部门可能就犯了一连串的错,因为应该阻止他们犯错的工作不到位。这是一个值得广泛关注的有待详细调查的问题。有关少年法院的论述很少能够拓宽他们的视角并对社区背景进行考察。许多具有违法、违纪或少年罪错行为的少年在几年前就已经走上了最终通向法院的道路。他们在学校已经有所表现,他们再三地受到停课处分,对于他们存在的问题没有被了解并积极地加以解决。一旦他们正式出现在法庭上,很少有机构会愿意配合他们并帮助他们改邪归正。事实上,任何少年矫正机构中都有大量年幼时曾被父母亲或者其他成年人虐待过的少年以及大量没有学习能力的少年。由于早期受虐待而产生的问题没有得到矫治和处理,使得原本可以得到缓解的沮丧和愤怒进一步恶化——这种情况虽并非存在全部案件中,却也是一种普遍现象。

正如克里斯伯格和奥斯丁所论述的:“一种开明的、健康的、解决少年罪错问题的方法必将引导我们对引起少年罪错问题的环境因素进行探寻”(克里斯伯格和奥斯丁,1993,182)。应该有(尽管对于贫困的以及少数民族少年而言根本不存在)一个由不同部门组成的整体性机构,对有助于改进的、预防性的方法进行先期投入,以使走上歧途的少年的数量最小化。它意味着被安排转入正规班级的残疾儿童数量最大化和教育系统内外存在的隔离学校中隔离班级运用的最小化,尽管那些选择是残疾者和行为有问题的人所需要并应当向他们提供的。

无学习能力的状况应该被及早发现并及时得到矫治。行为问题及引起这些问题的因素应该引起注意并及时予以解决,为帮助少年和他们的家庭,有必要利用学校的停课处罚或其他建设性政策以尽最大可能遏制少年罪错行为
334 并使学生留在校内。一个完整的策略将包括社区学校、社区活动中心、街坊文教馆以及使少年及其家庭积极参与的一些活动、娱乐、补习等课外项目。

这种视角应该是社区建设的一部分。同一地区内部的一些机构或机构团体应该熟悉该地区的所有少年,一旦其中有人陷入困境,如果可能的话,他们应该主动帮助并负责确保此类事情不再发生。

当一种行为恶劣到不得不由司法系统介入的程度,要解决这一问题就变得更为困难,但是我们仍应该继续在一个连续的系统中进行思考,而不是脱离于此,囿于一个界限分明的矫治机构领域。但是必须有所反应——少年需要指导;他们需要明白不被接受的行为有其后果;"拍打其手"(slaps on the hand),或用更轻的方式,来斥责和警示他们,因为早期的违法会招致更多、更甚的违法。这种后果并不必然意味着正式起诉,更不用说进行判决并使用缓刑。当然,这取决于冒犯的程度。如果只是侵犯财产而没有造成人身的伤害和危险,在恢复性司法和社区服务的观念下,我们可以比以往更有作为。他们应该对自己的行为负责,要么用自己挣的钱作补偿,要么为社区服务。

当问题从一般预防转向特殊预防时,我们需要一种新的社区应对体系。针对已不仅仅是处于危险状态的而是已经进入违法状态的少年,警察部门、学校、非营利性服务团体、宗教团体有必要联合创立一种积极的应对方法。社区的警察部门、检察部门和法院的特定权限应当包括那些没有达到需要剥夺自由或接受正式制裁程度的少年。如果能正式确保在邻区街坊建立一套涉及少

年的社区机构，包括社区警察机构，那么在少年为违法行为时，一种它们间相互配合予以承担职责的局面将自然形成。对这种行为放任不管直到达到我们忍无可忍的程度时而给予严重的惩罚，这样做往往会适得其反，也是不对的。

“四个同心圆”的战略内涵

如果少年问题的活动家想在这四个层面都有所进展，他们的战略姿态应当如何？这是一个进退两难和充满困难的问题。如果他们只针对其中一部分 335
的对象，他们将面临这样一种危险，即只对其中一部分人提供帮助而不能得到更多人的赞同。如果他们把关注点放在更广泛意义上的需要帮助者身上，他们又将面临一种危险，即那些最需要帮助者不能得到帮助或者至少不能得到他们所需要的特别帮助。

例如，“少年”这一概念本身就不是最具吸引力的。幼小儿童是可爱的，并且拥有其全部的生命潜在可能于其将来。少年天真无邪的观念是颠簸不破的。少年毕竟是少年。甚至我们自己都在考验我们的耐性。更多地让少年为其行为负责，这是一个具有诱惑力的想法。对那些已经出现问题的少年，介入的成功率较低。但是，如果少年问题活动家把他们的倡导深入到更广的对儿童政策的观念中去，或许他们成功的可能性会更大，但是，对最需要帮助的少年，其可能性会更小。

少年问题活动家也许会问其他国家是用什么方法解决这一进退两难的问题的。有没有国家有着一系列良好的全国性少年政策，以及使得其被采用的战略性方法又是什么呢？我们发现：西欧国家，还有加拿大、澳大利亚和新西兰都拥有更广泛的社会服务机构和普遍的安全网，而且贫富差异悬殊较小。这一问题就变成这个国家是如何养护其国民的问题了。这些国家当中有一些采取了可称之为积极的少年政策，他们这样做的原因在于他们的整体社会政策贯穿了一种较我们美国目前仍然延存的方法更为仁慈宽厚的思路。

不过，少年问题活动家仍可以从以下几个战略要点来进行宣传。其一，他们从来没有弄明白家庭经济收入的问题——工作的报酬加上社会政策所添加的总的"社会"工资——如此状况的美国民众数量要远远多于我们在政治讨论中所看到的。这些问题影响着正处于成长期的孩子,以及那些已读完中学而考虑如何面临即将到来的成年生活的少年们的生存发展可能性。强调美国人的收入与机会分配存在着广泛的不平等,是一种潜在的政治策略。"社会"工资由工作所得(一切能使之最大化的工作所得)、收入补助金、医疗保险金、幼儿养育金、住房补贴组成,并附之以中学后教育补贴。所有这些都将对少年产生重大的影响。把注意力集中于更广泛意义上的对象群体着实存在着对真正贫困群体关注不够的风险,但在政治上更具前途。同时,这也可以成其为一种框架,在其中,我们可以加入关于(也许是较为成功的)底层民众的论据——即便他们并不是头等重要的。

其二,战略性(实体性)的要点是强调对教育的价值。少年问题活动家应当解释清楚:履行我们理论上给每位美国儿童提供良好教育的承诺,意味着将公共教育体制改革进行到底,使得每个学校都成为良好的学校。特许学校和
336 优惠券也许是不错的好主意,也许又不是。但两者在面临我们所要达到的目标——使每个儿童接受教育时,却显得力不从心。"教育"始终是头等大事。将低收入少年的教育需求纳入更广泛的教育议程亦是存在风险的,提供一个为低收入少年辩护的论证框架亦是如此。

然而,对于少年问题活动家而言,明确关注青春期的必要性没有什么可以宣讲。学校教育改革非常容易停留在中学这一界面,而不是低收入少年这一界面。全力提高中学教育的质量需要进一步的努力——人们很容易决定,或明示或暗示,中学教育改革太难了,我们不打算这样做,或我们仅仅是嘴上说说而已。课外活动项目也是如此。作用于幼童更为容易。减少阻碍的最佳办法就是忽略少年的中学年龄问题。将那些处于中学年龄段的人纳入课外时间项目,我们仍需进一步的努力。

如果说,我们不可避免地要聚焦于学校改革策略和课外时间策略,那么,更为千真万确的是,没有比涵盖收入、家庭、种族、社区、教育、课外时间项目、残疾、精神保健或其他等等的更为宏大的框架了。在此框架中,我们将注意力集中于那些已开始陷入困境的少年。少年问题活动家们还应当关注少年司法

系统本身及其同社区的关系。

因而,一方面存在一个有助于获取更优少年政策的更为宏大的框架;另一方面,除了构建一个更为宏大的直接维护少年利益的基础,我们别无选择。如果不这样做,美国将会继续其少年政策的矛盾分化的进路。

参考文献

Ashby, Leroy(阿什比,勒鲁瓦). 1997. *Endangered Children: Dependency, Neglect, and Abuse in American History*. New York: Twayne Publishing.

Branch, Taylor(布兰奇,泰勒). 1988. *Parting the Waters: America in the King Years, 1954 – 63*. New York: Simon & Schuster.

Bremner, Robert H. (布雷姆纳,罗伯特·H.), ed. 1971. *Children and Youth in America: A Documentary History*. Cambridge, MA: Harvard University Press.

Child Trends(儿童趋势). 2000. *A Century of Children's Health and Well-Being*. Washington, DC: Child Trends.

——. 1999. *CTS Facts at a Glance*. Washington, DC: Child Trends (December).

Children's Defense Fund(儿童保护基金会). 1999. *The State of America's Children Yearbook*. Washington, DC: Children's Defense Fund.

Civil Rights Project(公民权利项目). 2000. *Opportunities Suspended: The Devastating Consequences of* 337
Zero Tolerance and School Disciplinary Policies. Cambridge, MA: Harvard University Press.

Danziger, Sheldon(丹齐格,谢尔登), and Peter Gottschalk(戈特沙尔克,彼得). 1995. *America Unequal*. Cambridge, MA: Harvard University Press.

Danziger, Sheldon(丹齐格,谢尔登), and Deborah Reed(里德,德博拉). 1999. "Winners and Losers: The Era of Inequality Continues." *Brookings Review* (fall 1999): 14 – 17.

Demos, John(迪莫斯,约翰). 1986. *Past, Present and Personal: The Family and the Life Course in American History*. New York: Oxford University Press.

"Developments in the Law: The Interpretation of State Constitutional Rights, Privacy and Education: The Two Faces of Fundamental Rights." 1982. *Harvard Law Review* 95, no. 6: 1324 – 1502.

Feld, Barry(费尔德,巴里). 1999. *Bad Kids: Race and the Transformation of the Juvenile Court*. New York: Oxford University Press.

Ford Foundation(福特基金会). 1989. *The Common Good: Social Welfare and the American Future*. New York: Ford Foundation.

Greenberg, Cheryl Lynn(格林伯格,谢里尔·林恩). ed. 1998. *A Circle of Trust: Remember the SNCC*. New Brunswick, NJ: Rutgers University Press.

Grubb, W. Norton(格拉布, W. 诺顿), and Marvin Lazerson(拉泽森, 马文). 1982. *Broken Promises: How Americans Fail Their Children*. New York: Basic Books.

Hacker, Andrew(哈克, 安德鲁). 1992. *Two Nations: Black and White, Separate, Hostile, Unequal*. New York: Charles Scribner's Sons.

Handler, Joel(汉德勒, 乔尔). 1988. "Dependent People, the State, and the Modern/Postmodern Search for the Dialogic Community." *UCLA Law Review* 35, no. 6.

Institute of Medicine(医药研究院). 1995. *The Best Intentions: Unintended Pregnancy and the Well-Being of Children and Families*. Washington, DC: National Academy Press.

Jargowsky, Paul(贾高斯基, 保罗). 1996. *Poverty and Place: Ghettos, Barrios, and the American City*. New York: Russell Sage Foundation.

Kantor, Harvey(坎特, 哈维), and Barbara Brenzel(布伦泽尔, 芭芭拉). 1993. "Urban Education and the 'Truly Disadvantaged': The Historical Roots of the Contemporary Crisis." In Michael Katz, ed., *The "Underclass" Debate: Views from History*. Princeton, NJ: Princeton University Press.

Katz, Bruce(卡茨, 布鲁斯). 2000. "Enough of the Small Stuff! Toward a New Urban Agenda." *Brookings Review* (summer): 6 – 11.

Katz, Bruce(卡茨, 布鲁斯), and Jennifer Bradley(布拉德利, 珍妮弗). 1999. "Divided We Sprang!" *Atlantic Monthly* (December)〈http://www.theatlantic.com/issues/aadec/9912Katz.htm〉

Katz, Michael B.(卡茨, 迈克尔·B.). 1986. *In the Shadow of the Poorhouse: A Social History of Welfare in America*. New York: Basic Books.

——. 1993. "Reframing the Underclass Debate." In Michael Katz, ed., *The "Underclass" Debate: Views from History*. Princeton, NJ: Princeton University Press.

Kett, Joseph F.(凯特, 约瑟夫·F.). 1977. *Rites of Passage: Adolescence in America, 1790 to the Present*. New York: Basic Books.

Kluger, Richard(克卢格, 理查德). 1976. *Simple Justice*. New York: Alfred A. Knopf.

Krisberg, Barry(克里斯伯格, 巴里), and James F. Austin(奥斯丁, 詹姆斯·F.). 1993. *Reinventing Juvenile Justice*. Newbury Park, CA: Sage Publications.

Lemann, Nicholas(莱曼, 尼古拉斯). 1991. *The Promised Land: The Great Migration and How It Changed America*. New York: Alfred A. Knopf.

338 Levick, Marsha(利维克, 玛莎). 1999. "Zero Tolerance." *Oxygen*〈http://www.oxygen.com〉.

Lindenmeyer, Kriste(林登迈耶, 克里斯蒂). 1997. "*A Right to Childhood*": *The U.S. Children's Bureau and Child Welfare, 1912 – 46*. Urbana and Chicago: University of Illinois Press.

Lindley, Betty(林德利, 贝蒂), and Ernest K. Lindley(林德利, 欧内斯特·K.). [1938] 1972. *A New Deal for Youth: The Story of the National Youth Administration*. New York: Da Capo Press.

Macleod, David I.(麦克劳德, 戴维·I.) 1987. "Act Your Age: Boyhood, Adolescence, and the Rise of the Boy Scouts of America." In Harvey Graff, ed., *Growing Up in America: Historical Experiences*. *Detroit: Wayne State University Press*.

Marable, Manning(马拉布尔，曼宁), and Leith Mullings(马林斯，利斯), eds. 2000. *Let Nobody Turn Us Around: Voices of Resistance, Reform, and Renewal—An African-American Anthology*. Oxford: Rowman & Littlefield.

Mauer, Marc(莫尔，马克). 1999. *Race to Incarerate: The Sentencing Project*. New York: New Press.

Muncy, Robyn(芒西，罗宾). 1991. *Creating a Female Dominion in American Reform, 1890 – 1935*. New York: Oxford University Press.

National Research Council(国家研究委员会). 1993. *Losing Generations: Adolescents in High-Risk Settings*. Washington, DC: National Academy Press.

National Research Council and Institute of Medicine(国家医药研究委员会与研究院). 1999. *Risks and Opportunities: Synthesis of Studies on Adolescence*. Washington, DC: National Academy Press.

Nathanson, Constance A.(内桑森，康士坦茨·A.). 1991. *Dangerous Passage: The Social Control of Sexuality in Women's Adolescence*. Philadelphia: Temple University Press.

Policy Council on Violence Prevention(暴力预防政策委员会). 1995. *Violence Prevention: A Vision of Hope*. Sacramento, CA: Crime and Violence Prevention Center (August).

Rawlings, Lynette(罗林斯，莱内特). 2000. *Poverty and Income Trends: 1998*. Washington, DC: Center on Budget and Policy Priorities.

Reiman, Richard A.(赖曼，理查德·A.). 1992. *The New Deal and American Youth: Ideas and Ideals in a Depression Decade*. Athens: University of Georgia Press.

Stern, Mark(斯特恩，马克). 1993. "Poverty and Family Composition Since 1940." In Michael Katz, ed., *The "Underclass" Debate: Views from History*. Princeton, NJ: Princeton University Press.

Substance Abuse and Mental Health Services Administration (SAMHSA)(物品滥用与精神健康服务管理局). 2000. *Summary of Findings from the 1999 National Household Survey on Drug Abuse*. Washington, DC: Department of Health and Human Services.

Sugrue, Thomas(萨格鲁，托马斯). 1996. *The Origins of the Urban Crisis: Race and Inequality in Postwar Detroit*. Princeton, NJ: Princeton University Press.

Troen, Selwyn K.(特伦，塞尔温·K.). 1976. "The Discovery of the Adolescent by American Educational Reformers, 1900 – 1920: An Economic Perspective." In Lawrence Stone, ed., *Schooling and Society: Studies in the History of Education*. Baltimore: Johns Hopkins Press.

Trotter, Joe William, Jr.(小特罗特，乔·威廉). 1993. "Blacks in the Urban North: The 'Underclass Question' in Historical Perspective." In Michael Katz, ed., *The "Underclass" Debate: Views from History*. Princeton, NJ: Princeton University Press.

Wilson, William Julius(威尔逊，威廉·朱利叶斯). 1996. *When Work Disappears: The World of the New Urban Poor*. New York: Alfred A. Knopf.

第 五 部 分

少年司法的比较研究

本书的最后和篇幅最大的部分详细记载了众多发达国家不同的现行少年司法体系和形成当前状况的独特历史。由于现行的少年司法体系如此之多，因此把法律规定和实践操作进行比较是严谨的学术研究必不可少的一部分。玛格丽特·罗森海姆在第十二章中描述了美国少年法院体系的现行组成及功能。森田明撰写的第十三章是一部说明日本少年司法制度的发展史。而在第十四章中，约翰·伊科拉尔提供了英格兰和威尔士有关儿童危害和儿童保护法律及制度的历史。英格兰和苏格兰的少年罪错政策从20世纪60年代后期的相类似体系到21世纪转向了截然不同的定位和做法，在第十五章中，安东尼·博顿斯对两者的相异演变做了比较。第十六章，本作品集的最后一章，作者加普·窦克综观欧洲少年司法体系，并且分析了目前少年司法政策中的争议问题。

总体看来，上述研究成果是一个令人鼓舞的开端，有关的比较研究应当成为21世纪有关少年司法学术性工作的一个重要部分。

第十二章　现代美国少年法院 341

玛格丽特·K.罗森海姆(Margaret K. Rosenheim)

少年司法是一种通称性的专业术语，它既指一种处理不法少年的新颖的法学方法，也指少年法院——改革的制度性关键，以及一系列对少年负有管制和矫正职责的附属机构，其中包括警察、少年法院及其辅助工作人员、检察官和辩护律师、少年拘留所和少年矫正机构。自1899年少年法院建立之日起，少年司法机构已经遍布各地，它们形式各异，可见于美国的所有辖区内、全世界的工业化国家，以及许多发展中国家。少年法院所隐喻的构思得以迅速实施，证实了当代有关儿童需求以及对危险儿童采取特殊反应机制的相应要求的现代观念的力量。这种反应机制显然不同于刑事司法系统、公众、志愿机构和教育部门所提供的反应机制。

从一开始，少年法院就负有广泛的救助儿童的使命。少年罪错行为，即由成年人实施则构成犯罪的行为；"屡教不改"和缺乏管教，即由于监护人的缺失或缺乏能力而使得孩子易受伤害，以及无人照管的情形都属于法院管辖权限之内。少年法院管辖的基本范畴还包括不法分子、需要政府干涉以防可能做出自毁举动的儿童和需要保护的儿童。法院的奠基者们假定需要政府干涉的理由是不证自明的。他们寻求建立能以体恤的方式对待孩子们，并且能在审 342
判时对其产生积极影响的一个平台和一套程序。

少年法院是少年司法的象征和焦点。在法庭上和围绕法庭展开的活动中，已经建立了一种新的处理儿童的法律途径。少年法院诉讼程序的理念是模仿非正式程序建立的，而不是仿照有对抗意味的审判。无论是法官还是法庭的门卫——那些坐在接待处或者任职于少年拘留所——都是从同情和体恤孩子们的人群中挑选出来的。早期对少年司法的描述的重点是强调少年法院创造的氛围与刑事法院截然相反的不同之处。

为少年法院制定救助儿童任务的努力致使少年法院脱离了主流的法律机构,少年法院在历史上的显著特征就是它独立于律师职业及普通的法院体制。直到20世纪50年代,律师和法官对关于少年法院及其他少年司法机构设立目的和程序的常识少得可怜。这种状况自20世纪60年代开始有所好转,当然不仅仅美国有所转变。少年法院和相关机构在当前引起了法律界的关注,并取得了一些显著的成就,其实质的进展源于美国最高法院在少年法院做出的许多里程碑式的判决,如肯特案(*Kent v. United States*,383 U.S.541[1966])、高尔特案(*In re Gault*,387 U.S.1[1967])、温希普案(*In re Winship*,397 U.S.358[1970])和麦基弗案(*McKeiver v. Pennsylvania*,403 U.S.528[1971])。实质上,这些判决影响了刑法所保障的正当法律程序要求适用于少年罪错诉讼程序。最高法院的这些判决明确表示:对少年法院的非正式程序应当有重要的限制,这也正是法院的创立者们所高度重视的。然而,最高法院通过拒绝对被控的少年罪犯适用大陪审团审判,表现出了对少年司法特性的赏识。

然而,自20世纪70年代后期以来产生了一种日益增长的趋势,那就是将美国少年司法制度重新犯罪化,并且将更多的少年罪错案件移送到刑事法院。这种双重趋势于20世纪90年代初期使公众对少年司法系统能否有能力解决少年暴力犯罪问题的答复产生了更大的质疑。尽管20世纪后期的这些变化使少年法院更类似于成人法院,并且使更多的少年像成人一样接受审判。但是在少年法院建立之后的一百年时间里,"少年司法体系由其自身的基本原理和法律制度引导,并且由自身的一系列机构加以贯彻执行。因此,这种体制依旧保持其独特性"(斯奈德和西克蒙德,1999)。

343 少年司法的组织与程序

少年司法组织和少年司法程序通常被称作为少年司法体系。"体系"这个词在这里泛指能够做出关于政府干涉儿童生活的一系列相互关联决定的一整套机构与制度,但他并不是用来描述拥有共同目标的背景下达成共识相关联的机构。

少年司法体系指警察、少年法院、受案和缓刑工作人员、政府律师(公诉人)和儿童代理人(有时候是他或她的家长)、少年拘留所、少年矫正机构,以及依少年法院的指令安置儿童的社会机构。每一团体都有特定的职责、预期目标和参照标准。这些团体不一定总是步调一致地工作或向共同的价值目标努力。正如专业思维和职业资历的不一样,他们的工作量也是有差别的,这些因素都影响着机构一起工作的方式。此外,少年司法机构并不是与世隔绝的。他们仍旧在儿童服务机构诸如学校中起作用,并要求重点享有公众关注和公共资源。公民意识中的政治环境和大众传媒的特别注意也是不容忽视的因素,这些因素会对系统内的每一构成组织产生或多或少的影响。

通常认为,唯一能够理解少年司法体系的是亲身经历过诉讼程序的人,是孩子及其父母,而不是当事人可能接触到的机构工作人员。然而,对系统关系的新兴探究兴趣加深了对各种组织相互联系的理解,这可能会对少年司法程序的进一步改善产生富有成效的启示。

少年司法案件数量上的特征

尽管少年司法的言下之意是支持广泛的政府职权,以强制保护和重新引导那些“易受伤的”和“顽劣的”儿童。但是,如同过去一样,它的主要任务是矫正和控制罪错少年。少年罪错案件成为了少年法院承办案件的主题。

提交的少年罪错案件占全国少年法院承办案件的3/4以上,而兼有身份犯罪的少年罪错案件占据了提交案件的4/5以上。在少年罪错案件中的男性人数是女性的三倍;就暴力犯罪而言,逮捕的统计资料显示出两性在数量上存在更大的差异。然而,就因财产犯罪而被逮捕而言,其巨大的性别差距却一直 344
在缩小。例如,1981年女性占被逮捕人数的不到20%,而到了1998年,她们占到了将近30%。

在危险少年人群的规模和少年法院提交的工作量之间有着一个大致的联

系，因此研究者们企图通过少年人口统计来对法院的负担进行中列数*预测。但这样操作的误差率是相当大的。最近一些评论家预计：由于少年人口增长
345 了15%，1995年到2010年之间少年犯罪和提交法院的案件数将会有大幅度增加。然而，与当时所报道的预测相反，少年被逮捕的比例开始大大下降，再一次证明了少年人口的轻微波动对预测少年法院的重大案件率不是很有用，
346 因为犯罪率的变化比人口的变化更现实（齐姆林，1998）。

案件筛分程序**

相对于成年人刑事司法体系，曾有人把少年司法体系比作"漏斗"。更多的儿童可能只是潜在地受到少年法院管辖的影响，而不曾有过正式接触的经验。引起警察注意的人当中，绝大部分被从进一步的官方关注中分流出来。提交到法院的案件的处理方式是各种各样的，通常的处理决定是庭外解决。

在程式化处理儿童案件的每一阶段中，都会有"筛选（或审查）"或者"受案"决定。然而，就像"漏斗"这个比喻所暗示的那样，并不是所有的决定都是建立在慎重的、关注少年的调查程序以及深思熟虑的基础之上的。相反，一些决定看起来更多地受到工作量或某一机构游移不定的组织目标的影响，而不是受到普遍认同的少年司法优先观点的影响。因此，假如把它想象成是渗漏的漏斗的话，那么"漏斗"这个形象将会更加准确。

少年司法官方的目标一直以来就是以注重儿童发展要求和能力的方式来处理少年案件。此目标的实现被看作是要求在审判中每一阶段做出个性化的裁决，但事实却将该目标正在实现的设想抛入了受人质疑的境地。少年司法机构的另一个普遍特征是"批量处理"，这个特征在那些为主城区服务的、被大量案件所困扰的机构身上表现得尤其明显。在这些情况下，审查程序是通过每一层面的官方接触来关注异常案件。案件筛分不是对案件进行全面调查，

---

* 中列数：midrange，统计学术语，指样品或数组中最大值和最小值的算术平均值。——译者注

** 案件筛分程序：即 The Screening Process，或称"案件审查程序"、"案件遴选程序"，指根据案件的不同情况依法进行层层筛选、转处、分流的案件处理程序。——译者注

而是关注那些不同寻常的特征，并将其记录下来，作为考虑和做出个别化决定的基础。构筑官方决定的时间不是以小时，而是以分钟计算的。每一机构日常事务中重视的是快速地做出决定。

例如，据估计，在警察设置的每100个街道停留处，就有大约20个孩子被拘押；而在被拘押的人当中，接近70%的人会被移送到少年法院；在这里，少年法院的受案人员通常接受检察官的建议，又会把大约1/2的少年放归社会，不提起正式的诉讼；剩下的那些案件，很大一部分在法庭上会被驳回。剩余的案件，通过裁决听审*，根据被指控犯有罪错行为的少年的辩解或者是法庭行动，做出罪错构成与否的裁决。其中的大部分又会通过以下方式之一进行处 347
理：诉讼延期并最终撤销诉讼，而没有进入正式的处置或决议程序；或发布将其送往少年矫正所的收监令；或者发布安置令。法院判决的主要形式是缓刑及将诉讼延期并最终撤销诉讼。相对而言，只有很少一部分的罪错少年被安置或被判决构成罪错，还有非常少一部分的少年法院案件会移送到刑事法院。1997年，它们共计是所有正式提起诉讼的案件的1.0%。

因此，案件筛分程序中的“案件死亡率”是非常高的。一定的数量是预料之中的。涉嫌犯罪的少年，如成年刑事犯罪人一样，享有无罪推定的权利。并且在最高法院对肯特、高尔特、温希普等案件做出判决之后，他们享有刑法保障的众多宪法性保护，值得注意的例外是他们不享有陪审团审判的权利（麦基弗案）。所以，很大一部分案件因为达不到法定证明标准或者案件的某些法律要素有所缺失，而被筛选出去（或者终止诉讼）。

其他可能更为重要的因素同样也影响着程序中每一阶段案件的筛分。有些与影响刑事执法的因素相类似：将刑法过宽限制原则**适用于特定罪错少年，让人感觉过于严格，以及工作量的沉重压力要求在稀缺资源的分配上做出选择。此外，少年司法需要考虑的一个首要因素是其康复目标。认为孩子应

---

* 裁决听审：即 adjudicatory hearing，指少年法院为确定某一少年的行为是否构成罪错行为而举行的听审。——译者注

** 源自美国宪法第一条修正案，该原则用以宣告那些过于宽泛的立法无效。参见《元照英美法词典》，法律出版社2003年版，第1015页。——译者注

该是有“改过自新可能的”(齐姆林,1978),这种观点会影响从警察到矫治机构作出回归社会的日期决定的某一环节。如同刑法一样,少年司法的自由裁量权明显渗透于执法之中,自由裁量权的行使不仅引起了社会对少年司法广泛目标的争论,也引起了对自由裁量权运用于特定案件的争论。

少年司法机构

警察

市区的众多警察部门拥有处理少年的专门单位或分队。这些警察分队记录同少年的接触,履行有限的审查职能,拟订移送少年到法院的准则,使之成为全体警察同少年法院之间的纽带。警察有责任将犯罪的少年和其他诸如被虐待或离家出走的儿童,提交到法院。他们有权把某些少年安置在可靠的机构,也有权把在危险环境中发现的孩子转移到有临时安全保障的地方去。

348 然而,警察部门存在专门少年分队与其作用重要的判断是不能等同的。尽管专门少年分队发挥着有效作用,但是承担做出带回拘留(“逮捕”)以及提交到少年法院决定任务的是巡警。少年和警察经常在公共场所发生冲突。此外,这样的冲突很少发生在一个少年和一两个警察之间,更经常的状况是警察要一次面对几个少年。警察必须在没有足够所需信息的压力下做出判断,并且还要常常受到意见相悖的公众的审查。

当警察将少年带到拘留所以后,可以选择警察局的“警局处理”,以代替被移送到少年法院。警局处理意味着禁止对以后不当行为的警告,也意味着在警局档案中有曾涉嫌违法行为的记录。1997 年,警方用警局处理的方式解决了大概 1/4 的少年案件。许多部门已经制定了指导方针,以协助警察做出内部调整的决定。几乎可以肯定的是这些标准将包括所涉嫌罪行的严重性、先前与警方接触的次数、(假如有受害人)则还包括安排受害人进行合作——提出一份控诉。通常,标准的记录清单包括以下个人特性:少年的态度、他(或她)的家庭稳定性,以及他(或她)的学校出勤记录。标准清单包括的内容越广泛,警察拥有的自由裁量权就越需要大,他们也就越不容易受到常规和评论的影响。

少年法院

在少年法院中,也有类似的案件筛分程序,即受案人员会根据检察官的意见,决定是否释放罪犯,或者准备提起少年罪错诉讼。受案程序人员通常会使用正式的指导方针。除了要提供家族历史、罪行严重程度和环境稳定性等情况以外,被指控者与少年法院的首次接触为其提供了一个考量因素。

受案程序人员行使的是实体权利。例如,1997 年,在此诉讼阶段中,有超过 40% 的移送案件是以没有提出裁决性听证或弃权听证的非正式方式处理的。这些案件当中,有接近 1/2 被驳回,1/3 被判处一段时间的非正式监视(自愿缓刑)。这样,在受案程序中,工作人员可以像法官一样决定是否终结诉讼,他们也可以像缓刑官一样,在没有经过正式的裁决听审和处置听审*的情 349
况下,负责一定期限内的监督。有时候,对提交至少年法院案件的处理同样不进入正式的裁决,而先是在非正式监督下的诉讼延期,最终则被驳回。

因此,少年法院的受案功能是一个法律专家和其他专业的人员发挥积极作用的司法变革。这是一个粗略构想的职能,在其行使过程中,“案件审查是一个重要目标……[但是],假如不坚持的话,将其提交到公共服务和管束机构即为其附带目标。这样,受案程序的实际功能可能比相应刑法所规定的更有发展潜力(法律执行与司法管理总统委员会,1967b,15)。当正式诉状准备好以后,案件开始进入由少年法院法官审理之前的听证程序。所有可能判处矫正监禁的案件,必须为少年提供法律顾问,他们在大多数情况下是公设辩护律师或者指定辩护律师。在实践中,这种规定导致了在少年罪错案件中指定辩

---

* 处置听审:即 dispositional hearing,指对经过裁决听审已被认定为少年罪错者或身份犯,为确定最适当的关押或矫治形式而进行的听审。——译者注

护人变成例行公事。

在对高尔特一案做出判决之前，一些州（例如加利福尼亚、纽约和伊利诺斯）的少年法院法令早已规定少年罪错案件要有律师代表。然而，到了20世纪中叶，随着关于少年法院正当程序争论的兴起，一些评论家对将律师制度引进少年法院提出了强烈的质疑，认为这是同少年法院的精神和目标相悖的。最高法院在高尔特案的判决中对其做出了回应，坚信："奉行正当程序标准，应当被巧妙而非无情地实施，这样才不会迫使政府舍弃或替代少年诉讼程序的任何实质性裨益。"最高法院再三声明："少年可以从适合他们的特别程序获得益处，甚于抵消了一般正当程序所带来的不利之处，"同时，它也做出结论，"在一些案例中，正当程序要求少年法院在审理少年罪犯的诉讼中增加一定程度的有序性和规律性，并且在一些有异议的案件中将引进一些对抗制要素。但是没有任何东西可以要求'和善的少年法院法官'这个概念应该被它的反义词所代替"（同上，1967b，21，27）。

进入正式判决的少年罪错案件要求少年法院的法官按照类似于刑事起诉的标准来认定事实。法官必须保障若干宪法保障的权利，诸如上述的获得律师辩护的权利、获悉起诉书或相关指控的权利、不自证其罪的特权、接受法庭审判的权利和交叉询问证人的权利，以及上诉权。对少年罪犯的指控必须被证明是"排除合理怀疑"的，这同时也是刑法而非民法要求最严格的证明标准。

一旦进入少年罪错的事实认定阶段，就必须考虑处理决定（"判决"）。美国少年法院立法通常要求在处置听审之前，准备并提交一份社会调查报告，以
350 备审判参考。检察官和被告辩护律师都有权出席听审，并且提交证据以支持特定的处置方案。尽管具有代表性的少年法院有足够的张力去适应个别化的处置（或"治疗"）方案，但事实上法院的工作负荷助长了判决的公式化。很显然，缓刑令（对治疗、赔偿或社会服务没有额外的处理要求）和收监令在处置判决中占据主导地位。

拘留的使用

拘留涉案少年的做法反映出了少年司法体系内部一些深层次的紧张局势。就拘留这个环节而言，使少年司法组织之间的复杂关系变得尤为明显。拘留中心是羁押那些已经是或者可能会成为少年法院诉讼对象的少年的稳妥的限制性的监禁性机构。对少年提起正式的诉讼之前，在进行裁决听证或处置听审程序中可以适用拘留，或者在所有正式的听审完结之后，移送到安置场所或矫正机构之前，也可以适用拘留。1997年移送到少年法院的案件中，有近20%会在某个阶段移交拘留。法官或缓刑官都可以适用拘留，这取决于州法律的规定。虽然拘留的决定不是由警察做出的，但也会受到他们的深刻影响。值得注意的是，更多的少年在审讯之前已经被拘留，而不是在审判之后才被送往矫正机构。少年犯听审前监禁数与听审后监禁数之比远甚于成年犯。这巨大的差异使得犯罪学家们把少年司法体系描述为"独一无二的前置负荷"。此外，在许多情况下，少年拘留的主要目的被公开地认为是惩罚性的。然而，出于对无罪推定原则的尊崇，在成年人刑事体系中，监禁通常是无力交付保释金的结果。但是，刑事司法体系和少年司法体系，二者皆更倚重在定罪之前采取严密把守的监禁措施，而不是在定罪之后采取监禁。

在少年司法中运用拘留是有必要的，因为它能为专家对罪犯及其背景调查和研究提供条件。然而在实践中，拘留常被另作他用，尤其是在以警示性和矫正性为目的用途中，如来自监所的短暂但严厉的惩处。从执法人员的立场看，拘留提供了一个使假定的闹事者从现场消失的机会，并且为社区居民和警 351
察提供了喘息时间，特别是那些邻里正在遭受动乱和令人恐慌攻击的地方。同时，必须指出的是，在一些案例中，警察相信拘留是保护公众免受那些他们认为是严重攻击行为威胁的必要措施。

警察、受案人员以及少年法院法官之间的拘留移送是一个普遍的争执焦点。警察往往认为他们移送拘留的行为是正当的。他们承认自己的决定是服从于法院人员的复审和撤销裁决，但是不要期望他们会理解释放少年，因为在他们看来，这些少年完全应该被拘留一段时间。另一方面，法官也从不同的角度看待拘留移送。受案人员比有关警官更能从宽泛的背景来看待拘留移送。受案人员认为，拘留移送不仅挑战着违法行为——法庭人员对此具有优先权（不太类似于警察的优先权），同样还随时挑战着他（或她）关于拘留中心人口和管理条件的知识。

只要遵守制定法所规定的拘留准则，少年法院的法官也可以把自己的观点渗透到案件中。法院面临的突出问题是依据"合理原则"能否使人相信该少年应当属于少年法院的管辖范围。没有对这些已存在事实的认定，法院就无权拘留少年。因此，从理论上来讲，此时案件诉讼管辖权充分的根据成了一个关键的考虑因素。但在实践中，是否许多经过拘留听审*的案件是因为管辖权理由而被终结诉讼，这是令人怀疑的。到达这个阶段的案件有可能满足合理原则的要求。影响法官的问题是要尽可能地关注被指控罪行的性质、适用可替代拘留方案的充分性，以及带有矫正目的的短暂但严厉的惩处的假定功效。

少年矫正机构

在裁决听证确定少年构成罪错行为之后，法官面临的问题是怎样适当地处理在他（或她）面前的少年。在对少年罪错提起诉讼的案件中，处理的选择结果是适用缓刑（55%）。其中有大约28%的少年被安置在远离家庭的公共或私人机构。上述的一半案件中（23%），法院会命令少年支付赔款，履行社会服务，或者进入协商程序。另有4%的案件，法院会无条件释放少年。

这些机构的官方称谓是暗示性的：许多被称之为"训导学校"，他们试图再教育其学员以守法的方式来行为，并且设法提供持续的初中或高中水平的

352 正式教育。这些目标使少年矫正机构有别于成人矫正机构，后者通常缺少针

---

* 拘留听审：即 detention hearing，指对拘留的少年犯的听审。按美国法律，拘留后必须在24小时内听审。——译者注

对全体机构人员的教育或“品德塑造”项目。它们的区别还包括规模、持续的时间、对释放决定的控制等。少年矫正机构在布局上明显地小于成人监狱，它更校园化，并且犯罪少年的平均持续时间比成年犯人更短暂。通常，少年释放决定是在机构内部加以确定，而成人则是由有自主权的假释裁决委员会做出。

少年司法的现代改革

少年法院从开始应用于儿童和少年起，就意味着是刑事司法的一项重大改革。然而，这项现代改革本身还是没有逃脱被批评的命运，这些批判主要集中在对正当程序的质疑、少年法院法授权的政府介入的范围，以及倚重监禁化作为处理的一种方式。一篇评论认为，将少年司法机构内部稀缺的资源分配给轻刑犯或非罪犯是不合适的，因为这种做法会导致对于涉及重刑犯或急需政府保护儿童的案件可用资源的减少。一种影响更深远的观点主张“完全不干涉”或“在任何可能的情况下不要去打扰孩子”（舒尔，1973）。尽管这些评论在大部分内容上有交叉，但是其隐含的假设生动地表明了他们是有区别的。

对少年法院程序的批评直接针对法院思想体系的两个基本核心。他们是：政府机构能够真正承担起引导和监督与警察和法院有接触的儿童的责任的观念；少年司法程序应该是非正式的，应该首先确认儿童是谁，以及他（或她）现在已经怎么样了，而不是他曾经做过什么的观念。通过成文法和司法判例，对少年罪犯享有刑事诉讼程序的许多重要保护现已建立。国家必须以符合已有的证据规则和程序规则的方式查明案件事实。虽然法院和立法机关不再将刑事审判的所有程序性要素引进少年法院诉讼程序，但已经存在着重要的动力来引进一些更为必要的保护措施。

在试图引导和监督儿童的国家制裁中，少年法院管辖权过于宽泛会产生对官方越权的指责，这已经被证明对改革更有抵制性。批判并非集中在少年 353
罪错行为管辖上，而是集中于执拗不顺者和身份犯——即对儿童禁止而对成年人不禁止的行为或举动的管辖种类。对身份犯的关注来自于这样的信念：

政府介入这些案件通常是极其不利的，甚至比忽视这些行为或状况还容易出问题；同样也来自于与此相关的信念：即减少法院责任将会增加应对那些难以对付的问题少年的资源，而这些少年的举止或状况显然引起着社会的恐慌。

> 这些建议（缩小管辖权）的主要影响是不再强调判决作为处理困境儿童的主要手段……因此，预计通过法院裁决程序处理的儿童数量将大大减少……经过大部分过滤之后仍然受到审判的是已经被证明抵制帮助机构的少年，或者他们的行为不断反复或显然危及社会以至于没有其他可行的选择。对这群人来说，司法判决的谴责、威慑和剥夺资格的功能显然占主导地位。为了确保判决的公正性和可靠性，对裁决程序进行精心设计并加以运用是极其合适的（法律执行与司法管理总统委员会，1967b，40）。

目前，另外的批评集中在作为改造和保护儿童手段的监管措施。有关犯罪少年的拘留所和矫正机构都受到了批判性的审查。批评者列举了拘留机构的过度使用和内部不适当的、惩罚性的、死板的常规。他们指出：无论是以教育治疗还是从普遍适应社会的标准衡量，将其作为拘留少年的适当处所是不合适的。到了将轻刑犯或者甚至非罪犯同重刑犯相混淆的地步，批评家悲叹，训导学校为少年学会犯罪提供了机会，这也正是少年法院的创建者要求将少年同成人的监狱及看守所相分离的原因之一。最后，评论者还对少年离开家庭、学校和熟悉的居民区对其发展产生的影响表示担忧。这会将少年和对他们有重大影响的人截然分离，并且在相对短暂的数月之后，常常发生释放后难以最终融入本地社区的现象。

这些综合性的批判思路为非诉讼化提供了一个强有力的论据。美国已经尝试了各种社区治疗，然而进展并没有像现代改革者所希望的那么迅速，所有
354 的结果也并没有向预期的方向发展。因当地社区抵制少年罪犯来到他们中间而使非诉讼化的努力受到阻碍，这种抵制常常通过反对运行“小组之家”所必

需的城市分区法律(zoning-law)*变革表现出来。有证据表明运用当地安全收容机构可以代替早期对使用国家矫正机构的依赖倾向。另外,尽管非诉讼化的目的是为所有儿童和少年的管制和重新社会化更能与家庭保持联系,事实上,更多的“有可能的”少年罪犯会被挑选出来进行社区治疗,留下不接受社区治疗的少年犯则被关进可靠的国家机关。在此,存在着一种特别的危险,即种族偏见可能导致对少数民族少年的不当判定。

少年司法的一个惯有特征是以年龄为基础的管辖,这可能限制了改革的有效性。面向所有儿童的法院在改革承受能力上受到了根本性的限制。正如已经指出的那样,少年法院管辖范围主要可以分为少年罪错、身份犯罪和疏于照管者;然而,目前一致对儿童的关注是集中在一定年龄阶段。由于少年都要经历易受伤害或以一种、多种方式反社会的行为的儿童期,然而通过对现行法律的字面解释,少年法院有理由采取行动。幸好常识阻止了法律的这种扩张运用。然而,相当大的自由裁量权的行使,使管辖权种类存在着很大的宽度和模糊性。

宽泛的种类致使少年司法体系拥有极大的潜在管辖权。潜在管辖权和实际介入的区别是大多数人判断的结果——即自由裁量权大量行使的后果。这个现实,因其可能会造成有偏见的判断,使许多少年司法研究者们感到担忧,而且这种偏见通常被认为是对穷人和民众中的少数民族儿童不利的。

因案件有机会在一种和另一种管辖权种类之间重新安排,致使自由裁量权的行使更加便利。因此,犯了轻微贩卖毒品罪或小额盗窃罪并离家出走的儿童可能会以身份罪犯或罪错行为而被起诉。通常认为,假如引进限制和约束援引某种管辖范围的官方行为,官员则会对设法限制其自由裁量权的努力作出回应——选择另一种同样能使他们达到管制或保护目的的管辖种类。虽然,对这种“换汤不换药”的现象知之甚少,但已足够使人产生不安的怀疑了。

该问题不应该被孤立地看待。刑事司法、精神健康、社会服务和关注公民

---

* zoning:分区、分区制,即主要指依据建筑物及设施等的性质和用途范围,将市政法人划分为若干个区,如工业区、商业区、住宅区等的制度。在美国,城市公共官员的分区管理受到联邦法院的审查。参见《元照英美法词典》,法律出版社 2003 年版,第 1434 页。——译者注

的公法的许多其他领域同样存在重新分类的机会。少年法庭创建者对自由裁
355 量权的吹捧引起了少年司法学者的特别不安。他们假定政府官员能仁慈地帮助纳入少年法院管辖的孩子,并且因此假设质疑过去政府干涉的传统起点并不令人满意。当代少年法院坚持的正当程序原则在一定程度上有助于缓和这种恐惧,但是几乎不可避免对儿童这个特殊身份加以了一种心照不宣的成人权威氛围,对他们行为的干涉具有更少挑战性,而不是真正出于成年人生活中乐善好施的动机进行干涉。

改革的进一步障碍涉及少年法院的多重司法管辖权的特征。尽管少年罪错案件占据少年法院和相关少年司法机构工作量的主导地位,然而并不能因此推断出少年法院管辖的其他方面——疏于照管和身份犯罪——不是法院日常业务的重要部分,也不能假定他们对法院处理少年罪错案件之刑事违法行为的能力有相应轻微的影响。

首先,对身份犯罪的管辖通常被看作是"预防少年罪错"的举措。因此,纵使指控本身宣称该行为如果由成年人实施,则不是犯罪(例如违反宵禁令或逃学)。然而,这也同时隐含了这样的观念:促使国家干涉的潜在考虑即某种矫正举措,这种管辖的目标不仅是力图管制被认为是实施了轻微刑事违法行为的少年(除了引起正式指控的罪行外),也是试图支配那些由于其行为存在任意性,看起来有可能实施犯罪行为的少年。如果这些孩子不在学校,他们在哪里,又在做什么?少年司法机构的不干涉政策很难面对社会的反对和担忧。尽管身份犯罪在数量上少于少年罪错案件,在政治上也不是那么敏感,但是它们组成了少年司法系统活动的重要部分。

其次,无论是身份犯罪案件还是那些能够纳入疏于照管类别的案件(而且还包括虐待)都是很难审理的案件。相对于大多数已经认罪的少年罪错诉讼,他们需要更多的工作人员和法庭审理时间,因此,与处理典型的少年罪错案件相比,法院对身份犯罪和疏于照管案件行使管辖权在每一部分都需要更多的资源投入。因此,在这个意义上,非少年罪错案件将宝贵资源从少年罪错案件转移开来。

在一个法庭上,它的活动主要围绕在年龄(即一定年龄以下的身份),其次

才围绕特定行为和易受伤害性，特定行为和保护性管辖因素之间的相互关系注定是密切并令人困惑的。因此，即使期待这样的结果，只要少年法院承担管 356 辖身份犯罪和无人照管儿童的责任，少年法院就绝不可能成为"单纯的"初级刑事法院。同样有理由说，只要少年法院强调"少年"的身份，以及针对忽视看似危及社会的规范违反行为，而不管犯罪者的年龄，棘手的、引起政治轰动的少年刑事法院和成人刑事法院之间的界限问题将得不到合理的解决。简言之，要求少年法院同时考虑年龄和行为会引起紧张关系。社会仍不时地陷入古老的争论中：在儿童时期是否应该不顾其行为而给予特别关注和保护，或者只要符合刑事责任原则的行为就应该受到惩罚，而不管犯罪者少不更事的年龄。

少年司法体系对这场争论的反应是矛盾的。从历史上看，绝大多数少年罪错案件涉及非暴力犯罪。虽然暴力犯罪的数量从 1988 年到 1997 年急剧增加（这个时期此类案件的"犯罪人"从 17%上升到 22%），财产犯罪仍然占据法院工作的主要部分（1997 年占 48%）。所有罪行的很大一部分是团伙性的这个事实同样使法院的反应更加复杂化。严重暴力犯罪是青春后期和成年早期的一个大问题（齐姆林，1981）。然而，偶尔涉及极其严重犯罪的少年案件会得到大量关注，这同样也会导致很反常的结果：他们不会寻求对系统内在问题的解决，因为必须不可避免地顾及公众对待儿童的矛盾心情。孩子很可能一会儿很残酷，一会儿只具有轻微破坏性；一会儿难以捉摸，一会儿又工于心计；也有可能一会儿是反社会的，一会儿仅仅是出于误解或被误导。主要以年龄为依据的审判规程无法回避因把具有这一系列矛盾特征的儿童和少年归入少年司法体系而呈现的紧张局势。

20 世纪 90 年代的立法活动主要关注的是少年法院对最大管辖年龄以下的少年实施的严重犯罪的处理。此类案件最常采用的立法策略通常是通过给予检察官而不是法官做出移送决定的权力，以增加移送到刑事法院的案件。20 世纪 90 年代，几乎每个州都通过了某种类型的增进案件移送的法律。然而，尽管如此，立法之后并没有发生从少年法院转移大量工作到刑事法院的现象。移送体系的运行比政治圈里听闻的花言巧语具有更多选择性（费根和齐姆林,2000)。

357 尽管少年法院并没有丧失很多的管辖领域,然而最近政治局势中惩罚性的观点的确危及到了美国少年法院服务少年的使命和保护儿童的首要任务。强大的政治压力迫使少年法院与早期相比更以惩罚为主,并且用更多的检察官支配权来代替法官和缓刑官员的权力。这对少年法院使命的内在威胁比各种增进案件移送的法律更甚。

少年司法的未来前景

截至目前,少年司法机构已经很好地建立起来了。在美国每一个司法区都有少年法院。坐镇的法官们数以千计,有全职的也有兼职的,并且委派了众多法官去大城市的少年法院。此外,每一个法庭都有一个附属的工作团队,总计人数远远超过审判人员,并且少年矫正机构的工作人员也不容忽视。在城镇地区,关注少年的专业警察分队随处可见,所有这些人员加在一起,组成了一支庞大的维持少年司法体系既得利益的群体。另外,如上所述,有越来越多的庭审参与人员,或以检察官的身份,或以辩护律师的身份参与少年法院案件,并且少年司法机构和那些符合教育、福利、相关健康利益的机构之间存在着精细的相互关系网。鉴于这些根深蒂固的机构,基于各种要求他们对儿童进行日常管制和保护的理由,少年司法组织似乎不太可能会消失。此外,它们是否应该消失也是值得质疑的。

少年法院的建立主要是为了回应20世纪来临之际城市工业化的美国增进儿童发展的更好制度设置的需要。尽管现在抚养孩子的紧张和辛劳有所不同,但是它们并没有减少。缺少一些专注于这些任务的组织,其问题看起来仍同以前一样的严重。毫无疑问,将来会出现新的组织、新的程序和其他变化。但是,用弗朗西斯·艾伦的话来说,少年法院似乎是“切实可行的机构,并且仍然是现代最重要的社会发明之一”。因此,尽管从20世纪60年代少年司法机构开始遭到连珠炮似的批评,并且20世纪90年代进行了修改。但是,其仍旧可能是现代政府的永久固定机构。

参考文献

358

Allen, Francis A. (艾伦，弗朗西斯·A.) 1981. *The Decline of the Rehabilitative Ideal: Penal Policy and Social Purpose*. New Haven, CT: Yale University Press.

American Bar Association—Institute for Judicial Administration, Joint Commission on Juvenile Justice Standards. 1980. *Juvenile Justice Standards Project*. 20 vols. Cambridge, MA: Ballinger.

Fagan, Jeffrey(费根，杰弗里), and Franklin E. Zimring(齐姆林，富兰克林·E.), eds. 2000. *The Changing Borders of Juvenile Justice: The Transfer of Adolescents to Criminal Court*. Chicago: University of Chicago Press.

Feld, Barry C. (费尔德，巴里·C.). 1999. *Race and the Transformation of the Juvenile Court*. New York: Oxford University Press.

Lerman, Paul(勒曼，保罗). 1975. *Community Treatment and Social Control: A Critical Analysis of Juvenile Correctional Policy*. Chicago: University of Chicago Press.

Muir, William Ker, Jr. (小缪尔，威廉·克尔). 1977. *Police: Streetcorner Politicians*. Chicago: University of Chicago Press.

President's Commission on Law Enforcement and Administration of Justice(法律执行与司法管理总统委员会). 1967a. The Challenge of Crime in a Free Society. Washington, DC: Prenident's Commission.

President's Commission on Law Enforcement and Administration of Justice(法律执行与司法管理总统委员会). Task Force on Juvenile Delinquency and Youth Crime. 1967b. *Task Force Report: Juvenile Delinquency and Youth Crime*. Washington, DC: President's Commission.

Rosenheim, Margaret K. (罗森海姆，玛格丽特·K.), ed. 1976. *Pursuing Justice for the Child*. Chicago: University of Chicago Press.

Schur, Edwin M. (舒尔，埃德温·M.). 1973. *Radical Nonintervention: Rethinking the Delinquency Problem*. Englewood Cliffs, NJ: Prentice-Hall.

Snyder, Howard N. (斯奈德，霍华德·N.), and Melissa Sickmund(西克蒙德，梅利莎). 1999. *Juvenile Offenders and Victims: 1999. National Report*. National Center for Juvenile Justice.

Spergel, Irving A. (斯佩格尔，欧文·A.); Frederic G. Reamer(雷默，弗雷德里克·G.); and James P. Lynch. 1981. "Deinstitutionalization of Status Offenders: Individual Outcome and System Effects." *Journal of Research in Crime and Delinquency* 18, no. 1: 4–33.

Stahl, Anne L. (斯塔尔，安妮·L.); Melissa Sickmund(西克蒙德，梅利莎); Terrence A. Finnegan(芬尼根，特伦斯·A.); Howard N. Snyder(斯奈德，霍华德·N.); Rowen S. Poole(普尔，罗恩·S.); and Nancy Tierney(蒂尔尼，南希). 1999. *Juvenile Court Statistics, 1996*. Washington, DC: Office of Juvenile Justice and Delinquency Prevention.

Stapleton, William V.(斯特普尔顿,威廉·V.), and Lee E. Teitelbaum(泰特尔鲍姆,李·E.). 1972. *In Defense of Youth: A Study of the Role of Counsel in American Juvenile Courts*. New York: Russell Sage Foundation.

U.S. National Commission on Law Observance and Enforcement [Wickersham Commission](威克沙姆委员会). *Report of the Child Offender in the Federal System of Justice*. Washington, DC: U.S. National Commission, 1931.

Wheeler, Stanton(惠勒,斯坦顿), ed., with the assistance of Helen M. Hughes. 1967. *Controlling Delinquents*. New York: Wiley.

Wolfgang, Marvin E.(沃尔夫冈,马文·E.); Robert M. Figlio(菲格里奥,罗伯特·M.); and Thorsten Sellin(塞林,索斯滕). 1972. *Delinquency in a Birth Cohort*. Chicago: University of Chicago Press.

Young, Thomas M.(扬,托马斯·M.), and Donnell M. Pappenfort(帕彭福特,唐奈·M.). 1977. *Secure Detention of Juveniles and Alternatives to Its Use*. National Evaluation Program Phase 1 Report. Washington D.C.: U.S. Department of Justice, Law Enforcement Assistance Administration, National Institute of Law Enforcement and Criminal Justice.

Zimring, Franklin E.(齐姆林,富兰克林·E.). 1978. *Confronting Youth Crime—Report of the Twen-
359 tieth Century Fund Task Force on Sentencing Policy toward Young Offenders: Background Paper*. New York: Holmes & Meier.

——. 1981. "Kids, Groups, and Crime: Some Implications of a Well-Known Secret." *Journal of Criminal Law and Criminology* 72: 867–85.

——. 1998. *American Youth Violence*. New York: Oxford University Press.

第十三章 日本少年司法制度：历史与跨文化之视角 360

森田明(Akira Morita)

回顾20世纪以来日本少年法的发展历程，我们发现它与美国少年法之间存在着持续的跨文化交流。而且，日本少年法是参照美国少年法制定的。在历史上，日本两次学习美国的少年司法制度。第一次是在1899年，当时美国设立了芝加哥少年法院；第二次是在二战后美国对日本的占领时期，当时的总司令或者称盟军最高指挥官对战后日本的政治法律制度进行了大力的改革。

1899年至1967年美国的少年法在“国家亲权”理念的指导下进行了改革，该理念认为在处理少年违法犯罪时，我们的目的不是惩罚他们，而应该是如父母般怜爱他们，通过保护性的措施使他们“康复”。在日本第一次借鉴美国少年司法制度的过程中，日本少年法主动而谨慎地采纳了“国家亲权”的理念，认同而又带有批判地移植美国少年法来建立一个适应日本社会需要的少年司法制度。但是在第二次的借鉴中，日本的少年司法制度是在盟军最高指挥官的强制性命令之下，直接照搬美国的制度，没有给日本一点自主谨慎考虑的空间。

尽管这两次学习过程有着不同的性质，不可否认的是第一个美国少年法院所支持的“康复”理念对日本少年法确立和实施都产生了巨大影响①。然而，在20世纪末期，我们发现了这两个少年法体系上的巨大差异。在美国，对少年司法制度的刑事化自20世纪70年代以来一直尘嚣其上，而作为美国少年法特色的“康复”理念却走向衰落。少年法院遭受到了如此严厉的批评使得他们的继续存在受到严重的威胁。法学学者们在出版的主要书籍和刊物中也 361
宣扬废除少年法院。

那么在日本,情况又是怎样的呢? 根据最高裁判所 1997 年的年度司法统计报告,当年全国家庭法院总计审理了164 327名少年违法者(交通犯罪者除外)。在这些人当中,有4 535人被送往少年训导学校,占总数的 2.8%。家庭法院的审理采纳了“国家亲权”模式,由一名法官和一名缓刑官员主持。此种与刑事审判相并立的审理模式,尽管目前争议很大,但还是被采用了。只有 292 名少年违法者(占总数的 0.2%),基于对他们罪行的性质和具体情形的综合考虑,移交检察官而接受刑事审判,而且只有 42 人最终被判有罪并被送进少年监狱。顺便提一下,评估这些数字时要考虑到日本总人口数为120 000万。

在日本,陷入争论的并不是少年法院体系,而是少年监狱。我不是指物理意义上的法院或者监狱,而是指美国和日本对少年司法的理解,两者背道而驰,前者强调责任和惩罚,后者则强调康复和保护。

以上所列举的数据给人以这样的印象,那就是美国的“康复”理念在“二战”前繁荣起来并达到了鼎盛。在存有美国进步思想,位于东亚的日本,其法律的实际运行是否深受此种思想的影响呢? 我们应该怎样理解两国少年司法系统的差异呢,它们是不是源自于同一种亲权观念呢?

在追溯日本少年法的发展历程来找寻这些问题的答案时,我们有了一个很有趣的发现:今天日本少年法所体现的非惩罚性是日本社会内在的母性保护主义传统的一种体现[②],也印证了日本在战后原原本本全盘接纳美国观念的观点是言过其实的。从比较和历史的视角,在下面的内容中我将讨论以下几个问题:1922 年日本少年法的制定和发展,即首次借鉴了“国家亲权”理念的《昭和少年法》(the Taisho Juvenile Law);第二次借鉴了“国家亲权”理念的现行少年法(1948 年)的颁布以及随之而来的争论;1948 年少年法的结构、实施及修正;美日两国的少年司法系统接下来进一步对话交流的可能性。

“国家亲权”的首次借鉴:《昭和少年法》 362

对“国家亲权”的认同

在芝加哥少年法院成立一年后,即1900年3月,日本制定了《少年管教法》(Reformatory Act)。这是第一部规定对那些易于触犯轻罪的少年实行强制收容和矫正的全国性法律。当时一个很有影响力的监狱官留岡春日(Kosuke Tomeoka),他建立了一种美国风格的村舍制度来充实这部法律的内容。留岡是一个新教牧师,他曾在1864年独自游历美国。由于深受伊诺克·C.瓦恩斯在1880年出版的《文明世界中监狱及少年挽救制度的状况》(*The State of Prisons and of Child - Saving Institutions in the Civilized World*)一书的影响,他受到美国“少年拯救者”的热情欢迎,他们的支持与帮助使得他领会到少年违法者矫正的内涵,也使他有了将这一事业继续推进的热忱。回国两年后,他在日本发起了一场建立少年管教制度的运动。

在制定《少年管教法》7年后,即1907年,作为当时日本法学学者领军人物的穗積陈重(Nobushige Hozumi),[③]做了一场题为“美国的少年法院”的演讲。他刚刚结束了对美国伊利诺斯州和科罗拉多州少年法院制度的考察回国。他的演讲使日本了解到了那些法院拥有“父母般的温情”这一特征。

> 少年法院在美国只有非常简短的历史。在1899年以前,人们一直把少年不法行为视为犯罪……相反的是,这个业已确立的新体系并不认为孩子是罪犯;它认为一个孩子,从定义上说,是不能够成为罪犯的……换句话说,人们开始认为孩子的行为并非出自他们自己的自由意志和自主能力,而是社会和家庭造成的结果。
>
> 相应地,人们普遍认为少年法院不是一个惩罚机构,而是一个保护和教育违法少年的机构[④]。

由留岡和穗積引入日本的"认识儿童"运动以及与之相配套的系统激励着日本的立法者和儿童工作者行动起来。不仅是在少年管教所，甚至在一些少年监狱，少年违法者已经被给予而且开始受到真正意义上的"关心和教育，而不是惩罚"。日本社会以引人注目的速度和热情对美国进步时代（1890—1913）的理念做出回应。在穗積发表演讲5年后，即1912年，日本司法部开始起草并着手制定一部少年法。

363 相互依赖感的文化

日本响应美国的"国家亲权"理念的欣赏没有停留在观念上，而是通过社会心理和文化意义上的努力使它得以巩固。而且这种模式依然在延续。

精神病专家土井武夫（Takeo Doi）1973年出版的《依赖性之剖析》（*Anatomy of Dependence*）一书使全世界都注意到日本人敏感的相互依赖性需求[5]。依据土井的观点，amae（相互依赖感）是一个日文词语，在英文中无法找到对应的单词，它是连接了附属性与依赖性（dependence）的一个概念。透过婴儿对母亲的固有需求和他们对母亲的认同土井找出了amae心理学上原始模型，这样的需求对孩子的成长以及所有保护性关系的产生来说是十分必要的。作为孩子依赖感接受方的母亲，感受着她对孩子的保护情感所带来的欢乐。

在现代西方社会，依赖性需求被视为是在儿童期所特有的短暂现象。然而土井对日本人amae体验的分析显示出相互依赖感尽管隐藏在社会规范背后，它仍然以有意识的形式继续存在，甚至在自我决定权和责任感有望形成的成年时期。此外它还被认为是有价值的情感，应该得到极高的关注。对崇尚相互依靠的日本人来说，amae是道德的源泉，是一种可以被支配的情感，而不应该被降低成为一种潜意识。相互依赖感见证着依赖性需要构成了人类自主性的基础。当直接面对孩子的时候，它通常被表达为一种母性本能。尽管在欧洲语言里缺少与它直接对应的词，相互依赖感是全人类共通的一种观念和经验。[6]

为什么日本会对"国家亲权"主义做出积极的回应，最佳的解释就是由于日本文化中根深蒂固的相互依赖感。美国“国家亲权”主义论断的“认识儿童”，在某种意义上，也是对儿童依赖性需要的发现。在1913年，一个叫麦凯尔韦(A.J.Mackelway)的人，他是当时规制雇用童工运动的领导人，发表了一篇题为《美国儿童依赖性宣言》(Declaration of Dependence by the Children of America)的文章。其中有一段如下：“我们宣布自己是无助的，是要依赖别人的，我们是而且是有权利依赖他人，由此而来我们就有提出我们自身是无助的诉求，要求我们在儿童时期的权利在雇佣行为中得到保护。”[7]

在关于少年法院的早期著作中，我们经常会遇到如下的表述：“少年法院发现，儿童就是孩子，儿童应该被当作孩子来对待。”[8]美国的进步改革者通过号召用母爱般保护性的强烈冲动来回应儿童的依赖性需要，这种强烈冲动是不寻常的，可能只存在于崇尚自由和独立的国家。安东尼·普拉特曾用“母爱司法”来表述少年法院的特征。[9]

“国家亲权”怀疑论 364

日本少年法并不完全照搬政府监护主义的模式。即使在对美国保护主义比较认同的20世纪早期，日本立法者就严厉地指出了其局限性。从《少年管教法》是如何适用的就能直接看出，他们对处理少年违法者时仅仅实施保护主义的方式心存疑虑。在他们看来，政府保护背后隐藏的那种观念，即未满18周岁的少年儿童都不应承担刑事责任，似乎太简单了一点。

在穗积1907年演讲一年后，时任司法部监狱局长的小山厚(Atsushi Oyama)向来自全国各地少年监狱的主管发表了一个讲话。言辞当中，他批评了少年监狱对少年违法者采取新引进的、极度保护的处遇方式，同时间接暗示了即将出台的根据日本国情的少年法思想：“认为监狱官应该对那些少年罪犯抱有仁慈和怜悯是没有必要的。这种仁慈和怜悯必须是如同一个严格的父亲对待自己的儿子，而不能是像一个母亲那样溺爱自己的宝贝孩子。”[10]

新的少年法的起草者采取的第一步策略就是限制对罪犯和半罪犯的刑事管辖。当时美国社会福利工作者所面临的家庭解体问题在日本并不广为人知。将无人抚养和缺乏管教儿童的保护与少年罪犯的保护和矫治放在相同的管辖范围内会产生不必要的混乱。谷田三郎(Sabro Tanida)受委托起草第一部少年法草案,他查验了来自美国以及其他国家的数据。尽管他的草案将"康复"作为首要目标,但他并不认为保护少年违法者和他们承担刑事责任是相互排斥的;而他试图在一个单一、补充的体系内将二者结合起来。从这种意义上说,少年法不是少年法院法,这种双焦点模式的草案招致了来自《少年管教法》支持者的强烈反对,他们极力主张对少年违法者采用保护性的处遇是法令唯一的原则。然而在这一争论持续三年之后,1922年,一部符合谷田模式的草案被采用了。1912年到1922年的立法记录记述了立法机关为调和康复性与保护性理念同刑事有责论之间的冲突,以及弥补美日两国文化上的差异所作的努力。[11]

365 双焦点体系和公诉人的角色

1922年的少年法,也称昭和少年法,是双焦点体系的。已满14周岁的少年违法者,至少在原则上被认为是应负刑事责任的。同时,这部法律规定,在条件允许的情况下尽最大的努力对这些少年违法者采取保护性措施。惩罚应定位于"康复"的框架之内。

这个体系的中心是"少年審判所",即少年审判所,它是一个专门负责对18周岁及以下的少年违法者采取保护性措施的半司法性质机构。对警方或检察官移交的少年违法者,这一机构被授予了完整的调查、安置和随后的处遇之权。它采用了美国少年法院和缓刑部门的家长式模式。警察机构将犯有轻罪的少年违法者以及年龄较小的半罪犯直接移交给少年审判所,而罪行较严重的违法者和那些年龄较大的半罪犯先由检察官进行审查,其中那些确实需要起诉的在为少年而设立的特殊刑事程序中接受审理。但是大多数人,并没
366 有必要进行审理的,施予保护更为合适——换句话说,就是允许他们有相应的依赖性需要和社会能给予他们原谅的那些人——接受了由少年审判所主管的九种保护性措施中的一种或更多,其中包括送他们去少年违法者教养所。然

而世纪之交的美国少年法院，过于关注无人抚养和缺乏管教的儿童，在非正式的、福利原型的模式之下处遇所有的违法者，而日本昭和少年法，则规定在少年审判所的半司法、非正式的裁判下为违法者提供了选择性的处遇方式。

检察官审查违法者后所作的指示成为了这一法律程序的关键。就在新法律生效的那一天，日本司法部长发布如下声明："因为法律的精神是将使少年违法者'康复'作为它的首要目的，所以检察官应该只将那些如不加以惩处就没有悔过之望的以及那些必须将对其进行处罚作为威慑手段的少年进行依法起诉。所有其他的案件应当依据少年审判所的保护措施进行处理。"[12]需要注意的是这里所提的惩罚的目的是令其悔过，而悔过是一个主观的状态。所以检察官的职责并不仅仅是对少年犯进行表面的审查，而是设法让认罪的少年产生悔过之意。

是否有悔过之意是保护性措施形成和成功的关键。后悔的情绪是悔过的核心，而这一情绪是依赖于这些年轻违法者的心理情绪自发产生的。为了使之产生这种情绪，检察官和嫌疑犯之间原先的对抗关系必须改变成一种保护者同受监护的未成年人间的友好关系。日本明治时期的检察官为了担负这种内在矛盾的双重角色接受了相应的培训。而能使这种角色的实现成为可能的是检察官同日本的其他社会成员间的相互依赖感。在相互依赖感中至关重要的是信任、依赖而非自主，但这个依赖理论并非否认年轻违法者行为的可责性。让其承担刑事责任同对一个少年的保护是互补的。而检察官的自由裁量权能使二者之间达成平衡。

根据现有的统计数据，在1942年的少年犯案件中，受到检察官起诉的占总数的2.8%；在剩余的案件中，有70.7%的案交由少年审判所处理，少年犯在适用了一些非正式的保护性处遇措施后交由父母或监护人照管的案件占总数的26.5%。[13]在全国范围内，14周岁到18周岁的违法者中只有不到1 000人被判入为这些违法者提供"教育性惩罚"和改过自新机会的少年监狱。双焦点体系时期的实践者们将它的精神描述为"严父慈母方式"。公正地说，双焦点体系的两个目标都得到了实现。

367 第二次遭遇“国家亲权”：现行的1948年《少年法》

伯德特·G.刘易斯与新法律的颁行

在二战中的战败迫使日本比制定昭和法时更彻底地采用美国的“国家亲权”主义。盟军司令部监狱分部负责改革日本少年法的专家伯德特·G.刘易斯并不赞同现行体系的复杂建构。特别是他将刑事责任的承担和检察官担负重要角色视为昭和少年法落后的证据。[14]

1947年2月，刘易斯将一份“四点方针”送到日本司法部，指出现行少年法的总修正路线。一年后，他将包括了24篇论文的《日本少年法院法提议》[15]呈给司法部。他所提议的法典大体上是建立在美国缓刑协会于1943年起草的《标准少年法院法*：建议稿》的基础上。这部法典授予少年法院以广泛的管辖权，涵盖了疏于管教和无人抚养的儿童，并且强调法庭程序的非刑事性质。同时一份来自盟军司令部支持刘易斯提案的文件宣称：“可以明确确定的是少年法院是以‘国家亲权’主义为根据的拥有审判权的衡平法院。在日本的少年法院体系改造过程中应当奉行少年法院不是刑事法院这一原则。”[16]当时“国家亲权”主义在美国少年法院中的应用达到了顶点。但没有人能预料到20年后它的地位黯然失色。

尽管1948年7月颁布的新的日本少年法与刘易斯最初关于少年法院法的设想有所背离，但是除审判权问题外，完整移植国家亲权主义的目的已基本达到。新少年法规定所有20周岁以下(包括20周岁)的刑事违法者均移交到新家庭法院；使保护性措施成为它唯一的目的；不允许检察官进行审查，但是允许——仅仅作为一种例外——豁免程序作为16周岁以上(包括16周岁)少

---

* 即 Standard Juvenile Court Act，标准少年法院法，指美国一些州所颁布的法律，根据此项法律设立少年法院对16岁以下少年违法者有绝对管辖权，对16岁到18岁的青少年违法者除所犯的是重罪外，亦有管辖权。——译者注

年获得法律救济的刑事上的补充方式。家庭法院的非正式程序中继承了少年审判所对少年犯的“父母般的热忱”,现今家庭法院对所有少年刑事违法者拥有第一位的管辖权。

司法部的重新修正提议 368

随着1952年日本行业联盟大会(the Allied occupation of Japan)的结束,由司法部领导的重修1948年法的运动在预料之中拉开序幕。正如我们上文中所提到的,刘易斯提议的美国法律模式经过1912年到1922年的仔细审查后发现并不适合日本。对“国家亲权”主义的怀疑再次出现。批评者们认为1948年少年法已经失去了保护与可责性之间的合理平衡,部分因为检察官作用的降低。1966年5月,司法部发布的《有关少年法重新修正的提议》[17]一文,提出审理程序中检察官应有裁量权。但是该提议因显示出与《昭和少年法》的相似性,在日本二战后的特定环境下不得人心。1922年,站在保护主义立场批判《昭和少年法》的人们的继承者现在成为了1948年法的忠实保卫者。

令日本民众吃惊的是司法部起草了一个更加详尽具体的《少年法修正案大纲》[18]。进行这项工作的原因之一是美国最高法院阿贝·福塔斯法官于1967年5月在高尔特(*In re Gault*,387,US 1,1967)案中做出的具有标志性意义的判决。该“无论是《第十四宪法修正案》还是《权利法案》都并非只针对成年人”的 369
判决基于“至少在原则上少年有权通过正当程序获得与成年人一样的宪法权利”这一理论根据,对当时美国少年法院的家长式作风提出批评。该判决直接导致了“国家亲权”主义的没落。《纽约时报》于1967年5月16日原文刊登了该判决。

高尔特案的影响力迅速蔓延到日本。司法部《少年法修正案大纲》的主要目的是,实现从1948年法的非正式审理方式到“维护少年犯的诉讼权利和使检察官参与庭审”框架的变革,并将家庭法院管辖的少年年龄降到18周岁。照这样的话,修正草案就成了包括少年有保持沉默、委托律师和调查证据等权利的各种权利的目录。此类提议在该时期被称为“使体制高尔特化”。依照司法部对草案的评注中所说："不久前，美国最高法院的判决表明美国法律信奉的传统国家亲权主义——这一我国现行少年法的'母亲'，需要进行认真的反思。"[19]

当司法部打算乘着美国少年法变更的余波恢复日本体系的平衡时，他们遭到了日本最高裁判所的反对。正如我们刚刚提到的，《昭和少年法》下的少年审判所是将日本传统的保护主义纳入稍加修改的美国法律框架中的文化产物。二战结束后，盟军司令部将美国的意识形态移植进日本，家庭法院也继承少年审判所的精神 司法部《修正草案》的墨守成规因此被认为是时代上的错误。

我们应当记住日本二战后的思想体系受到了美国法律"时代中的司法"很深的影响。尽管司法部和日本最高裁判所在该问题上意见相悖，他们却均求诸于美国法律的思想体系来找寻正当性论据以赢得这场争论。1973年最高裁判所一份批判司法部修正提议的文件中主张"少年法在审理程序中采用非对抗性的审查方式，是因为这种模式对在少年案件中施用教育的理念来说是必要的。少年审理中的正当程序不得牺牲少年案件中教育原则的作用，而且应当与这些原则相一致。"[20]最高裁判所的"教育理念"反映了其对高尔特案判决的解释与司法部的解释并不一致。最高裁判所的反对在家庭法院工作人员的热情促动下变得十分有力，司法部与之对抗僵持了几年。直到1977年司法部最终放弃了墨守成规，并与最高裁判所达成了"检察官在法院自由裁量权下有条件地参与审理"这一妥协。但是现在，司法部遭到来自日本律师协会的阻
370 力，该协会坚持完全保护的程序，实际上，也就否决了司法部的提议。所以该妥协从未造成实际修正。

1948年少年法，依然未经修正，并在战后的日本变得根深蒂固。但是，关于修正的争论以新的形态于1996年重新出现。在转移到这个新话题之前，我将对现行的1948年少年法的结构和适用进行概述。

现行日本少年法的结构和适用

审判权

刘易斯通过让日本少年法关注疏于管教和无人抚养的儿童来与美国体系模式相符的努力没有获得完全的成功。日本家庭法院的管辖对象扩大到三种类型的少年违法者。第一种类型包括14周岁到20周岁的刑事违法者,《日本刑法典》第41条规定:年满14周岁的公民具有刑事责任能力(也许能注意到《日本刑法典》是于19世纪末以《德国刑法典》为模本制定的,而《德国刑法典》中则规定了确定的刑事责任年龄)。第二种类型是有犯罪危险的少年即虞犯少年,如离家出走的、屡教不改的以及那些家庭教育失败的少年。刘易斯的"四点方针"中所说的"疏于管教"少年在这一类型中被重新定义为"有犯罪危险"的少年。第三种类型是实施了触犯刑法典的行为,但不承担刑事责任的未满14周岁的少年。

第一、二种类型中年满14周岁的少年必须交由家庭法院审理。而未满14周岁的青少年依据《儿童福利法》首先交给由地方政府建立的儿童辅导中心监护。儿童辅导中心使用个别诊治法。作为成例,未经父母同意中心不得对儿童采取强制手段。只有当家庭法院得出结论认为这些少年需要法院的保护性处遇时,中心才将他们送交给家庭法院。自1922年昭和法颁布后,《少年法》同《儿童福利法》便共同承担这种双重关系。

根据1997年的《年度司法统计报告》,接受家庭法院审判的164 327名少年中(不包括交通违法者),0.87%,或者说,有1 426人是虞犯少年,即第二种类型。[21]只有222名儿童被儿童辅导中心送交给法院。[22]因此,尽管1948年盟军 371
司令部对少年法实施了令人震惊的改革,但是现行少年法依然保持了昭和法的基本结构:即审判刑事违法者和用儿童福利法的行政手段来处理其他问题儿童的结构。儿童辅导中心适用任何强制措施都需获得父母同意则证明了家庭分裂以及在日本儿童受虐待的情况并未严重到需要授权司法介入这一事实。[23]

调查与审理

家庭法院在对送交来的所有刑事违法者的处遇中，将保护和矫正作为工作重点。遍布全国的1 500位家庭法院缓刑官在对少年的处遇上扮演着重要角色。从少年进入该体系到进行审理这段时间里，缓刑官将对儿童的性格品质、生活经历和家庭背景环境进行深入的调查。除此之外，缓刑官还将进行适度地调节儿童所处环境的工作。因为家庭法院的法官们仅仅任职几年，所以缓刑官的报告和意见对法官在案件审理中做出的决定起着重要作用。缓刑官的试验性监督如同法官的指令，被认为是实现家庭法院个人诊治机能的生命线。

372 《少年法》第22条规定：审理应当细心、温和友善地进行。而且审理不应公开。有关询问证人的第14条，允许询问"不违背案件保护属性范围内的问题"。审理时只有缓刑官、法院书记员、父母或监护人以及法院批准的律师在场。所有上述人员被期待以保护性的身份来支持法官。尽管事实调查结果必须排除合理怀疑方可认可，但审理并未使用《刑事诉讼法典》规定的证据规则。在日本，判决和处置的过程（成年人案件与少年案件一样）没有分开而是以整体的方式进行。

盟军司令部改革的最大影响是将庭审扩展为对保护性处遇主要对象——20周岁及以下的所有刑事违法者决定处遇方案的审判地。因此，现行法律下的审理比昭和法下的审理担负了更多的"污染物"，比如严重违法行为，或少年否认被指控的案件。尽管受到了司法部的批判，但幸亏少年们否认或驳斥检控的发生率相当低，故此程序依然继续在50多年里发挥着作用。[24]并且，当日本社会从大约1965年开始稳定下来时，少年们的暴力行为明显减少（见图13.1）。该体系在处理严重案件上的成功也与法官们和缓刑官们所接受的高水平训练有关。

代表制度

因为现行法律设计的是非对抗性的以调查询问为目的的审理程序,所以它并未采用少年代表制度这一正式的制度。缓刑官通常就代表了少年的意见和愿望。少年或他的父母也许会委任律师或其他代理人,但是并没有公设辩护律师制度。到 20 世纪 90 年代早期,律师出庭的案件还不到所有案件的 1%。[25]

但是,从 20 世纪 80 年代开始产生了细微的变化。在 1983 年的一宗否认纵火指控的案件中,通过证人的询问而做的不在场证明成为了争论焦点。最高裁判所团藤重光法官引用高尔特案写下赞成的主张,大意为:少年享有的正当诉讼程序的权利应当被支持和维护。[26]参与了日本二战后盟军司令部改革的团滕法官在《刑事诉讼法典》的修正中发挥了巨大的影响力。虽然没有批判少年法的家长式原则,但他的见解为最高法院的裁判提供了具体的形式——

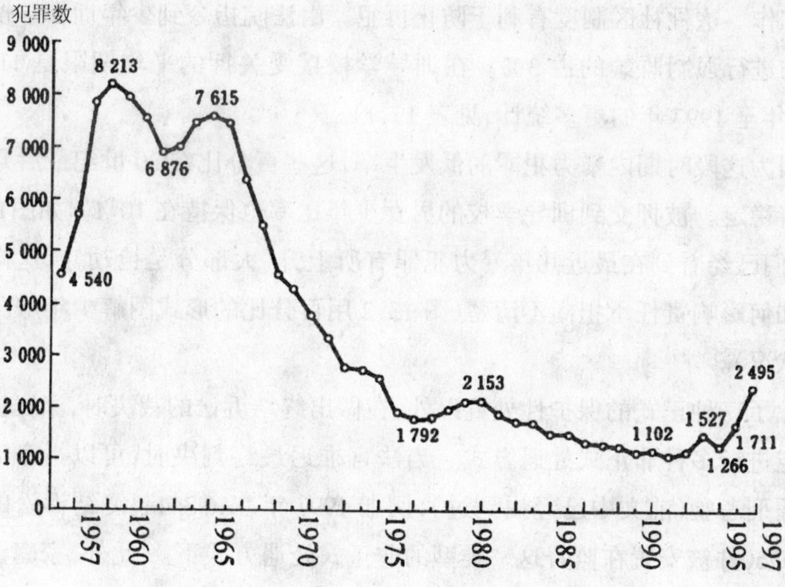

373

图 13.1　青少年新的暴力犯罪,1957—1997 年

如上文所提到的——就是少年程序中的正当诉讼程序只被允许在不牺牲保护原则的限度内进行。

团藤的见解也激起了律师们对个人实践的兴趣,他们开始对正当诉讼程序和美国少年法中的代表制度表示赞同和支持。那些反对司法部立场的人们则把"正当诉讼程序权利"作为他们在争论中的格言。在少年审理程序中,律师的家长式角色由辩护律师取代。1977 年,律师出庭的案件不足 700 件,但 20 年后,这一数字是 700 的四倍。[27]

处置

在 1997 年,家庭法院做出正式的保护性判决(教育手段)——如同少年法第 24 条规定的那样——的案件仅仅只占案件总数的 12.4%。缓刑考验——这一最常用的保护性判决——占 9.1%。缓刑考验由司法部缓刑官在自愿的缓刑官帮助下执行。现在有大约50 000名志愿缓刑监督官被委任到当地社区进行工作。这种社区制度有利于防止再犯。由法院指令到少年训导学校或教育机构进行强制监禁的占 3%。在训导学校接受关押的平均期限是 11 个月(1993 年至 1997 年的更多统计,见表 13.1)。

因为这段时期内暴力犯罪的低发生率,这些百分比在 20 世纪最后几十年中保持稳定。被押交到训导学校的男女少年比率也保持在 10:1。如图13.1所示,我们已经看到在最近几年暴力犯罪有所上升(大部分是抢劫)。这样的上升将如何影响责任承担尚不清楚(图 13.2 用百分比的形式图解少年触犯刑法典的状况)。

除了三种正式的保护性处置以外,在做出终结诉讼的裁决时,家庭法院可以决定进行多种非正式处遇方式。当法官推迟最终判决时,可以指令进行试验性缓刑考验(前文中已经提到过),例如 1997 年在16 344起终结诉讼的案件中有7 750件被安置在监督这一类型的非正式处遇方式下。[28]此外,家庭法院经常发布警告来安排问题少年所处环境的适度调节工作,或者规定一些非正式的保护性措施的适用作为在没有审理的情况下做出终结诉讼的裁决的先决条

374 **表 13.1　所有案件中不同判决的年度比较(交通肇事除外)**

处置类型	1993		1994		1995		1996		1997	
	数量	比率(%)	数量	比率(%)	数量	比率(%)	数量	比率(%)	数量	比率(%)
教育措施										
缓刑监督	11 161	7.2 (73.2)	10 830	7.2 (73.3)	12 256	8.7 (76.5)	13 003	9.0 (76.2)	14 912	9.1 (75.6)
儿童教育与培训所等	287	0.2 (1.9)	254	0.2 (1.7)	268	0.2 (1.7)	268	0.2 (1.6)	288	0.2 (1.5)
少年训导学校	3 790	2.5 (24.9)	3 601	2.4 (24.5)	3 493	2.5 (21.8)	3 804	2.6 (22.2)	4 535	2.8 (22.9)
小计	15 238	9.9 (100.0)	14 685	9.7 (100.0)	16 017	11.3 (100.0)	17 075	11.8 (100.0)	19 735	12.1 (100.0)
审后终结诉讼	21 459	13.9	20 086	13.3	17 130	12.1	15 944	11.0	16 344	9.9
审前终结诉讼	97 184	62.9	96 961	64.2	90 541	64.0	94 229	65.1	109 455	66.6
移送儿童指导机构	176	0.1	169	0.1	151	0.1	155	0.1	144	0.1
因其违法性质和情境决定移送公诉	407	0.3	361	0.2	328	0.2	295	0.2	292	0.2
判定其成年而决定移送	392	0.3	415	0.3	340	0.2	325	0.2	341	0.2
因诉讼合并移送其他法院	19 661	12.7	18 347	12.1	16 940	12.0	16 752	11.6	18 016	11.0
总计	154 517	100.0	151 024	100.0	141 447	100.0	144 775	100.0	164 327	100.0

来源:最高裁判所:《日本家庭法院指南》,1999 年版,第 48 页。

注:表中"教育措施"即为"保护性处置"。

375

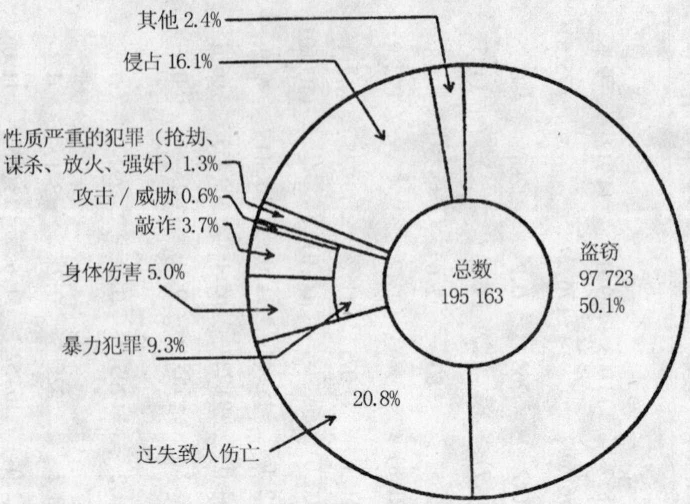

图 13.2 刑事犯罪押交人数细目表

件。正如表格 13.1 所示，1997 年总计164 327件案件中有125 799件在未经审理或审理后被终结诉讼。尽管这些裁决也许类似于欧洲和美国司法实践中的转向，但在日本它们被认为是少年的康复和防止再犯的必不可少的措施。

终结诉讼有两个条件：(1)违法者必须对罪行供认不讳并表示出明显的悔过态度和不再犯罪的承诺；(2)代表少年违法者出庭的人——通常是父母或雇主——必须做出为少年违法者的康复而努力的许诺，虽然这些许诺并不受法律约束。通过大量适用非正式处遇措施，将正式的强制干预措施降到最小程度以追求最大效率的政策(尽管强制干预措施的威慑力巩固了该政策)自从《昭和少年法》颁布以后已经在日本建立，并基于其成效而保持高度的稳定性。

376 移交给公诉人和刑事判决

只有很少的少年违法者被移交公诉人提起公诉——1997 年只有 0.2%(不包括交通违法者)，而没有酌定不起诉之权的检察官必须对所有案件提起公诉。1988 年至 1997 年间被检察官就其犯罪行为进行起诉、发现有罪并关押到少年监狱的20周岁以下（包括20周岁）的少年数量从99人逐步下降到42人（见表13.2）。其他所有的被发现有罪的少年被准许暂缓处刑。这些数字表明了激进非刑罚主义的趋势。形成这一趋势的主要原因是家庭法院的法官和缓刑官均不愿意将少年们提交审判。保护性处遇同刑罚均被认为是政府主导的惩戒或康复的手段。二者在本质上没有明显的区别。

这种由美国"国家亲权"主义观念来加以巩固的保护主义理念通过1922年《昭和少年法》的双焦点体系来保持内在的平衡。但是1948年检察官优先审查权的免除——这一《昭和少年法》的关键——认可了日本少年司法制度中固有的母性保护主义理念走向鼎盛。1948年对"国家亲权"的再次采纳导致在20世纪初期已经发生的情形再次上演。日本司法部1970年试图使保护主义与有责性平衡的努力因为其援用美国少年司法中越来越多的条文主义而失败。20世纪中期的日本对"国家亲权"的接受和信奉比在美国——"国家亲权"的发源地更加狂热。

在保护主义与有责性这样一对相互矛盾的要素间找到平衡是任何社会中的少年司法制度的重要任务。也许日本的制度是否应以其被监禁人数量少而自鸣得意尚需要更多的研究。

结　论

尽管1948年《少年法》扩大了法院的管辖权，但非正式程序仍然发挥主要作用，因为几乎很少有少年否认或驳斥对他们的指控。审理通常是"和善地"进行。从20世纪80年代开始增设的律师参与少年犯审理已改变了原有的模式。那些已经在警方调查阶段供认罪行的少年们现在将偶尔在法院审理时推翻供词，尤其是在物证不充分的情况下。这种类型的少年案件的审理已不再 377
"和善"，而已经显示出刑事审理的片面义务性与对抗性。在1993年发生的一起人身伤害致死的团伙侵害案的审理中，犯罪嫌疑人的辩护律师出示了与警方早期发现的事实相矛盾的证据，使法庭陷入了以前难以想象的混乱局面。在少年与法官的正面对抗中，就像这个案件出现的一样，现行法律设定的调查性、非正式的模式变得软弱无力。一些家庭法院法官力陈在这类案件中应当采用检察官出庭支持起诉的半对抗程序。

表 13.2
少年监狱关押人数

1988	1989	1990	1991	1992	1993	1994	1995	1996	1997
99	68	63	59	56	50	54	56	41	42

来源：司法部:《矫正年度统计报告》。

这些情况促使最高裁判所于 1966 年春提交了《修正少年案件审理程序的建议》给司法部和日本律师协会。这三个机构间的讨论进行得非常顺利。在公众舆论的推动下，建议稿于 1999 年 1 月修改完善，议案也提交给了议会。[29]修正草案设立了允许检察官和律师(代表少年)参与庭审来协助法官对少数严重犯罪案件的事实裁决行使自由裁量权，同时保持现行法律中大多数少年案件审判的非对抗性模式这样一个双轨体系。检察官被授予因事实裁决中的错误而提起抗诉的权利，但不允许在法官就案件做出判决前给予意见。而对先前供认的事实予以否认或驳斥并非判断“严重”案件的唯一标准，司法部预计一年里有不到 200 名少年将在特殊程序下接受审理。

这里检察官的主要任务是协助法庭做出事实裁决，而非对少年提起公诉。另一方面，律师的任务不仅仅只是维护少年正当诉讼程序上的权利。在商讨修正提议的过程中，议会下属的少年法委员会拒绝在特殊条款中规定少年享有正当诉讼程序的权利。换句话说，少年法避免“高尔特化”。

现在我们触及到估量美国 1967 年少年法院革命对日本产生了多大影响这一核心问题。司法部的 1970 年《少年法修正案大纲》因最高裁判所支持保护主义而遭到了它的抵制。而少年犯应享有正当诉讼权利的主张因团藤法官 1983 年的观点似乎已被双轨体系所控制而尚在考虑中。从美国法的观点中看出，该法似乎是不合逻辑的。但是从日本法的观点中看，双轨体系被看作是对法官的自由裁量权起作用而且因此是昭和法的变更，该体系试图通过检察官的自由裁量权来确保保护同责任间达到平衡。正是起因于政府监护与相互

依赖感之间的对抗的双焦点思想传统防止了美国式少年法二战后两次对日本少年法的详尽注入。 378

20世纪前半期,昭和法对两种文化融合会产生什么结果举出了例证。相反地,1948年法却被用到为恢复日本法固有个性,压低美国法影响以及1967年以来美国法变化的冲击的连续战斗中。日本少年法已经进入了稳定平衡的时期。

一个世纪的经验让日本法有没有什么可以提供给美国法的呢?关于制度上的和实际方面的问题,答案很可能是没有。支撑我们两套少年司法体系的社会性和政治性的情况自然是迥然相异的。但是按照少年法的哲学根据,我会肯定地说有。日本法能够提供的是平衡对立力量的能力。美国少年法已经长时间地被二者择其一的方法所定性——政府监护还是正当诉讼程序,依赖还是自主,保护还是惩罚。极端的理想主义有时不能接受少年经验的事实。另一方面,日本法已经具备了借助"自由裁量权"调和其极性本质的协调性。它已经完成了从美国法的二元分化向双焦点结构的再形成。

在寻求使迥然不同的要素保持平衡的日本特征的来源时,我们回到相互依赖感。amae,正如我已经说过的,认识到心理依赖需求能加强人的自主性。依赖于自身的自主权,只有在已经学会依赖他人时才能成为可能。相互依赖感必须先有人与人之间的关系存在,于是在现代法律逻辑的、权利倾向的思想中,则存在对弱势人群的补偿。这个关系与人的双重性的理解有着密切关系。[30]在现代西方社会,依赖被视为服从或者更甚为低人一等,因此有压制这种潜意识的趋势。尽管相互依赖感也许会遮掩个性,但它却能抓住在人的双重性中依赖与自主的要素。我想强调这一双重性是人类基本的、普遍的特质,并非为日本人所特有。但是它却很难见诸于西方社会。由于不同的历史及地理政治条件,使得我们只能在日本文化中发掘出它来。我相信美国少年司法会从赋予了日本体制的双重性认识中有所得益。在美国有关少年违法者政策的正在转变的方式中,由于在最初制定政府监护时没有对青少年的应受处罚性加以考虑,也没有在最近的努力中将少年违法者看作成年人来对待中顾及其依赖性,所以依赖与刑事责任通常被视为互相抵触的双方。

379 日本少年法将很可能继续使用美国少年法作为其主要的参考框架。我衷心希望我们两国能够找到能有更多真正对话以及对双方有更多建设性意义的道路。[31]

注 释

① 森田明(Akira Morita):《日本少年法的形成与发展:保护和责任》("Waga kuni ni okeru shonen hosi no keisei to tenkan—hogo to sekinin"[The formation and development of juvenile law in Japan: protection and responsibility]),载于《少年儿童法律与现代社会》(*Miseinensha hogo ho to shakai*[Juvenile and children's law and modern society]),东京有斐阁1999年(Tokyo Yuhikaku, 1999),第199页之后。

② 有关日本刑法中存在的人格重塑信念之特征与母性保护主义之趋势的精要分析,参见丹尼尔·H.富特(Daniel H, Foote)著:《日本刑事司法中仁慈的家长作风》("The Benevolent Paternalism of Japanese Criminal Justice"),载于《加利福尼亚法律评论》(*California Law Review*)第30卷(1992年3月),第317页。

③ 穗积陈重(Hozumi)(1885-1926),1881年成立的东京帝国大学的首任校长,在介绍西方现代法律成就卓越。

④ 穗积陈重(Nobushige Hozumi):《美国儿童法院》("Beikoku ni okeru kodomo saibansho"[Children's courts in the United States]),载于《法学协会杂志》(*Hogaku Kyokai Zasshi*)第25卷第9期(1997年),第1261—65页。(作者的删节和翻译)。

⑤ 土井武夫:《依赖性之剖析:日本人行为的核心分析》(*The Anatomy of dependence: The Key Analysis of Japanese Behavior*),纽约:Kodansha International/U.S.A., through Haper & Row, 1973年版。

⑥ 土井武夫:《Amae之概念》("On the Concept of Amae"),载于《幼儿精神健康杂志》(*Infant Mental Health Journal*)(1992年)第13卷,第1期,第348页。

⑦ A.J.麦凯尔韦(A.J. Mackelway):《矿山、工厂和车间中的美国儿童的依赖性宣言》("Declaration of Dependence by the Children of America in Mines and Factories and Workshops Assembled"),载于《童工报告》(*Child Labor Bulletin*)之二,1913年8月,第43页。

⑧ 塞缪尔·J.巴罗斯(Samuel J. Barrows):《美国儿童法院:起源、发展及成效》(*Children's Court in the United States: Their Origin, Development, and Result*),国际刑罚与监狱委员会报告,华盛顿特区:政府印刷局1904年版。

⑨ 安东尼·普拉特(Anthony Platt):《儿童救援运动的兴起:一项社会政策与矫正制度改革研究》("The rise of the Child-saving Movement: A Study in Social Policy and Correctional Reform,"),载于《美国政治与社会科学研究院年鉴》(*Annals of the American Academy of Political and Social Science*)第381号(1969年1月),第25—28页。

⑩ 森田(Morita):《吾国》("Waga kuni"),第203页(作者的翻译)。

⑪ 森田明(Akria Morita):《昭和少年法》(Taisho shonen ho)(The Taisho juvenile law), in *Nihon rippo shiryo zenshu*, vols. 18 – 19, pts. 1 – 2 (Tokyo: Shinzansha Shuppan, 1993)。

⑫ 司法部1923年1月27日通告——司法部刑事事务局长官(the director general of the Criminal Affairs Bureau in the Ministry of Justice(作者译)。

⑬ 森田:《吾国》,第239页。

⑭ 伯德特·G.刘易斯是一个矫正管理方面的专家,曾经工作于纽约和新泽西州。

⑮ 司令部/盟军最高统帅记录(GHQ/SCAP Record Sheet),第LS – 10096号,国会图书馆,东京。

⑯ 唐纳德·V.威尔逊:《纪录备忘,少年法院权限》(*Memorandum for the Record, Juvenile Court Jurisdiction*)(1947年8月7日),公共卫生与福利局,司令部/盟军最高统帅记录,第LS – 10095号,国会图书馆,东京。

⑰《少年法修正提案注解》["Shonen ho kaisei ni kan suru koso setsumeisho" (Commentary on the proposal for amendment of the juvenile law)],载于《法学家》(*Jurist*)(1966年)第348辑,第90页。

⑱《少年法修正案大纲注解》["Shonen ho kaisei yoko ni kan suru setsumeisho" (Commentary on the outline for amendment of the juvenile law)],载于《法学家》(1970年)第467辑,第65页。

⑲ 同上注,第66页。

⑳ 最高裁判所综合秘书处(Supreme Court General Secretariat):《少年法修正案大纲意见》(*Shonen ho kaisei yoko ni kan suru iken*) (Opinion on the outline for amendment of the juvenile law))(1973年)(作者译)。

㉑ 最高裁判所综合秘书处:《司法统计年度报告》(第4卷,少年案件)1977年,第56页。

㉒ 同上注,第16页。

㉓ 森田明:《家庭解体与儿童权利观念:法律及跨文化视角之观察》("Family Dissolution and the Concept of Children's Rights: An Observation from Legal and Cross – cultural Perspective,"),载于《比较法》(*Comparative Law*)(东京)第141辑(1997年),第35页。

㉔ 最高裁判所1972年的一项调查显示:98.1%的少年在调查和审理阶段供认了其所有的被指控事实。参见《家庭法院月刊》(*Katei Saiban Geppo*)(Family Court Monthly)第26卷第4期(1972年),第163页。

㉕ 最高裁判所综合秘书处:《司法统计年度报告》(1983年、1997年)。

㉖ 最高裁判所1983年10月26日之决定,《警署》(*Keishu*)第37卷第8期(1983年),第1260页。

㉗ 最高裁判所综合秘书处:《司法统计年度报告》(1977年、1997年)。

㉘ 同上注,第94页。

㉙《少年法部分修正议案》(*Bill for Partial Amendment of the Juvenile Law*),东京,1999年。

㉚ 土井武夫:《自我剖析:个人对社会》(*The Anatomy of Self: The Individual versus Society*),纽约:Kodansha International/U.S.A.,through Haper & Row,1996年版。

㉛ 本文完成于日本国会(2000年11月)通过《少年法修正议案》(更新版本)之前,该版本在一定程度上不同于1999年的初始版本。

第十四章　英格兰和威尔士的儿童危害与儿童保护 381

约翰·伊科拉尔(John Eekelaar)

面对着那些脆弱的成员们所遭遇的苦难,一个社会为了解决这些问题所采取的方式即可反映这个社会的自我形象。在对待儿童的问题上,我们不仅知道社会对儿童寄予的同情,也了解到这个社会所许可的成年人对儿童的权力的分配方式。社会凭借着诸多方式来解决众多儿童的生活环境问题,本章考察了这些方式的一种特殊表现,这就是为了解决这些问题所形成的法律体系。因此,它并不试图对所有人或大多数人的相关思考进行面面俱到的说明,或者是对人们在现实中是如何对待儿童的做法作完全的说明。法律及其体系从来就不是人们真实的想法和行为的一面完美的镜子。但是它是一个社会现实,并且是一个强有力的社会现实,它运用强制力去正当化或者限制人们的日常行为。

因此,这一章追溯了有关法律体系自发展以来的属性。它将从总体上表明,在启蒙时代之前,人们将儿童看作是成人世界的后备资源。但是,特别是从19世纪早期开始,法律结构开始缓慢修正,以使它更加留意那些成人世界所认为的儿童的利益所在。在此,就将那些引起公众关注的儿童分成了三种类型:一是被认为是特别脆弱的群体;二是被认为是对成人世界的威胁群体;三是表面上在家里很安全,但事实上却被家庭这一环境所威胁的群体。或许这一说法看似舒心,因为它显示出对儿童福利的关注程度正在不断加速,并且 382
注定要走向一个童话般的结尾。但问题绝非如此简单,19世纪的最后二十几年中,该结论出现了一个出人意料的曲折,而这一结论也许是一个新的开始。

父母和儿童:历史的视角

在20世纪70年代,肖特(1976)、斯通(1977)和德莫斯(1976)这三位历史学家提出了使读者震惊的论证,即他们从历史中找到证据证实:在过去的几个世纪里,父母对待儿童既冷漠又残忍,而更大范围的社会对此给予了赞同或默许。这些人并没有认识到具有讽刺意味的事实,即当他们得出结论的时候,此时,在美国和英国,社会观察家和其他人已经将现时代儿童虐待的程度揭示出来了,并且前后矛盾的是,历史学家们宣称这些残忍的事件都是过去的产物,但是上述观察家的结论却认为这些现象此刻仍然大量地存在于我们的身边。事实上,历史学家很可能过分抬高了他们的例子,波洛克(1983)引用大量的私人日记而非儿童看护资料作证据,显示了自16世纪到20世纪,父母们都曾给予儿童深厚的关爱。此后沙赫尔(1990)的调查也同样显示,在中世纪,父母并没有以冷漠的态度对待儿童。

这些争论表明,要就父母与子女之间关系的内在性质作出一个客观评价是多么的困难,即便是在波洛克和沙赫尔的论证中,父母们所高度关注的也似乎只是他们对儿童的威权,从那时以来,即便直到现在,这一点仍然很难达到的。在一个以对神明的臣服为首要品德的阶级社会,父母们也仍然持有某种应该如何对儿童实施控制权的看法,即便这种做法是与当下的观念格格不入的。爱可以表现为不同的方式,但是却不能认为那些对自己的孩子加以规训的父母们并不爱自己的孩子,或者是认为他们的全部做法不过是自己随兴所致。

但当我们站在儿童立场看问题的时候,正如主要通过法律行为表现的立场那样,将会出现一个更为复杂的画面。许多令人不寒而栗的刑罚包括死刑和流放到澳大利亚的刑罚在18世纪和19世纪(平奇贝克和休伊特,1973,351-52)都被用在了儿童的身上,这在一定程度上反应出了给与贫困者以严厉和压迫性的对待,同时也表明对儿童采取的严格教育和保持威权观念的普遍程度。但是法律的一般结构揭示出一些更为有趣的现象。最初,法律对家庭事

务的干预是保护父母和其他成年人在儿童所代表的价值中的利益。因此，在 383
中世纪的法律中(至少追溯至1660年)，“监护程序不是为了方便对脆弱幼儿群体进行司法干预的目的而设的”，而是为了有利于监护地的监护人或将来婚姻的监护人的利益(西摩，1994)。同样地，对在早期绑架行为案件的处理中，赋予父亲一种对抗被告的权利，即这种行为侵害了父亲享有的对于子女的特殊权益，而这并不能保护儿童自身的不受绑架的利益。普通法在儿童利益与其父母关系的问题上没有任何建树，无论是在保证父亲合理卸下责任方面，还是在第三方侵害儿童利益时为儿童们提供救济方法方面。

可以用一个恰当的词来形容大众对儿童的态度，这就是“工具主义者”(即把他们看作是他人的工具，而不是关注的主体)。奴隶制就是一个典型，而英国的法律更能体现这一点。1547年爱德华六世颁布的一部法律规定，拒绝工作的“无业游民和乞丐”要被烙上标记并囚禁两年，以“通过殴打和虐待来使他们觉醒”。奴隶被要求做各种繁重的工作，而且能被租用和出售。任何人都可以把5—14岁的无劳动能力和残疾的乞丐从他们父母的身边带走而不考虑他们自己的意见，并把他们作为学徒，直到女孩年满20岁男孩年满24岁为止。如果这些学徒逃跑，他们会被戴上镣铐并被当作奴隶使用。这个规定两年后被废除，但是都铎王朝的这一规定不仅违背了大众对无工作能力者对社会稳定可能带来威胁的担忧，而且试图吸收他们为社会服务。但是这一观念却渗透到对贫困法的相关立法中。贫困法立法者的专门责任是“安置”儿童去工作。直到1948年，都是如此。

没有任何一种观点可以比儿童福利观点获取这么多的好处。如果公众认为，儿童注定要为其他人的利益服务，他们自身的利益就会被认为微乎其微，如果不是完全忽视的话。在这一历史背景中，人们可以在哪里找到那专门指向于儿童福利(就其不同于那些为了普遍保护的刑法来说)的法律根源？人们可以在三个背景中找到它们：一是在那些对于普通人而言习以为常，但是儿童在其中却显得尤其脆弱的环境，逐步为儿童提供专门的保护。学徒和雇工就是典型的例子。但是对于新生儿和一些非常幼小的儿童却是另外一种情况。并且我们提及的儿童也应该包括那些因为家庭环境而产生的脆弱儿童：这些家庭也许很穷，因此没有能力照看他们；他们将被遗弃或者成为孤儿。另一个背景是儿童的生活条件和行为造成人们认为他们构成了对社会的威胁。对此，我们可以称这些儿童为“叛逆分子”，但是这并不必然意味着刑事犯罪，真
384 正的担心乃是他们处于失控状态。最后，通过追问社区关于在培养儿童的标准框架方面，也就是说家庭，是否常常按照儿童的利益行事，我们调查了社区在这个问题上的意愿程度。这三方面被看成是儿童受害者的主要例子。下面我们将依次对这三个方面进行思考。

特别易受伤害的儿童

儿童在商业贸易及相关行业中的情况

儿童福利的早期法律产生于学徒这一行业。1563 年的《技工法》规定，任何一个人要从事工业技术行业必须经过 7 年的学徒期。此规定是培养儿童这一成功体系的基础，但同时就这个体系来说，除非法律加以规定，那么也极易受到个体的滥用。事实上，一些来自行会的监督，他们关心本行业的整体性，并且也关心学徒们的利益，此外，治安法官也有权把学徒从师徒的合同中解脱出来并且惩罚行为不当的雇佣者。在这种“正式”的商业学徒制之外，还有一种学徒就是教区学徒，它也是一种为贫穷儿童寻找“家园”的一个制度体系。这些儿童的监督者可以在教区增加比率以弥补成本，并且他们可以迫使个体去吸纳这些学徒。为了减少教区基金方面的负担，这一体系使很多儿童被送出教区。从 17 世纪末到 18 世纪初期，这一体制所带来的对于儿童的剥削在 1810 年乔治·克雷布的诗歌中得到了体现，这一诗歌因本杰明·布里滕的歌剧《彼得·格兰姆斯》(Peter Grimes)而名垂千古：

> Peter had heard there were in London then
> Still have they being! Workhouse clearing men.

Who, undisturbed by feelings just and kind,
Would parish – boys to needy tradesmen bind;
They in their want a trifling sum would take,
And toiling slaves of piteous orphans make.*

在19世纪，保护儿童立法逐渐增多：从《促进学徒健康和道德法》到1802年纱厂雇佣的一些规则；从1833年限制纺纱儿童工作时间的《工厂条例》以及1842年禁止雇佣10岁以下儿童在地下工作的《矿山法》到1875年禁止雇佣儿童作为化工清洁员（海伍德，1978，22–28）。1870年关于在各国实施普遍教育的引 385
入，使得在减少儿童劳动力方面迈进了一大步。但这一问题一直到今天仍然存在，尤其是在大洋彼岸的那些国家，在那里儿童工具主义的观点仍然拥有很多支持者（瑞佐拉，1998）。然而，在我们自己的实践中，人们却对此毫无洞察。通过温室教育制度强迫儿童，以便他们将来在经济活动中发挥作用，这一想法与将儿童作为一种资源的观点相差无几。

即使是在一个通过雇佣的方式来剥削儿童的现象大大减少的社会，儿童的脆弱性引起了法律的关注，产生了大量的规则，诸如保护儿童不受性剥削，禁止向儿童出售劣质产品以及烟酒等，但是这些规则乃是基于：儿童面对损害时候是特别脆弱的，因此就与不同的观念相互冲突（包括儿童自己抱有的观念），这些观念都是围绕着何时儿童当有自己的自主的选择权利。例如，关于性行为的同意年龄，在英格兰，一个女孩满16岁就可以同意进行异性性交，相反，一个男孩却不能。直到最近，才规定男孩满18岁才允许进行基于同意的同性性行为。在1986年"吉利克诉西诺福克和威兹比奇地区卫生部门"（*Gillick v. West Norfolk and Wisbech Area Health Authority*）案中，上议院认定，任何年龄的儿童，只要他拥有足够的知识以及理解能力，就可以不经父母的同意而接受医疗安排。但除非是为了儿童的健康着想，否则医师就不能进行治疗；并

* 这首诗的大意为：在伦敦，人们的生活依然困苦，社会也没有给予他们多少善意和温暖，尤其是儿童，所得甚少，劳作甚多。——译者注

且,在任何情况下,儿童都没有权利拒绝父母和法院从儿童们的利益出发所认为的对儿童有力的治疗。吉利克案件的原则是否适用于一些如拳击、登山等可能发生危险的活动,对此,还没有明确的规定。我们在儿童自己决定自己的利益这一问题上,我们准备走多远呢?

对幼童健康的关心

儿童保护措施经常受到公共丑闻的鼓动。最早几次中的一次发生于1870年,是玛丽·沃尔特斯因谋杀婴儿被起诉的事件引起的。被谋杀的婴孩中大多是非婚生的,儿童的母亲因为耻辱或贫穷的原因而不照管儿童。根据评估,在1872年,每年有3万非婚生儿童因被忽视而死亡。1872年的《婴儿生命保护法》建立了一种注册体系,这一体系规定照管不满一周岁的儿童满24小时的人将收到报酬,但遗憾的是这一体系没有有效的保障机制。1896年的另一起谋杀案导致了强有力的1897年《婴儿生命保护法》的产生,之后,在1908年《儿童法》和1936年《公共卫生法》第206条中得到扩展。其中的条款在1989年《儿童法》中得以巩固。这些法律主要是要求地方当局社会工作部
386 门对那些承担儿童(至1936年,9岁以下)护理和照管的个体的先决条件进行审查。20世纪70年代晚期,人们认为日常生活由他人代为照管的儿童在情感上和教育上都是不利的(杰克逊和杰克逊,1979),但是同时也有许多证据都表明接受家庭外这种照管有许多优点,但更有利的是集中照管,而这种方式也许不易获取(艾奇逊报告,1998,pt.2,sec.7)。政府一直质疑这种日常照管的质量,但是在1999年8月,官方宣布:针对儿童照管者、幼儿游戏组和日常护理者的检查权从地方权力部门的社会服务机构转移给OFSTED*,学校的视察团对教育部负责,这意味着这样一种看法,即这些儿童生活地方的硬件设施不再是人们担心的主要方面了,人们的焦点移到了儿童们作为学习经历的环境

---

* OFSTED:即 the Office for Standards in Education (England),英格兰教育标准办公室,指在英格兰设立的对儿童及学生所处教育和生活环境进行规范和监管的监察机构。该机构是对议会负责的非政府机构,它是一个涵盖儿童健康、教师培训和青少年工作等的综合体系。——译者注

质量问题上。

然而,控制力最弱的是待在家里的儿童。尽管 20 世纪在英格兰和美国均有家庭保姆因伤害其所照管儿童而被判刑的案例,但是在那时除了引导性和自愿性的规定外,并没有公共的规定来规范保姆们提供服务的质量和家长们雇佣他们的用处。若要了解这种情况必须在当时公共健康检查服务的背景中加以考察。因为布尔战争(Boer War)* 国家征募军人,但人们较差的健康状况使得全国深感震惊,政府当即把健康检查以成文法的方式规定在 1908 年《儿童法》的第一部分。健康检查这一工作的责任是对即将生育的母亲和她们的 5 岁以下的儿童进行体检,虽然这些健康检查者并没有强行进入家庭为儿童做检查的权力,但他们并不让儿童母亲觉得害怕,并且总是被允许进入检查。这一做法给政府提供了意见和帮助,同时提供了参考。在儿童福利方面,这种健康服务的长期坚持和 1930 年卫生部门通过的法律取代地方政府部门作为贫困法的核心权力机构这一事实,使卫生部在 1940 年代有了反对内政部(Home Office)** 的基础,后者想被设计为一个对于儿童福利全权负责的核心政府部门。当时,卫生部的主张并不成功,但历史总是向前发展,至 1971 年,当健康和社会安全部门被合并后,内政部就失去了它对于卫生部的控制权。

尽管已经实现了儿童福利与儿童健康的紧密结合,但是因与种族和阶层相互联系,在儿童健康中仍然存在严重的不平等,例如,婴儿死亡率(1 岁以前死亡)在社会第一和第二阶层是 5:1000,而在第三和第四阶层的死亡率为 7:1000;处在低社会阶层的儿童有较低的出生体重和较低的存活率(艾奇逊报告,1998)。政府已提出了解决这一问题的许多方案,包括健康检查者对弱势群体做出的努力措施。

---

* 布尔战争:又称南非战争。是布尔人与英国人的战争,爆发于 1899 年的南非,结束于 1902 年。起因在于布尔人在南非所处的不平等地位。

** 内政部:英格兰和威尔士负责国内事务的政府机构,其工作致力于建立一个安全和谐的社会,以及确保和提高公共安全。

387 贫困和功能障碍家庭的儿童

从济贫院到柯蒂斯报告(Curtis Report)

从17世纪中叶开始,人们认为,济贫院对穷人来说是提供生活资源的便捷和相对便宜的方式;尔后,济贫院就成了廉价劳动力的来源之一。18世纪的社会活动家乔纳斯·汉韦(Jonas Hanway)宣称:许多济贫院婴儿的死亡率都高于50%;截至1840年,在英国的济贫院约有64 570名儿童。这些儿童中的大部分是由未婚妈妈所生。19世纪和20世纪的大部分时间里,对这些儿童需求的供给方面的改善并不明显。使之得以改善的机构是教育。直到1929年,贫困法执行机构一直负责济贫院儿童的教育问题,此后,这项职责转交给了郡县政务会。

最初,伦敦的企业家们被允许在济贫院外对儿童进行教育,并最终通过其劳动力获取收益。后来,贫困法组织建立了自己的学校,学校同时也给儿童提供食宿。这些学校起初是一些大的、"军营式"设施(被称作是"地区"的或者"隔离"学校,这取决于它们是否服务于一个或更多的贫困法律组织)。在1871年,《关于贫民学校女生教育问题之拿骚报告》(the Nassau Report in the Education of Girls in Pauper Schools)向当地政府委员会(自1871年,该委员会负责贫困法的执行)建议:这些类型的学校应被解散成只有10—20个儿童的"村舍家庭"(cottage homes),这些小家庭应由"家长"们负责。但这些小家庭仍聚集在一起,有些儿童的人数超过了300人,并且对他们进行集中的教育。同时,1996年《关于济贫学校问题之芒代拉报告》(the Mundella Report on Poor Law Schools,1996)观察到,这种安排并未将儿童有效地融入该社区。因此,一种"零星分布"在社区周围的普通家庭就获得了支持——这种普通家庭容纳数十个儿童,而这些儿童和社区的其他儿童一道入学当地的学校。1870年,贫困法委员会(the Poor Law Board)也允许贫困法组织之外的编外儿童收养。这一模式一直持续到二战之后,尽管那时这种提供食宿的模式只代表了儿童住在何地，而不代表儿童受教育的地点。在这段时期内发生的一些变革，我们可以从表格 14.1 和表格 14.2 的一系列数据中看到。

表 14.1　1907 年 1 月 1 日根据贫困法供养儿童的场所 389

	数目	百分比
济贫院	5 534	8.0
贫民习艺所	14 676	21.2
地区与分隔学校	11 809	17.1
组群的村舍家庭	8 420	12.2
散居家庭	4 963	7.2
收养家庭	2 506	3.6
编外	8 659	12.5
其他	12 511	18.1
总数	69 078	

来源：麦克纳马拉报告，1908 年 5 月。

注："其他"，如那些在非贫困法当局负责的设施中的儿童。

表 14.2　1946 年 5 月 1 日被公共援助机构供养的儿童

	数目	百分比
医务室	3 456	10.5
托儿所	3 044	9.2
组群的村舍家庭	7 024	21.3
散居家庭	4 662	14.1
其他	5 209	15.8
自愿家庭(认证及未认证的)	4 598	13.9
编外	4 892	14.8
总数	32 885	

来源：柯蒂斯报告，1946 年，第 32 段。

注："其他"包括了那些不确定的儿童的数目，这些儿童绝大部分有三种：和父母们一起在工场的儿童、居住在更大的容纳 200 或更多儿童的"军营式"(地区或者分隔)家庭中的儿童，以及规模在 50 名儿童的"单独"家庭中的儿童——参见柯蒂斯报告第 138 段、第 158—165 段。克里特尼(Cretney)从卫生部的备忘录中引用了一个大概数据，即 1944 年约有 1 433 名儿童在贫民习艺所，10 312 名儿童在村落家庭——参见《法律、法律改革与家庭》(*Law, Law Reform, and the Family*)(1998)，第 206 页。

尽管接受公共救济支持的儿童总数下降了，但是那段时间在食宿种类分
388 布上的变化是不明显的。同时，尽管很多儿童都从济贫院、地区学校和独立学校转移到了“村舍”小家庭或分散的小家庭，但在教育机构中集中生活的儿童数量仍然很多。为达到这一点，就需要自愿型的儿童小家庭照管的大幅度增加，而不应该仅仅依靠政府的资金来支持。在1946年，在内政部注册的小家庭中的儿童据估计达到了33 500。

如何保证这些儿童的福利？贫困法实施的理念是基于“安置穷人去工作”的必要性，并且得到了不那么妥当的一些政策作为补充。因此，最后的拥有巩固地位的贫困法，即1930年《贫困法》，将法律实施的权力从当地政府委员会转给了卫生部，但是仍然通过地方政府执行，只是要求地方政府“将那些在当地政府委员会看来无力养育子女的父母们的孩子安置为学徒”（第十五条）。而这在过去60年里，由通过向儿童提供教育加以落实。即便如此，教育的方式、条件以及儿童居住的情况，都反映出贫困法实施机构严厉而僵化的管理态度。但这并不是说，这些官方机构对儿童不闻不问。维多利亚时代行政官员的无情遭到了1896年《芒代拉报告》的激烈批判，这一报告应被视为维多利亚时代最著名的国家报告之一，长达几百页的证据，并且展示了对那些在其他任何时代很难得到平等的儿童的关心和同情。但是形势依然十分严峻。这份报告显示：在那个时代，仅伦敦就有74 000个贫困法儿童的“床位”。当地政府委员会的监管由一个总巡视员、一个医疗巡视员、一个教育巡视员、一个助理巡视员、一个编外儿童巡视员和一个总巡视长来予以执行。委员会推荐更多、更
390 专业的巡视员就不足为奇了。证据证明自愿性的学校都接受了贫困法保护的儿童，但是他们一旦这样做，也将接受审查。芒代拉认为，应该改进这种类型的审查。1945—1946年，当柯蒂斯委员会回顾在贫困法权力机构（当时为卫生部和地方政府）的责任范围内（数量有相当减少的）儿童之生存环境时，发现这一改进是值得的。大多数的安置家庭“没有把儿童送入中学或技校”——委员会发现的一个“非常”问题，一个“补偿被剥夺正常家庭生活儿童的严重失利”（柯蒂斯报告，1946，第193段）。尽管他们没有找到对儿童“忽视和苛刻对待”的证据，他们发现很多被临时安置在济贫院中的儿童仅仅得到维持最基本需

要的补偿。并且尽管他们感觉到了社会对待儿童的态度已经得到了改善,“然而,见证人告诉我们,安置家庭对于我们是一种危险,即便是在开明政策下的组织机构中或政府机构下;照管儿童的个体也可能形成一种苛刻或压迫倾向,或者是形成一种错误的规训理念”(柯蒂斯报告,1946,第417段)。

通过公共团体的调查和临时审查而来的报告,比如说芒代拉和柯蒂斯委员会所得到的报告,是确保这些儿童福利水平的重要因素。但是,关于这些儿童发展进程以及儿童和成人世界之关系的大众态度,对于这些儿童显得更加重要。这些可以更加清楚地在志愿团体的活动中看出来,这些志愿团体在19世纪末期得到迅猛发展,在这个过程中,他们一方面是受着对儿童的怜悯感和对儿童之生存处境的震惊而深受激励;在另一方面,则与试图从道德腐败中拯救儿童的宗教热诚不无关系。但这种道德重建的构成因素是什么,这种道德重建又如何达到?前者是由宗教指示,通过规训激励有秩序的行为,以及获得实践技能。这是通过尽可能完全地将儿童转移出他们生存的恶劣环境来达成的。英国著名的托马斯·巴纳多博士曾这样来表达:“如果尽早地将贫民窟的儿童从他们的环境中转移出来,并且保持足够长时间的培养,则遗传的影响甚微,而环境决定一切”(海伍德,1978,53)。巴纳多基金会仍然是英国最著名的儿童慈善机构。打一个比喻,儿童就是生长在受污染泥土里的植物,如果把这样的植物移植到肥沃的土壤中他们就可以被拯救。从19世纪70年代到20世纪60年代的后半期,安置从英国移入当时的殖民地和领地(特别是加拿大和澳大利亚)过程中表现出一些特点,这些特点在被志愿团体孜孜 391
以求的政策中以最强烈的形式表现出来。从公众的意识中和用社会的修辞来说,这些儿童是兴高采烈地被送往光明未来的“孤儿”。实际上,他们中的大部分都是被用欺骗或胁迫的方法强迫的,违背自身意愿而与他们的家庭成员分离。仅仅一个巴纳多基金会就派送了大约30 000个儿童,从19世纪60年代到20世纪60年代,被遣送的儿童的总体数量超出100 000(罗斯,1989;伊科拉尔,1994)。

他们确信儿童能够从中得到现实的利益,这就使得这些执业者们根本看不到对儿童和父母情感考虑的缺失。支持者把儿童移民描述为“最主要的荣誉和解救工作最令人欣慰的特征”。但在这一意识形态的背景中，负责任的儿童福利政策必须有一套控制和责任机制。对于贫困法范围内的儿童而言，这些机制在一定程度上得以提供。早在1874年，由当地政府委员会安排了一次正式调查，其内容是对一些贫困法权力机构所采取的安排两个妇女独立负责儿童移民加拿大。另外一个州文件——《道尔报告》(Doyle Report)(1875)，因其反映的深层次人道关怀而备受瞩目。此报告对剥削儿童的做法抱以否定的态度，而把注意力放在儿童在自我选择方面的弱势和对于移民加拿大之后儿童的监管问题上。更进一步的对加拿大贫困法中儿童生活环境的批评来自芒代拉报告(1896)、麦克纳马拉报告(1908)和邦德菲尔德代表团(1924)，从而导致了向加拿大移民的真正终止。此外，在贫困法涉及儿童的案件中，立法要求儿童必须要在治安法官面前给出他/她自己的同意，并且每一份移出申请必须通过贫困法委员会批准。

虽然人们对这些审查的效果产生了疑问(一位地方官员后来评论道，“地方官员只是签签字而已”)，他们的存在与志愿团体形成了刻板的对比。就移民缺乏成文法控制而言，已经在1975年《道尔报告》、1946年《柯蒂斯报告》(第515段)和1956年《罗斯报告》中得到了体现，只是到现在为止还没有取得任何进展。巴纳多博士对经由他安排移民的儿童的父母采取了骑士式的态度，并被报道因为蔑视法院判决而88次出现在法庭上(罗斯，1989，577)。尽管因为拒绝母亲探望其孩子或告诉她孩子下落的行为而遭到了上议院更为激烈的批评，但巴纳多设法获得一个在法律上对他有利的变化。1891年《儿童监管法》(the Custody of Children Act of 1891)规定：当父母抛弃或遗弃儿童或是允许自己的儿童由他人自费抚养，这一情况长时间的存在以及存在类似的环境
392 以至于符合法院认定其父母已经忽略了他们的责任，那么除非法院认为为了儿童的福利，父母对于儿童更加适合之外，否则法院不得将儿童交归原来的父母。

因此，在那个时代，儿童福利法的特征就被认为是针对父母的。《贫困法》的这一运作，以及贫民救济机构给予这种操作保护的权力，在1889年通过的《贫困法修正案》(第一款)中得到加强。《贫困法修正案》规定，“儿童被其父母

所遗弃并被任何团体的监护人所收养”或是在父母“对儿童犯罪而被处以监禁”的情况下，监护人可以确定“这样的男孩在 16 岁之前，女孩在 18 岁之前都要被监护人管理”。父母有向地方法官申诉的权利，但是对此却没有被告知的权利。这一决议的范围在 1899 年被扩展，包括那些“有不适合去照管儿童的习惯和生活模式”的父母，这些儿童常常被称为“贫困法收养者”，并且成为百年来英国儿童福利的一个显著特征。虽然志愿团体没有这一权力，但给其操作的保护和对他们相对缺乏的控制是不同寻常的。只有当他们接收并照管贫困法范围内的儿童时，他们才会接受到卫生部门的审查。尽管 1933 年《青少年儿童法》(the Children and Young Persons Act of)规定：那些接受慈善捐赠的儿童需要在内政部进行登记，但这不包括自足资助。这种含糊的规定可以基本诠释为：参加这种活动的个体具有高度的道德动机而具有信用，因此基本上受不到什么攻击。但是，这些不易受控制的部门还是遭到了柯蒂斯委员会(1946 年，第 229 段)的尖锐批评：“儿童在其整个童年阶段中，其与外部世界的联系可能会被完全隔断，他们或许在没有受过专业训练并且思想狭隘的工作人员的照看下，其结果是他们根本没有准备好进入成人的生活，就匆匆地进入到了外部世界”(柯蒂斯报告，1946)。

国家福利主义的兴起与没落：从 1948 年《儿童法》到 1989 年《儿童法》

1948 年《儿童法》被誉为在政策方面和对在家庭中未得到充分合适照管儿童的态度方面的一次革命性的转变。这一法律紧随 1946 年柯蒂斯报告的步伐，后者是由一件公众关注的事件引发的，在这一事件中，一个受贫困法救助的儿童死在其养父母手下。克里特尼(1998)揭示：在此一事件之前，改革已经在考虑之中，这是战时无家可归的被疏散者产生的问题所引发的——《贫困法》的预期的衰落，一项由艾伦·赫特伍德女士发起的运动，以及治安法官关于 393
少年犯拘留所境况的个别活动。那么，该法的革命性程度究竟有多大？

柯蒂斯委员会的重点在于儿童护理服务的质量,而不是流于形式的政策。它试图在儿童照管中注入人情因素,避免来自于专门机构和没有人情味的官僚机构的不利影响。柯蒂斯委员会致力于使儿童更好地融入整个社区。因此,它倾向于,如果儿童不能在家里抚养,则对其进行收养,或者由别人抚养,或者对其进行居留性的照管——尽管会有一定的保安措施。通过在地方当局中任命儿童事务官员,以及将儿童问题的管辖权集中于儿童委员会,人情因素和官僚因素的减少会得以例证。所有的志愿者家庭都要进行登记,并接受监察,因此而首次被完全融入到儿童保护的领域中。这些改革在1948年《儿童法》中得以实行。

但是就其自身而言,这些措施并没有根本性的偏离。从前一个世纪末开始,人们更乐于在小单位(特别是家庭)内照管儿童。1926年导入的收养制度被证明是安置儿童的普遍方式,并被1939年的《儿童收养法》强化了,这一法令使收养人与收养过程处于严格的监督之下。当然,对收养的重视也产生了重要的实际影响。直至1974年,39.9%为当地政府所照管的儿童是属于编制以外的,在1997年,为政府所照管的89 000名儿童中的65%是属于编制以外的。然而,作为一个概念,这种"安置"在长期以来一直得到提倡。贫困法中臭名昭著的让儿童去工作的规定被这样一种责任代替了,即要培养他的兴趣,给予他机会适当发展其个性和能力(1948年《儿童法》第12条)。这种为儿童寻求最佳利益的要求被海伍德描述为"或许与我们法律体系中的人性不相符合"(海伍德,1978,158)。虽然旧的贫困法义务已经被废除很长时间了,贫困法官方机构和志愿团体的工作者仍宣称他们依照第12条所描述的路线办理,尽管他们对儿童利益的看法也许已经有所不同。

对儿童所负的公众责任的范围并没有被缩小,事实上这种范围已经达到这样一种程度:公共政府照看的儿童不再局限于被抛弃的群体,而是扩及到了所有儿童,最终发展到无论何时只要有如下情况的不满17岁的儿童出现在当地政府辖区,政府都将负责:"既无父母又无监护人,或者至今仍然处于被父母或监护人遗弃的状态,或者是自己走失,或者父母或监护人由于精神或身体的疾病、年老体衰无行为能力或者其他情况,在一段时间或长久的不能为儿童提

供适当的住宿、生活和成长所需，以及另外一些为了儿童的利益需要当地政府 394
进行适当干预的情况”（1948年《儿童法》第1条第1款）。福利待遇的获取更为广泛，且不带污名。

然而，这与另外一个被海伍德称之为“革命性的”主题相关（海伍德，1978，156）。这种做法给当地政府增加了一项责任，即“在任何情况下，一旦出现责任的承担与儿童福利相一致时，政府就应努力寻求由儿童父母和监护人或其近亲属和朋友承担照管儿童的责任”。这种论述仿佛暗示：先前的看法有了一个决定性的转变，即转向父母以及儿童的环境。这样的论述是谨慎的，即恢复儿童的义务似乎只有在与儿童福利相一致的情况下才存在，因此，这一说法可能传达这样的观点：某种救济（甚至是接触）如果与儿童福利不一致，那么就不应该采用。似乎一道心理障碍已经注定。1942年多萝西·伯林厄姆和安娜·弗洛伊德已经把注意力放在了以下几个方面：儿童突然从家庭分离的创伤性后果，以及儿童与母亲感情联系的重要性，而这些重要性儿童抚养者也已经给予了充分重视。一些更为重要和直接的证据被约翰·鲍尔比提交给了委员会。而约翰1951年呈交给世界卫生组织的后期专著于1953年出版（鲍尔比，1953）。该专著首次铸就了“母爱剥夺”一词，并且阐述了即便很年幼的儿童也会因亲情纽带断裂而带来严重的心理伤害。这一理论在后期著作中被极为详细地解释为著名的“依附论”。这一理论隐藏的含义不言自明，即尽量避免儿童与其父母分离。海伍德进一步把它描述为“家庭价值的重新发现”（海伍德，1978，133）。

这种结论确实影响很大。一战后，在社会工作中运用心理学理论的做法已经被逐渐重视，而这一做法从母爱剥夺理论中得到了强有力的支持。家庭“社会工作者”现在被认为有能力帮助家庭成员克服在抚养儿童过程的困难。现阶段的重点放在了预防工作中。1950年家庭事务办公室与卫生部的联合文件对此予以了强调。1948年《儿童法》扩大的儿童照管责任导致了接受照管儿童的数量增加，从1946年的46 000增加到1953年的65 309。之后，这一数量下降幅度很小，1953年不满18岁受照管儿童占人口总数的5.6‰，而在
1959年下降到5.1‰。在1963年《青少年儿童法》第1条中，家庭工作者的这 395

种预防角色得到了法律上的承认。此后,接受照管的儿童比例(与那些能够在家庭中得到养育的儿童相比)有所下降(帕克曼,1975,69)。这鼓励了如下信念,即对于社会工作的适当关注应当集中于家庭而不是儿童,而且为儿童照管机关及儿童委员会的柯蒂斯系统敲响了丧钟。1968 年的西博姆报告曾提议:把各个独立的地方政府机关融合为一个普通的社会工作部门,培训一批能够对家庭运作中的各方面提供帮助的普通社会工作者。这一乐观构想立足于如下观念之上,即认为社会工作能够帮助个体使之所处的直接社会单位在一个较大的社区结构中能够得到更加有效的运作。这些变革被引入 1970 年《地方政府社会工作法》中。帕顿、索普和瓦塔姆(1997)生动地描述了这一盛行的景象:

> 社会工作者乃至政府的利益与(那些)他们愿意提供帮助者的利益,即便不是相同的,也是相似的。从根本上讲,二者之间具有一种良性的,但同时也是非物质性的关系。对家庭的干预并不被视为是社会工作者同个别家庭成员之间冲突的潜在源泉。这些成员个体,不论是父母还是儿童,他们都并未被看作具有与家庭自身不同的利益和权利。当一个家庭需要改进时,可能会通过社会工作、帮助以及建议来进行,如果个体进入政府照管的视野,就会被假定是为着他们的利益的。带有治疗目的的干涉必然会产生有益的结果,因此,社会工作要求而且被允许有较大程度的开展工作的独立性和自由度。(帕顿、索普和瓦塔姆,22)

社会工作的心理基础是关于父母—子女关系的一种感觉。这种感觉在戈尔茨坦、弗洛伊德和索尔尼特(1973)那里得到了最为透彻的表述,他们将儿童和亲本*(“心理学上的”亲本)之间关系持续性的重要程度提升为一条根本性的原则。早期破裂的或扭曲的心理关系能够导致持续的心理损害,这一观点已经发展为对家庭功能失调的一种解释,并被认为能够代代相传,形成“缺

---

* 亲本:parent,即父母双亲中的一个,或父亲,或母亲。——译者注

失循环”，这在大多数“问题家庭”中是不言自明的，其中的失败看来好像是地方性的(菲尔普，1963)。然而，与儿童救助者不同，社会工作者并不采取带走儿童离开家庭的方法(这只可能会使得结果更为糟糕)，而是试图去重建这种关系。20世纪70年代，一系列旨在测试这些感觉的经验实证研究引导研究者们得出了一个更加中和的，但很可能并不令人惊奇的结论，即认为缺失的引起既包含个体的原因，也包含有结构方面的原因(布朗和玛齐，1982)。然而，奠基于心理学的持续性理论把这两路都切断了，因为当它强调扰乱儿童与最 396
初的心理亲本(母亲)的关系之危险性时，它也同时强调了当已经在儿童与另一个心理亲本之间建立了新的关系时，把儿童送回其自然双亲身边的危险性。

在关于儿童与其家庭恢复正常生活的新兴观点中，似乎总有一些歧义存在，尽管柯蒂斯委员会更倾向于将收养作为一个为那些与父母分开的儿童们提供保障的优先手段。但是与这一反主流的做法同时存在的是1948年《儿童法》和西博姆报告下形成的诸政策。20世纪60年代，存在着一种越来越强烈的感觉，即法官和社会工作者们过分强调了“血缘关系”，这种感觉在一份司法意见中尤其明显，而将已经与有希望的领养者一起生活了18个月的儿童送回其生父那里的司法判决更是增强了这种感觉。在涉及到那些想照管儿童的父母这一问题时，为了加强地方机关的地位，霍顿报告(1972)阐述了美国“恒久计划”运动的影响。这一报告建议：在儿童已经接受照管超过一年的情况下，官方就有权要求其父母在接回儿童前28天提出通知，它同时建议“关于那些已经在照管下持续生活了三年的儿童，如果让当地机关有自由决定权来判定父母的权利，这将是很有利的”(霍顿报告，1972，第156段)。此外，该报告还提议：法庭在实际发布领养令之前，有权解除领养，并且那些已经照管某儿童超过五年的养父母可以申请获得领养权。1975年《儿童法》采纳了这些建议，并与1948年法一起在1980年《儿童养育法》中得到了体现。1980年，上议院认为，仅凭亲生父母的领回要求，地方权力机构没有绝对的义务归还自愿收养中的儿童(尽管他们的确停止被“权威认可的”的保持收养)。此时，地方权力机构的地位就得到了进一步加强。这就意味着只要地方机关照管了儿童，在符合必要条件的情况下，它们就可以通过一项决定剥夺亲生父母的权利。次年，议会认为，父母对于收养中的儿童的探视权也应该由地方机关自由把握，由此，20世纪国家公权力对于家庭的支配达到了顶峰。

但是既存的不满不断增强。解决方法领域的扩大导致了接受此类解决方法的儿童数量的不断增加：1975年此数目为13 200（接受照管的儿童占26%），到1979年这一数目已增至18 400（接受照管的儿童占40%）。在1951年到1981年这一时期的后阶段，那些处于政府照管下的儿童，不论是自愿的还是通过法庭指定的，他们被照管的时间要远远长于这一时间段早期的情形，其中，在法庭指定或者处理中被照管的儿童占有较高的比例，但是这并不意味着
397 地方机关对于家庭的干涉愈演愈烈（丁沃尔和伊科拉尔，1984）；事实上，它们是在反对政府干涉的制度文化中进行操作的（丁沃尔、伊科拉尔和默里，1983）。很有可能，那些发生的变化不过是被照管儿童性格发生变化的结果，这是那种预防性的政策所达成的，它成功地避免了在收养过程中出现问题案件，并且是由于将那些在1969年《青少年儿童法》（下面我们将会谈到它）的被认定为犯罪的儿童强迫收养所导致的。但是观念正在发生变化，激进社会工作理论已经开始对承认现存社会框架结构的方法发起挑战，并且开始批判与这些框架结构相适应的社会实践工作。当事人本身已经开始质疑那种认为他们的需要可以为社会工作者所定义的假设（贝利和布雷克，1980；泰勒，1993），在此，还没有那种政府正在变得更具“强制性”的客观措施，但是批判反映了一股正在增强的自由主义思潮（福克斯·哈丁，1991，24–25；帕顿，1991，第2章）。此外，对于地方机关应在多大程度上控制被照管儿童与其父母之间的联系这一问题上存在着强烈争议。与此同时，自从1974年玛丽亚·科尔韦尔（Maria Colwell）案（参见下文）以来，对于那些有儿童死亡的案子，每年都会有对于这些案件中的社会工作角色的调查。因此，1984年关于社会工作组织的议会选举委员会（临时委员会）呼吁成立一个跨部门的团体来审查所有的儿童照管法，其咨询文件出版于1985年（部门联合报告，1985）。

与此同时，朝向全新方向的研究已经开始，帕克曼（1986）和米勒姆等人（1986）的研究资料中加入了对父母的访谈，并揭示出存在于社会工作者与父

母之间的某些尖锐的冲突。在20世纪80年代的撒切尔时代,认为社会工作者应被列为社区非正式照管人员之伙伴关系的观点大为流行,它被认为可以节省开支、提升个体责任感,并得到了那种认为社会工作者所宣称的"专业知识"仅仅是一般的、每个人都有的常识这一观念的支持。格里菲思报告(1998)提升了社区照管的概念,包括如下的理念,即在非正式的照管者的关怀下,处于自己家中的儿童会过得更好。社会工作者的作用是使私人家庭和自愿服务部门之间的工作协调一致(科克伦,1993)。这些主题构成了1989年《儿童法》所针对的背景。

肖特报告(1984)发出了对家庭社会工作角色重新定位的信号,即以"责任"的方式重新建构那些代表父母的权利要求。这不仅意味着父母应当代表自己的孩子承担责任,而且照管儿童是父母的责任,而非国家的责任(伊科拉 398
尔,1991)。部门联合报告(1985,第2.8段)则明确地表示:"只有与他们的家庭生活在一起,儿童的利益才能得到最大的保护,而父母在被允许通过照管自己的孩子来承担其自然和法律责任时,其利益也才能得到最好的维护"。与1948年"家庭再发现"不同的内容被概括为两种表述,一个是"责任感",另一个是"伙伴关系"。然而,柯蒂斯委员会以及其所遵循的社会工作方式却把社会工作机构的作用视为帮助父母照管他们的儿童,其新的表述方式是"允许"父母照管他们的儿童来"承担"其"自然和法律责任"。对于柯蒂斯委员会来说,"责任"一词是与地方权威机构相联系的。1985年,父母的"责任"更是被置于突出地位,他们并不是要待在那里等待援助,他们更应该有义务去照管自己的儿童。因此,紧随1985年的部门联合报告之后的白皮书(White Paper 1987,第5段)提出了首要原则,基于此原则将会制定新的法律规定,这项原则即"抚育儿童的首先责任在于父母"。通过"工作伙伴关系"的理念,国家的主导地位得以减退。

因此,根据1989年《儿童法》,如果官方所做的只是为其提供膳宿,则儿童不应被纳入照管。提供住宿的义务仅仅是针对那些"困境儿童",而非所有儿童。"困境儿童"是指:"如果没有地方机关为之提供服务,他不可能得到或维持,或者有机会得到或维持合理水平的健康或成长条件……如果不为之提供相关的服务或供应，他的健康或成长有可能遭受严重损害或进一步损害；或者他是残疾人”(第 17 条[10])。对于官方而言，仅仅是认为把儿童纳入照管范畴是“必须的”，是考虑其福利利益的，还远远不够。很显然，通过把一部分儿童从整个儿童群体中分离出来，1989 年《儿童法》创造了这样一条分界线，它不仅限定了官方的义务范围，而且很大程度上是由官方自身来进行监管的。

伙伴关系原则是强调这种父母责任的另一种方式。因此，地方机关即使为儿童提供了住所(在自愿基础上)，也不能要求其父母承担相应责任。更重要的是，地方机关失去了 1975 年所确立的、对要求返还其处于官方照管下超过六个月的儿童的父母提前 28 天通知的权利；甚至，更重要的是，通过行政决议来为父母获得权利的规定也被取消了。取而代之的是 1989 年《儿童法》的规定：“任何负有儿童责任的父母在任何时间都可以将自己的儿童从居留地领回家，该居留地是本节规定的地方权力机构所设立的，或者是代表地方权力机
399 构的。”(第 20 条[1])我们现在需要考虑的是，这些历史性发展是如何影响最后一组儿童群体——“越轨”儿童和受害儿童——的地位的。

越轨儿童：儿童威胁者——犯罪儿童及失范儿童

对越轨儿童的考察关键在于如下一种意识，即家庭对于儿童的管控已经遭到破坏。在 19 世纪这一反映是通过刑法表现出来的，即对传统刑事犯罪及流浪进行定罪。然而，传统犯罪儿童和流浪儿童是有区别的。根据 1866 年《工读学校法》(the Industrial School Act)的规定，流浪儿童以及被发现乞讨、游荡、经常与有偷窃名声的人在一起的未满 14 周岁儿童，被判有罪的未满 20 周岁儿童，以及无父母监护的儿童，应被送入工业学校。少年感化院与工读学校委员会的报告(1896)对这些儿童与感化院管教的儿童做了区分：由感化院管教的统称少年犯，而工读学校的儿童总是被称为孩子。这一区分毫无疑问地使两个机构确立了各自的管辖范围，特别是禁止了同一机构既充当少年感化

院又充当工读学校。同时,我们清楚地看到了工读学校立法对儿童的保护目的。然而,作为干预的初始动机是“工具性的”(即对社会利益的保护),而不是“福利”(对儿童利益的保护)。工读学校的巡视员在1870年指出了其行使的职责与少年感化院相似。1927年,少年罪犯委员会也重申了对他们合并的要求。因此,1933年《青少年儿童法》将两个机构合并为教养院,同时还重新界定了这些权力可以施加的非越轨儿童的范畴——他们被描述为“需要照管和保护的”儿童。

这部分儿童与儿童罪犯的同化在二战后被加剧,因为这期间更加强调家庭环境,因为家庭的失调可以使儿童或犯罪,或被忽视,或失控。在战争期间,内政部声明自己反对把越轨儿童单独编班、与其他儿童分离的观点(克利特尼,1998,第9章)。1960年英格尔比委员会(Ingleby Committee)完成了这一同化,这其中就包含了那些需要“保护和规训”的儿童,以及不满12周岁但却“如同一个超过此年龄能够对罪行承担责任的那种方式行为”的儿童。1965年的 400
内政部白皮书把这一年龄提高至16周岁(内政部,1965)。在这一过程中,正如我们现在看到的,受害儿童也被限定在同一年龄范围内。

在家中受害的儿童

受害儿童和失控儿童的重合

正如波洛克(1983)所指出的,因侵害自己儿童权益而对其家长提起的刑事指控在19世纪并非不为人所知。即使有一些案例需要特定刑事证据和对父母的判决,事实上也并未引起对儿童的特殊保护行动。社会仍不愿仅仅为了儿童的利益而进行公开的干涉。在这方面的第一个措施被设计为通过强化那些很可能因贫困而成为负担的儿童的父母的责任,以达到保护公共基金之目的。因此,1868年的《贫困法修正案》允许济贫检察官起诉“因在其监护下,对于未满14周岁的儿女有意疏忽而不提供充分的食物、衣服、医疗保障、住宿条件的父母，而造成儿童的健康已经受到或将受到严重伤害的”的父母。但此修正案忽略了家长主动伤害、虐待的情况，这种情况在经过全国防止虐待儿童协会（NSPCC）的游说后，出现在了1889年的《预防儿童暴力法》中（艾伦和莫顿，1961；帕顿，1985，ch.2）。成年人（一般情况下是父母）一旦被判有罪后，法庭应将儿童判给其亲属或愿意照料儿童的任何人。他们愿意像儿童父母一样行使监护权，并应为这种关系的维持负责。而且儿童应一直置于此人的监护之下，即使这种监护权利为儿童的父母所主张。这条具有深远意义的条款受到了将儿童的健康作为终极目标这一关注的启发，但将惩罚视为是达到这一目标的方法，并且以此方式，更换了父母。在对父母们的判决方面，干预是有条件的。在1904年和1908年，父母可能被定罪的案件范围被扩大（1904年《禁止儿童暴力法》，1908年《儿童法》第21条）。青少年犯罪委员会（1927）被要求“调查青少年曾经受到的家庭对待，以及那些由于不良社会关系或环境，需要得到保护和培养的青少年”，该委员会还将此扩展至“受成年人虐待和其他暴力侵害的青少年受害人，其自然监护被证明为不充分的和不值得信任
401 的，而必须被取代”。结果，1933年《青少年儿童法》规定：那些遭受某种犯罪侵害的儿童以及失控的儿童“需要照管和保护”。委员会还要求工业学校和少年感化院吸收这些儿童，并在1933年把二者合并为少年犯教养院。然而，受害的儿童不应该被置于少年罪犯教养院下，因为法庭应把他们置于当地政府的照管之下。但是，在官方思维和法律诉讼程序中，儿童受害者和那些具有完全不同的问题且事实上被视为和少年越轨者密不可分的儿童没有严格的区分。

与此同时，对父母的指控率开始下降。在1889年，NSPCC的指控占1/3，到1953年已降为1/40（豪斯登，1951，151）。虐待儿童与家庭的贫穷和不良环境有关，在许多情况下与酗酒相关，但这种情况看起来也在急剧下降：尽管1914年至1915年NSPCC的案件中40%涉及酗酒，但在1953年的38 184件案件中仅有3.9%涉及酗酒。考虑到在儿童虐待问题上的这些变化，以及通过社会福利工作改变家庭能力方面的不断增长的自信，对父母的控诉很少被认为是一个令人满意的应对方法，1952年，控诉作为干预的前提条件被取消了。

官方对于父母对待其子女的不良行为的关注很快消退，在众多事件中被要求在预防少年受到虐待以及避免处于精神和身体危险方面作出法律建议的1960年英格尔比委员会，也几乎没有考虑到这些问题。该委员会表示：这在国家干预的恰当性方面并没有引起重大问题，虽然在有些情况下（涉及到非传统的宗教派别），父母没有给他们的儿童提供适当的医疗保护，但这些年来对营养、住房、衣物、教育等的合理要求方面的难题没有得到加强。考虑到这些方面，委员会建议在“需要照管和保护”这一结构中增加“规训”一词，并在干预的条件中取消关于父母失职方面的内容。毕竟，委员会注意到，即便没有父母的失职疏忽和知识的欠缺，儿童也会为那些不良的行为（英格尔比报告，附录3）。如今，儿童受害者群体已经从相关的视野中完全消失。

对少年罪错问题的持续关注主导着20世纪60年代的官方思维。委员会的另外两个白皮书完全是针对此问题的，继此，1969年《青少年儿童法》修订了有关法律，把各类儿童置于潜在的照管程序中：实施了侵害行为（杀人罪除外）逐渐成为了启动照管程序的一个理由，而非提起刑事指控的理由。犯罪儿 402
童与未犯罪的需要照管和保护的儿童一视同仁。在这一体系中对于父母未履行职责丝毫没有涉及，因为根据内政部指导机构的观察结论，这种涉及就“意味着这些程序将不可避免地要求父母及其他照管儿童者，因儿童所处的情况或不良行为而受到直接的谴责”。因此，尽管程序已经考虑到受害儿童的情况，被带上法庭的仍然是儿童而不是父母；所以，在这些程序中，对于他们的单独出现未做任何规定。

儿童虐待的“重新发现”、“暴力循环”以及1970年代的危机

这一承前启后的时期出现了人们通常所称的儿童虐待之“重新发现”。那些引发19世纪末期立法保护的“儿童救援者”已清楚地认识到了这一问题，并把它看作是一种道德败坏的表现，儿童应该被永久性地与之隔离开来。我们看到，这一坚决的态度在20世纪早期渐渐衰退。对儿童的伤害开始时被认为

主要是由贫穷造成的；因此，这时期的补救措施都致力于提高人们的社会生活水平。考虑到现今性侵犯的高发性，令人感到有趣的是，这个问题早在20世纪20年代就得到了认识，但是却大多被（尽管并非完全地）归咎于贫穷和人口拥挤。由50年代经济繁荣，清除贫民窟计划以及物质条件的明显改善引起的乐观心态，可能误导人们认定虐待是贫穷导致的，并且家庭对儿童的忽视终将消失。而此时在美国，小儿科放射学家已指出婴儿正在遭受故意伤害。1961年，C.亨利·肯普博士向儿童局提供了他的调查报告，用了“挨打婴儿综合症”这一描述。虽然在60年代，许多医生都表明了希望开展各种斗争来对抗这一“疾病”的意愿，这一事项仍未得到足够的重视。然而，在1968年NSPCC建立了儿童殴打研究单位后，因其出版物和研究，此一问题才得到更多关注（帕顿，1985）。

然而，1974年发生的两件事引起了广泛的公众关注，甚至改变了对“非意外伤害”这一表达进行界定的语言。此后，用了一个更加具有包容性的词语——即儿童虐待。一件事是埃琳·皮齐（Erin Pizzey）（1974）发表了她对妇女首次遭受家庭暴力后最初三年境况的报告。另一件是媒体报道了对玛丽亚·科尔韦尔的死亡调查，这个儿童随姨妈生活六年后回到亲生母亲身边，虽然回
403 来后她的生活景况一再被警告，最终还是被自己的继父杀害（菲尔德－费希尔报告，1974）。但考虑到这种使人们对家庭关系和政府所扮演角色的理解产生转变的事件，它们必须联系当前所关切的事情来认识（丁沃尔，伊科拉尔和默里，1984）。在美国，对家庭也是一个暴力场所的揭露，使人们更确认社会是暴力和混乱的这一观点。而这曾是以越南战争、肯尼迪遇刺事件和这一期间公民权利的相互冲突所造成的心灵创伤为代表的；这还可能被视为是对这种病态现象的部分解释。同样地，在英国，20世纪60年代末的反抗运动，爱尔兰共和军的骚乱，被大众获悉不断增长的犯罪率和那一时期的离婚及家庭破裂的影响等，可以和父母行为的不利、“家是男性主导的地方”这样的女权主义评论以及政府处理这些问题时显示出来的无能等观点联系起来。从一方面来看，政府没有尽力打破这个暴力循环；再则，政府本身就与这个暴力循环相牵连。

最开始的反应是，通过1975年《儿童法》增加地方机关的权力，并对这些权力进行更有效的利用。这种情况之下，通过颁发安全令而进行的紧急干预增多了，儿童在强制力之下进入照管机构的数量增加了，儿童在照管机构中所停留的时间增长了（福克斯·哈丁，1991，67），虽然，送交照管机构儿童的实际范围并没有改变。然而，20世纪70年代，一系列关于儿童虐待案件的媒体报道逐渐削弱了大众对这时期服务组织保护儿童能力的信任。让人们感到吃惊的是，频频报道的父母对儿童的虐待情况却导致了人们对社会工作者权威的质疑。但当他们认为有必要保护儿童时，有时利用的强权角色确实给他们自己造成了麻烦。这种情况因为他们工作所依从的立法框架而更加恶化——该立法框架将其工作框定于儿童越轨和失控儿童。起初，肖特报告（1984），部门联合报告（1985）和白皮书（1987）都回应了被发现的与父母相关的法律程序中的缺陷问题，且这些问题都被列入了1989年《儿童法》中。但这并不单是一个程序正义的问题。20世纪80年代的其他一些事件引发了对政府和家庭之间恰当、明晰的新关系结构的建构。

新景象的出现——贝克福德、卡莱尔和克利夫兰案件

像玛丽亚·科尔韦尔一样，贾丝明·贝克福德（Jasmine Beckford）被送回其母亲身边后，却死在了她继父手上。但是，该案中的儿童仍旧像她最初被带离家庭那样一直处于照管令之下，如报告所陈述的，仍然是“受托管的儿童”（布洛姆－库珀，1985）。调查重提了在20世纪70年代关于儿童受虐的主流的、广为接受的一个观点：它近似于疾病、用经验的方法可以察知，容易代代相传。 404
可是，这篇报告却极力让社会工作者不再从事对问题家庭所做的社会工作，而让他们更直接地履行他们对儿童的法定职责。当虐待的警告标志出现，经过正规培训的社工将为了儿童利益行使他们的强制性权力，而回避对父母的改造工作，但这种行为需受严密的法律监督。金伯利·卡莱尔案件报告（Kimberley Carlile Report）（1987）关注了一个儿童的死亡，该儿童没有进入照管机构，但

社会工作机构收到了其受虐待的报告。尽管获知了受虐情况，社会工作机构却没有干预，很大程度上是由于其继父的敌意。这篇报告更加承认了评估风险的困难，且同时也感到，更大的法定权力能更好帮助社工对这类控诉进行调查。一位杰出律师主持的两次调查强调了法定责任和法律程序的重要性。

然而，克利夫兰案将家庭干预的关注提到了一个新高度。部分原因在于该案所涉及的问题是性虐待的一种，而迄今，这并不是家庭社会工作的主要关注点。1987年，两位儿科医生宣称，“反射性肛门扩张”构成了虐待的生理标志，并诊断121名儿童已遭受侵犯，即便在这其中的许多案例并没有其他可怀疑的理由。按他们的观点，许多这类儿童被允许到医院就诊，假若父母反对，就应发布“安全住所”令(place-of-safety orders)。当儿童被实施安全照管时，父母对儿童的接触就会受到限制，与此同时，社会工作机构试图认定这些儿童是否确实受到虐待。继而，由一位上诉法院法官主持的调查(巴特勒–斯洛斯报告，1987)并不试图去确定这些诊断是否正确，而是关注于其该遵循的程序和步骤。这份调查把医疗信息的收集视为社会行为，尤其法律行为之证据的取得。肛门扩张性测试必须达到法医检验的水平，并且不能自认为就是虐待的结论性测试。再者，对父母的地位有了更多的关注。这种关注不仅仅在于父母权利方面，而更在于把其作为考虑儿童利益的一个适当途径。这份调查还提倡对儿童自己意见的更大尊重。而且提出了一系列措施来把社工的行为置于更严密的法律监控之下。接下来的关于儿童虐待调查管理的卫生部指导文件中反映了这些观点。

克利夫兰事件产生的最大影响乃是将对性侵犯的关注提上了儿童保护工作的议事日程，这已成为了20世纪90年代人们关注的焦点。此事件立竿见影的后果，即社会工作部门对1989年罗奇代尔和诺丁汉及稍后的奥克尼斯等
405 宗教仪式虐待案件的调查介入。在所有这些案件中，指控似乎都有可能不成立，因此这增加了大众对社会工作机构的不信任。然而，人们对性虐待的关注程度仍然很高，虽然大部分此类案件现已被划归公共儿童之家的虐待指控中(稍后讨论)。

1989 年《儿童法》:一个新的共识?

不仅在国内,在某种程度上来说,在国际上 1989 年《儿童法》都被认为是在 20 世纪关于儿童的最重要的立法之一。关于此法的大部分政治性评价都是认为它在多方利益中间"找到了一个恰当的平衡点"(福克斯·哈丁,1991;白皮书,1987)。但是,这不过说明了"平衡"是一种中立性的行动,并且一种最佳的平衡是可以达到的。然而,这似乎不那么可能,并且在任何一件事情中都可以找到新的态度的潜在特征。

帕顿(1991)认为这种新方法具有两个主要特征:第一,把注意力放在了儿童保护而不是儿童福利上;第二,法治化的增强。第一个特征涉及到了这样一个转变,即大众的关注点从改善贫困儿童的生活(比如,通过预防工作)转向了集中资源来保护那些处于特定危险状态之中的儿童免于严重的危害。这个过程要求:(1)危险程度之界定,它涉及到行动合理性之证明;(2)确定这种危险的方法。这两个问题都和法律或法医方法有关。1989 年《儿童法》明确规定,只有当"显著性"危害已经发生或被认为"可靠"发生的案件中才能进行干预。危害性较低的种种情况下,各种干预途径就被切断了。但是如何评估这种危害性?因为这个问题极易产生种种推断,而难以为人所把握,所以已经出现了大量的关于构建危害评估机制的意见。《儿童法》正式颁布前出版的最新司法指南中列举了一系列需要考虑的问题,并要求社会工作者对于危险性的程度给出"专业性判断"。各种调查被看作是为正式的法律诉讼收集潜在证据的活动,而且法院自身也加入到这个过程中来。在 1996 年的 H&R(*In re H £ R*)上诉案中,上议院认为:"可靠"(likely)并非"可能"(probable)之意,而是"一种现实可能性,这种可能性在感觉上是不可以被忽视的"。证据必须基于"可能性之权衡"表明一种"现实可能性"。所以"可靠"事实上并不是(如人们所认为的那样),表明"发生的可能性比不发生的可能性更大"——即可能会发生,且这不仅仅是一种理论上的可能性,而是一种现实的可能性。但是,上议院认为得出可能性结论的证据必须是真实的,而不仅仅是传言或怀疑,这样就排斥了这

406 种解释中支持干预的方面。如此，法院认为这种推测必须建立在能证实有犯罪嫌疑的父母的行为(无论对在此所讨论的儿童还是其他儿童)的事实之上，而不是基于那些对未受证实的关于犯罪嫌疑人可能做过什么的指控。这一点为如下的看法进一步确定，即预期的危害越严重，就越是要求用来证明此危害发生可能性的证明力越强。这两种观点都可能遭到质疑。比如，人们可能并不知道究竟是谁作出的指控。同样地，为了规避诉讼，越是危险的行为可能越是要求相对少的关于危害之危险性的证据。

如此我们可以看到，那些需要积极干预的案件受到了严格的审查。这便是我们这个时代对于儿童虐待，包括性侵犯的态度，但是报告给社会工作机构的此类案件的数量却仍然在急剧增加，结果导致了大量的资源被投入到“不属于该体系”的案件上。申请保护的儿童数量从 1978 年的11 844增加到了 1994 年的34 900(帕顿、索普和瓦塔姆，1997)。即便如此，也只是代表了所提交的总额的 15%，剩下的都被筛除了。所以，在 20 世纪 90 年代中期，每年大约有 160,000 件涉及儿童保护服务的案子，其中40 000件根本不会有进一步的行动。另外，80 000件在一次家访后也不会再得到进一步关注。剩下40 000件进入儿童保护会议。仅大约1 500件会进入紧急隔离；大约3 000名儿童进入照管院；另外3 000名则由自愿提供膳宿者收留。大约24 500名会被列入儿童保护名册。在儿童保护申请问题上，关于侵犯儿童利益的主要类型有身体虐待(37%)、忽略基本生活需要(30%)、性侵犯(28%)和情感虐待(13%)(卫生部，1995)。

在被赋予干预的权威之后，如今法院也关注有关儿童的事宜。这种联系是预设存在的，除非法院对此表示明确的否定。法院以此有效地阻挠了地方政府关于儿童的计划。更重要的是，必须使法院确信，除此之外没有其他方法可以保护儿童。要回答这一问题，涉及到对地方政府的计划以及其他可供选择方法的详细考察。社会工作者的作用已更接近于一个调查部门代理人的作用，其与法律顾问密切合作，收集证据(或是潜在证据)，并提交给另一部门——法院，后者将会决定做什么。这进一步地远离了战后初期社会工作的理念。

当代景象 407

强调父母的责任是当代儿童福利法律最显著的特征。这与19世纪晚期对父母态度的要求不同，与20世纪50年代到60年代对家庭的强调也不相同。当基督教徒把他们看到的儿童遭受痛苦的情况归咎于他们父母的道德败落时，他们的反应是把儿童从父母那儿“营救”出来，把根从污染的土壤中拔出来，并因此常常否认父母的存在。这涉及到权力的大量使用。这些权力被合法地写进了政府机构的案例中，并且允许民间社团在很大的范围内使用这种未经监察的权力。20世纪40年代的“革命”，使父母们得以重新找回了自己。人们相信社会福利工作可以维护家庭，并且可以防止父母与儿童之间的感情破裂。这一新方法没有减弱国家权力，而是在事实上使国家权力得到了增强。认为此时的改革者比19世纪晚期的改革者更加关心儿童，不过是一种误解。他们对儿童利益构成的理解已经发生了改变。然而，他们运用的法律体制和19世纪晚期的法律体制没有大的不同。

20世纪末的改变是质的改变。因为，不仅儿童的利益被认为在出身家庭中得到了最好的满足，而且要求父母从本质上保护儿童的利益。这在1985年政府的专家建议稿中得到了最好的体现：

> 儿童通过和他的家庭成员待在一起，其利益得到了最好的满足，并且通过允许父母承担照管儿童自然的和法律上的义务，父母们的利益也得到最好的服务。因此，我们努力的重点应当是授权或帮助父母履行其义务（咨询文件[Consultative Document 1985, para.2.8]）。

然而，柯蒂斯委员会根据社会服务机构帮助家庭中儿童的责任，重新考察了“允许”父母“承担”他们“自然的和法律上的义务”来照看子女的问题。国家的作用是余留性的，仅仅限定在儿童处于极大危险的情形下。但即便如此，国家的干预也应以与父母的合作为基础。许多的失败都被认为是结构性的——

与经济或社会权利被剥夺，性别或种族不平等相关。这些都应当被陈述，而不仅仅是个体家庭。

408 家庭形式的选择被视为父母的特权。但这并不必然意味着国家已经完全对此不闻不问。相反，政府采用了不同的方式。它主要是通过说服与教育的方法来进行的。政府正在准备发布关于婚姻方面的建议和对父母责任的建议，并提议建立一个"全国家庭和父母机构"，除了其他一些方面的工作之外，机构的主要任务是"描述和传播诸如父母抚养和亲属抚养等方面的信息和良好举措"。并且，"提高公众对父母抚养和对儿童各种需要之重要性的关注，以及通过媒体促进对于抚养问题的讨论"（内政部，1998）。更引人瞩目的是，政府还表示：

> 父母在履行他们的义务以及防止儿童和青少年走向犯罪方面需要支持和指导。为了帮助提供这些支持和指导，1998年《犯罪和扰乱社会秩序法》(the Crime and Disorder Act)授权法院，即当儿童和青少年被判有违法行为之后，法院有权发布父母关心照管儿童的命令……这一命令包括要求父母出席建议和指导会议，在那儿父母将在如何对待他们的儿童方面得到帮助。例如，帮助父母对儿童设立和执行一致的行为标准。法院也可以发布要求对儿童的行为实施控制，在此，对父母进行强有力的指导是必要的、适当的。例如，要求父母保证儿童在特定的时间内在家或者保证儿童上下学都有一个负责任的成年人护送（内政部，1998，43）。

然而，这些条款关系到了对儿童作为威胁者的担忧，我们必须记住，这些担忧就是对家庭生活进行干预的原初动力。因此，当代的趋势是宣布父母抚养儿童的责任，但是也要宣布这种责任必须得以可靠履行，并且运用有力的机构来指导父母履行这些责任。

然而，这一政策被新出现的对性虐待的担忧所阻碍。这引出了对家庭生活最密切范围进行调查的可能性。与性虐待不同，身体虐待或者遗弃大多和贫困群体或被社会排斥的群体有关，但是前者却可能分裂"正常"的家庭。这些担忧激发了加大国家干预的倾向,这与家庭自治的理念是针锋相对的。这一困境的解决方法就是制定各种高度法律化的程序,如果贯彻正确的程序,满足严格的证据标准,并依据对危险的评估采取策略,这些法律化的程序会使干 409
预合法。因此,如果家庭环境被裁定为是低危险,尤其如果母亲积极的回应,儿童得到充分的照管,这一解决方法就可以不予采用。

虽然全国防止虐待儿童协会(NSPCC)仍然持续采取积极活动来提高大众对儿童虐待问题的关心,但是对活动过多的报道意味着这些对政府部门的对策没有产生什么影响。相反,却发生了相当规模的试图将虐待问题掩藏到关于儿童性虐待的普遍恐慌中的运动。如果认为已经赢得了公众的关注,那么还是值得讨论一番的。这种对于干涉的热诚看起来是缺乏的。过去的若干年中,许多儿童在官方养育场所遭受的身体虐待或性虐待,在90年代又出现了,有关的报道称:其中的一些受到了过分的约束或者限制,而另一些遭到了性虐待。1996年政府建立了一个由威廉·厄廷(William Utting)先生主管的独立评估会,它评估“由1991年开始施行的1989年《儿童法》在英国和威尔士所引入的保护,以及其他一些用来保护生活在家庭之外的儿童的措施,这些条款和措施特别涉及到儿童的居留之家、收养照管和寄宿学校”。采取一种在某种程度上与在家庭范围内保护儿童、减轻危险的策略有所不同的方法。报告表明它的信条是“安全并具有总体效能,且品质保证”(厄廷报告,1997,21)。其中一个重要的因素就是有选择性,以便为特定的个体提供适合的措施。报告还特别宣称“决定让儿童在家庭外得到照管的父母,有责任使得自己满足于儿童得到安全的安置,并且认为最为妥善的安排最终乃是父母自己的责任。在决定过程中,父母应当拥有所有他们需要的关于保障他们儿童安全安置的信息”(同前,72)。

与此一致,报告指出“父母的权利和义务”应当写入基本法规或政府的法令中。进一步的调查发现,在20世纪80年代,住在北威尔士当地政府儿童养育所的儿童,在很大范围内遭受到了身体虐待和性虐待(沃特豪斯报告,2000)。1999年10月,政府通过了1999年《儿童保护法》,该法要求卫生部长有一份被政府儿童养育机构开除人员的名单,这些工作者因非法行为使儿童受到伤害或者有伤害危险，这样的人再也不会被照管组织雇佣。1999 年 7 月，政府宣布了预期立法，有可能规定，雇佣儿童虐待者从事工作、允许他们接近儿童的雇主有罪。这便要求雇主在雇佣从业人员之前，应去犯罪记录档案局作相应的核查。这一政策把确保儿童安全的责任加到了公众身上，而不是
410 公共部门。但与此同时，也出现了其他担忧，例如根据交流计划，从国外来到英国或者到国外参观的数万儿童的福利，或者是家庭保姆（比如以互惠方式进行家庭务工的年轻女子），或者语言学校的儿童。虐待概念的弹性似乎总可以开辟“关心儿童”的新领域，这些新领域或许更多考虑的是成人群体的当务之急，而不是儿童自己。

参考文献

Acheson Report（艾奇逊报告）. 1998. *Independent Inquiry into Inequalities in Health*. London: The Stationery Office.

Allen, A.（艾伦，A.）, and A. Morton（莫顿，A.）. 1961. *This Is Your Child: The Story of the NSPCC*. London: Routledge & Kegan Paul.

Ariès, Philippe（阿里耶斯，菲利普）. 1960. *L'Enfant et la vie familiale sous l'ancien regime*. Paris: Librairie Plon.

Bailey, Roy（贝利，罗伊）, and Mile Brake（布雷克，麦尔）, eds. 1980. *Radical Social Work and Practice*. London: Edward Arnrld.

Blom-Cooper Report（布洛姆－库珀报告）. 1985. *A Child in Trust*. London: Borough of Brent.

Bondfield Delegation（邦德菲尔德代表团）. 1924. *Report to the Secretary of State for the Colonies, President of the Oversea Settlement Committee: From the Delegation Appointed to Obtain Information regarding the System of Child Migration and Settlement in Canada*. Cmd. 2285. London: HM Stationery Office.

Bowlby, John（鲍尔比，约翰）. 1953. *Child Care and the Growth of Love*. London: Pelican Books.

Brown, Muriel（布朗，缪里尔）, and Nicola Madge（玛齐，妮古拉）. 1982. *Despite the Welfare State*. London: Heinemann.

Burlingham, Dorothy（伯林厄姆，多萝西）, and Anna Freud（弗洛伊德，安娜）. 1942. *Young Children in Wartime: A Year's Work in a Residential Nursery*. London: George Allen & Unwin.

Butler-Sloss Report（巴特勒－斯洛斯报告）. 1987. *Report of the Inquiry into Child Abuse in Cleveland*. C. 412. London: HM Stationery Office.

Cochrane, Allan(科克伦,艾伦). 1993. "Challenges from the Centre." in John Clarke, ed., *Crisis in Care? Challenges to Social Work*. London: Sage.

Consultative Document(咨询文件). 1985. *Review of Child Care Law: Report to Ministers of an Interdepartmental Working Party*. London: HM Stationery Office.

Cretney, Stephen(克里特尼,史蒂芬). 1998. "The State as Parent: The Children Act 1948 in Retrospect." In *Law, Law Reform, and the Family*. Oxford: Oxford University Press.

Curtis Report(柯蒂斯报告). 1946. *Report of the Committee on the Care of Children*. Cmd. 6922. London: HM Stationery Office.

de Mause, Lloyd(德莫斯,劳埃德). 1976. *The History of Childhood*. London: Souvenir Press.

Department of Health(卫生部). 1995. *Child Protection: Messages from Research*. London: HM Stationery Office.

Departmental Committee on Young Offenders. 1927. Cmd. 2831. London: HM Stationery Office.

Departmental Committee on Sexual Offences against Young Persons. 1925. Cmd, 2561. London: HM Stationery Office.

Dingwall, R.(丁沃尔,R.); J. M. Eekelaar(伊科拉尔,J. M.), and T. Murray(默里,T.). 1983. *The Protection of Children: State Intervention and Family Life*. Oxford: Basil Blackwell.

——. 1984. "Childhood as a Social Problem: A Survey of the History of Legal Regulation." *Journal of Law and Society* 11: 207 - 32.

Dingwall R.(丁沃尔,R.), and J. M. Eekelaar(伊科拉尔,J. M.). 1984. "Re-thinking Child Protection." In M. D. A. Freeman, ed., *State, Law, and the Family: Critical Perspectives*. London: Tavistock, Sweet & Maxwell.

Doyle Report(道尔报告). 1875. *Report to the President of the Local Government Board by Andrew Doyle*. Parliamentary Papers 1875, ixiii. 255.

Eekelaar, John(伊科拉尔,约翰). 1991. "Parental Responsibility: State of Nature or Nature of the State?" *Journal of Social Welfare and Family Law* 37 - 50.

——. 1994. "The Chief Glory: The Export of Children from the United Kingdom." *Journal of Law and Society* 21: 487 - 504.

Field-Fisher Report(菲尔德-费希尔报告). 1974. *Report of the Committee of Inquiry into the Care and Supervision Provided for Maria Colwell*. London: Department of Health and Social Security.

Fox Harding, Lorraine(福克斯·哈丁,洛兰). 1991. *Perspectives in Child Care Policy*. 2d ed. London: Longman.

Goldstein, J.(戈尔茨坦,J.); A. Freud(弗洛伊德,A.); and A. J. Solnit(索尔尼特,A. J.). 1973. *Beyond the Best Interests of the Child*. New York: Free Press.

Griffiths Report(格里菲思报告). 1988. *Community Care: Agenda for Action: A Report to the Secretary of State for Social Services*. London: HM Stationery Office.

Heywood, Jean(海伍德,琼). 1978. *Children in Care*. 3d ed. London: Routledge.

Home Office(内政部).1965. *The Child, the Family, and the Young Offender*. Cmnd.2742. London: HM Stationery Office.

——.1998. *Supporting Families*. London: HM Stationery Office.

Houghton Report(霍顿报告).1972. *Report of the Departmental Committee on the Adoption of Children*. Cmnd.5107. London: HM Stationery Office.

Housden, L. G.(豪斯登, L. G.).1951. *The Prevention of Cruelty to Children*. London: Jonathan Cape.

Ingleby Report(英格尔比报告).1960. *Report of the Committee on Children and Young Persons*. Cmnd.1191. London: HM Stationery Office.

Interdepartmental Report(部门联合报告).1985. *Review of Child Care Law: Report to Ministers of an Interdepartmental Working Party*. London: HM Stationery Office.

Jackson, Brian(杰克逊, 布赖恩), and Sonia Jackson(杰克逊, 索尼娅).1979. *Childminder*. London: Routledge.

Kimberley Carlile Report(金伯利·卡莱尔报告).1987. *A Child in Mind*. London: Borough of Greenwich.

MacNamara Report(麦克纳马拉报告).1908. *Children under the Poor Law: A Report to the President of the Local Government Board by T. J. MacNamara*. Cd.3899. Parliamentary Paper xcii.455.

Millham, Spencer(米勒姆, 斯潘塞); Roger Bullock(布洛克, 罗杰); Kenneth Hosie(霍西, 肯尼思); and Martin Haak(哈克, 马丁).1986. *Lost in Care: The Problems of Maintaining Links between Children in Care and Their Families*. London: Gower.

Mundella Report(芒代拉报告).1896. *Report of the Mundella Committee on Poor Law Schools*. C. 8027. London: HM Stationery Office.

Packman, Jean(帕克曼, 琼).1975. *The Child's Generation: Child Care Policy from Curtis to Houghton*. Oxford: Basil Blackwell & Martin Robinson.

Packman, Jean(帕克曼, 琼). with John Randall(兰德尔, 约翰) and Nicola Jacques(雅克, 妮古拉).1986. *Who Needs Care? Social Work Decisions about Children*. Oxford: Basil Blackwell.

Parton, Nigel(帕顿, 奈杰尔).1985. *The Politics of Child Abuse*. London: Macmillan.

——.1991. *Governing the Family: Child Care, Child Protection, and the State*. London: Macmillan.

Parton, Nigel(帕顿, 奈杰尔); David Thorpe(索普, 戴维); and Corinne Wattam(瓦塔姆, 科琳娜). 1997. *Child Protection: Risk and the Moral Order*. London: Macmillan.

Philp, A. F.(菲尔普, A. F.).1963. *Family Failure*. London: Faber and Faber.

Pinchbeck, Ivy(平奇贝克, 艾维), and Margaret Hewitt(休伊特, 玛格丽特).1969 and 1973. *Children in English Society*. Vols.1 and 2. London: Routledge.

Pizzey, Erin(皮齐, 埃琳).1974. *Scream Quietly or the Neighbours Will Hear*. Harmondsworth, U.K.: Penguin Books.

Platt, Anthony M.(普拉特, 安东尼·M.).1969. *The Child Savers: The Invention of Delinquency*.

Chicago: University of Chicago Press.

Pollock, Linda(波洛克,琳达). 1983. *Forgotten Children: Parent-Child Relations from 1500 to 1900*. Cambridge: Cambridge University Press.

Rose, June(罗斯,琼). 1989. *For the Sake of the Children: Inside Barnardo's—110 Years of Caring for Children*. London: Futura.

Ross Report(罗斯报告). 1956. *Child Migration to Australia: Report of the Fact-Finding Mission*. Cmd. 9832. London: HM Stationery Office.

Rwezaura, Bart(瑞佐拉,巴特). 1998. "Competing Images of Childhood in Social and Legal Systems of Contemporary Sub-Saharan Africa." *International Journal of Law, Policy, and Family* 12: 253 - 78.

Seebohm Report(西博姆报告). 1968. *Report of the Committee on Local Authority and Allied Social Services*. Cmnd. 3703. London: HM Stationery Office.

Seymour, John(西摩,约翰). 1994. "*Parens Patriae* and Wardship Powers: Their Nature and Origins." *Oxford Journal of Legal Studies* 14: 159 - 88.

Shaher, Shulamith(沙赫尔,舒拉米赫). 1990. *Childhood in the Middle Ages*. London: Routledge.

Short Report(肖特报告). 1984. *Children in Care*. Social Services Committee (HC 36). London: HM Stationery Office.

Shorter, Edward(肖特,爱德华). 1976. *The Making of the Modern Family*. London: Collins.

Stone, Lawrence(斯通,劳伦斯). 1977. *The Family, Sex, and Marriage in England, 1500 - 1800*. London: Weidenfeld & Nicolson.

Taylor, George(泰勒,乔治). 1993. "Challenges from the Margins." In John Clarke, ed., *A Crisis in Care? Challenges to Social Work*. London: Sage.

Utting Report(厄廷报告). 1997. *People Like Us*. London: Department of Health.

Waterhouse Report(沃特豪斯报告). 2000. *Lost in Care*. London: The Stationery Office.

Waugh(沃), Rev. N. 1911. *These, My Little Ones: The Origin, Progress, and Development of the Incorporated Society of the Crusade of Rescue Homes for Destitute Catholic Children*. London: n.p.

White Paper (白皮书). 1987. Department of Health and Social Security, Home Office, Lord Chancellor's Department, Department of Education and Science, Welsh Office, Scottish Office. *The Law on Child Care and Family Services*. Cm. 62. London: Hm Stationery Office.

413 # 第十五章　英格兰和苏格兰少年司法政策及实践的分歧发展

安东尼·博顿斯(Anthony Bottoms)

我所在国家的许多方面都异乎寻常。例如，没有成文宪法；并且它的正式名称(大不列颠和北爱尔兰联合王国)是如此繁复，除在一些官方文件里使用外其他地方都很少使用，其结果是许多普通公民都不能准确地说出自己国家的名字。这些怪异的情况都源于英国复杂的宪法历史。那段历史也为我们留下了或许是最奇异的事情——即事实上，尽管，英国是一个单一制国家，拥有一个独立的最高立法机关(议会)，但它仍包括三个几乎完全不同的司法管辖区，每一个司法管辖区都拥有自身独立的系统，如警察、法院、法官、监狱等。这三个独立的司法管辖区分别为英格兰、威尔士、苏格兰及北爱尔兰。议会作为最高立法机关当然可以为以上三个或其中任何一个司法管辖区制定法律，直到最近它也是这样做的(除了北爱尔兰一些特殊的案例外，议会没有下放其权力)①。在诸如税收或经济等领域，上述三个司法管辖区相同的立法条款已普遍适用。但是在其他领域，例如教育领域，却要经常制定独立的法律。因此，通常在议会的章程中有一节详细地说明了三个司法管辖区所适用的规定。

对宪法复杂性的基本把握是本章立足的基本背景。本章的中心内容是关注近30年间英格兰②和苏格兰不断演变而截然不同的少年司法制度。然而，首先必须强调，英格兰和苏格兰在实体法和法律制度方面的不同绝非仅限于
414 少年司法领域。仅仅举两个例子，与英国法相比，苏格兰的法律原则(由于历史原因)在许多方面更接近于法国法。然而，与1985年英格兰采用公诉人制度的时间相比，苏格兰采用该制度的时间更早。这些差异是源于苏格兰和英

格兰不同的社会环境，并最终在1707年归于统一。[3]

20世纪60年代末，英国议会在少年司法领域制定了新的法律，首先是为苏格兰制定，其后又为英格兰制定。现存的两个成文法较以往包括了更广泛的内容，一种以"儿童福利为基础"的方法被引入少年司法领域。尽管苏格兰和英格兰都把详细的安排制定成了法律，但在重要方法上仍有差异。然而，从20世纪70年代早期以来，它们都经历了迥然相异的发展。在苏格兰，政策和实践有一连串相当重要的联系（尽管并不完全是），以福利为导向的少年司法制度自1971年开始运作，时至今日它仍然受到普遍尊重。相反，英格兰1969年以福利为基础的法并未得到全面地执行。最初10年，相当多的制度冲突交替出现，继而，一些官方政策以令人迷惑的速度做出改变。政策与实践的继承性几乎从未被提到议事日程上。

本章的主要目的是描述和分析这些发生在单一制、非联邦国家框架内的截然不同的发展。为了实现这一目的，本章的剩余内容被划分为四大主要部分：第一部分简述了苏格兰和英格兰在20世纪60年代的立法改革，它以改革前的法律规定为背景；下面两部分分别描述了1970年后的30年里英格兰和苏格兰各自的发展历程；结尾部分，涉及到一些相关的比较性统计数据，这些数据被认为是本章对苏格兰和英格兰不同发展历程的评估。

20世纪60年代以福利为导向的改革

为了解释20世纪60年代的立法改革，有必要先了解立法改革前英格兰和苏格兰少年司法制度的主要特征。

福斯特和布兰廷哈姆（1979，14－15）有益地将原创于20世纪早期不同司法管辖区的少年司法概念划分为两个迥然相异的概念模型。对有关作者的术语稍加修改，第一个模型可被称为"社会化的少年法庭"；大多数美洲国家都采用了这种制度——始于伊利诺斯州，以及斯堪的纳维亚国家（参见斯唐·达尔，415
1985）也有所谓的儿童福利委员会。在社会化的少年法庭里，人们通常较重视儿童福利，有意摆脱正式的刑事程序，且在理念上强调举措的"使犯罪丧失其

物质形态”(唐泽洛特,1980,110－111),或者,如20世纪早期美国渊源提到的,在如此的法庭中,

> 重点不在于儿童作出的行为,而是切实导致儿童出现在法庭审判中的社会事实和环境因素。作为引发诉讼程序直接近因的特定罪行,仅仅被认为是儿童周围众多因素中的一个……将儿童作为社会宝贵财富来进行照管,是占据主导地位的信条。(弗莱克斯纳和鲍德温,1915,6－7)

福斯特和布兰汀汉姆阐述的第二种少年司法模式被称作“修正的刑事法院”。在这种制度下,少年法院是刑事法院主导型的,在大多数情况下使用标准的刑事诉讼规则(尽管有时稍作修改)。然而,由于其服务对象的缘故,少年法院意图带着对青少年的特殊理解来进行运作。这样一种制度在美国的纽约州得以创建(参见麦克,1909);20世纪前50年的英格兰和苏格兰少年法院都强调这一制度。

英格兰和苏格兰的低级刑事法院有着不同的发展方式。在英格兰,仅仅只有一类低级刑事法院,称为治安法院*,它通常由一批不具有法律资格的成员主持,这些成员被称为地方法官或者治安法官(两个名称可以交换使用)。④比较而言,在苏格兰历史上有三种不同类型的刑事法院,它们都可以对较轻微(简易)刑事案件行使司法管辖权。首要的和最具声望的低级法院为郡治安官简易法院(sheriff summary court),由具有法律资格的郡治安官主持,对所有简易案件具有普遍的管辖权。第二类称为市区法院(burgh court),仅仅在大城镇

---

* 治安法院:在西方大多数国家,对于类似我国犯罪的行为的重罪是由刑事法院或重罪法院来审判,但对于相当于我国违反治安管理处罚的行为的轻罪、违警罪的审判及刑事诉讼中的强制措施的审查、批准则由治安法院来承担。对轻罪、违警罪作出的监禁、罚金的刑罚及保安处分措施都由治安法院作出。警察无权作出任何剥夺和限制公民财产、自由的决定。其次,刑事诉讼中的强制措施的行使必须得到治安法院的令状许可,情况紧急时可无证逮捕,但一般至迟要在48小时内送至治安法院进行审查。此外,有些国家治安法院还担当了预审功能,主持证据交换、决定是否批准将案件提起公诉。——译者注

及城市里设立，与简易法院相比，它们处理更为轻微的刑事犯罪，并由一名“市政官”(bailie)主持。这些“市政官”是由当地城镇委员会选举出来的，并经委员会授权，享有独立的司法权能。最后还有治安法院，如同在英格兰，由一些非专业的治安法官主持。与市区法院一样，此类法院在相同范围内处理较为轻微的案件；但这类法院设在人口较少的地区。因此，这类法院是“三种形式的简易刑事法院中重要性和地位最低的一种”(考珀思韦特，1988，6)。

在英国，少年法院正式首创于1908年的《儿童法》，其处理刑事司法事务 416
通常不局限于一个成文法，其中的主要立法条款同等地适用于英格兰和苏格兰。实质上，两国现存的低级刑事法院结构被保留。然而，依据《儿童法》的规定，一旦设立少年法院，相关法庭的成年人案件就要在不同时间或不同地点审理，社会公众也被排除在少年法院之外。此外，少年法院获得了一项有限的“照管”刑事管辖权(与美国州少年法院体系的身份犯相类似，英国相关司法管辖权通常在一个更小的范围内发展)。⑤

20世纪30年代，英格兰和苏格兰在1908年法的规定中做了有限的改变。由于这些变化对60年代的改革起到了间接的至关重要的作用，因此，有必要更加详细地描述这些有限的变化，而非单及其内在重要性可能带来的益处。

某官方委员会于20年代审查了英国的少年司法制度。委员会经过认真考虑，排除了改变现有体制而采用社会化的少年法庭模式的可能性。该委员会宣称：“采取任何原则都会有一种危险，即该原则可能导致少年法院处理少年罪错者必须基于其所犯罪行这一事实被忽视”(内政部，1927，19)。另一方面，委员会赞同在审判阶段要更加注重儿童的福利，这导致英格兰于20世纪30年代制定了成文法原则，该原则仍在英格兰有效，即“每一个法院在处理儿童或青少年案件时，不论是将其作为罪犯或其他，都应关注儿童或青少年的福利，并且采取适当的步骤……以确保为其教育及培训制定合适的法律”。⑥

20世纪30年代，英格兰在立法上仍有大量的其他改变。其中，最重要的是在每个治安法院的领域内都创设了一个所谓的少年案件专门小组。根据

1908年的法律,任何一个地方的治安法官都可以自由决定参与少年法庭的审判,如此,一个单独的少年案件中往往会有5—6个治安法官参与听审(内政部,1927,27)。30年代司法在两个方面有所改变。首先,组成少年法院的治安法官最多为3人(最少为2人)。其次,规定治安法官必须成为当地治安法院中少年案件专门小组的一员,这样他才能参与少年法庭的审判。该专门小组是一个新兴的、正式的专门小组,并且必须每三年重新选举一次。其成员只有具备了"审理少年案件的特殊资格"才能被选任。正如一位同时期的作家指出的,这种"特殊资格"的公式当然是非常模糊的。并且在任何情况下,由于少年
417 专门小组的成员是由既存政府中的地方治安法官所组成的。事实上,"这种特殊资格的获得程度取决于当地法官的总体水平"(埃尔金,1938,66-67)。[7]然而,从30年代开始,许多治安法院的确在实践中将少年专门小组概念和福利原则(见上)着重贯彻于少年法院的审判工作(尽管在这个方面,有相当大的地区差异)。[8]这些发展反过来又有助于英国少年法院法官自信心的建立,这些法官开始相信他们可以将法律框架的原则及照管制度有效地结合起来,真正致力于少年福利。这些司法信条对60年代至70年代英格兰司法的进步起到至关重要的作用,并且它们被良好地置于英国社会科学家1976年所做的评论中,这位社会科学家同样也是一名少年法院的法官,他说:"(英国人)在少年法院领域是统帅者。我们的特殊贡献在于我们坚持了这样的原则:正义如果没有涉及到福利则并非正义,同时如果福利忽视了正义也并非正义"(卡夫纳,1976,22)。

20世纪30年代苏格兰的司法与英格兰大致相同(尽管如英国的司法一样,英格兰的改革被限制在一个独立的、附随的议会法中)。[9]因此,苏格兰的司法与英格兰一样,少年法院将来也许会被一群具有"特殊资格"的外行治安法官所主持。但是这样的规定在苏格兰比在英格兰更复杂且难以落实。因为,在苏格兰大多数的少年法院(以及所有最具威望的少年法院)并非治安法院(见上),实际上该法的完全实施将会导致所有的少年案件从郡简易法院及市区法院全部被移走。接下来的经历细节更加复杂,但由于随之而来的各种形式的地方反抗,最终的结果是30年代式的"特殊"苏格兰少年法院模式仅仅

在苏格兰的四个州建立起来，剩余的州保留着1908年的组织安排模式（参见考珀思韦特，1988，第9–14页中对于这些发展的详细解释）。[10]结果是，苏格兰在一部分州而非全部地区推行了20世纪30年代的司法改革，这当然在管理上具有明显的不规则。正是由于管理上的这一不规则的事实，无论何时苏格兰制度被进一步审查，它都必然对改革提供一些动力。

在此背景下，我们现在可以转而关注英格兰和苏格兰60年代的主要发展。对这两个国家来说，最初的一项关键性活动是由政府任命的委员会——英格尔比委员会于20世纪30年代发布的一项有关英格兰少年司法及相关事宜的报告（内政部，1960）。英格兰工党（是英国主要的左翼政党）具有影响力 418
的人物不满意英格尔比委员会报告中的一些方面，在他们的批评声中引发了10年（有时是激烈的）争论。这些争论不仅涉及到英国少年司法，而且涉及到未来个人社会工作的形成。[11]这些争论的详情是非常复杂的，但我们无需去关注它们，我们仅需去关注最终的结果，即关注1969年《儿童和青少年法》的制定、个人社会工作领域以及1970年在每一地方政府内建立的统一的社会工作部门（SSDs）。[12]这些活动的结果发生在社会政治框架领域。在此框架内，两个主要政党（保守党和工党）都致力于所谓的福利国家这一基本原则（尽管不可避免地，两党在达成这一共识时有不同的侧重点，并且热情的程度也不同）。[13]

英格尔比委员会这个名词仅限于在英格兰才被提及。该委员会收集证据的期间，一名苏格兰议员在下议院正式向苏格兰国务大臣[14]提问，“为什么在苏格兰就没有建立这样一个委员会”（考珀思韦特，1988，17）。国务大臣向他承诺，至少在苏格兰的背景中会考虑有关英格尔比的最终建议。然而，英格尔比报告之建议的重要突破被一言蔽之为“一系列基于英格兰及威尔士具体情况的详尽的制度改良建议”（考珀思韦特，1988，19）。苏格兰官方决定，在英格尔比之后，建立一个由苏格兰高级法官（基尔布兰登大法官）主持的自主调查委员会。这种做法被认为是一项重大的决定。

记述这件事25年后，曾是苏格兰一名政府高级官员的戴维·考珀思韦特评价说：“苏格兰政府……几乎很难预料他们会从基尔布兰登委员会中得到什么”（考珀思韦特，1988，22）。由于在苏格兰少年司法内部预先存在着的结构性异常(见上),一些重要变革建议的出现是不可避免的。但实际上没有人能够预料到的是基尔布兰登委员会会一致通过了一份报告(苏格兰政府,1964),此报告围绕"一个新颖而复杂的观念"(考珀思韦特,1988,77),具有相当激进的特点。此外,这份报告迅速地被普遍接受,并成为日后立法的主要基础,这些立法是由议会制定的,与 1968 年《(苏格兰)社会工作法》一样很少受到反对[15]。考珀思韦特通过表明其对基尔布兰登激进方式而产生的令人相当惊讶的持续感觉,来总结其对相关关键事宜的阐明,即基尔布兰登激进方式"应当
419 付诸于实践并得到普遍的接受,尽管在我们的管理中有一些复杂的过程(包括议会、部长、公务员制度、地方政府、法院),尤其是有一个传统上被称为刑事审判的领域,其间有许多强烈而矛盾的思想"(考珀思韦特,1988,77)。

基尔布兰登的理论框架有何特别之处呢? 对于精通少年司法的学者或政策专家来说,事实上,该报告的大部分内容与一种思想相当接近——这类思想体现在以福利为导向的社会化少年法庭传统中。从而,例如,其中预防被作为该系统的首要目标来加以重点的强调;是预防的必要性,而不是犯罪行为的严重性,被视为对儿童生活采取任何强制性干预的程度的决定因素;犯罪案件和其他案件没有原则上的不同,所有的案件均以儿童福利为主要标准来进行评估。然而,虽然这类概念化的东西对专家来讲是相当熟悉的,但他们仍必须谨记:过去整个英国(尤其是苏格兰)少年司法的经验得来是以修正的刑事法院为模式的,而不是以社会化的少年法庭为模式的。因此,在关于英国少年司法公共政策的争论中,基尔布兰登的一系列基本假说仍然是非常新颖的。

即使从一个国际化的角度或专家的角度来看,基尔布兰登的报告在一些方面也有新的突破,其中有两点非常重要:其一,建议法院系统和专家审判庭之间在职能上要有分工;其二,建议儿童应当交由专家审判庭,其"原因只有一个,即儿童需要保障其教育及培训的特别措施"(苏格兰政府,1964,第 138 段)。这些想法都需要进一步详细阐述。

基尔布兰登报告指出的缺点引起了对现存苏格兰少年法院的不满。"事实上,这也促使他们力图将法院刑事法律的特征与特殊机构对少年犯的审判结合起来,以实现预防与教育原则"(苏格兰政府,1964,第 71 段)。正如人们

对由高级法官主持的委员会期望的一样，原则上对刑事法院并不存在敌意；事实上，该委员会认为法院仍然是实现某些功能的最佳场所，例如一个涉嫌犯罪的有争议案件的判决（或者相当于在一个“照顾和照管”案例之中）。因此，基尔布兰登报告的最后建议可以被合理地称为双轨制，在此制度下，法院和处遇裁判庭并存，却被赋予了不同的功能。（关于这些制度的详细内容，见下文。）

基尔布兰登原则的第二个新颖性在于其中心概念的提出。该新制度存在 420
这样的理念，即“必须采取特殊的措施来保障教育和培训”。这一点的重要性可以从 1998 年出版的一本关于 9 个欧洲国家的少年司法制度的书中看到（梅尔白和沃尔格雷夫，1998）。为了强调各个国家的制度差异，本书的编辑要求每个国家的投稿者都需提供一个叙述性的解释，说明其所在国司法管辖区是如何处理一个 15 岁男孩的案件，此男孩曾犯过两桩已被证实了的盗窃罪，现在他又因私闯民宅窃取了一部录像机、一些珠宝以及一些现金而再次被捕（仅有行为），其窃取物总价值大约有 500 英镑。在苏格兰一章，作者斯图尔特·阿斯奎思（Stewart Asquith）想象：“哈米什，一个 15 岁的英格兰男孩”在这种情况下，将被给交基尔布兰登的处遇裁判庭审理（其又称为儿童听证会，见下文）。然而，阿斯奎思煞费苦心地指出这样的事实：哈米什所犯的罪行不足以让他接受听证会审理，因为在该听证会开始之前，为了维护其利益，相关官员（报告员）也必须被说服，证明必须对哈米什采取强制照管措施。此外，阿斯奎思指出如果哈米什接受了听证会，裁判庭裁决“其双亲已控制了局势，且有证据证明强制照管措施是不必要的。在这种情况下，无论涉及多大的盗窃金额，该儿童都会被释放”（阿斯奎思，1998，425 – 426；重点强调）。换句话说，在基尔布兰登理论框架下，苏格兰制度体现：虽然罪行可能是采用强制性措施的一个必要理由，但犯罪本身并非采取强制照管措施的充足基础。这是一个非常重要的创新性的概念，它由基尔布兰登委员会提出，随后又于 1960 年在英国立法通过。

1968 年《(苏格兰)社会工作法》

现在,我们需要理解苏格兰少年司法体系的广阔框架。基尔布兰登报告之后,该框架被纳入 1968 年《(苏格兰)社会工作法》。该法被保留至今(仅做了相当微小的修改)[16]。该体系流程如图 15.1。

421

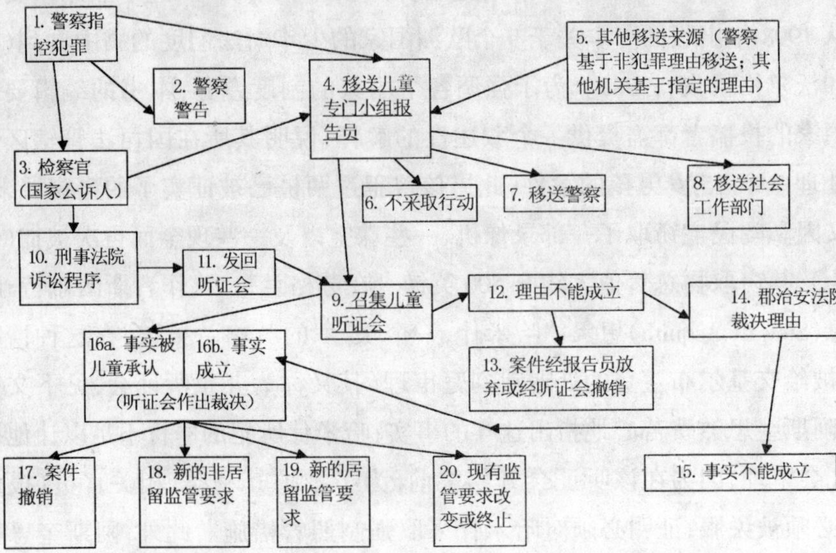

图 15.1　苏格兰少年司法体系

苏格兰制度的一个基本观念是:被指控为犯罪的案件与其他类型的案件以相同的方式处理,国家基于儿童福利原则往往对这类案件采用强制照管措施(例如,父母无法管教其子女,或儿童的健康和发育由于其家长忽视正处于严重危险中)。因此,图 15.1 所描绘的制度同样适用于与犯罪有关的其他类型案件。但是,本章的重点是犯罪案件,我在这里也仅描述适用于此类案件的制度。

绝大多数犯罪案件最终是要向警察报案(方框 1)。如果警察认为犯罪成立,该案中涉嫌犯罪的儿童就需要负刑事责任。对警察而言,他们有三种选择:可以正式地警告该儿童(方框2);可以将该儿童移交给儿童专门小组的报告员(方框4);或在一个有限度的情况下,尤其是涉及对严重罪行的指控时,他们也可以将该儿童交由国家公诉人(检察官)起诉(方框3:见下文的进一步论述)。第二种选择是迄今为止最常用的一种。[17]

儿童专门小组报告员在苏格兰制度中占有举足轻重的地位,他们被视为苏格兰制度的"看门人"。这可以在图15.1中其所处的中心位置(方框4)看出。报告员接受移交后,他首先要确认(如果有必要,他们也会寻找更多的信息)是否有足够的证据支撑案件事实(例如,犯罪行为确实是由该儿童实施的;该儿童确实不处于其父母的监管之下,等等)。如果报告员对检查结果不满意,他就不会对移交的案件进行起诉(方框6)[18]。如果证据确凿,他就会进一 422
步做出评估(如果有可能,他们会再次寻找更多的信息),判断儿童是否存有强制照管的潜在必要(正如在哈米什案讨论过的,前文已作论述);只有报告员回答了这个更深层次的问题,该案才转交给儿童听证会来审理(方框9)。如果第二个问题的答案是否定的,那么报告员就没有义务进行起诉,他/她同样可以将案件提交给当地的社会工作部门,该部门可以通过非正式途径帮助儿童(方框8);或者报告员可以把涉嫌犯罪的儿童送回警署,通过正式警察警告或类似程序处理(方框7)。

现在,我们假设报告员已将犯罪案件提交给儿童听证会,被提交的儿童否认参与了犯罪。对此,在基尔布兰登建议中,双轨制(见上)的要素开始变得尤为明显。阿斯奎思参考了有关哈米什的假想案件,将有关程序解释为:

> "哈米什与其父母出席了儿童听证会。听证会的其他参与者包括报告员、专门小组成员及一名社工。听证会中,没有警察(他不参与儿童听证会),同时也没有一般的市民。听证会宣读了对哈米什的指控,哈米什予以否认。在这种情况下,听证会不能继续进行下去,因为该听证会对接受的案件没有司法管辖权。哈米什仍需被送往郡治安法院。如果案件事实被确认,哈米什将会重返儿童听证会。听证会将考虑对其采用强制照管措施的可能性。"(阿斯奎思,1998,425-26)

这些程序在图15.1的方框9、12、14、15及方框16中有所显示。看起来可能相当繁琐，但必须牢记，基尔布兰登委员会的中心思想体现在法院和儿童听证会的职能划分上。这类程序实际上是儿童听证会的必然结果。儿童听证会作为一个裁判组织，在结构上它排除了对指控案件相关的任何法律和事实争议的考查。[19]如果案件的证据确凿，那么郡法院将被排除在处理案件的适当方式之外——在基尔布兰登的思想中它不是一个处理少年案件的适当场所。[20]

应该说这样的审判/裁决差异并不能详细地阐明苏格兰少年司法双轨制的特点。我们已了解，警察在某些情况下（尤其在一些严重的案件中）能够将案件提交给检察官（方框3），该检察官可以在郡治安法院（方框10）[21]行使他/
423 她的自由裁量权。无论如何，这两种平行的制度（报告员→儿童听证会；检察官→郡治安法院）是相互联系的，或是检察官将案件提交给儿童听证会，或是法院将案件发回儿童听证会（方框4和方框11）。然而，需要注意一点，审判与裁判的区别以及从中产生的双轨制特点是基尔布兰登核心理念的组成部分，检察官处理案件的方式（方框3和方框10）只宜被视为，为了实现该理念而故意排除或豁免相关案件。该问题将在以后章节中进一步探讨。

基于事实已被儿童承认或被郡治安法院确认的假定（方框16a和方框16b），让我们回到该体系的主流中来，考虑儿童听证会本身。在苏格兰，每一地区都有儿童专门小组，其成员是政府大臣任命的一些非专业人士，他们被认为是主持儿童听证会的合适人选。听证会开始时，需要从中挑出三名成员（三人之中至少男女各一名）。在刑事案件中，青少年犯罪是非常普遍的；但审理儿童的重点并不在犯罪行为，而是儿童自身及其需求，因此，如果报告员将所有儿童都提交听证会，那么每一个儿童将获得单独的听证。

儿童听证会是一个私密的场合，它必须在法院和警局以外的建筑物中召开。正如哈米什案，在刑事案件中无论是否有警察或受害者的参加，听证会的重点都是关注儿童的需求。但报告员是必须出席的，他/她持有相关的警察报告。地方政府的社会工作部门也需派一名社工参与（关于社会工作部，参见前面注释⑮）。该制度的目的是，让儿童、家长、社工及儿童专门小组成员在非正式的氛围中享有充分的发言权，不仅要仔细探求导致听证的环境因素（如犯罪或不断逃课），而且也要探求与儿童相关的社会及家庭情况。听证会规定：儿童及其双亲有权将某人（代表）带入听证会，让其作有利的陈述，同时规定该人可以是一名律师。但该人不能担任代理人，即不能允许代替他所代表的一方或多方发言（换句话说，即使该人出席听证会，听证会成员仍可直接询问儿童及其家长）。然而，尽管允许代表们参与听证会，但儿童听证会中并无政府资 424
助法律援助的规定。该问题仍存争议，我将在后面部分予以说明。

听证会讨论的最后阶段，成员们必须决定对儿童的适当处理方式。在儿童首次参与听证的情况下，听证会成员仅有三种选择：首先，他们可以撤销案件，不予起诉（方框 17）；其次，可以做出非寄宿监管的要求，允许儿童在一名社工监管下留在自己家中（方框 18）；第三，做出寄宿监管的要求（方框 19），将儿童置于诸如旅馆、地方政府机构安置家庭或学校等特殊场所。在受监管的情况下，如果他因新的理由或复查又进入听证会（见下文），听证会将采取改判或终止寄宿监管（例如，由非寄宿监管变为寄宿监管[方框 20]）。依据基尔布兰登原则，对儿童采取措施之前，需要确立一个“采取特殊措施保障教育及培训”的福利基础。只有在听证会认为有必要时，才会做出寄宿监管或非寄宿监管要求（否则应撤销案件）。正如阿斯奎思（1998）对哈米什案所作的评述，即使儿童犯了相当严重的罪行，该原则仍对其适用。[22]

对听证会裁决方式的严格限制是值得简要评述的。有人可能异常惊讶，听证会的裁决方式中并无罚款、社区服务令、强制补偿措施或赔偿受害人等规定。但苏格兰制度中的此种缺失的确是有意的。从儿童听证会以福利为基础以来，刑事案件与其他案件间就没有了概念上的区分。注意以下几点：首先，原则上，所有裁决方式都应平等地适用于所有类型的案件；其次，罚金等措施不是该制度的一部分，因为它们是明确的惩罚性措施，非以福利为基础。

最后，我们注意到，在任何需做出监管要求的案件中（无论是寄宿监管还是非寄宿监管），儿童听证会对该案具有持续性的管辖权。监管要求只有一年的有效期，邻近该期限的结尾，必须经过完整的听证会审查。在这种审查中，如果依据儿童福利，听证会判定采用强制照管措施仍为必须，那么监管要求就只能（以原有方式或以其他各种方式）持续。然而，受制于该规定，原则上到儿

童年满18周岁(在连续性案件中,18周岁是儿童听证会管辖权的上限。如果
425 儿童未满16周岁,首先只能把案件移送听证会,该问题我将在后面讨论)。值得注意的是,苏格兰儿童听证会拥有持续性管辖权,在大多数案件中,只有儿童听证会才有权决定强制照管措施是否仍有必要存在,也只有它才有权决定监管要求是否有必要更改(例如,是否有寄宿监管的必要,如果有,应选择哪一类场所)。[23]稍后,我们将看到以福利为基础的改革中,英国制定了不同的程序,并导致了一些重要的结构性冲突。

1969年《儿童及青少年法》

我们回过头来看60年代末英格兰的法律改革——1969年《儿童及青少年法》。如前所述,在英国有一种惯常的做法,即通过议会颁行的苏格兰立法,一年或几年以后,相似的原则被写入英格兰法律中。然而,一系列偶然因素加剧了60年代对英格兰少年司法的争论(见上文),同时,苏格兰官方准备推进以基尔布兰登为基础的立法,这两点导致了一个相反的临时性命令(参见考珀思韦特,1988,76)。议会通过的英格兰立法被证明是极具争议的(这点对英格兰的改革有重大而深远的影响)。令人感兴趣的是,将世俗的"苏格兰追随英格兰"次序用于本例中,对苏格兰少年司法制度是否与众不同的推测最终当然会徒劳无功。

英国少年司法学术界最终把1969年《儿童及青少年法》描述为过去10年政策争议的产物。通过这些事件,我们可以看到该法通常被定性为一种妥协性的措施。因为,与先前(1965年)的立法提案不同,该法保留了30年代式的英国少年法院模式。[24]这些论述当然包含真理性的重要内容,但在我看来,强调妥协性反映了人们对1969年法真实意思的关注。在这点上,我们刻意忽略了1969年法制定前持续10年的争论、集中在该法上的争论,以及有关该法与苏格兰1968年立法间存在的相似性及不同点的争论。

426 为了理解1969年法的特性,我们有必要了解一些背景因素。首先,立法细节的完善者们与基尔布兰登的成员一样,坚定地支持少年司法的福利原

则。[25]第二,有证据表明,英格兰直接借鉴了苏格兰新法的主要原则,即对儿童采用强制照管措施前,需确立"采取特别措施保障教育及培训的必要性。"[26]第三,英格兰治安法官处在反对1965年立法建议的中心位置,他们的声音充满自信并有足够的政治影响力,确保了30年代式的少年法院至少在形式上得以保留(参见博顿斯,1974)。第四,当时英格兰司法制度的更为宽泛的传统,尤其是国家检察系统的缺无,致使其无法有效建立一个如同苏格兰报告员的官方守门人制度。第五,也是最后一方面,在英格兰,社区社会工作制度的安排在某种程度上很复杂——基于1970年某法令决定的现有缓刑工作部门与新兴的地方政府社会工作部门是并存的,而在苏格兰,原有的缓刑工作部门已经被纳入新兴的社会工作部门之中(见上文注释⑫、⑮)。

了解了这些背景,现在我们可以转而谈谈1969年英格兰立法的细节,特别关注于违法犯罪案件(正如先前对苏格兰制度的描述)。程序非常容易理解,首先,未满14周岁的儿童都显著地表现在图15.2中(关于1969年法原初形式的更完满叙述,参见博顿斯,麦克林和帕奇特,1970)。

1969年法主要适用于犯罪案件,其核心特征可能是"照管程序"(care proceedings)。该法规定,除谋杀案外,14周岁以下的儿童不应受刑事起诉。然而,应负刑事责任的年龄传统意义上仍为10周岁。[27]依据此法,在10—13周岁年龄段,儿童因犯罪被提交法院,但仅适用于民事诉讼程序,即所谓的照管程序。上述程序中,两个独立的问题有待证明:其一,该儿童确实实施了犯罪行为;其二,"除非法院发出命令,否则儿童得不到所需的照管或监控。"[28](这一点,当时在俗语上称为"双管试验"。)尽管这些规定与苏格兰的法律相比,是以不同的目标为基础制定的,但这些规定与支撑苏格兰制度的一些中心思想在概念上有显著的相似性。与苏格兰制度类似,应用于英格兰的照管程序可以兼用于犯罪案件和其他案件的审理中。因此,双管试验的第一部分为首要条件,它可通过任何一个被证实的犯罪或"照管"条件的标准得到满足(超出控 427
制、父母的忽视、逃学等)。像苏格兰制度一样,英格兰"双管试验"的第二部分被这样描述:即在理论上,如果儿童在家庭环境中得到了良好的照管及保护,法院不能针对儿童犯(无论犯了多么严重的罪行)做出判决。

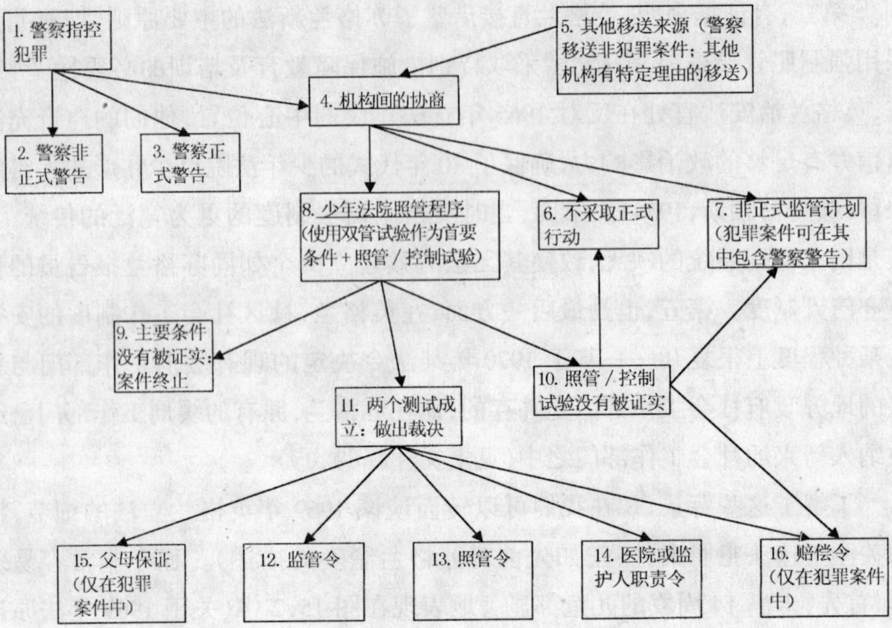

图 15.2　为不满 14 周岁儿童制定的 1969 年英格兰少年司法制度(除谋杀案件以外)。

如前面已经提到的，1969 年的英格兰没有国家检察制度。这意味着，警察直接对成人刑事案件、少年刑事案件独立地行使自由裁量权并直接向法院提起诉讼。[29]这种结构对 1969 年法的制定者提出了挑战，该挑战涉及其中的新的犯罪案件的民事照管程序。很明显，警察在指定案件中可能找出与首要条件(犯罪)相关的明确证据，作为一个办事机构，他们无法证明儿童"需要照管和监控，对此它们无能为力，除非法院发布指令"。于是，为 1969 年法的实施而制定的政府对当地的指导性文件中，拟在刑事案件的处理中，在警察(本着其对犯罪事实的专门知识特长)与新建的地方政府社会工作部门(SSD，参见注释⑫)——其专长是在儿童照管与控制事宜之间建立起"正式的密切协商程序"[30](这些协商性程序见图 15.2 方框 4)。多数警察队伍正准备应对这些新
428 变化，建立新的"少年警察联络局"，以促进警方与新兴的社会工作机构之间的对话。

为了了解 1969 年英格兰制度的运作情况，现在让我们设想该制度已得到

了充分实施。两名13岁儿童在一房屋中行窃时被警察当场抓获。通过图15.2看该案例，接下来警察要在三种方式中作出选择：给予非正式警告，给予正式警告或成立机构间协商组织（方框2、3、4）。比较图15.1和图15.2，可以明显看出，英国立法中的机构间协商行为与苏格兰儿童听证会制度中的报告员有着相同功能。

假设案件进入机构间协商程序。协商组织可能决定不予起诉；或决定建立一个自愿监管计划，也许同时加以警察警告；或者决定将该案提交少年法院，进入照管程序（方框6、7、8；再次注意其与苏格兰制度的相似性）。但是与苏格兰报告员的裁决相比，机构间协商程序并不包含一个不受约束的选择。为实施双管试验的第二部分，英格兰故意在措辞上鼓励机构间协商组织尝试发展自愿监管计划，而不主张将案件提交法院。其逻辑是，如果能够设计出足够多的自愿监管计划，那么"**除非法院发出命令，否则儿童不能获得照管和监控**"的这种争辩不可能成功。因此，这些细节揭示了1969年法制定者的直接政策：即只要具有合理可能性，都要从少年法院中最大限度地转移出来。

回过头来看两个13岁男孩的案件，假设机构间协商组织认为自愿监管可能不足以确保儿童得到充足的照管，因此，这两个男孩被提交法院的照管程序。在这个特殊的案例中，首要条件很易证明，因为男孩当场被逮（如果首要条件不能证明，案件必定会终止：方框9）。测试的第二步（测试的照管或监控部分）更具难度，少年法院需要社会工作部门积极的证据支持。

假设治安法官认为，对于来自贫困家庭的男孩（约翰）来说，照管或监控测试很易满足。但是，经过慎重考虑后，总的来说，他们认为对于第二个男孩（肯），其家庭和学校环境足以表明没有必要为了他的福利对他采用强制照管（方框12）。在肯一案中，治安法官或不予起诉，或依法建立一个非正式监管 429
计划（方框6、7）。[31]如果有任何一件赃物尚未追回，尽管照管或监控测试还没得到满足，他们可能也会做出赔偿裁定（方框16）——至少与苏格兰立法相比（见上），某些原因导致了这一有趣的规则。相反，约翰必须得到一些裁决（照管或监控测试表明，法院会信服：儿童不能获得足够照管或监控，除非法院发布指令）。但是，在苏格兰，强制命令的选择是狭义的，它不包括如罚款等惩罚性措施。除罕见情况外，苏格兰强制命令的真实选择有效地存在于监管要求和寄宿监管要求之中。因此，苏格兰1969年立法的主要选择放在了监管命令（非寄宿监管）和照管命令（潜在寄宿监管）上。[32]

有必要对照管令（care order）加以特别描述，70年代围绕它产生了许多争论。照管令最初是为了满足面临法院审判的儿童的需要，这些儿童受到审判是基于家长疏于照管等原因。该命令的作用是授予地方政府（或在实践中，授权其社会工作人员）父母所有的法律权利，便于他们去处理问题儿童。因此，即使儿童的亲生父母还健在，并且思维健全，但在法律上，从此以后地方政府享有了对该儿童的监管权。除非法院主动解除照管令，否则在儿童年满18周岁前，该照管令依然有效。一旦儿童受制于该命令，儿童就必须被置于地方政府认为的合适地方；对此，地方政府具有几乎完全的自由裁量权。因此，照管令下的安置措施可以有很广的范围——从安置于寄宿学校，到允许儿童和其亲生父母一起生活，同时受社会工作人员的监督。在1969年的《儿童及青少年法》中，照管措施的目的是最终成为处理青少年犯罪的唯一方式。其他面临少年法院审理的人将被就地安置于寄宿机构*中。本着该目标，一个更加注重福利导向的为重新塑造少年司法制度制定的更加雄心勃勃的项目得以发展。该项目在地方政府寄宿机构中的内容被称为社区之家（community homes）**。有关的计划特别精心地处理其与那些承载了绝大多数少年犯的专门机构之间的关系（主要参见斯帕克斯和胡德，1969；内政部，1970），尽管在实践中，随着照管令使用的减少，他们最终的意义很小（见下文）。

在重构的英格兰少年司法体系中，照管令显然发挥着像苏格兰寄宿监管令一样的“底线”作用。但这两种命令又有着一些重大差异。首先，正如我们
430 所注意到的，当时苏格兰所有的监管要求仅持续一年的时间。在英格兰，根据被告的年龄，在法院正式审查的情况下，照管令可持续5年，甚至7年（这种差异的产生是由于：与苏格兰儿童听证会不同，英格兰少年法院对案件没有任何

---

* 也称“居留机构”，即为有必要安置于家庭之外的问题少年提供居留或寄宿，以及相应照管、矫治措施的公共专门机构。——译者注

** 也有将其译作“少年教养所”或“感化院”的。——译者注

持续管辖权)。第二,对儿童采用何种形式的安置——包括寄宿监管和非寄宿监管安置选择的分歧——英格兰授权地方政府(实际中授权社会工作部门)。而在苏格兰,正如我们所看到的,它授权儿童听证会。第三,英格兰照管命令中,地方政府正式获得了父母的权利。但在苏格兰,制定寄宿监管要求时并没有任何关于法律上家长身份的暗示。因此,简言之,与苏格兰相比,英格兰的照管令赋予了当地社会工作部门更大的权力和责任。对英格兰立法者而言,这是一个深思熟虑的选择;它反映了社工们的观点,而非法院的观点。这些社会工作者是少年司法案件处理的专家,因此,他们被赋予最大限度的裁量权。[33]然而,这种观点却有着意想不到的结果。

我们回过头来把英格兰1969年立法中有关14周岁以下儿童的立法状况与苏格兰在该部分的立法进行比较(图15.1和图15.2),我们发现了相当多的相似之处,例如(1)警察的最初选择;(2)可供于报告员或机构间协商组织的选择;(3)最终裁决的限制范围;(4)首要的福利伦理;(5)“强制照管是否确有必要?”由此可见,两种制度间的相似性是非常大的——当然比阅读一些二手文献所揣测到的东西要丰富得多。然而,两者之间仍存在着一些分歧,这也很重要。最明显的分歧包括保留英格兰少年法院,让它继续作为事实裁判、法律裁判及作出处理决定的场所,同时,苏格兰的程序设计更为精细(比较图15.1和图15.2)——兼顾了基尔布兰登报告中所坚持的双重法院系统和罪犯待遇裁判庭。

对1969年英格兰法的讨论,迄今为止只限于14周岁以下儿童的规定。对14—16周岁的被告人而言,情况有点复杂。图15.2中显示了使用的照管程序,它可适用于所有案件并且是一个上佳的选择。然而,在刑事案件的限制范围内,也会有使用刑事诉讼的可能性。因此,对于年龄更大的组群,随着配套法律规定给予政府更加广泛的权力,以便其限制公诉途径的范围,混合起诉或照管诉讼制度建立起来。[34]乍一看去,与苏格兰制度相比,英格兰制度的福 431
利导向似乎弱得多。对此,回顾苏格兰正规程序的例外——检察官→郡治安法院的路线所提供的(见图15.1,方框3和方框10),是有指导意义的。因此,再次强调,两个制度中确实存在一些重大的相似性。

尽管在1968年苏格兰法及1969年英格兰法中存在一些相似处(在物质及道义方面),但他们却受到了英国议会截然不同的对待。英格兰举措激起了强烈的反对浪潮,这种浪潮比发生在苏格兰的激烈得多。[35]事实上,主要的反对派——保守党强烈地质疑了英格兰的法律议案,尤其指出议案没有坚持司法平等。议会反对派重点强调了共同犯罪案件(如上面所举的约翰和肯的案例),即两个儿童犯了相同罪行,一个儿童最终可能获得强制照管措施,而另一个却没有。简言之,这是基于赏功罚过的格言"同等犯罪,同等国家干预"(equal state interventions for equal crimes)——基于功过理论(in desert theory)的同等待遇原则(关于功过理论同等待遇原则参见冯赫希,1986)。但是,不避免的是,这种批评对福利理论家不起任何作用。这些理论家坚持对每一少年犯均单独处理,并以这种方式来裁量儿童的福利要求。(注意:早期的评论提及,苏格兰制度为儿童群体犯罪安排了独立的儿童听证会,以便分别考虑每一儿童的福利需要。)

当然,诸如此类的争论可以永无休止地进行下去。然而,证实苏格兰下一步发展的关键是1969年议会反对派议会前座(Front Bench)*采用了"同等犯罪,同等国家干预"的理论——1970年的选举中,保守党反对派获得了意外的胜利。

1968年及1969年法实施的准备

1968年《社会工作法》(苏格兰)中少年司法规定实施的是一项重大的工程。在原有的少年法院和新设立的儿童听证会之间没有任何连续性。因此,儿童听证会制度应和报告员制度一样从头做起。考虑到这些复杂性,苏格兰法于1971年4月最后实施前不可避免地存在相当长的酝酿期。具有讽刺意
432 味的是,该法是通过保守党政府的一项法令得以生效,而该保守党政府的发言人就在两年前还极力反对与此并非不类似的英格兰1969年法。(对此"通过

* Front Bench,即英国议会为反对派领袖保留的座位。——译者注

法令颁行"之英国程序，参见本章注释⑩。）

英格兰1969年法的完全实施也很复杂。但是因为，首先，少年法院被保留且在结构上无重大变化；其次，没有创立诸如报告员这样起主要作用的新政府官员，所以1969年法的实施注定得循序渐进，逐步展开。当即的实施存在一些可想而知的复杂性，这种渐进方式被认为是非常恰当的，尤其是它提供了配套服务条款。[36]从而，工党政府准备在1970年采取以下措施：

> 1.在刑事案件上分阶段地逐步采用强制照管措施。从10—11周岁儿童开始，然后增加到12—13周岁年龄段；
>
> 2.随着社会工作部门的发展壮大，将缓刑工作部门中的各种工作逐步转移到社会工作部门；
>
> 3.立即创立可适用于所有类型案件和所有年龄组的照管令；但应逐步地——随着新的社区之家体系的建立，逐步淘汰现有的监禁裁决，即拘留中心和教育感化训练——1969年《儿童及青少年法》所期望的。[37]

因此，1969年英格兰通过立法赋予了政府权力，以便政府能发挥最大的能动性，逐步落实该法的各项规定。但保守派人士强烈地反对，并于1970年赢得了大选，而该时，1969年法得以正式实施的部分还非常少。新的保守派政府不得不迅速地对该法实施的程度和速度做出一些决定。内政大臣很快宣布，在可预见的将来，[38]

> 1.在涉及任何年龄段的刑事案件中均没有使用强制照管程序的要求。如果警察想要使用，可获允许。刑事检察部门可以对各年龄组自主适用。在实践中，此宣言作出后，警察在刑事案件中已不再使用照管程序，因此这类程序很快成为一纸空文。[39]
>
> 2.拘留中心和教育感化训练仍被保留，作为原有少年犯的监管刑场 433
> 所，与照管令和新的社区之家体系并行。

于是,受此一击,1969 年法被阉割。该法一些条款虽得以实施,但其实施的状况却与苦心构建该法的人所期望的大相径庭。

从内政大臣作出宣言那日起,苏格兰与英格兰的少年司法制度轨道建立在了不同的路线上。但很少人能预见到 1970 年初具雏形的苏格兰制度被证明为很具弹性,而英格兰制度——在 1970—1971 年与苏格兰相比,其根本的变动要少得多——将在下一个 30 年中经历连续的政治、行政变革。有关的对照经验将在接下来的两部分予以探讨。

1970—2000 年英格兰的少年司法:30 年的动荡

20 世纪 70 年代以来的 30 年间,英格兰少年司法最重要的特征,毫无疑问,是震荡。在本章中提出这种震荡表现有些困难。在变革的政策图景中针对每一扭曲及转折提供大量细节具有可能性,但几乎毫无成效。从另一个方面看,如果一个人简单地抽出一些重点内容,就会产生相关背景太少的危险。为了解决这一难题,表 15.1 和表 15.2 针对政策转变的每一个阶段提供了一些基本资料,表示了 30 年的变化。(可以看出,这些图表在每一个阶段都关注于五大主题:国家政治环境、公诉及转处政策、法院、社区配套服务建构、寄宿及监禁机构。)接下来的文字并不试图去评论表 15.1 和表 15.2 所提供的每一个特点,而是试图评论那些人们在不同时期都努力追求的显著的政策主题方面的特别发展。于是,读者通过阅读紧密联系的文字和图表,能够了解最准确的概况。

20 世纪 70 年代

为了便利,表15.1的前面两栏展示了1969年前英格兰少年司法制度以及1969 年法的主要特征。第三列归纳了保守党政府于 1970 年选择性地实施
438 1969 年法所造成的混合局面(见上文)。

从这一起点出发,英国少年司法在 20 世纪 70 年代是如何继续发展的(表

434 **表 15.1　英格兰少年司法的关键特征,1965—1979 年**

	1969 年法之前	由议会制定的 1969 年《儿童及青少年法》(工党多数)	保守党政府于 1970 年实施的 1969 年《儿童及青少年法》	1970 年代
国家政治背景	理念:修正的刑事法院方法。 管理部门:实践发展主要在地方层面;内政部拥有全国性的监督权。	理念:更为彻底的福利方法,但少年法院保留。 管理部门:卫生部接管内政部拥有对大多数审后矫治措施的监督权。	理念:儿童及青少年法的福利导向条款只得以有选择的实施。 管理部门:卫生部内政部共同拥有对大多数审后矫治措施的监督权。	尽管工党政府 1974 年的选举,但 1970 年的状况没有大的改变。
公诉及转处政策	没有国家公诉制度。 转处受限且有赖于地方警察发起。	转处是儿童及青少年法理念的中心,得到法令中特别规定的支撑。	特别规定没有得以实施,但大多数警察部门创设了少年联络局,为法令的实施作准备。	转处扩大,主要是由于少年联络局建构的存在。
法院	少年法院由于处于中心位置,拥有刑事及照管管辖权。	少年法院拥有更加有限的角色和功能。 在很大程度上把照管管辖权列入刑事管辖权的范围内。	少年法院的刑事管辖权完全保留。 法院比儿童及青少年法所欲达到的功能更大,但与 60 年代相比受到限制。	治安法官对少年法院的权力受到限制有很深的担忧,尤其是关于照管令。
435 社区配套服务机构	缓刑工作占主导地位。 地方当局儿童部门拥有一些功能(尤其是照管管辖权)。	创设地方当局一般社会工作部门(在不同的法令中)。 社会工作部门逐步替代缓刑工作部门的少年司法的主要职责。	混合图景:缓刑工作角色被保留,但社会工作部门比旧的儿童部门拥有更广泛的角色,并且有望发展。	社会工作部门自由裁量权的使用颇具争议(尤其是照管令)。 调解处遇的开始不确定。

寄宿及监禁机构	1. 地方当局和其他儿童之家。 2. 内政部批准的学校。（HOAS）。 3. 拘留中心（DCs）。 4. 教育感化训练（BT）。 （注：皆由内政部监管）	废除 HOAS、DC、BT。 将 HOAS 和儿童之家融入地方当局“社区之家”的新体制中，在卫生部门的监督下。	创建社区之家体系，但 DC 和 BT 予以保留。	增进 DC 和 BT 的使用；社区之家中的人数减少。

436 表 15.2 英格兰少年司法的关键特征,1979—1998 年

	1979—1982 年,撒切尔政府首创	1980 年代	1990—1992 年,新立法框架	1993—1997 年	1998 年"新工党"政策框架
国家政治背景	"分别"战略:对恶性深的强硬;对恶性浅的宽大。	主要的真正的政策动力来自少年司法运动(JJM),政府对此没有强烈抵制。	贯彻(非犯罪)儿童照管法的主要评论。新的"社区惩处"政策。	更具惩罚性的政治及公共环境。	政府意图彻底检视少年司法系统。理念:根本拒绝 JJM 矫正方法。
公诉及转处政策	1980 年政府政策文件鼓励应用警告措施。	皇家公诉工作创立。随着政府的进一步鼓励,警告措施的应用迅速增长。非正式警告扩展。	没变化。	政府试图限制警告措施,尤其是重复警告。	警告措施废除;代之以终局警告方案。
法院	少年法院被赋予更为广泛的权利,有意地逆转 70 年代的局势。	法律代表增加。扩展法院权力的试图未能奏效。法院受到 JJM 的影响。	少年法院照管管辖权被取消。少年法院的年龄上限提升至 18 岁;并更名为青少年法院(YCs)。	研究揭示法院高比率的无罪开释和最终判决前的重复出庭情况。	紧随前制。推行新的干预指令。强调修复。

437 社区配套服务建构	政府鼓励应用调解性的矫治，特别是在适当的案件中用作“照管/监禁替代措施”。	少年司法运动和新正统的诞生，尤其是在 SSDs 中。 随着 JJM 在 SSDs 中的发展，缓刑工作日益衰减。	“重叠管辖”观念创立：缓刑工作作用因此而再一次增加。	重叠管辖没有如预想的那样有效。	引入新的多机构的少年犯罪工作组（YOTs）。
寄宿及监禁机构	推行“短期剧烈突击”DCs。 推行寄宿照管令。	短期剧烈突击 DCs 乏效；实验没有继续。 DC/BT 合并为少年监禁所（Ycus）。 监禁机构应用的明显减少，主要受 JJM 的影响。	废除刑事程序中的照管令。 Ycus 的最低年龄提高。	新的年幼少年犯安全训练中心立法。 Ycus 应用增加。	新的少年犯监禁机构一般法律框架（拘留和训练指令）。

15.1，第4列）？其中一个重要特征是警察对少年犯正式警告的数量增加。在英格兰，正式警告即由警察对于那些承认犯罪的人的将来行为给予的官方警告，因此，该措施是用来替代起诉的。在少年案件中，警告通常是当面作出的，也就是说，一个少年必须在他或她的父（母）的陪同下出现在警察局，然后警察对其做出口头警告。警告必须予以正式记录，很多情况下，在今后的刑事诉讼程序中，警察所做出的警告可能在法庭上被正式举证。

从1969年法最初的措辞上看，在实施中要求警察和社会工作部门共同来考虑：缺乏正式照管程序的非正式诉讼在特定的案件中是否充分。而且，作为期望这一协商政策作为法律被制定的准备工作，很多地方警察部门已设立了警察少年联络局（警察部门中的特殊组织机构，其职能是考虑关于少年犯的诉讼程序）。当然，实践中作为该法要素的强制照管程序并没有得到实行，所以警察仍像以前那样对案件自由地提起公诉（参见注释㊴）。但是，大部分警察少年联络局并没有拆除。20世纪70年代早期，这一简单的变化似乎毫无疑问地促进了正式警察警告使用量的增加（这一事实存在于两种情况中：其一是警方和地方政府社会工作部门协商决定；其二是由警方单方决定。而后者更为频繁）。表15.3中官方的数据表明，1968—1972年间警告数量迅速上升。虽然，有充分的理由相信造成这一趋势的部分原因是人为的，然而这一时期警察对案件分流方法的使用的确在扩大，这一点丝毫未受怀疑。尽管事实上1969年法仅被部分地实施。[40]

20世纪70年代英国少年司法的主要特征是在照管令方面的强烈结构冲突，这当然是从它对全国政治领域的影响方面来说的。在犯罪案件中，照管令代替的主要命令是“矫治学校令”（被1969年法废除），少年法院依据这一命令可以将少年犯（一个确实需要照管和保护的儿童）送入矫治学校教育改造院，改造期限不确定，最长可达三年。少年矫治学校令和照管命令之间的一个重大差异是：法院所作的少年矫治学校令确保了专门机构的处置；而依据照管命令，地方政府（在实践中是政府的社会工作部门）对于儿童处置拥有完全的自由裁量权，且没有责任将他或她从家里带走并安置于专门机构。1970年以后，这类案件的决定权中心很大程度上从少年法院转移到了社会工作部门中。 440

这种权力的转移极不受地方法官的欢迎——地方法官是一个强大的利益集团,他们已影响了政府,促使其撤回了原有的(1965 年)英格兰少年司法改革的建议(参见注释㉔)。确实,20 世纪 70 年代做出决定期间,在有一定影响的环境中,地方法官在处理一些案件时更愿意使用照管令,很快地,地方政府就会立刻把这些儿童送回家(由于各种可能的原因,包括故意的处理决定,儿童们"排队等候"最终被安置在一个合适的寄宿环境中)。虽然已有的数据表明:根据故意处理决定,儿童被社会工作部门送回家的案件相当少,且这样做也未造成什么再犯的危险(参见,例如,赞德,1975),但是在政治方面故意处理的决定却具有极强的重要性,而且我们不能低估部分地方法官对于这一问题的看法(关于这一点,参见考珀思韦特,1988,65 - 66)。在这种相当紧张的氛围中,将基于照管令而把儿童的处置决定交由社会工作部门独立行使的做法确实是无益的,然而对法院而言,缓刑执行部门曾经是社会工作的传统提供者。同时,很多地方法官明确表示,即与新的社会工作部门相比,他们更喜欢缓刑执行部门作为社区救援机构。[41]

治安法官对照管命令的不喜欢以及和他们对社会工作部门的不信任造成了这些命令的难以执行,这一点可以从20世纪70年代照管令使用数量的急

439 **表 15.3 英格兰和威尔士青少年犯正式警告的使用,1967—1998 年**

(被警告者在那些被发现有罪或可能被控有罪者中所占的百分比)

	年龄:10—13 岁		年龄:14—16 岁	
	男性	女性	男性	女性
1967	35	48	17	25
1968	38	52	18	29
1969	45	59	22	36
1970	50	66	24	39
1971	60	80	32	53
1972	63	83	32	58
1973	63	83	33	58

1974	63	83	34	58
1975	63	83	33	57
1976	63	81	32	55
1977	67	85	34	58
1978	64	85	34	57
1979	66	85	35	59
1980	65	85	34	58
1981	68	87	35	60
1982	70	88	38	65
1983	73	90	42	68
1984	75	91	45	71
1985	79	93	51	78
1986	81	94	55	80
1987	86	96	59	82
1988	86	95	60	80
1989	88	95	64	82
1990	90	96	69	86
1991	90	97	70	87
1992	91	97	73	90
			（14—17）	（14—17）
1992*	91	97	63	84
1993*	90	97	63	84
1994*	87	97	60	81
1995*	86	96	58	79
1996*	86	96	54	76
1997*	83	94	52	72
1998*	81	93	50	72

* 这些年的数据，在第三和第四列中，为 14—17 岁年龄段的数据。少年司法制度中的年龄上限于 1992 年 10 月提高。

剧下降反映出来(参见表 15.4 中 14—16 周岁男性的数据)。与此相对,在法院看来,适用于年龄较大少年犯的监禁刑(拘留中心和青少年犯教养院——专门机构处置)人数增加(表 15.4)。

尽管照管令的数量下降了,但 70 年代末的研究表明:设置于刑事诉讼程序之后的照管令,主要是在社工的建议之下做出的,与其说照管令是最后的补救手段(曾经是少年矫治学校令),不如说它是对初犯者的劝告(吉勒和莫里斯,1981)。同时,这些及相似的发现导致社会科学家对 1969 年法福利假设的实质批判。社会科学家们持一种以公正为导向(或以功过为基础)的观点,也就是说,他们认为在刑事案件中,法院的干涉应与犯罪的严重程度成比例(参见,例如莫里斯等,1980;泰勒,莱西和布拉肯,1979)。由于这些及其他一些原因,20 世纪 80 年代的少年司法运动诞生了。

441 **表 15.4　1970—1997 年,英格兰和威尔士被确定有罪的较大男性少年的判决(百分比)**

年份	撤销	罚款	社区刑	照管令	羁押	其他	总计
14—16 周岁							
1970	17	38	29	8	6	2	100
1971	17	40	26	8	6	2	100
1972	17	42	24	7	7	2	100
1973	17	40	25	7	8	2	100
1974	18	40	26	6	8	2	100
1975	19	39	25	6	9	2	100
1976	20	38	24	5	10	2	100
1977	19	38	26	5	10	1	100
1978	18	39	25	4	10	1	100
1979	17	37	29	4	10	1	100
1980	17	35	30	4	11	1	100
1981	19	32	33	3	12	1	100
1982	20	31	32	3	12	1	100

1983	21	29	34	2	12	1	100
1984	22	27	37	2	12	1	100
1985	22	25	37	2	12	1	100
1986	24	24	38	2	11	1	100
1987	24	23	39	1	11	1	100
1988	25	22	39	1	11	2	100
1989	29	20	39	1	9	2	100
1990	31	18	41	1	7	3	100
1991	32	14	42	0	8	3	100
1992	34	13	41	—	9	3	100
14—17周岁							
1992*	31	18	39	—	10	2	100
1993*	31	11	44	—	11	2	100
1994*	30	12	44	—	11	2	100
1995*	29	12	44	—	12	2	100
1996*	28	11	44	—	13	2	100
1997*	28	12	43	—	14	2	100

注：社区刑包括监督命令和管教中心命令（贯穿那一时期）、社区服务命令（从1982年开始）、缓刑命令和混合命令（从1992年开始）、在电子监控下的宵禁令（1995年提出这一理论，然而在实践中这些年几乎没有这样的案例出现）。

* 这些年的数据为14—17岁年龄段的数据。少年司法制度中的年龄上限于1992年10月提高。1992年的数据给出了14—16岁和14—17两个年龄段的，以助对比。1998年的数据没有给出：那些数据是本书出版时的最新数据，但当时全国刑事统计中的年龄段又一次改变，将年龄段划定为15—17岁。

20世纪70年代全国的政治环境同样值得关注。1970年在选举中获胜的 442
保守党政府于1974年下台。因此，人们自然期望1974—1979年执政的工党政府能够全力实施《儿童与青少年法》，该法是前政府于1969年（经过重大努力）引导议会通过的。然而，事实上，工党政府根本没有尽力实施。这一情况说明可能有两个主要原因：第一，工党自身内部政策重点的转移；第二，1974年，该法在全国范围已经成为重大的政治论战的目标。因此，英国少年司法领域的下一个重大政治措施被推迟到了1979年保守党政府再次当选之后。

1979—1982年撒切尔政府的政策创新

玛格丽特·撒切尔于1979年当选为首相,成为政府的首脑。在某种程度上,她是以"法与秩序"这一政治口号当选的。保守派人士为未来的18年积蓄力量,但这些年刑事政策领域完全被"法与秩序"方法所垄断。当然,在少年司法领域,还是存在着一些惊人的发展。

早期,撒切尔政府对少年犯实行了一种区别政策(这一概念,在同一时期其他有关刑罚思想的内容中曾被提到,参见博顿斯,1980)。也就是说,限制性或惩罚性更强的方法适用于那些更为严重或顽固的少年犯。与此同时,那些能够被合理转处的少年犯则适用转处政策(转处在这里有两层含义,即"法院转处"和"羁押转处";参见克莱因1979年关于20世纪70年代末到20世纪80年代初国际盛行的转处政策的同时期讨论)。

上层保守派对20世纪80年代早期的区别政策有两个重点:即"短期剧烈突击实验"(short sharp shock experiment)和寄宿照管令的推行。这两项措施都在政治上被证失败。

1979年的保守党会议上,短期剧烈突击实验受到重视并赢得了好评。该实验是在挑选出来的拘留所(对少年犯进行诽期羁押的机构)中以实验方式引进了一种特殊体制。该体制强调体育教育、军事化训练、活跃敏捷和有条不紊。这个体制试图为关押在拘留所的人留下一种不愉快的经历,因此,人们希
443 望该体制能作为一种特殊有效且具有威慑力的刑罚而发挥作用。对于政府来说,不幸的是,监狱心理学家所进行的严密研究表明:在减少再犯方面,与传统拘留所体制相比,这种新的体制并不成功(桑顿等,1984),所以该实验被不动声色地放弃了。

撒切尔政府上台后不久,出版了一个政策文件(内政部,1980,13-14),该文件适用于犯罪案件,政府直接向20世纪70年代的少年法院法官宣讲了照管令(见上)。一个新的寄宿照管令被提了出来,随后又于1982年被制定成法

律(虽然是以不同的名称)。在一定的情况下,如果一个年轻人是该照管令的对象,法庭依据该命令判定该年轻人不得留在家中。然而,这种权力范围比很多法官要求的权力范围更加受限:它只适用于一类对象,嫉已经受过照管令而又犯罪的人。且在该命令下强制居住最长不能超过六个月。鉴于这些限制,法院很难将寄宿监管命令付诸实践。这一命令便成了纯粹象征性的立法,没有任何实际作用。

在区别政策更具转处性的另一方面,撒切尔政府仍然采用了两项原则性措施,即警告范围和所谓的中间处理领域。

1980年的政策文件鼓励进一步增加正式的警察警告,其陈述的理由是"所有可以获得的证据表明,在犯罪早期就从刑事司法体系中分离出去的少年犯与那些卷入刑事诉讼的少年犯相比,其再犯的可能性要小些"(内政部,1980,12)。(然而,奇怪的是,正如法林顿[1984,92]当时指出的那样,事实上并没有实证的证据来支持这种观点。)另外,对现行法规进行一些技术性修改后(这种修改减少了社工的裁量权:参见上文注释㉝),政府很乐于在社会推行所谓的中间处理(intermediate treatment)计划,其作为监管规则的附属性措施针对更加严重和顽固的犯罪人实施,这些犯罪人也可能被处以监禁刑或照管令。1983年,中央政府动用了大量的"启动注水"(pump-priming)* 资金(1 500万英镑)来鼓励地方政府与民间组织共同协力发展这个计划。(这种现金奖励被普遍采用;参见 NACRO 1989;博顿斯等,1990,70－75)。

这些不同举措的结果都是始料不及的。然而,20世纪80年代初,主导的政治基调似乎是新保守派的"法与秩序"的处理方法。到80年代末,虽然政府并没有任何变动,但出现了截然不同的看法。两种限制性的政府措施都失败 444
了(见上),但是另两种转处政策却成功了。正如可能从表15.3看到的那样,警告的比率在1978—1980年间非常稳定;在80年代上半期迅速上升;在1985年左右,由于内政部的指导文件,警告比率又一次上升,该文件为地方警察更

* pump-priming:泵的起动注水,美国英语中,喻指(为刺激国民经济)政府对商业企业的投资政策。——译者注

多地使用警告提供了进一步的鼓励。实际上,对年龄在 14—16 周岁间的男孩所作的警告,其比率在 1980—1990 年期间[42]翻了一番(从 34%到 69%)。源于 1983 年现金奖励政策的刺激,这些年间对严重犯罪者实施的中间处理计划在数量上和负面影响上也有所增加(见上)。到 1988 年,官方文件显示:1982—1987 年六年期间少年犯羁押量减少了一半,政府为此欢欣雀跃(这六年间照管命令的使用也有明显下降)。该文件也表示:这些"成就"的出现是由于"社会工作、感化服务、自愿组织和少年法院的共同工作和决策"(内政部,1988,第 2.21 段)。[43]

为了更加全面地了解局势的这种显著变化,我们需要研究 20 世纪 80 年代一些其他方面的发展,以及这些发展与政府政策之间如何相互作用。

20 世纪 80 年代

对 20 世纪 80 年代英国少年司法政策的任何认真说明都必须为一场显著的社会运动提供一席之地,即众所周知的少年司法运动,尽管该运动完全是在中央政府范围之外进行的,但它对政府的政策和实践都产生了巨大的影响。这个运动主要归功于一个富有开创力的合作:即工作在少年司法领域的大量学者——尤其是兰卡斯特大学的学者(参见索普等,1980),与在社会工作部门工作的少年司法从业人员之间的合作。

少年司法运动始于对少年司法福利救济模式标准的批判(参见,例如,莫里斯等,1980),[44]也始于对社工的担忧,即担心社工在刑事案件中经常基于福利原因主张对初犯适用照管令(见上文)。这些批评都被进一步加以了理论充实,包括:(1)标签理论,该理论引起了对激进不干预政策可能性的关注(参见舒尔,1973);(2)以"正义报应"的方法来判刑(参见博顿利,1980:80 年代初报应理论在英国日益令人感兴趣的一则评论);(3)认为青少年犯罪基本上是一
445 种短暂的现象(比较拉瑟福德,1986)。[45]此外,少年司法运动的拥护者对于将少年司法作为决策中心制度来理解非常感兴趣(参见博顿利,1973),他们将此兴趣与干涉愿望有效地结合起来,以追求他们倾向的政策目标。在短短几年

内,这个主要是从业者参与的运动从次要的位子(70年代末)上升为思想体系中的一个主导思想,至少在社会工作部门是如此。因此它很快成为众所周知的“新正统观念”(the new orthodoxy)(琼斯,1984)。

新正统观念的一些主要原则归结如下(博顿斯等,1990,3-4,其中修正了原初在皮茨[1988,90-93]中的描述):

1. 提供帮助的职业团体有时会成为妨碍少年犯的主要来源,因为它们使他们陷于病态,随意频繁地介入他们的生活;如果以福利救济为基础的社区处置最终失败,就可能在无意中鼓励法院使用这些机构的处理方法。

2. 可以避免将少年犯送入拘留所或羁押机构的可能性,因为这些机构会对少年犯的犯罪行为和社会发展产生不良影响。

3. 以社区替代措施来处置少年犯明显优于监禁判决的处置方法。

4. 如果治安法官的判决理念和这个制度的其他限制行得通的话,那么最低限度的干涉将会是最好的方法;因此,其他的方面,对少年犯予以警告明显优于将其带入法庭接受审判。

5. 无论是在少年法院的刑事诉讼中(例如,重新判刑或发回重审的决定),还是在对少年犯作出警告或起诉处理的决定中,福利救济都不应成为主导。

6. 对当地少年司法体制度的研究和监控是极其重要的,例如,最近哪类案件被判监禁,在这些案件中,社工或缓刑官在法庭报告中作了哪些建议,等等。获取了这些监控信息,社工可以采取进一步合适的行动以达到“最低限度的干涉”目标。

基于这些政策优选,很显然,拥护新正统观念的人可以在当地创造性地利用了80年代早期政府方法中的一些特征(见前面部分)。这些特征主要包括:(1)政府鼓励警告的适用;(2)用中间处理措施代替拘留和照管的趋势盛行(包括1983年的财政资金注入)。[46]然而,在一个被拥护者描述为试图“秘密划分” 446

(塔特和吉勒,1987)的过程中,这些特征更多地被新正统观念的实践者用来追求自己的转处、反监禁目标。正如之前提到的那样,80年代对少年犯处以监禁刑和照管令的数量有明显的下降,并且所有了解情况的评论者都认为这一新正统观念对于这一重大变化的形成起着重要作用(艾伦,1991;博顿斯等,1990)。

少年司法运动发展的一个重要的间接性的结果,即关注于作为少年法院的社区支撑机构的社会工作部门和缓刑部门的各自作用。80年代实证研究清楚地表明,少年司法运动更深地扎根于社会工作部门,而非缓刑部门(博顿斯等,1990)。这一事实与同时期缓刑部门的其他压力相结合,导致了少年司法体制度中缓刑部门的地位每况愈下。在80年代末的很多地方,即使是那些对缓刑部门具有强烈传统倾向的地方法官(见上文)也不得不接受社会工作部门的主导地位。事实上,很多法院清楚地表示,允许其法官的判决接受地方社会工作部门主张的少年司法运动的政策和策略的影响(理查森,1987,1988)。

然而,80年代初和80年代末的社会工作部门在实践中有着根本的不同。基于儿童福利而对初犯者主张照管令,如今,这一做法在大部分地方完全没有了疑问——参见上文关于吉勒和莫里斯(吉勒和莫里斯,1981)研究的讨论。更确切地说,少年司法运动的拥护者严格地根据"以等价报应为基础"的刑事案件来考虑问题,并且,在其概念框架内,他们总是为获取最小可能性的惩罚判决而展开论辩。为了确保社会工作部门中的所有工作人员都遵循这些处理方法,社工的报告在被呈上法庭之前,经常要接受有关负责人的审查,任何不恰当的干涉都会被加以相应的改变。在组织上,为了促进有关理念和实践的发展,社会工作部门中以犯罪案件为工作对象的人通常会集合在一起,组成一个专家团队——在很多领域中被通称为少年司法团队(the youth justice team,或YJT)。从事少年法院照管和保护工作的社工们则被划分为社会工作部门中的另一类,他们通常依据一种更强的福利导向理念来工作。两个工作组间的交流相对较少,尽管他们都正式地工作于同一个法定机构并服务于同样的少年法院。在犯罪案件和非犯罪案件间存在着基本的组织上和理念上的差

异，这与1969年《儿童及青少年法》的整体精神和结构完全对立，而该法仅是 447
20年前通过的。正如我们将要看到的那样，在英格兰，这一差异作为一个关键的组织性特征一直保留至今，这与苏格兰的情况形成了鲜明对比。

20世纪80年代的最终发展也需要简单提一下，虽然它的起因与少年司法毫无关系。1980年，刑事诉讼皇家刑事程序委员会（Royal Commission on Criminal Procedure）(1980)在英格兰首次建议以检察机关为基础制定一部法令。该建议导致了1985年皇家检控部门（Crown Prosecution Service，简称CPS）的创立；该机构不仅处理成年人刑事案件，也处理少年刑事案件，并于1986年正式开始行使职责。其中，皇家检控部门有权力终止警察起诉的案件，而且这种终止权可以立即行使（如不起诉），也可以随后行使（如在技术上，案件已被起诉至法院）。有证据表明，随着皇家检控部门的成立，各种年龄组的案件终止率迅速上升。让所有人始料不及的是，在少年刑事案件中，这种终止权的使用率增长得尤其迅速——而这一事实助长了之后对英国少年司法制度的批判。[47]

1990—1992年新的立法框架

20世纪90年代初，两部新的议会法开始在英国施行。起初，这两部法都与英国少年司法制度没有太大的关系，但这两部法的结合却对英国少年司法制度产生了重要影响。第一部法是1989年《儿童法》，这部法直到1991年才开始生效；第二部是1991年《刑事审判法》，该法于1992年开始生效。

1989年《儿童法》是一部极具综合性的法律，经过很多有关机构充分、长期、仔细地磋商后才得以通过。在非刑事领域，这部法律广泛地重塑了英国法中有关儿童的规定（主要参见贝恩汉姆，1990）。要在本章中对该法的主要特点进行讨论，既不恰当也不可能（但是可以参见本书伊科拉尔所著的第十四章）。然而，该法中有两项规定必须提及，这两项规定都与先前讨论的1969年《儿童及青少年法》的几个方面有关。这两项规定是：照管程序和照管令。

我们已经看到，在最初制定1969年法时，立法者试图在大多数犯罪案件中引进强制照管诉讼程序。1970 年保守派政府以行政命令代替该法时，实际上已经通过了照管诉讼程序，但这时在犯罪案件中该程序的适用并不是强制
448 性的（因此，在实践中是无效的——参见上文注释㊴）。然而，在非犯罪案件中（如父母疏于管教、逃学、孩子不听管教，等等），如果相关机构想要将这类案件起诉至少年法院，就不得不使用照管诉讼程序规则。1989 年法清除了照管诉讼程序法律机构，并对其进行了彻底改组。结果，这类诉讼程序就从少年法院的管辖范围中消失了，并转变成了一种新的"家庭法院"（family proceedings court）。新法的一个主要评论者将此描述为一个"重大变化"，他说，"这被冀望于消除与少年法院相关的刑事暗示，少年法院的裁判因此而将仅限于刑事案件"（贝恩汉姆，1990，181 - 82）。在这 20 年间，政府政策从试图将刑事案件列入照管诉讼程序的框架（1969 年法的最初意图），转而将照管诉讼程序全部从少年法院消除，目的是为了避免他们的"刑事"暗示——这是一个有趣的逆转！同样有趣的是，边境以北地区（苏格兰）的犯罪案件与非犯罪案件创造性地密切结合在儿童审讯中，并继续蓬勃发展，且（正如我们看到的那样）非犯罪案件的重要性恰恰在这一时期的审讯体系中快速提升。

基于 1989 年《儿童法》对犯罪案件和非犯罪案件作出的清晰的结构划分，依此逻辑，该法继而废除了 1969 年法颁行的刑事诉讼程序之后的照管令。[48]到 1991 年这一工作完成时，这些变化并没有太大的数据上的重要意义，因为法院对照管令的使用从 20 世纪 70 年代初起就开始不断减少（作为 70 年代的结构性冲突的一个结果，继而是 80 年代少年司法运动的理念抉择；参见表15.4 关于 14—16 周岁男性的相关数据）。然而，除数据意义之外，在刑事诉讼程序中废除照管令的确产生了一个结果，即其具有相当的政治意义。正如我们已经看到的，1969 年之后，不论是通过监禁判决还是（潜在地）通过照管令，英国少年法院皆可以适用寄宿令。而此后，则只有通过第一种途径来获取。但在 1989 年《儿童法》实行期间，大多数监禁判决适用的法定最小年龄为 14 周岁，且很快上升到了 15 周岁。[49]因此，废除刑事诉讼程序中的照管令意味着从 1992 年 10 月起，法院不能将未满 15 周岁的少年犯从家中带走——除非该少年犯的罪名异常严重，且有特别的法律条款。正如我们将要看到的那样，在

20世纪90年代中期的政治氛围中，地位较高的政治家们没有人愿意为这一政策辩护。

1991年的《刑事审判法》涉及面同样广泛。主要是随着对成人精神课刑 449
的发展（温德尔沙姆，1993），该法致力于在多数案件中促进社区刑的使用，以代替监禁刑，打出了"在社区中受到惩罚"的口号。这一策略和明确采用以报应为基础的判刑方法相联系（参见内政部，1990），平等地适用于少年和成年人的案件。虽然30年代适用于少年案件的"福利原则"仍保留在了法律文本中，但对1991年《刑事审判法》制定之后的少年法院实证研究表明——与正义报应原则相一致——罪行的严重程度是影响刑罚实际裁量的主要决定因素（奥马霍尼和海恩斯，1996）。然而，真正令人感兴趣的是与60年代末的比较。在少年犯罪案件中采用以报应为基础的判刑标准——这当然是与1969年法的建构者的理念背道而驰的，也同样与仍然在联合王国的另一地区（即苏格兰）蓬勃发展的儿童审讯体制度的整个观念结构背道而驰。

1991年法的另一个变化也必须提及，这一变化是以少年犯为对象的。少年法院有权管辖的最大年龄从17周岁（这一年龄是在30年代立法中确立的）上升到18周岁，这一变化的目的是让法院行使管辖权的上限年龄与联合王国大多数地区所规定的法定年龄相一致（也就是说，达到这一年龄，可以参加公共选举，可以签订具有法律效力的合同，等等）。假如年龄界限提高了，那么法也要将"少年法院"更命名为"青少年法院"。再次，这一变化加大了英格兰和苏格兰之间的差异，因为在苏格兰儿童听证会制度中，进入诉讼程序的最大年龄是16周岁（持续管辖的案件除外）。[50]

1993—1997年期间

发生在1993年2月的一件非同寻常的事件，对英国刑事审判制度产生了重大影响。一个两岁男孩詹姆斯·巴尔杰（James Bulger）被两个分别为10岁和11岁的男孩从默西塞德郡（Merseyside）的一个购物中心诱拐出来，接下来将其杀害。这个小男孩最初被拐走的情景被购物中心的闭路电视系统拍了下来，并通过国家电视台不断向观众播放，造成了观众的恐慌。因此，一个公众被激怒和大众媒体报道刑事审判问题的时代开始了，随之而来的是公众们赞成采用更具惩罚性的方法。随后的数据分析显示：法院对所有年龄段被告人的监
450 禁判决适用自 1993 年以来经历了一个阶段性的上升变化（格罗夫，戈弗雷和麦克劳德，1999），在表 15.4 中可以看到 14—17 周岁男性的一个变化趋势。这些与法官和治安法官针对 1991 年《刑事审判法》所作的重要批判恰巧一致，而 1991 年《刑事审判法》在此时（1992 年 10 月）刚刚施行。法官批判的焦点集中在：该法的采用似乎降低了先前定罪在决定判刑轻重方面的重要性。[51]

继续执政的保守党政府（自 1979 年以来一直执政），再次采用了一系列更为深入的"法与秩序"政策来对公众的情绪变化作出反应。出于现有的目的，这些政策中有两项尤其重要。第一，1994 年，新政府对警察部门的指导集中在警告问题上。与 80 年代的指导显著不同，新的指导强烈反对（现在已是很普遍的）针对少年犯的不同罪行给予两次或更多次的警告。这一反对导致了正式警告比率的下降（参见表 15.3）。[52]第二，由于看到了未成年人具有的严重破坏性，政府担忧那些顽固的少年犯，如果他们未达到 15 周岁，法院也不能对其实施羁押或监禁。（自然，政府很少强调一个事实，即这一局面出现的部分原因在于最近的出自同一政府的立法变革——1989 年《儿童法》和 1991 年《刑事审判法》。）于是，在 1994 年法中，制定了新的"安全培训令"（secure training order）条款重申：在一定的情况下，可以对年龄在 12—14 周岁的犯罪人给予六个月到两年的羁押刑，这样该年龄段的犯罪人可以得到安全的羁押；同时，这些特殊的新机构是受委托的，在这些机构中，有关的指令可以得到贯彻。[53]

至此，读者可能会习惯这样一种事实，即 1970—2000 年期间，英国少年司法政策中没有一项能够完全不变地保持很长时间。即使新政策实施之后，监督机构，即审计委员会（1996）仍然在 1996 年出版了一份官方的青少年司法报告[54]。因为工党政府即将实施的诸多少年司法新政策皆源自于该报告，所以审计委员会有关分析的某些方面需要特别阐明。

该委员会以一种非折衷的结论作为其报告最后一章的开头。它宣称："现

存的处理青少年犯罪案件的制度是无效的,其代价也是非常昂贵的。"该报告继续说道,现存制度自身就在耽误青少年,因为他们"没有被指引远离违法犯罪,开展有建设性的社会生活"。现存制度也辜负着被害人。并且,它在各方面都造成了浪费,最明显的是"浪费时间,例如公务员一次又一次地将同一个少年犯起诉至法院"(审计委员会,1996,96)。 451

委员会的事实分析中有两个问题需要特别阐明,它们和上述评论的关系尤为密切。它们是:第一,对被指控青少年不予起诉的案件的高比例;第二,在现存制度中,公共资源被用于案件处理程序方面的程度。

委员会指出大部分被警告的犯罪人只是被简单的训斥;同时,地方少有使用所谓的警告附加方案,即在警告之后采取一些旨在减少再犯的积极行动(审计委员会,1996,23)。[55]随后,委员会评论说("惊奇地",以它的观点来说)被警察移送皇家检控部门进行正式起诉的少年犯中有一半"少有或毫无事情发生"(同前,35)——皇家检控部门终止案件,加上宣告无罪的,大约占警察建议起诉案件的四分之一(同前,25;参见上文注释㊼);在另外 1/4 的案件中,少年犯在法庭上被确认有罪,地方治安法官选择适用无条件撤销案件(或释放),或更通常地,适用有条件的撤销案件(或释放)(同前,35－36)。(参见表格15.4关于 1985 年以来年龄较大的男性少年犯在法庭上被确认有罪而撤销案件的增长比率,以及案件撤销大范围地代替了罚款。)[56]从法律技术的角度来看,审计委员会将皇家检控部门的案件终止和宣告无罪归入"无事发生"的连祷中,当然是有问题的。但委员会报告对于将注意力转移到了"无事发生"现象上,这仍然有着重要的政治作用。即使不考虑终止案件和宣告无罪,仍然可以从可知的全国性数据中轻易得出这样的结论:在 1995 年的英格兰制度下,许多被正式认定的少年犯只是被给予了训诫或警告的处罚,而没有采取其他的任何措施——这类案件的比例很高。[57]

还有法院案件处理程序的问题。委员会指出:早在 20 年前,因为英国刑事审判制度的精细改进——为国家援助法律代表的增加和公诉案件的进展——已减缓了青少年法院的诉讼程序的发展(审计委员会,26)。研究表明:一个被指控的青少年,在青少年法院出现的平均次数,从第一次出现在法院起到最后被判刑，高达四次（同前，29；奥马霍尼和海恩斯，1996）。而委员会坚持认为：出庭到案的代价是高昂的，每次出庭至少耗费五个人缴纳的公共基金。因此，委员会主张，少年司法制度的公共基金应从诉讼程序转移到用于更加有效的矫正少年犯行为的领域。

452 "新工党"的政策框架

工党于1997年掌权，这是18年来的第一次。在选举前期，工党在各方面审慎地改变其公共形象，包括把它自己描述为"新工党"（New Labour）。工党采用了一种"简短录音片段"作为选举的一部分，宣称其目标是"严厉打击犯罪，严肃处理犯罪原因"。这意味着犯罪应该被当作一个严重问题来看待，犯罪者应该面对其行为的不可接受性；同时，它声称犯罪行为的社会根源应当由政府严肃解决。

工党政府故意将焦点放在英格兰青少年司法制度上，将其作为一个主要基地，以便较早地实行这类政策。青少年司法制度的主要变化被包含在1998年《犯罪和扰乱社会秩序法》中。新政府在其网站上夸张地宣称：这些变化是"50年来青少年司法制度最彻底的改革"。然而，这些变化并没有首先在全国范围内实施，而是被推行于一小部分小规模的实验性领域，以便发现新制度在实践中的问题并据此加以修正。按政府的说法，1998年法的新政策在2000年春天"深入到了全国"。

1998年改革中一个最有趣的因素涉及到少年司法制度的哲学观，而1998年改革巩固了立法的许多详细因素。政府的政策文件故意先于新法而产生，称为《无需更多宽恕》（*No More Excuses*）（内政部，1997）。在该文件的序言中，工党新内阁大臣直言道：

> 宽恕的文化在青少年司法制度中得到了发展。它宽恕了自身的无效，且在此之前，它过多地宽恕少年犯，这暗示了由于少年犯所处的社会环境而使他们无法控制自己的行为。他们很少正视自己的行为，也很少

> 为他们的行为负责。这种制度不但使他们继续破坏他们自己的生活，而且也扰乱了他们的家庭和社会。

这段话清楚地表明了审计委员会的评论对于工党思想的影响：审计委员会评价中的“无效”和“需要更加有效的矫正行动”这两个因素已被完全认可。但是内阁大臣的寓意更深。“最小干涉”的理念现在被嘲笑为一种“宽恕文化”、“过多地宽恕少年犯”。政府因此产生了——比其前任政府所做更加清楚 453
的——抨击和逐渐破坏这一理念的意图。为了达到这一目的，政府有意制定了一个新的少年司法制度的法定首要目标，并且在其新制度的有关宣传中，频繁地加以特别的阐明。这个目标具有明确的矫正主义特点，且与先前的少年司法运动形成了鲜明对比，它宣称“少年司法制度的这一原则将有助于预防儿童和青少年犯罪”。[58]另外依照法律规定，执行这一制度的所有个人和机构都有义务注重这一首要目标。[59]对1998年之后的制度进行检测的试点地区经验的过渡性研究报告充分表明：工党的各项青少年司法哲学观与少年司法运动之间的文化冲突在试点地区是真实存在的，并且在试点地区表现得非常活跃(参见谢菲尔德和赫尔大学，1999；并参见戈德森主编的更具学术背景的几篇论文，2000)。在全国实行新政策后审理案件要多久？从2000年起，将会看到保留下来的情况。

为了提高效率，政府为该制度注入了一个更强烈的矫正主义因素，不仅着手解决犯罪问题，还着手解决犯罪原因问题。这一新法推行了一系列新举措，这里只能扼要提及，主要包括下列内容：

1.审前诉讼程序。之前对少年犯给予警告的制度已经被废除，它被一个新的更加严格的训斥和最后告诫制度代替。特别需要强调的是最后告诫制度(即在少年法院开庭前的最后一次告诫)，在这一制度中，对少年犯罪人给予的告诫通常通过强制参加改造活动来补充，口语化的说法是“改变建议”。

2.提高效率。诉讼行动的采取，考虑加快青少年法院的工作速度和减少休庭的次数。

3.对青少年犯的新干涉主义规则。一项新的“行动计划令”被推行，其目的在于对少年犯的生活产生一个短暂但集中的结构性干预，该指令被认为最适合于第一次或第二次出庭的青少年。（量刑）价目表被稍作降低，一个新的赔偿令也得以确立，以取代有条件的案件撤销。[60]法院附条件的案件撤销的应用被正式压制，以应对"无事发生"的现象。

4.解决犯罪原因问题。1998年法推行了一项所谓的养育令，即青少年法
454 院可以将养育义务正式强加于青少年犯的父母。该指令要求父母参加长达三个月的题为父母对子女的良好培养的咨询或指导会议。父母不遵守此令，则构成刑事犯罪。这一新举措试图对付犯罪学研究文献中所构建的父母养育和犯罪发展之间的紧密联系（法林顿，1997）。该法的另一特征是，试图解决更普遍的犯罪原因。这一特征体现在新的多边机构"青少年犯罪工作组"（youth offending teams，YOTs）。各地都建立了"青少年犯罪工作组"，它作为一个新的"社区支持部门"，可以追溯至1998年的青少年司法改革。在其他创新性的特征中，法律还要求该组织应该包括来自卫生和教育部门的代表，目的是想要迫使每一个青少年犯罪工作组不仅解决青少年犯的行为，同样也处理和这些犯罪行为的发生有关的广泛的政治问题。然而，奇怪的是，这些准备工作并没有试图去克服社会工作部门的工作中"青少年犯罪"和"儿童照管"因素之间的仍然显著的差异。这种差异首先产生于80年代少年司法运动占统治地位的时期，生效于1989年《儿童法》和1991年《刑事审判法》有关条款的规定，并且在90年代期间的社会工作部门中保持了其重要性。[61]

本章出版时，覆盖面广泛的新政策在全国范围实施才刚刚开始；因此，评价新政策是否成功还为时过早。英国青少年司法制度的进一步改革已经得到正视，我将在本章的结束部分重新回到这个问题。

1971—2000年苏格兰少年司法：运行于一种与众不同的社会政治文化中的一种以福利为导向的制度

自1971年以来，苏格兰少年司法制度被证明是相对稳定的，因此这一部分没有必要采用按照时间顺序的方法来介绍。而在介绍英格兰少年司法制度

的发展时,这种方法是必不可少的。在这部分,我将致力于介绍30年间苏格兰以福利为导向的制度所产生的一些主要思想。可能这一主题的重要性远远超过了英国,因为,虽然美国和其他地方设立较早的少年法院是以"社会化的少年法庭模式"为基础发展起来的,但是现在很多法院已改变了它们处理问题的方式。因此,苏格兰少年司法制度是完全以福利为导向的少年司法制度的相对稀缺的存活范例,同时,对其现行功能的评价具有重大的理论意义。455

一个发展中的制度

虽然苏格兰少年司法制度在很多方面都已是相当稳定,但这并不意味着它是僵化的。不可避免的,诸如儿童听证会和报告员制度都需要花时间来发展其业已建立的工作模式,而且这些年来,有关案件的类型划分以及该制度中的相关决定都发生了重大改变。然而,在求助统计的详细情况前,一个具有很大政治重要性的事实需要强调。儿童听证会制度在苏格兰条件较好的地区很快地建立了起来,它是一项特殊的制度,具有很多特别适合苏格兰国情的特征。阿斯奎思的评论相当具有代表性:

> 苏格兰和英格兰在如何处理少年犯方面,存在很大差异,我们关注这些差异,并不是简单地出于民族主义意识,而是出于这样一种事实:苏格兰的许多主要制度及其所基于的理念与其南方的同仁具有很大的差异。这种事实同样也反映出一种信念:要理解少年司法制度,我们就不得不理解少年司法制度的理念基础,以及该理念又是如何与其所处社会中的更为广泛的问题联系起来的。苏格兰有着独一无二的与其他主要社会制度相关的少年司法制度,值得欣赏,而这在历史上应当更多地归因于与欧洲(尤其是法国)的联系,而不是英格兰。(阿斯奎思,1998,426)

在上述评论的第一句话中,阿斯奎思恰当地指出:苏格兰与英格兰少年司法方面的差异并不是简单地出自民族主义。然而,值得注意的是,他并没有否认苏格兰民族主义因素的存在。在我看来,毋庸置疑的是:自1971年以来,关注苏格兰儿童听证会制度的那些人,产生了一种极强的自豪感。这种自豪感部分地来源于这样一种事实:在某些方面,该制度在全世界是独一无二的。同时,如果他们没有从其制度与众不同的、有价值的、稳定的事实中获取某种静静的满足感的话,他们就不会如此的人性化;而英格兰人(在联合王国中占统治地位的民族)在20世纪的最后30年似乎不能决定什么样的少年司法制度才是他们想要的。

456 **表15.5 苏格兰儿童专门小组报告员所受理案件的指控理由,1972—1996年**

	照管与保护	非犯罪行为	学校出勤	被控犯罪	总计
1972	3	3	6	88	100
1973	3	2	7	88	100
1974	4	2	7	87	100
1975	4	2	6	88	100
1976	4	2	10	84	100
1977	4	2	12	82	100
1978	6	2	11	81	100
1979	7	3	10	80	100
1980	9	3	10	79	100
1981	8	3	9	79	100
1982	10	3	9	79	100
1983	9	3	10	78	100
1984	10	4	10	76	100
1985	10	5	10	74	100
1986	13	5	9	72	100
1987	17	4	8	71	100
1988	21	4	8	68	100
1989	25	4	8	63	100

1990	28	5	8	59	100
1991	29	5	8	58	100
1992	30	5	8	57	100
1993	32	5	9	54	100
1994	29	5	8	57	100
1995	29	5	9	57	100
1996*	28	5	9	58	100

注:给出的数据是所有提交案件控告理由的百分比,并且男性和女性算在一起。一个案件包括不止一个理由,为了本表的目的,每一个理由都被分别计算,因此,案件指控理由的总量大于案件数。照管及保护案件包括如下儿童:被指控“被忽视或缺乏父母照管的”;是犯罪行为受害者的;或者成为儿童犯罪所针对的家庭的一员;成为或可能成为少年犯家庭的一员;以及“落入不良团体或面临道德危机的”。非犯罪行为案件包括:被指控行为超出了其父母控制范围的儿童,及(从 1983 年起)被指控“故意吸食滥用精神活性物质(volatile substance)”的儿童。

* 该年的数据是 1996 年 4 月 1 日至 1997 年 3 月 31 日这一时期的。之后的数据在本书出版时还没有出来。

苏格兰人对听证制度进行有意识实践的后果的一个好例证可见于哈利特和默里(1998)的一项研究报告中,而该报告是最近对苏格兰少年司法程序所 457
作的综合性评估的一部分。这一研究的注意力转移到了听证会制度的一系列不足上,而参与者对这些不足都有所认识,研究数据也作出佐证。不过,在结尾部分作者强调了他们对该制度及其基础原则的总体上的积极看法;实际上,这些原则是听证中官方或相关人员(即报告员、儿童专门小组成员、社工、行政司法长官、检察官和教师)所秉承的。很显然,我们不能低估如此广泛的支持对儿童听证制度功能发挥的重要性——虽然学术分析家不应当允许这种广泛支持的事实将人们的注意力从该制度的内在矛盾和不足上转移开来。

当我们审视该制度发展的主要方式时,其中最重要的一点即有关于报告员受理案件的不同类型之间的相对平衡(参见表 15.5)。70 年代早期,近 90%的案件都与被控犯罪有关,但是这些年来这一现象正在稳步减少,到 90 年代已经降到 60%以下。导致这一趋势的主要原因是:70 年代末期学校参加案件移送的比率急剧上升。但是更近的时期内,照管及保护案件的移送有特别的上升,最显著的是在 1985—1990 年间,它们所占比例由 10%迅速上升到 28%。

同样也要注意:与其他很多司法管辖区一样,移送至苏格兰少年司法系统中的各类案件中,存在着明显的性别差异,例如 1995 年,差不多有一半涉及女孩,而基于照管及保护理由而向法院报告的案件中,只有 1/5 涉及男孩。

这些年,在犯罪案件中(本章的主要内容)报告员不采取正式起诉的趋势有所增加。1982 年,他们把 44%的犯罪案件提交给儿童听证会;仅仅 10 年之后,这一数字降低了 1/3,降到了 29%(参见表 15.6)。当然,这一趋势也反映了英格兰警告使用数量的增长。苏格兰制度中的另一些趋势与英格兰的有关趋势相似。例如,在 1980—1996 年期间,寄宿监管使用的减少,尤其涉及安置在寄宿学校的那些(参见表 15.7)。此外,70 年代末期,“与社会工作部门向其所做的建议相比,听证会制度更加不愿意将儿童从家里带走”,10 年后,“听证会比社会工作部门更可能适用强制干涉”(洛克耶和斯通,1998a,63,86)。这一变化与英国社会工作部门 70 年代末积极建议使用照管令,而几年之后他们明显不想这样做非常相似。两个国家发生这样趋势的部分原因也相似,因为 80 年代英国少年司法运动对于北部及更广的地区都产生了重要影响——虽然,就像我们即将看到的那样,这一影响对苏格兰不是没有问题的,并且在某一地区它会导致重大的冲突。

458 **表 15.6 苏格兰报告员对罪行指控进行起诉的百分比,男性和女性的数据混合,1982—1996 年(%)**

	不予起诉	提交社会工作部门	提交警察局	提交听证会	总计	总数
1982	44	4	8	44	100	(22 747)
1983	46	4	9	41	100	(23 291)
1984	49	3	6	42	100	(23 715)
1985	49	4	7	39	100	(25 144)
1986	51	5	6	38	100	(26 222)
1987	55	5	5	35	100	(26 274)
1988	54	5	5	36	100	(25 902)
1989	56	6	5	33	100	(24 210)

1990	56	6	4	33	100	(24 694)
1991	59	6	4	31	100	(25 155)
1992	62	6	3	29	100	(24 589)
1993	61	6	2	31	100	(23 120)
1994	61	6	2	30	100	(25 735)
1995	61	6	3	30	100	(27 606)
1996*	64	6	3	26	100	(28 105)

* 该年的数据为 1996 年 4 月 1 日至 1997 年 3 月 31 日的数据。以后几年的数据在本书出版之时还未公布。

对苏格兰体系的挑战

多年以来，苏格兰体系已经面临着许多重大的挑战。在这些挑战中有三项对本章的意图特别重要，可以把它们简称为法律与秩序的挑战、新正统的挑战以及权利挑战。

法律与秩序的挑战

1979 年撒切尔政府以"法律与秩序"为口号在选举中获胜，该政府曾决定对苏格兰的儿童听证会制度进行改革，这种改革是以截然不同的理念为基础的。撒切尔政府选择了发布咨询备忘录的方法，该备忘录对听证会制度表示了欢迎并发表了评论，认为对听证会制度的一系列批评已经产生了一种影响，即听证会制度并不具备对儿童进行教育和处罚所需的足够的方法。备忘录从人们感兴趣且存在疑问的部分提出了诸多疑问，如听证会是否有权对儿童执行罚款或要求他们提供社区服务；听证会是否有权要求父母出据保证书或代他们的孩子缴纳保证金。对备忘录中有关听证会制度的回应几乎均是对立的(洛克耶和斯通，1998，69－71)，随后撒切尔政府立即不动声色地撤回了其建议。这个插曲有力地证明：基尔布兰登*体系确立后的仅二十年时间里，听证

* 基尔布兰登：苏格兰著名法学家，在 1971 年提出的关于儿童听证会的议题，被称作基尔布兰登体系(Kilbrandon-based system)，为许多国家所接受，开创了儿童司法改革的新时代。——译者注

会制度就迅速地成为苏格兰社会政治文化中宝贵而与众不同的一部分。有趣的是,保守党政府于20世纪90年代再次选择了法律与秩序,这种理念反映在苏格兰的政府机关中,但在任何针对苏格兰刑事司法的建议中大臣们都很谨慎地不去触及儿童听证制度。基尔布兰登的方法很快地深入到了苏格兰的官方领域,从而能相对容易地摆脱对其理念的粗鲁的正面挑战。它是否有足够的韧性去迎接更为微妙的挑战仍是个问题。但在我们解决这个问题前,必须考虑另一个更直接的挑战——来自"新正统"少年司法运动的挑战。

459 **表15.7　在当前监管令下的先前被指控犯罪的儿童,表现了当前安置制度的性质,苏格兰,1908—1996年**

	非寄宿安置	寄宿学校	其他寄宿安置	总计和总数
1980	67	20	13	100(4 634)
1981	69	19	12	100(4 403)
1982	69	18	13	100(4 107)
1983	70	17	13	100(3 718)
1984	70	17	13	100(3 442)
1985	72	15	12	100(3 409)
1986	76	13	12	100(3 616)
1987	75	14	11	100(3 225)
1988	76	13	12	100(3 160)
1989	73	15	12	100(2 910)
1990	75	13	11	100(2 917)
1991	76	14	11	100(2 998)
1992	76	14	9	100(2 810)
1993	75	14	11	100(2 806)
1994	76	14	11	100(2 877)
1995	75	14	11	100(2 926)
1996*	76	14	10	100(2 810)

注:给出的是男女混合的数据。数据是百分比。

* 该年的数据为1996年4月1日至1997年3月31日的数据。以后几年的数据在本书出版之时还未公布。

来自新正统的挑战 460

如同我们了解的一样,英国的少年司法运动起初是社会工作部门从业者的运动,受到了兰卡斯特大学有关理论的影响。通过有关从业者的网络,英国的少年司法工作者开始影响某些苏格兰的同仁们。最终,少年司法运动中一些公正卓越的成员被调往北方,就职于苏格兰社会工作部门,担任中间管理职务。在那里,他们试图把“新正统”思想引入到苏格兰的一些实践活动。在许多问题上,其结果不尽如人意。但从理论上看,这些问题是颇具教益的。

最著名的冲突出现在法夫地区。1985 年法夫地区的社会工作部门被说服采用了一种儿童照管政策的文件,该文件主要依据少年司法运动的思想。随后,法夫的专门小组对该政策的执行导致了社会工作部门信心的严重丧失。[62]最后的结果是官方的调查持续了三年半(“英国针对儿童照管领域的持续时间最久的调查”[洛克耶和斯通,1998a]),报告也不少于 700 页(卡尼,1992)。

从本质上看,冲突导致了法夫陪审团的调查,也可以说冲突引发了最低程度干预的另一种理解。我们已知基尔布兰登理念要求报告员和听证会不得强制干涉儿童的生活,除非该干涉是真正必要的,且有益于儿童的福利。这种方式实际上构成了对“最低程度的干涉条件”的测试,随着时间的流逝,报告员比以往更严格地应用着这项测试(参见表 15.6)。这一类型的方法尽管在语言上有相似处,但它们之间的显著区别是来自于少年司法运动所采用的“最低程度干预”的测试。这个测试激发了舒尔(1973)著名的“激进的不干预”的理念。如我们已提及的少年司法运动发端于一个假设,即专业人员的帮助有时是遏制少年犯罪的主要途径,由于他们把少年犯看成病人,所以就易于强烈地干涉他们的生活,这样就可能无意当中鼓励了法院采用监禁性的处理方式,尤其是当基于福利的社区矫正方式不能奏效时”(博顿斯等,1990,3)。

需要强调的是,无论是在法夫或其他任何地方,这种观点并未被基尔布兰登委员会所认同,也没得到苏格兰儿童专门小组中绝大多数成员的支持。苏格兰少年司法体系的确在形式上认同了不得强制干预原则,除非干预被认为是为了儿童的最大利益;但是强制干预在何处实施,这在苏格兰被普遍认为是具有积极意义的,“儿童保护主义论者”认为这是以福利为导向的少年司法制
461 度的特征:

> 从这个角度看,“福利模式”与照管政策有关,这是因为儿童们还未成熟,他们不能被认为是具有理性的或能自主的主体,他们是所生活的周围环境的客体或产品。因此,他们的任何犯罪行为都可归因于环境中的官能障碍因素。司法系统的任务是去辨别、治疗和治愈犯罪潜在的社会原因。(奥尔德和旺德西茨,1994,3)

与此对应,调查报告裁定,在法夫的社会工作部门中形成了一个“信条”,该“信条”主张任何形式的强制措施的转变都是一个原则性问题。在社会工作部门中这种倡议失败了,“不计成本地让儿童待在家里,且远离寄宿照管”的观点得到了支持(洛克耶和斯通,1998a,92)。法夫社会工作部门在政策理论上许可了将寄宿照管作为最后的措施,但调查发现这种思潮直接产生了一种“几乎所有都是消极的”选择(卡尼,1992,589)。

因此,最后尽管对最低程度干预原则的理念达成了表面的一致,但基尔布兰登体系与少年司法运动之间的分歧仍得不到解决。调查报告反对法夫的社会工作部门,并在重要的章节做出了评论,认为该地区的政策是由“简化的方法”组成的,运用了一个“严格而教条的态度”,严重地阻碍了专业社会工作者的判断力(卡尼,1992,616)。[63]从传统基于福利的少年司法制度的角度看,这种判断是不可避免的。因此,儿童听证会制度能够摆脱来自不干预主义者的左翼团体的重大正面挑战,正如其击败右派提出的法律与秩序的挑战。有趣的是,前一个挑战比后一个挑战更难击败;我们将会看到少年司法运动的挑战对苏格兰制度仍有一些持续的影响,而撒切尔政府的挑战却没有。同样有趣的是,就在1997年工党政府决定正式迎头对抗少年司法运动的理念前,新正统的挑战在苏格兰却被成功抵制住了。

来自人权观念的挑战

462

从国际视角看,20世纪60年代晚期,英格兰和苏格兰的少年司法改革从某种程度上来说是有明显区别的。毕竟60年代是主张各种自由权利并从以前的束缚中解放出来的10年,这也许是美国公民权利运动中最为显著的剪影。在少年司法领域中,60年代美国显示出一股力量强烈反对那种政府监护方式,而该方式是20世纪早期建立的社会化少年法庭所采用的;并且还见证了对少年被告权利及其安全的保护,包括在具有开创意义的高尔特(*In re Gault*)[64]一案中被确认的获取律师帮助的权利。尽管在20世纪60年代的英国,确实有理由采纳基于福利的方式(参见总结部分),但从一种国际视角来看,苏格兰的少年司法体系将会受到来自权利本位观念的批判,这只是一个时间问题而已。

我在此仅集中说明苏格兰体系所面临的最为著名的权利本位的挑战,该挑战包括法律代表问题(或与之相当的)。[65]对美国读者而言,似乎感到很奇怪的是,高尔特案件在经过了30多年之后,有关的争论仍然可以风行于在少年法庭审判中获得公共援助法律代表的权利的原则上的希求,但这一时期的苏格兰关于这些问题只停留在纸面上。[66]

如同早期所注意到的,在苏格兰体系中,父母和孩子可以让任何人与他们一同参加听证会,并可以他们的立场参与讨论,这样的人被称为"代理人"。代理人可能是(但并不要求必须是)律师,但是在儿童听证会中并没有关于公共援助法律代表的相关法律规定。[67]

然而,对听证会制度的实证观察一直显示,从20世纪70年代到90年代,不超过5%的听证会中的父母或孩子有代理人协同参加,同时相关采访研究表明,绝大多数父母还尚未意识到他们有要求这样的人参加听证会的权利(特别参见马丁、福克斯和默里,1981;哈利特和默里,1998)。更为甚者,尽管这些家庭确实能在很大程度上参与到听证会的讨论中,这在少年法院中是很普遍的,但是,大部分的类似参与行为可以被定义为一种反应而不是互动(这就是说,只是在回答专门小组成员提出的问题而已)。并且,绝大部分的这类反应都相当短暂(哈利特和默里,1998)。以此为起点,哈利特和默里从他们的研究中得出结论:由于听证会上的儿童及青少年有限的参与,以及相关的评论……预示着儿童听证会制度需要更多的代表人参与(同前,1998,100)。然而,正如
463 这些作者所指出的,由于这些经过精心设计的听证会只是治疗性的裁判庭,这种代理并不必然要求此类代理人必须是职业律师。

在苏格兰,拒绝法律代理人或其他代理人参加听证会的标准理由,即代理人会通过使听证程序变得更具对抗性而改变听证会的气氛,并且会极大地妨碍儿童及其父母表述自己的观点,并进而阻碍专门小组成员与他们的直接交流。这些是合理的值得关注的地方,但是他们对于代理原则并不具有必然的决定性,因为律师及其他代理人能通过多种方式来履行他们的责任。而且,在英国,有其他一些审判庭,允许公共资助的法律代表出庭,同时也坚持专门小组成员能够直接地与原告、被告交流。[68]那些反对有关法律代表的争议同样可能是没有注意到在儿童听证会中已经存在的某些情况,这里的法律(或类似)代表看起来是明显必须的。[69]儿童听证会制度,基于其当前政策在这件事情上的立场,给许多人留下了一种不可逃避的家长主义者的印象。根据有关的研究,这一印象与听证会制度的失败并不矛盾——即不能在现有的规则下,在有代表人陪同的情况下,与绝大多数的父母与儿童进行可能的交流。同样富有争议的是,在现存体制下,儿童和家长能否由代表陪同。正如可提出证据加以证明的那样,这一体系自身就会受到各种不必要的国际观点的攻击。[70]为了获取有效代理的权利本位的挑战虽尚未被证明是成功的,但相对于"法律与秩序"或者"新正统"而言,它最终成功的可能性要更大一些。[71]

概览运作于犯罪案件中的福利制度

本部分所提供的信息很大程度上是基于对苏格兰制度的实证研究，然而，研究的基础并不广泛，并且这些主要的研究是在不同时代进行的。为了给下文的内容提供相关的背景，宜先对有关的主要研究著述作一个简短的描述。

早在1972—1973年间，艾利森·莫里斯和玛丽·麦基萨克(1978)就在两个地区做过一些实地调查，这是一项很早的项目。研究者对数据的解释被证明是富有争议的，但他们的研究仍然对其后的研究工作有着持续的影响。马丁、福克斯和默里(1981)曾于1978—1979年实施了一个更大的更具国际化代表性质的研究工程，直到近来，该项目才被普遍视为苏格兰体系的研究基准。两年后，斯图尔特·阿斯奎思出版了他在20世纪70年代中期基于实地调查而完成的博士论文(1983)。这仅是一个小的研究，但它仍对现在的章节具有特殊的意义。因为在已出版的作品中，该研究是独一无二的，即基于对两个彼此相邻 464
地区的实地调查，该项研究提供了英格兰和苏格兰体系之间的直接的实证比较。

接下来，是一个长时间的断裂期，其间，出版了一些关于苏格兰制度中某些特定方面的论文，但是没有相关的重大研究。直到1994—1997年间，苏格兰政府委托进行了两项有联系的研究项目，这一沉寂的时期才终于过去。其中一项目是以斯特林大学为研究基地，集中研究儿童听证制度的程序方面(哈利特和默里，1998)；另一项目是以爱丁堡大学为研究基础，主要是由报告员和听证会处理过的一个典型案例的详尽数据统计的描述组成，其中包括有关纵向特征的一些数据(沃特豪斯等，2000)。利用这些资源，苏格兰体系的诸多方面能够得以阐明。我们拟从该体系内的两个关键决策点开始考虑(参见图15.1)，即报告员的工作和听证会自身的作用。

报告员的决策

在苏格兰，儿童听证会的报告员在少年司法和儿童慈善相混合的体系中占据一种特殊的地位。报告员受雇于地方政府开始于1995年法(参见注释⑯)，从此，报告员开始成批地进入国家服务体系。然而，他们的数量很少；在20世纪90年代，整个苏格兰(屈恩斯伯格和米勒，1998，173)仅有140名报告员。他们的任务也是具有不同的挑战性。报告员具有的众多的职能作用中必然包括一个不可避免的法律职能，例如，将案件正式地移送儿童听证会，阐述其适当的理由；或者在郡法院将赦免或者移送案件转交听证会的事宜中，向专家小组成员准确地解释听证会和法院的各自法律权力和职责。然而,在其他时候,报告员则被要求做出个人的明确判断(例如,在一个被父母忽视的儿童的案件中,从儿童的最大利益出发,评定可能需要的附加指导,是以自愿还是以强制为基础来进行最理想的提供)。鉴于其任务的多样性,报告员被从各行各业的有专业经验的人中招募是不奇怪的:在20世纪90年代中期,一半是律师;三分之一来自有社会工作经验的专业人士;而其他的人则来自其他专业领域,包括教师和护士(屈恩斯伯格和米勒,1998,174)。在哈利特和默里的研究中,来自全国的具有广泛代表性的54位报告员中,主要是女性(63%),而且主要是年轻人(70%是45岁以下)。

马丁、福克斯和默里(1981)运用多变量的统计学技术研究了报告员对犯
465 罪案件所作的决定。在儿童初犯案件中,与报告员送儿童去听证会的决定间有着重大联系的变数为移送书中所指控罪行的数量,如家庭问题、糟糕的学校出勤率以及在学校的行为问题。在"惯犯"案件中,所有的这些因素都又一次显得重要(尽管"家庭问题"之变量表现出与该组较弱的关联)。另外,被指控的主要罪行的严重程度具有十分重大的意义。因此,研究者得出这样的结论:在犯罪案件中,报告员似乎表现出"不断地试图保持罪行的严重性和一种对儿童家庭及学校情况好坏的不可避免的主观而间接的评估之间的平衡,任何一系列考量因素都没有整体的优势"(马丁,福克斯和默里,1981,91)。

15年后,哈利特和默里(1998,第二章)对犯罪案件的研究类似地表明:罪行的相关因素、社会因素以及学校相关因素的混合对报告员决策有着显著的影响作用。然而,这些研究者的大不相同(更重于定性)的方法论表明了一个相当重要的因素,而这一因素却并没有被纳入马丁、福克斯和默里的统计学分析中,即家庭的合作或者其他方面。在报告员决定不予起诉的案件中,合作或不合作没有多大的意义,一般来说,这些案件是依据其他标准来处理的。然而,在报告员需要决定是提交听证会,还是提交社会工作部门以寻求自愿的建议和指导的案件中,双亲的合作通常是一个至关重要的因素:如果父母采取合作的态度,那么自愿的建议更可能成为案件的处理结果。然而,即便如此,犯罪案件仍然存在复杂性,因为"移送案件的严重性质通常会导致移送听证会

(因为严重性)重于其他的考量因素”,包括双亲的合作(哈利特和默里,1998,38)。将这一最后发现与上文所提到的研究成果结合在一起,显示出苏格兰儿童听证会制度在处理犯罪案件中普遍存在的明显的紧张局势,即存在于该制度中的官方理念(该理念强烈地优先考虑儿童的福利需要)和似乎已成常识的对犯罪行为本身的关注(是犯罪行为引起了官方对儿童的注意)之间的矛盾。稍后我们再回到该问题的探讨。

在结束对报告员决定的论述之前,我们最后还应该注意,报告员不是在真空中作出决定的。从苏格兰制度的开端看,每一个报告员都有法定的权力去执行“他认为可能必要的最初调查”,并在实践中广泛地运用这项权力。在哈利特和默里(1998)分析的例子中,报告员正式收集的额外信息几乎占到了所 466
有案件的 3/4;但在通常情况下报告员是不会这样做的,尤其在听证会即将举行或移送的信息是不必要的情况下。报告员需要的进一步信息原则上来源于社会工作部门(几乎接受对所有案件的咨询)、学校及卫生部门。为了满足这类需要,来自社会工作部门的工作人员通常要向报告员提出建议,也要为他们提供相关的信息。在哈利特和默里(1998,14)的研究中,这样的建议在绝大部分案件中都被采纳(86%)。然而,报告员热衷于强调他们职业的独立性。他们可能经常接纳社会工作人员的建议,但是,其中有人指出,“我喜欢以我自己的方式得出看法”(哈利特和默里,1998,33)。

儿童听证会

该制度的第二个关键决策点即儿童听证会自身。听证会的出席者总是包括儿童专门小组的三名成员、报告员、一名社会工作人员,再加上儿童及其父母。有时有另外的一或两人参加,但听证会少有超过七个非家庭成员参加的情况(哈利特和默里,1998,41)。在哈利特和默里的研究中,听证会的持续时间为 31—45 分钟。阿斯奎思(1983,185)报道,在其研究中,平均每次听证会所花的时间要比英格兰少年法院处理一个案件的时间长。

举行听证会的儿童专门小组成员均是非专业人士。据此,儿童听证会虽然不是法院,但它和英国的一个传统相一致,即基层的刑事法院通常由非专业人士主持,如英格兰的非专业的治安法官,这在苏格兰较少存在;以及苏格兰的"市政官"(bailies)。当然,不同之处在于在以福利为基础的制度中,儿童专门小组的成员是特别征召来处理儿童犯罪问题的;因此,与英格兰的治安法官相比较并不值得惊奇,儿童专门小组已征召了很大一部分在健康、教育及福利方面具有专业背景的成员(阿斯奎思,1983,134;并比较上文关于20世纪早期到中期伦敦治安法官的注释⑧)。[72]

当然,非专业的法庭可能时常需要专家的帮助,或有待提高法律和程序上的知识,在英格兰的治安法院中,这一职能为一个被称为法官秘书的官员所完成。令人惊奇的是,在苏格兰儿童听证会制度中,没有人正式地担当这一角色,尽管在实践中,报告员经常在听证会开始时被主席提示"在此保持我们在法律事宜上的正确性"(马丁、福克斯和默里,1981,277)。然而,研究证明所有
467 的参与者当中,报告员在听证会上做出的口头参与最少(哈利特和默里,1998,51)。马丁、福克斯和默里,在他们的早期研究中,对于报告员在保持听证会和规定程序标准之间的一致性方面欠缺更多的前摄影响,表达了失望(同前,277)。15年后,听证会对程序规则的遵循,如父母和儿童获得通知的权利,与早期的发现相比,这种程序规则得到了普遍的提升,但研究数据也表明了仍有充足的空间去提升程序规则(哈利特和默里,1998,124)。然而,"当一些报告员通过提高和矫正专门小组成员的家庭权利观来参与听证会时,仍有很多事情有待他们去做"(哈利特和默里,1988,52)。不可避免的是,这些发现促进了儿童听证会重新考虑法律或其他有代表性的问题。

多年来,出现了许多有关儿童听证会的有趣的观察研究。马丁、福克斯和默里试图描绘其所观察的301个听证会对话的类型特征。他们发现,超过90%的案件的对话过程是"鼓励性的和非指示性的";听证会的一些交流中,专门小组成员的态度或行为还表现出诸如"震惊或愤怒,试图诱出内疚或羞耻"(存在于36%的案件中);"审讯式的或严苛要求的"(44%);"劝诫、规正行为或法律后果的威慑"(35%);"讽刺或轻蔑的"(22%)。对105位儿童的消费者研究也是他们所承担的研究的一部分,但是两项研究是分开出版的。该研究认为,这些对话类型直接与儿童随后的反应有关:例如,那些"讽刺或轻蔑"的

对话类型更可能使得少年在今后被警察带入听证会,并对其进行指控;同时,预感会受到来自潜在雇主的耻辱感与接受的“劝诫或威慑”方法有关联(埃里克森,1982)。该研究的作者在结论中建议“听证会潜在的对儿童进行积极社会化,使之整合于社会共同体价值观体系的目的在一定程度上得以实现的同时,也有文件证明,对少年犯的被抛弃感和疏离感的渗透或增强也有所存在”(同前,104)。

如埃里克森所承认的那样,如果她的研究还能够包含一些后续的研究,就会更加地强有力;但她明确地提及了客户对合法性和公正性的理解问题,在这一点上,她引领了其后相关的丰富而精心创作的著述(特别参见泰勒,1990;斯帕克斯,博顿斯和海,1996;帕特诺斯特等,1997)。

稍后的有关听证会对话的研究与马丁、福克斯和默里的发现具有广泛的 468
一致性。例如,艾利森·佩奇(Alison Petch)(1988)做的有关父母对 100 场听证会的反应的研究。在与父母见面前,他首先参加了相关的听证会,并依据程序的“主导特征”对听证会作了划分。在此基础上,其中 25 场听证会被归于“帮助、鼓励的”;6 场被认为处于专门小组和父母/儿童之间的“开放交流”中;但有 16 场被归于“正式的或仪式性的”;11 场被归于“不具决断性的或业余的”;11 场被归于“挑衅的或耻辱性的”;9 场被归于“探查性的”。在最近的研究中,哈利特和默里(1998,第 3 章)计算了所观察的 60 个样本中的所有言语行为,发现专门小组成员是最经常发言的;然后依次是儿童、母亲和社会工作者;报告员和父亲(经常缺席)做出的发言最少。然而,儿童较多的“参与作用”中不少于四分之三的参与应该不会被误解,实际上,儿童的发言只涉及到某一方面或者根本不完整(如单一音节的反应)。这些数据暗指着这样一个重要事实,即儿童听证会中的对话不是一种自然流畅的平等主体间的讨论;而是,“专门小组的参与、更多的是以提问为特征(对家庭成员或专家提问),儿童和青少年的参与则更多的是以答问为特征”(父母的参与程度较小)(哈利特和默里,1998,47;强调为作者所加)。

阿斯奎思(1983,第 8 章)研究的一些数据,通过同英格兰少年法院相比较,使我们更为清楚地理解了儿童专门小组中对话的特征。阿斯奎思发现苏格兰听证会中专门小组成员的口头陈述要稍多于其他人员对其作出的口头陈述(3 118比2 815);更为重要的一点是,在每个方面超过90%的对话都发生在专门小组成员、儿童和父母之间。将哈利特和默里的结论综合起来看,它们都表明了在专门小组成员起积极作用的询问和讯问程序中,对话紧紧地集中在专门小组成员、儿童和父母之间。相反,阿斯奎思研究的英格兰少年法院的治安法官较为被动:向他们做出的陈述有915次;而他们做出的陈述仅有159次(两者之间的不平衡几乎接近6比1)。在向法官所做的陈述中,控告方和辩护人(如果被告有法律代表人的话)的陈述占很大一部分(超过3/4);父母和儿童的陈述仅占到了这些陈述的1/6。有时治安法官的说话会远远超过(68%)父母或儿童的陈述,但一般而言,法官都是中立的信息接受者,并不扮演很强的角色。在以法院审判为基础的刑事司法制度中,纠问式的审判方式实际上并不令人惊奇,但是数据的确指明了苏格兰听证会中的对话具有非同一般的特征。

469 阿斯奎思的数据也表明了苏格兰的一场听证会所花的时间要比英国法院审理一件案件的时间长,如前面提到的一样,两者之间的陈述数量也反映出很大的不同。[73]父母和儿童做出的陈述越多,听证会持续的时间就越长,很显然,父母和儿童在苏格兰听证会上的参与多于父母和儿童在英格兰法院案件审理中的参与。此外,我们必须记住,听证会的确常规地"为家庭提供参与机会,如果他们希望且觉得能够做到"(哈利特和默里,1998,47;强调为原文所加);一小部分的家庭将此机会发挥到如此的程度——如佩奇(1988)描述其所观察的6个听证会的主要特征——"父母主导的"。

儿童在听证会上的对话可能被描述为"断断续续的参与",对此他们并不认为这是个问题。的确,在埃里克森(1982)的研究中,被访问的儿童绝大部分表示满意自己的参与程度,尽管这种参与被独立的观察员划分为高、中、低三个档次。在一些研究中,半数的儿童表达了这样的观点,他们认为他们的参与对决定产生了一些影响(同前,98);3/4的儿童说,他们理解所进行的每一件事情(同前,96)。这是苏格兰制度优势方面的一个发现,与当时关于英格兰少年法院的为数不多的消费者研究(例如莫里斯和吉勒,1977)形成显著的对比。

儿童的不理解之处大致是因为专门小组成员使用“大词”，或是采用了一种“迅速插话，以及专门小组成员打断儿童的说话，或是专家小组成员之间说话的相互打断”的风格(同前，96)。从这些发现中，埃里克森总结道(1982，97)：只有在对对话的“节奏”和“内容”进行控制的情况下听证会才会被很好理解，并且程序要在“一种放松的和有秩序的形式中进行……所用的语言要清晰、准确”。

在最近的一项委托研究中，哈利特和默里(1998，第4章)和沃特豪斯(2000，第6章)完成了对父母和儿童的消费者研究，但在每一案件中仅有很少的样本。现已为人熟知的主要结果是：该制度大致上是公正的；这种参与是有一定价值的；父母和儿童都感到他们的陈述被听取了；参与的行为有时被紧张的情绪阻碍，或者因为一些专门小组成员而感到胆怯或敌对；理解大体而言是好的，但专门小组的语言风格可能成其为问题；父母和儿童并不总是被告知他们的法律权利。

最后，社会工作者在儿童听证会处于何种地位？他们的职责是：立足于儿童的最大利益，提供关于儿童社会背景的正式书面报告，并在听证会上宣读该报告，然后参与他们认为适当的对话。社会工作者的书面报告通常包含有关 470
儿童处理的正式建议，几年的研究都表明了这种建议通常都会被听证会接受(哈利特和默里，1988，57，其中也引证了早期的调查研究)。尽管在案件结果上的观点是一致的，但社会工作者与专门小组成员间的关系并不总是和谐的。的确，哈利特和默里称，据他们的研究表明，在听证会制度下社会工作者与专门小组成员间的关系比社会工作者与其他专业人士间的关系更成问题(同前，78)，其特征被概括为“相当大的冲突”(同前，123)。据观察，在许多听证会中均存在这种紧张状态，专门小组成员“支持社会工作者的论述，社会工作者又反过来反对专门小组成员的意见”(同前，123)。借助观察研究的其他数据，他们又进一步报道说：“比起促进家庭成员参加听证会而言，社会工作者会更经常将家庭成员的看法告知专门小组成员”(同前，51)。

回顾本小节的研究发现，有两点很突出：第一，“参与”的问题，即使是实际参与的程度并非一直很高，但它对父母和儿童而言都有明显的价值。这是一个与合法性和程序公正研究高度一致的问题。一般而言，如果参与者感到他们有机会做出陈述，并在程序中受到尊重，他们很可能认为整个程序是公正的，即使结果并非完全如他们所愿（泰勒，1990）。第二，事实上，在苏格兰少年制度中，尊重并非总是被感受到，或许原则上是因为，专门小组成员采用的质询和调查方式太容易产生威胁性的不当语言，或是忽略了告知父母和儿童他们在该制度中的既有权利。此外，报告员在听证会中基本是被动的，社会工作者经常与专门小组成员针锋相对。同时，从实践角度而言，法定或者其他形式的代表几乎不存在；在少数情况下，当专门小组成员行使权力时或他们的表现太过激烈和沉重时，少有力量来限制他们。

需要本位体制中的作为

是时候对一个中心概念的两难问题进行充分的考虑了，如先前所示，即关于在苏格兰体系内对犯罪行为的考量方式问题。在理论上，刑事犯罪仅是理由之一，如果它被证明或被接受，该犯罪儿童可能面临审判。一旦儿童面临审
471 判，对全体专门小组成员而言，首要的是考虑他或她的福利需要。因此，从表面上看，在犯罪案件中几乎没有强调犯罪行为（如盗窃、暴力或其他任何的犯罪行为）。某种意义上，这并不令人惊奇，就像本章引言中提到的一样，少年司法中以福利为导向的传统总是尽力不去强调儿童的行为，而是更注重去关注真正导致儿童面临法庭审判的社会现实和环境因素（弗莱克斯纳和鲍德温，1915，6）。但是这种方法真能在实际中运行吗？[74]

莫里斯和麦基萨克（1978）的早期研究对该问题做出了强烈的否定回答，从而在苏格兰引起了争论。事后来看，他们的分析被认为是半对半错。这些作者的一项声称，即"法官席（少年法庭或福利法庭）在很大程度上并不重要。至关重要的是法官和专门小组成员的价值观念"（莫里斯和麦基萨克，1978，111）。人们可以看到该评论是怎样被作出的。英格兰和苏格兰少年法庭的专门小组成员是非专业人士，他们每天的经历如同普通市民一样，他们以兼职的方式参加法庭审判，并不可避免地把日常生活的一些方面带到判决中。因此，这些非专业人士聚集在一起是组成少年法庭还是儿童听证会似乎并没有多大

的差异，特别是他们在处理犯罪案件时，法庭对儿童的过错行为可能会有一些必要的反应。实际上，莫里斯自己提出了关于苏格兰制度的主张(在稍后与他人合著的出版物中)，声称：尽管有基尔布兰登的理念，但在实践中，苏格兰体制

> 再现了犯罪行为作为干预的主要标准的原则……虽然矫治是**官方的**优先目标，但控制儿童的行为却成为**操作性**的优先目标。研究表明，事实上，听证会就如少年法院一样地根据(罪刑均衡)等价报应的原则来进行运作……因此，被人们提升的所谓福利司法管辖只不过是对边界以南(英格兰)实践的翻版而已。(莫里斯等，1980，67；强调为原文所加)

这种思路，至少是其莽撞的形式，被阿斯奎思(1983)关于英格兰和苏格兰体系间的小型比较研究有力地驳倒。就如先前提到的，在这两个地区中治安法官和专门小组成员的选任过程吸引了各种类型的申请者。两国的特殊之处在于：苏格兰专门小组的工作被限定在少年案件上，而英格兰治安法官的工作并不局限于此。此外，选任后的培训及经验也不相同，治安法官的训练和经历 472
不但要求他们考虑如何裁决被告有罪或无罪(在苏格兰的双重系统中，这一职能为郡法院所保留)，而且更加强调诸如怎样“以法官的思维来思考”等因素。这种双重系统的结果是，实践中各种类型的法庭并不完全与负责判决的非专业人士无关；的确，各类法庭通常能够帮助塑造莫里斯和麦基萨克所称的“从业者的意识形态”。阿斯奎思(1983)实证地揭示：苏格兰专门小组成员的思想实质上比英格兰处理少年案件的治安法官的思想更趋向于以福利为导向，并在福利因素的重要性方面，苏格兰模式比英格兰模式取得了更大的内部认同。阿斯奎思对实际判决的小规模实证研究也表明：整个审判过程中，诸如对犯罪者故意的归罪和对儿童罪错行为严重性的考量等问题，英格兰治安法官比苏格兰专门小组成员，在实质上，有着更直接和更重要的作用(阿斯奎思，1983，167)。因此，莫里斯等人关于儿童听证制度“仅仅是南方实践的翻版”的观点显然是不能获得支持的。

但是如何评价他们进而宣称的——实践中的苏格兰制度支持在犯罪案件中"将犯罪行为的原则作为干预的主要标准"(莫里斯等,1980;同时参见莫里斯和麦基萨克,1978,136)。或者换言之,对于犯罪案件而言,尽管苏格兰体系官方的观点是"需要,而不是行为",但实际上却采用了一种(罪刑均衡)等价报应的原则。

这一点上的证据既复杂又有迷惑力。例如,阿斯奎思(1983)尽管认为英格兰法官与苏格兰专门小组成员在形成个人态度方面有所不同,但发现,在实际案件中,当犯罪类型、指控数量和先前犯罪的次数都保持一致时,英格兰地方法官与苏格兰专门小组成员间运作方式的差异就会相对较小。此外,对苏格兰专门小组成员而言,"在处理那些有多项刑事指控的案件时,相对于那些只有一项指控的案件来说,保护社会以及犯罪的严重性实际上在决策中起到了更为重要的作用"(阿斯奎思,1983,168)。阿斯奎思对这些不同的发现解释为:犯罪行为的因素,在实践中,与英格兰和苏格兰制度中的决策皆有关联,但是在苏格兰,这些因素被置于福利本位的相应框架中予以重新解释。

其他的研究人员得出了非常相似的结论。在最近的研究中,哈利特和默里(1998)评论道,"(苏格兰少年司法)是否执行着一种等价报应制度",该问题已经被广泛地讨论了25年。他们将该问题的讨论作了两方面的分别:报告员
473 的决策和听证会的决策。就前者而言,存在着明显重要的犯罪行为因素,但这一大体结论存在许多例外,无论如何报告员往往用"最大利益"的理由解释这个明显的等价报应制度。如某报告员如是说:"我知道我们不应当考虑儿童的行为,但是让儿童承担并觉悟其严重行为的责任,也是符合儿童利益的"(哈利特和默里,1998,19)。

在哈利特和默里的研究中,有不到1/3的案件(包括照管和保护案件,也包括犯罪案件)是通过听证会结案的。"许多的'谈论'与刑事司法制度联系密切",例如犯罪的严重性、公众的保护、警告与等价(报应)制度等(同前,53)。然而,研究者们评论说,当这些谈论能够被证明时,"它几乎总是与有关福利的谈论混在一起"。因此,哈利特和默里承认了早期研究者的观点(虽然这种观点是非实证性的):"在犯罪和逃学案件中,非刑事处罚和刑事处罚一直保持着

平衡。在这些案件中犯罪嫌疑人会被给予帮助和建议,但不合作的后果仍被不断强调”(奥尔德,1985,93)。

总之,似乎很明显,行为事实上与苏格兰福利本位的少年司法体系是有很大关联的。儿童福利是极其重要的,这一原则已被该体系中的大部分官方人士完全认可,但在犯罪案件中,他们并不总是忽略儿童的罪行。他们通常用福利性的语言来重新解释犯罪的相关因素,[75]但对犯罪行为的公开评论也不罕见,进一步犯罪的不利后果可能被明确地预示。这实际上存在着紧张状态,他们也明白这些紧张状态是福利本位的少年司法制度本身所固有的。苏格兰制度已被这些紧张状态严重阻碍,并且这些紧张状态还尚未被克服。

二元体制:听证会和法院

如我们在本章的前面部分所见,基尔布兰登委员会概念框架的中心特征是郡法院(作为与所指控的干预理由相关的事实及法律争议问题的裁判者)与儿童听证会(作为处遇裁判庭)之间的分工。这些制度在实践中是如何运作的呢?

在苏格兰,这种职能的基本分立似乎已不再是批评反对的对象。然而,哈利特和默里(1998,43-44)的确遗憾地记录了他们所描述的在听证会程序开始阶段的所谓“不可逃避的拘泥形式”,其间,案件提交的理由被以法律语言传达给相应的家庭。他们继续追问,为什么基尔布兰登的判决与处置的分立没 474
有“与它的逻辑结论相符”,即,“案件理由的认定完全地脱离于听证会”[76],而听证会只管辖指控理由业已被承认或确认的案件。被修正的这样一种程序似乎显然值得思考——当儿童在其首次出现在听证会上时否认案件提交的理由,其后,该案会被移送至郡法院进行裁决,而后(如果理由得以认定)再回到听证会讨论处遇的问题;除此之外,该修正的程序也避免了现存制度执行上的麻烦(参见图 15.1,以及本章前面部分讨论的哈米什案件)。[77]

所谓的双重系统也产生了另外一些困境,如对听证会决定的上诉。据 1968 年法,为了保护儿童的权利,向郡法院提出对儿童听证会的决定的上诉是被允许的。如果该上诉被认为是有理的,郡法院可以依法采取以下行动:

(1)释放该儿童；(2)把该案件退回听证会重新审理。这就保持了基尔布兰登原则，该原则认为，在对扰乱社会秩序和罪错儿童的处理决定上，法院并不是一个好的场所。1995年法(参见注释⑯)授予了郡法院一项额外的权力，即上诉被受理后，郡法院可以改变儿童听证会的任何一项决定，而该决定可能是儿童听证会在首次处理该案件时合法地做出的。这一新的规定在苏格兰受到了激烈地批评；如洛克耶和斯通(1998a，117)认为：从理论上讲，这样做是错误的，因为它破坏了"整个听证会制度的基本原理"。在此意义上，该问题一点儿也不重要，因为仅有少部分案件会受到法律更改的影响；但该新规定在理论和象征性上的重要程度不应该被低估。从实质上看，政府授予该项权力的目的仅仅是为了避免违背《欧洲人权公约》(事实上，建议这项变更的政府官员认为：在运用已颁布的这条新规定前，"郡法院应该谨慎地思考！")(转引自洛克耶和斯通，1998a，118)。因此，本部分真正要说明的是，在一些问题上，存在于福利本位的听证制度和当前以权利为本位的概念框架之间的持续紧张状态。

在苏格兰，我们较早注意到，在判决和上诉中发挥作用的同时，对于那些年龄不满16岁的儿童，法院可能以另一个方式发挥作用，即在处理少数由(苏格兰)地方检察官提起的针对(最严重的)少年案件的指控中(参见图15.1中的方框3和方框10)。我们也可以观察到，这项规定是为基尔布兰登原则——法院不是一个考虑和决定少年犯处遇和安置问题的适当场所——精心创造的例外。当然，这存在一个明显的风险，即作为一个可供选择的路线，该
475 项新规定可能被频繁应用，但在实践中好像还未发生。事实上，1989年政府即发出指示，要求地方检察官更严格地运用其指控少年的权力(参见注释㉑)，从那时起，在整个苏格兰，每年都被成功起诉的16岁以下儿童案件从来没超过200件。在完整数据可得到的年份，1997年，有148件16岁以下的儿童案件被成功起诉，其中，有超过1/3(57件)的案件被法院退回儿童听证会重新处理(苏格兰政府，1999，表格12)。[79]但更令人忧虑的记录是沃特豪斯等人最近的统计学研究表明：一小部分苏格兰儿童，用行话来说，被"联合报送"(即被同时移送给报告员和地方检察官；参见图15.1)，他们在许多方面是特别困难的

一群：

> 大多经历过主要的社会逆境，在儿童听证会制度中有很长的历史，并且他们生活的某些时候受到监管……（这种管理性的）分类可以印证一种有效的机制，即从其社会特征和犯罪行为方面鉴别，哪些青少年是最“脆弱”的那部分。（沃特豪斯，2000，96）

作者们继续阐述道，处理这类少年犯引发了“许多存在于儿童制度和成人制度分界面的困境”（同前，96）。该主题实际上是苏格兰福利本位制度的一个中心主题，如有关苏格兰制度的最后一部分所示。

成果与事业

福利本位的少年司法体系在历史上就一直是受批评的对象，因为其“家长式的干预”导致了以福利为理由的深度限制环境之安置措施的应用。例如，惠勒等人（1968）通过对20世纪60年代波士顿和马萨诸塞州少年法院法官的研究发现，那些更具有自由的社会和政治态度，并具有“人文主义、社会福利的意识形态”（同前，55）的少年法院法官，相比那些保守的法官来说，实际上，他们更有可能对被宣判犯有罪错行为的人的生活制定更大程度的干预措施；他们这样做，是因为他们认为，这样做是为了少年犯的利益。初期，苏格兰制度是一些不利评论攻击的对象。然而，该制度更晚近的运作没有为批评者们提供多少支撑其主张的证据。

一个关键的问题是寄宿监管。不幸的是，每年例行公布的有关儿童听证 476
会决定方面的数据只对刑事案件中听证会决定释放儿童（图15.1方框17）和决定对儿童进行监管（方框18和方框19）的情形加以区分。但从儿童的角度看，“更重要的区别在于他（或她）是否被许可待在家中”（洛克耶和斯通，1998a，37）。然而，有关原来被指控犯罪而后被处以监管的所有儿童的现行安置性质的数据是可以获取的（参见表15.7），而且这些年的数据显示：其一，现行的被处以监管的案件总数呈下降趋势（尽管在此期间，如同总结部分表明的那样，向报告员作出的案件移送呈上升趋势)；其二，被监管者中受到寄宿监管处置的比例减少(从33%降到24%)。于是，寄宿监管的实际人数实质性地减少。

早先，我们看到了一些主张“激进不干预”的社会工作人员对苏格兰制度的正面挑战已经被击败，但是很显然，基于有关该制度的这些数据和其他相关论述，其哲学方法的某些方面对该制度体系中的决策产生了一种渐进的影响。此外，这还当然地防止了现行的苏格兰制度滑入上文所描述的所谓“家长式干涉主义”。

洛克耶和斯通就寄宿照管的现状总结道：

> 在过去的25年里，一种趋势——优先考虑儿童待在家里与父母在一起，或与其他替代性家庭成员在一起，而不是令其待在专门的矫正机构中——日渐增长……20世纪80年代于社会工作界发展起来的对寄宿照管措施适用的学理上的反对(从未被专门小组成员认可)已经被消解为一点，即高质量的寄宿监管被认为是为一部分数量有限的儿童准备的“积极选择”……我们相信，向他们提供资源和并建议使用的社会工作部门人员与做出处理决定的专门小组成员之间，在意识形态上，并没有很大的差别。(1998b,264)

然而，评论中还有没涉及到的，即影响力并不都在一个方向上。极端激进的不干预主义的确可能在专门小组意见的回应过程中已经被化解掉了，但是专门小组成员自己明显地受到了80年代后社会工作者的反对寄宿监管立场的影响。于是，在苏格兰，并没有迹象表明该制度将向任何增强干涉主义或惩办主义的方向发展，就像自1993年以来英格兰所证实的那样(尽管人们对儿
477 童听证会制度的监禁处遇措施问题表达了一些合法性的关注；参见怀特，1998,208-9)。的确，有证据表明：“不起诉”的处理方式在苏格兰正以令人惊奇的程度运行，边界以北(苏格兰)不存在对“不起诉”方式的任何类似于英格兰审计委员会于1996年做出的正式批评。[80]

最近，苏格兰政府资助了一项有关儿童听证会制度的研究，该研究的一个重要部分集中于该制度所处理的儿童的特点及其与各种官方机构于不同时期的不同接触等问题上。在这项研究中，对那些因犯罪行为而被移送到听证会的儿童给予了特别的关注(沃特豪斯等，2000，第5章)。该研究的许多结果对于那些熟知犯罪职业纵向研究和少年犯罪这两方面的文献资料的人来说，并不会感到惊奇(其梗概，参见法林顿，1997)。例如，苏格兰的该项研究发现，那些因犯罪原因而被移送的儿童的社会特征总体上看是"大致相同"的。犯罪儿童的社会背景常被认为是"家庭贫穷、破裂、困难"，许多儿童犯罪人还有"公共照管经历和不良的教育经历"。许多儿童被认为"除犯罪行为外，有更广泛的主要的照管需要"(同前，95)。从研究的数据中还可以看到，许多由于犯罪原因而最终被适用了该制度的儿童，其早先更年幼的时候，很可能是在十来岁的阶段，曾因为犯罪或其他原因而被处理过。当然，诸如此类的发现可以为政策体系提供相应的实证支持。这些政策体系，如苏格兰的为处理犯罪者的机制和处理社会困境儿童的机制之间提供密切整合的政策体系。相比而言，这可能是两国之间最明显的一个比较点，即在英格兰，自20世纪80年代以来，少年罪犯和困境儿童被从政策上认为是两个不同的分类，即使在1998年《犯罪与扰乱秩序法》创建了"少年犯罪工作组"之后，两种制度操作之间的联系也非常有限。

与其他犯罪学研究一致，沃特豪斯等(2000，83)也发现，在苏格兰少年司法体系中，有一小部分犯罪者应当对在所有犯罪中占据相当比例的团伙犯罪负责。然而，令人不安的是，在哈利特和默里(1998)同时期的研究中，许多儿童听证会制度相关的专业人士(报告员、专门小组成员和警察)，总体上都很支持听证会制度，但对该制度在有效处理年龄稍大的少年惯犯方面的能力没什 478
么信心。导致这种低水平信心的原因似乎包括：缺少适当的资源去处理这类少年；[81]"一些专门小组成员，基于其角色立场，不太愿意在听证会上直接针对构成指控理由的犯罪事实"(同前，93)；有些专门小组成员感到，该制度的理念没能被充分地调适于处理惯犯，因为它过于强调自愿参与和合作，而缺乏足够的似乎必要的规训与惩罚。

我们先前提到(虽然这一点未被多加强调),儿童听证会制度最初管辖的年龄上限是16岁(然而现在英格兰少年法院管辖的年龄上限为18岁),前段提到的困难表明了就儿童听证会制度而言,任何更高的年龄上限都可能很难支撑。在苏格兰的有关专业人员中有时也散布着焦虑的情绪,他们对将16岁以上的少年适用成年人刑事司法制度予以处理的制度安排感到焦虑;[82]同时,他们也表现出对少年处以监禁的明显的高判决率的忧虑——包括那些16岁和17岁的。洛兰·沃特豪斯和她的同事们最近在一些研究中对这些忧虑给予了关注(2000)。作为研究的一部分,1995年移送给报告员的具有代表性的儿童样本(任何原因,犯罪或其他方面)在随后的两年里被跟踪统计。至1997年,那些被标识的16岁或16岁以上的少年犯罪人中,超过半数的少年在成人刑事法院中被定罪;他们被判一罪或数罪,其中不少于28%的人被判处监禁。[83]因此,该证据似乎表明,处理较为年幼的少年刑事案件和其他案件之间的密切联络机制是诸如苏格兰的福利本位制度的主要实力,而当少年儿童到达年龄较大的青春期,一个直截了当的福利本位的制度令其中的专业人士缺乏信心,且这对那些在少年司法制度中被认为是“失败”的少年来说,很可能会(尽管这一点尚未确定)导致其在成人制度中受到特别严厉的干预。

结论

479 这一简短结论被分为三个部分。首先,简要概述苏格兰和英格兰一些最近的发展;其次,展示一些有趣的统计比照;最后,对我们可以从本章的比较分析中领会的东西做出整体的评价。

最近的发展

在本书送交出版之时,本章先前所概述的所有较为新近的发展已经被充分地付诸实施。这与我现在所要论述的问题不是一回事,但为了展示一幅全方位的图景,对如下的进一步发展作一个简要描述是非常重要的。

1998年《犯罪和扰乱社会秩序法》所包含的少年司法制度变革没有殚尽新工党政府在推进英格兰青少年司法制度改革方面的活力。后一部法——1999的《少年司法与刑事证据法》(the Youth Justice and Criminal Evidence Act)被迅速推行。该法制定了另一项改革，这项改革被试验性地标注于1997年的指导文件——《无需更多宽恕》中。如同1998年的改革，在这一新举措“席卷全国”之前，它将在少数地方予以试点；因此，全国性的实施不会发生在2002年之前。1999年法设想的是，除了在犯罪案件优先考虑监禁判决外，如果某青少年犯第一次出现在少年法院并**承认有罪**(一个非常重要的限制性条款)，他或她通常将接受一个所谓的案件移送判决(如果被告对所有指控均承认有罪，则这将是一个强制性的判决)。如果案件被判移送，则青少年犯将会被移送至一个所谓的青少年犯专门小组会议，该专门小组由两名非专业人士和一名青少年犯罪工作组的成员组成。如同在苏格兰，儿童及其父母可以请代表人一起出席如此的会议，但有关法律没有为此提供公共援助的法律代表。与苏格兰不同，但与新西兰的家庭小组会议相似(参见马克斯韦尔和莫里斯，1993)，犯罪的受害人也会被鼓励而非被要求参加会议。与苏格兰的儿童听证会不同，青少年犯罪专门小组，至少在严格的理论意义上，没有权力做出任何命令。青少年犯罪专门小组会议的目的是寻求与罪犯达成一项协议，以制定“一项旨在防止该青少年犯再犯的行为计划”(1999年法第8条第1款)。如果该协议被达成，专门小组则继而拥有“持续的管辖权”以监督该少年犯履行协议项下的义务的情况。如果协议不能达成，则案件将回转至少年法院进行判决。政府指导文件认为，赔偿在这些项目中将凸现其重要性，专门小组与犯罪者之间易于就此达成一致。

从某种角度上看，这些规定也许仅仅是英格兰少年司法体制最近25年来的无休止的持续变化特征的进一步印证。但从另一个意义上讲，它们标记一 480
个崭新的开端，即在联合王国首次出现了——至少在全国的少年司法制度的背景下如此[24]———一项倚重于恢复性司法原则的政策(关于恢复性司法的详尽讨论，参见布雷斯韦特，1999)。联合王国的恢复性司法运动还从北爱尔兰的最近发展中获取了进一步的推进力。北爱尔兰官方的刑事司法检查小组

(Criminal Justice Review Group)建议:恢复性司法原则应当被用以支撑新的少年司法体制。该建议是作为最近30年动乱的综合性政治解决方案的一部分被提出的(北爱尔兰政府,2000,第9和第10章)。

如果以上各种计划的变革被如愿以偿地贯彻,那么苏格兰将成为联合王国中唯一的在少年司法制度中缺乏显著的恢复性司法元素的辖区。如前所示(参见注释①),根据对被接替政府的新的制度安排,对苏格兰少年司法制度的日常职责于1999年转移给了新的苏格兰政府。该政府迅速地建立了一个关于青少年犯罪的咨询小组,该小组于2000年提出了报告(苏格兰政府,2000)。在其相当短的报告中,青少年犯罪咨询小组提议不对儿童听证会制度作根本性变动,但它突出了政策特殊关心的两个问题,这两个问题都已在早先的研究中得以确认。其一,需要改进对青少年惯犯的处理,对此,青少年犯罪咨询小组希望通过扩大"有效的、优质的、以社区为基础的干预措施及项目的范围和可利用性"来实现(同前,3),这需要充足的额外资源。其二,青少年犯罪咨询小组提到,对于从儿童听证会制度向成人刑事司法制度的案件移送程序,存在着"广泛的批评",这种案件移送程序被报告认定为"过于生硬无理"。青少年犯罪咨询小组特别地评论道:

> ◆ 刑事司法系统被认为是太过于成人化,而无法处理青少年犯罪的特殊方面。
>
> ◆ 儿童听证会制度被认为太集中在福利问题上,而无法针对青少年犯罪的特殊方面。
>
> (北爱尔兰政府,2000,4)

为了应对这个双重问题,"为了尽早贯彻实施",青少年犯罪咨询小组建议展开一项"详细的可行性研究",即"将尽可能多的16—17岁的青少年犯移送至听证会体系的过渡性试点研究"(同前,3)。该建议,实际上咨询小组的所有建议,立刻得到了苏格兰政府的采纳。

因此,今后几年对英格兰少年司法的观察者而言似乎是充满趣味的。苏

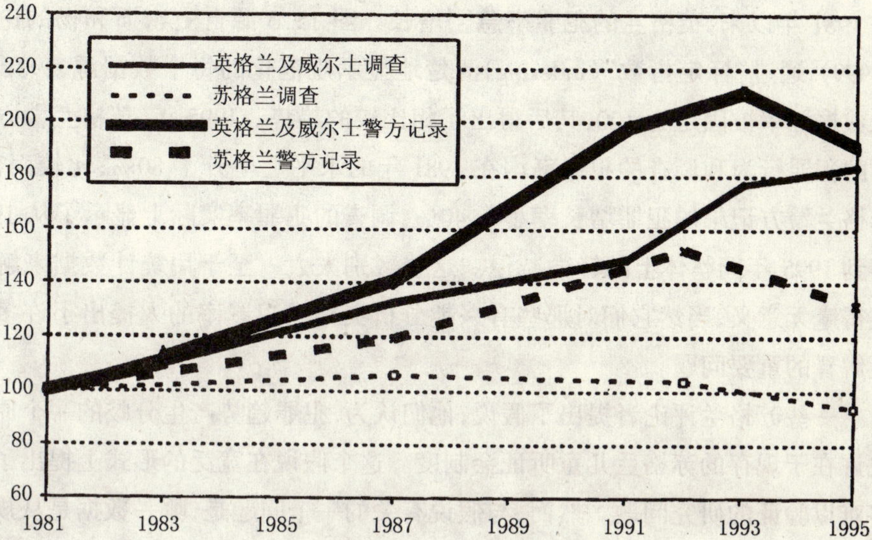

481

图 15.3　调查和警方记录的犯罪趋势：苏格兰及英格兰及威尔士间的比较，1981—1995 年（1981 年 = 100）。摘自彼得·达夫和尼尔·赫顿主编：《苏格兰刑事司法》（*Criminal Justice in Scotland*），奥尔德肖特：达特茅斯 1999 年版，第 33 页。

格兰制度将力图认真地解决它所承认的两个问题：处理青少年惯犯和少年司法制度与成人司法制度间的案件移送。此外，英格兰少年司法系统将在其战略要点上推行某种恢复性司法的版本，该战略要点即青少年儿童首次出现在少年法院时；同时，恢复性的哲学理念将被用作为北爱尔兰少年司法制度的支柱。于此，苏格兰制度可能也会面临相应的压力，而采取一种更以被害者为中心的方法。究竟会如何，只有让时间来说明。

一些具有迷惑力的统计比照

至此，讨论中并未提及相关时期英格兰和苏格兰的犯罪趋势——而这也显示出自 20 世纪 80 年代初期以来的一种有趣的分歧。因为技术原因，很难去比较 1981 年以前的英格兰和苏格兰的犯罪率，但是根据一些特别的研究分析，我们能合理地认为，两国在 1981 年的犯罪率有着广泛的相似之处。[85]然而，

482 自1981年以来,英格兰的犯罪率急剧增长。图15.3源自史密斯和杨的论文(1999),通过"标定指数"(indexing)清楚地显示规范化的每个数据源,1981年的数据源率被固定为100,其后得出了相比较的趋势。1995年,英格兰警方记录的犯罪行为和调查的犯罪率均在1981年的水平上上升了80%;比较而言,苏格兰警方记录的犯罪增长率小于40%,调查的犯罪率实际上显示了从1981年到1995年间整体上的轻微减退。这些区别太大以至于用统计数据来解释显得毫无意义,当然它们对那些有兴趣分析英格兰犯罪率的人提出了许多需要解释的重要问题。

一些苏格兰评论者提出了假说,他们认为,犯罪趋势产生分歧的一个原因也许在于现存的苏格兰儿童听证会制度。这个假说在宽泛的形式上提出了许多难以验证的研究问题。然而,与假说有关的一个问题是,哪一数据是从规范化的统计来源中可获得的数据。我对比了与本问题相关的数据,见表15.8。

有关的统计数据是我们所拥有的自1981年以来两个辖区内"因犯罪而被正式处理的青少年"的最佳数据。对英格兰而言,这些数据包括"被确认有罪"和"受到正式警告"的青少年,二者合为一个总数。苏格兰的数据简单地囊括了"所有因犯罪而被移送给报告员的青少年"。因为两国的少年司法制度有着不同的年龄分界点,也因为两国的官方统计数据对年龄的分组有所区别,所以有必要将有关的比较限定于12—15岁的年龄段,并对单个年龄层使用分解的数据。

表15.8显示的结果令人惊奇。虽然该时期英格兰的犯罪率急剧上升,但对12—15岁少年的官方处理比率却在下降(男性的下降比率急剧,女性的下降比率较低)。这个模式在80年代后期(1986年以来)首次显现出来,这在很大程度上可以归因于当时实践中的某些特殊因素,这些特殊因素已在本章的前面部分提及(例如,非正式警察警告的增长以及检察起诉的终止;参见上文注释㊷和㊼)。但是,90年代英格兰的官方处理率仍持续下降,其原因不太明显。与此相应,在苏格兰的相同时期,因犯罪而被移送给报告员的12—15岁少年成增长趋势(男女皆是),尽管其犯罪率的增长远不如英格兰的迅速。显然,表15.8和图15.3的数据显示了明显不同的趋势。

483

表 15.8　被正式处理的犯罪青少年的选择指标，每1 000相应年龄的人，英格兰和苏格兰，1980—1998 年

	英格兰:男性				苏格兰:男性				英格兰:女性				苏格兰:女性			
	12岁	13岁	14岁	15岁	12岁	13岁	14岁	15岁	12岁	13岁	14岁	15岁	12岁	13岁	14岁	15岁
A 1980-82	34	48	67	82	31	48	73	82	11	16	18	17	5	10	16	17
B 1983-85	34	51	70	85	35	56	82	91	11	17	20	19	5	10	16	18
C 1986-88	27	42	61	76	36	59	94	110	8	12	17	18	6	13	21	23
D 1989-91	23	36	53	68	36	57	91	115	6	11	16	17	6	13	22	24
E 1992-93	22	33	49	64	34	57	85	103	8	15	21	20	8	16	23	28
F 1994-96	18	30	45	60	38	59	87	103	8	15	19	17	10	19	28	30
G 1997-98	16	26	40	55	*	*	*	*	5	10	15	17	*	*	*	*
(变化率 A-F)	(-16)	(-18)	(-22)	(-22)	(+7)	(+11)	(+14)	(+21)	(-3)	(-1)	(+1)	(-)	(+5)	(+9)	(+12)	(+13)
(百分比变化 A-F)	(-47)	(-38)	(-33)	(-27)	(+23)	(+23)	(+19)	(+26)	(-27)	(-6)	(+6)	(-)	(+100)	(+47)	(+75)	(+77)

注:犯罪案件的选择指标如下:

英格兰:被确认有罪或因可起诉之犯罪行为被正式警告的人,年平均数,每1 000相应年龄的人。

苏格兰:因犯罪指控理由而被移送至报告员的人,年平均数,每1 000相应年龄的人。

* 在本书交付出版之时,苏格兰 1997 年和 1998 年的数据尚未公布。

以上评论仅仅是关于表 15.8 中的“时期趋势”的。但我们还可以直接地比较两国的实际比率,因为两组数据都是以“每1 000名相应年龄组的人的比率”来进行表示的。以此方式来观察,这些数据表明,两国在 80 年代早期的比率存在合理的相似性;然而,到 90 年代,苏格兰对男性的处理率明显高于英格兰(虽然在女性的处理率方面,两者差异较小)。

理论上,表 15.8 和图 15.3 中的数据之间有着原因上的关联。由法林顿、
484 兰根和威克斯特罗姆所做的一项重要的有关犯罪趋势的跨国性研究,覆盖了美国、瑞典和英格兰,该研究的有关分析显示:“调查的犯罪率变化和犯罪者被判刑的可能性变化之间”呈现出强烈的负相关(法林顿、兰根和威克斯特罗姆,1994,127)。当然,这种强烈的相关性本身并不存在任何因果关联,但作者的数据与一种假说相一致,该假说认为:由于威吓的原因,犯罪率与制裁的可能性是反面相关的。(关于该研究的更充分讨论,以及在犯罪学分析中建立威吓效应之有效推论的过程中的众多陷阱,参见冯赫希,1999)。

表 15.8 和图 15.3 中的数据与这一推理思路是一致的,其中,犯罪率(当然,是所有年龄的人所犯的)与青少年犯罪行为的官方处理率是呈反比的。也许,人们可以因此而对有关的影响作用展开一次复杂的假设:(1)苏格兰现存的福利本位的少年司法制度受到了来自苏格兰社会具有影响力的声音的广泛支持,人们鼓励通过福利本位的制度来处理犯罪的青少年;(2)相对较高的官方处理率对潜在犯罪者具有威吓效应;(3)类似的社会进程没有在英格兰出现。[86]

图 15.3 和表 15.8 中非常简单的数据不是为了证实该假说。但我相信,它们可以合理地提升该假说。同时,在我看来,它们当然地印证了这部分标题的正确:这些数据的确具有迷惑力且引人思索。

总结

为了结束本章,我作了一个一般性的评论;提出了一些解释问题的想法;并对英格兰和苏格兰制度差异中的一些关键点做了评定,这在先前的分析中

已有阐明。

总结性评论

这篇文章必须在它开始处结束。基于任何理性的评价,人们只能是惊异,在一个单一制、非联邦制的国度中的两个司法管辖区,在少年司法的领域中,有着如本章所描述的如此不同的经历。此外,这些差异的出现并不仅因为两 485
个制度在特征上有重大区别,而且还因为一个制度随着时间的推移保持着相当的稳定,而另一个制度却归于持续不断的变化。

在某些方面,英格兰学者对两个制度间比较分析的相对缺乏同样令人惊奇。阿斯奎思(1983)的小规模研究,如同树立了一个灯塔,是仅有的对英格兰和苏格兰的少年司法进行的认真的实证比较研究——但该研究的实地考察是25年前的。本章也是不同寻常的,因为在有关少年司法的评论中,大多数的英格兰研究者都将自己局限在了这两个司法管辖区的一方或另一方。我希望这一分析将激发进一步的跨界比较和辩论。

解释的问题

面对惊奇或异常的社会现象,社会历史学家和社会科学家不可避免地要寻求解释。为什么英格兰少年司法制度在20世纪90年代如此迥异于苏格兰少年司法制度?为什么英格兰的制度经历了如此更多的变化?对这些问题做出详尽的回答还需要另立篇章。但在此可以做一些粗略的评说。这些评说折射出某种在社会现象的历史解释当中常见的,即宏观动态思维与特定时刻的特定事件及决定相结合的方法。

首先需要解释的一个问题,即20世纪60年代英格兰和苏格兰对福利本位的少年司法制度的采用。而正值此时,其他几个司法管辖区正在从其福利主义体制转而趋向于更为权利本位的方法。我认为,解释该问题的核心在于两个因素:第一,战后的英国强化了福利主义模式的思维方式,与此相联系,联合王国采取了一种相当强的福利国家版本;其二,事实上,早期英格兰和苏格兰的少年司法制度都牢固地建立在“修正的刑事法院”的模式上,而不是建立在“社会化的少年法庭”的模式上。这两个因素的组合产生了其自身的动力：关键人物，置于福利主义思维模式中，希望看到有关的理念被更为充分地适用于少年司法制度。

具有讽刺意味的是，尽管这些关键人物更常见于英格兰，而非苏格兰，但正是因此，苏格兰 1968 年的改革可以（不同寻常地精确）归因于一个特别官方委员会（基尔布兰登委员会）非常彻底的工作。甚至于当时，特殊的“时机巧合”（考珀斯韦特，1988，76）使得基尔布兰登报告得以充分地实施，否则，这可能不会如愿以偿。

1970 年后，从一个角度来看，英格兰制度始终没有从 70 年代的结构性冲
486 突中恢复过来，这些冲突源于对 1969 年法贯彻执行的故意削弱。从另一个更为宽广的角度来看，英国 1970 年后的少年司法政策经历了一个不断变化的过程，因为这是一个迷失了自我的社会，经历着“后现代性”的社会转型（吉登斯，1990），其中包括犯罪率的攀升，但却恍然不知如何来应对。从此视角来看，并不意外，1979 年的保守党和 1997 年的新工党，在其各自的竞选宣言中，给予了少年犯罪政策一个关键的地位：少年犯罪是更大范围的社会焦虑的象征。

与此相对，在苏格兰，更为稳固的儿童听证会制度业已成为了“苏格兰政府的一个确定部分，甚至是一件苏格兰人引以为豪的事情”（考珀斯韦特，1988，76）。不知何故，该制度的诞生仅仅是由于一个特别的官方委员会于 20 世纪 60 年代的一些讨论，触发了更为广泛的“和音”，使得许多苏格兰人感觉到了一种对一个特别社会制度的拥有感。这样一种成就很难加以“协和配乐”，但其产生具有重大的社会意义。对苏格兰儿童听证会制度的更为广泛的成就作一个深层次的研究分析将会具有相当大的意义。

一些关键区别

最后，如本章的详细分析所示，两个制度间的关键区别是什么？许多问题可以提上议程，但我仅在此特别阐明其中五个，并且我建议，这五个问题是任一少年司法制度都应该认真考虑的。

第一个问题是儿童在关键性审判中的参与。这在苏格兰制度中似乎得到

了更大程度上的发展。这个问题与正在涌现的程序正义研究有关(泰勒,1990;帕特诺斯特等,1997)。该研究主题在传统的少年司法著述中很少被考虑,但现在,在许多司法领域中,它被作为恢复性少年司法的新要点开始受到关注。

其次是权利问题。对于该问题,更注重法律规则的英格兰制度似乎比苏格兰制度要释然得多。随着联合王国对《人权法案》的贯彻实施——该法案将欧洲人权公约纳入了联合王国的法律中,在接下来的数年中,英格兰和苏格兰制度都很可能会面临众多基于权利的挑战。

第三,有关儿童照管制度和少年司法制度之间的联系问题,尤其是在犯罪学研究揭示出的一种背景下——少年犯与那些被作为困境儿童来加以处理的 487
人之间有着众多的相同特征,且实际上,他们常常是同一种人。在此,苏格兰制度中关于二者的紧密联系,相对于试图将二者生硬分离的英格兰90年代政策而言,似乎明显更为可取。

第四,一个难题,即如何将犯罪整合于少年司法制度的概念体系中。我们已经看到,苏格兰体系试图对犯罪行为轻描淡写的做法不是完全站得住脚,并且已经造成了一些没有解决的矛盾。有关的矛盾没有在英格兰得以发展,但有时可能存在一种反向的危险,即儿童犯罪行为(尤其是在“无需更多宽恕”的观念氛围中)被过于严厉地对待,而隔断了其有关的社会背景。对此的正确平衡并非易事。

第五,从少年司法体系向成人司法体系的案件移送(转处)问题。在该领域中,苏格兰遇到了更多的困难,这正是因为其少年司法体系更为明显地不同于成年人法院。但该问题也是众多少年司法体系所共同面临的难题。

参与和程序公正、儿童权利、少年司法和儿童照管体系之间的联系、如何将犯罪加以概念整合以及如何进行从少年司法体系向成人司法体系的机构转处,当这些问题反映于20世纪后30多年英格兰和苏格兰迥然相异的少年司法制度上的同时,无论基于何种标准,这都是一个重要的主题目录,留待读者去思考。

注 释

①一个新的苏格兰议会于1999年7月在爱丁堡建立起来，且最近在威尔士和北爱尔兰地区也建立起被移交的议会。这些被移交的机构的权力有所不同。就本章目的而言，威尔士的立法机构没有多大价值。苏格兰少年司法系统的相关职责，现在已被转让给苏格兰议会，而新苏格兰政府的一项早期决定即组建一个少年犯罪审查委员会，关于该机构的讨论见于本章的最后部分。这些革命性的发展皆没有影响联合王国议会的主权原则，因为该议会保留了废除或暂停这些移交机构的权力（根据该原则，设立于1920年的北爱尔兰议会在1972年被暂停，并最终被废除）。

②为简便起见，并遵循常规，从此以后，我将说英格兰，而不是技术上更为准确的英格兰及威尔士。

③在1707年，苏格兰议会和英格兰议会都通过了联合法案，终止了其自身的权力，并因此而创立了拥有一个单一的联合王国议会的大不列颠联合王国。然而，虽然这两个国家的立法机关统一了，但是，根据联合法案的条款，苏格兰仍保留了其独立存在的法律、其
488 历史形成的法院体制和其非主教制度的教堂。一位苏格兰历史学家评论道："这种联合使两个国家变成一个，而且又很谨慎地保留了原有的教堂、法律、司法体系和该小王国的一些特征，从而确保了苏格兰保留她已为自己赢得的而且已经维持很长时间的明确国籍"（麦凯，1978，263）。

④作为一般模式的例外，在一些大城市地区（尤其是20世纪前半段的伦敦内城区），治安法院是由一位具有法律资格的司法官员来主持，直到最近，该司法官员被称为"领薪治安法官"（stipendiary magistrate）——如今被称为"地区法官"（district judge）。这些司法官员独任审理大部分案件。关于伦敦内城区这种领薪治安法官制度的结果，参见下文注释⑧。

⑤例如，1967年，芝加哥地区的少年法院审理了21 409件案件，其中仅仅54%涉及到对犯罪行为的指控，剩余的则包括"离家出走、逃学、难以管教……无人照管、缺乏管教"等类型的案件（莫里斯和霍金斯，1970，160）。与之对照，同一年，在英格兰和威尔士少年法院或治安法院，28 202名17岁以下的青少年被确认有罪（除去驾车类的犯罪），同时，有6 408名青少年由于非犯罪方面的原因而被处以（寄宿性的或非寄宿性的）监管（内政部，1968，98，205－6）。于是，在那一年的英格兰，有81%的青少年因为刑事犯罪而受到基层法院的处罚。

⑥1933年《儿童和青少年法》的第44条第（1）款；1969年《儿童和青少年法》对之进行了较小细节上的修改。

⑦这一选任程序的结果是：为少年专门小组选任的治安法官都是具有成人治安法院审判经验的法官，其中的大部分有时还继续在成人法庭中审判案件。

⑧适用于伦敦内城区的特殊制度。伦敦内城区的成人治安法院都是由领薪治安法官

主持的(参见上文注释④),而且这些官员被认为是,(至少是独任审理时)不一定适合于处理青少年的案件。因此,特别的立法条款被颁行,即1920年之后,首都少年法院大多都由非专业的治安法官充任,这些治安法官不担任成人法院的审判工作,而且其最初的选任是基于其在处理少年案件方面的特殊资质。如威妮弗雷德·卡夫纳(1976,7)所言,"选择方法和司法经验的不同已经有着明显的暗示性,"并且,后来,伦敦内城区的少年法院获得了这样一种声誉:他们比其他地区更具有福利导向性质。

⑨一位苏格兰作者,考珀思韦特(1988,76)解释说:"这是一种通例管理,即英格兰和苏格兰的国内立法改革中,英格兰的立法首先产生,继而苏格兰立法在下一次的议会会议中产生。鉴于两个法域的相当地域和人口情况,这种运作是合理的,并且这给予了苏格兰立法一定程度的自由度,而如果要议会同时考虑二者的举措及相关争议,则这种自由度将不复存在。"

⑩存在于这一情形背后的正式法律机制即1932年苏格兰法令所包含的一款规定:只有在获得苏格兰国务大臣的指令的情况下,新制度才能够在指定的地区实施。这种程序, 489
可以称之为"通过行政命令的逐步立法实施",在联合王国的法令中是正常的——在一部法令能够得以充分执行之前,重大的行政管理工作准备是必要的。(关于苏格兰国务秘书局,参见下文注释⑭。)

⑪在联合王国,个人社会服务体系(personal social services)一词是指一个大范围的公共资助的服务工作体系,该项工作为市民个人提供直接的个人照管和援助——从对老年人提供的家庭服务,到预防对儿童的身体侵害或性虐待。缓刑考察令以及其他与罪犯相关的社区工作(尤其是青少年罪犯),在20世纪60年代,都通常被理解为是个人社会服务体系的一部分。

⑫关于20世纪60年代英格兰少年司法争议的论述及相关事宜,可参见博顿斯(1974),克拉克(1980),帕克曼(1975),内利斯(1990),以及格尔索普(1994)等。在英格兰,个人社会服务体系改革的压力源自于这样一种事实,即20世纪60年代有各种不同的政府社会工作部门,履行着一些特定的职责(如儿童照管服务、医疗社工,等等),但是对于很多有着多种需要的较为贫困地区的家庭来说,他们需要成为多个不同组织的服务对象。因此,很多人提倡成立一个统一的个人社会服务体系——其最终通过1970年法建立起来。它要求每一个地方政府都要建立起这样的一种服务组织(大体参见霍尔,1976)。在这些新的统一的社会服务工作部门中存在着这样的争论,即是否英格兰的缓刑工作部门也应当被纳入这一统一的体系中,但是最后,缓刑工作部门仍然保持分立。

⑬20世纪中期,"政府在福利方面的支出有很大增长,包括总量和国民产值相关的增长",这种情况发生在很多工业化国家里(斯利曼,1973,156)。然而,联合王国的法律规定在一些方面比其他大部分国家更全面(例如,它创建了一种全国性的健康服务,提供分娩前的免费医疗服务)。在联合王国,20世纪六七十年代,个人社会服务仅仅被视为福利国家供应中的一个元素,与失业、社会安全利益、健康照顾、住房政策等并列(例如可参见马歇尔,1975)。

⑭苏格兰国务大臣是联合王国政府的高级官员,他对苏格兰的事务负责。他/她是政府内阁的一名成员,因此也是联合王国议会中多数派政党的成员。自始至终,在本章所讨论的几乎所有时期内,国务大臣都掌管苏格兰政府,这是联合王国建在爱丁堡的一个政府部门,其中包括一些诸如健康、教育、家庭事务和农业方面的附属部门。(与此相对照,在英格兰和威尔士,这些各种各样的职责都是由一个独立的政府部长来承担的。)自从 1999 年被移交的苏格兰议会的建立(参见上文注释①),这些行政管理制度发生了明显的改变,以前苏格兰政府承担的大部分责任被移交给了新的苏格兰行政部门,它对苏格兰议会负责。然而,苏格兰国务大臣处依然存在,只是其权力和功能有所改变。

⑮一些原因导致了从基尔布兰登报告(苏格兰政府,1964)到 1968 年法的四年延迟。其中最重要的是,苏格兰个人社会服务的未来构造需要商定,该问题被政府视为成功贯彻基尔布兰登改革的关键(关于在联合王国的个人社会服务体系,可参见上文注释⑪)。1968
490 年《社会工作(苏格兰)法》,它的名称暗示,其中包含了重组个人社会工作系统和少年司法的法律规定。这一重组,类似于后来在英格兰颁行的法令(参见注释⑫),包含了在每一个地方政府都建立统一的社会工作组织的内容,在苏格兰,这一社会工作组织被称为社会工作部(the Social Work Departments,SWDs)。在苏格兰,与英格兰相比照,缓刑工作部门被废除,且其工作被并入了新的社会工作部门中。

⑯现在的苏格兰制度建立在 1995 年《(苏格兰)儿童法》第二部分的基础上。该法以及 20 世纪 90 年代苏格兰制度中的其他变化起到了一些重要的管理上和技术上的调整作用,但是其制度初创的基本原则和程序基本上保持不变。关于 1995 年法的历史演化论述,参考洛克耶和斯通(1998a);关于该法颁行之后的苏格兰制度的综合性法律分析,参见诺里(1997)。为了当前的目的,有必要提及两点:其一,1995 年法以不同的语言再现了相应的福利原则,令之成为了该制度范围内所有决定中"最重要的考虑因素";其二,"为了保护公众成员免受严重伤害(不论是否身体的伤害)",对福利首要性的明确减损首次得以获准。减损的有关规定当然具有相当的理论意义和重要性,但因其被限定于防止"严重"侵害,其很可能在实践中只具备有限的影响力,且(参见后来的讨论)严重的犯罪行为自 1971 年以来总是能够在郡法院中被提起指控,以作为正常决策制度的例外。

⑰我们拥有该程序阶段全部数据的最近年份为 1989 年。该年度,警方采取了正式举措来认定或指控的 16 岁以下儿童犯罪行为的案件有26 399件。在这些案件中,76%被送交至报告员,11%被处以警告,另有 13%被送交给苏格兰地方检察官(苏格兰政府,1991,5)。

⑱在 1995 年,所有提交的案件中,有 6%由于证据不足而被报告员撤销。其中,照管和保护性案件的比例高于犯罪案件的比例,为 4%(苏格兰政府,1997,13)。

⑲然而,例如,如果一个孩子被指控犯了两项罪,但是他仅供认一罪,那么鉴于此,儿童听证会就对该儿童具有了完全的管辖权。那么,向郡法院诉求其有争议的指控理由就没有多大意义了,而且该指控理由将可能被报告员撤销或被听证会驳回(方框 13)。

⑳职能的划分已经给针对儿童听证会处理决定的上诉带来了困难。该问题在本章的后面有所考虑。

㉑总检察长(the Lord Advocate)(联合王国政府中的苏格兰首席王室法律官员),也许确实为地方检察官发布了一些办理此类案件的指导文件。自从1987年总检察长的指导文件变得更加严格以来,被建议提起控诉的范畴包括:其一,确定的严重犯罪;其二,指控的犯罪为15岁以上的儿童所实施,判决之后,取消驾驶资格是一种可能的后果(苏格兰政府,1991,4)。

㉒在1995年法中(参见上文注释⑯),"特殊教育及培训措施的需要"途径被构建为一个原则,即没必要作出限制和命令,除非这样做比不这样做对孩子更有利。关于哈米什案件的评论文章认为,"严重侵害减损"(参见注释⑯)不适用于中等严重程度的财产犯罪。

㉓该原则有一个重要的影响着少数安全监禁处置案件的例外,于1983年在苏格兰地区开始生效。儿童听证会应当总是保持适用安全监禁的潜在可能(适用法定的标准,参见 491
诺里,1997,120-122)。然而,是否实际适用该安全条款,则由当地社会工作部门的负责人进行最终裁定,针对该条款的意见纷纭(参见洛克耶和斯通,1998a,38,74-76)。

㉔1965年工党政府的一份政策文件(内政部,1965)建议废除英格兰的少年法院。该文件提议成立家庭委员会(由社会工作者与其他一些经验丰富的处理儿童事务的人士组成)以代替少年法庭。这些委员会要做的,是使儿童及其父母就建议的处理自愿达成共识,以最大程度地利于孩子的发展。该文件还建议成立新的家庭法院作为家庭委员会的后盾。该法院对此类情形具有管辖权,例如,在家庭委员会未自愿达成一致协议并且法官认为有必要出具强制处理令的情况下,或者作为事主的孩子对其被转送的理由提出异议的情况下(异议理由比如:声称自己并未实施被指控之犯罪行为,并未脱离父母的管制等等)。

㉕在这方面作出重大贡献的是两位公务员:前教育部部长德里克·莫雷尔和家庭事务局儿童部首席监察员琼·库珀,他们提出了1969年法的许多概念基础。我们可以从莫雷尔的一篇论少年罪错者寄宿处遇的短文中找到了解其(有些空想主义)哲学思想的线索。这篇文章被收录于斯帕克斯和胡德主编的文集中(1969)。

㉖考珀思韦特(1988,29-30)报告指出,1964年家庭事务局与苏格兰政府的官员所做的跨部门政策分析中,这种"特殊措施"要件被如同在基尔布兰登的报告中那样提及,而不是出现在当年工党(当时议会中的反对党)备置的一份英格兰刑事政策报告中。"特殊方法"要件的问题最终写入了工党执政时期政府通过的1969年《儿童与青少年法》,这就标志着英格兰对"基尔布兰登原则"的直接认可。

㉗这就是说,当其犯罪行为被作为主要条件(关于主要条件的概念,进一步参见下文)来指控的情况下,只有年满10周岁以上的儿童才能出现在照管程序中。而如果是未满10周岁的儿童,比如实施了商店扒窃行为,如他/她脱离了其父母的管制,他/她仍可能因为非犯罪行为指控的主要条件而被带入法庭参加照管程序。苏格兰适用类似的制度,其刑事责任年龄为8周岁。

㉘1969年《儿童与青少年法》第1条第(2)款b项。同时注意,苏格兰儿童听证会之前的程序在一个重要的案例中被描述为"自成一格的民事诉讼程序"(参见卡尼,1998,160)。

㉙这就是说,在法律上,地方警察部门是提起指控的一方。但警察不一定实际地出

庭,因为地方警察部门可能委派律师作为其代表;但是司法实践中,在众多的少年法庭里,警察的确亲自出庭提出指控——参见,例如,阿斯奎思(1983,第8章)对20世纪70年代一个英格兰少年法院的描述。

㉚在1969年法的实施准备过程中,内政部颁布了有关如何执行这些协商程序的指导文件,参见内政部文件(1970,第3部分)。

492 ㉛英格兰立法和苏格兰立法之间存在着一点小的却相当重要的区别。在英格兰法中,其目的是法庭应当自己“调查是否能够不用法庭指令,而取得令人满意的制度安排”(博顿斯,麦克林和帕奇特,1970,371)。相比之下,在苏格兰,儿童听证会不能作出诸如自愿监督的决定,而只能“撤销案件及建议或设想或希望家庭和社会工作部门之间随后展开自愿的交流”(哈利特和默里,1998,56;强调为笔者所加)。

㉜如图15.2最后一行所示,在英格兰1969年立法中,还有另外三种指令可适用于14岁以下儿童。然而,由于种种技术原因,这些指令中没有任何一项可以挑战监管令和照管令的至高地位。

㉝这种观念在1969年法中的其他一些原本形式的条款中也是显而易见的(如“中间处理性质的监督指令”的原本条款);详细的细节,可参见(博顿斯,麦克林和帕奇特,1970,381)。

㉞这些制度中有着一些重要的对英格尔比委员会(内政部,1960)思想的继承,我曾将其有关犯罪行为的概念模式描述为一种“将年幼的儿童归诸于社会病理,但将年龄较大的儿童更为经典地假定为对邪恶的选择”——该模式反映在英格尔比的建议中,即“以民事程序来处理幼童,而以刑事程序来处理年龄较大的儿童”(博顿斯,1974,324)。

㉟出现这种显而易见的不同之处的一项重要原因是英国的议会传统。如果某项法律提案将其适用范围仅仅局限于苏格兰,那么,一般只有代表苏格兰选区的议员才会就该法进行辩论。

㊱不同于苏格兰,在英格兰的改革中,当个人社会工作机构进行重组时,缓刑工作部门仍保持独立(参见上文注释⑫和⑮)。有关方面试图使新的社会工作部门(SSDs)取代缓刑工作部门,以成为支撑少年法院社会服务工作的首要角色,尤其是对较为年幼的儿童;且他们还将担当发展新的社区之家(或称少年教养所、感化院)的首要任务。然而,1970年的现实是,新的SSDs还远未能足以承担这些责任,所以逐步实施似乎在政治上是明智的。

㊲“拘留中心”(detention center),是一个正常情况下低于六个月的短期监禁判决。而“教养感化训练”是最短六个月至最长两年的中期监禁判决。同英格兰其他所谓的监禁判决一样,这两者都是由英格兰监狱部门管理的。在这方面,两者与新的社区之家体系有所不同,新的社区之家体系主要由地方当局负责。不同于两者的是,社区之家包含很少的保安(如上锁的)住所,这一点曾在之后的70年代引起争议。如正文所示,1969年法的拟订人意图彻底排除将拘留中心和教养感化训练作为少年法院的判决,甚至对年龄较大的少年犯也是如此。过去被判教养感化训练的犯人,有望被处以照管令,并送入社区之家;而过去被判入拘留中心的人,在正常情况下,会被处以中间处理的监管令。

㊳内政部是联合王国政府的一个部门，有着广泛的职权范围，其中最重要的有犯罪预防政策和刑事司法政策(英格兰和威尔士)，以及入境移民(整个联合王国)。内政部的高 493
层官员被称为内政事务的国务大臣(或更口语话地称为内政大臣)。如同苏格兰国务大臣(参见上文注释⑭)，内政大臣永远是内阁的一员。

㊴很容易理解警察为什么会采取这种方法：遵从保守党政府的决议，所有警察机构在指控和犯罪行为之照管诉讼程序之间享有不受拘束的选择权。(1)指控，其中只要证明实施了犯罪行为；(2)犯罪行为之照管诉讼程序，其中，他们需要证明罪行，同时(在适当的细节商议之后)，还需要证明该儿童"需要照管或控制，而这种照管和控制不太可能获取，除非法院作出相应的指令"。

㊵法林顿和贝内特(1981)在伦敦的一项有关警察警告的实证研究中揭示：有强劲的理由可以推断，在70年代早期的首都，警告的明显增长有很多都是人为造成的(例如，其缘于非正式的警告[未记录在案]向正式警告[记录在案]的转换)。然而，这些作者也找到了10—13岁儿童转处的真正增长的证据(但不适用于那些年龄在14—16岁之间的儿童)。同一时期英格兰和威尔士其他地区的数据，参见迪奇菲尔德(1976)。

㊶事实上，在70年代中期，治安法官们甚至游说中央政府，恢复缓刑工作部门作为少年法院的主要服务提供者的地位。社会工作部门及其员工当时被法院视为"在地方法官的要求和期望中，是初生的(幼稚的)和……未经训练的"(莫里斯和吉勒，1987，166)。

㊷事实上，表15.3中的数据几乎确实低估了80年代晚期的起诉转处率的迅速增长。1985年内政部指导文件明确地指出，是否"非正式警告"有时会比正式警告更合理的问题，二者的主要区别仅在于警告会被正式记录下来并收入犯罪者的档案中。而非正式警告的数据是不能在全国范围内搜集到的。然而，对1985年文件效果的研究表明，各警察部门对非正式警告的建议的采纳大相径庭(埃文斯和威尔金森，1990)，其中，有一个英格兰郡尤其热情地拥护非正式警告的做法(法林顿和伯罗斯，1993，67)。从定义上讲，在表15.3中的数据不包括1985年以后非正式警告这一做法的明显增长。

㊸80年代期间监禁判决的下降在表15.4的数据中没有直接显现出来。然而，那些数据的基线为"所指控罪行被确认有罪的人"。由于在80年代，对年龄较大男性少年的警告率大幅上升(参见表15.3)，被判有罪的人数因此而下降。因而，作为被确认有罪者一部分的基本静态的监禁判决率(表15.4)掩盖了在这些判决中真正的数据的下降。为获取更多的数据和更充分的讨论，参见博顿斯等(1990，4－6，98－100)。

㊹少年司法的福利模式与刑罚学中所谓的康复理想具有更为大体上的紧密关联。关于70年代后期这种思潮是如何出现在英格兰的同时期记述，参见博顿斯(1980)；更广泛的记述，参见弗朗西斯·艾伦(1964，1981)。

㊺安德鲁·拉瑟福德(1986，13)主张"发展的方法"，即强调青少年犯罪的短暂性，而且"把青少年的犯罪及其他不良行为看成是他们成长过程整体中的一个部分"。在政策上，其暗示即"问题的解决宜早不宜迟"，于是"该方法寻求吸纳和加强家庭及学校在其发展过 494
程的角色，而不是排斥"。拉瑟福德从纵向的研究(作为一种观点，参见法林顿(1997)中意识到，惯犯不符合这种"短暂"类型，他们很早就开始他们的犯罪生涯，并且在25岁左右时

他们将在一系列指标上成为重大的社会不轨行为者。然而,当少年司法运动倡导强调青少年犯罪的短暂性时,这一重要的偶然性/持续性的差异很少被提及。

㊻地方上许多的新正统的实践者们也试图创造性地运用一些新的法定“监禁标准”,这一标准(通过后座议员*修正案)被写入1982年《刑事司法法》,从而创制了法院判决青少年犯罪者监禁情形下的正式的限制规定。其初期实践显示,这一标准的颁行没有多少实际效果(参见伯尼,1985),但在之后的80年代,一些人对其影响抱以更为积极肯定的观点。

㊼1993年,内政部研究与统计部门(Home Office Research and Statistics Department)准备了一份名为“青少年犯统计数据”的未公开的报告。其中的一份表格显示了已经被正式起诉而后中止或撤销的案件的百分比。对于可诉的罪行,总体上,这一比率已从1985年的7%上升到1991年的22%;对少年被告,在同时期,可诉案件比率的增长更快:对于男性,10—13岁的人从占6%增长到28%,14—16岁的从7%增长到27%;而对于女性,10—13岁的从6%增加到31%,14—16岁的从7%增加到25%。

㊽照管令存在的实质理由是一个儿童应被置于当地权威部门的合法照看之下,这是为了他/她自己的福利利益,如果(且只要是)该儿童的家庭环境在某些重要方面是有缺陷的。在1969年《儿童与青少年法》的福利理念的背景下,照管令应当成为对少年罪错者适用寄宿处遇的主要指令,甚至是在经过检控而被起诉至法院的案件中,而不是通过基于犯罪行为的照管诉讼程序。在1989年英格兰的迥异的理念氛围中,试图在儿童照管法律的福利导向体制中纳入紧随刑事指控之后的指令,是没有意义的。

㊾对男性犯罪,这些在1991年《刑事司法法》中进行了规定。女性的最小年龄是已满15周岁。

㊿1991年法也有另外一些改革,但是这些被证明仅有短期时期的意义。其中之一是试着通过保证金的使用来加强父母对儿童行为的责任(约束父亲或母亲,如果孩子再犯罪,他/她可能会丧失一定数量的保证金)。这些案件涉及到应受义务教育的儿童(年龄直至16周岁)。另一种改革即试图为16周岁和17周岁的青少年创制一种所谓的非监禁处罚的重叠管辖,以此,少年法院不仅可以对他们适用通常为少年案件所保留的社区处置指令,还可以对他们适用一些先前只在成人法院中适用的指令。这一较为晚近的变化背后的基本原理,据说,是发现于类似年龄阶段中的迥异的成熟程度。如果这项改革如愿以
495 偿,其中的一个结果将是,再次提升缓刑工作部门在青少年法院中的重要作用。但是两项改革都没能遂立法之愿:进一步的详情,参见博顿斯,海恩斯和奥马霍尼(1998,177-79)。

51当时的英格兰最高法院首席法官在其访问苏格兰期间的一番格外坦率的讲话使得对该法的司法批判达到了顶峰。“祝贺苏格兰司法部门没有将该法适用于苏格兰,首席大法官泰勒称该法的一些部分违背了常理,并希望该法接受审查,保留其合理部分”(托马斯,1995,145)。

---

* 后座议员,或称后排议员,指英国下议院后排座的议员席,是议会中职位较低的成员,只能坐在政府官员和反对党成员的后面。——译者注

㊾埃文斯和埃利斯(1997)对政府修改后的关于警告的指导文件进行了研究。他们揭示:自1994年之后,对青少年的警告处罚总体上有所减少,但其中不包括18周岁以上的青少年。他们将这种差异归因于:1994年之前,和成年人相比,重复警告更为普遍地被适用于青少年。

㊿而且,作为英格兰青少年专门小组实践的一种创新,尽管其运作是在内政部掌控的框架中进行,但这些新中心的管理都按合同规定由私人公司来进行的。

54审计委员会是英格兰及威尔士的一个对地方政府以及一些其他机构进行外部审计监督的法定机构。作为其职能的一部分,该委员会时常开展研究"以使其能够提出改善经济、提高经济效率以及增强这些机构工作效率的建议"(审计委员会,1996,3)。

55埃文斯和埃利斯(1997)发现,1995年,在英格兰和威尔士,42个警察部门有24个宣布采用某种形式的附加警告方案。但是审计部门的证据显示,这只典型地涉及到很少数的案件。依照法律规定,附加警告是自愿的处理方式,而如果青少年没能出现在安排的活动项目中,则没有相应的制裁措施。

56附条件的撤销案件允许犯罪者获得自由,但特别规定,如果他/她在特定时期又犯新罪,那么,他/她可能会因其前罪和新罪而被并处判决。

57在那一年,"被确认的少年犯罪者"(如18岁以下的被判有罪者或因为某种可诉的犯罪行为而被给予警告处罚)的总数为132 800。其中,14 000人被少年法院撤销案件,而且有人估计也许87 000人被给予警告,其中不包括附加警告的成分。因此,被确认的少年犯罪者中"没有被给予惩罚"的比例大约是75%。

581998年《犯罪和扰乱社会秩序法》第37条第(1)款。比照少年司法运动的优先选择,比较以下一份关于20世纪80年代后期中间处理项目(为监禁替代措施而设计)的研究报告中的评论:"(项目工作者们)更加强烈地致力于'提供一种监禁替代措施'的目标……而非'减少再犯罪'的明确目标。据此,有关人员几乎不再费心思于减少再犯的精确机制(博顿斯,1995,31)"。

59新的"首要目标"与1991年《刑事司法法》规定的判决所强调的同等对待的报应原则之间存在着潜在的冲突。该规则仍存在于法典中。就这一点,官方的指导方针是,应坚持1991年的相关法律规定,但这应当服从于为防止再犯的最佳选择。于是,不容置疑的是,政府实质上更倾向于新的首要目标,而非1991年法中的报应主义原则。

60试点地区的过渡性研究报告明确指出,在赔偿令的掩护之下,好几种类型的干预措施得以产生。但是令人感到失望的是,最为常见的只是"间接赔偿"(一种感化青少年犯的方法)。这种形式对于犯罪行为的受害者并没有什么直接的好处,并且也往往不足以使犯罪者真正认识到其行为后果的严重性(谢菲尔德和赫尔大学,1999,38)。该报告还指出,由于政府强调要快速解决少年犯案件,这使得受害者与犯罪者之间调解对话的试图受到阻碍:"快速通过"的规定与在个人案件中建立调解对话的精巧程序直接相悖。 496

61从国家政府的角度而言,似乎没有必要去提升社会工作部门(SSD)的儿童保护机构与青少年犯罪工作小组(YOT)之间的对话交流,这是因为一直以来YOT的主要成员基本上都来自SSD,于是人们认为,他们与其他相关工作人员的联系应该会自动形成。然而迄今为止,通常情况下,实践中所证明的并非如此。

㉒如前所释,在苏格兰,公众中的非专业人员被指定作为某一地区的儿童专门小组(the Children's Panel,或称儿童陪审团)的成员。儿童听证会是一个处理特定案件的审判庭,由三位专门小组的成员主持。全体儿童专门小组成员时常聚集在一起讨论该地区的政策及实践。全国范围内,不同地区儿童专门小组的主席则举行儿童专门小组主席团会议。

㉓在此,该调查报告聚焦于社会工作者们关于听证会的正式报告。20世纪80年代英格兰许多SSDs的一项标准程序即单个社会工作者在法庭报告中的建议需要接受SSD小组负责人的"诊断",被认为是不当干涉主义的建议将被作相应的改变。法夫社会工作部门(Fife SWD)也采取了类似的方法。

㉔高尔特案件的判决是由美国最高法院于1967年作出的(387 U.S.1);福斯特和布兰廷汉姆翻印了该判决的关键部分(1979,283-333)。

㉕还有一些权利本位的挑战:如案例麦克迈克尔诉联合王国(*McMichael v. United Kingdom* [1995] 20 EHRR 205)被诉至位于斯特拉斯堡的欧洲人权法院(ECHR)。《欧洲人权公约》(第6条)规定:"在涉及公民民事权利、义务或针对该公民的刑事指控的决定中",任何公民都有权获得"公平公开的审讯"。欧洲人权法院认为,在麦克迈克尔案中,监护人未能获得告知少年法庭判决结果的书面报告,违反了这一条款。

㉖关于一流的苏格兰学者对该论题的不同观点,参见诺里(1997,4),他认为目前的情况"完全不合道理";而洛克耶和斯通(1998b,256)则认为"没必要特地指定某人作为代表",因为所有出席儿童听证会的人员均有责任为孩子的利益代言。

㉗然而,在郡法院接受审判的少年可以获得公众援助的法律代表,其中包括那些儿童对起诉理由提出反对的案件(参见表15.1,方框12和方框14)。

㉘英格兰及威尔士地区假释委员会的所谓的无期徒刑犯裁量专门小组就是一例。这些专门小组在法官的主持下会聚监狱共同商议,是否向法庭建议释放某些正在服刑的无
497 期徒刑犯。帕德菲尔德和利布林两人关于无期徒刑犯裁量专门小组职能的研究已于近日完成(2000)。

㉙公认的极端事例,参见埃里克森所描述的案例(1982,103-4)。该案中的男孩第一次出席儿童听证会时被送往一所寄宿学校(因为逃学及偷窃)。该寄宿处置是因听证会主席向听证会提出的附加的警察指控而作出的,而这些指控从未向该儿童提起(主席提交这一信息时他一直在外面等候),也从未经过质证。该儿童自始至终全然不知判决的真正理由。

㉚例如,1990年联合国颁布了《儿童权利公约》。1991年,在该公约的批准过程中,联合王国政府作出了若干正式的保留声明,这在很大程度上与苏格兰儿童听证会制度相关。关于该联合国公约的一部非常有益的著作——从国际和苏格兰的双向视角,参见阿斯奎思和希尔(1994)。

㉛自1985年起,听证会可能指定一位"保卫者"以维护儿童在诉讼程序中的各项利益。起初,只有在主席认为孩子与其监护人之间确实或者可能存在利益冲突的情况下,才能行使此项权力,因而指定"保卫者"的情况多出现在照管及保护案件中,而基于犯罪的案件则少得多。自1995年法施行以来(参见注释⑯),"利益冲突"的要件被取消,但指定"保卫者"

的情况仍然主要见于前类案件中。如果受指定人是事务律师(solicitor),则他/她无权要求获得公众基金支持的法律援助。

⑫专门小组成员的特点,在70年代至90年代期间已有所改变,特别是,目前女性成员占去大半席位,并且非专业性、非管理性社会经济团体的人士为代表的比例也明显扩大(里德,1998,185－187)。这些变化对于文中所提到的判决可能产生的影响究竟有多大,现在尚不明确。

⑬尤其是阿斯奎思(1983,157)对英格兰法院的判例观察较多(35件),而对苏格兰儿童听证会的案例观察较少(30件)。

⑭需注意,促使案件移送儿童听证会的起诉与该听证会随后作出的为儿童福利着想的判决二者关系的问题并不限于犯罪案件中。实际上,关于儿童听证会制度的最重要案例之一是一个照管及保护案件,正是此案引发了该问题:参见诺里(1997,第8章)和卡尼(1998)关于 *O v. Rac* (1992 SCLR 318)的讨论。

⑮该方法得到了苏格兰法院的支持,*Humphries v. S* (1986 SLT 683)即是一例。该案中,"对其出具拘留令,是基于儿童的自身利益,以防止该儿童继续犯罪而处于更为不利的境况中"(卡尼,1998,169)。

⑯哈利特和默里(1998)建议:向孩子及其监护人说明理由,确定他们是否最终接受所述理由,这些前期准备工作可以交予报告员来做。但是,令报告员担当这一角色可能会存在一些技术上的障碍。

⑰多年以来,因诉讼理由遭到否定而率先提交至郡法院处理的儿童听证会案件显著增多。整体而言,这一增长主要是由移交的非犯罪案件的相应增长而引起的(参见表15.5);且诉讼理由遭否定的情况多发生在非犯罪案件中。(1996—1997年间,非犯罪案件所涉理由被否定的比例占到48%,而犯罪案件的这一数据是14%。)但是,与苏格兰制度的 498
早期情况相比,目前移交的犯罪案件遭否定的比例已经有所扩大。

⑱1995年因不服儿童听证会的处理决定而向郡法院上诉的案件只有145件,而这项新权利不太可能大比例地运用于上诉案件中。

⑲90年代中期,一些人曾担心,1995年法中的新规定可能有损福利的最高权威性(参见上文注释⑯),"除非专门小组成员真正充分地考虑到了公共利益,否则,将会有更多的儿童犯罪案件不能适用儿童听证制度,而是直接面对普通法院的处理"(里德,1998,196)。至今尚无证据证实这种担忧;事实上,对未满16岁儿童的起诉较之90年代初期仍处于稍低的水平。

⑳关于报告员未采取任何措施的犯罪案件情况,可参见表15.6(尽管如此,有必要注意,其中一些案件的儿童已经被置于监管之下,且在福利本位的制度中,可能将案件移交给儿童听证会的唯一的正当理由只能是,改变监管条件被认为是对该儿童有利的)。全国统计资料对于未被监管的儿童情况有所记录,这些案件被送交儿童听证会,后经该听证会处理被撤销:过去10年里该数据稳定保持在45%左右。

㉑哈利特和默里(1998)的研究表明,与儿童听证会制度相关的专业人士,特别是专门小组成员和各地区儿童专门小组主席认为,该制度最大问题之一是缺乏资源(1998,89)。哈利特和默里认为,该制度存在着结构性的问题,即该制度非常强调探寻并改善青少年的

问题及需要,然而"较之于其他一些权力者,如刑事司法制度中的郡治安法官,报告员和专门小组成员调遣资源的权力相当有限"(1998,89)。

㉜如前所记,儿童听证会对作为监管对象的青少年拥有持续管辖权。这一权力可以延展至 18 岁,且因此,如果被监管的儿童在 16 岁犯罪,则该儿童既可由成人刑事法院亦可由儿童听证会来处理。实践中,此类案件目前大多会在成人法院提起诉讼。

㉝但是因为研究者在匹配标识符上的技术问题,还不清楚该数据是否基于具有全面代表性的案例样本。

㉞一些地方警察部门先前试用过"恢复性警告"政策(作为一种主流方法),例如,一种着眼于恢复性司法原则的"附加警告"。

㉟根本不同的法律范畴大大地增加了对英格兰和苏格兰之间的犯罪率记录进行比较的复杂性。然而,据一份 1981 年警方记录信息的特别分析显示,在所调查的 6 类犯罪中,苏格兰有 5 类犯罪率较高(史密斯,1983)。同样是在 1981 年进行的英国首次全民犯罪调
499 查结果却与警方记录信息不同(至少在针对个人和家庭方面的犯罪如此,而这两方面是本次常住人口犯罪调查所涵盖的全部范围),该报告表明,在所调查的 13 类犯罪中,有 11 类在两地当年的犯罪率近似,另有两类则是英格兰较高。导致警方记录的犯罪信息与全国调查结果之间存在如此差异的一个重要原因是,苏格兰地区受害人向警方报案的比例更高(梅休和史密斯,1985)。

㊱史密斯和扬(1999,27-28)就两地(英格兰与苏格兰)犯罪率比较提出了一个可供选择的假设,且在其推理过程中,他们提到了儿童听证会制度的存在方式。然而,他们并未注意到两地对于少年犯正式处理的比率差异(如表 15.8 所示),而这些数据似乎正好对其提议形成了某些诘难。

参考文献

Adler, R. M. (阿德勒, R. M.). 1985. *Taking Juvenile Justice Seriously*. Edinburgh: Scottish Academic Press.

Alder, C. (奥尔德, C.), and J. Wundersitz(旺德塞茨, J.), eds. 1994. *Family Conferencing and Juvenile Justice: The Way Forward or Misplaced Optimism?* Canberra: Australian Institute of Criminology.

Allen, F. (艾伦, F.). 1964. *The Borderland of Criminal Justice*. Chicago: University of Chicago Press.

——. 1981. *The Decline of the Rehabilitative Ideal: Penal Policy and Social Purpose*. New Haven, CT: Yale University Press.

Allen, R. (艾伦, R.). 1991. "Out of Jail: The Reduction in the Use of Penal Custody for Male Juveniles 1981-88." *Howard Journal of Criminal Justice* 30: 30-52.

Asquith, S. (阿斯奎思, S.). 1983. *Children and Justice: Decision-Making in Children's Hearings and Juvenile Courts*. Edinburgh: Edinburgh University Press.

——. 1998. "Scotland." In J. Mehlbye and L. Walgrave, eds., *Confronting Youth in Europe: Juvenile Crime and Juvenile Justice*. Copenhagen: AKF Forlaget.

Asquith, S.(阿斯奎思,S.), and M. Hill(希尔,M.), eds. 1994. *Justice for Children*. Dordrecht: Martinus Nijhoff.

Audit Commission(审计委员会). 1996. *Misspent Youth: Young People and Crime*. London: Audit Commission.

Bainham, A.(贝恩汉姆,A.). 1990. *Children—The New Law: The Children Act 1989*. Bristol: Jordan and Sons.

Bottomley, A. K.(博顿利,A. K.). 1973. *Decisions in the Penal Process*. London: Martin Robertson.

——. 1980. "The 'Justice Model' in America and Britain: Development and Analysis." In A. E. Bottoms and R. H. Preston, eds., *The Coming Penal Crisis*. Edinburgh: Scottish Academic Press.

Bottoms, A. E.(博顿斯,A. E.). 1974. "On the Decriminalisation of English Juvenile Courts." In R. Hood, ed., *Crime, Criminology, and Public Policy: Essays in Honour of Sir Leon Radzinowicz*. London: Heinemann.

——. 1980. "An Introduction to 'The Coming Crisis.'" In A. E. Bottoms and R. H. Preston, eds., *The Coming Penal Crisis*. Edinburgh: Scottish Academic Press.

——. 1995. *Intensive Community Supervision for Young Offenders: Outcomes, Process, and Cost*. Cambridge: University of Cambridge Institute of Criminology.

Bottoms, A. E.(博顿斯,A. E.); P. Brown(布朗,P.); B. McWilliams(麦克威廉斯,B.); W. McWilliams(麦克威廉斯 ,W.); and M. Nellis(内利斯,M.). 1990. *Intermediate Treatment and Juvenile Justice*. London: HMSO.

Bottoms, A. E.(博顿斯,A. E.); K. Haines(海恩斯,K.); and D. O'Mahony(奥马霍尼,D.). 1998. "England and Wales." In J. Mehlbye and L. Walgrave, eds., *Confronting Youth in Europe: Juvenile Crime and Juvenile Justice*. Copenhagen: AKF Forlaget. 500

Bottoms, A. E.(博顿斯,A. E.); J. D. McClean(麦克林,J. D.); and K. Patchett(帕奇特,K.). 1970. "Children, Young Persons and the Courts—A Survey of the New Law." *Criminal Law Review* 368 - 95.

Braithwaite, J.(布雷斯韦特,J.). 1999. "Restorative Justice: Assessing Optimistic and Pessimistic Accounts," *Crime and Justice: A Review of Research* 25: 1 - 127.

Burney, E.(伯尼,E.). 1985. *Sentencing Young People: What Went Wrong with the Criminal Justice Act 1982*. Aldershot: Gower.

Cavenagh, W. E.(卡夫纳,W. E.). 1976. *The Changing Face of Juvenile Justice* (Eleanor Rathbone Memorial Lecture). Birmingham: University of Birmingham.

Clarke, J.(克拉克,J.). 1980. "Social Democratic Delinquents and Fabian Families: A Background to the 1969 Children and Young Persons Act." In National Deviancy Conference, *Permissiveness and*

Control: *The Fate of the Sixties Legislation*. London: Macmillan.

Cowperthwaite, D. J. (考珀思韦特, D. J.). 1988. *The Emergence of the Scottish Children's Hearings System*. Southampton: Institute of Criminal Justice, University of Southampton.

Ditchfield, J. (迪奇菲尔德, J.). 1976. *Police Cautioning in England and Wales*. Home Office Research Study no. 37. London: HMSO.

Donzelot, J. (唐泽洛特, J.). 1980. *The Policing of Families*. London: Hutchinson.

Elkin, W. (埃尔金, W.). 1938. *English Juvenile Courts*. London: Kegan Paul.

Erickson, P. (埃里克森, P.). 1982. "The Client's Perspective." In F. M. Martin and K. Murray, eds., *The Scottish Juvenile Justice System*. Edinburgh: Scottish Academic Press.

Evans, R. (埃文斯, R.), and R. Ellis (埃利斯, R.). 1997. *Police Cautioning in the 1990s*. Home Office Research Findings no. 52. London: Home Office.

Evans, R. (埃文斯, R.), and C. Wilkinson (威尔金森, C.). 1990. "Variations in Police Cautioning Policy and Practice in England and Wales." *Haward Journal of Criminal Justice* 29: 155 – 76.

Farrington, D. P. (法林顿, D. P.). 1984. "England and Wales." In M. W. Klein, ed., *Western Systems of Juvenile Justice*. Beverly Hills, CA: Sage.

——. 1997. "Human Development and Criminal Careers." In M. Maguire, R. Morgan, and R. Reiner, eds., *The Oxford Handbook of Criminology*. 2nd ed. Oxford: Clarendon Press.

Farrington, D. P. (法林顿, D. P.), and T. H. Bennett (贝内特, T. H.). 1981. "Police Cautioning of Juveniles in London." *British Journal of Criminology* 21: 123 – 35.

Farrington, D. P. (法林顿, D. P.), and J. N. Burrows (伯罗斯, J. N.). 1993. "Did Shoplifting Really Decrease?" *British Journal of Criminology* 33: 57 – 69.

Farrington, D. P. (法林顿, D. P.); P. A. Langan (兰根, P. A.); and P – O. H. Wikström (威克斯特罗姆, P – O. H.). 1994. "Changes in Crime and Punishment in America, England, and Sweden in the 1980s and 1990s." *Studies in Crime and Crime Prevention* 3: 104 – 31.

Faust, F. L. (福斯特, F. L.), and P. J. Brantingham (布兰廷哈姆, P. J.). eds., 1979. *Juvenile Justice Philosophy*. 2nd ed. St. Paul, MN: West Publishing.

Flexner, B. (弗莱克斯纳, B.), and R. N. Baldwin (鲍德温, R. N.). 1915. *Juvenile Courts and Probation*. London: Grant Richards. (Copyright 1914, U. S. A.: Century Co.)

Gelsthorpe, L. R. (格尔索普, L. R.), and A. M. Morris (莫里斯, A. M.). 1994. "Juvenile Justice, 1945 – 1992." In M. Maguire, R. Morgan, and R. Reiner, eds., *The Oxford Handbook of Criminology*. Oxford: Clarendon Press.

502 Giddens, A. (吉登斯, A.). 1990. *The Consequences of Modernity*. Cambridge: Polity Press.

Marshall, T. H. (马歇尔, T. H.). 1975. *Social Policy*. 4th ed. London: Hutchinson University Library.

Martin, F. M. (马丁, F. M.); S. Fox (福克斯, S.); and K. Murray (默里, K.). 1981. *Children Out of Court*. Edinburgh: Scottish Academic Press.

Maxwell, G.（马克斯韦尔，G.），and A. M. Morris（莫里斯，A. M.）. 1993. *Family, Victims, and Culture: Youth Justice in New Zealand*. Wellington: Social Policy Agency and Victoria University of Wellington.

Mayhew, P.（梅休，P.），and L. J. F. Smith（史密斯，L. J. F.）. 1985. "Crime in England and Wales and Scotland: A British Crime Survey Comparison." *British Journal of Criminology* 25: 148 – 59.

Mehlbye, J.（梅尔白，J.），and L. Walgrave（沃尔格雷夫，L.），eds. 1998. *Confronting Youth in Europe: Juvenile Crime and Juvenile Justice*. Copenhagen: AKF Forlaget.

Morris, A. M.（莫里斯，A. M.），and H. Giller（吉勒，H.）. 1977. "The Juvenile Court—The Client's Perspective." *Criminal Law Review*, 198 – 205.

——. 1987. *Understanding Juvenile Justice*. London: Croom Helm.

Morris, A. M.（莫里斯，A. M.）; H. Giller（吉勒，H.）; M. Szwed; and H. Geach. 1980. *Justice for Children*. London: Macmillan.

Morris, A. M.（莫里斯，A. M.），and M. McIsaac（麦基萨克，M.）. 1978. *Juvenile Justice?* London: Heinemann Educational Books.

Morris, N.（莫里斯，N.），and G. Hawkins（霍金斯）. 1970. *The Honest Politician's Guide to Crime Control*. Chicago: University of Chicago Press.

NACRO. 1989. *Replacing Custody*. London: National Association for the Care and Resettlement of Offenders.

Nellis, M.（内利斯，M.）. 1990. "Intermediate Treatment and Juvenile Justice in England and Wales, 1960 – 1985." Unpublished Ph. D. diss. University of Cambridge.

Norrie, K.（诺里，K.）. 1997. *Children's Hearings in Scotland*. Edinburgh: W. Green/Sweet and Maxwell.

Northern Ireland Office（北爱尔兰政府）. 2000. *Review of the Criminal Justice System in Northern Ireland*. Belfast: Stationery Office.

O'Mahony, D.（奥马霍尼，D.），and K. Haines（海恩斯，K.）. 1996. *An Evaluation of the Introduction and Operation of the Youth Court*. Home Office Research Study no. 152. London: Home Office.

Packman, J.（帕克曼，J.）. 1975. *The Child's Generation: Child Care Policy from Curtis to Houghton*. Oxford: Basil Blackwell.

Padfield N.（帕德菲尔德，N.），and A. Liebling（利布林，A.）. 2000. *An Exploration of Decision-Making at Discretionary Lifer Panels*. Home Office Research Study no. 213. London: Home Office.

Paternoster, R.（帕特诺斯特，R.）; R. Brame; R. Bachman; and L. W. Sherman. 1997. "Do Fair Procedures Matter? The Effect of Procedural Justice on Spouse Assault." *Law and Society Review* 31: 163 – 204.

Petch, A.（佩奇，A.）. 1988. "Answering Back: Parental Perspectives on the Children's Hearing System." *British Journal of Social Work* 18: 1 – 24.

Pitts, J.（皮茨, J.）. 1988. *The Politics of Juvenile Crime*. London: Sage.

Reid, B.（里德, B.）. 1998. "Panels and Hearings." In A. Lockyer and F. H. Stone, eds., *Juvenile Justice in Scotland: Twenty-Five Years of the Welfare Approach*. Edinburgh: T. & T. Clark.

Richardson, N.（理查森, N.）. 1987. *Justice by Geography*? Manchester: Social Information Systems.

——. 1988. *Justice by Geography II*. Manchester: Social Information Systems.

Royal Commission on Criminal Procedure. 1980. *Report*. Cmnd. 8092. London: HMSO.

Rutherford, A.（拉瑟福德, A.）. 1986. *Growing Out of Crime*, Harmondsworth: Penguin.

Giller, H.（吉勒, H.）, and A. M. Morris（莫里斯, A. M.）. 1981. *Care and Discretion: Social Workers' Decisions with Delinquents*. London: Burnett Books.

Goldson, B.（戈德森, B.）, ed. 2000. *The New Youth Justice*. Lyme Regis, Dorset: Russell House.

Grove, P. G.（格罗夫, P. G.）; D. A. Godfrey（戈弗雷, A.）; and J. F. Macleod（麦克劳德, J. F.）. 1999. *Long-Term Prison Population Projection: Operational Research Unit Model*. London: Home Office Research, Development, and Statistics Directorate.

Hall, P.（霍尔, P.）. 1976. *Reforming the Welfare: The Politics of Change in the Personal Social Services*. London: Heinemann.

Hallett, C.（哈利特, C.）, and C. Murray（默里, C.）. 1998. *The Evaluation of Children's Hearings in Scotland*. Vol. 1. *Deciding in Children's Interests*. Edinburgh: Scottish Office Central Research Unit.

Home Office（内政部）. 1927. *Report of the Departmental Committee on the Treatment of Young Offenders*. Cmd. 2831. London: HMSO.

——. 1960. *Report of the Committee on Children and Young Persons*. Cmnd. 1191 (Ingleby Report). London: HMSO.

——. 1965. *The Child, the Family, and the Young Offender*. Cmnd. 3601. London: HMSO.

——. 1968. *Criminal Statistics, England and Wales 1967*. London: HMSO.

——. 1970. *Part 1 of the Children and Young Persons Act, 1969: A Guide for Courts and Practitioners*. London: HMSO.

——. 1970. *Care and Treatment in a Planned Environment: A Report on the Community Homes Project*. London: HMSO.

——. 1980. *Young Offenders*. Cmnd. 8045. London: HMSO.

——. 1988. *Punishment, Custody, and the Community*. Cm. 424. London: HMSO.

——. 1990. *Crime, Justice, and Protecting the Public*. Cm. 965. London: HMSO.

——. 1997. *No More Excuses: A New Approach to Tackling Youth Crime in England and Wales*. Cm. 3809. London: Stationery Office.

Jones, R.（琼斯, R.）. 1984. "Questioning the New Orthodoxy." *Community Care*, 11 October, 26–29.

Kearney, B.(卡尼, B.). 1992. *The Report of the Inquiry into Child Care Policies in Fife*. Edinburgh: HMSO.

——. 1998. "The Relationship between Courts and Hearings." In A. Lockyer and F. H. Stone, eds., *Juvenile Justice in Scotland: Twenty-Five Years of the Welfare Approach*. Edinbrurgh: T. & T. Clark.

Klein, M.(克莱因, M.). 1979. "Deinstitutionalization and Diversion of Juvenile Offenders: A Litany of Impediments." *Crime and Justice: A Review of Research* 1: 145 – 201.

Kuenssberg, S.(屈恩斯伯格, S.), and A. Miller(米勒, A.). 1998. "Towards a National Reporter Service." In A. Lockyer and F. H. Stone, eds., *Juvenile Justice in Scotland: Twenty-Five Years of the Welfare Approach*. Edinburgh: T. & T. Clark.

Lockyer, A.(洛克耶, A.), and F. H. Stone(斯通, F. H.). 1998a. "Foundations and Development." In A. Lockyer and F. H. Stone, eds., *Juvenile Justice in Scotland: Twenty-Five Years of the Welfare Approach*. Edinburgh: T. & T. Clark.

——. 1998b. "Prospects." In A. Lockyer and F. H. Stone, eds., *Juvenile Justice in Scotland: Twenty-Five Years of the Welfare Apporach*. Edinburgh: T. & T. Clark.

Mack, J. W.(麦克, J. W.). 1909. "The Juvenile Court." *Harvard Law Review* 23: 104.

Mackie, J. D.(麦凯, J. D.). 1978. *A History of Scotland*. 2nd ed. Harmondsworth: Penguin Books.

Schur, E. M.(舒尔, E. M.). 1973. *Radical Nonintervention: Rethinking the Delinquency Problem*. En- 503
glewood Cliffs, NJ: Prentice-Hall.

Scottish Executive(苏格兰政府). 2000. *It's a Criminal Waste: Stop Youth Crime Now*. Report of the Advisory Group on Youth Crime. Edinburgh: Scottish Executive.

Scottish Office(苏格兰政府). 1964. *Report of the Committee on Children and Young Persons (Scotland)*. Cmnd. 2306 (Kilbrandon Report). Edinburgh: HMSO.

——. 1991. *Children and Crime, Scotland, 1989*. Edinburgh: Scottish Office Statistical Bulletin (Criminal Justice Series).

——. 1997. *Referrals of Children to Reporters and Children's Hearings, 1995 – 96*. Edinburgh: Scottish Office Statistical Bulletin (Social Work Series).

——. 1999. *Criminal Proceedings in Scottish Courts, 1997*. Edinburgh: Scottish Office Statistical Bulletin (Criminal Justice Series).

Sleeman, J. F.(斯利曼, J. F.). 1973. *The Welfare State*. London: George Allen and Unwin.

Smith, D. J.(史密斯, D. J.), and P. Young(扬, P.). 1999. "Crime Trends in Scotland since 1950." In P. Duff and N. Hulton, eds., *Criminal Justice in Scotland*. Aldershot: Ashgate/Dartmouth.

Smith, L. J. F.(史密斯 , L. J. F.). 1983. *Criminal Justice Comparisons: The Case of Scotland and England and Wales*. Research and Planning Unit Paper no. 17. London: Home Office.

Sparks, J. R.(斯帕克斯, J. R.); A. E. Bottoms(博顿斯, A. E.); and W. Hay(海, W.). 1996. *Pris-*

ons and the Porblem of Order. Oxford: Clarendon Press.

Sparks, R. F. (斯帕克斯, R. F.), and R. G. Hood(胡德, R. G.), eds. 1969. *The Residential Treatment of Disturbed and Delinquent Boys*. Cambridge: University of Cambridge Institute of Criminology.

Stang Dahl T. (斯唐·达尔, T.). 1985. *Child Welfare and Social Defence*. Oslo: Norwegian University Press.

Taylor L. (泰勒, L.); R. Lacey(莱西, R.); and D. Bracken(布拉肯, D.). 1979. *In Whose Best Interests? The Unjust Treatment of Children in Courts and Institutions*. London: Cobden Trust/Mind.

Thomas, D. A. (托马斯, D. A.). 1995. "Sentencing Reform: England and Wales." In C. Clarkson and R. Morgan, eds., *The Politics of Sentencing Reform*. Oxford: Clarendon Press.

Thornton, D. (桑顿, D.); L. Curran; D. Grayson; and V. Holloway. 1984. *Tougher Regimes in Detention Centres: Report of an Evaluation by the Young Offender Psychology Unit*. London: HMSO.

Thorpe, D. (索普, D.); D. Smith(史密斯, D.); C. Green(格林, C.); and J. Paley(佩利, J.). 1980. *Out of Care: The Community Support of Juvenile Offenders*. London: George Allen and Unwin.

Tutt, N. (塔特, N.), and H. Giller(吉勒, H.). 1987. "'Manifesto for Management': The Elimination of Custody." *Justice of the Peace* 151: 200 – 202.

Tyler, T. R. (泰勒, T. R.). 1990. *Why People Obey the Law*. New Haven, CT: Yale University Press.

Universities of Sheffield and Hull. 1999. *Youth Justice Pilots Evaluation: Second Interim Report—Youth Offending Teams after One Year*. Sheffield: University of Sheffield Department of Law.

von Hirsch, A. (冯赫西, A.). 1986. *Past or Future Crimes*. Manchester: Manchester University Press.

von Hirsch, A. (冯赫西, A.); A. E. Bottoms(博顿斯, A. E.); E. Burney(伯尼, E.); and P-O. H. Wikström(威克斯特罗姆, P-O. H.). 1999. *Criminal Deterrence and Sentencing Severity*. Oxford: Hart Publishing.

Waterhouse, L. (沃特豪斯, L.); J. McGhee(麦吉, J.); B. Whyte(怀特, B.); N. Loucks; H. Kay (海, H.), and R. Stewart(斯图尔特, R.). 2000. *The Evaluation of Children's Hearings in Scotland*. Vol. 3. *Children in Focus*. Edinburgh: Scottish Executive.

Wheeler, S. (惠勒, S.); E. Bonacich(博纳奇, E.); M. R. Cramer(克拉默, M. R.), and I. K. Zola (佐拉, I. K.). 1968. "Agents of Delinquency Control." In S. Wheeler, ed., *Controlling Delinquency*. New York: John Wiley.

504 Whyte, B. (怀特, B.). 1998. "Rediscovering Juvenile Delinquency." In A. Lockyer and F. H. Stone, eds., *Juvenile Justice in Scotland: Twenty-Five Years of the Welfare Approach*. Edinburgh: T. & T. Clark.

Windlesham, Lord(温德尔沙姆, 洛德). 1993. *Responses to Crime*. Vol. 2. *Penal Policy in the Making*. Oxford: Clarendon Press.

Zander, M.(赞德, M.) 1975. "What Happens to Young Offenders in Care." *New Society*, 24 July, 185 – 87.

505 第十六章　现代欧洲少年司法

加普·E.德克(Jaap E.Doek)

1993年2月12日，两名十岁的英国男孩在逃学期间，从一购物中心里诱拐了一名两岁的男童，在距离那里两英里的地方将他打死，并把尸体抛在铁轨之上等着下一列火车从他身上碾过。借助购物中心的监控录像，不到一个月，警方就将他们缉拿归案。同年的11月份，法官对他们进行了审判，众多国内外人士参加了听审。法庭上，法官和律师都戴着金色假发，穿着黑色长袍，用审判成人罪犯的方式开庭审理他们。两个少年坐在特意加高的被告席上，旁边坐着他们的父母、社工和辩护律师。每天人们都会用很不友好的目光看着他们来到法庭。他们被指控犯了谋杀罪，并被判处了监禁，依女王意愿来确定其期限，即不定期限。法官评述道："他们不仅必须要完全改过自新，而且不再危害他人，但是真正的危险却是其他人对他们的打击报复。""考虑到当时那令人毛骨悚然的现场以及被告人实施犯罪时的年龄，并且为了满足公众报应性惩罚的需要和实现对杀人者的一般性震慑"，他认为判处他们8年的监禁是必要的。但是大多数公众要求判处他们死刑，后来他们被告知要服刑15年。①

两名男孩向欧洲人权法院提出上诉，宣称一审判决违反了《欧洲人权公约》的下列条款：第3条，即有关非人道惩罚的规定；第5条第1款和第4款，即有关剥夺自由的规定；第6条第1款，即有关隐私权和不公开审理少年犯罪案件的规定。该法院最终于1999年12月16日作出裁定，认为一审在庭审和量刑过程中适用法律得当，没有上述错误。②

在欧洲法院判决后不足一个月，2000年1月13日，美国密歇根州的法官
506 对一名13岁的男孩又作出判决，他被指控在11岁时枪杀另一个男孩，犯了二

级谋杀罪。法官并没有像判决成年人那样对待该被告,而是指令将其送到教养学校,一直到21岁为止,并且在此期间每年要对其进步状况作两次例行审查。该法官说:“我曾向立法机关力陈要在少年司法制度框架内完善司法资源和司法程序,而不是把更多的未成年人推向业已失败的成年人司法制度。”③

这两则案例虽不是很典型,但都反映出大西洋两岸,围绕着少年司法制度,都在争论的一些焦点问题。例如:少年暴力犯罪呈上升趋势;承担刑事责任的最小年龄;公正审判原则,包括尊重个人隐私和聘请律师的权利;少年法院及其法官的作用及性质;在审判过程中如何处理惩罚(或报复)与康复(或治疗)两种目标之间的紧张关系等等。

欧洲法律传统的多样性拉开了本土少年司法走向统一的序幕。本章试图通过对三个斯堪的纳维亚国家和四个西欧国家司法制度的分析,找出其中的相似性和差异性,并试着提出一些意见和建议。由于没有足够的文献资料,前苏联和东欧国家并不包括在内。虽然如此,所有的欧洲国家无论东欧还是西欧它们都是《联合国儿童权利公约》的成员,大部分还是《欧洲保护人权和基本自由公约》的成员,该公约及其众多议定书的监督和实施都是由欧洲人权委员会来负责的。因此,这些国家在一开始就规定了平等适用于少年犯和成年犯罪人的刑事司法一般原则。

斯堪的纳维亚

丹麦

在丹麦,承担刑事责任的最低年龄是15岁。对那些低于15岁的少年,警方只能在征得当地维护儿童权益的社会福利部门的许可后,才能对他们进行讯问,但不能对他们实施逮捕。只有犯罪时年龄在15—17岁之间的少年,才能被称为少年犯。警方可以逮捕他们,也可以讯问他们(但必须征得社会福利部门的同意),还可以起诉他们,甚至审前还可以将他们羁押。但通常情况下鲜有羁押的适用，一旦有，社会福利工作者们将会确保他们被送至负责关押罪行严重少年犯的专门机构。

507 少年们有权拥有自己的法律顾问（通常由政府委派并支付费用）。如果少年被判有罪，社会福利工作人员将会提出一个行动计划予以帮助，有时还会有家长的参与。公诉人可能会要求中止处刑，甚至撤销指控。如果少年犯从事社区服务满240小时，可以中止其刑罚的执行，或者对其实行拘留（一种短期羁押刑，期限为6日至6个月不等）。一些少年会被判处适度的罚金，可以分期支付。最重的刑罚是被判处8年监禁，但必须将少年罪犯和成年罪犯分开关押。

芬兰

如同在丹麦，芬兰承担刑事责任的最低年龄也是15岁。在父母或其他监护人在场的情况下，涉案的未成年人可以被讯问。那些年满15岁尚不满20岁的涉案人被称为"少年犯"。不满18岁的嫌疑人在没有证人指证的情况下不接受讯问。同时，地方少年福利委员会的代表将被要求出庭，他们的父母也将有机会出庭。然而，如果是经过授权紧急行动，那么以上规则将会被舍弃。对那些被处以监禁的犯罪，警方或公诉机关还需要向法院提交有关嫌疑人的个人背景报告。

和丹麦一样，在芬兰，少年犯有权利拥有法律顾问（如果必要的话，费用由政府支付）。法院（但不是专门的少年法院）会裁定审判过程不向社会公开。不满18岁的少年犯少有被送到监狱的，且大多数也是处于审前羁押状态。通过做社区服务或赔偿金钱的方式等解决加害者与受害者之间的矛盾是最终的目的；而训练有素的志愿者们使得两者之间的和解变得更加容易。在社会福利部门与警方合作比较密切的地方，大多数情况下和解都能成功。当局正在考虑强制和解的问题。

瑞典

在瑞典,承担刑事责任的年龄起点是15岁。然而自1985年以来,那些与社会福利部门有密切合作关系的警察机构,可以调查年龄在12—15岁的儿童实施的犯罪。而这些福利部门也可要求中止此类的调查。鉴于少年犯罪的个 508
人原因和社会原因,他们可能会对少年犯的家庭提出一些治疗方法或予以经济上的支持。这些措施通常是非强制性的,并且需要罪犯及其家人的合作。那些12—14岁的儿童若显示出极端的反社会行为或吸毒的话,为此,就应该对他们采取更为严厉的措施,比如将他们送到儿童教养场所或相关的矫正机构等。这些措施得到了一些郡的行政法院的批准,而这些行政法院是与刑事法院相分立的。

瑞典的社会福利部门起到了(或被认为起到了)非常重要的作用,尤其是对年龄在15、16、17岁被称之为“少年犯”的犯罪人(那些18、19、20岁的被称为“年轻的成年人”更多的是被当作成年罪犯处理;既然他们不再是少年,这次调查就没包括他们)。对少年犯罪的指控通常是由一些负责此类案件的专门机构的警官来调查,他们与社会福利部门的官员们有着密切的工作联系。调查的结果将会送到公诉人那里,他们有以下多种选择:

◆ 如果认为行为不构成犯罪或没有足够的证据证明,公诉人可以停止调查。

◆ 如果犯罪人已承认了被指控的罪行,对他的指控就可以放弃,也就意味着被告人将不会再面临进一步的指控。

◆ 如果犯罪嫌疑人已经承认了罪行,那么公诉人可以对其作出当场处罚的命令,而处罚措施的尺度要经过该少年的同意。

◆ 少年犯也可能会受到常规的审判(这仅占所有少年犯罪案件的15%,在瑞典没有少年法院)。处罚措施是有限的且带有福利性质,包括:

罚金;缓刑;将他们移交到社会福利委员会,由它们来决定适当的处罚措施;附条件的判刑,但在某些条件下可以中止适用;监禁刑,仅适用于十分严重的犯罪。

西欧

法国

在法国,少年司法制度是由1945年2月2日颁布的条例规定的,该条例曾被修正过三次,分别是在1951年、1993年和1994年。1994年的修正案要求引入一部针对少年被告人的特别法,然而这部法典仍在讨论之中,至今还没有议案提交到议会。自1945年以来,在法国负刑事责任的最小年龄一直是13
509 岁。然而,只有在罪行极其严重的情况下,年龄低于18岁的犯罪人才可能会受到刑事处罚,且这种处罚还必须足以防止其再犯。可见,这一制度的设立还是有其福利性质的:"根据案件的具体情况,少年犯能获得如保护措施、援助措施、监督措施和适当的教育措施等方式的处理。"甚至18—20岁的人也可以从此项轻刑标准中受益,即使该标准本来只适用于年龄较小的犯罪人。

虽然警方需要向检察机构报告它所掌握的全部罪行,但如果罪行不是很严重的话,可能仅对少年犯处以警告。如果进一步的调查获得许可的话,少年犯可能会被处以警察拘留。这种处罚需要得到检察机关和法院的批准,有时可能是强加在10—13岁的儿童身上,但其适用有个前提,就是犯罪行为在正常情况下至少被判处7年以上监禁。对于10—13岁的儿童,警察拘留的最长期限是10小时,而对于13—17岁的少年,警察拘留的最长期限是24小时。需要延长时必须经过法官的批准。对年龄低于16岁的儿童实行拘留时,拘留开始前须依法对他进行医疗检查;而年龄在16、17岁的少年,即使他本人或其父母要求,也无须做这种专门检查。所有要实行警察拘留的案件,警方必须马上通知犯罪人的父母,如果犯罪人的年龄是在16岁以下的话,还需为其指定律师。

检察机关基于“机会原则”拥有很大的自由裁量权。如果证据不足或者控诉不是成就公众利益(例如,行为人实施的是一个非暴力犯罪行为,而且受害者已经得到来自犯罪人的赔偿),那么检察机关就可以无条件或有条件的结案。有一些案件没有经过进一步的调查就被移送到法院了。如果需要进一步的调查,年满13周岁以及稍大一点的少年可能要受到审前羁押。对13—15岁的少年犯来说,正常情况下最长的羁押期限是6个月,对于稍大一点的少年犯,最长羁押期限则为12个月。

1991年10月1日,法国司法部长坚决地表示,负责少年犯罪案件的检察官必须是非常专业的人士。一些大的辖区在检察院内部都设有专门处理少年犯罪的机构。法国在1912年颁布的一部法律(毫无疑问,该法是受到1899年在芝加哥成立的第一个少年法院的启发)创制了一个特别法庭,即少年法庭(*the tribunal pour enfants*),专门负责审理13岁以上年龄的少年犯。在这个特别法庭里,法官不仅负责有关儿童犯罪的案件,还要处理一些诸如虐待儿童和对他们疏于管教、旷课、出逃及其他与儿童有关的事务等。

检察官在其职权范围内将大量的少年犯罪案件移交给少年法庭法官(*juge des enfants*)。我们可以称这些法官为预审法官(*juge d'instruction*)。因此,法官在开始审判之前就可介入到案件中来并可以采取一些可能的临时措施, 510
如监视该儿童在正常环境下的表现,将他送到教养院或对他实施拘留。在此期间,法官可以在非正式的场所(通常是法官办公室)会见这个儿童或他的父母,通常法院的社会福利工作者作为顾问也参与其中。经过审判,这种临时措施的结果可能会影响到判刑,法官或许只宣告该少年有罪但不给予刑事处罚(即只定罪不判刑)。

大多数严重的案件会被移送到少年事务法庭,这是一个由三名法官组成的合议庭,这些案件将会被判处监禁刑。三名法官中,一名是少年法官,由其主持审判,另外有两名非专业法官辅助主审法官。后者通常由法院院长指定,须年满30岁,并对儿童事务非常感兴趣。

最严重的犯罪(*les crimes*)由少年重罪法庭(*cour d'assises des mineurs*)来处

理。该法庭是由一名主审法官,两名少年法官和九人陪审团组成。每年大约有100件案子被移送到该法庭,这些案子不足所有少年犯罪案件的0.2%。法官作出判决后,被告人可能要上诉。上诉法院还成立了一个由三名法官组成的合议法庭专门负责此事。

对受审的少年犯来说,可以采用多种教育措施。其中包括监视其自由(*la liberté surveillee*);将他送到教养院(可为其教养提供所需的各种帮助);赔偿受害人;社区服务;年龄满16岁及以上的少年犯可以选择社区服务(最长期限为240小时)替代拘留刑。当适用传统刑罚(如罚金或监禁刑)时,就同一犯罪行为而言,少年犯应承担的罚金数额或监禁期限的上限通常为成年人的一半。

德国

在德国,承担刑事责任的年龄下限是14岁。少年司法规则只适用于那些犯罪时不满18岁的少年,尽管那些18至20岁的犯罪人也可能受到少年法院的审判。一方面是处理少年犯罪案件的过程,另一方面是保护儿童的过程,这样以上两者的区别就非常清晰了,前者是由少年法院(*Jugendgericht*)处理,后者由家事法院处理。

警方一旦对案件进行了调查,那就意味着该案必须移送到检察院,而警方在此过程中无权撤销案件。警察拘留的时间可达48小时,如果要延长则须征得法官的同意。少年犯有权打电话通知律师来,但警方讯问儿童时,律师则无权自动出现。

处理少年犯罪案件的检察官必须具有相关的关于从事青少年教育的经历。事实上一些大的检察院都设有专门处理少年犯罪的机构。检察官拥有很
511 大的自由裁量权,他可以正式指控少年罪犯并将案件移交给少年法院采取进一步的调查,或者仅仅做将案件驳回起诉的处理。一些案件是由于技术上的原因(如没有足够的证据)而被驳回,而另一些案件被驳回起诉可能是涉及以下原因:初犯并且情节轻微;犯罪人在教养机构里已经受到了纪律措施的处罚。案件若符合下列条件也可被检察官撤销:犯罪人与受害人已经达成了和

解;行为人已经赔偿了犯罪行为所造成的损害;犯罪人已经结束了社区服务或向慈善机构支付了一定数量的金钱。

对14—15岁的少年犯可以实行审前羁押,但必须以他们没有经常居住地或者总是想方设法出逃为前提。那些16岁以上的少年犯可被处以拘留,但只有在不能通过教育措施解决或没有其他选择的情况下才能实施,拘留的最长期限是6个月,但实际的执行期限却很少有超过2个月的。

少年法院工作的一个非常重要的方法是利用大量的社会福利工作者,由他们来调查少年犯罪人的个人背景,并且负责向检察官、法官或其他诉讼参与人提供相关的信息资料。这些福利工作者就可能采取的处罚措施可以向法官提供一些建议。他们还要监督纪律处罚令的执行,并且与监狱里的少年犯保持经常性的联系,以便帮助他们在获释后能够重新融入社会。

少年法庭首次在德国出现是在1908年,它间接地受到了美国芝加哥模式的影响。独任制法官对检察官建议判处一些教育性或准刑罚性处罚措施的案件有裁判权。法官由两名从事过少年教育的人士(类似于法国的非专业法官,请参阅上文)辅助。很多性质严重的案件将被移送到由三名专业法官组成的合议法庭。死刑案件和其他可能被判处三年以上监禁的案件将被送到地区法院少年审判庭,它由三名专业法官和两名非专业法官组成。若其组成人员减为一名专业法官和两名非专业法官,该法庭也可以作为上诉法庭,虽然被告有权利选择上诉到高等法院。

有多种非刑罚性的措施可供法院选用。例如:犯罪人可能被送到教育机构或收养所,他们可能被要求参加社会技能课程培训,或者参与受害人与犯罪人之间的调解过程,或者接受戒酒或戒毒的治疗。要对不满17岁的犯罪人采取上述措施,需经过其父母的同意;对17岁以上的,须经犯罪人本人同意。非刑罚性或纪律性措施包括:正式惩戒;责令犯罪人赔偿所造成的损害;向受害人赔礼道歉;获取一份工作;从事社区服务;或者向慈善机构交付一定数量的金钱;羁押,一般不超过四周,可以一次性执行完毕,也可以分开只在 512
周末执行。就像上面提到的,检察官可以凭借这些非刑罚性的措施有条件地结案。

当少年犯表现出非常消极的倾向，或者当犯罪需要严厉惩处时，他就可能会被判处最严重的刑罚，即六个月至五年的监禁（或更长时间，仅偶尔适用于罪行极其严重的犯罪案件）。

意大利

和德国一样，意大利承担刑事责任年龄的下限是 14 岁。犯罪人被作为少年犯对待的年龄上限是 18 岁（实施犯罪时的年龄）。犯罪人不满 14 岁的，如果认为其人身危险性很大，可能会被送到相关社会服务机构或感化院。原则上，如果少年实施了犯罪且证据充分，其控诉即强制性的。然而现实中，少年犯通常不会被法院审判，而是转移到其他地方，采用类似于上面提到的斯堪的纳维亚国家和西欧国家的方式来处理。1988 年意大利的总统法令强调：应对少年犯罪的重点在于预防犯罪和帮助少年犯回归社会，采用的措施应是非刑罚性的，如赔偿受害者造成的损害，促成犯罪人与受害人之间的和解等。

警方在逮捕少年犯时，通常要考虑犯罪人年龄、个性和犯罪性质等。警方可以对他处以 10 小时的拘留。当少年犯被执行警察拘留时，检察机关的执行令状将会立即被移送到一个专门的收容中心。如果要延长拘留时间，检察机关在 96 小时内必须进行一个初步的社会调查并将其报告给少年法官。

如同德国，意大利的少年案件也是由一些有着专门知识的检察官来负责的。少年法院则是由专业法官和非专业法官组成，这些非专业法官将会被告知被告人本人、其家庭和社会背景等相关情况。对于可能被判处 12 年监禁或更长时间监禁的犯罪行为，可能要承受不超过六个月的审前羁押。法官也可以对少犯年发布令状让其待在家中，或将其送到相关机构。

荷兰

在荷兰，承担刑事责任的最小年龄是 12 岁。同其他地区一样，少年司法制度规定少年犯的年龄上限是 18 岁。年龄在 12 岁以下的犯罪儿童可能会受到警方的干预,并会被扣押在警察局长达 6 小时。年龄在 16—17 岁的犯罪人,虽然经过少年法院的审判,有时可能会受到和成人犯一样的刑罚处罚。513
18—20 岁的犯罪人,由成人法院予以审判,也可能会被判处和少年犯一样的刑罚。

警察对受理的案件可以用不同的方式予以处理。警方没有正式的结案权,它属于公诉人的职权范围。公诉人对少年案件的处理原则是将他的一些自由裁量权授予了警方。首先,这些原则为警方向检察院移送案件提供了一些判定标准,即何者移送何者不移送。其次,当处理一起情节轻微(依原则的规定确定轻重)、犯罪人是初犯并且已经承认罪行的案件时,警方可将该犯罪人付诸于所谓的“站式服务”(halt/stop service)。这项服务将会同犯罪人和他的父母或监护人进行协商,在征得他们所有人的同意的情况下,对不满 16 岁
犯罪人作出一些适当的处罚安排,如长达 20 小时的社区服务、赔偿损失或者 514
是一些相类似的措施。警方所掌握的案件大约有 35%是通过这样的方式处理的。④

警方将近 60%少年犯罪案件移送到了公诉人那里。公诉人处理这些案件时有着很大的自由裁量权,包括因证据不足驳回指控。如果不适宜于作进一步的调查和审判,案件在具备以下条件时可能会被驳回(正如德国,请参阅上文),如:犯罪人已作了赔偿、向受害人赔礼道歉、支付了罚金以及完成了 40 小时的社区服务等类似行为。犯罪人虽然同意了以上条件,但如果做得不符合要求,仍然要接受审判。偶尔,公诉人若决意不对他们采用纪律处罚措施,就会提起儿童保护诉讼。在所有移送到公诉人那里的案子中,大约只有 30%的案件会被送到法院审结。这样,经过少年法院所处理的案件只占到了警方所掌握的所有少年犯罪案件的 15%—20%。

自 1922 年以来,荷兰的少年法院法官一直是由一些专门人士来担任的。他们一直被认为是审理儿童权益保护和少年犯罪案件的专业人士。这种源自以 1899 年的芝加哥模式为基础的模式,在很多方面已经发生了变化。现在,少年法官们审理并判决了很多涉及少年的民事案件,案件涵括了从父权或监护权纠纷到儿童权益保护的范围。其他此类案件将会被移送到由三名法官组

成的合议法庭,其中有一人是少年法官。大多数少年罪错案件都在少年法官的管辖权范围内。轻微违法案件则是例外,一般都在郡法院受审,但更为普遍的是在法庭之外得以解决。很多可能要予以严惩的重大案件,将由三名法官组成的合议庭来审理,同样其中也应有一名少年法官。

对少年罪犯处以警察拘留需要获取少年法官的准许(最长期限为 87 小时)。需要延长的,经过批准,可以延长三日。实行审前羁押(最长可达 10 日)也要经过法官同意。自 1995 年以来,连续实行的审前羁押(可达 30 日,经过两次延长后总数可达 106 日)须经过三人合议庭批准。如果公诉人在允许的羁押期限届满前,既没有提起正式控诉,也没有将案件移送到少年法院,那么该少年必须获释。

荷兰司法制度曾于 1995 年作了一些调整,虽然对少年法官在少年案件中的作用作了限制,但他们在审判过程中仍然起很大的作用。除了一些检察官要求判处 6 个月以上的拘留或要求将少年犯送到教养机构教养两年以上的案件,他们也可作为初审法官。在一些较小地区的法院,单独的一个少年法官可能会全权负责处理所有的案子;而在一些大的地区,则需要代理人予以协助。

在裁判过程中,少年法官或三人合议庭可以判处以下制裁措施:可分期支付的罚金;适用于年龄不满 16 岁少年的 12 个月拘留;适用于 16—17 岁少年
515 的 24 个月拘留;如果认为犯罪人不需要为其行为负刑事上的责任,可以将他送到教养机构教养两年(或更长时间);或者处以一些"替代性制裁措施",包括长达 200 小时的社区服务;责令他参加社会技能培训或者参加为性犯罪少年开设的课程;或者是将工作与培训一并判处。法官也可以做一些附条件的判决。如果特定的条件成就,通常是在两年的考验期内符合少年犯缓刑的规定,判决将不再执行。

一些总体性观察

欧洲引进少年法院制度明显是与美国的少年法院制度有着密切的联系。法国的少年司法制度似乎仍然保留着对问题少年的综合的、以福利为根基的

观念,同时它也是这样的一种方式,即对少年罪错和对无人照管和保护的少年不做明显的区分。这种区分在德国是最明显的,但在意大利和荷兰则要逊色一些。

在负刑事责任的最小年龄问题上,各国间的差别似乎是任意的。但少年法的年龄上限各国一律规定为18岁,即成年的法定年龄。然而却好像有这样一种要求,在德国和荷兰尤为明显,即让18—20岁的人也从少年司法制度中受益。至于对犯罪少年的处理,一个即时的、有限度的、教育学式的方法正为所有的被调查国家所考虑。我们可能会疑问,由专门机构(而非个人)实施的非个别化的、匿名的制裁能在多大程度上奏效?

我认为,应当对警察在少年司法制度运作中所起的作用给予更多的关注。警察在检察官默许的情况下可以移送案件。"移送"在意大利很少见,但在法国和德国却比较普遍,在荷兰则更为频繁。当依据福利性方法行事时,此类行为可能会扰乱少年犯及其家庭的正常生活。我们不应当迫使儿童承认其受指控的罪行,或者令其太易于认可相关的事实(这可能不利于保持少年法庭的审慎性)。公诉人的自由裁量权也存在这样的问题。

无论是对成年人司法制度还是少年司法制度而言,警察拘留和审前羁押都是非常重要的工具。由于受到了欧洲人权法院正当程序原则(第六章)解释的部分影响,少年法官的作用发生了变化,即减少了那些处罚措施的福利性,却使得他们更加趋向于保护公共秩序和安全。自20世纪90年代初,各式各样的"替代性制裁措施"已经广泛地被警察机关、控诉机关和法院所采用。结果导致少年罪错的正式处理貌似增多,但实际上只有很少一部分案件得到了 516
审判。在程序方面,还是广泛适用成年人犯罪的刑事诉讼规则。少年司法制度的特别规则包括:讯问时父母或其他代表人在场;不公开审判;指定律师等。既然在一些欧洲国家里少年犯聘请法律顾问的权利受到很大的限制,那么欧洲理事会理应当出台一些措施,使这项权利得到落实。

在对少年犯实施制裁或其他措施时,一些国家(如法国、意大利)有所谓的"减费"(reduced - fee)制度,即罚金数额或监禁刑的期限通常只相当于同等情况下成人犯罪所受刑罚的一半。其他国家(如德国和荷兰)也有专门为少年犯设立的制裁措施。虽然两者之间的差异主要在名称的使用上，但真正重要的却是这些措施是如何执行的，尤其是剥夺自由，将会在什么标签下实施。所有被调查的国家都赞成将少年犯和成年犯在狱中实行分管分押，然而出于现实中的种种考虑，其贯彻执行往往受到妨碍。

近观欧洲的某些发展趋势

少年犯罪日增且日渐暴力化？

有这样一种感觉，即在20世纪90年代，少年犯罪明显增多并且更加具有暴力性。这种感觉(是否它更甚于是一种感觉呢?)已经使得一些政治家等人极力主张对他们采取更为严厉的政策和措施（比奇艾特和林登伯格，1998）。对不同时期的少年犯罪情况进行可靠的统计受到了很多因素的制约，如：把少年犯罪作为一个社会问题的政治关注度；法官和检察官的能力水平，有时依赖于可利用的资源；公众和相关专业人士是否愿意将少年犯罪行为报告给警察；犯罪行为的不同定义和不同的种类划分，比如说严重与不严重、暴力与非暴力的犯罪划分等等(参见科尔曼和莫伊尼汉，1996)。而且很多官方统计数字都是基于警方所受理的案件。仅有一部分国家（如丹麦、瑞典、荷兰）将对内部的研究报告、受害者的调查及其他数据等作为官方犯罪统计数据的补充。

以欧洲各国的统计数据为基础，费利佩·埃斯特拉达（1999）在对20世纪最后30年的少年犯罪行为增长数量评估报告中，分析出以下发展趋势：

517 ◆ 在英格兰、芬兰和德国，少年犯罪稳步增长。

◆ 在丹麦、荷兰、挪威、苏格兰以及瑞典，少年犯罪从20世纪70年代中期到80年代初期迅速增多，然后逐渐开始回落，90年代初期趋于稳定。

◆ 在法国与荷兰，20世纪90年代，有记录在案的少年犯罪案件数迅速增长。法国的少年犯罪案件数，从1993年的大约92 200件增长到1997年的154 500件（奥比松·德·卡瓦尔里，1998）；荷兰的少年犯罪案件数，从1993年的40 000件增长到1996年的52 000件（拉恩等，1998）。

◆ 官方统计数字显示：从20世纪80年代末至90年代初，少年暴力犯罪呈上升趋势，这一变化主要发生在丹麦、德国、荷兰、挪威及瑞典。在荷兰，涉嫌暴力侵犯他人的少年罪犯数量从1990年的1 500人上升到了1996年的3 700人，然而这些案件所占的比例不到所有受理的少年案件的10%。在法国，侵犯人身及财产的暴力性案件，在所有少年犯罪案件中所占的比例，从1974年的11%上升到1996年的23.8%。

◆ 由少数民族少年实施的犯罪（如在法国的北非人，尤其是阿尔及利亚人；在德国的土耳其人；在荷兰的摩洛哥人、苏里南人以及土耳其人），在有案可查的犯罪中所占的比例过多。这一问题毫无疑问是与贫穷、社会排斥以及其他一些因素有关。

通过对警方记录、受害者调查以及内部研究报告数据的全面分析，容格－陶什（1996）也仅总结道"并不十分严重的暴力犯罪可能已经有了一个中度的增长"，而导致受害者死亡的暴力犯罪行为并没有增长。同时，容格－陶什还注意到：犯罪统计与其他报告之间的不一致，使得对少年暴力犯罪的增长进行量化变得很困难。

承担刑事责任的最低年龄

由于种种原因，我们需要对承担刑事责任适当的最低年龄给予较以往更大的关注。首先，最低年龄在有的国家非常低，如爱尔兰和塞浦路斯是7岁，英国是10岁。第二，有一种只有很少的实证数据相佐（特劳森，1997）的观点认为，少年犯罪的低龄化趋势促使一些政治家（如荷兰的政治家）呼吁降低承担刑事责任的最低年龄。第三，前述的那种感觉导致了很多国家更趋向于用惩罚的态度而非爱护的方式处理年龄低于承担刑事责任最低年龄的儿童犯罪

(博尔,1999)。

518 一些欧洲国家,由于对少年罪犯采取了一种福利性的方式,所以他们或不设定承担刑事责任的最低年龄(如比利时、丹麦和苏格兰),或规定一个相对较高的年龄(瑞典是15岁)。而在其他国家,则根据少年犯罪的轻重程度将少年罪犯送到成人刑事法院或者规定在他们特定的年龄时(如苏格兰18岁)适用和成人一样的刑罚。在本章开头部分提到的关于英国案例的评论中,欧洲人权委员会认为,欧洲理事会各成员国并没有就承担刑事责任的最低年龄规定共同的标准,因而英国规定的最低年龄(10岁),就其本身而言,并不是非人道或有辱人格的。

《联合国儿童权利公约》第40条规定:各国应当确定一个承担刑事责任的最低年龄范围,而不需要做出明确的规定⑤。年幼儿童犯罪的报告似乎使得降低承担刑事责任的下限呼声日益高涨。例如,荷兰议会的有些议员曾于1998年提出要将最低年龄由12岁降到10岁,而荷兰的司法部长对此则予以坚决反对。少量的年龄在12岁以下儿童暴力案件并不足以表明从总体上降低承担刑事责任最低年龄是正当的。起诉10岁或11岁的少年犯也不是合适的应对态度。然而,司法部长也感觉到对这个问题应该作一些回应,从而支持前面所提到的"站式服务",以此处理年龄在12岁以下的少年犯罪问题。少年犯经过父母的同意,可能被要求写一篇悔罪书,向受害人道歉,临时被剥夺零用钱,通过做工或经济捐助等类似的方式来弥补他造成的损害。这种方式对政府干预的合法性提出了很多质疑,因为它没有明确的法律依据。那种认为儿童以及他们父母的合作是自愿的主张也是不可信的,因为在那种条件下很难说他们是自愿的。"站式服务"形式上的指导方针虽然强调它在处理少年犯罪上的预防性或教育性态度,但这并不能掩盖它惩罚性的一面。

因此,承担刑事责任最低年龄的确立,并没有排除准刑罚性措施干预犯罪时年龄尚幼的儿童的日常生活,并且这种干预并没有使一个确定的承担刑事责任的最低年龄成为多余。所以,我们仍然需要更为普遍的欧洲方式。

少年司法和公正审判

无论是审判少年犯还是成年犯罪人，欧洲人权委员会第6条的规定是公正审判的基本依据。该条列出一些原则，如法无明文规定不为罪，法无明文规 519
定不处罚；无罪推定；知悉指控权；聘请律师权；获得及时公正审判的权利。虽然存在违反这些原则的情况，但从大的方面看，这些原则是得到各国遵守的。在上面提到的英国的案例中，专家证人证实，有一个男孩看到法庭里众多的旁听者时，感到十分震惊，并且在众目睽睽之下坐上被告席上感到了恐惧。虽然这个男孩的上诉申请被欧洲人权法院驳回，但一审的审判过程（在我看来，正如其中一些持有异议的法官所言）明显违反了儿童的隐私权应当受到尊重的有关规定。

法国1993年的一部法律则强化了儿童聘请法律顾问的权利。该法规定：如果必要的话，少年法官、预审法官应当为少年被告人指定律师。相类似的规定也存在于荷兰刑法当中。但两个国家的警方在律师不在场的情况下都可以会见未成年人。

（欧洲）人权委员会第12条规定：在任何司法程序中，不仅要给予少年犯表达自己观点的权利，而且要根据他们的年龄、心理成熟程度等相关情况对他们的观点给予应有的重视。德国一项研究表明（路德维希－迈尔霍费尔，1997）：法官通常会忽视未成年人针对指控而提出的异议。作为一名少年法官，我很少体验过法官与少年被告人之间的热情交流。很多未成年人不但会承认对他们的指控，而且倾向于采取一种顺从的态度（由于法庭审判过程具有相当威慑力，这是可以理解的）。法官有责任创造出一种积极的氛围，使少年犯能够有效地参与到庭审过程中去。作出判决时应当表达出这样的事实情况，即有无考虑被告人的观点，如果没有的话，要说明不予考虑的原因是什么。

注意到成年人与少年犯之间的差距正逐渐淡化，一些人竭力主张应给予少年犯与成年人同样的诉讼权利。但同时也有人认为，赋予少年犯更多的权利就意味着要求他承担更多的责任，因此，可能会使得对他施以重刑合法化，或导致对少年犯罪采取一种不能容忍的方式，抑或是以上两者都可能发生。英国曾于1997年发表了一份白皮书，标题为《无需更多宽恕：解决苏格兰和威尔士少年犯罪的新方式》(哈克尔特，1998)。

少年法院：一个濒危的物种？

在多数欧洲国家，少年法庭或法官们的作用非常突出，从21世纪初期直到现在仍然如此。德国是在1908年引进少年法官制度的，比利时和法国是在
520 1912年，荷兰是在1922年。少年法官作为司法机关内部的专业人士不仅要处理对受虐待、无人照管的儿童保护(民事案件)，而且还要处理少年犯(刑事案件)。在比利时，一个连续的法律体系已经建立起来了，它将作为不良父母牺牲品的儿童、行为不端的儿童以及少年犯罪者包括在内。这一福利模式容许上述三类儿童接受同一个少年法官的审判(克里斯蒂安斯，1999)。在法国和荷兰，处于危境中的儿童和需要保护的儿童，不同于少年犯(其本身具有危险性的少年)。德国有两种类型的少年法官：一种法官专门负责对儿童的保护；而另一种法官则专门负责少年犯罪。但一名法官无论行使以上两种职责，还是依职权划分行使各自的权力，他们的目的本质上却是相同的，即协调各项干预措施，增进各项措施(无论在保护领域还是在惩罚领域)的实施效率。以上划分是在假定危境中的儿童与有危险性的儿童没有根本差别的基础上，从再教育和治疗救助的角度，认为两类儿童都需要保护。

在法国与荷兰，少年法官的作用不仅体现在预审阶段，而且还体现在审理和判决阶段。这种多重性的作用已经使得法官的公正性受到怀疑。1992年兰斯(Reims)* 上诉法院判定：积极参与了预审阶段调查的少年法官不应该再作为同一案件的审判法官。有人辩称，这样的决定实际上损害了少年司法制度中的法官专业化原则。然而，我们可以协调专业化原则与公正原则之间的矛盾。例如，从程序上为少年犯和专家法律代理人提供强大的程序保证，以抵

---

* 兰斯——法国东北部城市。——译者注

制任何潜在的不公正(布拉捷和布尔坎,1995)。1993年欧洲法院裁定:少年法院法官也可以做出预审判决,包括判处拘留,就判决行为本身并不影响法官的公正性[6],问题的关键是预审判决的范围。显而易见,一个深深涉足搜集嫌疑人犯罪证据的法官不应该参与对他的审判。在荷兰,少年法院法官被禁止参与一些裁定的作出,如是否提起诉讼;如前所述,若没有三人合议庭的许可,他也不得作出超过10日的预审拘留判决。

为确保少年法院(庭)和法官能够达到预定标准,欧洲理事会部长委员会已经建议,那些所有影响到少年司法制度程序水平的人,无论是警察、律师、公诉人、法官都应当接受专门的培训。同时也一致认为,少年法官除了要精于儿童权利和少年法律外,还应当具备一些专门的知识,如关于儿童发展方面的知识、儿童心理学知识、儿童精神学知识,以及应完全通晓现存的专为少年犯罪 521
人设计的相关制度和程序。少年法官也需要具有同情心,并且要具备能成功地与少年犯以及其他专业人士(如警察、社会工作者等)交流的技巧。

然而,在所调查的国家中,很少有国家提供专业的培训。很多法官仅仅是因为缺少准备的时间而不去参加培训。在荷兰,过去的几十年里,报名参加了一周基本课程的法官人数几乎不会超过少年法官总数的50%;参加少年法律和儿童权利课程的不足50%;参加儿童心理学或精神学课程的大约只有30%。很多人往往是在成为少年法官之后才去参加这些课程的。大多数人是在工作中去学习这些课程,很少有人为能够为获得一些必要的技巧而坚持足够长的时间。他们任职的时间两年到四年合适,部分原因是由于他们在业界不能获得很高的认同,同时他们的晋升机会也不多。

虽然如此,就如我在其他地方说过的(德克,1994),少年法院(庭)法官在欧洲不太可能消亡。这里没有人呼吁说要废除少年法院(庭)。主流观点认为,少年法院(庭)是有效的,而且应该得到坚持与完善。然而,我们应当铭记,法官只是少年司法制度中的一个元素;很多警察所掌握的和讯问过的少年罪犯从来没见着法官的面。20世纪90年代,在荷兰仅有15%—20%的少年罪犯事实上被送上法庭接受法官的审判;这些少年犯所占的比例在法国大约有40%;奥地利大约有30%。奥地利从70年代末期的接近50%下降到30%,部分原因是1988年少年刑事法典引入了“冲突规则模式”，这一模式允许公诉人对即便是罪行十分严重的案件也可以不予控诉。类似的态势在德国也有所表现。此外，当案件移送到法院时，依据公诉人提供的证据，判决结果在很大程度上已被预先确定下来了。正如舒勒－斯普林戈鲁姆(1999)的评论，法官的功能似乎被缩减了，而检察官的作用却被扩张了。这不仅发生在少年法院，在成年人法院同样也是如此。

少年司法的使命：惩罚或其他？

在一份1987年的报告中，欧洲理事会部长会议注意到，在过去的20年时间里，对少年犯罪的处理逐渐转向一种“正义报应”的方式[7]。罪犯应该得到应有的报应，而不是他们所需要的。对无刑事责任能力的犯罪人经常适用拘留或其他处罚措施伴随在这种转变当中。因为要对他们的犯罪行为负责，少年犯被要求赔偿对受害人(或总的来说对社会)所造成的损害。另一方面，少
522 年犯和成人的刑事审判之间区别日趋模糊使得对未成年人要采取更为有力的法律保护措施。少年司法制度中的这种观念变化源于对童年这个概念本身理解上的变化，这种变化在《联合国儿童权利公约》中得以体现并得到它的推波助澜，它规定儿童不仅被视为是脆弱的、发展中的个体，而且应当把他作为一个个体平等对待，作为社会个体，他们正发展着理性选择的能力、独立决策能力，并且还有由此产生的、日益增强的道德和法律责任。换句话说，少年正越来越被当作是完全的行为能力人，应当对自己的行为负责。

趋向一种更具惩罚性的少年司法？

在20世纪90年代的欧洲，一些证据表明了一种更具惩罚性趋势的存在。荷兰于1995年对犯罪时不满16岁的少年实施拘留的最长期限从6个月增加到12个月，对年满16岁和17岁少年犯的拘留期限则增加到了24个月。在德国，汉堡市在1997年形成了一种零容忍的处理方式(比奇艾特和林登伯格，

1998)。作为控制手段的福利性方式和再教育观念遭到来自各方的抨击(赫茨,1993)。1997 年英国政府白皮书《无需更多宽恕》(如前所提到)也强调要对少年犯罪采取早期、有效的干预。

少年暴力犯罪感觉上的上升似乎与采取严厉的惩罚之间并无多大关联。例如在法国,1990 年到 1994 年间,严重的盗窃、与毒品有关的犯罪、自发暴力行为等的增长幅度都非常大。但是在这期间,仅有 3.4% 的罪犯被少年法庭处以监禁,而在这些判决中只有 2.1% 的少年犯的期限超过一年。对 35.2% 的案件,法院仅给予了警告。其他的判决包括将少年人指定给特定的人监管(占 13.3%);处以教育惩罚措施(占 12.6%);赔偿受害人(占 7.9%);处以罚金(占 5.5%);判处缓刑的大概占 12%(布拉捷,1999)。在荷兰,统计数据显示,法律所允许增加的拘留期限与实际的判决情况并不一致(这种差别并不使我困惑)。唯一有显著增加的是被送往封闭式机构接受矫治的少年犯数量。

我的初步结论是:对日益增多且越显暴力色彩的少年犯罪的忧虑已经导致人们呼吁要采取更为严厉、更具惩罚性的少年司法制度,但在少年司法制度的实际执行领域并没有导致相应的结果。那么,这种呼吁是不是对少年司法制度的实践没什么影响呢?

惩罚性较弱的措施

即使采取了"正义报应"的方式,多数欧洲国家的少年司法制度还包括一 523
些其他措施:如警告或谴责;常作为暂缓判决条件的监督或缓刑考察;罚金;拘留或其他监禁措施;送往教养机构(通常是封闭式的,有时是开放式的)接受管教等。少年法官都可以判处以上制裁措施,他的裁量权在不同的国家也各不相同。同时,正如我们所看到的那样,在所有少年犯罪案件中,有超过一半是在法院外解决的。

在非刑罚性措施中,业已成型的是"社区服务令"。它第一次出现于 20 世纪 70 年代的英国,当时是作为缓刑或罚金的替代刑。除此之外,还有荷兰的"站式服务"和"替代性制裁"等。依据作者 1996 年的一份报告得出这样的结论:在所有的其他处罚措施中,"如今被判处替代性制裁的少年犯年龄越来越小了,其中包括了很多女孩子,还有大量的非荷兰血统的少年,以及很多暴力实施财产犯罪的少年,同时还包括很多的初犯或只有一次前科的再犯者。犯罪平均严重程度并没有表现出什么变化"(布利斯和布劳沃思,1996)。约有87%的少年犯被处以替代性制裁措施,诸如要求他们完成指定的活动、课程等等。德国1990年法对当时存在的少年法律进行了改革,为扩展"救护性"措施,如社会培训、犯罪人与受害人之间的和解、社区服务等提供了法律基础(伯切尔,1990)。

一种"恢复性"少年犯罪对策强调:重点在于犯罪人应补偿对受害人和社会所造成的损害,而不是对犯罪人的震慑或治疗改造(贝兹莫尔和沃尔格雷夫,1999)。社区服务在内容上应当与犯罪形成象征性的对应,它的期限应按照损害的轻重程度来决定。它对犯罪人的该当性(或痛苦性)则是次要的。对社区服务的评价应基于其能否成功增进社区的和平与安宁。然而,至今社区服务项目至今很少有基于恢复性标准的,并且似乎它也不太可能在业已繁忙的众多庭外解决方法中找到定位。

这一无可否认的不完整描绘几乎都不能表明一种对少年犯罪更具惩罚性的方式。相反,随着对受害人和社会关注度的增加,在很多场合强调的是用一种适合他(或她)的矫正需要的方式对犯罪人进行恢复。这种发展趋势符合《联合国儿童权利公约》第40条的规定,即对少年犯的矫正应考虑到他的年龄,强化儿童对他人权利的尊重,增进他作为一个社会建设性角色的意识。

儿童权利对少年司法有影响吗?

迄今,对儿童权利的保护仅仅局限于某些诉讼程序的变化。例如在荷兰,
524 自1995年以来,少年犯有权利对证据不足的指控提出反对意见。超过10天以上的审前羁押必须经合议庭的批准,这样的规定也被认为是对儿童权利的保护。法国1995年的一部法律要求:当儿童受到犯罪指控时,有关机构应提及法官的名字,为他指定辩护律师,通知他的父母。以上这些及类似的改变只

是对《欧洲保护人权和基本自由公约》及《联合国儿童权利公约》所确立标准的一般遵守。至于这些是否真正确保了他/她能够悉知,则不得而知。

一些观察和建议

仅在此提及的一个主要问题是由少数民族少年实施的犯罪。在欧洲,来自少数民族的少年在少年犯罪的统计数据中占有很大的比例。例如在荷兰,关押在教养机构的非荷兰籍少年犯占关押总数的50%还要多。决策者们意识到这个问题必须得到建设性的解决:这种现象的根本原因如贫穷、缺乏教育、社会排斥等必须要予以解决;传统的西欧式的矫治方法对于这些来自少数民族的少年罪犯可能不大适合。这些统计数据(虽然其中不乏很多事实)并不会把我们吓住,但如果我们想对这一形势作出较为中肯的评估的话,就需要从历史和国际的角度来分析。

我认为,那些刑事责任下限年龄低的国家应当将他们的最低年龄至少提高到12岁。例如英国,如果它有一个相对较高的下限年龄,对10岁的儿童(如本章开头所讨论的)定罪判刑就是不可能的了,而且这样做也是很恰当的。司法制度将不得不采取一些开创性的方式来解决年龄尚幼的人实施的犯罪行为。在少数一些国家提高起点年龄将会帮助东欧与西欧的40多个国家建立起一个国际性的标准。

至于公正审判,在欧洲似乎激不起太热烈的争论。应当对少年的犯罪记录给予更多的关注,因为这些记录对他们重新融入社会可能会产生非常不利的影响。欧洲议会应努力建立一个国际性的标准,它包括规定哪些判决应该记录;记录保持的最长期限(从最近一次犯罪算起,最长三到五年);非司法部门对记录如何使用;少年犯查验记录的权利以及建议适当改正的权利等。公正审判的另一方面是获得审判并申明自己主张的权利。这一权利的本质在于 525
良好的交流,既包括少年犯与法官间的交流,又包括少年犯与律师间的交流。

1996年1月25日的欧洲理事会条约强调了诉讼权利,但不幸的是却忽略了少年犯在刑事诉讼中的地位。为了弥补这个疏漏,理事会应发布关于少年司法实施建议，即不仅要重申现存的国际准则，如《儿童权利公约》第40条和《联合国少年司法最低限度标准规则》（北京规则），而且还要赋予这些准则以具体的内容。内容的主题可以包括：获得法律援助的权利；给予其他适当援助的条件；承担刑事责任的最低年龄以及对隐私的保护等。之所以需要这些标准，部分原因在于现今"庭外解决"的不断运用，少年犯罪案件往往以非正式方式结案。欧洲理事会建立的最低标准可能会表达出对少年法院和法官性质上的关注，这个标准也不仅是针对法官，而且还针对少年司法制度中的其他参与者（包括警察）。系统关注这些人的选任和培训是必须的。

我在考虑，我们是否应该花更多的时间来争论关于福利模式、惩罚模式或少年司法制度的其他模式。我们将会继续看到一些案件，在这些案件中，公众的报复诉求使得其他任何基于常识或合理探究的观点被扫地出门。然而，这些个例并能不等同于一种更具刑罚性的趋势。那些致力于少年犯罪研究的专家，虽然并不排斥适用与犯罪相适应的刑罚，但仍然强调要促进少年犯的康复、再教育和回归社会。

有关方面已经呼吁对少年犯罪预防给予更大的关注（海因茨，1998），同时，一些预防性对策也已经制定（拉泽尔热和巴尔杜克，1998）或实施（哈克尔特，1999），然而它们的实际效果并不是很明显（梅尔白和沃尔格雷夫，1998）。由对少年犯罪趋于暴力化和低龄化的担忧而推动的预防性努力并没有提出建设性的解决方法。假设父母的关键性作用、各种预防措施不仅关注父母而且关注家庭成员，并且苦苦找寻诸如家庭生活中的干预能走多远等问题的答案时，仅有劝说能足够吗？哪一根胡萝卜是有效的，哪一种大棒又是允许的呢？强制的方式可以使用吗？它又是基于什么理由使用呢？很多社会力量，包括学校、社区以及帮助低收入家庭改善社会经济条件的组织等应当行动起来共同防止少年犯罪的发生。

如果少年犯罪是一种疾病的话，我们当然应尽力去治愈它。我们知道预防要比治疗好，而且成本要低。同时我们也知道，有时候疾病没有强效的药物也能够减轻，就像普通的感冒，一片阿司匹林或一匙止咳糖浆就足够了。

注 释

526

①参见 1999 年 12 月 16 日，T. 诉英国（*T. v. United Kingdom*, 24724/94）案，欧洲人权法院，网址 www.echr.coe.int/Eng。

②同上。

③尤金·阿瑟·莫尔法官，密歇根州诉亚伯拉罕（*Michigan v. Abraham*）案件，奥克兰州第六巡回法院之家事分院，2000 年 1 月 13 日。

④在荷兰，有 60 多个站式服务办公室。1995 年 1 月，内阁法令列举出了哪些罪行可以适用站式服务；同年 5 月，国家最高检察院又出台了关于适用站式服务的相关条件和程序的解释。

⑤虽然第 40 条的内容不具有决定性，但它并不表示，如果少年没有达到特定年龄，就不能被指控或受到刑事审判。本人认为，规定一个承担刑事责任的年龄下限虽然不可避免地有点武断，但和将是否对少年犯起诉交由法官决定相比，它的问题还是要小一些。法官的自由裁量权可能导致各种各样的不公正和歧视待遇。

⑥诺缇尔诉荷兰（*Nortier v. The Netherlands*）案件，欧洲人权法院 1993 年 8 月 24 日，A 系列第 267 卷。

⑦《最后的行动报告》（Final Activity Report），斯特拉斯堡市（法国东北部城市）1987 年 8 月 10 日。CM(87)167 之附录 3；被 1987 年 6 月 22 日至 26 日举行的犯罪问题委员会第 36 次全体会议采用。

参考文献

Aubusson de Cavarley, Bruno（奥比松·德·卡瓦尔里，布鲁诺）. 1998. Annex 4 to *Réponses à la délinquance des mineurs: Rapport au Premier Ministre: Mission interministérielle sur la prévention et le traitement de la délinquance des mineurs*. April. Paris: Government of France.

Bazemore, Gordon（贝兹莫尔，戈登）, and Lode Walgrave（沃尔格雷夫，洛德）, eds. 1999. *Restorative Juvenile Justice: Repairing the Harm of Youth Crime*. Monsey, NY: Criminal Justice Press. (See especially the contributions by Walgrave, 129 – 54; Daniel W. van Ness, 265 – 82; and Mara F. Schiff, 327 – 56.)

Bitscheidt, Dorothee（比奇艾特，多萝特）, and Michael Lindenberg（林登伯格，迈克尔）. 1998. "Zero Tolerance in Umgang mit Jugendelinquenz." *Neue Kriminalpolitik* no. 3.

Blatier, Catherine（布拉捷，凯瑟琳）. 1999. "Juvenile Justice in France: The Evolution of Sentencing for Children and Minor Delinquents." *British Journal of Criminology* 39, no. 2: 240 – 52.

Blatier, Catherine(布拉捷,凯瑟琳), and J. Bourquin(布尔坎,J.). 1995. *Écriture et secret: Rapport du groupe de travail*. Vaucresson: Ministère de la Justice.

Blees, L. W. (布利斯, L. W.), and M. Brouwers(布劳沃思, M.). 1996. *Taakstraffen voor minderjarigen*. Arnhem: Gouda Quint, and The Hague: WODC (Scientific Documentation and Research Center, Ministry of Justice).

Bol, Menke (博尔, 门克). 1991. *Leeftijdsgrenzen in het strafrecht bezien vanuit de ontwikkelingspsychologie*. Arnhem: Gouda Quint.

——. 1999. Dr. M. W. "Doorgaan met Stop? Voorwaarden voor een geslaagde aanpak van zeer jeugdige delictplegers." *Justitiële Verkenningen* 25, no. 6: 56 – 67.

Böttcher, Reinhard(伯切尔, 雷纳德). 1990. "Erstes Gesetz zur Änderung des Jugendgerichtsgesetzes." *Neue Zeitschrift für Strafrecht* 10, no. 12: 561 – 66.

527 Christiaens, Jenneke(克里斯蒂安斯, 廷纳克). 1999. "A History of Belgium's Child Protection Act of 1912: The Redefinition of the Juvenile Offender and His Punishment." *European Journal of Crime, Criminal Law, and Criminal Justice* 7, no. 1: 5 – 21.

Coleman, C. (科尔曼, C.), and J. Moynihan(莫伊尼汉, J.). 1996. *Understanding Crime Data: Haunted by the Dark Figure*. Buckingham, U.K.: Open University Press.

Doek, Jaap E. (德克, 加普·E.). 1994. "The Juvenile Court: An Endangered Species?" *European Journal on Criminal Policy and Research* 2: 42 – 56.

Doek, Jaap E. (德克, 加普·E.), and P. Vlaardingerbroek(弗拉丁格布鲁克, P.). 1998. *Jeugdrecht en Jeugdhulpverleningsrecht: Derde herziene druk*. The Hague: Elseviers bedrijfsinformatie.

Estrada, Felipe(埃斯特拉达, 费利佩). 1999. "Juvenile Crime Trends in Post-war Europe." *European Journal on Criminal Policy and Research* 7: 23 – 42.

Hakkert, Alfred(哈克尔特, 艾尔弗雷德). 1998. "No More Excuses: A New Approach to Youth Crime in England and Wales; A Summary." *European Journal on Criminal Policy and Research* 6, no. 2: 279 – 91.

——. 1999. *Ouders en reacties op jeugdcriminaliteit*. The Hague: Ministerie van Justitie.

Heinz, Wolfgang(海因茨, 沃尔夫冈). 1998. "Reformbedarf des Jugendstrafrechts?" *Monatschrift für Kriminologie* 81, no. 6: 399 – 435.

Herz, Ruth G. (赫茨, 鲁思·G.). 1993. "Eine Jugend in Deutschland? Anmerkungen zum Diskurs über den Erziehungsgedanken im Jugendstrafrecht." In *Festschrift für Horst Schüler-Springorum zum 65. Geburtstag*, 291 – 306. Cologne: Heijmanns Verlag.

Junger-Tas, Josine(容格 – 陶什, 约西纳). 1996. "Youth and Violence in Europe." *Studies on Crime and Crime Prevention* 5: 31 – 58.

Laan, Peter H. van der, et al. (拉恩, 彼得·H. 范德等). 1998. *Ontwikkeling van de jeugdcriminalitet: Periode 1980 – 1996*. Onderzoeksnotitie WODC.

Lazerges, Christine(拉泽尔热, 克里斯蒂娜), and Jean-Pierre Balduyck(巴尔杜克, 吉恩 – 皮埃

尔）. 1998. *Réponses à la délinquance des mineurs: Mission interministérielle sur la prévention et le traitement de la délinquance des mineurs*. Rapport au Premier Ministre. April. Paris: Government of France.

Ludwig-Mayerhofer, Wolfgang（路德维希－迈尔霍费尔，沃尔夫冈）. 1997. "Kommunikation in jugendstrafrechtlichen Hauptverhandlungen: Von den Grenzen rechtlicher und soziologischer Modelle." *Zeitschrift für Rechtssoziologie* 18, no. 2: 180–204.

Mehlbye, Jill（梅尔白，吉尔）, and Lode Walgrave（沃尔格雷夫，洛德）, eds. 1998. *Confronting Youth in Europe. Juvenile Crime and Juvenile Justice*. Copenhagen: AKF Forlaget.

Schüler-Springorum, Horst（舒勒－斯普林戈鲁姆，霍斯特）. 1999. "Juvenile Justice and the 'Shift to the Left.'" *European Journal on Criminal Policy and Research* 7: 353–62.

Traulson, Monika（特劳森，莫妮卡）. 1997. "Werden die Täter immer junger? Zur Altersstruktur der Tatverdächtigen." *Monatschrift für Kriminologie* 80, no. 6: 430.

529

撰 稿 者

安东尼·博顿斯(Anthony Bottoms),1984 年起为英国剑桥大学沃尔夫森犯罪学教授,谢菲尔德大学犯罪学访问教授,英国学术院院士(Fellow of the British Academy)。1996 年,因在犯罪学研究方面的国际贡献而成为美国犯罪学协会"塞林－格卢克奖"(Sellin-Glueck Award)的获得者。

加普·E.德克(Jaap E. Doek),1985 年起,为弗瑞耶大学(Vrije Universiteit)的私法教授(特别是家庭法和少年法)。1998 年起,为莱顿大学(University of Leiden)大学的少年法特聘教授;1978 年至 1985 年,任少年法院法官,现在仍是黑格地区法院的备补法官。曾是乔治城大学法学院(华盛顿特区,1993 年)和密歇根大学法学院(安·阿伯,1993 年)的访问学者,西北大学法学院(芝加哥,1999 年)的访问教授;1999 年 3 月起,是监督有关少年权利条约实施的少年权利联邦委员会的成员(主要发起人)。德克教授在家庭法和少年法方面有所著述,其中包括少年司法和国际少年权利方面的出版物。

伯纳丁·多恩(Bernardine Dohrn),少年和家庭司法中心主任,西北大学法学院法律诊所的教授。少年和家庭司法中心是一个复合型的少年法律中心,一个应未成年人及其家庭法律需求的跨学科政策与培训中心,提供有关少年法及其实践的关键知识并涉及司法管理方面的事宜以及储备为儿童奔走呼吁的专家和学者。多恩是《零度容忍:父母、教师、社区手册》(*Zero Tolerance: A Handbook for Parents, Teachers, and Community*)(2001 年版)一书的合著者;撰写了《调查孩子,你做的这些事:青少年的犯罪化》("'Look Out Kid, It's Something You Did': The Criminalization of Youth")和《对美国少年的公共威胁:贫困、暴力与少年司法》(*The public Assault on America's Children: Poverty, Violence, and Juvenile Justice*)(2000年版)。她教授和演讲有关违法少年、儿童福利、校园司法、家庭暴力及人权等方面的内容。 530

彼得·埃德尔曼(Peter Edelman),乔治城大学法律中心法学教授。在克林顿政府时期,任职于美国健康和人类服务部,起初为秘书顾问,然后是计划与评估助理秘书;曾于70年代后期任纽约州青少年局的负责人,参议员罗伯特·F.肯尼迪的立法助手,美国联邦最高法院阿瑟·J.戈德堡(Arthur J. Goldberg)法官的书记官。专著《寻找美国的心脏:RFK与希望的更新》(*Searching for America's Heart: RFK and the Renewal of Hope*)2001年由霍顿·米夫林出版社出版;在《大西洋月刊》上的文章《克林顿做过的最坏的事情》获得了"哈里·蔡平(Harry Chapin)传媒奖";撰写了大量有关贫穷、青少年、少年司法等方面的文章,并为许多非营利机构服务。他是哈佛学院和哈佛法学院的毕业生。

约翰·伊科拉尔(John Eekelaar),牛津大学家庭法高级讲师,彭布罗克学院的会员,多年从事家庭法的写作及研究工作。主要著述有:《家庭法和社会政策》(*Family Law and Social Policy*)(1978年和1984年)、《孩子的保护:国家干预与家庭生活》(*The Protection of Children: State Intervention and Family Life*)(与罗伯特·丁沃尔和托普西·默里合著,1983年和1995年)、《离婚后的抚养费》(*Maintenance after divorce*)(与梅维斯·麦克莱恩合著,1986年)、《规制离婚》(*Regulating Divorce*)(1991年)、《父母义务:家庭父母子女关系研究》(*Parental Obligation: A Study of Parenthood across Households*)(与梅维斯·麦克莱恩合著,1997年)、《家庭律师:沙律师的离婚工作》(*Family Lawyers: The Divorce Work of Solicitors*)(与梅维斯·麦克莱恩合著,2000年)、《跨越潮流:英美家庭法》(*Cross Currents: Family Law in the United States and England*)(与桑福德·N.卡茨、梅维斯·麦克莱恩合编,2000年)。

戴维·P.法林顿(David P. Farrington),剑桥大学犯罪学研究院犯罪心理学教授，医药科学研究院及英国学术院院士，低龄少年犯 OJJDP 研究小组的联合主席，坎贝尔团体犯罪和司法筹划指导委员会主席。曾是美国犯罪学学会主席，欧洲心理学与法学联合会主席，英国犯罪学学会主席。曾因在犯罪学方面的国际贡献而获得美国犯罪学协会的“塞林－格卢克奖”。

弗兰克·F.弗斯滕伯格（Frank F. Furstenberg Jr.），泽勒巴克家族社会学教授（Zellerbach Family Professor of Sociology），宾夕法尼亚大学人口研究中心研究员。他对美国家庭的兴趣起始于哥伦比亚大学，在此他于 1997 年获得博士学位。最近的著作有：《试探讨：高危险街区的城市家庭》（*Managing to Make It: Urban Families in High－Risk Neighborhoods*）（与托马斯·库克、杰奎琳·埃科尔斯、格伦·埃尔德、阿诺德·萨姆罗夫合著，1999 年）、《未成年母亲今后的生活》（*Adolescent Mothers in Later Life*）（与 J.布鲁克斯－冈恩和 S.菲利普·摩根合著）、《分裂的家庭》（*Divided Families*）（与安德鲁·J.彻林合著，1991 年）。他已经出版了大量有关少年性行为、怀孕抚养以及离婚、再婚、继父母等方面的文章。他现在的研究课题集中在城市贫困街区背景中的家庭，青少年性行为以及有关儿童福利、城市教育以及少年—成年过渡期的跨国性研究。

迈克尔·格罗斯伯格（Michael Grossberg），印第安纳大学历史学和法学教
531 授，《美国历史评论》编辑。其研究领域集中于美国联邦法律与社会史，已撰写了大量的有关文章和书籍，其中包括：《控制家庭：19 世纪美国的法律和家庭》（*Governing the Hearth: Law and the Family in Nineteenth-Century America*）（1985 年）和《一个为了所罗门的判决：奥特维尔案和南北战争前美国的法律变革》（*A Judgment for Solomon: The d' Hauteville Case and Legal Change in Antebellum America*）（1996 年）。他现在正在从事一项美国儿童保护的研究，同时还在合编《剑桥美国法律史》（*The Cambridge History of Law in the United States*）。

约翰·H.劳布（John H. Laub），马里兰大学帕克学院犯罪学与刑事司法系教授，哈佛大学“拉德克利夫”（Radcliffe）高级研究学院“亨利·A.默里中心”兼

职学者。其研究领域包括人生命发展过程中的犯罪及越轨、少年犯罪与少年司法,以及犯罪学史等。他著述甚广,其中包括《犯罪的生成:人生的道路与转折点》(*Crime in the Making: Pathways and Turning Points through Life*)(与罗伯特·桑普森合著,哈佛大学出版社)。70岁的他目前正在写一本关于犯罪自然史的书,其中使用的数据来源于对少年犯的长期跟踪研究。

保罗·勒尔曼(Paul Lerman),1994年作为在社会工作和社会学方面的著名教授从拉特格斯大学(Rutgers University)退休,曾撰写大量有关社区矫正和青少年政策方面的文章和书籍。从教职上退下来以后,一直在残疾者发展规划研究院(Developmental Disabilities Planning Institute)中担任联合首席调查官,该研究院坐落于新泽西理工学院。最近的研究评估了制度禁止对个人生活质量的影响,同时也估计了在自己家中照料残疾者的家庭所面临的困顿。他还建议新泽西政府对新的社区基础服务进行评估。

罗尔夫·洛伯博士(Rolf Loeber Ph.D.),宾夕法尼亚州匹兹堡大学医学院的西部精神病研究所诊所的精神病学、心理学、流行病学教授,荷兰自由大学(阿姆斯特丹)发展性心理疗法教授,生命历史计划的负责人之一,三项纵向研究的主要调查人——即匹兹堡青少年研究、发展趋势研究以及匹兹堡女青少年研究。在少年反社会行为、少年越轨、药品滥用以及心理健康问题等方面著述颇丰(一百多篇被高度评价的论文、七十多种书和其他论文)。最近的著作有:《严重和暴力的少年犯:危险因素与成功干预》(*Serious and Violent Juvenile Offenders: Risk Factors and Successful Interventions*)(与戴维·P.法林顿合编,1998年)、《反社会行为与心理问题:儿童和未成年时期的解释性因素》(*Antisocial Behavior and Mental Problems: Explanatory Factors in Childhood and Adolescence*)(与戴维·P.法林顿、玛格达·斯托特哈默-洛伯、韦尔默特·B.范卡门合著,1998年),以及《少年越轨:发展、干预与服务需要》(*Child Delinquents: Development, Interventions, and Service Needs*)(在印,与戴维·P.法林顿合著)。

森田明(Akira Morita),东京大学比较法研究所负责人,从1992年起即为该大学的少年法和比较法教授。他1943年出生。1969年加盟其母校东京大学,开始教师生涯;曾任教于御茶水女子大学;也曾在德国科隆大学从事研究工作;1985年开始担任志愿缓刑考察官员。作品有《现代社会中的少年儿童法——保护与自治之间》(*Juvenile and Children's Law in Modern Society—Between Protection and Autonomy*)(有斐阁,1999年,日本)。

玛格丽特·K.罗森海姆(Margaret K. Rosenheim),芝加哥大学社会服务管理学院海伦·罗斯荣誉退休教授。1978年到1983年间曾任该学院院长,参与了
532 由司法管理研究所与美国律师协会主办的少年司法准则计划;曾是法律执行与司法管理总统委员会顾问,伊利诺斯州儿童之家与援助协会理事,并于1996年至1998年任理事会主席。她编写了《儿童司法》(*Justice for the Child*)(格伦索自由出版社,1962年版,1977年重印)、《为儿童寻求正义》(*pursuing Justice for the Child*)(芝加哥大学出版社,1976年版)和《90年代的早年父母》(*Early Parenthood and Coming of Age in the 1990s*)(与马克·特斯塔合著,拉特格斯大学出版社,1992年版)。

伊丽莎白·S.斯科特(Elizabeth S. Scott),弗吉尼亚大学法学院大学教授,从1988年起在编。在婚姻、离婚、儿童监管、青少年决策以及少年犯罪等领域著述广泛。她的许多论著都是跨学科的,即将行为经济学、社会科学研究以及发展理论运用于儿童及家庭法律关系方面的研究。一部被广泛应用的有关家庭法和少年儿童司法的案例书的编著者之一。现在她是约翰·D.和凯瑟琳·T.麦克阿瑟基金会之少年发展与少年司法研究网络会员,也是弗吉尼亚大学儿童、家庭与法律中心的创立者和领导者之一。该中心是一个跨学科研究中心,即发展研究为政策制定者和实际工作者提供有关孩子与家庭方面的资讯。

戴维·S.坦嫩豪斯(David S. Tanenhaus),内华达大学(拉斯维加斯)历史学及法学副教授。格林内尔学院的研究生,在芝加哥大学获得美国历史学博士

学位。2001年至2002年间为纽伯里图书馆的梅隆(Mellon)博士后研究人员。是《少年法院的演化》("The Evolution of Transfer out of the Juvenile Court")一文的作者(载于杰弗里·费根和富兰克林·E.齐姆林的《少年司法之变革边缘:将少年向刑事法庭转送》[*The Changing Borders of Juvenile Justice: Transfer of Adolescent to the Criminal Court*],芝加哥大学出版社,2000年版)。

李·泰特尔鲍姆(Lee Teitelbaum),康奈尔大学法学院艾伦·R.泰斯勒(Allan R.Tessler)院长和教授,1999年7月成为该法学院第十四任院长。此前,1990年至1998年为犹他大学法学院院长,并在该学院任职已达十四年之久。作为一个高产的学者,他已经撰写了有关家庭法及相关方面的五部书和许多文章。他最近的书是一本家庭法律工作汇编,于1999年7月出版。

马克·特斯塔(Mark Testa),伊利诺斯大学(阿伯纳平原)社会工作学院副教授。1994年起,他就是伊利诺斯儿童家庭服务部(IDCFS)研究负责人。美国联邦健康和人类服务部亲属关系管理顾问小组成员,因其在亲属关系维护方面的工作而获得"应用学识研究采用2002优秀奖"(Adoption 2002 Excellence Award for Applied Scholarship and Research)。他最近的文章有:《亲属关系之义:养育照管》("The Gift of Kinship: Foster Care")(载于《儿童与青少年工作评论》[*Children and Youth Service Review*],2002年)、《亲属关系维护》("Kinship Care and Permanency")(载于《社会工作研究杂志》,2002年)和《物质匮乏家庭之虐待指控风险》("The Risk of Subsequent Maltreatment Allegations in Families with Substance-Exposed Infants")(载于《儿童虐待与忽视国际杂志》[*Child Abuse and Neglect: The International Journal*],2002年)。

富兰克林·E.齐姆林(Franklin E. Zimring),加利福尼亚大学伯克利分校厄 533
尔·沃伦(Earl Warren)法律研究所负责人及威廉·G.西蒙(William G. Simon)法学教授。独著或合著了20本书。最近的著作有:《美国青少年暴力》(*American Youth Violence*)(1998年,与戈登·霍金斯合著)、《犯罪不是问题所在:美国致命暴力》(*Crime Is Not the Problem*: *Lethal Violence in America*)(1997年),以及一系列有关暴力、法律改革、少年发展方面的实证主义研究。曾在国家科学院少年司法学术小组任职,也是芝加哥大学刑事司法研究中心的前任负责人,芝加哥大学卡尔·N.卢埃林(Karl N. Llewellyn)法学教授,美国犯罪学协会会员,美国艺术与科学学院院士。

索　引

（页码为原书页码，请参照正文中边码使用。）

译后记

1899年，世界上第一个少年法院诞生于美国伊利诺斯州。之后，世界各国相继出现了少年法院。一百多年来，少年法院的发展历程充满了坎坷，其成就以及经验教训等值得特别关注。本书是少年司法百年华诞之际，美国及其他一些西方发达国家的一些知名学者对相应国家的少年司法制度及实践所作的一次综合性、比较性的研究。其中包括少年司法的历史演化、少年司法与法学理论、少年司法与社会科学、少年司法与儿童福利、少年司法比较研究等方面的内容，并涉及到美国、日本、英格兰、威尔士、苏格兰以及欧洲国家的少年司法制度及实践。

本书是一本关于美国少年司法制度以及诸多西方发达国家少年司法制度的著作。其特点包括：综合性强、专业性强、可读性强、信息量大、跨学科性、实证性等。在笔者看来，本书是一部大幅的多彩的学术画卷：它以少年司法为线索，融合了诸多对我国社会现实具有显著参考价值的学术理论及实践经验。本书可适应于多类读者的需要，其中包括从事少年法学、法理学、教育学、社会学、政治学、犯罪学、刑事政策学、刑法学等方面理论研究的学者，以及从事有关实务工作的人员，如少年司法人员、政府决策者、政府相关部门、学校教育工作者、儿童福利工作者等。

少年司法在我国已有二十年的历史。其间，凝练了不少具有中国特色的少年司法制度及理念，同时，也借鉴了不少的外来经验，取得了不少的成就。目前，我国少年司法制度又面临着新的发展机遇——近闻，上海市等地拟在先前“少年刑事审判庭”以及“少年案件综合审判庭”的基础上，提高建制，筹建“少年法院”，以推进我国少年司法的进一步发展，但与之有关的理论及实践还亟待进一步深化、系统化。他山之石，可以攻玉。相信本书提供的众多外来经验会对此有所裨益。

本书是一部有力的论著，同时也是一本翔实的资料，其中所论述的法学理论及实践经验可资借鉴，具有显著的学术价值和现实意义。目前，国内还未见关于美国及世界范围内少年司法的系统性、综合性的专著、译著，国外也少见。另外，本书所涉及的实证研究方法对我国学术研究的现状也具有特别的价值。

回想起来，本书的翻译工作实属不易。其中凝结了译者一年多(远远超过千小时)的辛勤工作。我经常在电脑面前一坐就是五六个小时，甚至有时十个小时，其对忍耐力的考验不同一般。为了解闷，也为了集中注意力，我经常是一根接一根地燃着香烟，一包烟不用多久就空了，然后出门去买烟，顺便透透气。有时为了作一个译者注，以让读者能够更为准确地获悉更多的相关理论及有关历史的背景参考知识，我要用去数个小时的时间来翻阅书籍、上网查询，并反复思考和总结推敲。遇到一些翻译的难点问题，也免不了反复推敲，甚至字斟句酌，费力耗神；而一旦攻克，则有一种如释重负后的轻松、化瘀结后的畅快。本书的翻译，虽经译者的艰辛工作，并努力排除繁冗事务和浮躁心态的干扰，其不当、偏差、疏漏、粗糙甚至谬误之处恐在所难免，还敬请读者指正。

本书的翻译还应当在不同程度上归功于以下人员：首先是华东政法学院的徐建教授，是他为我开启了少年司法学术殿堂的大门，并对我教益良多；然后是美国加州大学伯克利分校的富兰克林·齐姆林教授，是他向我推荐了本书，并从大洋彼岸给我寄来样书；而后，我博士阶段的导师、北京大学法学院的储槐植教授为本书的翻译特意向出版社提供了专家推荐意见，而且他老人家对我的学术教诲及人生关怀也浸润在了本书的译文中。在本书的翻译过程中，一些西南政法大学的研究生承担了大量的协助工作，他们包括：博士生叶世清、硕士生杨毅伟、潘庆均、赵甫、陈龙、蒋海松、郭飞、何彩霞、蔡春艳、黄涛、查国防、范永玲、王群、王斌、徐会霞、盛海波、徐宁宁、张丽、何玮、葛懿、刘莉、张红伟、高琦、王冉、韦丹丹、张林等，在此对他们一并致谢。另外，感谢西南政法大学的李邦友教授对本书的日本少年司法制度部分给予的信息支持，以及华东政法学院的姚建龙博士为本书提供的资料及支持。最后，还要特别感谢我的家人,在本书的翻译过程中,我基本上过着一种“饭来张口,衣来伸手”的日子,真是辛苦他们了!

高维俭

2006 年 9 月

于重庆歌乐山麓寓所

图书在版编目(CIP)数据

少年司法的一个世纪/〔美〕罗森海姆等编;高维俭译.—北京:商务印书馆,2008
(法学译丛)
ISBN 978-7-100-05501-7

Ⅰ.少… Ⅱ.①罗…②高… Ⅲ.青少年犯罪—司法制度—研究 Ⅳ.D916

中国版本图书馆CIP数据核字(2007)第066965号

少年司法的一个世纪
〔美〕玛格丽特·K.罗森海姆 富兰克林·E.齐姆林
戴维·S.坦嫩豪斯 伯纳丁·多恩 编
高维俭 译

商 务 印 书 馆 出 版
(北京王府井大街36号 邮政编码100710)
商 务 印 书 馆 发 行
北 京 龙 兴 印 刷 厂 印 刷
ISBN 978-7-100-05501-7

2008年5月第1版 开本 787×960 1/16
2008年5月北京第1次印刷 印张 39¾

定价:62.00元